❖城市轨道交通系列教材❖

DIANKE LIECHE SIJI

电客列车司机

昆明地铁运营有限公司　编

西南交通大学出版社
·成 都·

图书在版编目（CIP）数据

电客列车司机／昆明地铁运营有限公司编．—成都：
西南交通大学出版社，2015.5
城市轨道交通系列教材
ISBN 978-7-5643-3819-0

Ⅰ．①电… Ⅱ．①昆… Ⅲ．①城市铁路－轨道交通－
列车－驾驶员－教材 Ⅳ．①U239.5

中国版本图书馆 CIP 数据核字（2015）第 056289 号

城市轨道交通系列教材

电客列车司机

昆明地铁运营有限公司　编

责任编辑	金雪岩
封面设计	墨创文化
出版发行	西南交通大学出版社 （四川省成都市金牛区交大路 146 号）
发行部电话	028-87600564　028-87600533
邮政编码	610031
网　　址	http://www.xnjdcbs.com
印　　刷	成都中铁二局永经堂印务有限责任公司
成品尺寸	185 mm × 260 mm
印　　张	28.25
字　　数	705 千
版　　次	2015 年 5 月第 1 版
印　　次	2015 年 5 月第 1 次
书　　号	ISBN 978-7-5643-3819-0
定　　价	99.00 元

编委会

·出版说明·

城市轨道交通诞生于19世纪中叶的英国伦敦，经历了近150多年的发展历史。它技术成熟、安全可靠、形式多样、用途广泛，以其大载客量、快捷、准时、环保而成为解决日益严重的城市交通堵塞的最有效手段。

随着我国经济社会的发展，内地城市化进程大大加快，城市交通问题已然成为制约城市发展的一大问题。为此，国家确立了优先发展城市公共交通的城市发展战略。2009年年底，国务院批准几个城市轨道交通建设计划。到目前为止，除北京、上海、广州已建成并使用的城市轨道交通线路外，许多二线城市已在建或拟建城市轨道交通线路。根据统计，到2015年年底，我国拥有城市轨道交通的城市将达到30个。未来10年，我国内地将新建城市轨道交通线路60多条，新建线路里程在不断扩大；北京、上海、广州等一线城市的城市轨道交通已经形成网络化格局，并呈现密集态势。我国城市轨道交通迎来了最好的发展时机。

城市轨道交通的发展，急需大量德才兼备的各类专业人才，如运营、供电、驾驶与检修等。为满足企业对人才特别是高、中级技能型人才培养的迫切需要，同时为适应职业教育“校企合作、工学结合”的教改形势，促进轨道交通行业职业教育教材体系趋于完善，西南交通大学出版社与昆明地铁运营公司及几所高中职学校共同策划，拟出版一套（有20余种）适合高、中级职业学校城市轨道交通类专业学生学习以及城市轨道交通营运公司员工培训的教材，首期推出以下6种（余下的后续出版）：

《信号检修》

《通信检修》

《电客列车司机》

《车站值班员》

《电客列车检修》

《变电检修》

本套教材侧重运营和维修知识的介绍，编写者根据近几年城市轨道交通的发展，将最新的技术资料收入其中；紧扣职业教育的特点及企业岗位需求，在讲述基本专业知识的基础上，注重实际操作技能的培养。内容系统完整，文字通俗易懂，图文并茂。为配合教学需要，还配有适量练习题。

希望本套教材的出版，能对城市轨道交通职业教育，对正在运行和将要运行的相关城市轨道交通营运公司的用人产生积极影响。受编者水平和时间的限制，本套教材的不足或错漏之处在所难免，欢迎读者批评指正。

西南交通大学出版社

2015 年 1 月

·序·

经过多年的发展，我国城市轨道交通将在 2015 年迎来发展的一个高峰。从已经开通和正在修建的城市轨道交通线路来看，我国的城市轨道交通建设已呈现稳健、持续的态势。城市轨道交通的发展无疑给我们的城市带来诸多益处，让城市魅力得到展现。

为更好地落实“十二五”城市轨道交通人才发展规划，强化人才培养和实践锻炼，加快建设一支数量充足、结构合理、素质过硬的专业技术人才队伍，尽快满足并确保城市轨道交通安全运营对专业技术人才的需要，昆明地铁运营有限公司本着立足当前、着眼长远、瞄准前沿、务求实用的原则，编写了这套既可为企业培训所用，亦可为开设有城市轨道交通课程学习的职业学校所用的专业系列教材。

这套教材与其他的城市轨道交通教材不同，它既突出企业管理新理念，又突出职业学校“产学结合、校企合作”的办学新理念。企业化培训教学，是由国际劳工组织开发推广的以现场教学为主、技能培训为核心的一种教学模式。因其教学模式具有灵活性、针对性、现实性、经济性的特点，即通过科学高效的培训，可大大提高职工业务技术、操作技能水平和应急处理能力，在国内外现代企业中被广泛应用。而我国职业教育发展到今天，校企合作成为一种必然选择。无论哪种职业教育，只有注重培养质量，注重学校学习与企业实践相结合，注重学校与企业资源、信息共享，才能使自身筋骨更强劲，道路更宽广。

这套教材针对地铁一线生产岗位需要，以应知应会、实作技能为重点，涵盖了地铁行车组织、调度指挥、客运、供电、工务、通信、信号等专业系统知识。教材内容通俗易懂、信息量大、专业性强，侧重地铁运营管理中的新技术、新设备，既立足应用实际又有适度超前，部分章节在各类地铁教材中属于首次涉及，因而对培训者与学习者来说具有重要意义与参考价值。编排体例上进行了分类处理，分章节模式和模块模式，对涉及地铁运营、调度岗位的采用章节模式，对涉及地铁维修岗位的采用模块模式。

这套教材由昆明地铁运营有限公司人力资源部组织筹划，体现了公司及客运站段、维保中心专业部室骨干人员的技术力量与智慧，公司工程师以及上海地铁专家对教材内容进行了评审。在此，谨对撰写者付出的辛劳，对专家们给予的大力支持表示衷心感谢！

王　征

2015 年 1 月

·前　言·

城市化进程的加快引发了一系列的交通拥堵问题，现有的交通方式已不能满足居民出行需求，发展城市公共交通是城市交通发展的主要战略方向，以载客量大、快捷、准时、环保著称的城市轨道交通得以快速发展，有效缓解了城市交通拥堵问题。

城市轨道交通的发展，急需大量德才兼备的人才。为了满足昆明地铁司机岗位人员的培养需求，特编制本培训教材。本教材内容简洁明了、通俗易懂、实用性强，采用理论知识与实操技能相结合的结构方式，确保学员能全面掌握所在岗位所需的各项技能。

本书包括以下三个部分内容：第 1 章为第一部分，讲述地铁行业的发展、现状、各类设施设备等基础知识；第 2、3、4 章为第二部分，讲述电客列车司机及轨道车司机岗位所应具备的基本业务技能、设备操作和应急处置方法；第 5 章及附录为第三部分，讲述司机岗位所接触的各类台账及填记要求。

本教材主要针对地铁电客列车司机的专业学习。昆明地铁现有电客列车和轨道车两种列车类型，为了确保正线电客列车司机全面掌握岗位业务技能，保证电客列车司机和轨道车司机的知识相通性，便于岗位转型，故在本教材中加入了轨道车的相关知识内容，以更加全面地阐述司机岗位所要求掌握的知识和技能。

本教材由陈建军任主编，徐学礼、王磊任副主编，刘伟、赵伸远、谭君参与编写。全书共分五章及附录，徐学礼负责编写基础知识部分，陈建军、赵伸远负责编写电客列车相关知识部分，刘伟、谭君负责编写轨道车相关知识部分，王磊负责编写规章制度相关知识，全书由陈建军统稿修订。在本教材的编写过程中，编者参阅了大量专业书籍和部分杂志中的专题文章，书末列出了参考文献，在此向所有作者表示衷心感谢。

由于编者水平与时间有限，书中难免有不足和疏漏之处，欢迎读者批评指正。

编　者

2015 年 2 月

·目 录·

·目 录·

第 1 章 司机岗位基础知识

本章知识要点及要求司机掌握程度表

序号	知识要点	司机		
		掌握	熟练	了解
1	城市轨道交通概况			●
2	铁路线路	●		
3	地铁车站			●
4	技术设备		●	
5	信号	●		
6	联锁和进路	●		
7	闭塞	●		
8	行车组织		●	
9	施工管理			●

1.1 城市轨道交通概况

1.1.1 城市轨道交通的定义

城市轨道交通广义指采用轨道进行承重和导向的车辆运输系统，它设置有全封闭或部分封闭的专用轨道线路，具有车辆、线路、信号、车站、供电、控制中心和其他服务等设施，车辆以列车或单车形式运行，是可运送相当规模客流量的城市公共交通方式。狭义特指地铁、轻轨和单轨（独轨）。

1.1.2 城市轨道交通的类型

按照技术特征分类，城市轨道交通分为地铁、轻轨、有轨电车、单轨（独轨）、磁悬浮、自动导向系统、市域快速轨道交通系统等多种形式。

（1）有轨电车。

有轨电车通常为单节或 2 节编组，运送能力较低，为 5 000 ~ 10 000 人次/h；运行速度较低，通常为 15 ~ 20 km/h，甚至更低。一般采用直流电机驱动，与其他车辆混行，受路口红绿灯的控制，正点率低，噪声大，加、减速性能较差。

由于运能、挤占道路、噪声等问题，到上世纪 50 年代末，国内外大城市纷纷拆除有轨电车。

有轨电车形式多样，图 1.1 所示为有轨电车的一种类型。

图 1.1 有轨电车

（2）地铁。

地铁是轴重相对较重、单方向高峰输送能力在 30 000 人次/h 以上的城市轨道交通系统。

世界上第一条地下铁道于 1863 年 1 月 10 日在伦敦建成。

二次世界大战后，各国城市的地铁发展极为迅速，到 1999 年全世界已有 115 个城市建成了地铁，线路总长度超过了 7 000 km。

北京地铁是我国第一条地铁，1965 年 7 月 1 号开始动工，1971 年 1 月开始运营。

天津于 1970 年 6 月开始修建我国的第二条地铁线，1984 年 12 月开始通车。

地铁与其他交通方式无相互干扰，节约土地，具有安全、准点、便捷、舒适等特点，但建设成本及运营成本极高，根据运能匹配性一般选择 A 型或 B 型车。图 1.2 所示为昆明地铁 B 型车辆。

图 1.2 昆明地铁 B 型车

（3）轻轨。

轻轨（LRT——Light Rail Transit）是在有轨电车基础上发展起来的中等运量城市轨道交通系统，它采用电力牵引，轮轨导向，列车或车辆编组运行在专用行车道上，其输送能力介于地铁和有轨电车之间，为 10 000 ~ 30 000 人次/h，旅行速度可达 30 km/h。

轻轨可以分为两类：第一类为车型和轨道结构类似地铁，运量较地铁略小的轻轨交通（称为准地铁）；第二类为运量比公共汽车略大，在地面行驶，路权可以共用的新型有轨电车。

图 1.3 所示为上海地铁轻轨线路车辆。

图 1.3　轻轨车辆

（4）单轨（独轨）。

单轨车辆是在一根轨道上运行的一种轨道交通车辆，运行速度可达 30 ~ 35 km/h，主要分为跨座式和悬挂式两种，具体形式如图 1.4、图 1.5 所示。

单轨运量约为 5 000 ~ 20 000 人次/h，能适应复杂地形要求，建设工期短，造价低。

图 1.4　跨座式单轨

图 1.5　悬挂式单轨

（5）磁悬浮列车。

磁悬浮列车是依靠磁悬浮技术将列车悬浮起来并利用直线电机驱动列车行驶的交通工

具，分常速、中速、高速和超高速等几种形式，最高时速可达 500 km/h。

上海磁悬浮列车是全世界目前唯一投入商业运营的磁悬浮列车，它是在德国的 TR08 列车的基础上发展起来的，基本技术规格与 TR08 的相同，在运行速度、能耗、环境、安全性和运行维护等方面，具有铁路列车和飞机无可比拟的优势。磁悬浮列车如图 1.6 所示。

图 1.6　磁悬浮列车

（6）自动导向系统。

自动导向交通（AGT——Automated Guideway Transit）泛指以无人驾驶的车厢在专用路权及自动化控制条件下运行的新型运输系统。

该系统是车辆采用橡胶轮胎在专用轨道上运行的中运量轨道运输系统，可实现全自动化和无人驾驶。车辆较地铁和轻轨的小，编组 2 ~ 6 节，适用于单向每小时 1 万人次客运量及以下的情况。自动导向系统车辆如图 1.7 所示。

图 1.7　自动导向系统车辆

（7）市域快速轨道交通系统。

适用于城市群城际之间的中长距离客运交通，日单向客运量可达到 50 万～80 万人次，站间距可达 5～10 km，一般选用铁路动车组或运行速度 120 km/h 以上的特种车辆，旅行速度可达 50 km/h 以上。图 1.8 所示为动车组。

图 1.8　动车组

1.1.3　城市轨道交通的制式

根据我国现行的标准，城市轨道交通划分为“地铁、轻轨”等简单的称谓。地铁主要依据的是该线路远期的单向客运能力，而不是看其主要处在地下、地面还是高架。而相应的视觉判断标准则可以采用车辆的大小进行粗略判定。现行规定如下：

Ⅰ．高运量——单向运能 5～7 万人次/h、车辆 A 型，地铁；

Ⅱ．大运量——单向运能 3～5 万人次/h、车辆 B 型或 A 型，地铁；

Ⅲ．中运量——单向运能 1～3 万人次/h、车辆 C 型或 B 型，轻轨；

A 型车——长约 22（24）m，宽 2.8 m，4 轴；

B 型车——长约 19 m，宽 2.8 m，4 轴；

C 型车——长约 18.9 m，宽 2.8 m，4 轴。

目前，北京、天津地铁多数车辆为 B 型车；上海 1、2、3 号线和广州地铁使用的车辆为 A 型车；上海轨道交通 5 号线（莘—闵轻轨）使用的是上海阿尔斯通组装的 C 型 4 轴车。

1.1.4　城市轨道交通的发展

1. 国外城市轨道交通的发展

城市快速轨道交通发展至今已有 100 多年的历史，其种类、类型繁多。1863 年，世界上第一条地铁在伦敦诞生。这条地铁从帕丁顿（Paddington）到弗灵顿（Farringdon），总长 6 km，牵引动力采用从英国铁路公司租借的蒸汽机车。从此，“Metro”成为了世界上绝大多数国家城市轨道交通的标志和代号。早期的地铁列车由蒸汽机车牵引，为了把烟雾排出，车站甚至没有顶棚。虽然当时的地铁设施简陋，而且污染严重，但由于它不像地面道路那样拥堵，所以还是受到了市民的欢迎。

1890年，世界上第一条电气化地铁开通，地铁开始进入电力牵引时代。由于环境条件大为改善，地铁显示出了强大的生命力。在此之前，除伦敦的地下铁道外，只有纽约一个城市于1870年在第9大街上建造了高架城市铁路；而在1890年以后，建造地铁的城市就多了起来，如芝加哥（1892）、布达佩斯（1896）、格拉斯哥（1896）、维也纳（1898）、巴黎（1900）、波士顿（1901）、柏林（1902）、费城（1907）、汉堡（1912）、布宜诺斯艾利斯（1913）、东京（1927）、莫斯科（1935）、墨西哥城（1969）、平壤（1973）、汉城（1974）、圣地亚哥（1975）、香港（1979）、里约热内卢（1979）、墨尔本（1981）、加尔各答（1984）马尼拉（1984）、新加坡（1987）、开罗（1989）等城市都建造了地铁。

据日本地铁协会统计，到1999年，全世界已有125个城市建成地铁，线路总长度超过7 000 km，其中约有5 600 km是第二次世界大战以后建成的，占80%。

20世纪城市的发展与地铁的发展密不可分。1900年世界上只有6条地铁线路，到2000年已增加到106条。世界各国城市轨道交通的建设速度，大致上可以以第二次世界大战作为分界点，大战前每5年兴建2条线路，而战后是每5年12条。发达国家的主要大城市如纽约、芝加哥、伦敦、巴黎、柏林、东京、莫斯科等已经完成了地铁网络的建设；到20世纪末，除上述城市外，华盛顿、马德里、斯德哥尔摩、大阪的地下铁道运营线路也已超过了100 km。现有地铁系统主要分布在经济发达国家，按运营长度计占世界总量的80%以上。发展中国家的城市轨道交通建设步伐也在加快，从1970年到1990年，发展中国家中拥有城市轨道交通的城市数增长了6倍，其中墨西哥城和汉城的地铁里程也已超过了100 km。

严格地讲，地铁只是一个历史名词，如今其内涵与外延均已有相当大的扩展，并不局限于在地下隧道中运行，而是泛指高峰小时单向运输能力在30 000～60 000人左右，地下、地面、高架线路三者结合的大容量快速轨道交通系统。通常在市中心为隧道线，市区以外为地面线或高架线。地铁在发达国家的大城市地区已成为通勤和一般出行的主要交通工具。

2. 国内城市轨道交通的发展

我国地铁建设起步于20世纪60年代，第一条城市轨道交通线路于1969年诞生在北京，当时建造的主要目的是以备战为主。从世界范围看，当时正进入城市轨道交通的加速发展期。我国地铁建设到20世纪90年代才开始加速。进入21世纪，我国城轨交通建设进入了快速发展期。

根据国务院要求，各大城市都编制了城市轨道交通的发展规划，特别是北京、上海、广州、深圳为迎接奥运会、世博会、亚运会、全运会，更加快了城轨交通建设的步伐。大多数城市以地铁为主，少数为轻轨。

目前国内除了西藏、新疆、内蒙古等少数地区外，城市轨道交通在全国各大省会城市、发达地区的二、三线城市均处在如火如荼的建设之中，可以说在中国大地，地铁正在遍地开花。

1.2　铁路线路

1.2.1　线路基础

铁路线路是由路基、桥梁、隧道、涵洞和轨道组成的一个整体工程结构，是机车车辆和列车运行的基础。路基及轨道示意图如图 1.9 所示。

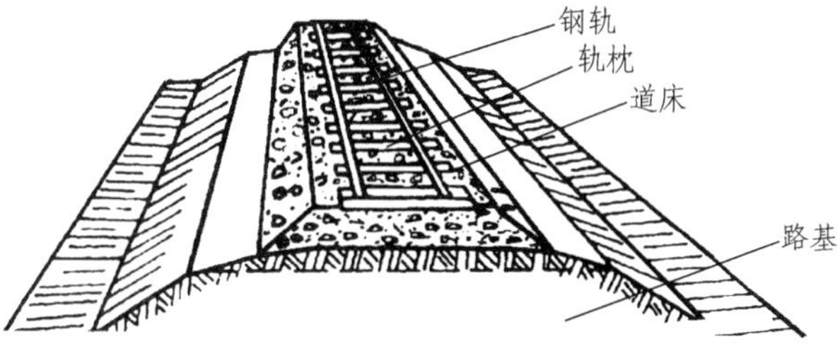

图 1.9　路基及轨道示意图

1. 路　基

铁路路基是轨道的基础，承受并传递轨道的重量及列车的动载荷。通常，把垂直于线路中心线的路基横截面称为路基横断面，简称路基断面。根据地形不同，路基一般采用路堤和路堑两种基本形式。

路堤横断面主要由路基顶面、边坡、护道、取土坑或排水沟组成。

路堑横断面主要由路基顶面、侧沟、路堑边坡、弃土堆、天沟、用地界等组成。

1）路基断面形式

按照路基所处的地势情况与横断面的形状，路基断面可以分为 6 类。

（1）路堤。

设计线高于天然地面，用土、石填筑而成，由路基面、边坡、护道及排水沟等组成，如图 1.10 所示。

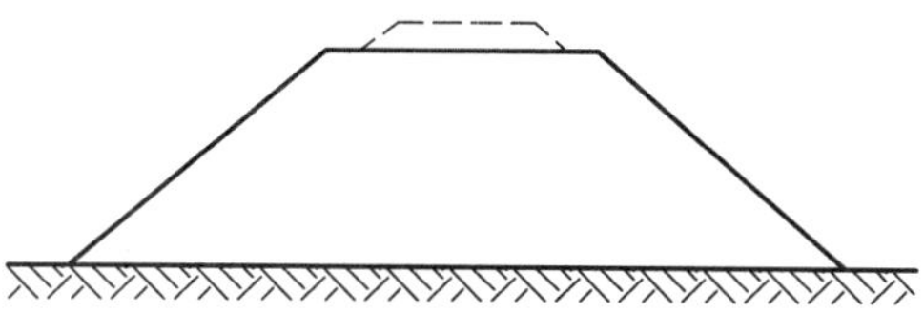

图 1.10　路堤

（2）路堑。

设计线低于天然地面，经开挖而成，由路基面、边坡、侧沟及截水沟等组成，如图 1-11 所示。在可能的情况下，路基应避免高堤深堑，以减少施工难度和施工量，也便于提高路基质量。最好的路基应该是不挖不填的路基。

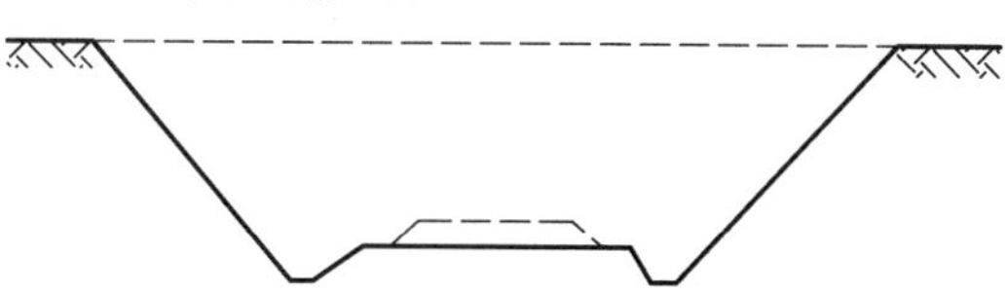

图 1.11　路　堑

（3）不填不挖路基。

路基设计标高与地面标高相同，轨道直接铺设在经过处理的天然地面上，如图 1.12 所示。

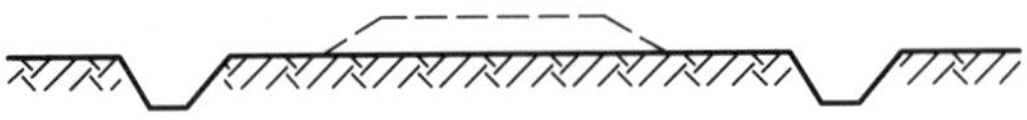

图 1.12　不填不挖路基

（4）半路堤。

在山岳地区，通过部分填筑而形成的路基，如图 1.13 所示。

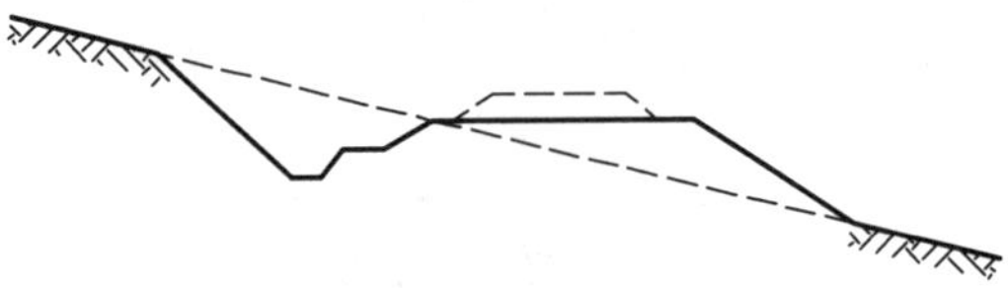

图 1.13　半路堤

（5）半路堑。

在山岳地区，通过部分挖掘而形成的路基，如图 1.14 所示。

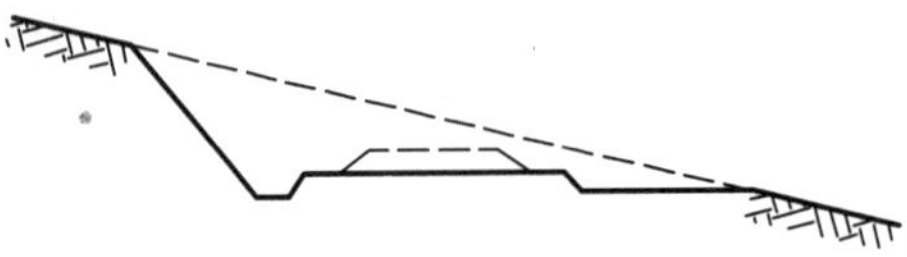

图 1.14　半路堑

（6）半路堤半路堑。

经过填、挖两部分构成的路基，如图 1.15 所示。

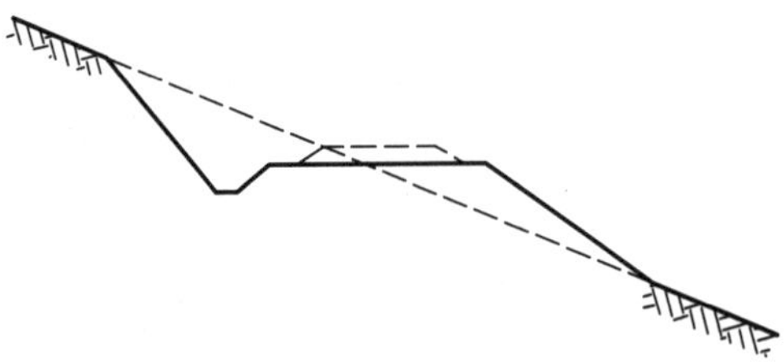

图 1.15　半路堤半路堑

2）路基顶面

路基顶面即路基的顶部，是铺设轨道的工作面，分为有路拱、无路拱两种形式，如图 1.16、图 1.17 所示。路基顶面的宽度是指从路基一侧的路肩边缘到另一侧路肩边缘之间的距离。如图 1.18 所示。

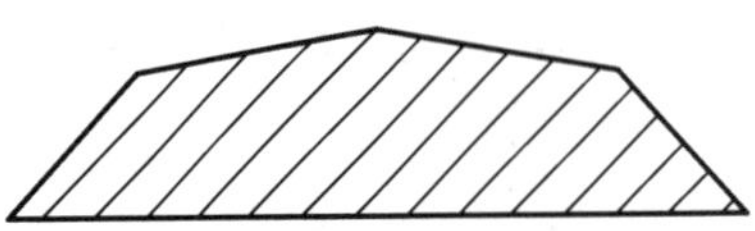

图 1.16　有路拱路基断面图

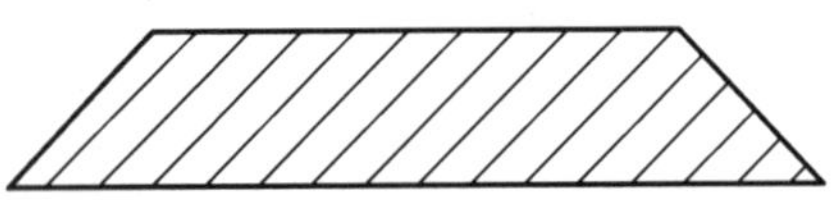

图 1.17　无路拱路基断面图

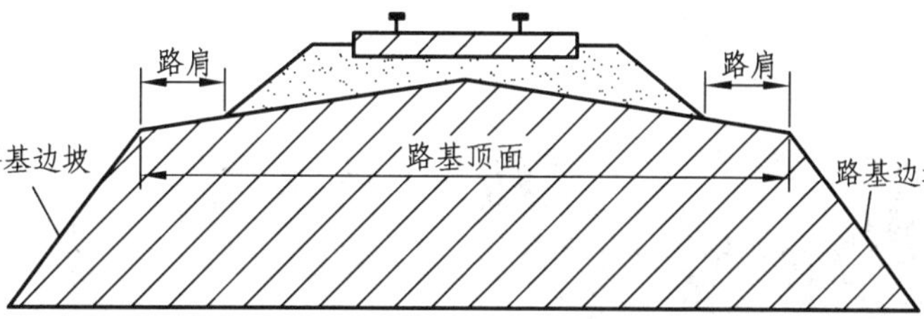

图 1.18　路基顶面宽度示意图

3）路肩与路基边坡

路肩：路基顶面两侧无道床覆盖的部分。

路基边坡：路肩边缘以外的斜坡。

路肩的作用：

（1）抵抗路基核心部分在受压力时向外发生挤动、变形，加强路基的稳定性；

（2）防止道砟滚落于路基坡面，保持道床完整；

（3）便于设置必要的线路、信号标志；

（4）供铁路现场作业人员行走，便于进行工作。

4）路基附属设施

作用：保证路基的强度与稳定。

（1）排水设施。

排水沟、侧沟、截水沟（天沟）等排泄地面水；渗沟、渗管等拦截或降低地下水位。

排水沟一般设在填方路基下，用来排路面水，如图 1.19 所示。截水沟一般设置在挖方段路基边坡上，用来拦截地表水侵蚀路基，如图 1.20 所示。渗沟、渗管用来拦截或降低地下水位，如图 1.21 所示。

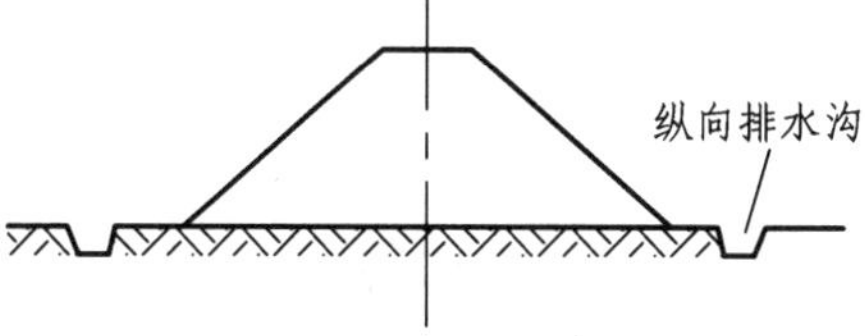

图 1.19　排水沟

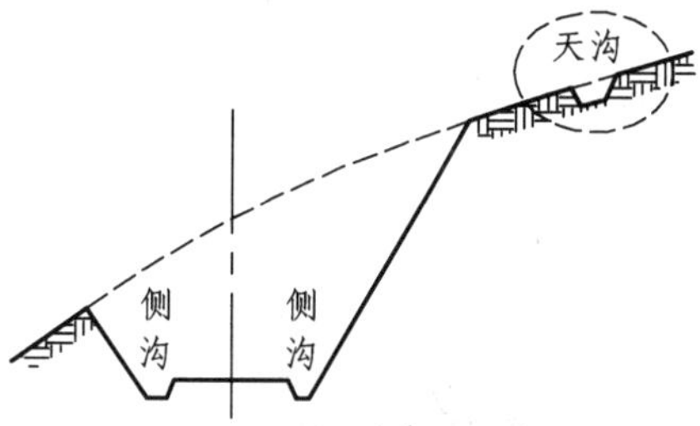

图 1.20　截水沟（天沟）

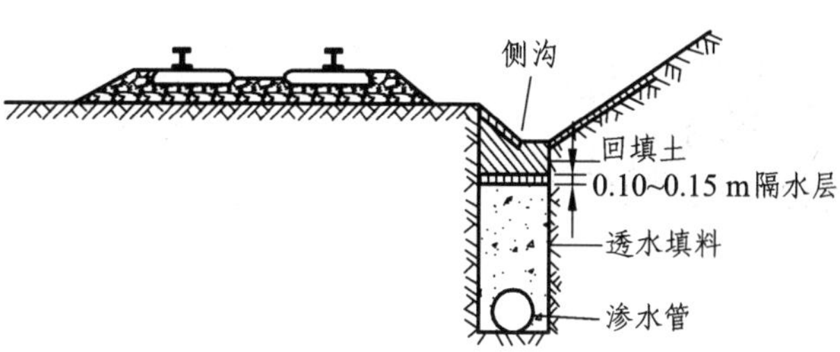

图 1.21　侧沟、渗沟

2）防护设施

为保护路基边坡不塌，可采取种草、植树、灰浆抹面浆砌片石及砌筑挡土墙等措施，如图 1.22、图 1.23 所示。

图 1.22　路基边坡度冲刷防护

图 1.23　山体挡棚

2. 桥　梁

桥梁在铁路架空的部位承托轨道，其结构由桥面、桥跨结构、墩台及基础三部分构成。轨道传来的力，通过桥墩、墩台、基础传递至基底面上。

1）桥梁的作用与分类

作用：供铁路线路跨越河流、山谷或其他建筑物。

分类：

（1）跨越河流——跨河桥；

（2）跨越山谷——跨谷桥；

（3）跨越铁路、公路——跨线桥；

（4）跨越市区、工业区、农作物区——旱桥。

上述四种桥梁如图 1.24、图 1.25、图 1.26、图 1.27 所示。

图 1.24　跨河桥

图 1.25　跨谷桥

图 1.26　跨线桥

图 1.27　旱桥

2）桥梁结构

以跨河桥为例，桥梁结构由桥跨、桥墩、桥台、墩台基础等组成，如图 1.28 所示。

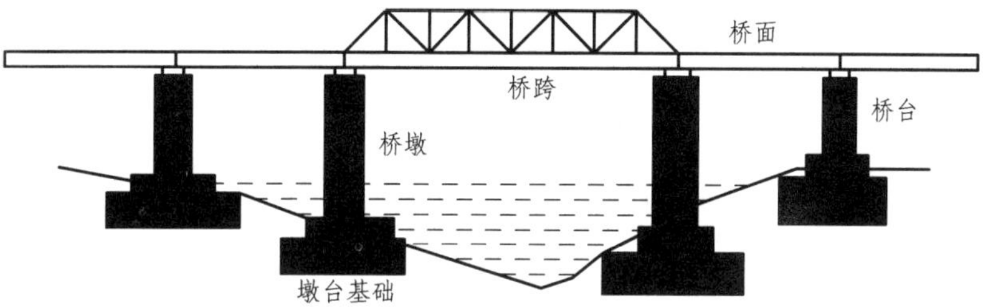

图 1.28　跨河桥桥梁结构

3）桥梁分类

按长度分为小桥、中桥、大桥和特大桥。

小桥——桥长 20 m 及以下；

中桥——桥长 20 m 以上至 100 m；

大桥——桥长 100 m 以上至 500 m；

特大桥——桥长 500 m 以上。

注：桥梁的桥长系指桥台挡碴前墙之间的长度。

按桥跨材质分为钢桥、石桥、钢筋混凝土桥。

根据桥梁受力情况，桥梁可分为 5 类：梁桥、拱桥、刚架桥、悬桥和组合体系桥等。

3. 隧　道

隧道是修筑在地层内的建筑物，由主体建筑物和附属建筑物组成。

主体建筑物——洞门、洞身衬砌。作用是保持隧道的稳定，保证列车的安全运行。

附属建筑物——避车洞、防排水设施、通风设施。是为隧道安全、养护与维修隧道的需要而设置的。

4. 涵　洞

涵洞是设置在路基下的过水建筑物，其设在路堤下面的填土中，是用以通过水流的一种建筑物，承受通过路基传来的动力载荷以及路基土体的土压力。

5. 轨　道

在路基、桥隧建筑物建成之后，就可以在上面铺设轨道。轨道由钢轨、轨枕、联结零件、道床、防爬设备和道岔等主要部件组成。它起着机车车辆运行时的导向作用，直接承受由车轮传来的巨大压力，并把它传给路基或桥隧建筑物。轨道的基本组成如图 1.29 所示。

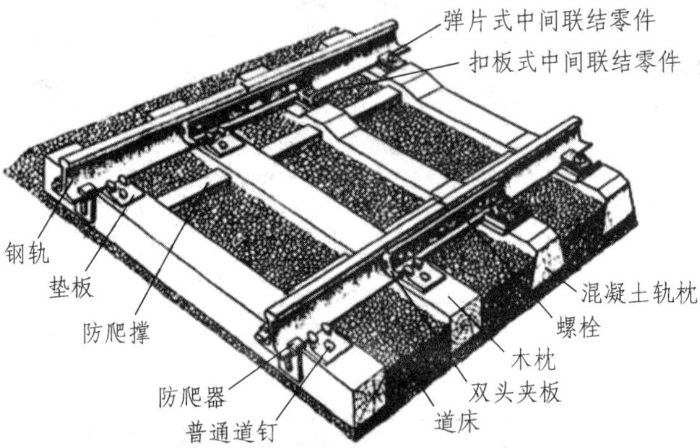

图 1.29　轨道的基本组成

1）钢轨

钢轨是轨道结构的重要组成部分，是轨道的基本承重结构，它为城市轨道交通车辆的行驶提供导向，将所承受荷载传给轨枕、道床及路基，并为车轮滚动提供阻力最小的接触面。

钢轨的类型是按每延米的重量来区分的。选用钢轨原则上应以轨道承受荷载的大小来确定。昆明地铁正线采用 60 kg/m 的钢轨。

（1）钢轨特点。

四个“度”：

- 刚度——抵抗由动荷载引起的挠曲变形；
- 韧度——防止动荷载引起钢轨折断；
- 硬度——防止被车轮压陷或磨损太快；
- 顶面粗糙度——有利于牵引力、制动力的实现。

（2）钢轨断面。

钢轨要求有足够的承载能力、抗弯强度、断裂韧性、稳定性及耐腐蚀性，其断面形状为工字形，由轨头、轨腰和轨底三部分组成。钢轨断面如图 1.30 所示。

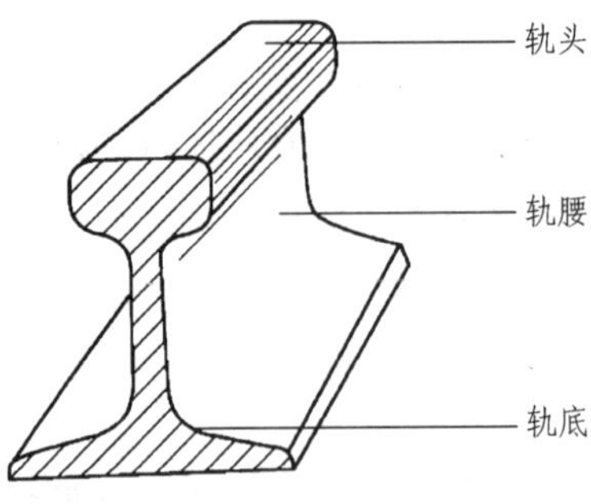

图 1.30　钢轨断面组成图

（3）钢轨类型。

通常以 kg/m 表示，如 38 kg/m、50 kg/m、60 kg/m、75 kg/m 等。

（4）钢轨长度：

标准轨：12.5 m、25 m 等，缩短轨：9 m、11 m、12 m、18 m、20 m 等。

为使钢轨接头对接，曲线内股应使用厂制缩短轨。12.5 m 标准轨的缩短量有 40 mm，80 mm，120 mm 三种；25 m 标准轨的缩短量有 40 mm，80 mm，160 mm 三种。

（5）钢轨接头。

普通轨道的接头通常用螺栓、夹板等连接。

（6）钢轨轨缝。

铺轨时，需要在钢轨接头处预留轨缝。高温时，钢轨膨胀不会导致轨道挤压变形；低温时，钢轨收缩不会导致接头拉压变形。轨缝作用是适应钢轨热胀冷缩的需要。钢轨轨缝如图 1.31 所示。

图 1.31　钢轨轨缝

2）无缝钢轨

无缝钢轨是将标准长度的钢轨焊接成为长钢轨的轨道。我国一般采用 25 m 的钢轨先在焊轨厂焊成 250 ~ 500 m 的长轨条，然后再运到铺轨地点，再焊成 1 000 ~ 2 000 m 的长轨条或按设计长度进行铺设。无缝线路由于消除了钢轨接缝（并非绝对消除），因而具有行车平稳、机车车辆及轨道维修费用低、使用寿命长等优点。

3）轨枕

轨枕的作用是承受钢轨传来的作用力，将其传给道床，并有效地保持钢轨的位置和轨距。因此，轨枕应具有一定的坚固性、弹性和耐久性。

轨枕现均采用混凝土枕。其稳定性好，坚固耐用。在直线区段，一般每公里配置 1 600 ~ 1 680 根，在曲线半径较小或坡度较大的地段，适当增加轨枕数量。

（1）轨枕的分类。

按制作材料分为钢筋混凝土枕和木枕两种，如图 1.32、图 1.33 所示。

按用途分为普通轨枕、岔枕和桥枕。

图 1.32　木枕

图 1.33　钢筋混凝土轨枕

（2）轨枕的长度。

普通枕 2.5 m，岔、桥枕 2.6 ~ 4.85 m。

（3）轨枕的布置。

每千米轨道配置的轨枕根数，由运量、行车速度、线路等级条件等决定。布置轨枕时，应力求在最经济条件下，保证轨道具有足够的强度与稳定性。

我国铁路规定每千米轨道配置轨枕数量如下：

木枕轨道：1 440 ~ 1 920 根

混凝土枕轨道：1 440 ~ 1 840 根

符合左下侧条件之一的地段，轨道应该加强，即每千米轨道的轨枕数需要增加。具体如表 1.1 所示。

表 1.1　特殊地段轨枕增配数

混凝土枕轨道上，半径小于 600 m 的曲线地段；或木枕轨道、电力牵引线路，半径小于 800 m 的曲线地段； 坡度大于 12‰的下坡制动地段； 长度大于等于 300 米的隧道地段	木枕增加 160 根； 混凝土增加 80 根； 当条件重合时，只增加一次，并且不能超过数目最大值

4）连接零件

连接零件分为接头连接零件和中间连接扣件。

（1）接头连接零件。

接头连接零件由鱼尾板、鱼尾螺栓、弹簧垫圈等组成。连接钢轨时，先用两块鱼尾板夹住钢轨，然后用螺栓拧紧。为防止螺栓松动，在螺帽与鱼尾板之间，加有弹簧垫圈，如图 1.34 所示。

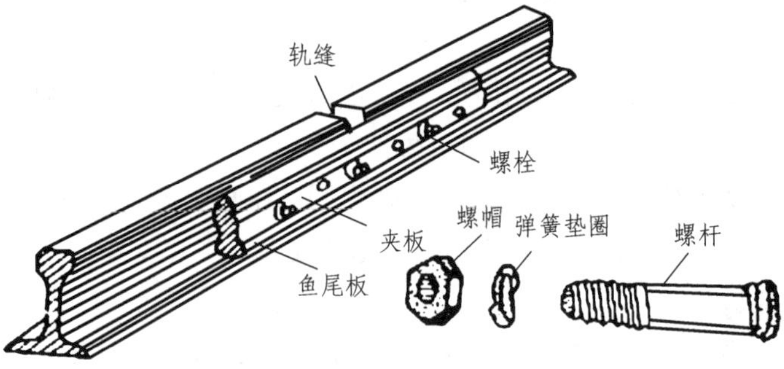

图 1.34　钢轨接头连接零件

（2）中间连接扣件。

作用：把钢轨与轨枕牢固地连接起来，以确保钢轨位置稳定。

根据轨枕的性质，中间连接扣件可以分为木枕连接扣件和混凝土枕连接扣件。我国木枕轨道地段中间连接方式主要有混合式和分开式，具体如图 1.35、图 1.36 所示。

图 1.35　钢轨与木枕的混合式连接

图 1.36　钢轨与木枕的分开式连接

① 木枕中间连接扣件及连接方式。

a. 混合式。

混合式是先用道钉把垫板与木枕扣紧，然后再用道钉将钢轨、垫板和木枕三者同时连接。混合式扣件零件少，安装成本低，但扣紧力不如分开式。安装过程如图 1.37 所示。

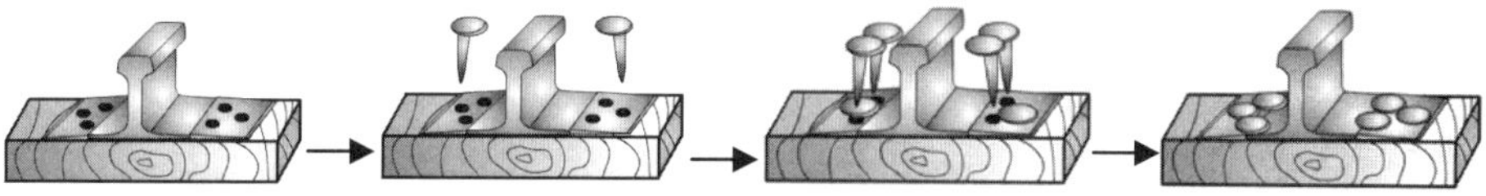

图 1.37　木枕中间连接扣件混合式安装图

b. 分开式。

分开式是将垫板分别与轨枕和钢轨单独扣紧。

分开式扣紧力大，能有效防止钢轨的横、纵向位移，同时便于安装与更换。其缺点是成本高，一般在特殊线路与桥梁线路上使用。

② 混凝土枕连接扣件及连接方式。

混凝土枕连接扣件按其结构分为扣板式、弹片式、弹条式等。弹条式扣件用硫黄锚固法把螺旋道钉固定在轨枕上预留的孔内，再装上弹条，拧上螺帽，使弹条压紧轨底。在钢轨与承轨台之间，设有减振垫层以减小车辆振动，降低噪声。混凝土枕主要采用ω形弹条式扣件，如图 1.38 所示。

图 1.38　ω形弹条式扣件

5）道床

道床介于轨枕与路基之间，为铺设在路基面上的石砟（道砟）垫层，是轨道的重要组成部分。道床主要分为整体道床和碎石道床两类。

道床具有如下作用：支承轨枕，把从轨枕上部来的压力均匀地传递给路基；固定轨枕的位置，阻止轨枕纵向或横向移动；缓和机车车辆轮对对钢轨的冲击；提供良好的排水性能，减少路基病害。

（1）道床断面。

道床断面如图 1.39 所示。

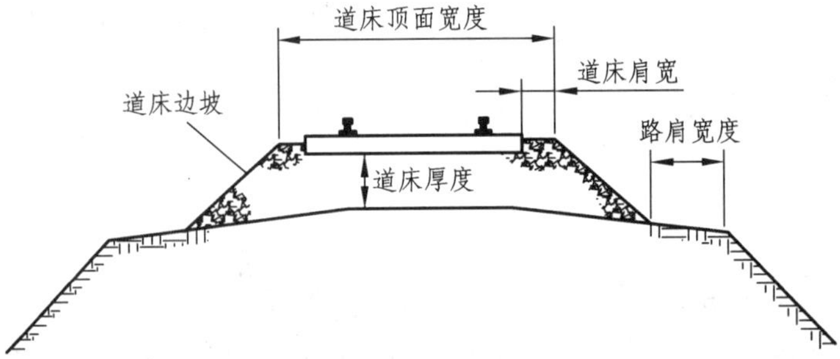

图 1.39　道床断面

（2）道床现场图。

碎石道床、整体道床如图 1.40、图 1.41 所示。

图 1.40　碎石道床

图 1.41　整体道床

6）防爬设备

防爬设备由防爬器和防爬撑等组成，安装于长大下坡道、车站两端、大桥桥头等处，防止钢轨纵向移动。防爬器如图 1.42 所示。

防爬措施：

在直线地段，由于列车纵向力的作用，轨枕可能被拉斜。预防方法是将防爬器与防爬支撑配合使用。

在曲线地段，由于列车横向力的作用，很容易引起轨距扩大。预防方法是采用轨距拉杆进行加固。防爬支撑如图 1.43 所示。

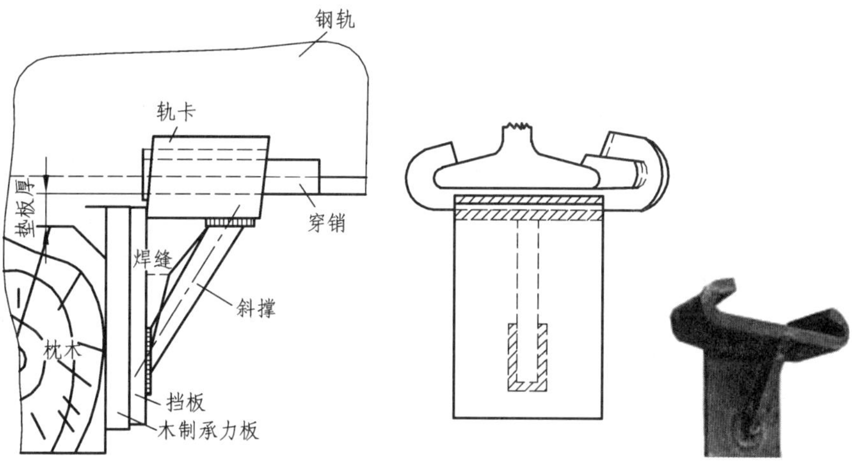

图 1.42　防爬器

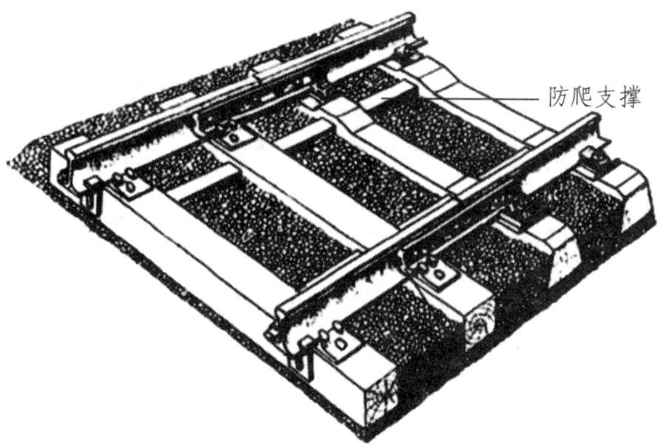

图 1.43　防爬支撑

7）道岔

道岔是引导机车车辆从一条线路转入或越过另一条线路的过渡设备。道岔是轨道的重要组成部分，也是轨道的薄弱环节之一。由于道岔数量多，使用寿命短，限制列车速度，行车安全性低，（道岔）与曲线轨道、轨道接头并称为轨道的三大薄弱环节。

道岔主要由转辙部分、连接部分、辙叉及护轨部分三个单元组成。

8）轨道几何形位

从轨道横断面上来看，轨道的几何形位包括轨距、水平和轨底坡。

在线路同一断面处左右两股钢轨顶面的高度差，简称“水平”。直线部分高差不能超过 4 mm。

在直线上钢轨不是竖直铺设，而要向内倾斜 1∶40 的坡度。该坡度称为轨底坡，如图 1.44 所示。

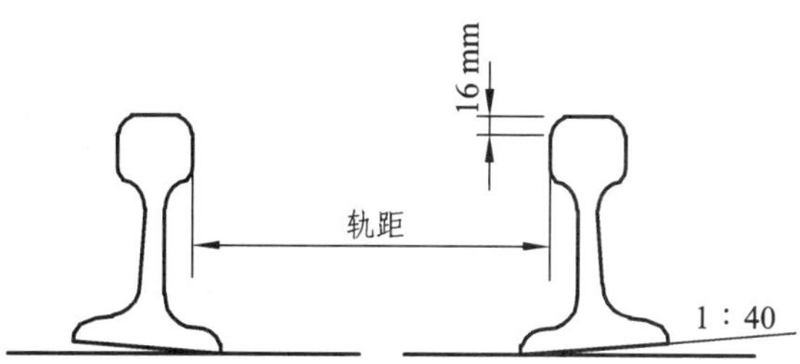

图 1.44　轨道的几何形位

（1）轨距

两根钢轨轨头内侧顶面下 16 mm 处测量的两根钢轨之间的距离称为轨距。

我国铁路主要采用 1 435 mm 的标准轨距，世界各国铁路也普遍采用 1 435 mm 的轨距。轨距宽于 1 435 mm 的铁路称为宽轨铁路，如俄罗斯采用 1 524 mm 轨距的宽轨铁路；轨距窄于 1 435 mm 的铁路称为窄轨铁路，我国有从昆明至河口的 1 000 mm 轨距的窄轨铁路。

在机车车辆不断运行的情况下，轨距可能产生一定的误差，我国规定标准轨距的误差宽不得超过 6 mm，窄不得超过 2 mm。

为保证机车车辆顺利通过小半径曲线，曲线轨距应考虑加宽。

轨距应大于轮对宽度（轮对的两轮缘外侧距）。轮对的轮缘与钢轨之间应留有一定的活动间隙δ，称为游间，如图 1.45 所示。

$$\text{轨距 } S = \text{轮对宽度 } q + \text{活动量 } \delta$$

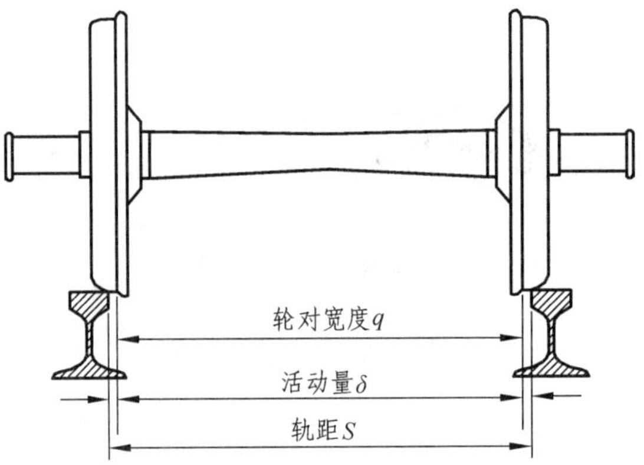

图 1.45　轨距与轮对宽度

（2）水平。

在线路同一断面处左右两股钢轨顶面的高度差，简称“水平”。

轨距和水平均用道尺来测量。通常每 6.25 m 检查一处，即每节 12.5 m 钢轨的接头及中间各检查一处。

直线地段两股钢轨的顶面应保持在同一水平，高差不允许超过 4 mm。

（3）轨底坡。

在直线上钢轨不是竖直铺设，而要向内倾斜 1∶40 的坡度，该坡度称为轨底坡。轨底坡的设置是利用钢轨垫板做成 1∶40 的坡度，钢轨安置在垫板上而形成内倾角。设置轨底坡的目的是为了使钢轨能适应车辆的圆锥形踏面（车轮踏面接触轨头的主要部分为 1∶20 的圆锥面），使车轮压力集中于钢轨中轴线，减少轨头偏心磨耗。在任何情况下，轨底坡不应大于 1∶12 或小于 1∶60。混凝土枕线路通常是将轨枕的承轨槽按轨底坡的规定做成斜面。

（4）曲线轨道的轨距及水平。

① 轨距加宽。

铁道车辆的轮对固定于转向架上，车辆在曲线上运行时，转向架相对于车体可以转动，而转向架上的车轴是平行的不能作相互转动，其最外侧两根车轴之间的距离称为转向架固定轴距。二轴转向架在曲线上运行时，通常是前一轮对的外轮缘紧靠外轨，若其后一轮对内轮缘也正好与内轨接触，此时要求的轨距是：

$$S = q_{\max} + f$$

式中，f是以 2 倍的固定轴距作为弦在外轨圆上的外矢距，如图 1.46 所示。

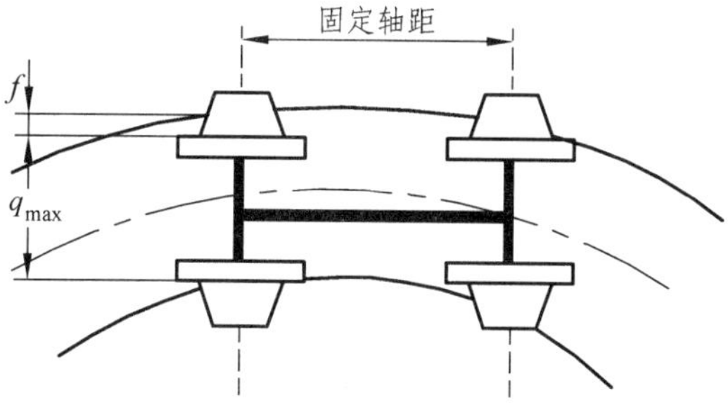

图 1.46　轨距加宽

曲线半径小时需要加宽轨距，当 $R > 350$ m 时，不加宽轨距。具体的轨距加宽值如表 1.2 所示。

表 1.2　轨距加宽值

曲线半径 R（m）	加宽值（mm）
$R \geqslant 350$	0
$350 > R \geqslant 300$	5
$R < 300$	15

② 外轨超高。

列车在曲线区段运行时，由于离心力的作用使曲线外轨受到较大的压力，造成外轨比内轨磨耗大，两根钢轨出现磨耗不均匀的现象。同时，旅客受到离心力的作用也感到不舒适，如果离心力过大还可能导致列车倾覆。因此，为了消除这些不良影响，通常将曲线上的外轨抬高，使机车车辆向内倾斜，以抵消离心力的作用。外轨比内轨高出的部分称为超高。

超高的大小应使超高后机车车辆的重力 $Q \cdot g$ 与离心力 f 的合力正好作用于两根钢轨中心距离 S 的中点，最终使两根钢轨的受力相等，如图 1.47 所示。

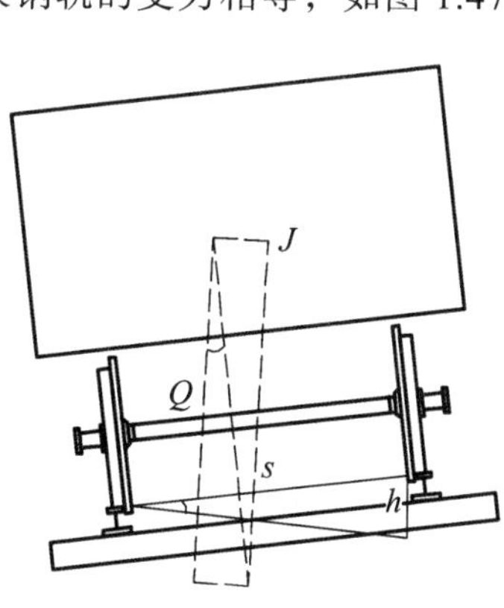

图 1.47　外轨超高

曲线外轨超高量（h）通常用下式计算：

$$h=7.6\frac{V_{\max}^2}{R}(\text{mm})\text{或}h=11.8\frac{V_{平}^2}{R}(\text{mm})$$

$$V_{平}=0.8V_{\max}$$

其中，V——列车速度（km/h），R——曲线半径（m）。

1.2.2 线路分类

线路分为正线、辅助线、车辆段（车场）线。辅助线包括存车线、安全线、折返线、联络线、渡线、出入段/场线；车辆段（车场）线路分为试车线、停车线、检修线、洗车线、镟轮线、静调线、牵出线、材料线等库内或库外线路。

地铁在正线上应采用双线、右侧行车制。按右侧行车制，列车正向往上行方向运行所经过的线路为上行线，反之，为下行线。

1. 正 线

正线是指连接车站并贯穿或直股伸入车站的线路。连接车站的部分为区间正线；贯穿或直股伸入车站的部分为站内正线。

城市轨道交通系统的正线均采用上下行分行，一般实施右侧行车惯例，以便与城市地面交通的行车规则相吻合。正线的最大坡度不宜大于 30‰，道岔宜设在坡度不大于 5‰ 的坡道上。

2. 辅助线

辅助线是根据运量大小及技术作业的需要，在车站铺设的除正线外的其他配线。一般辅助线包括折返线、渡线（单渡线、交叉渡线）、联络线、停车线、出入段/场线、安全线等。

1）折返线

折返线是在线路两端终点站（对于环线，也需要设两个“终点站”），或者准备开行折返列车的区间站设置的专供列车折返调头的线路。

折返线视不同的折返方法可分为：

（1）环形折返线：俗称灯泡线，如图 1.48 所示。

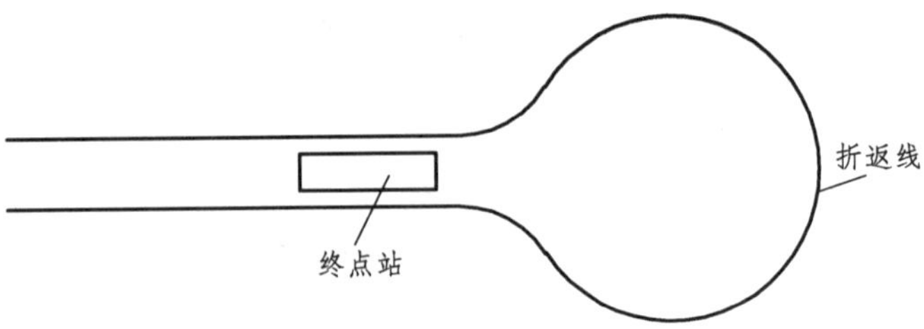

图 1.48 环形折返线

环形折返实际上是将端点折返作业转化为沿一个环形单线区段运行的作业，实质上是将折返过程变为区间运行，有利于发挥列车运行速度，消除了因折返作业而形成的对线路通过能力的限制，不失为一种有利于提高运营效率的折返方法。

环线折返的问题在于环线占地面积较大，尤其是在地下修建难度更大，投资较高；环线折返丧失了一端停车维护保养检查的机动线路，对车辆技术要求、运行组织要求更高，线路机动性下降，线路延伸可能性甚微，一般只适用于线路较短，线路延伸可能较小，且该端点站又往往在地面的情况。

（2）尽端折返线：可分为单线折返、双线折返和多线折返等不同布置方案，如图 1.49 所示。

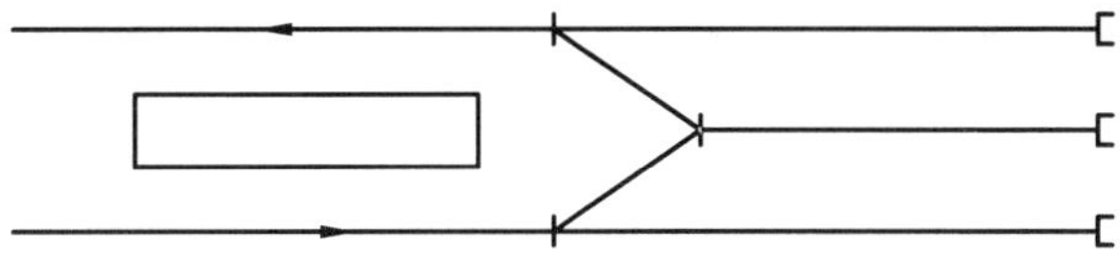

（a）单线折返示意图

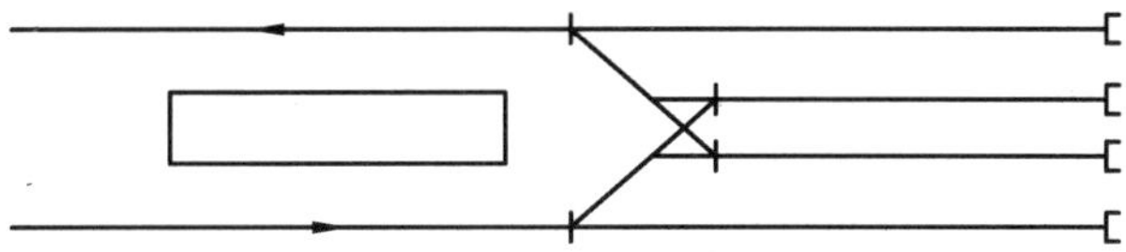

（b）双线折返示意图

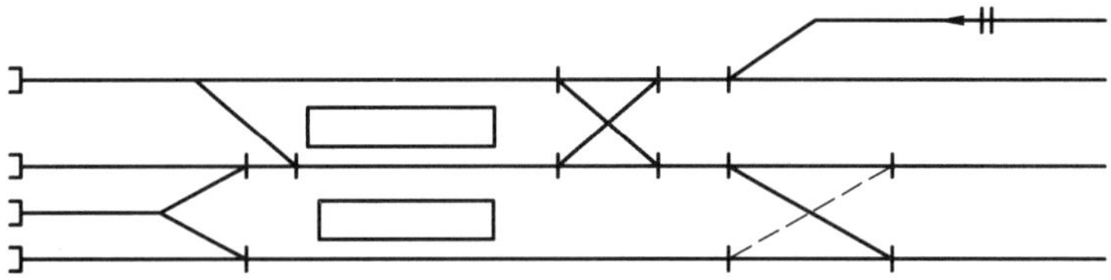

（c）多线折返示意图

图 1.49　尽端折返线

利用尽端折返线进行折返，弥补了环线折返的不足，使端点站既可有效组织折返（如双折返线可明显降低折返时间），又可备有停车线供故障停车、检修、夜间停车等作业使用。对于线路延伸也十分方便，比较适合于地下结构的端点站，以及线路较长或有延伸可能，土地不宜多占用的情况。

2）渡线

渡线是在站前或站后设置的、用以完成折返作业的过渡线，如图 1.50 所示。

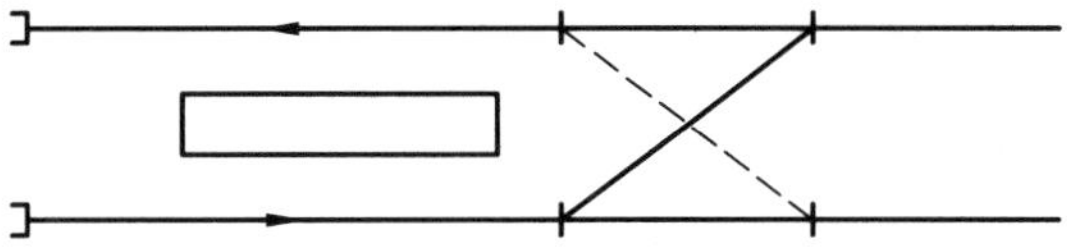

（a）站前渡线折返

（b）站后渡线折返

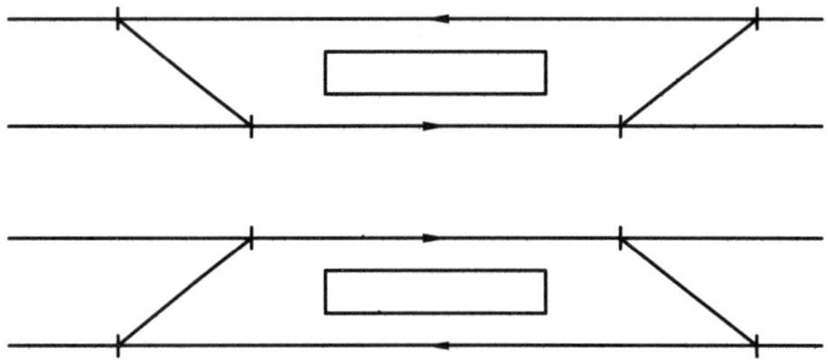

（c）区间站渡线折返

图 1.50 渡线折返线

很明显，利用渡线折返需要修建的线路量少，投资下降。然而，列车进出车站与折返作业有严重的干扰，尤其是在区间站利用渡线进行区间列车折返、需占用正线进行作业时，故对运营管理要求十分严格。且列车运行间隔时间受其制约严重，导致线路通行能力下降，安全可靠性存在隐患。所以，在列车运行速度较高、运行间隔时间较短（即发车频率较高）、运量较大的线路不宜采用此类办法。

3）联络线

联络线是在轨道交通线路之间为调动列车等作业而设置的连接线路，如图 1.51 所示。

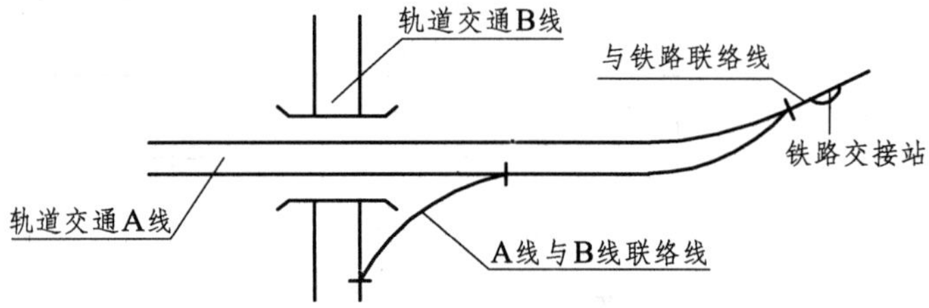

图 1.51 联络线

联络线与轨道交通线往往不在一个平面上，因此，联络线常常有较大的坡度和较小的曲线半径，列车运行速度不可能很高。如果在地下建设，施工难度较大，投资也随之加大。

4）停车线

停车线是一般设置在端点站，专门用于停车和进行少量检修作业的尽端线。在车辆基地，则拥有众多的专用停车线，供夜间停止运营后停放列车。需要进行检修作业的停车线设有地沟。

5）出入段/场线

出入段/场线：车辆基地与正线车站联系线路，专供列车进出车辆基地。一般分为入段/场线和出段/场线。

6）安全线

为防止在车辆段（场）出入线、折返线和岔线（支线）上行驶的列车未经允许进入正线与正线列车发生冲突事故，在无其他列车运行隔开设备的下列情况下，应设安全线，以保证列车安全、正常地运行。

（1）当出入线上的列车在进入正线前需要一度停车，且停车信号机至警冲标之间距离小于列车制动距离时，如图 1.52 所示。

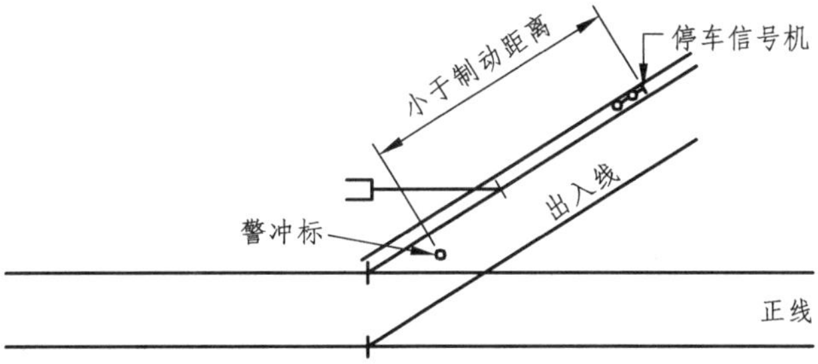

图 1.52　出入线接正线形式

（2）折返线末端和正线接通时。

（3）当岔线（支线）与正线接轨时。

安全线为尽头线，有效长度一般不少于 40 m，如图 1.53 所示。

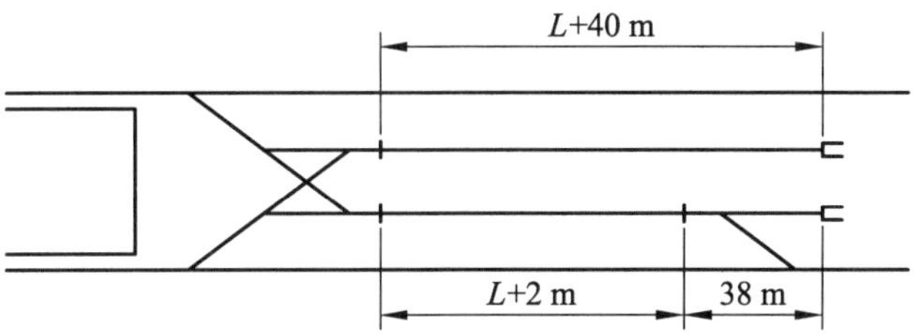

图 1.53　折返线末端接正线形式

3. 车场线

车场线分为检修线、洗车线、试车线、静调线和停车线等 5 种。

① 检修线：设在车辆基地检修库内，专门用于检修列车，设有地沟，配有架车设备、检修设备。

② 洗车线：供列车停运时洗刷车辆用，洗车线中部设有洗车库。

③ 试车线：设在车辆基地内、用于调试列车的线路。

④ 静调线：为平直线路，全长设置地沟，地沟内设置照明光带，静调库内还要设置车间牵引电力电源和有关的测试设备，主要用于对列车进行静态调试。

⑤ 停车线：停车线应为平直线路，一般设计成车库，停放车辆同时兼作检修线。

1.2.3　限　界

1. 限界定义

限界是指列车沿固定的轨道安全运行时所需要的空间尺寸。城市轨道交通车辆在隧道内、高架或地面上运行，隧道或高架要有足够的空间，以供车辆运行；配置线路结构、通信、信号、供电、给排水等设备必须确保行车安全，与线路保持一定的距离；各种建筑物要与线路保持一定距离，确保设备有效安装和行车安全。

因此，地铁限界分车辆限界、设备限界和建筑限界三种，是工程建设、管线和设备安装位置等必须遵守的依据。一切建筑物在任何情况下，均不得侵入建筑限界；一切设备在任何情况下，均不得侵入设备限界；各种车辆无论空、重状态，均不得超出车辆限界。例如，B

型车对应隧道建筑限界、设备限界和车辆限界如图 1.54、图 1.55 和图 1.56 所示。

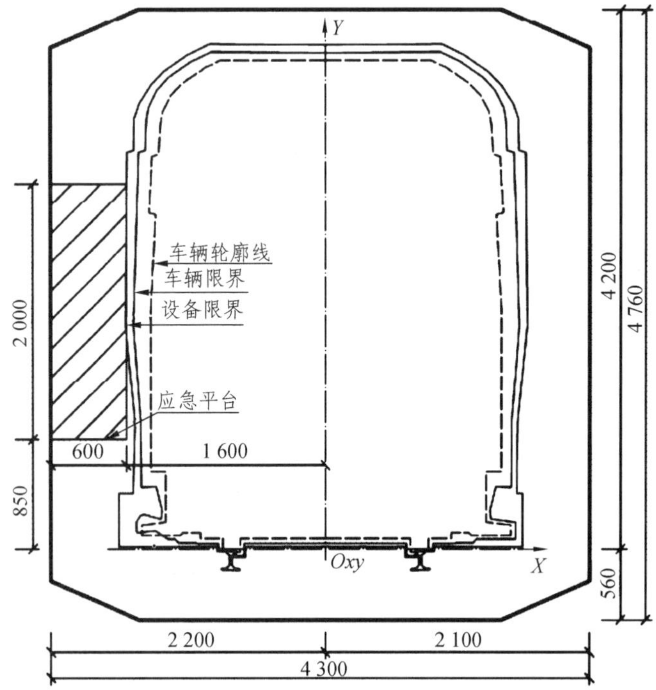

图 1.54　矩形隧道建筑、设备、车辆限界

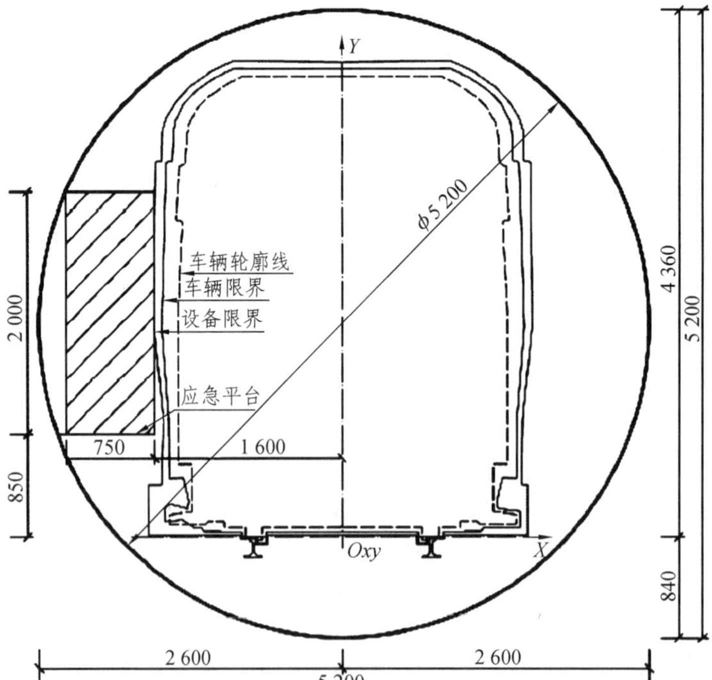

图 1.55　圆形隧道建筑、设备、车辆限界

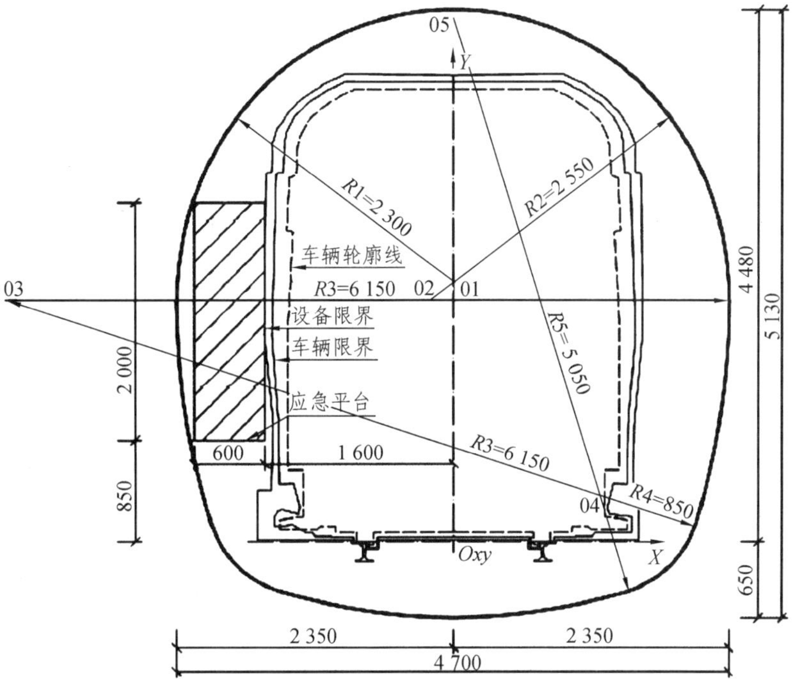

图 1.56　马蹄形隧道建筑、设备、车辆限界

2. 限界的分类

（1）车辆轮廓线。

车辆轮廓线是车辆静止停放在直线轨道上所形成的最大包络线。

（2）车辆限界。

车辆限界是车辆在直线轨道上正常运行状态下所形成的最大动态包络线，用以限制车辆的设计和制造尺寸，以及制定站台和安全门限界。

车辆限界按隧道内、外，分为隧道内车辆限界和隧道外车辆限界；按列车运行区域，分为区间车辆限界、计算长度内站台车辆限界和车辆基地内车辆限界。

（3）设备限界。

设备限界是车辆在运行途中一系悬挂或二系悬挂处于故障状态时的动态包络线，用以限制轨道区的行车设备安装。列车在故障状态下严禁突破设备限界，区间应急疏散平台严禁侵入设备限界。

（4）建筑限界。

建筑限界是在设备限界基础上，满足设备和管线安装尺寸后的最小有效断面。建筑限界中不包括测量误差、施工误差、结构沉降和位移变形等因素。

建筑限界分为隧道建筑限界、高架建筑限界和地面建筑限界。隧道建筑限界按工法分为矩形隧道建筑限界、马蹄形隧道建筑限界和圆形隧道建筑限界。

（5）接触轨限界。

接触轨限界是在隧道内安装接触轨及其支架的尺寸界限。

1.3 地铁车站

1.3.1 车站分类

地铁车站根据所处位置、运营性质、站台形式、是否具有可控 ATS 工作站、埋深、结构横断面形式、车站规模等划分为不同类型。

1. 按车站与地面相对位置分

按车站与地面相对位置可分为地面站、高架站和地下站。

（1）地面站。

设置在地面层。地面车站造价比较低，但占用地面空间，其缺点是造成轨道交通线路所经过的地面区域被分割，所以一般在城乡结合部采用此类型的车站。

（2）高架站。

一般设置在高架轨道交通线路上。由于运营线路所处的地段地面交通十分拥挤或由于城市地下管网、建筑物桩基的影响，造成运营线路只能建造在高架梁上。高架线路适用于一些不宜改造的狭窄的城市道路上空，但是列车运行时产生的噪音较大，车站受环境、天气的影响较大，乘客候车条件较差。

（3）地下站。

由于地面建筑已固定，或是要节省地面空间而将车站埋藏于地下。地下站通过出入口及通道吞吐客流。

2. 按运营性质分

按运营性质可分为终点站、中间站和换乘站等。

（1）终点站。

指线路两端或列车交路两端的车站，除供乘客上下车外，通常还具有列车折返、停留或临时检修等运营功能。停车场的出入场线一般在终点站接轨，办理空车的出入场作业。

（2）中间站。

指地处线路两终端站之间的沿途车站，其主要作用是供乘客乘降。但有些中间站还设有折返线、渡线、存车线等，以便在列车发生故障时能快捷有效地进行列车调整，尽快恢复正常的列车运行秩序。

（3）换乘站。

换乘站设在不同线路的交汇地点，除供乘客上下车外，还供乘客由一条线路的列车换乘到另一条线路的列车上去。其最大的特点是乘客可在计费区内从一条轨道交通线路换乘到另一条轨道交通线路，在最大程度上节省了乘客出站、进站及排队购票的时间，为乘客换乘提供方便。

3. 按车站是否具有可控 ATS 工作站分

按车站是否具有可控 ATS 工作站分为集中站和非集中站。

（1）集中站。

指具有站控功能的车站。集中站车站值班员根据调度命令，可监控集中站管辖线路上的列车运行，办理电话闭塞行车和执行扣车、催发车等列车运行调整措施。集中控制站通常为有道岔车站。

（2）非集中站。

指不具有车站控制功能的车站。非集中站通常为无道岔车站。

4. 按车站埋深分

按车站埋深可分为浅埋车站和深埋车站。浅埋车站采用明挖法或盖挖法施工，线路轨道面至地表距离在 20 m 以内；深埋车站采用暗挖法施工，线路轨道面至地表距离在 20 m 以上。

5. 按车站结构横断面形式分

车站结构横断面形式可分为矩形断面、拱形断面、圆形断面和马蹄形断面等，具体如图 1.57 所示。

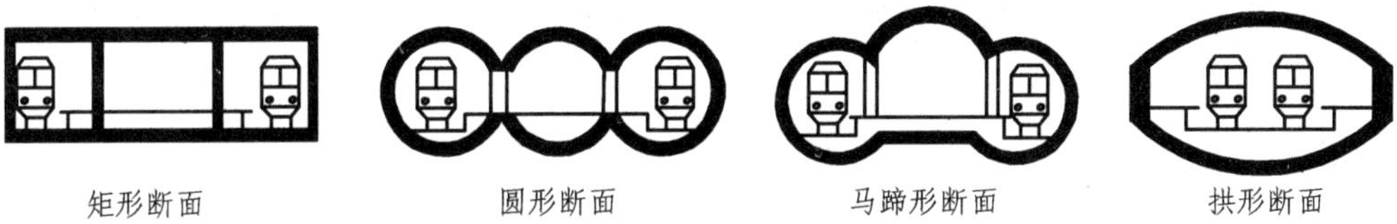

图 1.57　车站断面

6. 按车站规模分

车站规模主要根据本站远期预测高峰小时客流量、所处的位置的重要性、站内设备和管理用房面积、列车编组长度及该地区远期发展规划等因素综合考虑确定。车站规模一般分为 3 个等级。

一等站：适用于客流量大、地处城市中心区的大型商贸中心、大型交通枢纽中心、大型集会广场、大型工业区及位置重要的政治中心地区。

二等站：适用于客流量较大的繁华商业区、中型交通枢纽中心、大中型文体中心、大型公园及游乐场、较大的居住区及工业区。

三等站：适用于客流量较小、地处郊区的车站。

1.3.2　车站的组成

地铁车站由车站主体（站台、站厅、生产/生活用房）、出入口及通道、通风道及地面通风亭等三大部分组成。车站主体主要由以下几部分组成。

1. 乘客使用空间

乘客使用空间是直接为乘客服务的场所，包括付费区、非付费区等。

2. 设备用房

设备用房是安置各类设备、进行日常维修及保养设备的场所。主要分为环境控制机房、事故风机房、通信设备室、信号设备室、通信测试房、环控电控室、消防泵房等。

3. 管理用房

管理用房是车站工作人员的办公房。它包括车站控制室、站长室、票务室、降压值班室及警务室等。

4. 生活用房

生活用房是车站工作人员的日常生活用房。包括更衣室、休息室、茶水间、厕所等。一般设计时，只考虑给工作人员使用，其容量较小，故不对外开放。

1.3.3 车站出入口及通道

车站出入口及通道是车站的门户。其主要作用是集疏客流，供乘客换乘其他交通工具或作有轨交通之间的换乘之用。有些出入口及通道还兼有供行人过街的功能。一般在设计之初都会选择靠近地面交通集散点、著名建筑物、商业区、住宅区等客流繁忙但相对隐蔽之处修建出入口及通道。为方便乘客及疏散客流，一般车站都设有多个出入口，一般不少于2个。按平面形式可分为以下几类：

1. “一”字形出入口

“一”字形出入口占地面积小，结构及施工简单，布置比较灵活，人员进出方便，比较经济。由于口部较宽，不宜修建在路面狭窄地区，如图1.58所示。

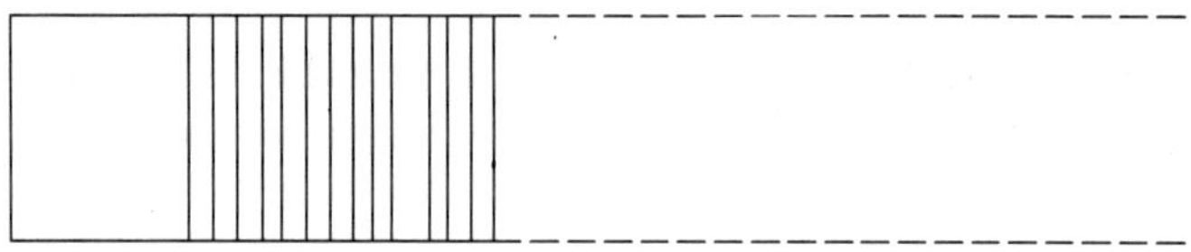

图 1.58 “一”字形出入口

2. “L”形出入口

“L”形出入口方便人员进出，结构及施工稍复杂，比较经济。由于口部较宽，不宜修建在路面狭窄地区，如图1.59所示。

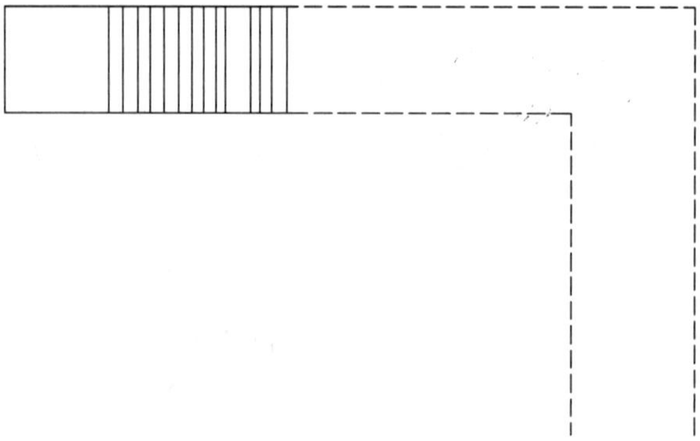

图 1.59 “L”形出入口

3. “T” 形出入口

“T”形出入口方便人员进出，结构及施工稍复杂，造价比前两种形式高。由于口部比较窄，适用于路面狭窄地区，如图 1.60 所示。

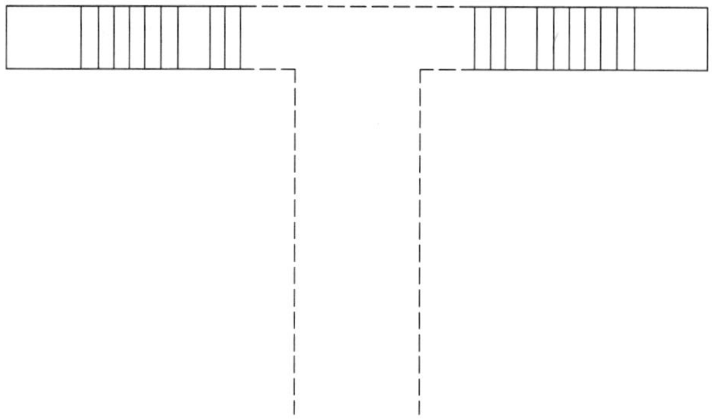

图 1.60　“T” 形出入口

4. “Y” 形出入口

“Y”形出入口常用于一个主出入口通道有两个及两个以上出入口的情况。这种形式布置比较灵活，适应性强，如图 1.61 所示。

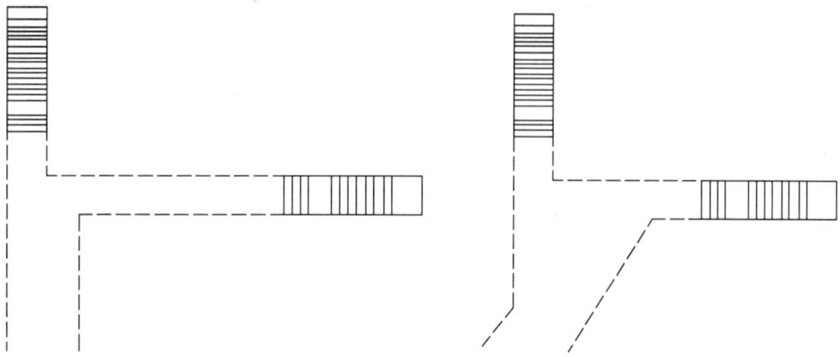

图 1.61　“Y” 形出入口

5. “Π” 形出入口

出入口由于环境条件所限，出入口长度按一般情况设置有困难时，可采用“Π”形布置形式的出入口。此时，出入口人员要走回头路，如图 1.62 所示。

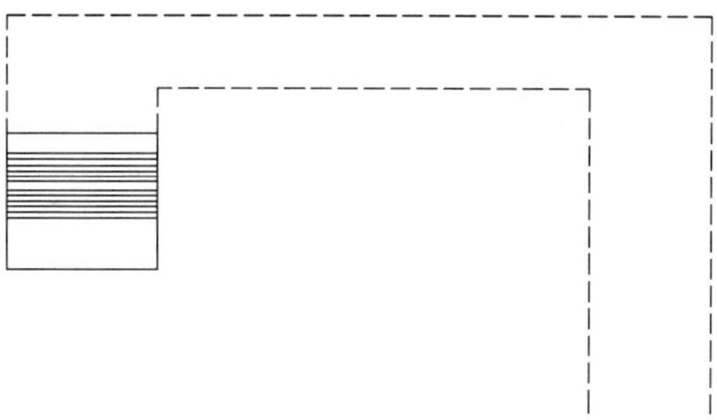

图 1.62　“Π” 形出入口

1.3.4 车站站厅

车站站厅是换乘列车的中转层，其主要作用是集疏客流，为乘客提供售、检票等服务。在站厅层的两端一般设有设备用房、管理用房及生活用房。站厅层一般分为收费区和非收费区。根据客流的大小，在不影响客流集散的同时可以设置商业用房。

地铁站厅的作用是将由出入口进入的乘客迅速、安全、方便地引导到站台乘车，或将下车的乘客同样地引导至出入口出站。站厅的布置有以下 4 种，分别如图 1.63、图 1.64 图、图 1.65 和图 1.66 所示。

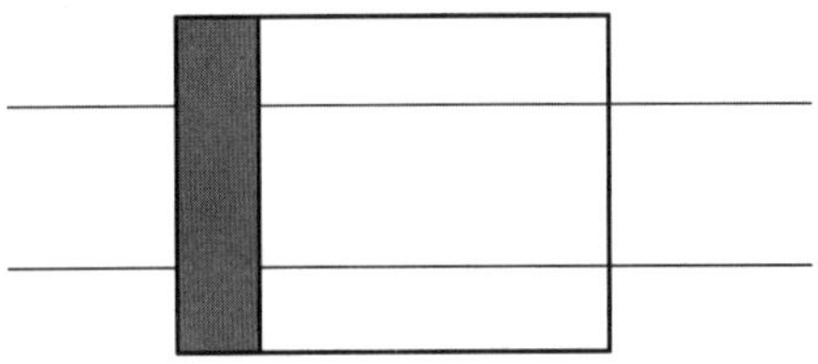

图 1.63　站厅位于车站一端

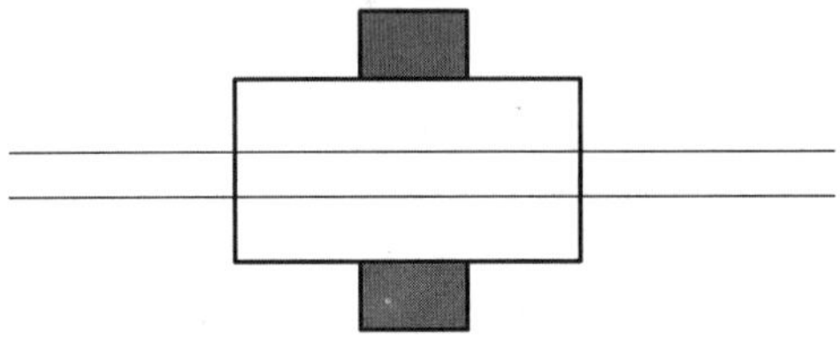

图 1.64　站厅位于车站两侧

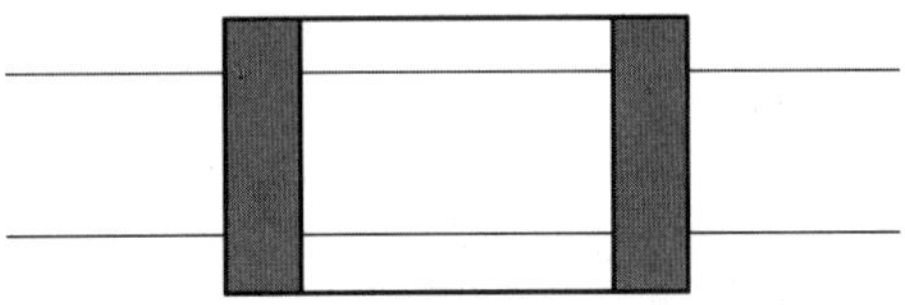

图 1.65　站厅位于车站上层

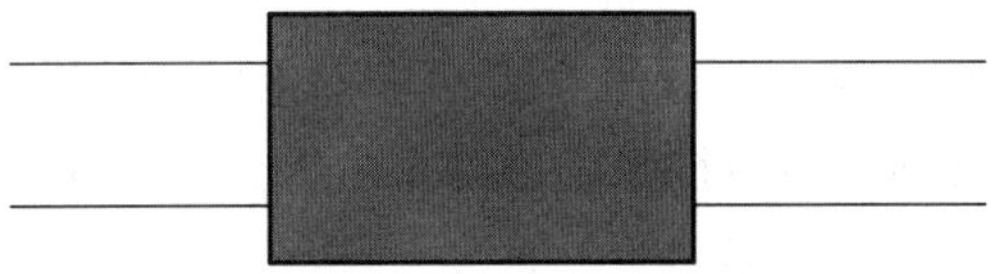

图 1.66　站厅位于车站两侧的上层或下层

1.3.5 车站站台

车站站台由乘降平台、楼梯（自动扶梯）、安全门（屏蔽门）、管理用房、行车道等组成，是供乘客上、下列车及候车的场所。站台的大小取决于远期预测的高峰小时的客流量。站台一般不设生活用房，因站台直接与股道相接，如无安全门，则安全性较差。

站台有效长度即是站台计算长度，其量值为远期列车编组有效使用长度加上停车误差（我国地铁设计规范中规定为 1 ~ 2 m）。昆明地铁站台长度为 120 m。

有效使用长度——无安全门的站台指首末两节车司机门之间的长度；有安全门的站台为首末两节车不包括司机门的安全门所围长度。

按形式不同，车站站台有岛式站台、侧式站台、混合式站台和纵列式站台等。

1. 岛式站台

位于上、下行行车线路之间的站台称为岛式站台。具有岛式站台的车站称为岛式站台车站（简称岛式车站），如图 1.67 所示。

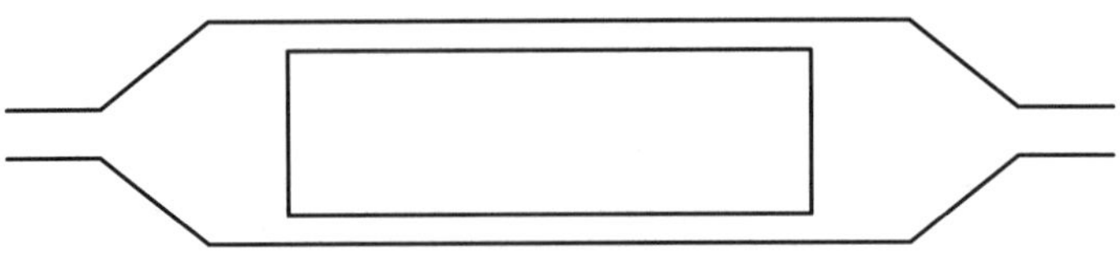

图 1.67　岛式站台

2. 侧式站台

位于上、下行车线路两侧的站台称为侧式站台。具有侧式站台的车站称为侧式站台车站（简称侧式车站），如图 1.68 所示。

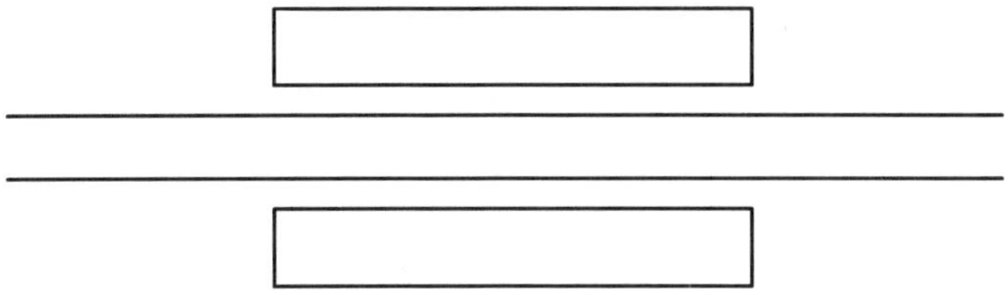

图 1.68　侧式站台

3. 混合式站台

岛、侧混合式站台是将岛式站台及侧式站台同设在一个车站内，具有这种站台形式的车站称为岛、侧混合式站台车站（简称岛、侧混合式车站），如图 1.69 所示。

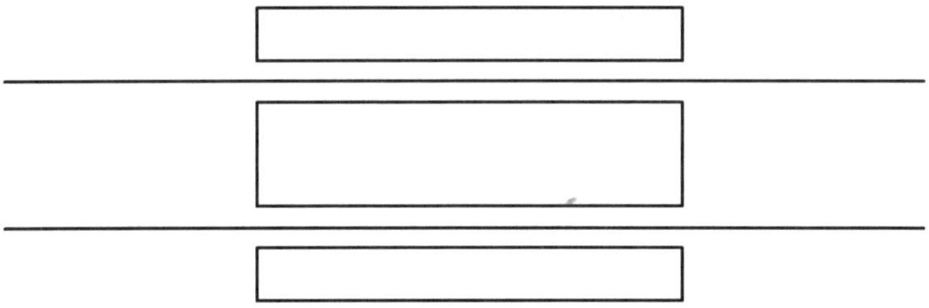

图 1.69　混合式站台

4. 纵列式站台

站台纵向相隔布置，此种布置形式很少见，具体如图 1.70 所示。

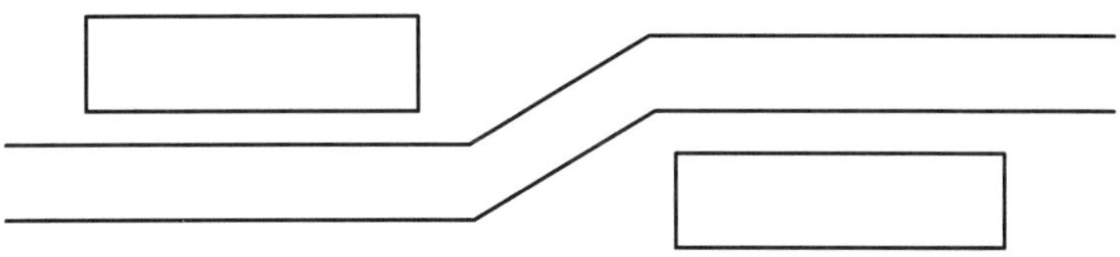

图 1.70　纵列式站台

1.3.6　车站换乘

按车站换乘形式分为“一”字形换乘、“L”形换乘、“T”形换乘、“十”字形换乘等。

1. “一”字形换乘

两个车站上下重叠设置，构成“一”字形组合。站台上下对应，双层设置，便于布置楼梯、自动扶梯，换乘方便，如图 1.71 所示。

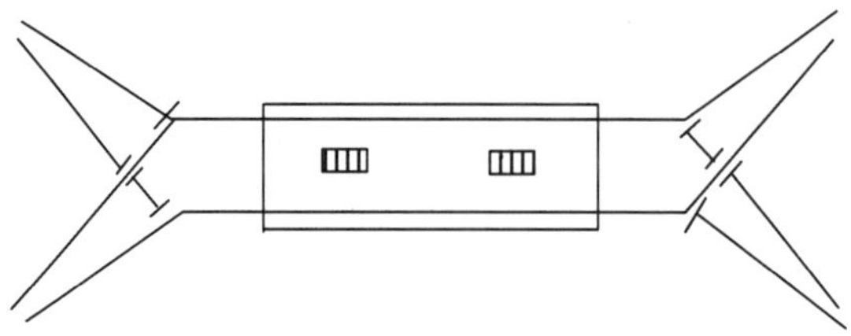

图 1.71 “一”字形换乘

2. “L”形换乘

两个车站上下立交，车站端部相互连接，在平面上构成“L”形组合，如图 1.72 所示。

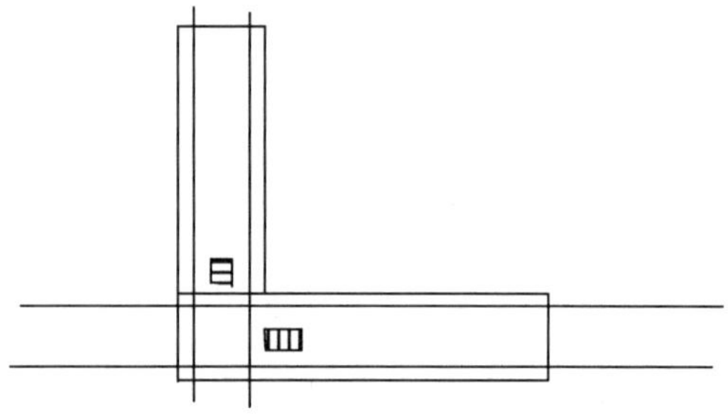

图 1.72 “L”形换乘

3. “T”形换乘

两个车站上下立交，其中一个车站的端部与另一个车站的中部相连接，在平面上构成“T”形组合，如图 1.73 所示。

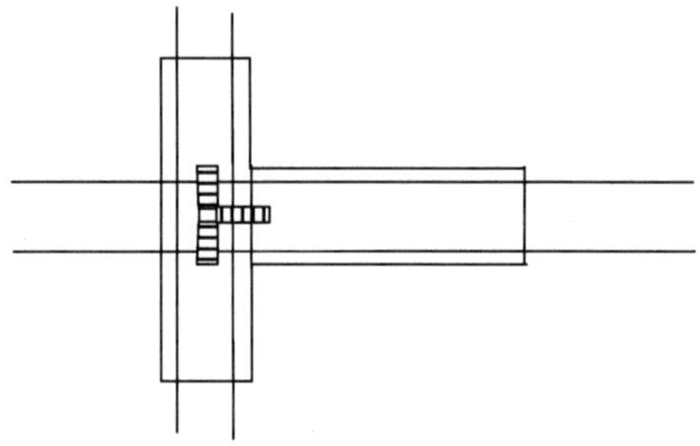

图 1.73 “T”形换乘

4. “十”字形换乘

两个车站中部相立交，在平面上构成“十”字形组合，如图 1.74 所示。

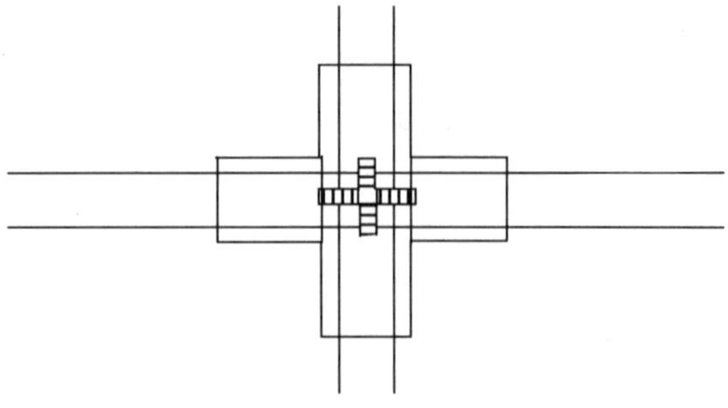

图 1.74 “十”字形换乘

1.4　技术设备

1.4.1　道　岔

1. 道岔的定义和位置

道岔是引导机车车辆从一条线路转入或越过另一条线路的过渡设备，是轨道的重要组成部分，也是轨道的薄弱环节之一。由于道岔数量多，使用寿命短，限制列车速度，行车安全性低，因此与曲线、接头并称为轨道的三大薄弱环节。道岔如图 1.75 所示。

图 1.75　道岔现场布置

地铁规定道岔开通直股称为定位，道岔开通侧股为反位。单式对称道岔、三开道岔等特殊道岔以具体的规定为准。

2. 道岔组成

道岔主要由转辙部分、连接部分、辙叉及护轨部分三个单元组成，如图 1.76 所示（尖轨与叉心为道岔的薄弱环节）。

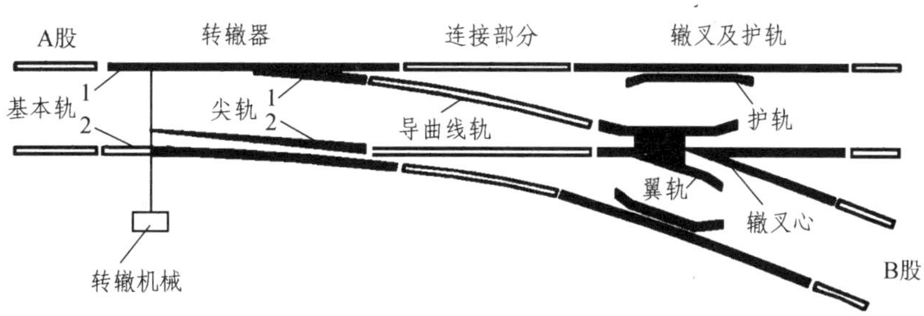

图 1.76　道岔的组成

（1）转辙部分。

转辙部分由尖轨、基本轨、连接零件（包括连接杆、滑床板、垫板、轨撑、顶铁、尖轨跟端结构等）及转辙机械组成。

① 尖轨。

尖轨是转辙器部分最重要的组成部件。通过转辙机械的作用，两根尖轨往复摆动，从而引导机车车辆进入主线或侧线行驶。

② 基本轨。

基本轨是用 12.5 m 或 25 m 标准轨经过适当加工制成的。主线基本轨为直线形，侧线基本轨为折线或曲线形。

③ 连接零件。

a. 滑床板。

在整个尖轨长度范围内的岔枕面上，有承托尖轨和基本轨的滑床板。滑床板有分开式和不分开式两类，不分开式用道钉将轨撑、滑床板直接与岔枕联结；分开式是轨撑由垂直螺栓先与滑床板联结，再用道钉或螺纹道钉将垫板与岔枕联结。尖轨放置于滑床板上，与滑床板间无扣件联结。

b. 轨撑。

用以防止基本轨倾覆、扭转和纵横向移动的轨撑安装在基本轨的外侧。它用螺栓与基本轨相连，并用两个螺栓与滑床板连接。轨撑有双墙式和单墙式之分。提速道岔中由于扣件扣紧力足够大，未设轨撑。轨撑如图 1.77、图 1.78 所示。

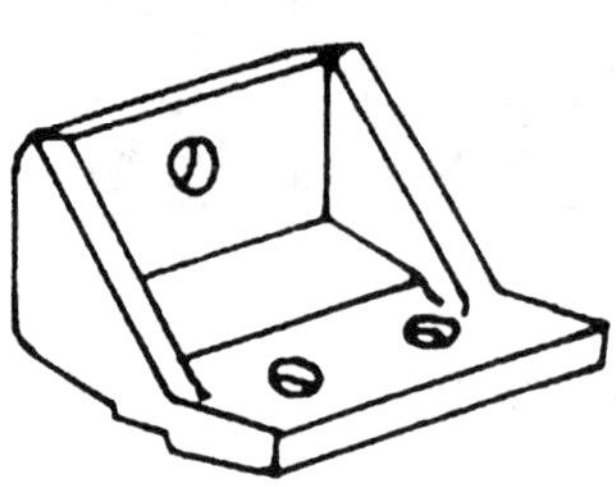

图 1.77　双墙式轨撑

图 1.78　单墙式轨撑

c. 顶铁。

尖轨刨切部位紧贴基本轨，而在其他部位则依靠安装在尖轨外侧腹部的顶铁，将尖轨承受的横向水平力传递给基本轨，以防止尖轨受力时弯曲，并保持尖轨与基本轨的正确位置。顶铁形式如图 1.79、图 1.80 和图 1.81 所示。

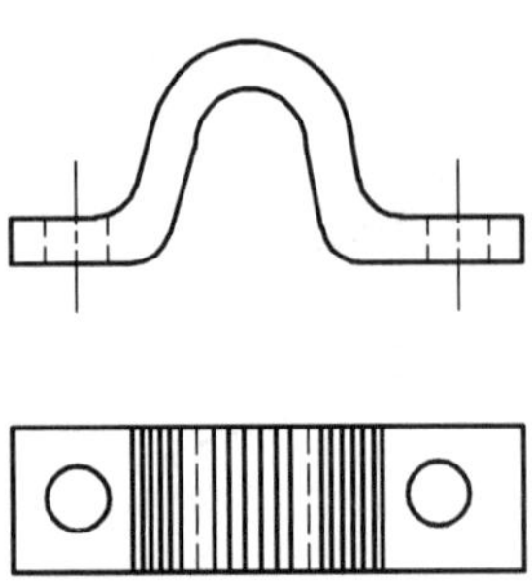

图 1.79　圆形顶铁

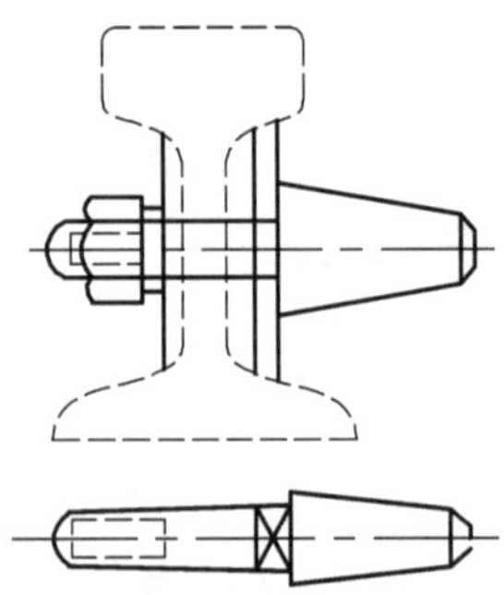

图 1.80　锥形顶铁

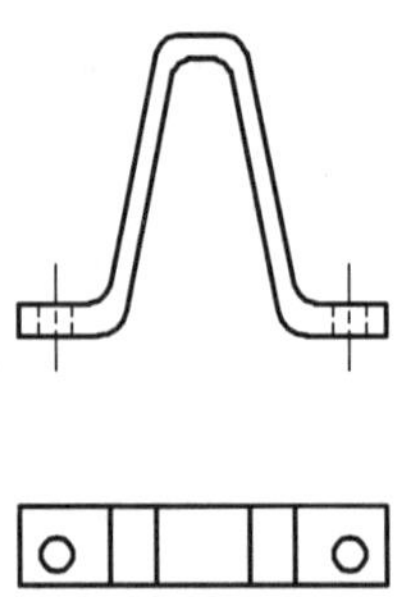

图 1.81　梯形顶铁

d. 各种特殊形式的垫板。

如铺设在尖轨之前的辙前垫板和之后的辙后垫板；铺设在尖轨尖端和尖轨跟端的通长垫板；为保持导曲线的正确位置而设置的支距垫板等。

e. 道岔拉杆和连接杆。

道岔拉杆连接两根尖轨，并与转辙设备相连，以实现尖轨的摆动，故又叫转辙杆。连接杆为连接两根尖轨的杆件，其作用是加强尖轨间的联系，提高尖轨的稳定性。

f. 尖轨的跟端结构。

我国铁路尖轨概端构造主要采用间隔铁式和弹性可弯式两种，具体如图 1.82 和图 1.83 所示。

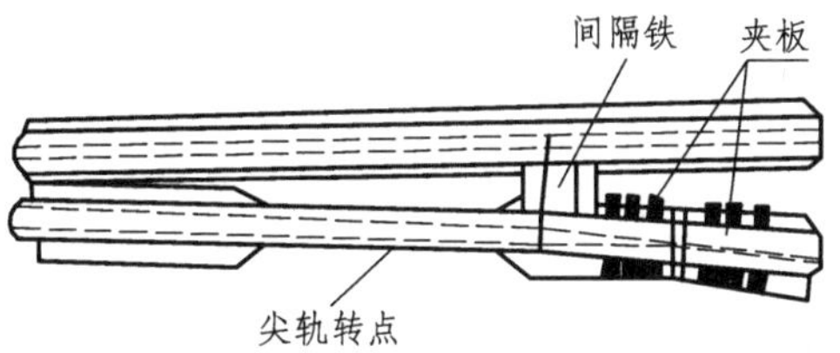

图 1.82　弹性可弯式

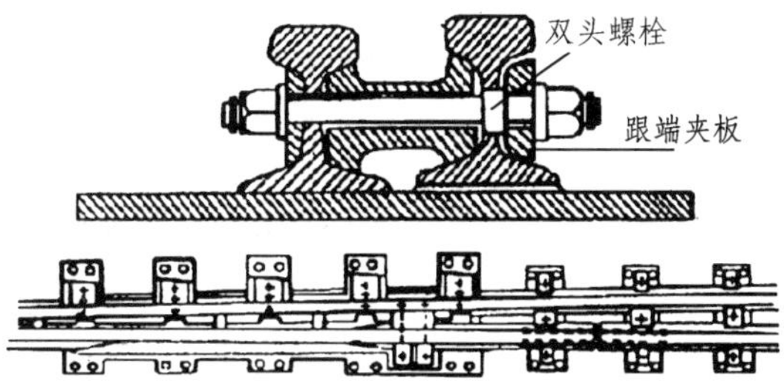

图 1.83　间隔铁式

④ 转辙机械。

最常用的道岔转换设备的种类有机械式和电动式。若按操纵方式分类，则有集中式和非集中式两类。机械式转换设备可以为集中式或非集中式，电动式转换设备则为集中式。道岔转换设备必须具备转换（改变道岔开向）、锁闭（锁闭道岔，在转辙杆中心处尖轨与基本轨之间不允许有 4 mm 以上的间隙）和表示（显示道岔的正位或反位）等三种功能。

尖轨与基本轨的贴靠方式通常有两种，即贴尖式与藏尖式。如图 1.84、图 1.85 所示。

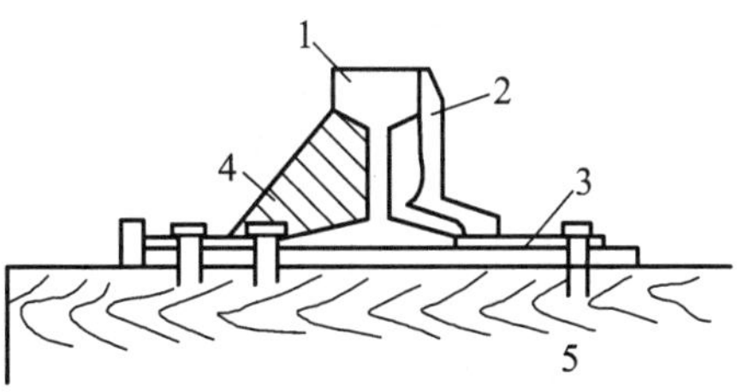

图 1.84　贴尖式尖轨

1—基本轨；2—尖轨；3—滑床板；4—轨撑；5—岔枕

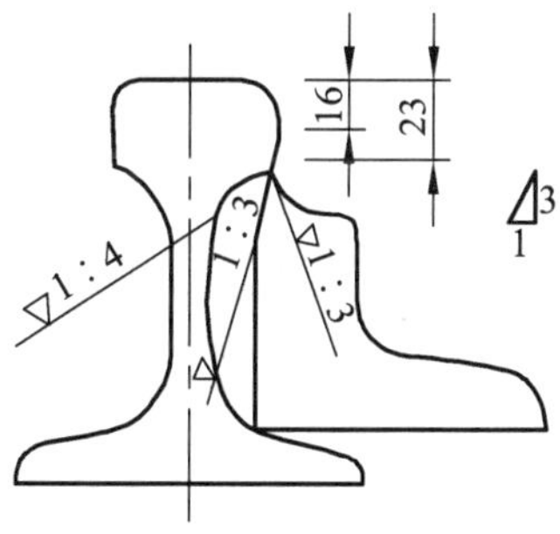

图 1.85　藏尖式尖轨

（2）连接部分。

连接部分由导轨、基本轨组成，它将转辙部分和辙叉部分连成一组完整的道岔。

连接部分是转辙器和辙叉之间的连接线路，包括直股连接线和曲股连接线（亦称为导曲线）。直股连接线与区间线路构造基本相同。导曲线的平面形式可以是圆曲线、分缓和曲线或变曲率曲线。目前我国铁路上铺设的道岔导曲线均为圆曲线，当转辙器尖轨或辙叉为曲线形时，尖轨或辙叉本身就是导曲线的一部分，确定导曲线平面形式时应将尖轨或辙叉平面一并考虑。圆曲线两端一般不设缓和曲线。导曲线由于长度及限界的限制，一般不设超高和轨底坡。

为防止导曲线钢轨在动荷载作用下外倾及轨距扩大,可设置一定数量的轨撑或轨距拉杆。还可与区间线路一样设置一定数量的防爬器及防爬木撑，以减少钢轨的爬行。

连接部分一般配置 8 根钢轨，直股连接线 4 根，曲股连接线 4 根，如图 1.86 所示。配轨时要考虑轨道电路绝缘接头的位置和满足对接接头的要求，并尽量采用 12.5 m 或 25 m 长的标准钢轨。连接部分使用的短轨，一般不短于 6.25 m，在困难的情况下，不短于 4.5 m。

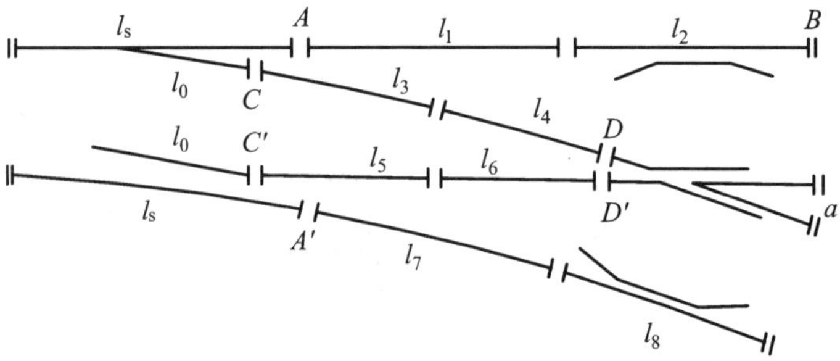

图 1.86　道岔连接部分

（3）辙叉部分。

辙叉是使车轮由一股钢轨越过另一股钢轨的设备。按平面形式分，辙叉有直线辙叉和曲线辙叉两类；按构造类型分，有固定辙叉和活动辙叉两类。单开道岔上，直线式固定辙叉最为常用。辙叉部分由辙叉心、翼轨、护轨等组成，如图 1.87 所示。

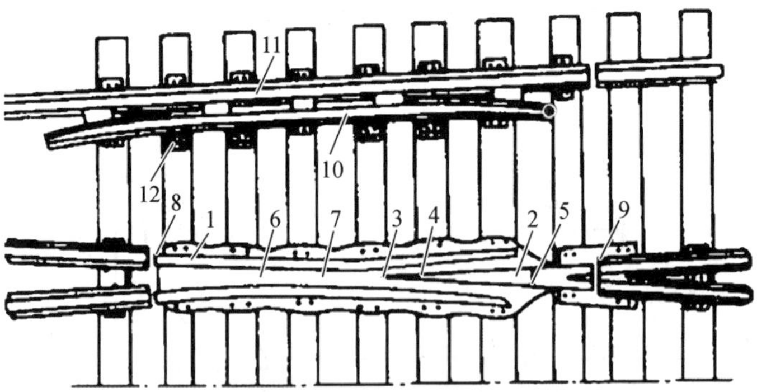

图 1.87　辙岔的组成

1—翼轨；2—心轨；3—理论尖端；4—实际尖端；5—辙叉角；6—辙叉咽喉；7—有害空间；8—辙叉趾端；9—辙叉跟端；10—护轨；11—主轨；12—护轨垫板

① 辙叉。

a. 固定辙叉。

直线式固定辙叉分两种，即整铸辙叉和钢轨组合式辙叉，如图 1.88、图 1.89 所示。

整铸辙叉是用高锰钢浇铸的整体辙叉。高锰钢是一种锰、碳含量均较高的合金钢（含锰

12.5%，含碳 1.2%），具有较高的强度和良好的冲击韧性，经热处理后，在冲击荷载作用下，会很快产生硬化，使表面具有良好的耐磨性能。同时，由于心轨和翼轨同时浇铸，整体性和稳定性好，可以不设辙叉垫板而直接铺设在岔枕上。这种辙叉还具有使用寿命长、养护维修方便的优点。

钢轨组合式辙叉是用钢轨及其他零件经刨切拼装而成的，它由长心轨、短心轨、翼轨、间隔铁、辙叉垫板及其他零件组成。辙叉是由长、短心轨拼装而成，长心轨应铺设在正线或运量较大的线路方向上，为尽可能保持长心轨断面的完整，而将短心轨刨去一部分，使短心轨轨底叠盖在长心轨轨底上，以保持叉心的坚固稳定。这种结构取材容易，无特殊工艺要求，加工制造方便。但这种结构零件多，养护工作量大，目前我国正线上已很少使用。

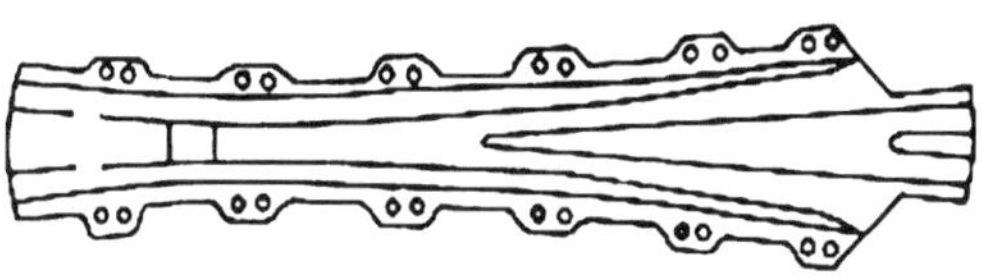

图 1.88　整铸辙叉

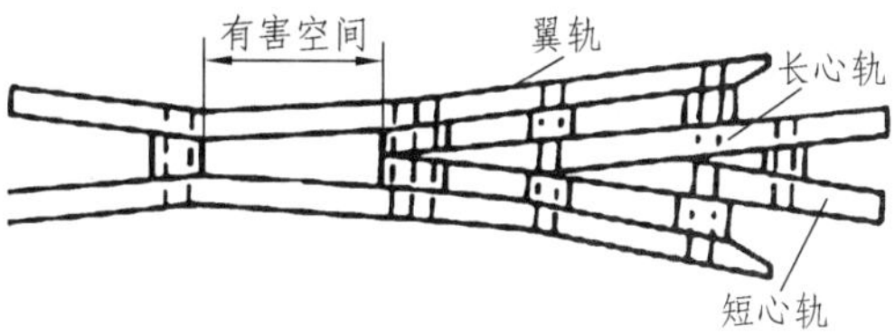

图 1.89　组合辙叉

翼轨由普通钢轨弯折刨切而成，用间隔铁及螺栓与叉心连接在一起，与辙叉间形成必要的轮缘槽，引导车轮行驶。翼轨作用边开始弯折处称为辙叉咽喉，是两翼轨作用边之间的最窄距离，从辙叉咽喉至实际尖端之间，有一段轨线中断的空隙，称为道岔的“有害空间”，如图 1.90 所示。道岔号数愈大，辙叉角愈小，有害空间愈大。车轮通过较大的有害空间时，叉心容易受到撞击，为保证车轮安全通过有害空间，必须在辙叉相对位置的两侧基本轨内侧设置护轨，借以引导车轮沿正确方向行驶。

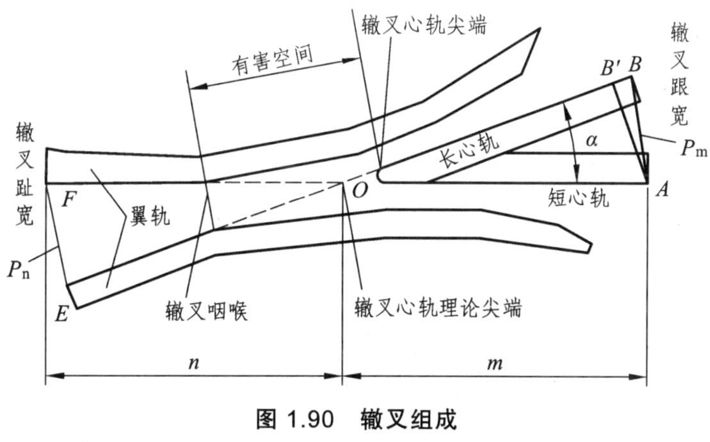

图 1.90　辙叉组成

当车轮沿翼轨向叉心方向滚动时，由于车轮踏面是锥形的，车轮逐渐下降，当车轮离开翼轨完全滚到心轨后，又恢复到原来的高度，因此，产生了垂直不平顺。为了消除垂直不平顺，并防止心轨在其前端断面过分削弱部分承受车轮荷载，采用了提高翼轨顶面和降低心轨前端顶面的做法，将翼轨顶面做成 1∶20 的横坡，使翼轨和心轨顶面之间保持必要的相对高差。

护轨设于固定辙叉的两侧，用于引导车轮轮缘，使之进入适当的轮缘槽，防止与叉心碰撞。目前我国道岔的护轨类型主要有钢轨间隔铁型、H 型和槽型三种。护轨的防护范围应包括辙叉咽喉至叉心顶宽 50 mm 的一段长度，并要求有适当的余裕。辙叉护轨由中间平直段、两端缓冲段和开口段组成，如图 1.91 所示。护轨平直段是实际起防护作用的部分，缓冲段及开口段起将车轮平顺地引入护轨平直段的作用。缓冲段的冲击角应与列车的允许通过速度相匹配。

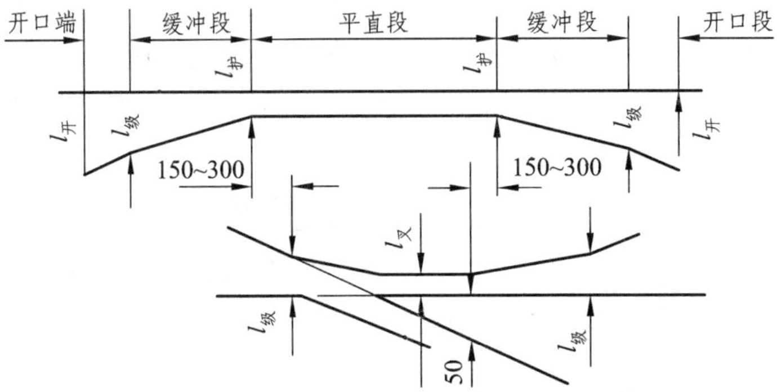

图 1.91 护轨

b. 可动辙叉。

可动辙叉是指辙叉个别部件可以移动，以保证列车过岔时轨线的连续，消除固定辙叉上存在的有害空间，并可取消护轨，同时辙叉在纵断面上的几何不平顺也可以大大减少，从而显著降低辙叉部位的轮轨相互作用，提高运行平稳性，延长辙叉的使用寿命。长期的运营实践表明，可动心轨辙叉的使用寿命为同型号高锰钢整铸辙叉的 6 ~ 9 倍，养护维修工作量减少 40%，同时大大减少了机车车辆通过时的冲击力，提高了过岔容许速度及旅行舒适度。可动辙叉有可动心轨式辙叉、可动翼轨式辙叉、其他消灭有害空间的辙叉三种型式。

可动心轨式辙叉中心轨可动，翼轨固定。这种辙叉结构的优点是列车作用于心轨的横向力能直接传递给翼轨，保证了辙叉的横向稳定性。由于心轨的转换与转辙器同步，不会在误认进路时发生脱轨事故，故能保证行车安全。缺点是制造比较复杂，并较固定式辙叉长。可动心轨辙叉包括两根翼轨、长心轨、短心轨、转换设备及各种连接零件，分为钢轨组合型可动心轨辙叉及锰钢型可动心轨辙叉两大类。心轨跟端有铰接式和弹性可弯式两种。铰接式心轨跟端通过高强度螺栓固定在翼轨的间隔铁上，能保证心轨与翼轨的相对位置，并传递水平力。这种辙叉便于铸造，转换力较少，可以保持原有固定式辙叉的长度。铺设这种可动心轨辙叉不致引起车站平面的变动，因此，尤其适用于既有线站场的技术改造。但是在辙叉范围内出现活接头，不如弹性可弯式结构稳妥可靠。弹性可弯式跟部结构有两种形式，即心轨的一支跟端为弹性可弯式，另一端为活动铰接式；或是心轨的两支均为弹性可弯式。前一种结构不仅连接可靠，而且构造简单，辙叉轨换力也较小，我国研制的可动心轨辙叉选用的就是这种形式。后一种结构在转换时长短心轨接合面上将产生少量的相对滑动，这种心轨较长，且转换力要求较大。

可动翼轨式辙叉这类结构中心轨固定，翼轨可动，又可分为单侧翼轨可动和双侧翼轨可动两种形式。这类辙叉可以设计成与既有固定辙叉互换的尺寸，铺设时可以避免引起站场平面的变动，同时又满足了消灭有害空间的要求，缺点是可动翼轨的横向稳定性较差，翼轨的固定装置结构复杂。

其他消灭有害空间的辙叉形式，如德国的 UIC60 型钢轨道岔，采用滑动的滑块填塞辙叉轮缘槽。

我国从 1972 年开始，先后在一些主要干线上试铺了 12 号弹性可弯式心轨活动辙叉道岔，其中技术含量最高的为可动心轨式提速道岔。其直向通过速度可达到 160 km/h，并可用于跨区间无缝线路中。该道岔采用长翼轨结构，心轨末端与翼轨间采用间隔铁及高强度螺栓连接，区间温度力可通过间隔铁的摩擦阻力在长心轨与翼轨间传递。长心轨跟端为弹性可弯式，短心轨跟端为滑动端。直向不设护轨，侧向因防止心轨侧面磨耗影响直股密贴设置有防磨护轨。长短心轨均用 60 AT 轨制造，长心轨第一牵引点在轨底下部设有转换凸缘。翼轨用 60 kg/m 普通钢轨制造，对应长心轨转换凸缘部位，翼轨内侧轨底需进行刨切，为此在外侧轨腰上设有补强板，下部设有桥板，以保证翼轨强度。提速道岔为我国主要干线普遍提速作出了巨大贡献。

② 护轨。

护轨是固定型辙叉的重要组成部分，设于固定辙叉的两侧，是控制车轮运行方向，防止其在辙叉有害空间冲击或爬上辙叉心轨尖端，保证行车安全的重要设备。具体如图 1.92 所示。

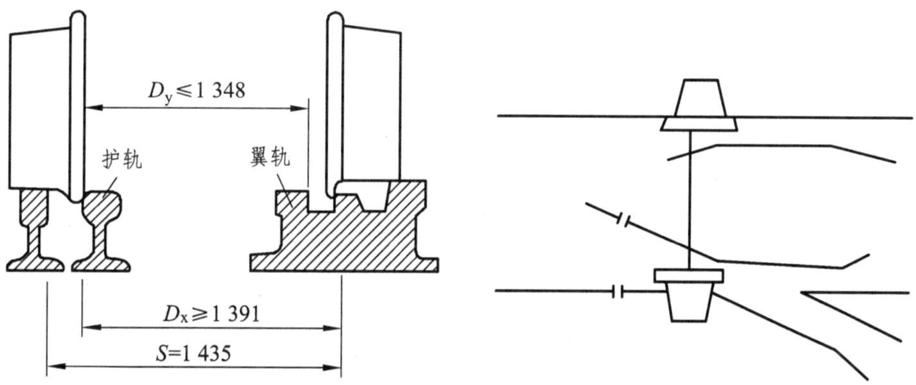

图 1.92　护轨导轨方式

（4）道岔类型。

道岔的基本形式有三种：即线路的连接道岔、交叉道岔、连接道岔与交叉道岔的组合。

连接道岔：使机车车辆从一股轨道转入另一股轨道，主要有各类单式和复式道岔。

交叉道岔：使机车车辆从一股轨道越过另一股轨道，主要有直角交叉和菱形交叉。

连接道岔与交叉道岔的组合：具备转入和越过的双重功能，主要有交分道岔、交叉渡线和梯线。

道岔的标准类型主要有普通单开道岔、三开道岔、交分道岔（单式、复式）、交叉渡线道岔等。

地铁与轻轨线路上常用的是普通单开道岔，占全部道岔总数的 95%以上。

道岔的分类如图 1.93 所示，道岔类型示意图如表 1.3 所示。

- 道岔
  - 线路的连接
    - 单式道岔
      - 普通单开道岔
        - 左开道岔
        - 右开道岔
        - 单式对称道岔
        - 单式同侧道岔
      - 对称道岔
    - 复式道岔
      - 对称三开道岔
      - 不对称三开道岔
  - 交叉
    - 直角交叉
    - 菱形交叉
  - 连接与交叉的组合
    - 交分道岔
    - 渡线

图 1.93　道岔的分类

表 1.3　道岔类型示意图汇总表

基本形式	类型	道岔示意图	备　注
线路的连接道岔	左开道岔	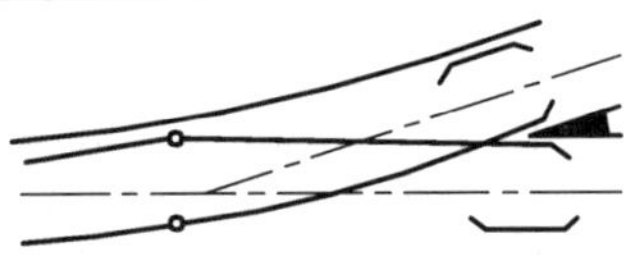	单开道岔是主线为直线，侧线向主线的左侧或右侧分支的道岔。站在道岔前端面向尖轨，侧线向左分支的道岔称为左开道岔，侧线向右分支的道岔称为右开道岔
	右开道岔		
	单式对称道岔	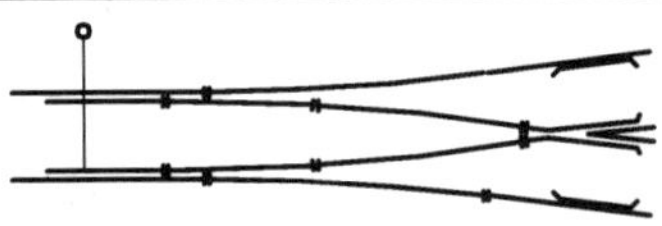	单式对称道岔是把直线轨道分为左右对称的两条轨道的道岔
	单式不对称道岔	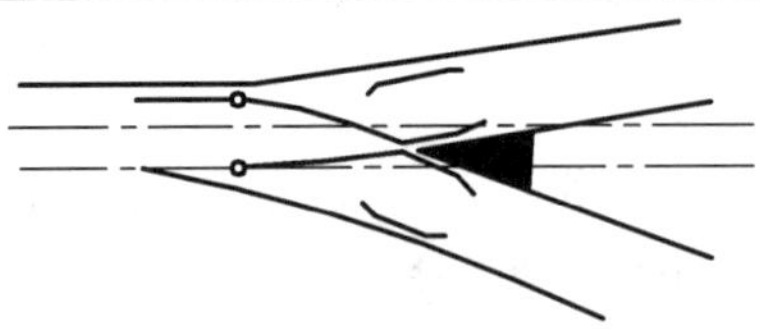	单式不对称道岔是把直线轨道分为左右不对称的两条轨道的道岔
	单式同侧道岔	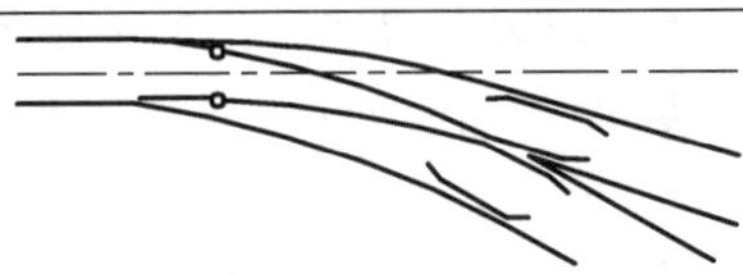	单式同侧道岔是把直线轨道在同一侧分为两条轨道的道岔
	对称三开道岔	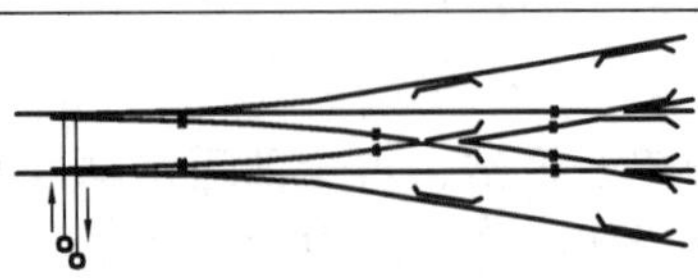	对称三开道岔主线为直线，用同一部位的两组转辙器，将一条轨道分为三条，两侧为对称分支的道岔

续表 1.3

基本形式	类型	道岔示意图	备　注
线路的连接道岔	不对称三开道岔	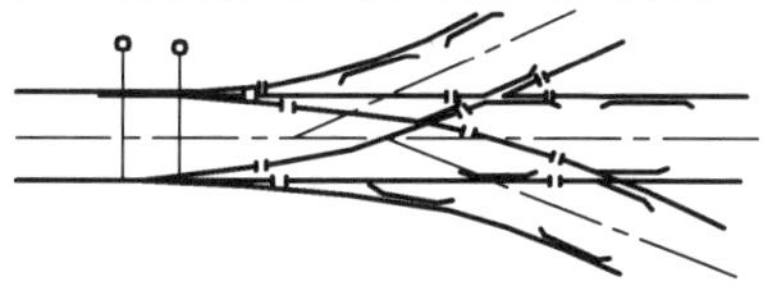	不对称三开道岔主线为直线，在不同部位用两组转辙器，将一条轨道分为三条，两侧为不对称分支的道岔
交叉道岔	菱形交叉	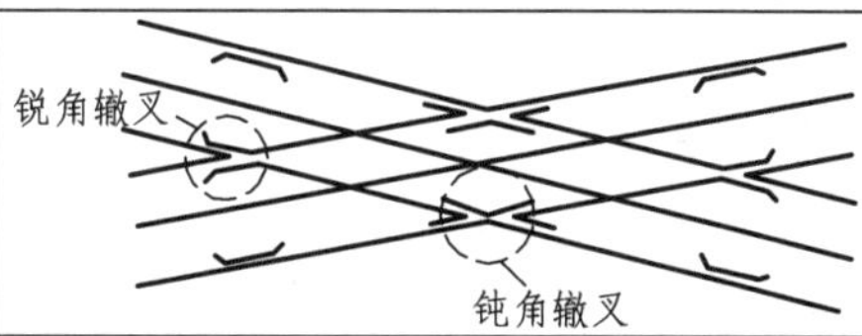	两直线轨道在同一平面上相互成菱形的交叉
连接道岔与交叉道岔的组合	单式交分道岔	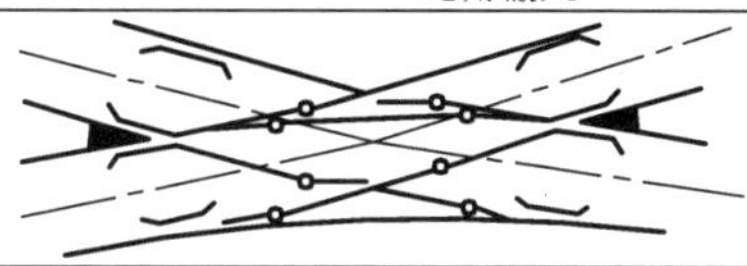	单式交分道岔：列车只能一侧转线的道岔称为单式交分道岔
	复式交分道岔	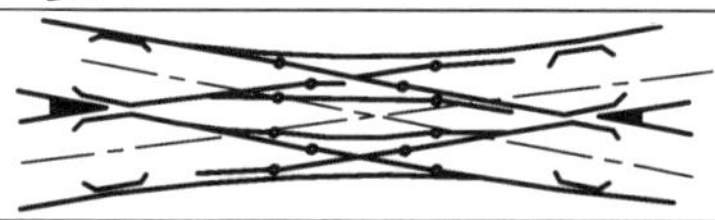	复式交分道岔：列车能由两侧转线的道岔称为复式交分道岔
	交叉渡线	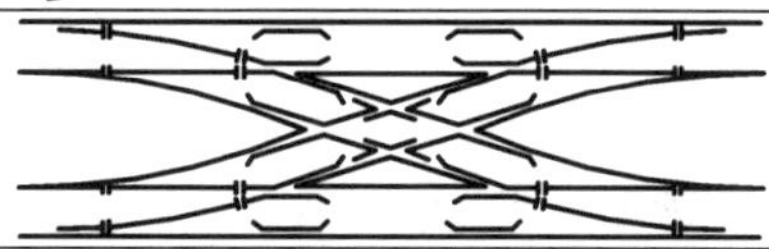	交叉渡线是相邻两线路间由两条相交的渡线和一组菱形交叉道岔组成的设备
	单渡线		使列车由一线转入他线的设备，由两组单开道岔及一条连接轨道组成

（5）道岔的号数。

道岔各有其代号，比如 9 号道岔、12 号道岔、18 号道岔等。采用大号道岔对列车运行是有利的。不过，事物总有它的两面性，道岔号数越大，道岔越长，造价自然就高，占地也要多得多。因此，采用什么号数的道岔要因地制宜，因线而异，不可一概而论。

道岔以它的钢轨每米质量及道岔号数区分类型。目前我国的钢轨有 75 kg/m、60 kg/m、50 kg/m、45 kg/m 和 43 kg/m 等类型，标准道岔号数（用辙叉号数来表示）有 6、7、9、12、18、24 号等，并以 9 号及 12 号最为常用。

一般情况下，地铁正线采用 9 号道岔，车辆段采用 7 号道岔，试车线采用 9 号道岔。

（6）道岔编号。

道岔编号从列车到达方向起顺序编号，上行为双号，下行为单号；尽头线上，向线路终点方向顺序编号。车站划分车场时，每个车场的道岔单独编号。一个车站不准有相同的编号。股道编号，单线区段内的车站，从靠近站舍的线路起，向远离站舍方向顺序编号；双线区段内的车站，从正线起顺序编号，上行为双号，下行为单号；尽头式车站，向终点方向由左侧开始编号，如站舍位于线路一侧时，从靠近站舍的线路起，向远离站舍方向顺序编号。

（7）道岔长度。

道岔始端（或称岔头）与道岔终端（或称岔尾）之间的距离称为道岔长度。尖轨尖端前基本轨端轨缝中心处称道岔始端，而辙叉根端轨缝中心处则称道岔终端。道岔全长示意图如图 1.94 所示。

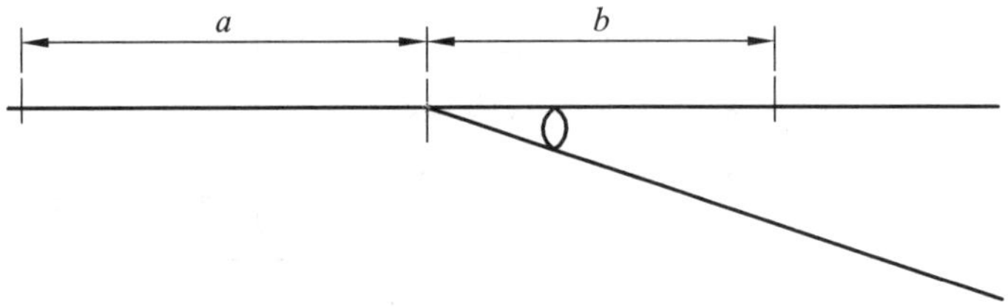

图 1.94　道岔全长示意图

道岔全长 = $a + b$；

a—从尖轨前基本轨端点起到道岔的中心点距离；b—从道岔的中心点到辙叉根部距离

顺向过岔与逆向过岔：列车通过道岔时，凡是由道岔终端驶向道岔始端时，称为顺向通过道岔，反之由始端驶向终端时，称为逆向通过道岔。

（8）道岔的四种状态。

①“定位”状态，即道岔开通岔线直向，并密贴于基本轨；

②“反位”状态，即道岔开通岔线侧向，并密贴于基本轨；

③“转换”又称“动作”状态，即道岔正由“定位”状态向“反位”状态动作或由“反位”状态向“定位”状态动作；

④ “四开”状态，即道岔尖轨不密贴于两根基本轨中的任何一根，且不在“转换” 状态，但要同道岔的“四开表示”区别开。

道岔密贴：就是道岔尖轨的一端与基本轨的一端紧密贴合，其贴合处存在的间隙必须小于《铁路技术管理规定》所规定的最小限度，我们把这种状态称为道岔的“密贴”状态，它也是道岔的另一种状态。

道岔四开表示：道岔四开表示又称道岔定反位无表示。道岔位置表示是由道岔实际开通位置、转辙机上的自动开闭器接点位置及道岔表示继电器位置三者的一致性来反映的。也就是说，这三者的位置一致时，才能正确地反映出道岔的实际位置。其中的一个位置不正确，则反映道岔在四开状态（道岔在正常转换过程中除外）。但此时道岔很可能是处于“定位”或“反位”状态的，只不过是由于后两者的原因而造成的道岔四开表示。道岔四开表示如图 1.95 所示。

图 1.95　道岔四开表示

（9）道岔转辙机的操纵方式和锁闭方式。

① 道岔转辙机的操纵方式。

转辙机有电动转换和人工转换两种操纵方式。

设备正常时，运行操作人员利用控制台（或显示器）上的有关按钮进行集中操纵。

停电、转辙机故障以及有关轨道电路故障时，只能使用手摇方式转换道岔。

② 道岔转辙机的锁闭方式。

对道岔实施锁闭指的是通过机械及电气方式将列车正在经过，或已发出指令允许列车经过（例如办理好进路）的道岔进行固定，防止道岔错误转换。

锁闭道岔的方式有机械锁闭和电气锁闭两种形式。

机械锁闭是当道岔转换到位后利用转辙机的内锁闭或外锁闭装置自动实现的，用于确保列车运行时尖轨与基本轨保持密贴。当设备故障时，需人工利用钩锁器等设备对道岔尖轨实施锁闭以保证行车安全。

电气锁闭是利用继电器触点等断开转辙机电路，确保列车占用或已发出指令允许列车经过时，不会由于误操作导致道岔转换。

转辙机一般由转换、锁闭和表示三部分组成，用转换部分改变尖轨的位置，用锁闭部分将尖轨牢固地锁在与基本轨密贴的位置上，用表示部分反映道岔所处的状态，以使道岔与进路、信号机取得联锁。

1.4.2　通　信

地铁通信系统由专用通信系统、商用通信系统、警用通信系统组成。

专用通信系统由传输系统、无线通信系统、公务电话系统、专用电话系统、视频监视系统、广播系统、时钟系统、乘客信息系统、办公自动化系统、电源系统及接地、集中告警系统等子系统组成。

1. 公务电话系统

公务电话系统主要为轨道交通系统内的运营、管理、维修等部门的工作人员提供服务，可提供语音、数据、传真、可视图文等通信业务。

2. 专用电话系统

专用电话系统是调度员和车站、车辆段值班员指挥列车运行和下达调度命令的重要通信工具，为列车运营、电力供应、日常维修、防灾救护提供电话指挥手段，主要由调度电话、站间行车电话、轨旁电话和站内直通电话等组成。

（1）调度电话。

调度台能单呼、组呼和全呼调度分机，任何情况下均不能发生阻塞，从而完成控制中心行车调度员、电力环控调度员、维修调度员与各站（段）相关值班员之间的直接通话。

调度分机呼叫调度台遇忙时应有忙音；具有紧急呼叫手段；调度台应能显示参加组呼的调度分机状态。

（2）站间行车电话。

相邻车站值班员间的直通电话。

（3）轨旁电话。

沿线轨旁维修作业人员与控制中心调度员、相邻车站值班员的联系电话。

（4）站内直通电话。

车站值班员与本站相关人员之间的直通电话。

（5）端墙门紧急电话。

用于司机在车站无线通信故障时与行车调度联络使用。

3. 无线通信系统

（1）OCC 无线调度电台/手持调度电话。

用于控制中心行车调度、停车场信号楼值班员与列车司机进行行车调度时使用。

（2）车控室无线调度电台/手持调度电话。

用于站内各岗位间的通信，也可用于在有线调度通信设备故障情况下，控制中心行车调度与值班员、停车场信号楼值班员联络使用。

（3）车载无线电台/手持调度电话。

用于列车司机与控制中心行车调度以及停车场信号楼值班员联络使用。

（4）无线通信设备录音机。

用于自动记录控制中心大厅行车调度使用无线通信设备的通话时间和内容，并可回放选定的录音内容。

4. 广播设备（PA）

（1）控制中心广播。

用于控制中心行车调度对全线各车站/列车进行广播。

（2）车站广播。

用于车站为乘客播放列车到发信息、向导及紧急状态的安全信息。

（3）服务信息。

（4）停车场广播。

用于信号楼值班员、运转值班员向停车场内工作人员播放车辆调度、编组等有关作业信息。

（5）列车广播。

用于列车对乘客发布报站、应急及其他乘客服务信息。

5. 视频监控系统（CCTV）

（1）控制中心电视监视系统：用于控制中心行车调度对全线各站点进行实时图像监控。

（2）车站车控室电视监视系统：用于各车站值班员对本站站内情况进行实时图像监控。

6. 时钟设备（CLK）

用于控制中心指挥大厅、停车场信号楼显示全线标准统一时间和日期，同时在各车站站厅层由双面数字子钟显示全线标准统一时间信息。时钟设备由维修养护人员负责其时间的准确性。

7. 乘客信息系统（PIS）

用于向乘客显示本站列车到达、应急、地铁相关规定等信息、全线标准统一时间日期信息及其他安全、公益宣传信息。

1.4.3 供 电

1. 供电系统概述

地铁的供电电源要求安全可靠，通常由城市电网供给。目前，国内各城市对地铁及城市轨道交通的供电一般采用三种方式，即分散供电方式、集中供电方式、分散与集中相结合的混合供电方式。

国内现有地铁和城市轨道交通的中压供电网络有 35 kV、33 kV、10 kV 电压等级。北京和天津的地铁和城市轨道交通的中压供电网络采用了 10 KV 电压等级；上海地铁 1 号线的中压供电网络中牵引供电网络采用 33 kV 电压等级，动力照明供电网络采用 10 kV 电压等级；广州地铁 1 号线的中压供电网络采用了 33 kV 电压等级；深圳地铁 1、4 号线和南京地铁南北线的中压供电网络均采用 35 kV 电压等级。

昆明地铁首期工程供电系统采取集中供电方式，牵引供电采用直流 750 V（变化范围：DC 500 V ~ DC 900 V）供电制式，采用 110 kV 和 35 kV 两级电压供电，采用接触轨受电（接触轨安全距离为大于 700 mm）。

2. 动力负荷的分类

牵引用电负荷应为一级负荷；动力照明等用电负荷应按照供电可靠性要求及失电影响程度分为一级负荷、二级负荷、三级负荷。

一级负荷：事故风机、主排水站、售检票机、防灾报警、通信信号和事故照明等；

二级负荷：自动扶梯、普通风机、排污泵和工作照明等；

三级负荷：空调、冷冻机、广告照明和维修电源等；

对于一、二级负荷，一般采用两路电源供电，当一台变压器发生故障时，另一台变压器可承担全部一、二级负荷。三级负荷由一路电源供电，当变压器发生故障时，可根据运营需要自动切除。

供电系统主要包括三大部分：主变电站、35 kV 开关站、牵引供电系统和动力照明供电系统。

（1）主变系统。

主变电站和 35 kV 开关站的主要作用是负责全线的电能供给。城市电网引进 110 kV，经过降压变为 35 kV 电源供给牵引降压混合变电站；主变电站有两路 110 kV 进线电源，其中任何一路故障时，另一路可自动切换。

（2）牵引供电系统。

牵引供电系统包括牵引降压混合变电站、接触轨、回流轨等，主要作用是供给列车动力电源。引入的 35 kV 电源，经过牵引降压混合变电站降压、整流变为 750 V 直流电送至接触轨。

（3）动力照明供电系统。

动力照明供电系统包括牵引降压混合变电站、车站配电室等，其作用是给各类 400 V 以下设备供电。引入的 35 kV 电源，经过各牵引降压混合变电站降压为 400 V 交流电，提供给各车站、停车场和控制中心设备（如空调、自动扶梯、照明、通信、信号等）。

1.4.4 安全门

1. 安全门概述

安全门系统是安装于轨道交通车站站台边缘，用以提高运营安全系数，改善乘客候车环境，节约能源，节约运营成本的一套机电一体化设备。

安全门分为全高安全门和半高安全门。为满足通风要求，改善候车环境，地下站采用全高安全门，高架站设置半高安全门。

安全门系统原则上在驾驶室操作，信号系统为安全门系统提供开、关控制信号。如果信号系统发生故障则由司机通过就地控制盘（PSL）进行操作。在控制系统发生故障的情况下，站务人员可用钥匙在站台侧或由站务人员或乘客在列车内手动将门打开。

2. 系统构成

安全门主要由门体、门机、电源与控制四个部分组成。

1）门体

全高安全门门体包括顶箱结构、支撑结构、门槛、滑动门、固定门、应急门、端门等；半高安全门门体则不包括顶箱结构，取而代之的是安装在站台面上部的固定侧盒，另外它也包括门槛、滑动门、固定门、应急门、端门等；

（1）滑动门。

滑动门关闭时可作为车站站台公共区与隧道区域的屏障；打开时，为乘客提供上、下列车的通道；也可作为在车站隧道区域发生火灾或故障时乘客的疏散通道。当列车停在站台且位置正确时，滑动门将与列车车厢的乘客门对准。

（2）固定门。

固定门设置于滑动门之间，滑动门与端门之间，在站台公共区与隧道区域之间起屏蔽作用。

（3）端门。

每侧安全门的两端设有安全门端门，门全开时向站台侧旋转 90°，端门主要有以下三种功能：

- 端门在车站宽度方向上将站台公共区与轨行区隔开，起屏蔽作用；
- 列车在区间发生火灾且无法驶入车站停车的情况下，乘客可从端门疏散到车站站台；
- 站务或维修人员可从端门进入站台设备区和区间隧道。

（4）应急门。

应急门除起屏蔽作用外，在列车进站停车时，由于列车故障无法将车门与滑动门对准时，为乘客疏散提供应急通道。应急门在轨道侧设有开门把手，紧急情况时乘客可从轨道侧按压开门推杆解锁，向站台侧旋转 90°推开应急门；在站台上站务人员也可以用钥匙从站台侧打开应急门。

（5）顶箱。

顶箱是安装在全高安全门顶部的箱体结构，用于保护门机等设备，主要部件是顶箱盖板。

顶箱盖板是安装于站台边上部的盖板，主要用于遮盖门机结构，并可作为导向标志的设置处。盖板由固定的不锈钢底盖板和装有铰链的不锈钢或粉末涂喷钢盖板组成，为驱动、监测和配电设备提供安装空间及检修入口。

顶箱后盖板为门机梁在轨道侧提供足够的保护。

每个盖板的周边都有一条可压缩的硅酮密封条，当面板关闭紧锁时形成完全的密封。

（6）门槛。

门槛是作为滑动门的底部导向和提供固定门安装的基础。

（7）固定侧盒。

各固定侧盒里设有两扇滑动门的操作设备和支撑结构，包括每扇门的 DCU。

门操作设备包括门机减速箱组件、传动装置、门悬挂设备、门锁和紧急解锁装置等一整套实现门开关操作的设备。

盖板由不锈钢制成，驱动、监控和配电设备的检修可在旋转打开盖板后进行。

2）门机

门机由门控单元、电动机与减速箱等组成，是安全门中驱动滑动门进行开/关动作的关键部件。滑动门是安全门门体结构中唯一频繁运动的部件，其开/关动作是否正常直接影响地铁运营的效率，因此要求门机的安全性必须可靠，在无故障使用次数不小于 100 万次的前提下，还要降低门机的功耗与噪音，提高门机的运行精度。另外，为了保证乘客在上/下列车时不被滑动门夹伤，还要求门机有良好的运行曲线和较小的夹紧力。

半高安全门各道门的两扇滑动门分别设置一个独立的传动装置。为了确保各扇门的同步操作，各道滑动门的两个独立的传动装置由设置在固定侧盒里的一个门控单元（DCU）驱动。

3）电源

电源由驱动电源 UPS、控制电源 UPS、系统配电柜等组成，是安全门运行的动力能源。为了保证安全门在地铁运营中的高可靠性，必须采用一级负荷与双路互为备用的电源，并且配备有 UPS 与蓄电池，以保证在外界电源完全停止的情况下，还能满足本车站站台所有安全门开/关门 3 次的要求，并能够实现维持安全门静载 30 min。

（1）驱动电源。

电源自动切换箱输出两路三相 380 V 电源，分别经驱动电源 UPS、三相隔离变压器与驱动电源屏连接，在驱动电源屏内经过断路器输出 4 个供电回路，以交叉方式送至站台，向安全门驱动装置供电。两路驱动电源互为备用，当其中一路电源发生故障时，由另一路电源同时驱动两侧安全门；当两路交流电源均发生故障时，蓄电池组自动切入，保证整个系统的运行。

（2）控制电源。

电源自动切换箱输出一路单相 220 V 电源，通过控制电源 UPS 和控制电源变压器（在 PSC 中）连接，经降压、整流后向单元控制器、PSL 供电。当系统电源发生故障时，UPS 可保证用电设备连续工作。

PDU 为安全门接收电源，并且将其分配到在门机内的单元控制器和就地供电单元。

（3）配电设备。

配电单元具有两个功能。它将 380 V 的电源沿站台分配到每个就地供电单元（LPSU），并通过变压及整流，提供 PEDC 所需的控制电源。

就地供电单元（LPSU）将 PDU 提供的电源转换后提供给门机及 DCU。若安全门出现故障时，LPSU 就提供一个就地的隔离和自动的保护。如果一个门出现故障就会导致该门的断电器启动，使得仅仅只是故障门受影响，方便故障的诊断。

4）控制系统

控制系统是安全门的中枢神经，滑动门开/关动作的准确性与及时性都必须由安全门控制系统来保证。控制系统要将 ATC 发来的指令准确无误地发送到各 DCU，并能采取有效措施保证在各种紧急情况下乘客的安全。安全门系统的控制模式一般设置有系统级、站台级、人工操作（或称手动操作）三种正常控制模式。

系统级控制即是执行信号系统命令的控制模式；

站台级控制即是执行站台 PSL 操作盘发出的命令的控制模式；

手动操作即是站台工作人员在站台侧用专用钥匙解锁或由乘客在轨道侧使用解锁装置打开活动门。

此外，安全门系统还设置有火灾控制模式，即在相应的火灾模式下，车站值班人员在车站控制室操作消防联动盘操作安全门紧急控制开关，配合打开活动门，疏散乘客和配合环控系统排烟。

上述模式的控制优先级从高到低依次是人工操作（或称手动操作）、火灾控制模式、站台级控制模式，即依次为手动级（手动解锁或 LCB 盒操作）、灾害级、站台级、系统级。

3. 主要技术参数

站台安全门的总长度：　　约 114 m

半高安全门的高度：　　1.5 m

全高安全门高度：　　2.55 m

安全门的净开门宽度（滑动门）：　　1.9 m

每侧站台滑动门数量为 24 道（48 扇）。

每侧站台应急门数量为 2 道（4 扇）。

每侧站台端门数量为 2 道（2 扇）。

每侧站台固定门数量为 25 扇

安全门解锁后人工开启力：　　≤150 N

安全门无故障使用次数：　　≥100 万次

安全门设计寿命：　　≥30 年

电源条件：　　AC 380 V，3 相，50 Hz

列车停车精度　　±500 mm

每扇门关门力≤150 N（在门关至行程的三分之一后测量）

每扇滑动门关门运动在最后行程 100 mm 范围时，动能≤1J

每扇滑动门关门时最大动能　　≤10 J

噪音水平（站台侧）　70 dB（A）

滑动门开启时间：　(2.5±0.1) s ~ (3.5±0.1) s 范围内可调

滑动门关闭时间：　(3.2±0.1) s ~ (4.0±0.1) s 范围内可调

PSC 接受命令至安全门动作时间　≤0.3 s

门已关信号反馈到 PSC 的时间　≤0.3 s

设计寿命：正常维护条件下，系统整体设计寿命≥30 年

电源：

交流输入电压：　380(1±10%) V

额定频率：　(50±2) Hz

系统接地方式：　TN-S

耐压水平，按 IEC 标准执行（针对安全门内各电气设备单元），应能承受 2 kV、50 Hz 的工频电压一分钟。

4. 其他设备设施

车控室设有 IBP 综合后备盘，信号控制区域盘面上的上、下行线路分别有紧急停车、取消紧停、扣车、终止扣车、切断报警及灯泡试验等按钮各一个。

车站每侧站台设有 2 个紧急停车按钮（ESB），紧急停车按钮的状态及安全门的状态将作为进路排列所必须检查的联锁条件之一，即按压紧急停车按钮或安全门未关闭时排列到该站台的进/出站进路将不能开放始端信号机。但在轨旁设备出故障时按压紧急停车按钮是不起作用的。

1.5　信　号

1.5.1　地铁信号定义

用特定物体（包括灯）的颜色、形状、位置，或用仪表和音响设备等向地铁行车人员传达有关机车车辆运行条件、行车设备状态以及行车的指示和命令等信息的设备称为地铁信号。信号可广义地理解为保证铁路、地铁行车安全的技术和设备；也可狭义地理解为用于向行车人员指示行车条件的符号。

地铁信号简称信号，是地铁上使用的信号、联锁、闭塞等设备的总称。地铁信号的主要功能是保障地铁行车安全和提高运输能力。

地铁信号已成为提高地铁区间和车站通过能力，增加地铁运输经济效益，改善地铁职工劳动条件的一种现代化管理手段和发展前沿的科学技术。

1.5.2　地铁信号设备

地铁信号设备是地铁运输基础设备之一。它犹如人的耳目和中枢神经，担负着路网上各

种行车设备状况的信息传输和调度指令控制的作用。地铁信号设备的特点是安全、高效、自动化。它主要由车站联锁设备、区间闭塞设备、列车自动控制系统这几种信号设备组成。

车站联锁设备又称“列车进路控制系统”。顾名思义是用它选择列车在车站内的运行径路（进路），保证进路上的道岔位置正确、无敌对的进路，以保证列车在车站内运行安全。车站的接发车及通过能力、调车作业能力受其限制。

区间闭塞设备又称“列车间隔控制系统”。顾名思义是用它将列车按一定的空间间隔运行，以保证在同一线路上运行的列车不会产生迎面相撞或追尾相撞的重大行车事故。地铁区间的通过能力受其限制。

列车自动控制系统又称“ATC 系统”，由列车自动驾驶系统（ATO）、列车自动防护系统（ATP）、列车自动监控系统（ATS）等组成，用于指挥列车安全运行。

1.5.3 地铁信号的种类

按接收信号的感官分类，可将信号分为视觉信号和听觉信号两大类：

- 视觉信号是以物体或灯光的颜色、形状、位置、闪光、数目或数码显示等特征表示的信号，如信号机、机车信号、信号旗、信号牌、各种表示器、各种标志及火炬、徒手信号等。
- 听觉信号是以不同器具发出的音响的强度、频率和音响的长短等特征表示的信号，如号角、口笛、机车、车辆的鸣笛等。

按发出信号的机具能否移动分类，可将信号分为固定信号、机车信号、移动信号、手信号等。

- 固定信号：色灯信号机、表示器和标志等。
- 移动信号：列车 ATP 速度信号、机车信号、移动停车牌（红牌）。
- 手信号：信号旗、手提式信号灯、徒手信号。

按信号机的用途分类，可将信号分为进站、出站、进路、调车、通过、防护、阻挡、复示及引导等信号。

按信号的显示数目分类，可将信号分为单显示、二显示、三显示、多显示等信号。进出站复示信号机及阻挡信号机均为单显示（平时不着灯，没有显示）。

按固定信号机设置在线路上的位置分为左侧信号机、右侧信号机。设于线路左侧的信号机，称为左侧信号机；设于线路右侧的信号机，称为右侧信号机。一般地铁采用右侧行车制，故信号机设于线路右侧。

1.5.4 地铁信号标志

1. 警冲标

本标在混凝土或木料制柱身上用白色为底，上绘两条红色条纹。埋设在两会合线路中心线间距 4 m 的中间，股道间距不足 4 m 时，设在两线路中心线最大间距的起点处。在线路曲线部分所设道岔附近的警冲标与线路中心线间的距离，应按限界加宽，具体如图 1.96 所示。

图 1.96　警冲标

2. 司机鸣笛标

提醒司机线路前方为道口、及视线不良地点必须鸣笛警示而设的标志。本标安设在地铁道口、及视线不良地点的前方 50 m 处右侧，距钢轨轨头外侧不小于 2 m，具体如图 1.97 所示。

图 1.97　鸣笛标

3. 停车位置标

指示电客列车或调车机车停车地点的标志，分挂式和立式两种。挂式适用于地铁正线的洞内、车站，直接钉挂在洞内或车站墙面适当处。挂式可采用厚铁板制造。立式适用于地面。具体如图 1.98 所示。

图 1.98　停车标

4. 一度停车牌

指示列车在需一度停车地点停车的标志，分挂式和立式两种。挂式适用于地铁正线的洞内、车站，直接钉挂在洞内或车站墙面适当处。挂式可采用厚铁板制造。立式适用于地面。具体如图 1.99 所示。

图 1.99 一度停车牌

5. 接触轨终点标

指示地铁电气化线路接触轨边界的标识，用以防护电动列车越过接触轨边界进入非电气化线路。本标采用厚铁板制作，设在线路接触轨边界处。具体如图 1.100 所示。

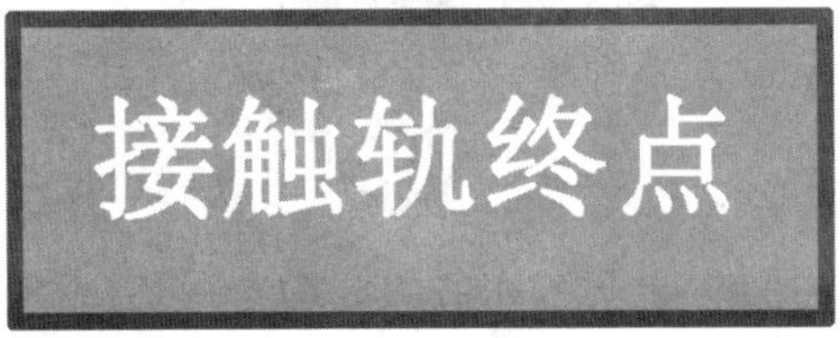

图 1.100 接触轨终点标

6. 严禁电动列车驶入标和正向无接触轨标

本标上注写“严禁电动列车驶入”或“正向无接触轨”，用以防止电动列车驶入非电气化线路。本标采用厚铁板制作，设在线路接触轨边界有接触轨一侧。

7. 三、二、一停车距离标

本标使用长方形标志板，上绘数道蓝色斜向条纹。三道条纹标志竖于线路尽头前 200 m 处，二道条纹标志竖于线路尽头前 100 m 处。一道条纹标志竖于线路尽头前 50 m 处，或设置在地铁试车线两端尽头前 200 m、100 m、50 m 处，用以向试车车辆指示离试车线尽头的距离，便于司机控制车速。

8. 限速标

提醒司机减速至规定速度及以下运行，具体如图 1.101 所示。

图 1.101　减速停车牌

注：黄底黑字，黑色边框（隧道内）　　　注：黄底黑字，黑色边框（地面线路）

9. 站名标

提醒即将进入某站，具体如图 1.102 所示。

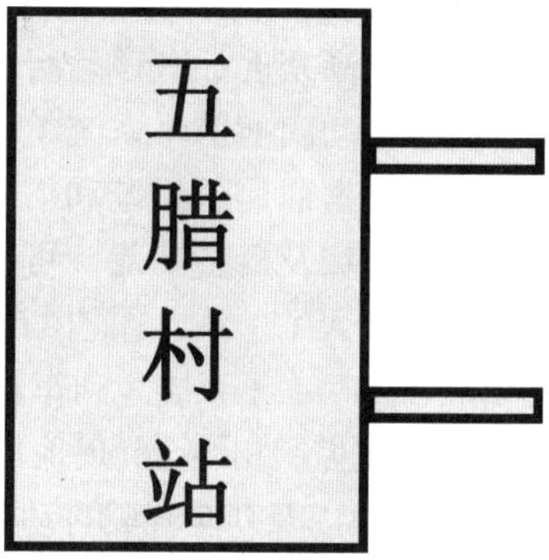

图 1.102　站名标

注：黄底黑字（以五腊村站为例）

10. 车挡表示器

标示车挡位置，具体如图 1.103 所示。

图 1.103　车挡表示器

11. 解除限速标

解除速度限制，具体如图 1.104 所示。

图 1.104 解除限速标

1.5.5 CBTC 信号系统

在城市轨道交通系统中，信号系统是一个集行车指挥和列车运行控制为一体的非常重要的机电系统，它直接关系到城市轨道交通系统的运营安全、运营效率以及服务质量。它具有保证乘客和列车的安全，实现列车快速、高密度、有序运行的功能。

昆明地铁正线采用基于无线通信的移动闭塞信号系统（CBTC），该系统可以实现全线有人/无人自动驾驶，由 ATC 系统、DCS 数据通信子系统和信号集中检测子系统等构成，并以计轴为列车次级检测设备，实现系统的降级及后备功能，可由车站或 OCC 控制。

地铁信号系统的核心是列车自动控制（ATC）系统。它由计算机联锁子系统（CBI）、列车自动防护（ATP）子系统、列车自动驾驶（ATO）子系统、列车自动监控（ATS）子系统构成。各子系统之间相互渗透，实现地面控制与车上控制相结合，现地控制与中央控制相结合，构成一个以安全设备为基础，集行车指挥、运营调整以及列车驾驶自动化等功能为一体的自动控制系统。它是现代城市轨道交通核心控制技术之一。正线信号系统的主要功能结构如图 1.105 所示。

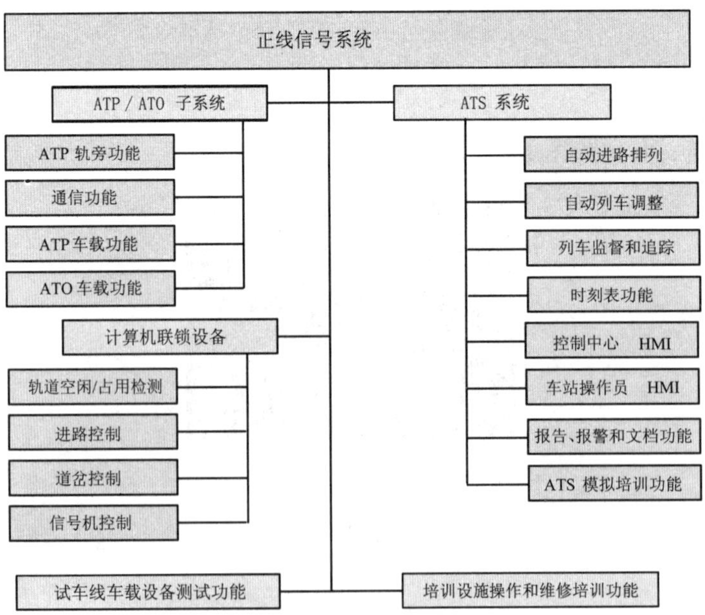

图 1.105 正线信号系统的主要功能结构图

1. CBI 联锁子系统

正线 CBI 子系统通过安装在集中站的设备实现对正线信号、道岔、进路等的控制，非集中站的设备仅实现对所属集中站范围内列车运行的监视功能。

计算机联锁子系统是实现道岔、信号机、轨道区段间的正确联锁关系及进路控制的安全设备，与 ATP 相结合，共同完成列车运行的安全防护。联锁设备的主要功能为：

① 按正确的联锁关系设定、解锁列车进路；

② 根据不同的情况，具有进路接近锁闭、立即解锁、延时解锁的功能；

③ 进路始端的信号机具有自动进路功能，根据列车接近触发条件，自动排列列车进路或折返进路；

④ 联锁与 ATP 系统相结合，在合适的进路没有建立和锁闭前，不能建立移动授权；一旦建立了通过一个联锁的移动授权，那么相关的进路不能被解锁，冲突的进路不能被建立，除非列车通过且被证实已出清了这个联锁，或是移动授权已经被缩短到该联锁的外方；

⑤ 联锁与 ATP 系统相结合，当通过一个联锁的移动权限发布后，联锁内的道岔失去表示，系统必须缩短进入该联锁的移动权限，使移动权限不超越失去表示的道岔。如果此时列车与道岔之间的距离在安全制动距离以内，系统将立即启动制动装置；

⑥ 能在控制工作站上对设备集中站控制范围内的道岔实行单独操纵、单独锁闭及对列车开放引导信号，还能对道岔、信号机、轨道区段等信号控制元素实施封锁；

⑦ 在系统进入后备运行模式时，通过计轴等辅助设备检查列车占用，与 ATP 结合，实现联锁固定闭塞功能；

⑧ 当 CBTC 列车定位功能故障时，通过计轴等辅助设备检查列车占用，实现对故障列车占用区段的保护；

⑨ 车站联锁设备与 ATS 系统结合，实现联锁和 ATS 两级控制，根据运营要求实现自动和人工控制两种模式办理进路；

⑩ 与车辆段系统接口，保证列车出入车辆段作业的安全；

⑪ 与有联络线的其他线路信号系统接口，保证列车进出其他线路作业的安全。

⑫ 站台非常情况下紧急停车按钮功能。在每个车站的车控室、站台上设紧急停车按钮。当联锁系统采集到紧急停车按钮按下信息后，通过 ATP 系统向控制区域内的相关列车发送紧急停车命令，并切断相关地面信号机的信号开放电路。紧急停车操作须经人工确认后才能恢复。

2. ATS 子系统

ATS 子系统完成运行图/时刻表的编制、管理，在 ATP/ATO 子系统的支持下，实现对全线列车运行的自动监控和列车运行的自动调整，其主要功能有：

（1）完成正线控制区域内的列车识别号的生成、跟踪等。

列车识别号由车组号、服务号、序列号、目的地号、司机号、运行方向符及线号等组成。

ATS 子系统能自动完成正线控制区域内的列车识别号跟踪。当列车从车辆段出发占用转换轨时，开始跟踪，至终到站或返回车辆段离开转换轨后跟踪结束。计算机根据运行图、列车位置及时间自动设置列车识别号，列车识别号可由中央 ATS 自动生成或由列车经设于出入段/场线转换轨和正线的车-地通信系统向 ATS 发出，具有列车身份验证和一致性检查功能。识别号随着列车的走行自动跟踪，并可由调度员人工修改，包括设定、删除、位移、变更。在列车识别号因故丢失的情况下，计算机根据运行图、列车位置及时间自动设置列车识别号，或设置缺省列车识别号。

中央大屏幕系统显示的列车识别号包括运行方向、目的地号和服务号。

ATS 工作站人机界面可显示完整的列车识别号，ATS 工作站人机界面中列车识别号主要包括运行方向、目的地号、服务号和序列号。

（2）列车运行图编制及管理。

运行图的编制应根据线路的参数和行车组织要求，由运行图编制人员输入基本数据，包括各区间运行时间、停站时间、运行间隔、线路数据、折返间隔、客流量等信息，由计算机辅助自动编制基本列车时刻表和运行图。运行图编制过程中应能自动进行冲突检查，并给出明确提示。

基本运行图编制完成后，按不同种类（包括平日、节假日、特殊情况等）存入数据库内，以备调度员按需调用，储存在计算机内的基本运行图一般不少于 256 种。

每天运行前由调度员从运行图库调出一个基本运行图，经调度员确认或修改后，即成为当日列车的实施运行图。在调度员工作站上，能将当时的计划运行图、实际运行图用不同颜色显示在一个界面上。每日运行完的实际运行图可存入数据库内保存 180 天，或存入后备存储媒介中长期保存。

（3）列车运营调整。

在列车运行发生偏差时自动发出偏差报警，并根据列车实际的偏离情况，实现列车运行的自动调整或自动生成调整计划供调度员参考。

① 自动调整手段：

自动调整列车区间走行时间（仅 CBTC 模式下具有）；

自动控制列车出发时刻，调整列车停站时分。

② 调度员人工调整手段：

对有关列车实施“扣车/终止扣车”或“跳停”；

改变列车在区间的走行时间；

对计划运行图进行在线修改，包括对单个或所有列车“时间平移”，增加或取消列车，改变列车的始发点及始发时间，调整列车的出/入段时间等。

（4）列车进路自动控制。

ATS 系统在列车的位置报告和列车的服务信息的基础上，按预先确定的排列进路的原则或由 ATS 使用者（调度员）直接操作，自动或人工排列进路。

自动进路控制可分为 ATS 中央自动和 ATS 车站自动。人工控制列车进路可分为调度员控制列车进路和车站值班员控制列车进路。

自动列车进路只有在列车到达某一特定地点“运行出发点”时才被启动，通过车次号中目的地编码来确定列车进路，检查进路的可用性，然后才输出命令，并对联锁系统返回的信息进行确认。

列车进路必须显示在 ATS 用户界面上。

（5）列车运行及信号设备的监视和报警。

通过控制中心大屏幕及 ATS 工作站人机界面，能对车辆段/停车场线路、正线线路、道岔转辙设备、信号机、列车识别号、在线列车位置及运行状态、命令执行情况及系统设备状态等进行监视；当列车运行或信号设备发生异常时，系统自动将有关信息在行车调度工作站上给出报警及故障源提示。

报警信息一般分为 A、B、C 三类：

A 类为直接对列车运行及设备产生危害的情况；

B 类为将对列车运行产生影响的情况；

C 类为一般报警情况。

报警发生时必须有明确显示并需对故障、事件发生源、时间、内容进行记录。调度员需确认状态、故障恢复情况及时分。在标题区显示最高优先级的报警。需及时处理或要求确认的报警信息必须附有声、光提示。报警应根据其严重性显示为不同的颜色。

（6）提供综合监控信息。

ATS 系统通过综合监控系统为乘客信息系统提供服务于旅客的有关信息，如下次列车到达时间、目的地、列车跳停等。ATS 系统为无线通信系统提供列车识别号等信息，为综合监控系统提供在线列车运行及信号、主要线路设备状态等信息。

（7）与车辆段/停车场交互信息。

中央 ATS 系统设备通过传输网与车辆段/停车场的 ATS 工作站连接，向车辆段/停车场管理及行车人员提供信息，车辆段/停车场运转值班员根据当天采用的列车计划运行图编制车辆运营计划和行车计划，并传送到中央 ATS 系统。车辆段/停车场信号楼值班员根据车辆运营计划及采用的列车计划运行图设置相应进路，以满足列车出入段及库内停车作业需求。

ATS 系统利用车辆段/停车场 ATS 工作站对车辆段/停车场运转值班员进行出库列车自动预先通知，在规定时间尚无列车进入车辆段/停车场转换轨时应自动进行提示及报警。

ATS 子系统与车辆段/停车场联锁系统共同实现车辆段/停车场内车组号的跟踪、显示功能，并在车辆段控制室及运转室 ATS 工作站显示相关信息，以便车辆段/停车场车辆及行车调度人员掌握车辆段/停车场库内停车线的停车状况，方便对列车的管理。

（8）统计分析。

自动进行运行统计，包括列车报告、车站报告、车次号报告以及各种运行指标等；具有自行制表、运行资料库访问、显示和打印功能。

（9）模拟显示及培训功能

在培训/模拟服务器上，配备有各种系统编辑、装配、连接和系统构成工具，以及列车运行的仿真软件。培训/模拟工作站可以与中心调度台一样，具有同样的显示内容和相同的控制功能，并能实际仿真列车的在线运行，但不参与实际的列车控制。

3. ATP 子系统

列车自动保护（ATP）系统主要由轨旁 ATP 和车载 ATP 组成，主要功能是监督及控制列车在安全状态下运行，满足故障-安全原则。ATP 系统应具备以下主要功能：

（1）列车间隔控制和超速防护。

ATP 能连续地对列车位置进行检测，并根据列车位置、线路条件、限速信息、列车进路等信息确定列车运行的移动授权和最大安全速度；提供列车速度保护，在列车超速时实施常用制动或紧急制动；保证前行与后续追踪列车之间的安全间隔，满足正向行车时的设计追踪间隔和折返间隔要求。

（2）车门、安全门监控。

运行中的列车应连续检查列车车门的状态，在车门因故开启时应立即实施紧急制动。在车站实现对安全门的安全联动控制。在打开车门前必须确保满足下列条件：

- 列车位于指定的停车点上，并在规定的误差范围内；
- 这个指定的停车点上列车一侧的车门是被允许打开的；
- 零速度被检测到；
- 列车在制动状态。

只有当列车停稳在站台区，并满足停车精度要求的情况下，ATP 系统才允许发送开车门命令，并通过轨旁 ATC 设备向站台安全门系统发送开门命令；车门、安全门关闭后，才允许启动列车。开门方向应符合站台的位置和运行方向。

ATP 系统允许列车在站台开门的停车精度要求为±0.5 m，当列车停车超出停车精度时，ATP 将实施保护，不允许打开车门及站台安全门。这时允许列车前进或后退，但后退速度、后退次数及最大后退距离都受到严格控制。若停车误差大于后退允许距离范围（如 5 m），则列车只能跳停至下一站。

对于反向运行的列车，车门及安全门的监督和控制完全由司机负责，司机通过按压司机台和站台上的有关按钮，可控制车门及安全门的开、关。

在车门及安全门因故不能关闭或接口电路出现故障时，信号 ATP 和安全门可采用互锁解除方式解除联锁控制。

（3）支持不同驾驶模式下列车控制。

车载 ATP 设备应在下列驾驶模式中对列车实施监控：

- 有人 ATO 自动驾驶模式（含折返线列车有人/无人自动驾驶折返模式）；
- ATP 监督下的人工驾驶模式（含折返线列车 ATP 监督下的人工驾驶折返模式）；
- ATP 固定限速下的人工驾驶模式。

正常运营列车在正线、折返线按正常运行方向进行追踪运行及折返作业时，均以自动驾驶（ATO）模式为常用模式，当 ATO 设备故障或运营需要时，采用 ATP 监督下的人工驾驶模式。有人 ATO 自动驾驶模式和 ATP 监督下的人工驾驶模式均为正常的运营模式，而 ATP 固定限速下的人工驾驶模式和非限制人工驾驶模式（车载信号设备不起作用）为非正常的运营模式（车辆段除外）。非限制人工驾驶模式下的运营由司机和行车调度员共同负责列车的运行安全。

（4）列车定位、测速、非正常移动（溜车）、零速检测。

ATP 系统能安全精确地确定装备列车的位置、速度和运行方向，能自动补偿或纠正由于车轮空转、打滑等引起的测速测距误差；当监视到列车的非正常移动（溜车）时立即采取紧急制动。

（5）车载 ATP 设备主要功能：

- 超速防护及报警；

- 关键设备故障时实施紧急制动；
- 列车非正常移动的检测并实施紧急制动；
- 监督车门、安全门的关闭且锁闭；
- 向车载 ATO 传送有关信息；
- 系统的自诊断、故障报警、记录；
- 列车的驾驶模式、实际速度、推荐速度、目标速度、目标距离等信息的记录和显示。

（6）轨道末端防护。

轨道末端防护与超速防护功能相结合，能防止列车撞击轨道末端车挡。

（7）站台紧急停车功能。

在每个车站的车控室、站台设紧急停车按钮。当按下紧急停车按钮后，即将进入车站的列车和正在离开的列车应立即紧急制动。如有地面信号机，还应关闭相应区段信号。

（8）车载 ATP 子系统设备日检功能。

4. ATO 子系统

ATO 子系统是自动控制列车运行的设备。在 ATP 的保护下，ATO 子系统根据 ATS 的指令实现列车的自动驾驶，确保达到设计间隔及旅行速度。

（1）站间自动运行。

列车的起动、停止和速度调节必须按司机指令或 ATS 的输入，由 ATO 系统控制执行。ATO 子系统在 ATP 的保护曲线下制定列车的运行曲线，实现对列车运行状态的合理控制，自动完成对列车的起动、牵引、惰行、制动等操作，控制列车运行速度，满足舒适度的要求。

（2）能对车门、安全门进行控制，实现自动开启/关闭车门、安全门功能。

（3）车站精确停车。

ATO 车载设备根据 ATP 的保护曲线，在满足列车运行间隔要求的前提下，合理制定列车在车站内运行的 ATO 曲线，保证停车精度。

采用地面应答器、环线、接近盘、多普勒雷达或其他措施实现列车在车站定点停车。ATO 自动驾驶时的停车精度为±0.5 m。

（4）列车区间运行时分的控制。

ATO 可根据 ATS 的指令分级或无级调整列车在区间的走行时间。

（5）实现节能运行。

在 ATO 模式下，系统实现将土建节能坡、车辆特性、各种运行工况及转换、乘客舒适度、车辆磨耗等因素与列车运行调整相结合，对应各种区间走行时间分别采用相应的 ATO 节能运行速度曲线，达到节能及自动调整列车运行的目的。

（6）将列车的有关信息传送至 ATS 系统，以便于 ATS 系统能对在线列车进行监控。

（7）与 ATS 和 ATP 结合，实现列车自动驾驶、有人或无人自动折返作业。

（8）实现与车载乘客信息系统的接口功能。

（9）车载 ATO 子系统设备日检功能。

5. 信号集中监测子系统

信号系统应具有完善的故障自诊断功能，对全线的中央设备、车站设备、轨旁设备、车载设备以及车-地通信设备进行实时监督和故障报警，能准确报警到可更换单元（插拔件）等，便于及时更换，并能经通信传输通道在维修中心实施远程故障报警和故障诊断。

在不影响被监测设备正常工作的前提下，信号维护监测设备实现对所有信号系统设备的故障诊断、本地和远程监测及报警，向维护人员提供信息，帮助其了解设备状态以做出适当的决定并采取措施，其主要功能为：

- 实现基础信号设备如信号机、道岔、列车占用/空闲检测设备等的监测报警功能；
- 实现正线 ATC 系统设备的监测报警信息的处理功能；
- 实现所有信号设备状态信息的收集、存储、统计、显示、打印功能；
- 在控制中心和维修中心值班（维调）所在地，可利用维护监测终端监督、监测全线的所有信号设备的工作状态。

6. 试车线信号设备

试车线设备完成列车投入运营前车载设备性能测试。通过试车线控制工作站及操作盘，能对车载信号系统进行不同速度等级的 ATP 功能、ATO 自动驾驶、ATO 精确停车、自动折返、车门监控、安全门模拟监控、车-地通信及驾驶模式间转换等功能进行测试。其主要功能为：

- 各种速度等级下的 ATP 功能；
- ATO 自动驾驶；
- 牵引和制动性能试验；
- 精确停车；
- 站前自动折返和站后有人及无人自动折返；
- 车门及安全门的监控模拟；
- 车-地通信；
- 驾驶模式间转换等。

思 考 题

简述昆明地铁信号系统。

1.6 联锁和进路

1.6.1 联 锁

1. 联锁的定义

联锁是铁路信号保证行车安全的重要技术措施，指的是信号设备与相关因素的制约关系。广义的联锁泛指各种信号设备所存在的相互制约关系。狭义的联锁即一般所说的专指车站/车场信号设备之间的制约关系，就是一般讲的信号、道岔、进路之间的这种相互制约的关系。

为完成联锁关系而安装的技术设备称为联锁设备。

2. 联锁的基本内容

- 进路上轨道区段空闲，道岔锁闭在规定位置，敌对信号未开放，信号才能开放。信号开放后，该进路道岔不能转换，敌对信号不能开放；
- 区间内正线上道岔未开通正线时，两端站不能开放有关信号机；
- 进路上的有关道岔开通位置不对或敌对信号机未关闭时，防护该进路的信号机不能开放；
- 正线出站信号机未开放时，同方向进站信号机不能开放通过信号；
- 主体信号机未开放时，预告信号机不能开放，正线上的出站信号机未开放时，进站信号机不能显示正线通过信号；
- 列车或机车车辆驶入进路后，防护该进路的信号机立即关闭，禁止其他列车或机车车辆再驶入；
- 必须使列车或调车车列经过的所有道岔均锁闭在与进路开通方向相符合的位置。

3. 联锁设备

控制车站的道岔、进路、信号机并实现它们之间的联锁关系的设备，称为联锁设备。

联锁设备分为集中联锁（继电联锁和计算机联锁）设备和非集中联锁（电锁器联锁）设备两类。

4. 联锁功能

- 联锁逻辑运算：接收 ATS 或车站值班员的进路命令，进行连锁逻辑运算，实现道岔和信号机的控制；
- 轨道电路信息处理：处理列车监测功能的输出信息，以提高列车监测信息的完整性；
- 进路控制：设定、锁闭和解锁进路；
- 道岔控制：解锁、转换和锁闭道岔；
- 信号机控制：确定信号机的显示。

1.6.2　进　路

列车或车列在线路上由一点运行至另一点的全部路径称为进路。进路的类型有：

1. 列车进路

（1）列车接车进路。

列车进入车站（段/场）所经过的路径。

（2）列车发车进路。

列车经由车站或车辆段/场驶出所经过的路径。

（3）通过进路。

列车经正线不停车通过车站的路径，包括了接车和发车进路。

2. 调车进路

调车进路包括单元调车进路与组合调车进路，是列车调车所办理的路径。

3. 基本进路和变更进路

在计算机联锁中规定，始终端信号机所选的最近的一条进路叫做基本进路。

两个按钮间其他进路（除基本进路外）为变通进路或称变更进路。一条变更进路的排定除按下始终端按钮外还需按压变更按钮。

4. 平行进路

两条平行结构构成的进路称为平行进路。平行进路中的基本进路也叫优先进路，变更进路即为非优选进路（也称平行变通进路）。另外不要把平行进路和平行作业这两个概念混为一谈，平行作业是指在两条相互平行而又不相互干扰的进路上的行车作业。

5. 敌对进路

同时行车会危及行车安全的任意两条进路称为敌对进路。防护两条相互敌对的进路的信号机，互为敌对信号，不允许同时开放。

1.7 闭 塞

1.7.1 闭塞定义

地铁采用站间区间或闭塞分区作为列车运行的空间间隔。通过相邻车站、闭塞分区的设备或人为控制，使列车与列车互相保持一定间隔，以保证列车安全运行的行车方法，称为行车闭塞法（即同一时间，同一地点，只有一列列车从一个方向运行的行车办法）。

1.7.2 闭塞分类

闭塞分为人工闭塞、半自动闭塞和自动闭塞。

1. 人工闭塞

采用路签、路牌或路票作为列车占用区段的凭证，由接车站值班员检查区间是否空闲。单路签闭塞是早期使用的一种人工闭塞方式，后来发展为电话、电报人工闭塞。

通过发车站与接车站之间的电话联系，在证实区间空闲、进路准备妥当的前提下，由接车站承认闭塞，发车站填写路票交司机，司机凭路票行车，列车运行至接车站，接车站人员回收路票，继续办理闭塞直至闭塞终点站。区间空闲，进路准备，凭证交接都是人工完成，此种闭塞也叫做“电话闭塞”。

2. 半自动闭塞

人工开启信号，列车经过时自动关闭信号的闭塞方式称为半自动闭赛。在进站和出站处各安装一个轨道电路，就可实现半自动闭塞。

使用闭塞设备，人工办理两个车站之间的闭塞手续，列车凭出站信号机的允许信号显示作为发车凭证；列车进入出站信号机内方后，出站信号机会自动关闭，这种闭塞制度称为半自动闭塞。这种方法既要车站值班员办理手续，开放信号机，又依靠列车占用轨道电路自动关闭信号，而解除闭塞又要值班员参与，所以这种闭塞制度称为半自动闭塞。

3. 自动闭塞

将区间划分成若干个闭塞分区，在每个闭塞分区的入口处，设置相应的通过信号机予以防护，而通过信号机的显示，是根据列车的运行自动变换的，这样一种闭塞制度就是自动闭塞。

在自动闭塞制度下，根据前方列车的位置，通过轨道电路，自动控制通过信号机的显示，并向列车发送运行指令，而且可以允许多列车在区间运行，这种闭塞方式不仅可以确保行车安全，而且极大地提高了行车效率。

（1）传统的自动闭塞。

传统的自动闭塞一般设地面通过信号机，装备有机车信号，保证列车按照空间间隔制运行的技术方法是用信号或凭证来实现的。传统的自动闭塞通常就称自动闭塞，在此因为要与装备列车运行控制的自动闭塞加以区分，故首次冠以传统的自动闭塞之称。目前，传统的自动闭塞一般适用于列车最高运行速度在 160 km/h 及以下，它可分为三显示自动闭塞、四显示自动闭塞和多信息自动闭塞。其实四显示自动闭塞可含在多信息自动闭塞之中，因为当前用得较多，故单独提出。

三显示自动闭塞就是通过信号机具有三种显示，能预告列车前方两个闭塞分区状态的自动闭塞。其特征为：通过信号机具有三种显示；能预告列车前方两个闭塞分区状态；分两个速度等级，一个闭塞分区的长度满足从规定速度到零的制动距离。

四显示自动闭塞就是通过信号机具有四种显示，能预告列车前方三个闭塞分区状态的自动闭塞。其特征为：通过信号机具有四种显示；能预告列车前方三个闭塞分区状态；分三个速度等级，两个闭塞分区的长度满足从规定速度到零的制动距离。

多信息自动闭塞也称多显示自动闭塞，是对四显示及以上自动闭塞的统称。多于四显示时，往往地面通过信号机不具备多显示的条件，而以机车信号显示为主。

（2）装备列车运行控制系统的自动闭塞。

列车运行自动控制系统（简称列控系统）保证列车按照空间间隔制运行的技术方法是靠控制列车运行速度的方式来实现的。

运行列车间必须保持的空间间隔首先是满足制动距离的需要，当然还要考虑适当的安全余量和确认信号时间内的运行距离。所以根据列控系统采取的不同控制模式会产生不同的闭塞制式。列车间的追踪运行间隔越小，运输能力就越大。

从闭塞制式的角度来看，装备列车运行自动控制系统的自动闭塞可分为三类：固定闭塞、准移动闭塞（含虚拟闭塞）和移动闭塞。准移动闭塞之所以称为准移动闭塞，说明它还不是移动闭塞，所以有时仍把它归入固定闭塞。准移动闭塞的名称在铁路上较少使用，在城轨交通中常用。

固定闭塞：列控系统采取分级速度控制模式时，采用固定闭塞方式。运行列车间的空间间隔是若干个闭塞分区，根据闭塞分区数依次划分的速度级别而定。一般情况下，闭塞分区是用轨道电路或计轴装置来划分的，它具有列车定位和占用轨道的检查功能。固定闭塞的追踪目标点为前行列车所占用闭塞分区的始端，后行列车从最高速开始制动的计算点为要求开始减速的闭塞分区的始端，这两个点都是固定的，空间间隔的长度也是固定的，所以称为固定闭塞。

准移动闭塞：准移动闭塞方式的列控系统采取目标距离控制模式（又称连续式一次速度控制）。目标距离控制模式根据目标距离、目标速度及列车本身的性能确定列车制动曲线，不设定每个闭塞分区速度等级，采用一次制动方式。准移动闭塞的追踪目标点是前行列车所占用闭塞分区的始端（当然会留有一定的安全距离），而后行列车从最高速开始制动的计算点是根据目标距离、目标速度及列车本身的性能计算决定的。目标点相对固定，在同一闭塞分区内不依前行列车的走行而变化，而制动的起始点是随线路参数和列车本身性能不同而变化的。空间间隔的长度是不固定的，由于要与移动闭塞相区别，所以称为准移动闭塞。显然其追踪运行间隔要比固定闭塞小一些。一般情况下，闭塞分区是用轨道电路或计轴装置来划分的，它具有列车定位和占用轨道的检查功能。

虚拟闭塞：虚拟闭塞是准移动闭塞的一种特殊方式，它不设轨道占用检查设备，采取无线定位方式来实现列车定位和占用轨道的检查功能，闭塞分区是以计算机技术虚拟设定的。

移动闭塞：移动闭塞方式的列控系统也采用目标距离控制模式（又称连续式一次速度控制）。目标距离控制模式根据目标距离、目标速度及列车本身的性能确定列车制动曲线，采用一次制动方式。移动闭塞的追踪目标点是前行列车的尾部（当然会留有一定的安全距离），后行列车从最高速开始制动的计算点是根据目标距离、目标速度及列车本身的性能计算决定的。目标点是前行列车的尾部，与前行列车的走行和速度有关，是随时变化的，而制动的起始点是随线路参数和列车本身性能不同而变化的。移动闭塞空间间隔的长度是不固定的，所以称为移动闭塞。其追踪运行间隔要比准移动闭塞更小一些。移动闭塞一般采用无线通信和无线定位技术来实现。移动闭塞在城市轨道交通中得到越来越广泛的应用，尤其是 CBTC 系统（基于无线通信的移动闭塞信号系统）。

1.7.3 电话闭塞

电话闭塞法是昆明地铁正线运营的降级行车闭塞方式。电话闭塞法是相邻两站以电话记录号码形式确认区间空闲、办理闭塞的方式，电话闭塞法的启用、取消及实施区段须根据调度命令内容执行。

1. 办理的基本要求

运营期间信号设备故障，自动闭塞设备不能正常使用；运营结束后开行工程列车、轨道列车或其他非规定制式列车等情况下使用电话闭塞法行车。

采用电话闭塞组织行车的启用条件为行车调度下发的调度命令。

电话闭塞法行车时，同方向相邻列车的最小发车间隔为两站两区间（折返站除外）。

电话闭塞法的行车凭证为路票，信号设备等均不再作为行车凭证。起动列车进入区间的凭证为发车手信号；列车司机根据行车凭证行车，但须注意经路状况，如有异常须及时采取措施。

2. 电话闭塞的办理

电话闭塞法的作业流程：

① 发车站向接车站请求闭塞，接车站进行复诵；

② 接车站向发车站、前方站确认无闭塞占用，且线路空闲无车占用、无下线施工后，准备本站的接发车进路（包含前方站接车进路）；

③ 接车站接发车进路准备完毕后，同意发车站的闭塞请求，发车站进行复诵；

④ 发车站在得到接车站的闭塞同意后，填写《车站值班员台账》及路票；

⑤ 发车站车站值班员确认路票填写正确，由车站工作人员将路票交至司机并要求司机复诵，确认无误后，车站工作人员向司机显示发车手信号；

⑥ 司机收到发车手信号后，起动列车运行至下一车站；

⑦ 发车站在确认列车发车后，向接车站及行车调度报发车时刻，接车站进行复诵；

⑧ 接车站在得到本站报发车时刻后，迅速安排行车人员至站台头端靠近停车牌的位置接车，向列车显示停车手信号；

⑨ 列车司机根据停车手信号显示停车；

⑩ 列车整列到达后，接车站向司机收取路票，并向发车站及行车调度报到达时刻，发车站进行复诵；

⑪ 待列车整列出清接车站，确认闭塞解除条件满足后，向发车站解除闭塞给出电话记录号，发车站进行复诵；

⑫ 接车站为非折返站时，继续向前方站办理闭塞按流程办理；接车站需站后折返时，按调车办理列车折返作业。

列车运行方式及速度：

① 列车在电话闭塞法区段按切除 ATP 方式运行；

② 列车区间限速 45 km/h（经过设备限速低于 45 km/h 区段时，按设备限速规定速度运行）；经过道岔区时，9 号道岔侧向过岔限速 30 km/h，7 号道岔侧向过岔限速 20 km/h；进出车站限速 30 km/h。

3. 路票办理

（1）路票填写规定。

① 《路票》填写内容包括：车次号、电话记录号、调令号、方向、日期、车站值班员姓名七要素；

② 路票由车站行车人员填记，经车站值班员（及以上人员）复查无误后方可递交列车司机；

③ 路票填写不得增添字句及涂改，否则应视为废票，须重新填写；

④ 列车司机在接到路票后须对路票进行确认，准确无误后按规定行车；

⑤ 列车到达接车站后，车站值班员应及时收回路票；

⑥ 路票填写的日期以接车站同意闭塞的时间为准，零时前办理的闭塞，列车司机如在零时后收到路票，仍视为有效。

（2）发现错误路票及行车凭证丢失的规定。

① 列车司机在发车站发现错误路票时，应将错误路票退还车站值班员，并立即报告行车调度，按行车调度指令运行；

② 列车司机在发车后发现错误路票时，应立即停车并报告行车调度，后按行车调度指令运行，到站后将错误路票交车站值班员；

③ 列车司机取得路票并确认正确后，遇在途中丢失时可继续运行至接车站，将情况报告接车站值班员和行车调度。

（3）接、发列车。

接车规定：

① 接车站在得到后方站报发车时刻后，迅速安排行车人员至站台头部停车牌位置接车，待看见列车头部灯光后，向列车显示停车手信号；

② 列车司机根据停车手信号显示停车。

发车规定：

① 递交路票人员在列车停稳开门后，与司机确认车次无误，方可将路票交与司机，双方共同核对路票内容正确无误；

② 司机确认车站递交路票无误、乘客上下车完毕后关车门、安全门；

③ 当发出发车信号后，发现有影响行车安全的隐患时，须立即用对讲机通知司机停车，并显示紧急停车手信号。

（4）注意事项。

① 司机接到行车调度采用电话闭塞法组织行车的命令时，应记录在《司机报单》上。同时注意命令中的故障区段（××站至××站），及时在调度命令范围外的车站及时恢复原有驾驶模式；

② 采用电话闭塞法组织行车时，故障区段内信号显示无效，列车以全人工模式限速 45 km/h 运行（原线路限速低于 45 km/h 的按原线路限速运行），司机的行车凭证为路票，凭车站发车手信号动车；

③ 发生故障时，按行车调度命令行车；

④ 故障情况下若列车在车站超过停站时间时，或在区间停车时，司机须播放“临时停车”广播；

⑤ 列车在运行中，司机应加强瞭望（尤其是道岔区段），严格控制速度，严禁超速，确认呼唤道岔位置，发现异常立即停车，并报告行车调度；

⑥ 在同一区间发现前方有车（包括站内）时，司机应立即停车，报告行车调度，按行车调度的指示执行；

⑦ 当故障修复后，行车调度未发布取消电话闭塞法行车命令前，司机须仍按照电话闭塞法凭路票行车，地面信号及车载信号仅作为确认进路的依据，不作为动车凭证。行车调度发布取消电话闭塞法行车命令后，各次列车第一单程采用人工模式驾驶列车进站；

⑧ 各次列车司机必须严格按照行车调度命令的行车方法行车，认真确认行车凭证是否正确，避免错误使用行车凭证。

（5）其他相关规定。

① 在实施电话闭塞法时，列车折返作业应根据车站引导手信号办理折返作业；

② 电话闭塞法的实施应以书面调度命令的形式下发至车站值班员及司机，在条件不允许且通信设备正常的情况下，可临时以口头调度命令的形式下发至司机，待条件满足后办理书面调度命令的补交手续；

③ 列车采用电话闭塞法反向运行时，除按电话闭塞流程办理外，还需在备注栏中注明“反向运行”，并在路票右上角填记“反向运行”及调度命令号码；

④ 行车调度应先令实施电话闭塞的区段内列车停车待命，通过 ATS 工作站、CCTV、无线对讲等设备确认列车实际所在位置，待所有列车位置均确定后，向车站值班员告知列车所在位置；

⑤ 调度可令区间列车以慢速前行驾驶方式运行至前方车站后按电话闭塞法运行。

1.8　行车组织

1.8.1　行车组织原则

《运行图》是行车组织工作的基础。行车工作必须坚持集中领导、统一指挥、逐级负责的原则；行车有关人员必须服从行车调度指挥，执行行车调度命令，行车调度应严格按《运行图》指挥行车。

行车时间以北京时间为准，从零时起计算，实行 24 小时制。行车日期划分以零时为界，零时以前办妥的行车手续，零时以后仍视为有效。

行车调度负责组织实施运行计划，并根据现场情况发布指挥列车运行的调度命令；各行车岗位人员必须严格执行行车调度的命令，服从调度指挥。特殊活动运行计划由运营管理部门编制计划方案，各单位、部门遵照执行。

在 ATC 系统正常情况下，电客列车以 ATO 模式驾驶，司机需在电客列车出库或交接班时输入司机号。在 ATS 有计划运行图时，电客列车进入正线运行时自动接收目的地及车次信息；在没有 ATS 计划运行图时，电客列车在正线运行时，行车调度需输入目的地码和车次号信息。

电客列车在运行中司机应在前端驾驶，如推进运行时由引导员或具备资格的人员在前端驾驶室引导和监控电客列车运行。

在车场范围内指挥列车或车场调车的信号以地面信号为主，调车专用电话为辅，在地面信号和调车专用电台出现故障的情况下，以手信号旗/灯作为替代。

调度电话、无线电话仅用于行车工作联系，须使用标准用语。数字标准发音见表 1.4。

表 1.4　数字标准发音表

1	2	3	4	5	6	7	8	9	0
yao	liang	san	si	Wu	liu	Guai	ba	jiu	dong
幺	两	三	四	五	六	拐	八	九	洞

1.8.2　行车指挥

1. 行车指挥体系

地铁行车指挥体系包括路网管理层、线路控制层和线路执行层。

（1）路网管理层（运营管理部门）。

负责全路网的运营监控、统筹管理和发生突发事件时路网运营方案的制订。

（2）线路控制层（各线 OCC）。

负责线路行车计划的组织实施和发生运营紊乱、突发事件时运营方案的落实。

（3）线路执行层（车站值班员、司机、信号楼值班员、运转值班员）

负责线路行车计划的执行和发生运营紊乱、突发事件时运营方案的执行。

2. 线路级指挥

指挥级别：

运营指挥分为一级、二级、三级三个指挥层级；三级服从二级指挥，二级服从一级指挥。

三级指挥分别为：

一级指挥：控制中心调度长；

二级指挥：行车调度；

三级指挥：值班站长、车站值班员、运转值班员、维修调度、信号楼值班员（电力环控调度负责环控及电力等相关设备）。

各级指挥要根据各自职责任务独立开展工作，并服从 OCC 调度长总体协调和指挥。

1.8.3 调度命令

指挥列车运行的命令和口头指示，只能由行车调度发布。发布命令前应详细了解现场情况，听取有关人员意见。

1. 调度命令定义及分类

调度命令是行车调度在调度指挥工作中对行车有关人员发出的要求其配合完成某些行动的指令。

调度命令按命令形式分为口头命令、书面命令；按命令内容分为行车指令、施工命令、抢修命令。调度命令具有严肃性，均须做到规范发令，严格执行。

口头命令是向单个受令对象（列车司机等）直接发布的短期性指令。

书面命令一般是向多个受令对象以书面形式发布的有较长时效的指令，发至司机的书面命令由车站值班员或运转值班员送达司机。

抢修命令是设备发生故障时行车调度向特定人员发布的需要相关设备单位立即组织人员进行抢修的指令。

施工命令是行车调度在接到值班员的汇报后，向施工单位发布的许可或终止施工作业的指令。施工命令包括登记命令、注销命令。

2. 执行要求

① 调度命令必须由具备调度上岗资格的当班行车调度发布，调度命令的发布需一事一令；

② 调度命令必须由各单位当班维修调度、车站/车场行车人员、司机及抢修班组长等人员接受；

③ 调度命令必须以口头或书面形式发布。书面命令采用书面记录制；口头命令采用应答复诵制，且必须通过具备录音功能的通信设备发布；录音设备故障情况或特殊情况下，调度命令必须采用书面命令形式发布；

④ 调度命令要素包含：命令号码、受令处所、受令人、命令内容、发令时间、发令人及复诵人；

⑤ 书面命令号 1 ~ 100 循环使用；口头命令号按日以 101 ~ 200 循环使用，不得漏号、跳号及重号；

⑥ 调度命令中涉及的车站名、人名必须记录全名。

3. 调度命令的传达

行车调度发布命令时，在车场由信号楼值班员/运转值班员负责传达，在正线由值班站长（车站值班员）负责传达。传达给司机或其他有关人员的书面命令应盖有车站（车场）行车专用章。

同时向几个单位或部门发布调度命令时，行车调度应指定其中一人复诵，其他人核对，确保无误。书面命令必须登记。

1.8.4　正常情况下的行车

列车在区间内的行车采用右侧单向运行制，即列车在区间内运行时信号机的设置位置均在列车运行方向的右侧（特殊情况除外）。

1. 列车运行交路

传统上将列车交路分为大交路、小交路、大小交路三种。

大交路是指列车在两个终点站进行折返运行。大交路具有对中间站折返线路要求不高、行车组织运行方式简单的优点，但不考虑区段客流量不均衡的因素，合理利用运能方面有所欠缺。

小交路是指列车在指定的折返站折返，在一段区间内运行。在城市轨道交通的运营组织中除特殊情况下一般不采用此种交路模式。

大小交路是指列车在线路运行中结合了大、小交路两种情况的运行模式。大小交路的行车组织方式是比较经济合理的一种运行方案，特别是在区段客流不均衡程度高，造成某一区段运能不能满足运量的需要时，大小交路运营组织方式尤为适用。但这种行车组织方式相对较为复杂，同时对客运组织也有较高的要求。

2. 列车运行模式

① 在信号系统具备 ATO-CBTC 功能的区段，ATP 车载设备功能正常的列车，采用自动模式驾驶，行车凭证为车载信号，使用移动闭塞法行车；

② 在 ATP 设备故障或信号系统不具备 ATO-CBTC 功能的区段，或对不具备正常的 ATP 车载设备功能的列车，采用人工模式驾驶，行车凭证为地面信号，使用自动闭塞法组织行车；

③ 联锁故障的区域，凭行车许可证采用电话闭塞法组织行车，或者凭调度命令组织行车。

3. 电客列车出入段规定

① 电客列车在出、入段线运行时司机必须严格按规定控制速度；在车场内运行时速度不得高于 25 km/h；列车进入正线后按正常速度运行；

② 在运营时间内需要组织电客列车出、入段时，不得影响正线的电客列车运行；

③ 列车出段：确认转换轨空闲，由远及近开放列车信号，列车凭进路信号机的开放显示进入转换轨；

④ 列车入段：同意列车进车辆段前，行车调度员应确认转换轨空闲，并开放进路信号机至转换轨的列车进路。列车在转换轨停稳后，凭入段信号机的开放显示运行至规定地点停车。

4. 电客列车正线运行规定

（1）列车停站作业规定。

《运行图》中无规定又未得到行车调度命令时，司机不得驾驶电客列车通过车站。需要组织电客列车不停站通过车站时，行车调度应及时通知车站、司机，当载客列车通过车站时或清客时，司机应及时广播通知乘客。

电客列车在车站停稳后，司机应迅速打开驾驶室门和客室门；当距开车时间 15 s 时，关闭客室门，确认无夹人夹物后，进入驾驶室开车。在安全门与信号系统没有联锁或联锁故障的车站，电客列车在车站停稳后，司机应迅速打开驾驶室门，先操作 PSL 打开安全门，后打开客室门；当距开车时间 15 s 时，先关闭客室门，后关安全门，确认无夹人夹物后，进入驾驶室开车。

在正线上司机按运营时刻表掌握停站时间及运行，行车调度调整列车运行时，按行车调度的指令执行。

电客列车进站时，电客列车停车位置越出停车标 10 m 以下时，司机应报行车调度，按行车调度指令以 RMR 后退对位，打开客室门上下乘客；当未到停车标停车时，司机应迅速以 ATP 手动向前对位。

运营电客列车在非终点站停车位置越出停车标 10 m 以上时，司机报告行车调度，经行车调度同意，司机继续运行到前方站停车，行车调度应通知前方站，车站应及时对站台乘客广播并维持好秩序。

（2）电客列车转换驾驶模式的操作规定。

列车驾驶模式原则上由司机掌握，根据情况变化采用 ATO、ATP 模式。司机改变驾驶模式为 RM、RMR、EUM 时须得到行车调度的口头命令，并严格按规定程序及限速要求运行。

5. 工程车开行规定

工程车辆进出运营线路必须办理施工计划，并由行车调度发布书面命令。工程车辆在进入运营线路前，施工负责人必须对其技术状态进行全面检查，确保行车和设备安全；工程车辆到达指定的施工作业区域后，行车调度应及时发布书面命令封锁该作业区，并检查有关防护措施。待施工结束后，再开通有关线路，安排工程车辆回段。

一个联锁区内同一线路只准有一列工程车运行，在区间或无地面信号机的车站作业折返时，凭调度命令行车。

工程车可以牵引运行，也可以推进运行，工程车由车长负责检查。工程车辆运行途中不得解编，推进运行时在列车前部须有人引导。

6. 列车调试规定

车辆、信号设备的调试必须严格按运营的有关规章手册的规定执行，按施工组织管理规定的要求进行组织。

调试作业安排在非运营时间内进行，如确需在运营时间内进行的，必须是不影响列车运行和乘客服务的项目，明确安全预防、控制措施，按规定办理施工计划。

调试完毕，必须对调试使用过的设备进行复原、功能检查和安全检查，在确定达到原有功能或新功能的全部要求后，方可办理施工销点。

调试列车进入调试区段由调试负责部门指挥时，遇特殊情况和危及安全时必须及时汇报行车调度，行车调度负责应急处理。

1.8.5 非正常情况下的行车

1. 扣车规定

① 当行车调度需扣车时，在中央 ATS 工作站上操作，并通知司机和车站；

② 当车站需要扣车时，由车站值班站长（值班员）在 IBP 盘上操作，并及时通知司机及行车调度，紧急情况按紧急停车按钮；

③ 扣车是“谁扣谁放”，只有在 ATS 故障时，对原中央 ATS 上扣停的列车，经行车调度授权后由相关车站放行；

④ 取消扣车时应确认列车已停稳后方可操作。

2. 通信、信号系统故障的处理

1）通信系统故障的处理

① 调度电话故障时，使用全线频道的无线电台给司机指令控制行车，也可采用公司内部电话指挥行车；

② 无线调度电话故障时，所有发布给司机的口头命令改为书面命令，由车站（段、场）负责传达；

③ 自动运行模式下，当列车因无速度码造成区间迫停，且无线电台故障无法联系行车调度时，司机应用手持电话通知行车调度申请转 RM 模式（限速 25 km/h）动车，并按行车调度指示办理。

2）信号系统故障的处理

（1）联锁故障有关规定。

正线联锁区联锁故障时，由控制中心调度长决定是否采用电话闭塞法组织行车。

正线在执行电话闭塞法组织行车的区段内，列车站后折返时，按调车方式办理行车手续，司机凭车站人员显示的引导手信号动车，进行折返作业。

突发联锁故障时迫停在区间的列车，行车调度在确认列车停车位置到前方站出站信号机之间线路无其他列车占用且无道岔时，司机凭行车调度命令按人工驾驶模式限速运行进站后待令；行车调度在确认列车停车位置到前方站出站信号机之间线路无其他列车占用但有道岔时，行车调度须在道岔人工钩锁好后口头命令司机以人工驾驶模式限速运行进站后待令，司机应加强瞭望和广播安抚乘客。

突发联锁故障时，当需要采用电话闭塞法组织行车时，行车调度应及时向有关车站发布口头命令：从何时起，在×站至×站间采用电话闭塞法组织行车。由行车调度口头通知司机或车站转告司机调度命令的内容。

在执行电话闭塞法行车时，当信号系统经设备管理单位确认恢复正常或电客列车进入正常联锁区时，司机在前方站交回行车许可证，列车按照自动闭塞法行车。

当部分线路采用电话闭塞法行车时，电客列车在联锁区按信号系统正常行车，列车运行至故障影响区域后按照电话闭塞法组织行车。

（2）CBTC 模式下故障的处理。

当车载 ATP 设备故障，列车迫停在区间时，司机报行车调度后，行车调度确认停车位置至前方站出站信号机间线路空闲、道岔位置正确且锁闭后，命令司机以人工驾驶模式运行到前方站。列车到达前方站（或在车站发生故障）不能修复时，清客退出服务，该空车按地面信号以人工驾驶模式运行到合适存车点，司机严格按行车调度命令行车。

当车载无线电双重故障（一个单元故障不影响 CBTC 列车运行，双重故障时无法实现车地通信）导致电客列车迫停在区间时，行车调度按司机的报告确认停车位置至前方站出站信号机间线路空闲、道岔位置正确且锁闭后，命令司机以人工驾驶模式运行到前方站。列车到达前方站（或在车站发生故障）不能修复时，清客退出服务。

当轨旁 ATP 设备故障或轨旁无线接入单元故障，电客列车迫停在区间时，行车调度确认停车位置至前方站出站信号机间空闲、道岔位置正确且锁闭后，准许电客列车以 RM 模式继续运行，越过故障区域后收到车载信息时，司机须按照车载信息指示行车，及时恢复原驾驶模式。

若电客列车运行至前方站（或在车站发生故障）仍无法收到车载信息时，行车调度确认本站至前方站信号机间空闲、道岔位置正确且锁闭后，准许电客列车以人工驾驶模式继续运行，越过故障区域后收到车载信息时，司机须按照车载信息指示行车，及时恢复原驾驶模式。若连续两列电客列车在区间遇到此类故障，该区间以人工模式行车。

受前行电客列车车载 ATP 设备故障或车载无线天线故障影响，造成后续列车迫停于区间或车站时，行车调度确认停车位置至前方站出站信号机间空闲、道岔位置正确且锁闭后，准许列车以人工驾驶模式运行，待车载信号设备收到信息后，司机须及时恢复原驾驶模式。

3. 列车越站的规定

① 列车可能需要越站的情况：列车进行测试时；列车因故障或按时间表编定需要返回车辆段，或载客列车因运作需要而安排不停站；

② 在以下情况列车不能越站：线路首班和末班列车不能越站，车厢广播故障的不能越站；

③ 载客列车有必要不停站时，有关人员必须依照表 1.5 所示程序执行。

表 1.5　载客列车越站各岗位处理程序

步骤	负责人员及行动	
1	行车调度员	事先通知列车司机不停站的指示，通知有关车站人员列车不停站和其他有关安排
2	车站	安排有关人员通知乘客即将到达列车将会不停站，并做好广播
3	列车司机	使用列车广播通知车上乘客列车将在有关站不停车

④ 不停站的列车不论是否载客，列车司机必须遵照表 1.6 所示程序执行。

表 1.6　列车越站司机处理程序

步骤	行　动
1	以 ATP 模式驾驶列车越站
2	情况许可时驶近站台头端墙应鸣笛（1 次长声），除非该站设有站台安全门
3	驶过头端墙时，列车速度不得超过 25 km/h（站台没有安全门）或 50 km/h（站台设有安全门）

4. 反方向行车规定

① 列车反向运行前必须得到行车调度的命令。

② 凡在具有反向 ATP 保护的轨道区段，电客列车反向运行驾驶模式为 ATP 列车人工驾驶模式，行车凭证为车载信号。

③ 电客列车须反向运行时，列车根据 ATP 允许速度以 ATP 列车人工驾驶模式运行。遇 ATP 轨旁设备故障时，行车调度通知司机以限制人工驾驶模式运行。

④ 在反向 ATP 故障或未投入使用的情况下，除降级运营时组织单线双方向运行或开行救援列车外，载客列车原则上不能反方向运行。

⑤ 工程列车需在明确行车计划和进路排列好的情况下方可反方向运行。

⑥ 行车调度应提前通知有关车站安排人员负责操作站台 PSL 盘开/关安全门。

1.8.6　调车作业

1. 领导与指挥

调车工作必须贯彻统一领导、单一指挥的原则。

在车场调车时，运转值班员向信号楼值班员下发调车计划，信号楼值班员配合排列进路及执行计划，现场调车员按计划指挥调车。

2. 调车计划的编制、传达和变更

调车作业计划单由运转值班员编制，以书面形式下达。

调车作业计划单由运转值班员亲自向信号楼值班员传达，调车员于作业前必须将作业计划单和注意事项向司机传达清楚。

在作业中变更计划时，必须停止作业，由运转值班员将变更后的计划（不超过三钩时）

口头向信号楼值班员及调车员传达清楚，参与调车的作业人员必须复诵，确认无误后才能开始调车作业；调车作业计划变更三钩以上时，须重新编制调车作业计划单后执行。

3. 调车作业组织

调车作业方法仅限牵引、推进调车，禁止溜放调车和手推调车（特殊情况下，经运营公司主管安全的负责人同意后方可手推调车）。

调车作业前，调车领导人须通知相关部门做好准备工作，工程车调车时，每台工程车只能调动一列电客列车。

调车作业必须按照调车信号机和调车手信号的显示要求进行，没有信号不准动车，信号不清立即停车。调车作业时，调车员必须正确及时显示信号，司机要认真确认信号，并鸣笛回示，没有回示时，应立即显示停车手信号。

调车进路的确认：

① 牵引运行时，前方进路的确认由司机负责；

② 推进运行时，前方进路的确认由调车员负责；

③ 取消调车进路时，应确认列车尚未起动，通知调车指挥人和司机并得到回复后，方可关闭调车信号。

遇特殊情况需要越出车场占用出入段线调车时，须取得行车调度的命令，联锁设备不能正常使用时，严禁越出车场占用出入段线调车。未经行车调度同意，禁止使用出入段线进行调车作业。

取消调车进路时，应确认列车尚未起动，通知调车员或调车司机，并得到应答后，方可关闭调车信号。

车场内的调车作业，不得影响进出车场列车的正常运行；两组车组或列车不能同时在同一条线路内移动，必须等候其中一组车组或列车暂停后，另一组车组或列车才能移动。

列车或工程车在段（场）内驶过平交道之前，司机应加强瞭望，必要时鸣笛。

段（场）内的调车作业，不得调动挂有禁动标志牌（或红闪灯）的车辆或列车。

调动车辆或电客列车前要检查车辆和线路障碍物情况并撤除止轮器，进入车库前必须一度停车。调车作业完成后，应将车辆或列车停于线路警冲标内方；

调车作业结束后的车辆或电客列车，调车指挥人必须采取防溜措施；检修库内车辆或电客列车的防溜工作由车辆部负责。

4. 车辆连挂

连挂车辆时必须显示三、二、一车的距离信号和连挂信号，一车距离以 20 m 为标准，没有显示三、二、一车距离信号和连挂信号时不准挂车。

调车指挥人确认车辆停留位置有困难时，应派胜任人员显示车辆连挂位置信号。

连挂车辆前司机必须一度停车，连挂后的车辆要先试拉，确认连挂妥当，制动主管连接好后方可起动。

工程车连挂平板车时，调车司机应进行试风，试风良好后方可动车。

在曲线、岔区连挂时，应注意连挂钩位，防止错钩。

5. 调车速度要求

① 调车作业要准确掌握速度，遇瞭望困难或天气不良时，应适当降低速度，调车速度见表 1.7。

② 在尽头线上调车时，距线路终端应留有 10 m 的安全距离，遇特殊情况必须小于 10 m 时，要严格控制，以随时能停车的 3 km/h 以下速度运行。

表 1.7　调车允许速度表

项　目	速度（km/h）
车场内空线牵引运行	25
车场内空线推送运行	20
调动装载货物的车辆	20
在尽头线调车时	3
在停车库内及维修线	5
对货位时	5
接近被连挂的车辆时	3

1.8.7　列车运行图

1. 列车运行图的概念

列车运行图是用坐标原理来表示列车运行状况的一种图解形式。列车运行图是列车运行的时间与空间关系的图解，它规定了各次列车占用区间的次序，列车在区间的运行时分，在车站的到达、出发或通过时刻，在车站的停站时间和在折返站的折返时间，以及列车交路和列车出入车辆段时刻等。

列车运行图是一个综合性的运行计划，是列车运行组织的基础。它比较完整地规定了运营中列车进行的时间要素、数量要素、图解要素、相关要素相互协作/统一的状态。

2. 构成要素

轨道交通列车运行图的要素包括时间要素、数量要素、图解要素、相关要素四类。

时间要素包括列车区间运行时分、列车停站时间、列车在折返站停留时间、列车折返出发间隔时间、列车出入车辆段作业时间、追踪列车间隔时间和连发间隔时间、运营时间、停送电时间等。

数量要素包括列车最大载客量、列车满载率、出入库能力、全日分时段客流分布等。

图解要素包括纵坐标、横坐标、垂直线、水平线、斜线、斜线与水平线的交点、车号及车次等。

相关要素包括与其他交通方式的衔接；与大型体育场所、娱乐中心、商业中心的衔接；列车检修作业；列车试车作业；驾驶员作息安排；车站的存车能力；电动列车的能耗。

1）时间要素

（1）列车区间运行时分。

列车区间运行时分是指列车在两个相邻车站间的运行时间标准，通过牵引计算和列车试运行相结合的方法计算确定。

由于上下行方向线路平纵断面条件以及列车运行速度的不同，区间运行时分应按上下行方向和各种列车分别确定。

区间运行时分应根据列车在每一区间的两个车站上不停车通过和停车两种情况分别确定。列车不停车通过两个相邻车站所需的区间运行时分称为纯运行时分。因列车到站停车和列车起动出站而增大的区间运行时分与纯运行时分之差称为停车附加时分和起动附加时分。起停附加时分应根据车辆类型、列车编组辆数以及进、出站线路的平纵断面条件等进行确定。

（2）停站时分。

列车在车站的停留时间总体包括三部分：① 客流上下车时间；② 开关门时间；③ 车门关闭的等待时间。车门关闭的等待时间有四项影响因素：

- 车厢实际已经满载，仍有待上旅客，等待该旅客挤上车；
- 旅客挡住车门以等待其他旅客上车；
- 关车门时的速度快慢；
- 确认车门完全关闭后到列车出发的时间。

实际列车停站时间的计算可以参照以下方法：

任意车站的停站时间可根据单向乘客人次（上下车乘客）等因素来计算：

$$t_{ST}=t_0+[(\text{乘客人次}\times\psi\times t_{AB})/(L\times D\times T_h)]+t_{CL}+t_{DEP}(\text{s})$$

式中 t_0——列车停稳至车门开启的时间，可取 1 s；

t_{CL}——车门关闭（包括警告）时间，可取 5 s；

t_{DEP}——车门关闭至列车驶离时间，可取 3 s；

t_{AB}——每位乘客上下车所需时间，按 1.2 s/每车门通道计算；

L——车门通道数，一般 1.3 m 的车门宽度可以假设两条通道；

ψ——车内乘客和站台候车乘客分布不均造成的影响系数，可取 1.7；

D——每列车车门的数量，如 12 门取值 12；

T_h——该方向每小时开行的列车对数，4 min 发车间隔取 15；

例如，某站高峰小时的单向上下车旅客为 5 000 人次（其他参数取上述默认值）、列车 6 节编组，每节车 4 道车门，列车发车间隔为 4 min 时，该站所需的停站时间应为：

$$t_{ST}=t_0+[(\text{乘客人次}\times\psi\times t_{AB})/(L\times D\times T_h)]+t_{CL}+t_{DEP}=23.17(\text{s})$$

（3）列车在折返站停留时间。

列车在折返站停留时间是指列车在折返站办理各项作业时所需时间。

在站后折返时，按作业顺序，列车应办理的作业有：

- 在站台上，开车门、乘客下车作业；
- 列车入折返线走行；
- 在折返线上，列车换向作业；

- 列车出折返线走行；
- 在站台上，乘客上车、关车门作业。

在站前折返时，列车在折返站应办理的作业有：

- 在站线上，乘客下车、上车与开、关车门作业；
- 在站线上，列车换向作业。

（4）列车折返出发间隔时间。

列车折返出发间隔时间是指列车在折返站的最小出发间隔时间，主要取决于折返线的布置、采用的折返方式等。

（5）列车出入车辆段作业时间。

列车出入车辆段作业时间是指列车在车辆段与正线防护信号机间的运行时间，列车在正线防护信号机与列车始发站间的运行时间，以及列车在进入区间正线前等待信号开发和确认信号的时间。

前两项时间可通过牵引计算和列车试运行相结合的方法计算确定，第三项时间可根据分析与查表相结合的方法计算确定。

（6）追踪列车间隔时间。

在自动闭塞线路上，同方向运行的两列车以闭塞分区或制动距离加上安全防护距离作为间隔运行，称为追踪运行。追踪运行的两列车在运行过程中相互不受干扰的最小间隔时间称为追踪列车间隔时间。

影响追踪列车间隔时间的主要因素包括：列车停站时间、列车运行控制方式、列车间隔距离、列车运行速度、接近车站线路的平纵断面、车站是否设置配线和行车组织方法等。

（7）运营时间。

指城市轨道交通运营线路运送乘客的时间。一般说来，各国城市轨道交通系统均有一定的夜间时间（2～6 h 不等）用作设备、设施的维修和保养。

2）数量要素

（1）全日分时段客流分布。

按客流的时间分布进行预测、调查分析，确定高峰、低谷时段客流量，从而对列车编组数或列车运行列数等相关因素进行合理安排，并作为开行不同形式列车的主要依据，如大小交路列车。

（2）列车满载率。

列车满载率指列车实际载客量与列车定员数之比。编制列车运行图时，即要保证一定的列车满载率，又要留有一定余地，以应对某些不可预测因素带来的客流量波动，同时也要考虑乘客的舒适水平。

（3）出入库能力。

由于车辆基地与线路车站之间的出入库线有限，加之出入库列车插入正线受正线通过能力的影响，因此，每单位时段通过出入库进入运营线的最大列车数，即出入库能力，是编制列车运行图的一个重要因素。

（4）列车最大载客量。

列车最大载客量即一个编制列车按车厢定员计算允许装载的最大乘客数，分为定员载客量和超员载客量。

3）图解要素

（1）横坐标。

表示时间变量，按要求用一定的比例进行时间划分，一般城市轨道交通列车运行图采用1分格或2分格，即每一等分表示1 min或2 min。

（2）纵坐标。

根据区间实际里程或区间运行时分（大多数情况下采用区间运行时分划分）按一定比例绘制，以车站中心线所在位置进行距离定点。

（3）垂直线。

是一族平行的等分线，表示时间等分段。

（4）水平线。

是一族平行的不等分线，表示各个车站中心线所在的位置。

（5）斜线。

列车运行轨迹（径路）线，一般以上斜线表示上行列车，下斜线表示下行列车。

（6）斜线与水平线的交点。

在列车运行图上，列车运行线与车站的交点即表示该列车到达、出发或通过的时刻。由于城市轨道交通列车停站时间较短，一般不标明到、发不同时间。

（7）车号及车次。

在列车运行图上，每个列车均有不同的车号与车次。一般按不同的列车类别规定代号与列车号，如专运列车、客运列车、施工列车等；按发车顺序编列车车次。

3. 车站中心线的确定

在列车运行图上，以横线表示车站中心线的位置，一般以细线表示中间站，以较粗的线表示换乘站或有折返作业的车站。车站中心线有下列两种确定方法：

① 按区间运行时分比率确定：即按整个区段内各车站列车运行时分比例来画横线，这样可以使列车在整个区段运行线基本上都是一条斜直线，既整齐又美观，也容易发现列车在区间运行时分上的差错，故多被采用；

② 按实际里程比率确定：即按整个区段内各车站之间的实际里程的比例来画横线。采用这种方法，运行图上站间距离完全反映实际情况。由于各区间线路和纵断面不一样，列车运行速度有所不同，列车在整个区段的运行线往往是一条斜折线，既不整齐，也不容易发现列车在区间运行时分上的差错。故一般不采用。

4. 运行图分类

① 根据竖线等分横轴的时间单位不同，列车运行图主要有以下四种格式：

一分格运行图：横轴以1 min为单位进行等分，是地铁、轻轨采用的列车运行图格式；

二分格运行图：横轴以2 min为单位进行等分，是市郊铁路编制新图时的列车运行图格式；

十分格运行图：横轴以10 min为单位进行等分，是市郊铁路日常使用的列车运行图格式；

小时格运行图：横轴以1 h为单位进行等分，是编制旅客列车方案图、机车周转图或客车周转图时采用的格式。

② 按照适用范围可分为工作日运行图、双休日运行图和节假日运行图。这一划分主要是对应于目前普通市民的作息规律，工作日运行图适用于星期一至星期五；双休日运行图适用于星期六、星期日；节假日运行图适用于法定节假日，如国庆节，五一劳动节等。

③ 按照运行图生成的方式可分为计划运行图和实际运行图。

④ 按区间正线数目的不同，列车运行图可分为：

单线运行图：列车运行图上，上下行列车都在同一正线上运行，上下行方向列车交会必须在车站进行。

双线运行图：列车运行图上，上下行列车在各自的正线上运行，上下行方向列车交会可在区间或车站进行。

单双线运行图：兼有单线和双线运行图的特点，列车在单线区间和双线区间分别按单线运行图和双线运行图运行。

⑤ 按列车运行速度的不同，列车运行图可分为：

平行运行图：列车运行图上，同方向列车的运行速度相同；

非平行运行图：列车运行图上，同方向列车的运行速度不相同。

⑥ 按上下行方向列车数目的不同，列车运行图可分为：

成对运行图：列车运行图上，上下行方向的列车数目相等；

不成对运行图：列车运行图上，上下行方向的列车数目不相等。

⑦ 按同方向列车运行方式的不同，列车运行图可分为：

连发运行图：列车运行图上，同方向列车的运行以站间区间为间隔，采用连发运行图时，在连发的一组列车之间不铺画对向列车。

追踪运行图：列车运行图上，同方向列车的运行以闭塞分区或制动距离加上安全防护距离为间隔，即在一个区间内允许有一列以上同方向列车运行。追踪运行图只能在安装自动闭塞设备的线路上应用。

5. 列车运行图的标画

（1）总则。

列车运行图是记录列车运行计划和当日列车运行实际情况的资料，是运营统计分析的基础。列车运行图要求准确、完整。

（2）所含内容。

列车始发（终到）；折返；中途终止；换车（换表）；晚点（早点）；放站通过；反方向运行；列车故障救援。

（3）图例。

① 列车始发：

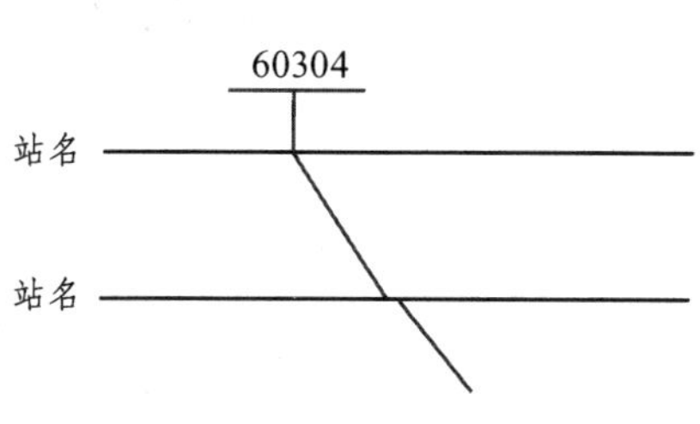

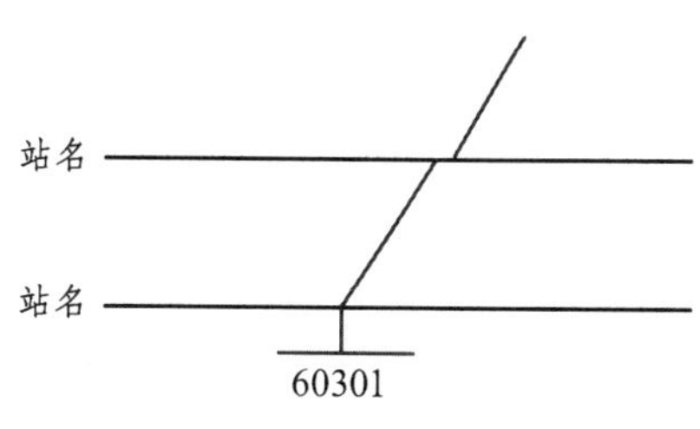

② 列车终到（退出正线）：

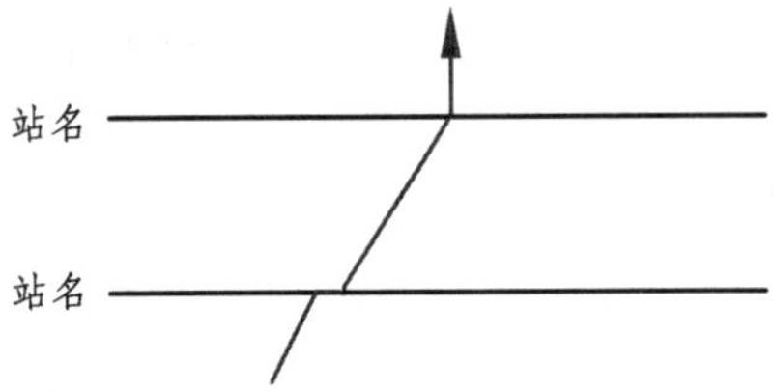

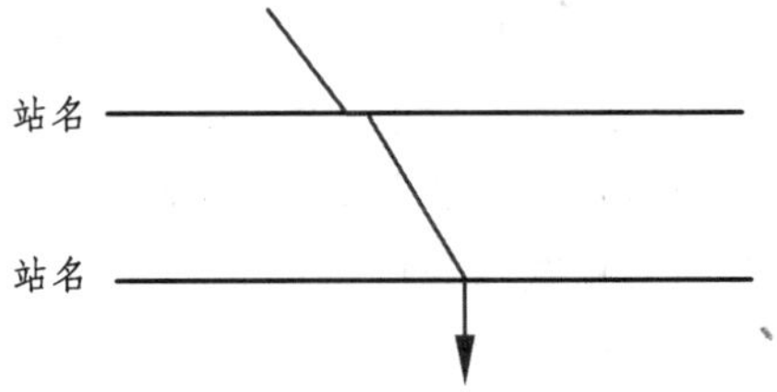

③ 列车临时退出运行：

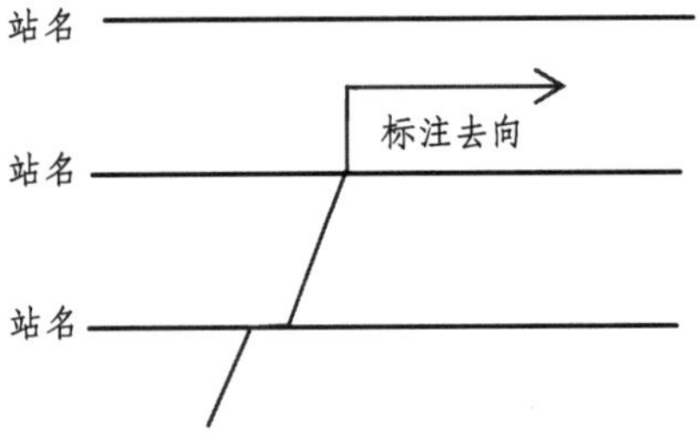

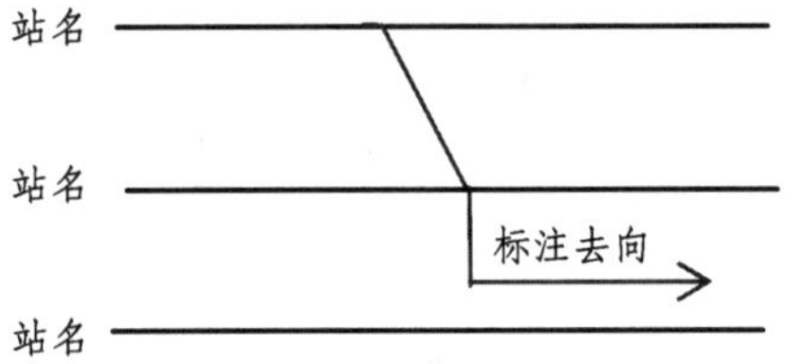

④ 列车停站：

- 停站时间较长：

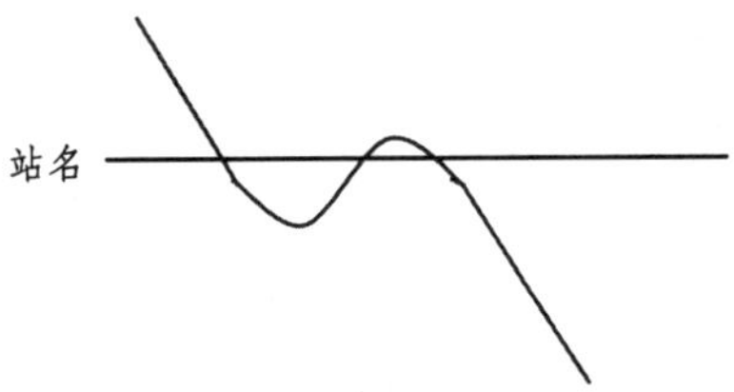

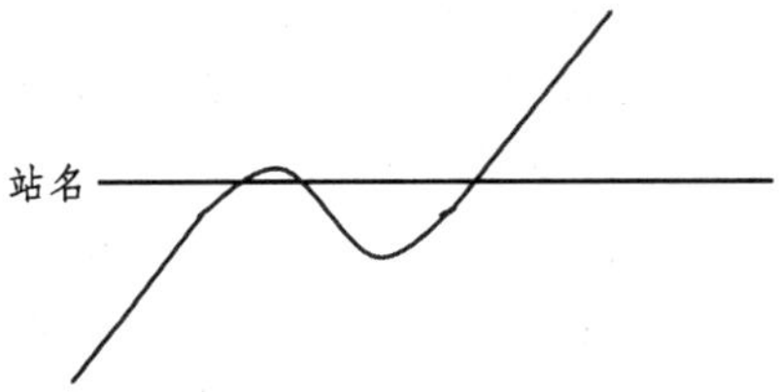

- 停站时间较短：

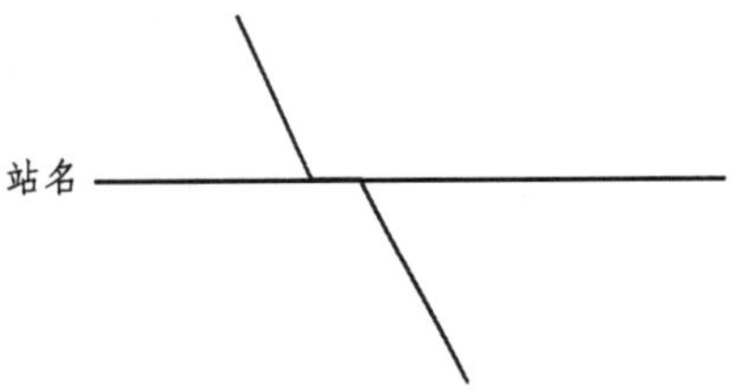

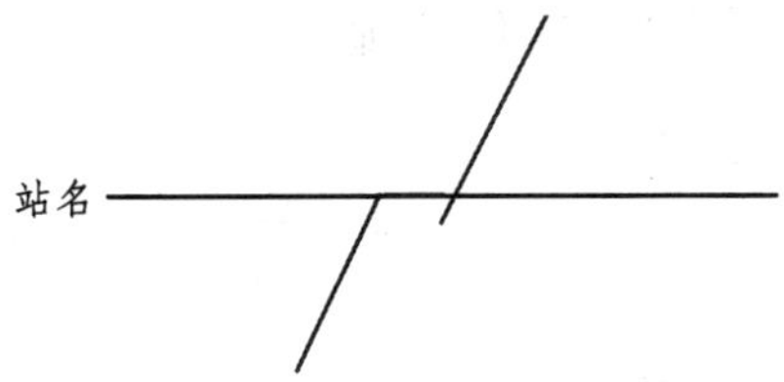

⑤ 列车折返：

- 含中途折返：

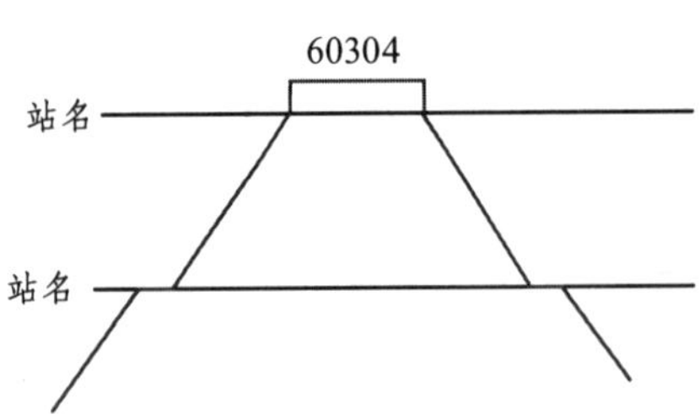

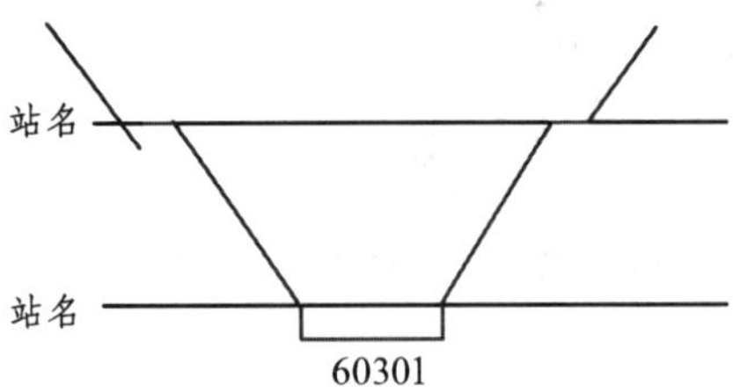

- 仅限终端站折返：

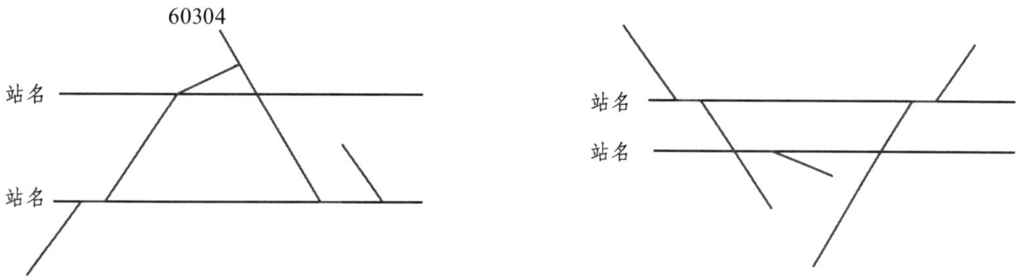

- 列车载客通过车站（列车通过 2、3 号站）：

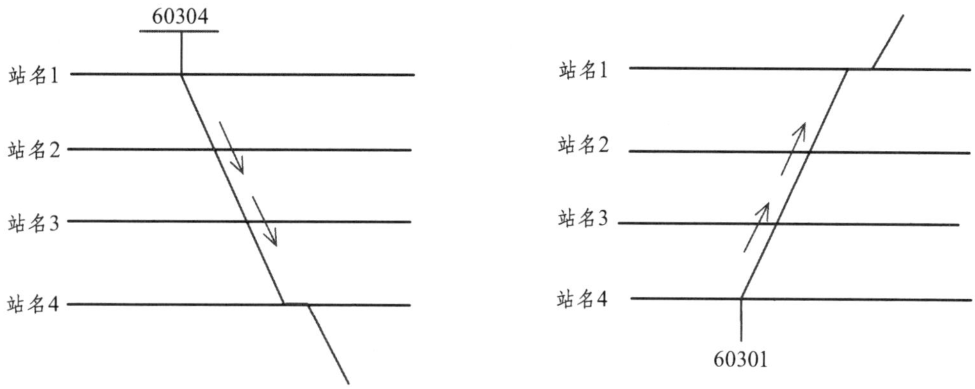

- 列车反方向运行（列车在 1～5 号站间反方向运行）：

以红“=”标注在列车反方向运行的区间的实际运行线上

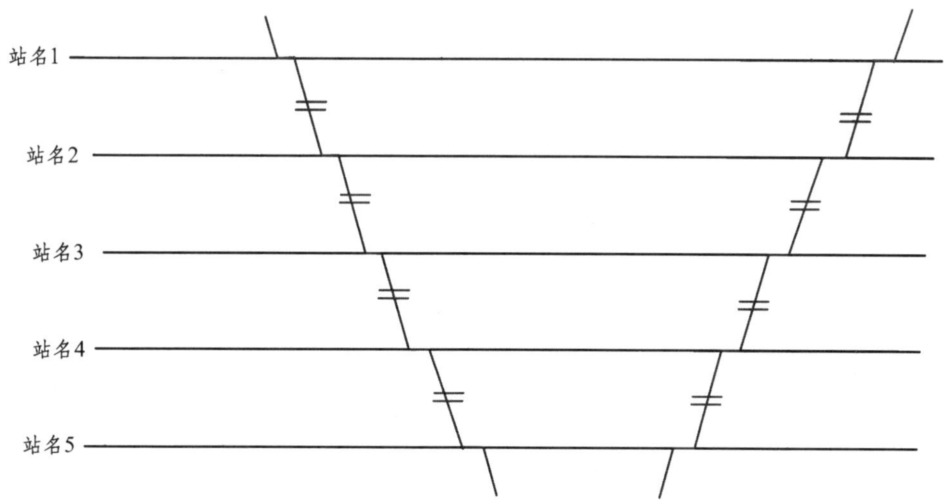

⑧ 列车故障救援：

故障列车用红 ____________ 救援列车用红 ____________

例：列车甲在 2 号站故障请求救援，列车乙在 1 号站清客担当救援，连挂后推进至 4 号站折返线，解钩后列车乙在 4 号站上客继续运行。

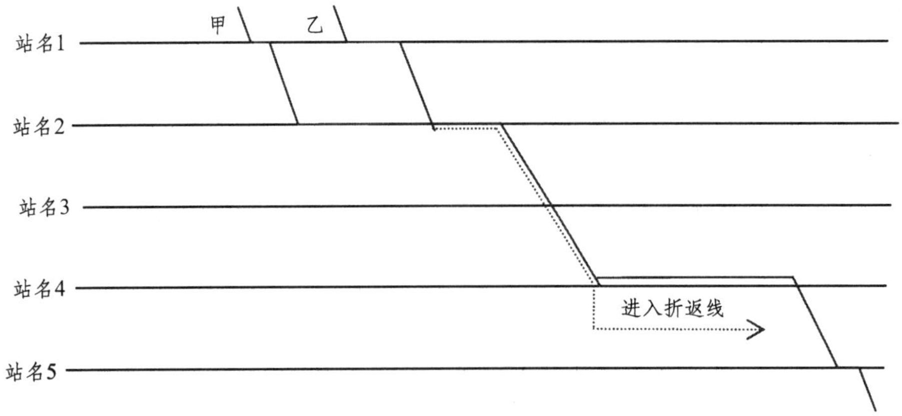

⑨ 列车运休（用红“╳”标画在计划列车运行线上）

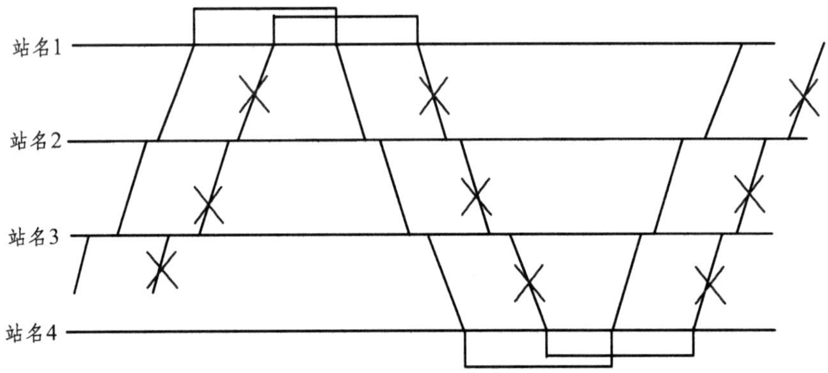

1.8.8 信号显示

1. 信号的分类

轨道交通信号分为视觉信号、听觉信号；信号装置一般分为信号机及信号表示器。

（1）视觉信号。

信号灯、信号旗、手信号、信号标志牌。

（2）听觉信号。

响墩、口笛、号角及机车、轨道车发出的鸣笛。

2. 信号机显示的要求

信号机设在列车运行方向的右侧或所属线路的中心线上，特殊地段因条件限制，需设立在左侧时，需报批并告知运营相关部门。

在确定信号机的设置时，除满足信号显示距离要求外，还应考虑到信号机不致被误认为邻线的信号机。

3. 正线信号机显示及意义

正线信号系统的显示见表 1.8。

表 1.8　正线信号系统出发信号机的显示

序号	信号灯显示	行车指示
1	绿 灯	表示进路所有道岔开通直向位置，准许列车按规定速度越过该架信号机
2	黄 灯	表示进路中至少有一组道岔开通侧向位置，准许列车按规定速度越过该架信号机
3	红灯＋黄灯	引导信号显示，准许列车以不大于 25 km/h 速度越过该架信号机继续运行，并随时准备停车
4	红 灯	禁止列车越过该架信号机
5	蓝 灯	表示系统运行在 CBTC 自动模式下

4. 车辆段/停车场信号机显示及意义

车辆段/停车场信号机显示见表 1.9、表 1.10、表 1.11。

表 1.9　入段/场信号机显示意义

序　号	信号灯显示	行车指示
1	红　灯	禁止列车越过该架信号机
2	红灯＋白灯	引导信号显示，准许列车以不大于 25 km/h 速度越过该架信号机继续运行，并随时准备停车
3	黄灯＋黄灯	表示信号机所防护的进路中至少有一组道岔开通侧向位置，准许列车按规定速度越过该架信号机进入车辆段/停车场
4	黄　灯	表示信号机所防护的进路中所有道岔均处于直向位置，准许列车按规定速度越过该架信号机进入车辆段/停车场

表 1.10　出段/场信号机显示意义

序　号	信号灯显示	行车指示
1	红　灯	禁止列车越过该架信号机
2	绿　灯	准许列车按规定速度越过该架信号机驶出车辆段/停车场
3	白　灯	准许按规定的速度越过该架信号机进行调车

表 1.11　段/场内调车信号显示意义

序　号	信号灯显示	行车指示
1	蓝　灯	禁止越过该架信号机进行调车
2	白　灯	准许按规定的速度越过该架信号机进行调车

备注：段/场内尽头线阻挡信号机采用单显矮柱型信号机，永远显示红色灯光。

5. 手信号

1）手信号定义

用手持信号灯/信号旗/牌（或徒手动作）作为工具，以规定方式显示的信号称为手信号。

2）手信号类型

正线运营情况下手信号有停车手信号、发车手信号、引导手信号、紧急停车手信号、关门手信号五种信号，信号颜色为红、绿两种颜色。

3）手信号显示条件

停车手信号、发车手信号在接到行车调度员发布采用电话闭塞法组织行车的命令或其他非正常情况下按行车调度员命令显示。

引导手信号在手摇道岔准备好进路或其他特殊情况下需引导列车前进时使用。

关门手信号在列车清客或者车门、安全门全部关闭良好且缝隙安全时使用。

紧急停车手信号可在危及行车及人身安全的情况下使用，无需调度命令。

4）手信号的显示要求

① 位置适当：显示手信号时，须站立在安全、规定位置；

② 动作及时：显示信号要及时，掌握好每一个动作的变化时间；

③ 姿势端正：显示信号做到姿势端正，显示标准，符合规定；

④ 使用信号灯但不显示手信号时，持有信号灯的人员应将信号灯处于关闭状态，避免产生误信号；

⑤ 手信号显示原则：地面站为昼间使用信号旗，夜间使用信号灯；地下站一律按夜间办理，全部使用信号灯；

⑥ 在显示手信号时，凡昼间持有手信号旗的人员，显示信号时信号旗一律展开显示。

5）手信号的显示

（1）停车手信号。

① 使用条件：采用电话闭塞法组织行车，接车时使用。

② 显示时机：看见列车头部接近车站时开始显示。

③ 显示地点：站立于规定停车位置（安全线以内，车头停车牌靠后的位置），如遇特殊要求可改变接车规定位置。

④ 显示动作：

手持信号灯/旗显示——站立于规定停车位置，面向来车方向，靠近轨道侧手臂伸直与地面平行且持红色信号灯/展开的红色信号旗正对来车方向；

徒手显示——站立于规定停车位置，面向来车方向，靠近轨道侧手臂伸直与地面平行，五指并拢伸直，掌心正对来车方向；

停车手信号必须在看见列车头部时开始显示。

⑤ 收回时机：列车停在规定停车位置后。

（2）紧急停车手信号。

① 使用条件：发现危及行车或人身安全的情况时使用。

② 显示时机：发现任何危及行车及生命安全的情况，要求列车立即停车时显示。

③ 显示地点：先按压站台紧急停车按钮，再快步朝来车方向行走（同时打出紧急停车手信号），缩短与列车之间的距离，让司机尽早看到紧急停车手信号。

④ 显示动作：

手持信号灯/旗显示——右手单手持红色信号灯/展开的红色信号旗，高举过头顶，左右剧烈摇动；

徒手显示——两臂伸直，五指伸直并拢高举过头顶，左右急剧摇动（要求两臂摇动时需有交叉过程）。

⑤ 收回时机：确认列车停车或事故已经发生。

注：紧急停车手信号执行前，必须先按压站台紧急停车按钮（信号防范优先于人工防范）

（3）发车手信号。

① 使用条件：采用电话闭塞法组织行车，指示列车发车时使用。

② 显示时机：要求司机发车，一般情况下此作业结合电话闭塞法一起进行，故必须确认发车进路正确，路票填写正确并交司机。

③ 显示地点：站台端头处，安全线以内，面对司机室侧窗。

④ 显示动作：

手持信号灯/旗显示——面对司机室侧窗，右手手持绿色信号灯/展开的绿色信号旗，向列车前进方向作圆周转动（与车轮转动方向一致）；

徒手显示——右手臂伸直（五指并拢）在面对司机室侧窗的位置向列车前进的方向作圆周转动（与车轮转动方向一致）。

⑤ 收回时机：列车起动后方可停止显示。

注：发车手信号必须在列车车门、安全门关闭良好且缝隙安全后开始显示，列车起动后方可停止显示。

（4）引导手信号。

① 使用条件：人工手摇道岔后、信号故障情况下使用。

② 显示时机：进路准备妥当后，准许列车进出车站、车场或进入岔区。

③ 显示地点：站在列车经过进路第一副道岔的警冲标外方或信号机附近的安全位置。

④ 显示动作：

手持信号灯/旗显示——面对来车方向，右手手持绿色信号灯/展开的绿色信号旗，高举过头顶左右摇动；

徒手显示——面对来车方向，右手臂（手臂伸直、五指并拢）高举过头顶上方左右摇动。

⑤ 收回时机：待列车起动后方可收回。

注：现场办理人员准备进路完毕后开始显示引导信号，引导信号必须在列车起动后方可停止显示；

（5）关门手信号。

① 使用条件：始发站至终点站，列车从车站出发前确认清客完毕或车门、安全门关闭良好且缝隙安全时使用；

② 显示时机：

a. 列车无需清客时，确认车门、安全门关闭良好，缝隙安全，站台乘客候车安全时，方可打关门手信号，同时头部转向司机相互确认（打一次关门手信号）；

b. 当列车需清客时，确认清客完毕，打关门手信号（第一次），指示司机可以关门。车门、安全门开始关闭时放下手臂，待确认车门、安全门关闭良好，缝隙安全，站台乘客候车安全时，方可打关门手信号（第二次）。

注：需打两次关门手信号。

③ 显示地点：车站站台头端紧急停车按钮处；

④ 显示动作：

手持信号灯/旗/牌显示——面对列车，右臂伸直上举，持展开的绿色信号旗/绿色信号灯，高举前后摇晃（与列车垂直）；若用信号牌显示，右臂持信号牌伸直上举，牌面正对头端墙即可；

徒手显示——面对列车，右臂五指并拢，伸直上举，前后摇晃（与列车垂直）。

注：确认清客完毕打徒手关门手信号，其他情况需持信号灯/旗/牌显示。

⑤ 收回时机：

a. 确认清客完毕时的收回时机：车门、安全门开始关闭时收回；

b. 确认车门、安全门关闭良好且缝隙安全时的收回时机：司机动车时收回。

1.8.9 行车标志

1. 信号标志

信号标志是表示地铁线路所在地点的情况和状态，指示行车人员依据标志的要求，及时、正确地进行相关作业与操作的标志。

常用信号标志有以下几种：警冲标 、鸣笛标 、停车牌 、一度停车牌 、接触轨终点标。

2. 线路标志

线路标志是指地铁建筑物及线路设备位置或状态的标志。常用线路标志有以下几种：百米标、曲线标、圆曲线及缓和曲线始终点标、坡度标，具体如表 1.12 所示。

表 1.12 线路标志

名称	现场图示	设置位置	名称	现场图示	设置位置
百米标		设在一条线路自起点整百米处	桥梁标		设在桥梁中心里程或桥头处，表明桥梁编号和中心里程
曲线要素标		设在曲线中点处	坡度标		设在线路坡度的变坡点处，两侧各表明其所向的方向的长度及其上、下坡度值
圆曲线始终点		设在曲线首尾处，表明所向方向为直线、曲线	站界标		设在车站端头，为车站与区间的分界点
缓和曲线始终点		设在缓和曲线首尾处，表明所向方向为直线或圆曲线、缓和曲线			

1.9　施工管理

1.9.1　施工分类

1. 按施工性质分类

施工检修作业按作业性质、覆盖范围、影响程度分为常规作业施工、专项作业施工、抢修作业施工和重大施工四类。

（1）常规施工作业。

常规施工作业包括：

① 影响运营线路的信号、联锁、闭塞、通信、传输、供电、触轨、车辆、线路、隧道（桥梁）、车站等设施设备的日常维护、检修、试/实验、监护，且施工结束后设施设备状态及功能不发生改变的作业；

② 在列车运营线路内进行的司机培训、列车转线、转场等施工作业。

（2）专项施工作业。

专项施工作业包括：

① 运营线路的信号、联锁、闭塞、通信、传输、供电、触轨、车辆、线路、隧道（桥梁）、车站等设施设备的安装、调试、改造、扩容、大中修工程等作业项目；

② 涉及改变设施设备功能、状态或设施设备功能产生限制条件的作业；

③ 在列车运营线路内进行的列车调试、信号调试作业；

④ 涉及上层网的通信、传输设备调试、扩容、改造作业；

⑤ 涉及 110 kV 及以上主变电站停役超过 24 小时的施工检修作业；

⑥ 外部施工（建筑、桥梁、管道、电力通信线路）涉及影响运营线路安全的线路保护作业；

⑦ 在列车运营线路内进行的运营演练。

（3）抢修施工。

运营线路的信号、联锁、闭塞、通信、传输、供电、触轨、车辆、线路、隧道（桥梁）、车站等设施设备发生故障危及行车安全或大幅降低行车效率，须立即组织紧急抢修或运营结束后安排抢修的施工作业，称为抢修施工作业。

（4）重大施工。

因施工行为，造成关键运营设施功能变化或缺失、行车安全受到影响、运行效率降低、运营模式发生重大变化的施工，称为重大施工作业。

2. 按请销点车站分类

按请销点车站分类，施工作业分为本站请点本站销点、本站请点异地销点、异地请点本站销点、多站请点多站销点（分主辅站）四类。

1.9.2　施工请销点

施工负责人必须在施工开始前 15 分钟到车控室与车站值班员联系请点。

施工结束后，施工负责人确认现场“工完场清、设备正常”后，方可在《施工登记簿》上办理注销登记销点。

注：多方配合的施工作业，由主体部门负责人统一注销，配合部门负责人分别签字确认。

1.9.3 动车施工

夜间动车施工需要行车调度发布相关调度命令（出场、区间封锁/封闭、区间解封、回场等），列车进入施工区域前按电话闭塞法办理，需清楚了解调度命令的填写及电话闭塞法作业过程中闭塞办理、路票、车站值班员台账等的填写，确保动车安全。

调试/工程车在到达施工登记站后，由施工负责人至控制室办理登记要点手续，施工结束后，动车至注销站待命，由施工负责人至控制室办理注销手续后按调令办理。如施工负责人不能至施工作业登记站完成注销手续的，须在进入存车线或停车库前的最后一站办理异地注销手续。

发布封锁/封闭命令时，登记站车站值班员必须在获得该行车调度的施工许可登记号且核对调令内容无误后，方可按行车调度要求交给司机。

动车作业必须加强“站调、车调联控”，严格按照行车调度命令限定的范围运行，动车司机必须加强瞭望，确认线路的运行条件。

工程列车在地面线路及隧道运行限速 45 km/h，侧向过岔时，9 号道岔限速 30 km/h，7 号道岔限速 20 km/h；进站限速 15 km/h。

调试/工程车的行车方法按电话闭塞法或根据调度命令规定的方法办理。

调试/工程车出入车场作业必须办理闭塞，凭发车手信号及路票行车。

思考题

1. 城市轨道交通大致分为几类？各有什么特点？
2. 简述昆明地铁线路特色。
3. 以环城南路站为例，简要说明昆明地铁车站特点。
4. 简述道岔的分类及组成。
5. 简述安全门的控制模式及优先顺序。
6. 简述联锁与进路的定义。
7. 简述闭塞的定义。
8. 简述电话闭塞的流程。
9. 简述昆明地铁正线和车辆段/停车场内的信号机显示方式，其意义是什么？
10. 施工分为几类？施工管理中的关键点是什么？

第 2 章　电客列车司机岗位业务技能

2.1　电客列车司机专业知识

本章知识要点及要求司机掌握程度表

序号	知识要点	司　　机		
		掌握	熟练	了解
1	车辆知识	●		
2	信号知识	●		
3	电客列车司机作业标准		●	
4	司机室设备操作		●	
5	客室设备操作		●	
6	走行部设备操作		●	
7	安全门 PSL 盘操作		●	

2.1.1　车辆知识

1. 车辆基础知识

1）列车编组

昆明地铁首期工程使用的电客列车为 B 型电客列车。每一列 B 型电客列车由两个单元共 6 节车辆组成，每个单元由 1 节拖车（Tc 车）加 2 节动车（M 车）组成。一个单元内的三辆车之间通过半永久牵引杆进行机械连接，两个单元车通过中间半自动车钩连挂，电气连接通过固定在车钩两侧的电气连接箱实现，气动功能则通过用于连接车辆的软管进行传递。

每个单元的司机室端配备头车半自动车钩，出现紧急情况时，可将两列电客列车连挂起来，用一列车来拖动另一列车。每节车均设有两个转向架，动车由两个动车转向架支撑，轮对均由牵引电机驱动，拖车则由拖车转向架支撑，不提供驱动能力。另外，在 Tc 车和 M2 车转向架的左右侧各装有 1 个集电靴，M1 车不设集电靴，单元车编组方式如图 2.1 所示。

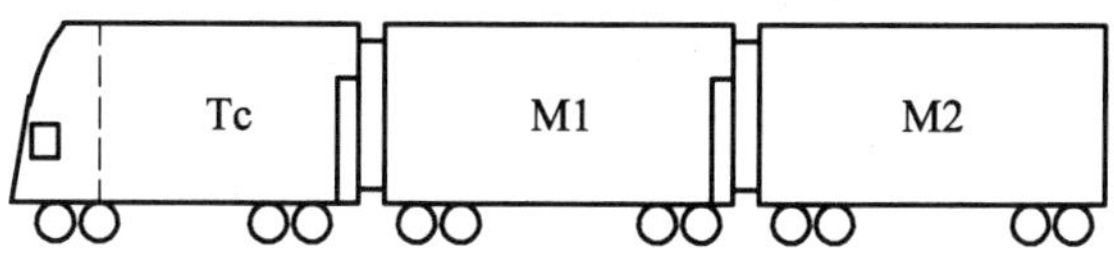

图 2.1　列车编组方式（单元车）

具体编组方式为：= Tc*M1*M2 = M2*M1*Tc =

注：

- Tc：带司机室的拖车；
- M1：不带集电靴的动车；
- M2：带集电靴的动车；
- = ：半自动车钩；
- *：半永久牵引杆。

2）列车车钩

昆明地铁首期工程使用的B型电客列车选用了福伊特公司提供的车钩及缓冲器，包括头车半自动车钩、中间半自动车钩和半永久牵引杆。三种车钩均设有可复原能量吸收功能，采用橡胶缓冲器。在头车半自动车钩上还设有超载保护装置，头车半自动车钩、中间半自动车钩、半永久牵引杆还有不可复原的可压溃变形管。

其结构均采用先进的密贴式，它是依靠相邻车辆钩头上的凸锥和凹锥口互相插接，起紧密连接作用。其优点是节省人力，保证安全方便；缺点是构造较复杂，强度较低。所以适用于地铁、轻轨等轻型轨道车辆上。

车钩及缓冲器用来连接列车中各节车辆，使之彼此保持一定距离，或用于列车之间的救援连挂，并且传递和缓和列车在运行中所产生的纵向力和冲击力，此外，还可以实现车辆间的电路和气路连接。

（1）头车半自动车钩。

该车钩可以实现两列车机械、气路的自动连接，可在司机室遥控操作，自动气动解钩，连挂的车辆能通过最小平面曲线和垂向曲线，两车钩接合时在垂直方向偏移±90 mm、水平方向偏移±170 mm的情况下仍可以实现自动连挂。该车钩设有可复原的能量吸收装置，即车钩缓冲器，采用环形橡胶缓冲器，在列车牵引和推进时起到有效的缓冲作用。列车空气管路的连接是在车钩进行机械连挂的同时自动完成的。该车钩还设有不可复原的能量吸收部件，可压溃变形管在经受严重冲击后会发生变形，吸收能量保护车体。除此之外，还设有超载保护装置。

头车半自动车钩主要用于一列正常的列车救援另一列故障的列车，这种情况只有在紧急情况下才会发生。也就是说当一列故障列车由于技术问题不能自行运行，而又必须马上拖走，以保证其他列车安全通过时，需要使用头车半自动车钩。头车半自动车钩由以下部分组成，如图2.2、图2.3所示。

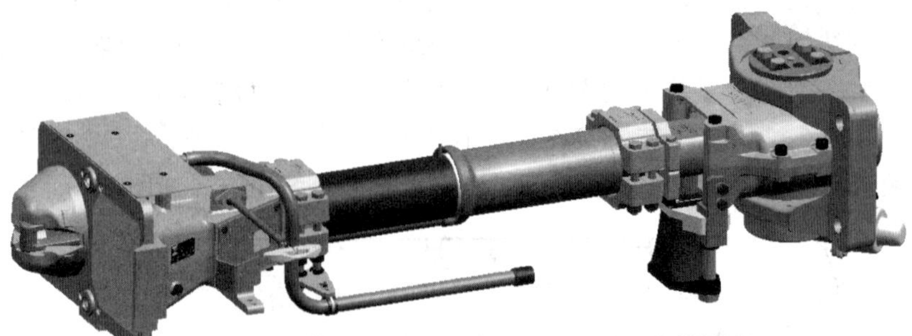

图 2.2 头车半自动车钩（立体图）

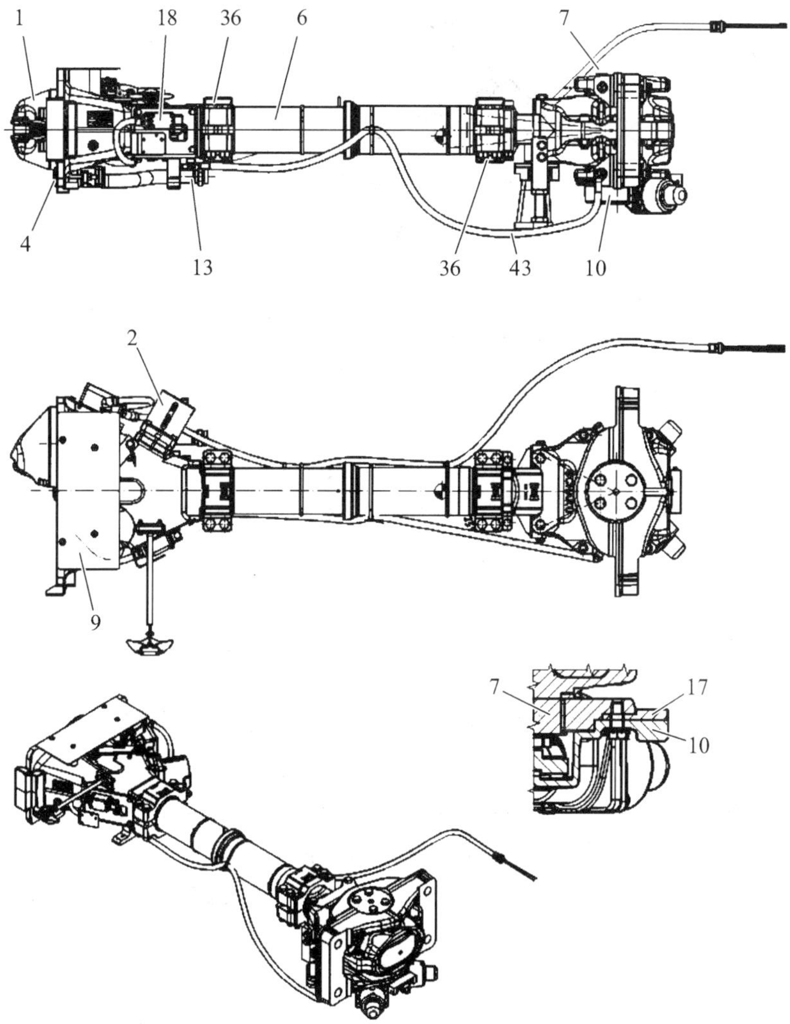

图 2.3　头车半自动车钩（三视图）

1—车钩头；2—解钩气缸；4—风管接头；6—钩身；7—橡胶垫缓冲装置；
9—钩头盖；10—对中装置；13—风管接头；18—电气装置；
36—卡环连接件；43—接地系统

① 车钩头。

车钩头通过车钩锁来确保两节车厢之间的机械连接。钩头表面有凸锥和凹锥，允许车钩自动对齐和同心，在水平和垂直方向提供一个较大的连挂范围。

车钩端面配有一只宽而扁的边缘以吸收缓冲力。牵引力通过车钩锁（钩板、钩舌、中枢和拉簧）传递。牵引和缓冲负载从车钩传送到车厢底架。车钩头如图 2.4 所示。

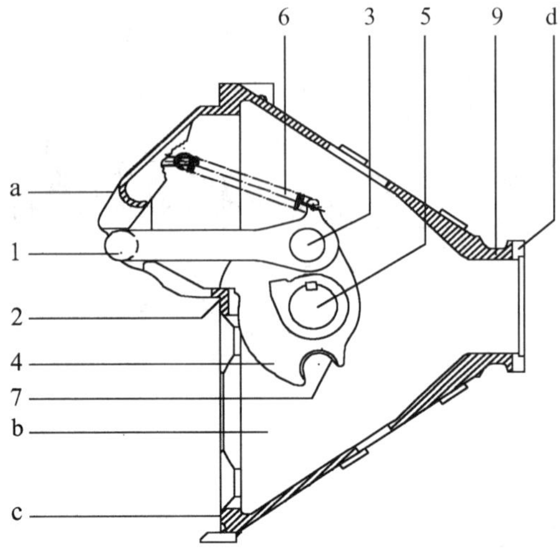

图 2.4 车钩头原理图

a—凸锥；b—凹锥；c—车钩端面；d—卡环法兰；1—钩舌；2—止档；3—钩舌销；4—钩板；5—中枢；6—接簧；7—钩锁虎口；9—车钩头外壳

② 车钩锁。

车钩锁有三个作用位置：

a. 准备连挂（见图 2.5）

钩舌腹板靠近凸锥边缘。钩板通过拉簧压入，顶住车钩头外壳里的止挡。

b. 已连挂（见图 2.6）

当车钩表面配合时，钩舌被压向对侧车钩的钩板上。车钩锁抵抗拉簧的作用力转动，直至钩舌与钩板槽啮合。此后钩板受拉簧的作用，向后转动到已连挂位置，车钩锁闭锁。车钩锁的位置分为准备挂连模式和已挂连模式，因此，这种类型的车钩锁被称为只有一位的锁。

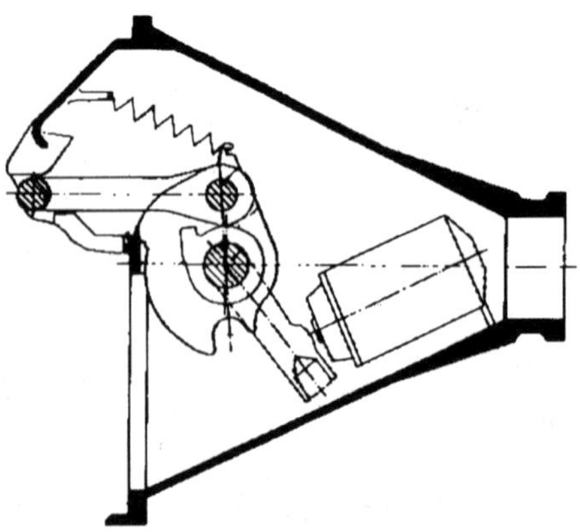

图 2.5 准备连挂状态

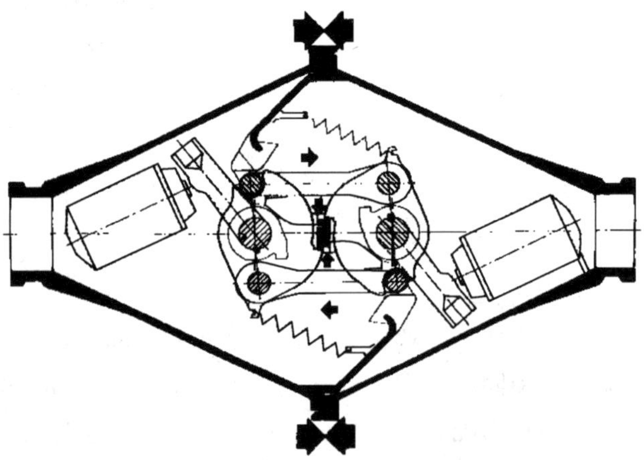

图 2.6 已连挂状态

当车钩连挂后，锁紧装置会形成一个平行四边形结构，这样可以将牵引载荷均匀地分布在两个钩锁装置上，意外解钩是不可能的，车钩锁只受到拉伸负荷的影响，负荷均匀地分布在平行四边形结构的两个钩舌上，普通的磨损不会影响车钩锁的安全。

c. 解钩（见图 2.7）。

解钩时，车钩锁抵抗拉簧的作用力转动，直至将连杆从钩板槽中释放出来。当其中一个钩舌在钩板槽后部啮合时，车钩锁保持在这个位置。车钩分离后，解开上锁的钩舌，通过使用拉簧允许钩锁向后转，把车钩舌前推，车钩锁再次准备连挂。

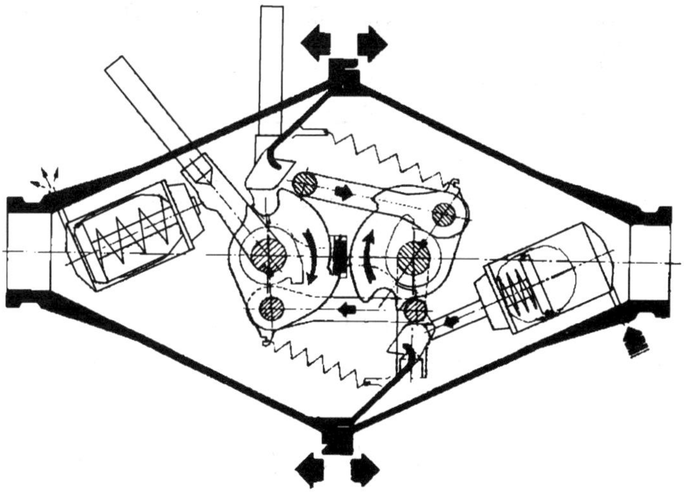

图 2.7　解钩状态

③ 解钩装置。

解钩装置的作用是解除钩锁装置的锁紧状态。解钩可以通过司机室内解钩按钮解钩（ = 72-S02 ）或在轨道旁手动解钩。

司机室解钩：

启动一个按钮（ = 72-S02 ），将压缩空气输送到车钩头内的解钩气缸中，使活塞杆向前移动，并转动车钩锁钩板以释放钩舌。

手动解钩：

只能在紧急情况下进行手动解钩，解钩方式为拉动钩头上的解钩拉环。

④ 风管连接。

主风缸管（ MRP ）和解钩风管（ UP ）的风管接头安装在车钩端面。

接头的接口管设计高出车钩端面约 8 mm，在连挂过程中对应的接口管被压下。它可为空气连接提供密封。止动弹簧防止接口管从气缸筒内滑出。

总储气管的风管接头配备有压力阀，在车钩解钩时可以确保主风缸管（ MRP ）的闭合。在连挂期间，配套车钩的簧压阀杆确保主风缸管（ MRP ）开启。

解钩管的风管接头仅在解钩操作期间传导空气，因此不包含压力阀。风管接头 MRP 位于车钩表面下部中心，包括管嘴和阀门。

管嘴（ 3 ）突出于车钩表面。管嘴包括套筒和垫片，套筒由弹簧紧固。

阀门位于车钩表面后部。阀门包括阀套和阀门挺杆，如图 2.8 所示。

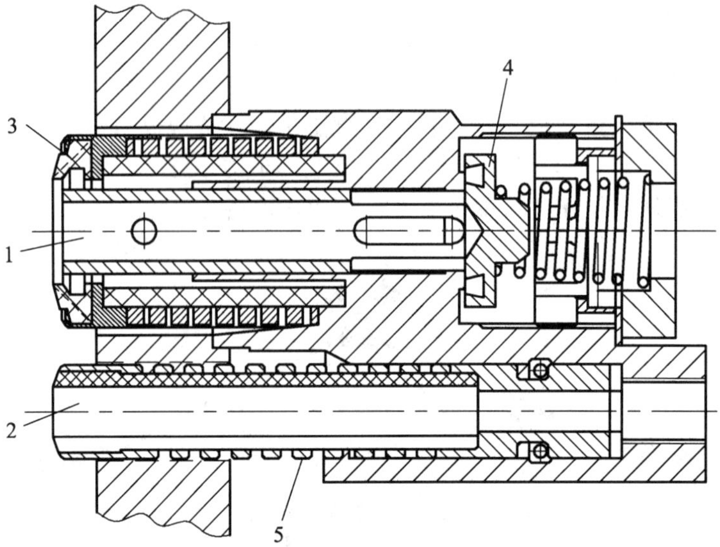

图 2.8 MRP 的风管接头

1—阀门挺杆；2—UP 连接；3—管嘴（垫片 + 套筒）；4—阀板；5—弹簧笼

⑤ 带压溃管的车钩杆。

采用车钩牵引杆将车钩头和橡胶垫钩尾座连接起来。它包括一个压溃管。牵引杆的前后端配法兰，通过使用容易分开的卡环，连挂到车钩头和橡胶垫钩尾座。带压溃管的车钩杆如图 2.9 所示。

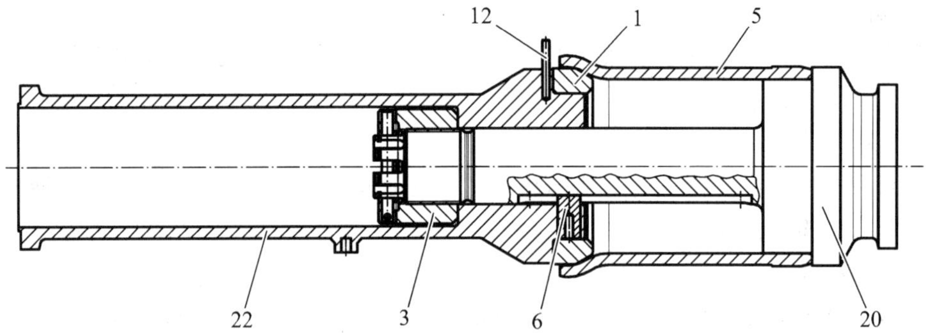

图 2.9 带压溃管的车钩杆

1—冲头；3—防松螺母；5—压溃管；6—销；12—弹簧圆柱销（变形指示器）；20—挂钩；22—中间块

连挂车钩时，如果超过了已定义的释放载荷（例如重冲击和碰撞），该压溃装置能够对能量进行消耗。这一装置由预载压溃管和冲头组成。冲头压入压溃管并使之涨大，从而将缓冲能量转换为变形能量。所有超过压溃装置吸收能力的冲击能量都将传到车体。

⑥ 橡胶垫钩尾座。

橡胶垫钩尾座包括一个缓冲装置（EFG3）、一个垂向支撑及支座。它的特殊设计能够允许车钩做垂向和横向摆动以及回转运动。橡胶垫钩尾座的设计目的是为了对限定的牵引力和缓冲力进行缓冲，如果超过了限定的冲程，将把牵引力和缓冲力传向车体。

缓冲装置自由端为法兰盘形状，可装配一个卡环，将该装置与车钩牵引杆连接在一起。橡胶垫缓冲装置是缓冲装置的一部分。列车组内沿任意方向的移动可通过橡胶垫装置和轴承座弹性予以缓冲，适用于沿牵引力和缓冲力方向的纵向移动以及垂直移动和旋转。静态图显示了橡胶垫缓冲装置在牵引力和缓冲力方向纵向移动的缓冲特性。缓冲受限位止动块限制。

在出现剧烈撞击时，轴颈和橡胶垫装置之间的紧固螺钉将会断开，车钩将通过轴承座收缩至车辆底架下方。

图 2.10 为缓冲装置的工作模式，图 2.11 为缓冲装置的静态特性曲线。

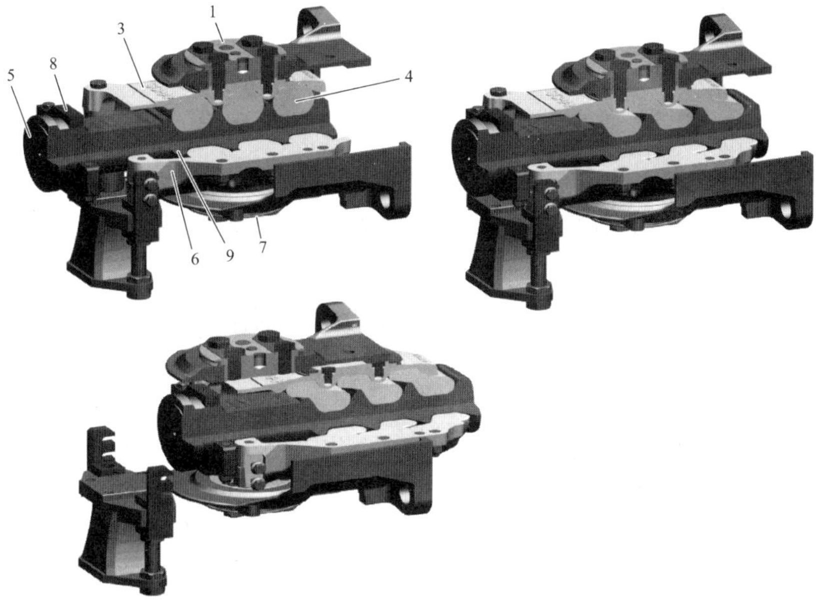

图 2.10　缓冲装置的工作模式

1—轴颈；2—轴承座；3—上壳；4—橡胶垫；5—挂钩；6—下壳；7—轴颈；8、9—止动块

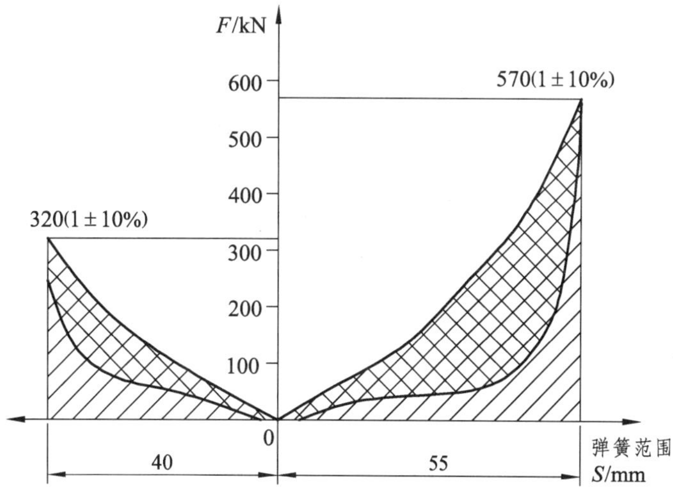

图 2.11　缓冲装置静态特性曲线

解钩的车钩由橡胶垫和位于橡胶垫钩尾座下面的垂向支撑竖直支承。必要时可对此水平位置进行调整。垂向支撑如图 2.12 所示。

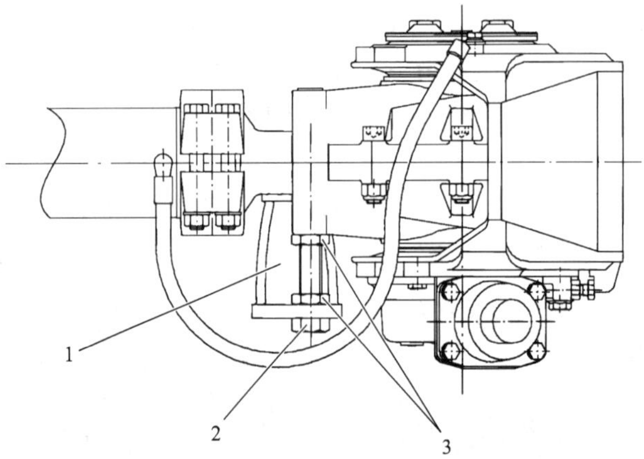

图 2.12 垂向支撑（图示的 1、2、3 部分）

⑦ 车钩头上的电气装置。

车钩头上的电气装置包括中心枢轴处的位置开关、钩舌上的位置开关、接线盒、电缆和紧固件和柱塞等部件。

中心枢轴处的位置开关检测车钩锁的位置，使用相应信号控制车钩。

柱塞检测是否存在对应车钩的钩舌，通过位置开关，使用信号控制车钩。

钩舌处的开关检测是否存在副车钩，使用相应信号控制车钩。

车钩锁位置变化引发中心枢轴的旋转，从而触发中心枢轴处的位置开关。当中心枢轴达到预定范围时，操作位置开关，将车钩锁的位置信号发送到列车控制系统。

位于钩舌的位置开关通过对应车钩的钩舌触发。如果副车钩的钩舌锁定在钩板槽中，车钩锁处于连挂位置，则该位置开关将触发下一个车钩控制。图 2.13 显示的是接线图。

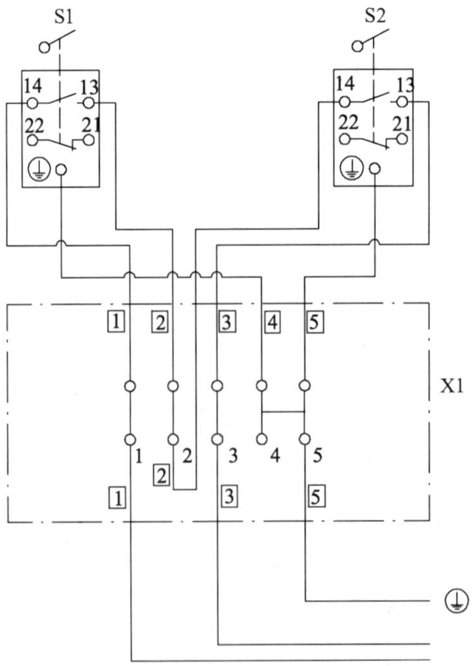

图 2.13 接线图

S1—位于钩舌上的开关；S2—中心枢轴处的开关；X1—接线盒

⑧ 对中装置。

对中装置位于轴承座上，由外壳（1）及凸轮盘（6）组成，如图 2.14 所示。外壳固定在轴承座上，气缸（2）位于车钩两侧。

汽缸包括盘形弹簧（3）、带辊（5）和汽缸杆（4）。带辊气缸杆位于凸轮盘上。

凸轮盘一方面可以在外壳内旋转，另一方面紧固地连接至橡胶垫缓冲装置的轴颈。凸轮盘配有两个外围槽（9），与气缸位置精确对合。

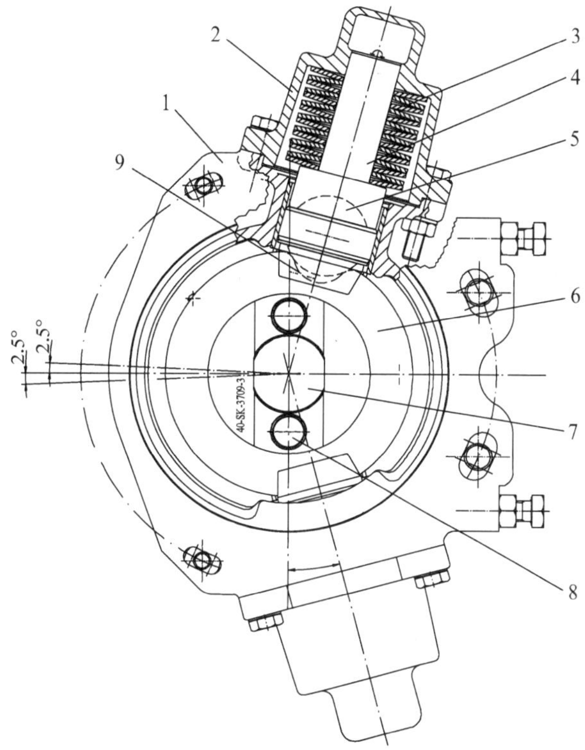

图 2.14　对中装置

1—外壳；2—气缸；3—盘形弹簧；4—气缸杆；5—辊子；6—凸轮盘；7—销；8—轴承座；9—槽

盘形弹簧将带辊气缸杆压入凸轮盘槽中，带辊气缸杆和槽自行对中并将车钩固定在中心位置。车钩处的横向负载将获得一定补偿。

如横向负载较大，车钩迫使凸轮盘旋转，凸轮盘槽偏离气缸中心位置，将带辊气缸杆压入气缸内。

如果车钩偏离超出对中角度，辊子不在槽内且无法反作用，车钩将自由摆动。

对中装置可永久使用。

在小半径曲线上，如修配间中，车钩的连挂范围可能不足以实现自动连挂，可手动摆动车钩到对应车钩的连挂范围。

可根据车辆纵向轴线，通过外壳后侧的两个螺钉对车钩重新进行水平调节。

⑨ 车钩控制。

车钩控制装置可对车钩的机械连挂进行控制，其工作模式如下：

a. 连挂：连挂时，主风管连接。

b. 已连挂：启风管接头被打开，无压缩空气注入解钩风管。当钩锁装置连挂到位时，两连挂车钩的行程开关激活，只有当两行程开关都激活时，司机室解钩按钮才会显示其连挂上的状态。

c. 遥控解钩：按下驾驶室中的按钮，解钩风管就会充满压缩空气，启动解钩气缸。气缸活塞杆会顶着钩锁装置钩板移动，使钩锁装置旋转至解钩位。此时，司机室解钩按钮显示车钩连挂状态为解开。

⑩ 过载保护。

过载保护装置可充当辅助吸能元件，在受到强烈冲击和碰撞时，防止底架受损。过载保护装置以三个步骤实现冲击能的吸收：

a. 步骤 1 和步骤 2：由橡胶垫牵引装置吸收达到规定负载的冲击能。在消耗了牵引装置的吸收能力之后，由压溃管（安装在车钩杆内）来吸收冲击能。

b. 步骤 3：如果超过了步骤 1 和步骤 2 的吸收能力，则释放位于牵引装置轴承托架后方的过载保护装置。

过载保护装置包含剪切元件，在受到冲击时，剪切元件被压溃，将冲击能转变为变形能，车钩再向后移动并脱离。

⑪ 卡环连接。

一只容易分开的卡环用以把车钩牵引杆连挂到钩头和橡胶垫钩尾座。卡环由两个套筒组成，低位的套筒配有一个排水孔。用四个六角头螺钉和带有锁紧垫圈的六角螺母将两个套筒连接在下面，如图 2.15 所示。

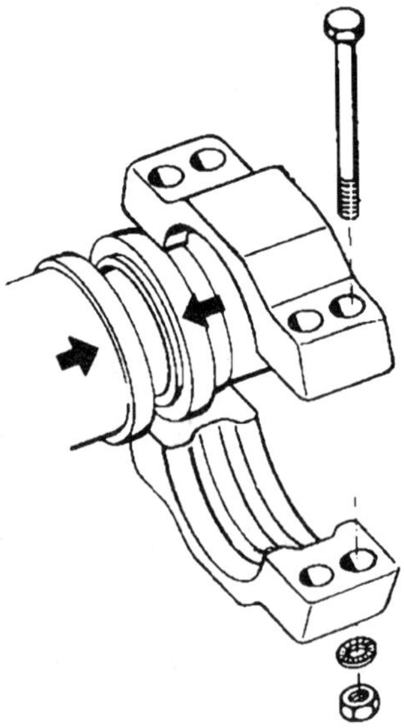

图 2.15　卡环连接

⑫ 接地。

接地线连接到车钩，以分路电流和绕过非传导性的元件。

接地线位置如下：

a. 车钩牵引杆与车钩头之间；

b. 车钩牵引杆和车钩牵引杆之间；

c. 轴承座和车厢底架之间；

d. 车钩牵引杆和车厢底架之间。

（2）中间半自动车钩。

中间半自动车钩用于两个单元车组之间的机械和气路自动连挂。其构造及基本原理与头车半自动车钩基本相同，但只可实现机械及气路的自动连挂，电气连挂需用扳手手动连接，且没有行程开关与过载保护装置。

连挂或发生意外碰撞时，中间半自动车钩可吸收能量，保护司乘人员和设备安全。半自动车钩结构如图 2.16、图 2.17 所示。

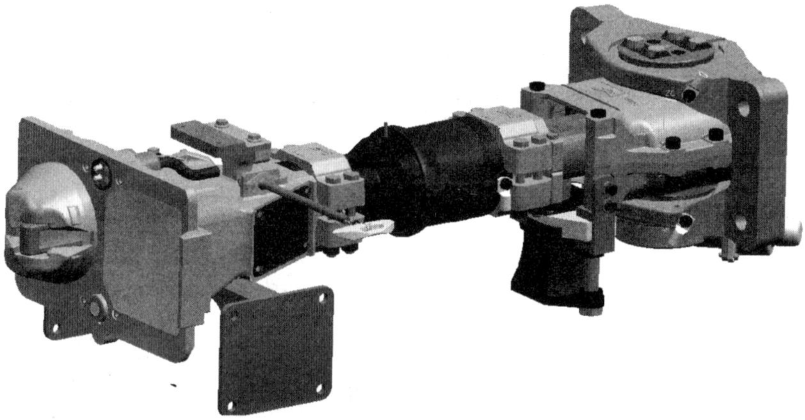

图 2.16　中间半自动车钩 1

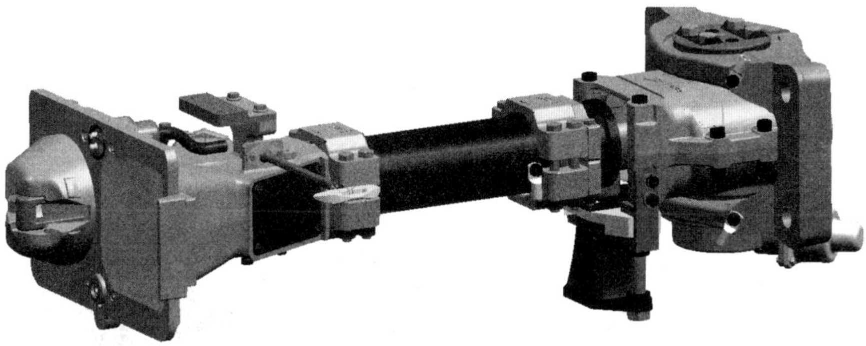

图 2.17　中间半自动车钩 2

与头车半自动车钩相比，中间半自动车钩没有行程开关与过载保护装置，但多出电钩箱支架（中间半自动车钩 1 处）和四触点连接器。

电钩箱支架提供车辆内部的电气有效连接，并适应车辆各种运动状态。

四触点连接器结构如图 2.18 所示。它设置在车钩表面的内孔中，包含两个活动触点和两个固定触点。当车钩头连挂时，固定/活动触点被压向其中一个反向车钩，同时建立电气连接，并与列车配线相连。列车正常状态下，四触点连接器是紧密连接的；若列车发生脱钩，则四触点连接断开，在列车旁路中产生相应信号，列车紧急制动，避免事故发生。

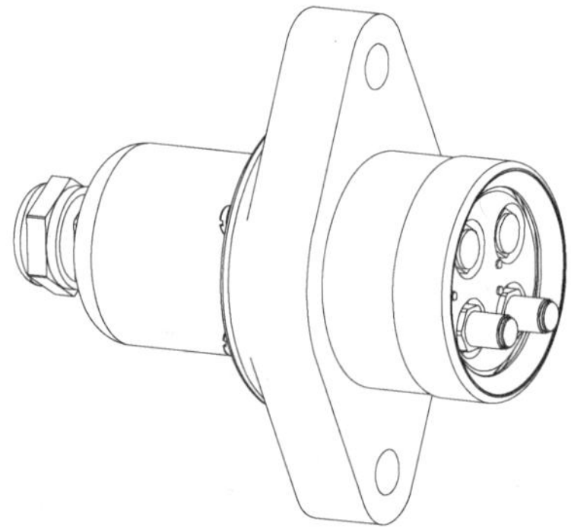

图 2.18　四触点连接器

（3）半永久牵引杆。

半永久牵引杆用于一个单元编组车辆之间的机械和气路自动连挂。

连挂或发生意外碰撞时，半永久牵引杆可吸收能量，保护司乘人员和设备安全。半永久车钩结构如图 2.19、图 2.20 所示。

图 2.19　半永久牵引杆 1

图 2.20　半永久牵引杆 2

与半自动车钩相比，半永久牵引杆没有机械钩头，没有电钩，没有过载保护装置，但多出一个电气连接箱支架接口（半永久牵引杆 2）。

（4）解钩条件。

① 头车半自动车钩的解钩在列车已激活且满足有一定压力的压缩空气（大于 600 kPa）的条件下，可通过按压位于司机台上的解钩按钮（72-S02）实现或直接操作位于头车半自动车钩上的手动解钩装置实现解钩。

② 中间半自动车钩的解钩需在列车的主风管有一定压力的压缩空气（大于 600 kPa）的条件下，按压位于 M2 车车底后端的解钩盒实现（该车钩机械解钩前，需要扳手人工把电气部分向后移动）解钩。

③ 半永久牵引杆的解钩需人工借助工具完成，除了在紧急情况或列车在车间维护外，半永久牵引杆不需要拆开。

3）车辆技术参数

（1）列车供电数据。

供电方式：接触轨下部接触受电；

受电方式：集电靴；

供电电压（额定）：DC 750 V；

电压变化范围：DC 500 V ~ DC 900 V；

辅助和牵引设备负载切除电压：DC 1 000 V；

单个牵引电机功率：190 kW。

（2）车辆参数。

车辆主要尺寸如表 2.1 所示。

表 2.1　车辆主要尺寸

参　数	数　值
车辆总长（车钩之间的连接长度）	Tc 车：20 354 mm M1 车：19 520 mm M2 车：19 520 mm
列车长度（车钩之间的连接长度）	118 788 mm
车辆最大宽度	2 800 mm
车顶面至轨面高度（新轮）	3 800 mm
客室内部高度（地板面至内部车顶中心线）	2 100 mm
乘客站立区的最小高度：	1 900 mm
地板面至轨面高度（新轮、空载、空气弹簧充气）	1 100 mm
转向架中心距	12 600 mm
转向架轴距	2 300 mm
轮对内侧距	(1 353 ± 2) mm
轮径	
新轮	ϕ840 mm
半磨耗轮	ϕ805 mm
最大磨耗轮	ϕ770 mm
转向架和车体设备最低点至轨面距离（车轮磨耗至极限）	≥60 mm

续表 2.1

参　数	数　值
车辆车钩中心线至轨面距离	660 mm
客室门:	
电动塞拉门	车辆每侧 4 个，每辆车 8 个
车门开、关调节时间	(3 ± 0.5) s
客室侧门开启宽度	1 300 mm
乘客车厢侧门开启高度（门槛上表面以上高度）	≥1 860 mm
车窗:	
每辆车每侧的车窗数量	3
侧窗宽度（可视范围）	≥1 300 mm
侧窗高度（可视范围）	≥870 mm
车辆贯通道	
宽度	≥1 300 mm
高度	≥1 900 mm

（3）列车载客容量。

列车载客容量如表 2.2 所示。

表 2.2　列车载客容量

缩写	定　义	Tc	M	列车乘客总数（人）
AW0	无乘客（空载）	0	0	0
AW1	座客载荷	36	42	240
AW2	额定载荷（6 人/m² ）	230	250	1 460
AW3	超员载荷（8 人/m² ）	295	320	1 870

（4）列车有关重量。

列车有关重量如表 2.3 所示。

表 2.3　列车重量

载荷状态缩写	定　义	车辆自重（t）			列车自重（t）
		Tc	M1	M2	
AW0	空载	33.406	35.617	35.45	208.947
AW1	满座	35.566	38.137	37.97	223.347
AW2	定员	47.206	50.617	50.45	296.547
AW3	超员	51.106	54.817	54.65	321.147

（5）列车动态性能。

① 列车牵引特性。

对于额定载荷（AW2）和半磨耗轮状态，列车在干燥、清洁的平直轨道和额定电压下的牵引特性如下：

列车速度从 0 ~ 40 km/h 的平均加速度：≥0.95 m/s^2；

从 0 ~ 100 km/h 列车的平均加速度：≥0.5 m/s^2；

冲击极限（常用制动）：0.75 m/s^2；

牵引粘着系数计算值：0.18；

列车最高运行速度：100 km/h；

列车设计构造速度：110 km/h；

平均旅行速度（平均停站时间 30 s）：≥42 km/h；

连挂操作速度：≤5 km/h；

反向运行最大速度：10 km/h；

能量吸收：当一列六节编组的列车（在 AW0 载荷条件下）以 15 km/h 的速度与另一列停放状态的六节编组的列车相撞时，车钩系统能有效地吸收其碰撞能量。

② 列车制动特性。

常用制动冲击率：0.75 m/s^2；

制动粘着系数计算值：0.15 ~ 0.16；

平均正常制动减速度（100 km/h ~ 0，包括响应时间）：≥1.0 m/s^2；

平均紧急和快速制动减速度（100 km/h ~ 0，包括响应时间）：≥1.2 m/s^2。

车站列车停车对位精度：± 250 mm；

列车在 AW3 状态下以 100 km/h 的速度运行，紧急制动距离不大于 322 m。

③ 列车故障运行及救援能力。

a. AW3 载荷状态下的列车，丧失 1/4 动力（即切除 1 辆动车），可以在 30‰的坡道上起动，并能以正常运行方式完成当天运营；

b. AW2 载荷状态下的列车，丧失 1/2 动力（即切除 2 辆动车），可以在 30‰的坡道上起动，并完成一个单程运行；

c. AW0 载荷状态下的列车，可以在 30‰的坡道上救援失去动力的 AW3 载荷列车（6 节），并牵引（或推送）至临近车站；

d. 列车处于 AW0 负载状态下，切除 6 个转向架，施加停放制动，可在 35‰的坡道上停稳；

e. 列车处于 AW2 负载状态下，切除 4 个转向架，施加停放制动，可在 35‰的坡道上停稳；

f. 列车处于 AW3 负载状态下，切除 3 个转向架，施加停放制动，可在 35‰的坡道上停稳。

2. 车辆构造

地铁车辆种类很多，性能各异，如广州地铁一号线的车辆及上海地铁几条线的车辆其性能都各有差异。但是，它们的基本构造都是由以下几个主要部分组成：车体、牵引装置、走行部、车钩缓冲装置、制动装置、其他辅助设备等。

1）列车设备总体布置

（1）车顶设备。

每节车辆设有两台车顶一体式空调单元。在通风机作用下，新风从吸风口吸入，与从客室来的回风混合，再经过过滤、冷却后由风道均匀地送入客室，司机室由单独的风道送风。

（2）车下、车内设备布置。

① 底架设备布置如图 2.21 所示。

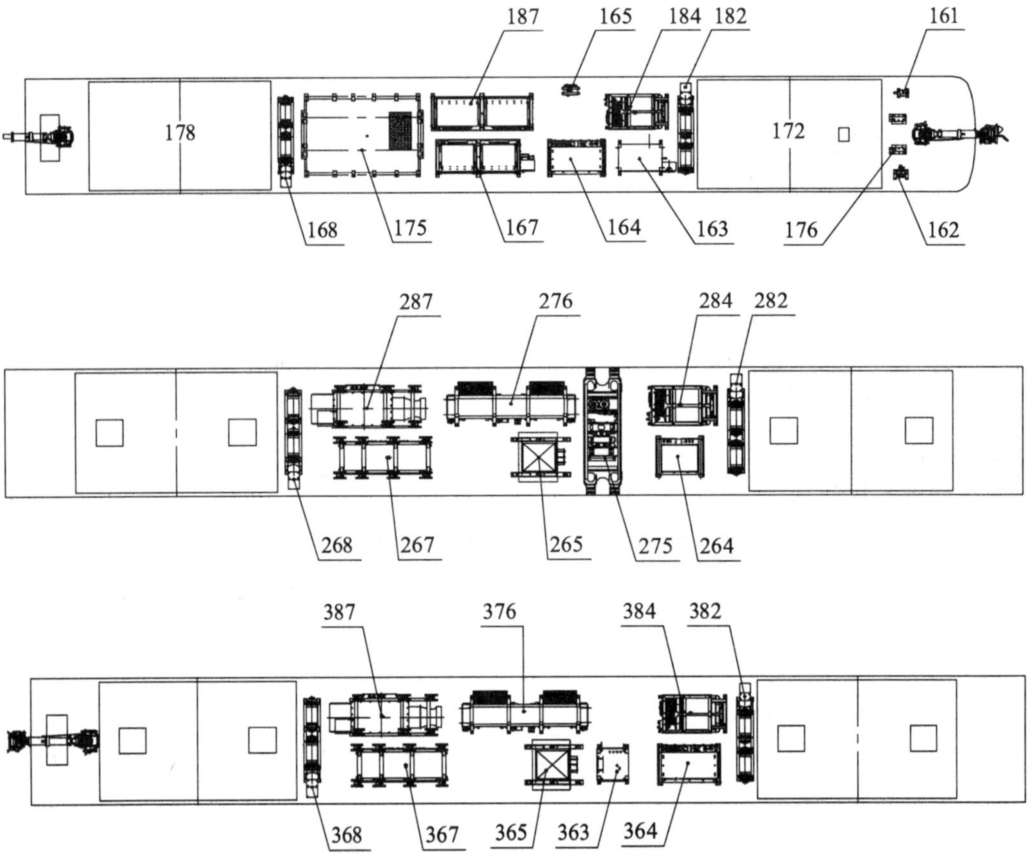

图 2.21　底架设备布置

161—电控箱；162—轮缘润滑（油箱、电磁阀）；163—母线熔断器及隔离开关箱；164—Tc 低压箱；165—库用插座箱；167—蓄电池箱 1；168—智能阀；175—辅助电源箱；176—DCS 天线；182—网关阀；184—制动控制模块；187—蓄电池箱 2；264—M1 低压箱；265—滤波电抗器；267—高压电器箱；268—智能阀；275—风源模块；276—牵引逆变器；282—智能阀；284—制动控制模块；287—制动电阻；363—母线高速断路器；364—M2 低压箱；365—滤波电抗器；367—高压电器箱；368—网关阀；376—牵引逆变器；382—智能阀；384—制动控制模块；387—制动电阻

② Tc 车客室设备布置如图 2.22、图 2.23 所示。

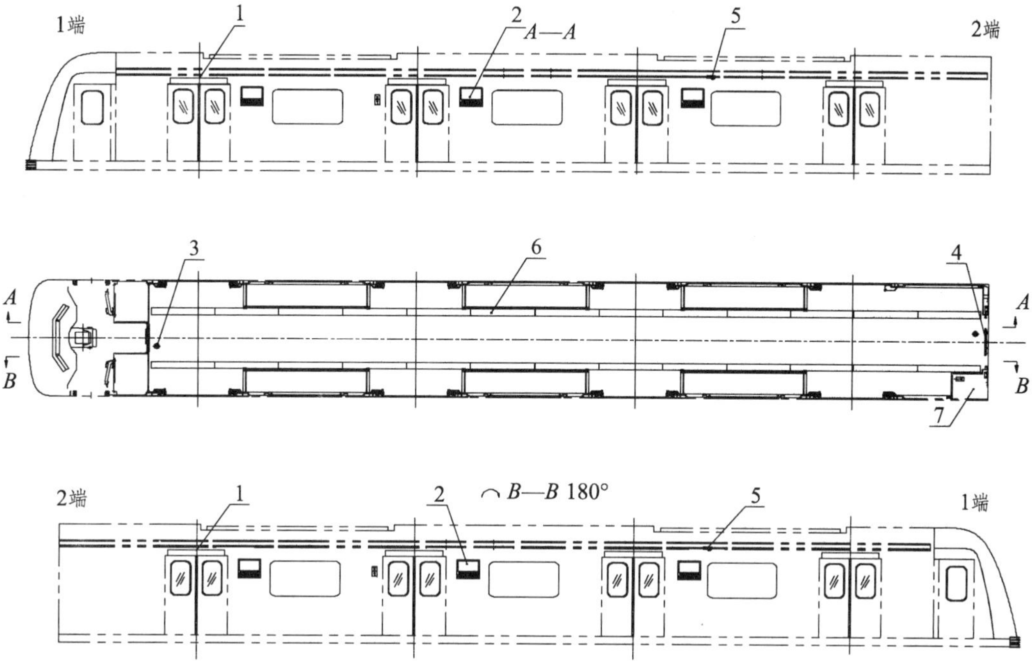

图 2.22　Tc 车客室设备布置（1）

1—客室动态地图；2—客室 LCD；3—客室摄像头；4—客室 LED 屏；5—火灾报警探测器；6—客室照明；7—客室空调柜

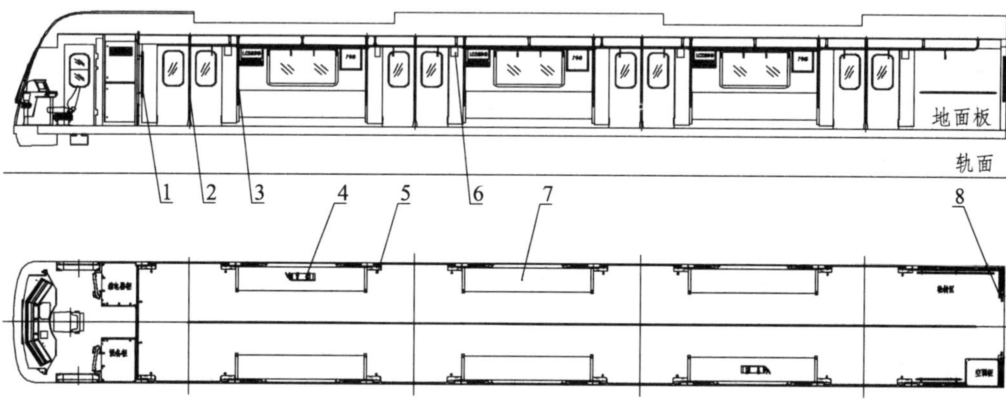

图 2.23　Tc 车客室设备布置（2）

1—司机室隔墙扶手；2—中间立柱扶手；3—座椅两侧扶手；4—灭火器；5—车门扶手；6—紧急解锁装置；7—客室座椅；8—端部扶手

③ M 车客室设备布置如图 2.24、图 2.25 所示。

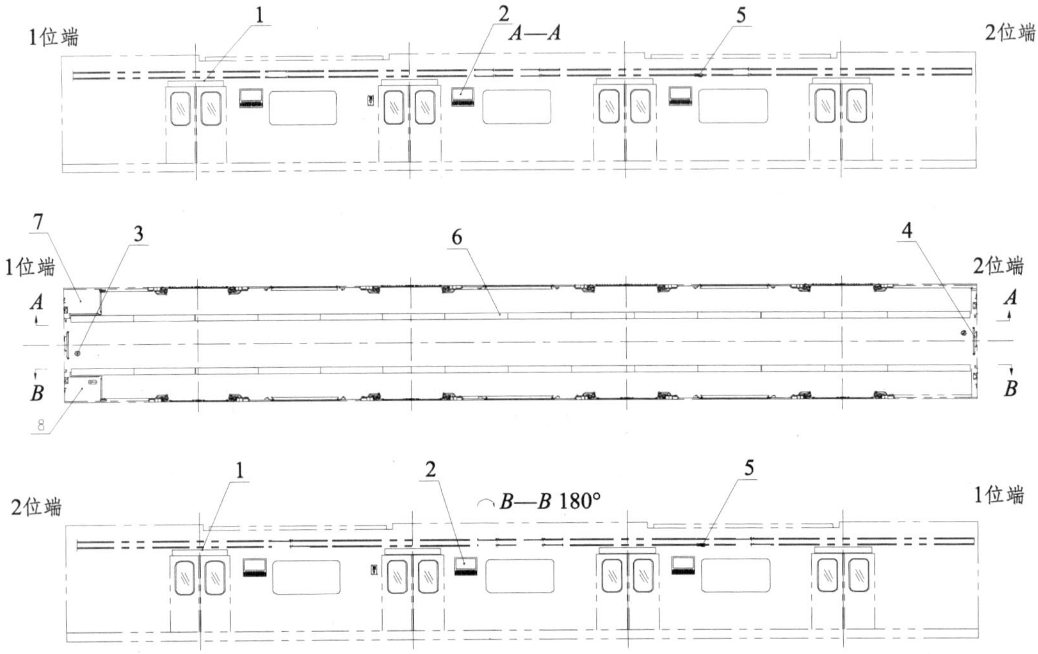

图 2.24　M 车客室设备布置（1）

1—客室动态地图；2—客室 LCD；3—客室摄像头；4—客室 LED 屏；5—火灾报警器；6—客室照明；7—客室继电器柜；8—客室空调柜

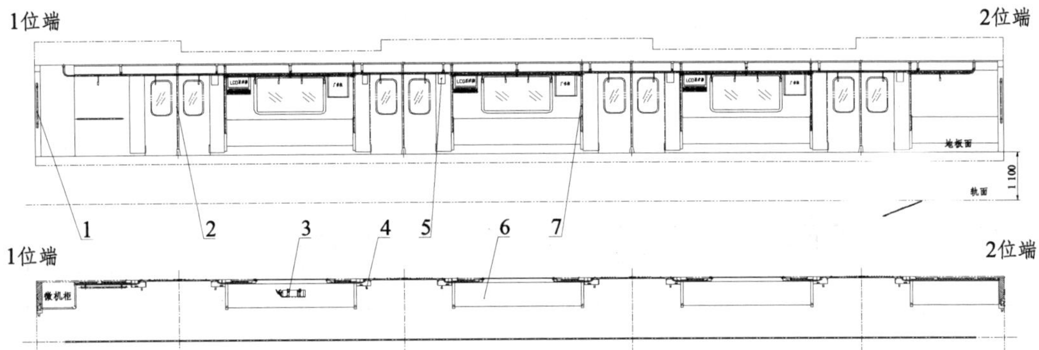

图 2.25　M 车客室设备布置（2）

1—端部扶手；2—中间立柱扶手；3—灭火器；4—车门扶手；5—紧急解锁装置；6—客室座椅；7—座椅两侧扶手

2）各设备的位置及功能

① 轮缘润滑控制箱：用于列车轮轨润滑的控制。

② 风源模块：包括有空压机、空气干燥器、安全阀等设备。一列车有两台空压机组，位于两节 M1 车走行部。根据列车的主风压力情况，由主网关阀控制空压机的启动和停止。

③ 辅助电源箱：每列车安装 2 台辅助逆变器，均安装在 Tc 车上，把 DC 1 500 V 逆变为 AC 380 V 的三相交流电，为空压机、空调交流负载供电；及整流成 DC 110 V 的直流电，为蓄电池充电及为 DC 110 V 直流负载供电。

④ 制动控制模块：位于每节车的左侧第二轮对附近，控制面板上有三向阀、安全阀、双向脉冲阀等设备。在列车主风缸压力大于 480 kPa 时，双向脉冲阀可以手动施加和缓解本节车的停放制动。

⑤ 网关阀、智能阀：位于每节车的左侧第二轮对和每节车右侧第三轮对附近。每一个单元车有一个主网关阀，网关阀、智能阀用于控制附近转向架的空气制动的施加和缓解，控制空压机的工作状态，检测单节车的主风缸压力。

⑥ 母线高速断路器箱：位于 M2 车走行部右侧，当 Tc 车或 M2 车其中之一没有高压的时候实现 Tc 车与 M2 之间的自动扩展供电，避免同一单元车的两个集电靴的电压差过大而损坏设备，从而确保列车通过无电区时运行平衡。

⑦ 库用插座箱：位于 Tc 车走行部的左侧，在无第三轨的情况下，通过库内电源车辆牵引系统可以获得 DC 1 500 V 电源，靠自身动力实现库内动车。

⑧ 滤波电抗器：位于 M1、M2 车走行部，用于消除电压中多余的杂波。

⑨ 牵引逆变器（VVVF）：位于 M1、M2 车的走行部，主要作用是在列车牵引时，为电机提供电源；列车在再生制动时将机械能转换为电能，输送至电网。

⑩ 蓄电池箱：一列车共有 4 个蓄电池箱，分别位于 Tc 车走行部，用于为列车提供 DC 110 V 低压电源，由辅助逆变器为列车蓄电池充电。

3. 司机室

（1）司机室设备布置。

司机室布置的原则是安全、美观、舒适、方便。司机室设备（机械部分）主要有前窗玻璃、刮雨器、遮阳帘、司机座椅、操纵台、灭火器等，其在司机室的布置如图 2.26 所示。

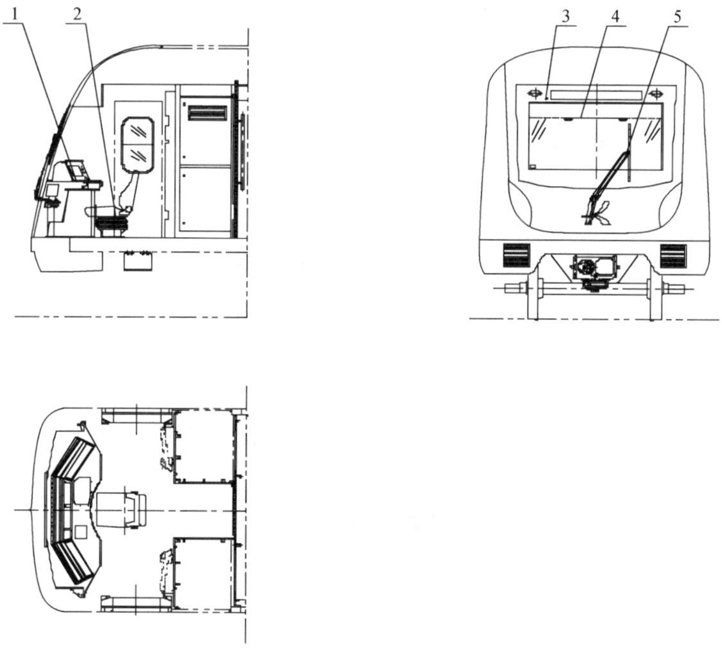

图 2.26　司机室设备布置

1—操纵台；2—司机座椅；3—前窗玻璃；4—遮阳布；5—刮雨器

（2）前窗玻璃。

前窗玻璃采用夹层式透明电加热安全玻璃，从外到内依次为玻璃层、胶片层、玻璃层，厚度分别为 4 mm、4.5 mm、4 mm，内外层之间黏结有 PVB 膜和镍铬电热丝。玻璃设计总厚度为 12.5 mm，如图 2.27 所示。

前窗玻璃尺寸为 12.5 mm × 1 935 mm × 1 529 mm，重量为 68.2kg。

前窗玻璃最小透光率为 80%，电加热功率为 974 W，电源电压为 DC 110 V。

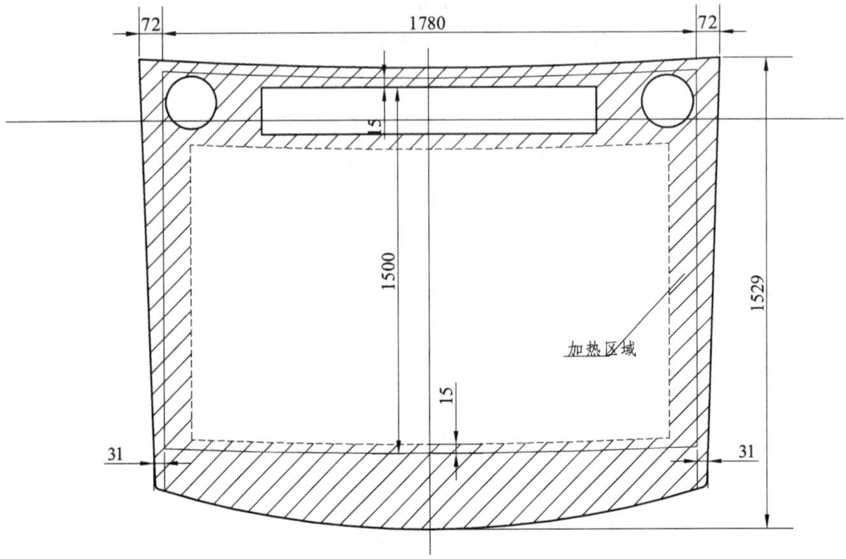

图 2.27 司机室前窗玻璃

使用聚氨酯结构胶将前窗玻璃粘接在玻璃钢头罩上，安装后前窗玻璃和头罩在同一曲面上，只能从外面安装和拆卸。

（3）司机座椅。

司机座椅布置在司机室中心线上，其设计满足人机工程学原理。司机座椅可以前后调节和左右旋转，座椅靠背也可进行调节，如图 2.28 所示。

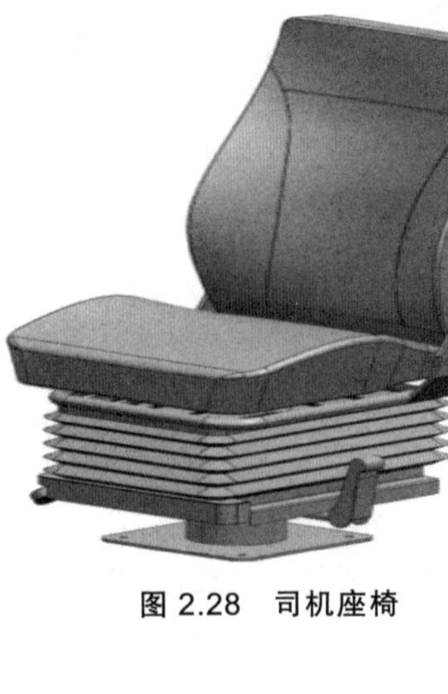

图 2.28 司机座椅

司机座椅由座椅体和椅面组成，椅面可以更换。椅面材料采用纺织面料，应具有防滑、不易破损、透气性好、耐油及不易老化的性能。座椅骨架及支架采用钢材制造，外表涂覆粉末涂层。连接件采用不锈钢。司机座椅的座盘及靠背必须按人体工程学要求设计。

司机座椅技术参数如下：

宽度：　　　　　476 mm；

长度：　　　　　688 mm；

高度调节量：　　120 mm；

前后调节量：　　向前 90 mm，向后 85 mm；

坐垫最低高度：　400 mm；

靠背最低高度：　975 mm；

手柄旋转角度：可进行 360°旋转，可用旋转手柄进行定位锁闭控制，至少应包括有 ± 30°、± 60°、± 90°这 6 个档位，座椅须在其工作位置中啮合，不会出现被卡现象；

靠背向前调节：可向前；

靠背向后调节：不小于 45°。

（4）操纵台。

操纵台安装在 Tc 车司机室内，供司机驾驶列车时使用。

在结构上，整个操纵台分两大部分：台面设备和台下箱柜。操纵台采用玻璃钢材料制作，相互之间通过螺栓连接。整个操纵台在底部通过螺栓与车体固定。

在功能上，操纵台分为列车牵引控制、制动控制、空压机控制、照明控制（司机室及客室照明）、门控制、无线电台控制、ATC/司机驾驶模式控制、前照灯控制、刮雨器控制、电热控制、列车监控、列车广播、紧急对讲、视频监视等功能区域。

操纵台台面设有 TMS 显示器、信号系统显示器、视频监视显示屏、速度表、双针压力表、无线电台控制器、司机广播控制器、司机控制器、转换开关、按钮及指示灯等设备，具体如图 2.29、图 2.30、图 2.31 所示。

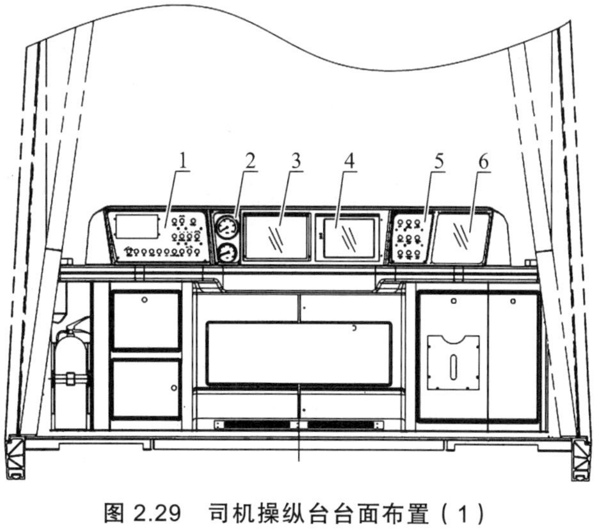

图 2.29　司机操纵台台面布置（1）

1—主控面板；2—气压表面板；3—ATC；4—HMI；5—主控面板 A；6—触摸屏

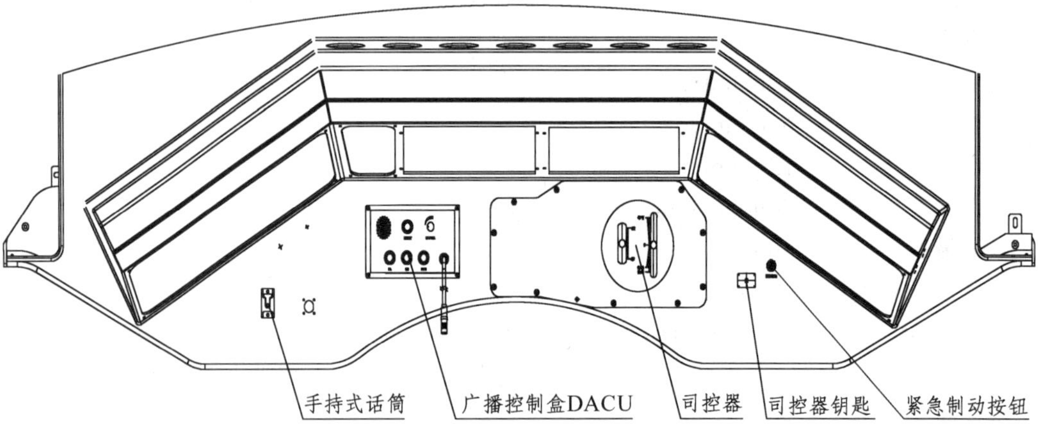

图 2.30 司机操纵台台面布置（2）

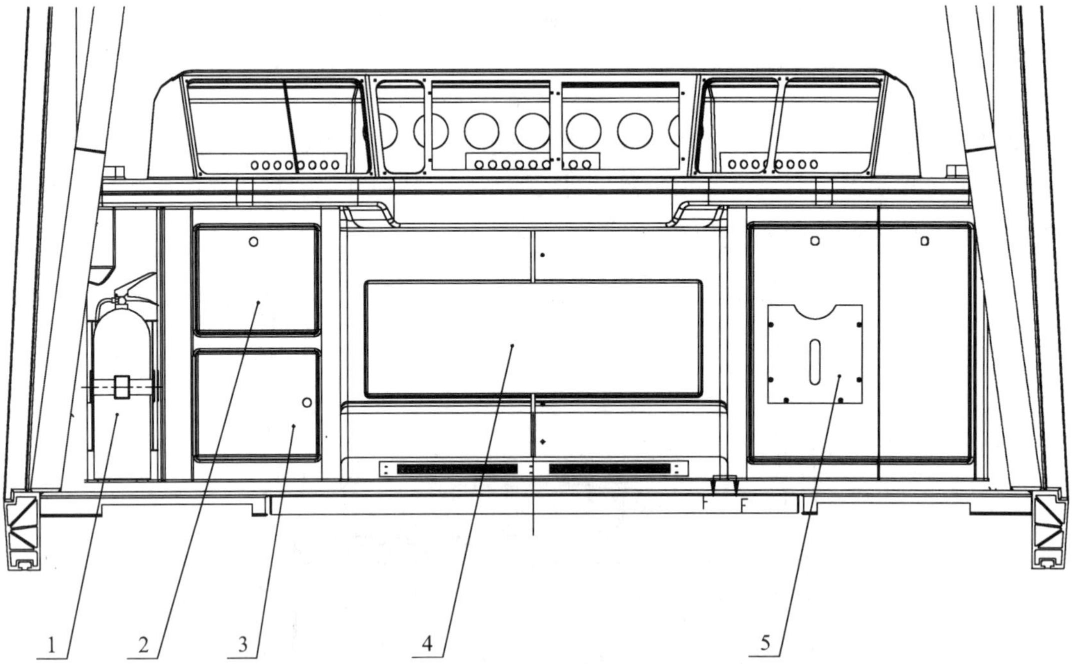

图 2.31 操纵台台下布置

1—灭火器；2—医药箱；3—检修箱；4—中间检修门；5—右检修门

（5）司机室设备柜。

司机室设备柜及旁路开关布置图如图 2.32、图 2.33 所示，旁路开关汇总见表 2.4。

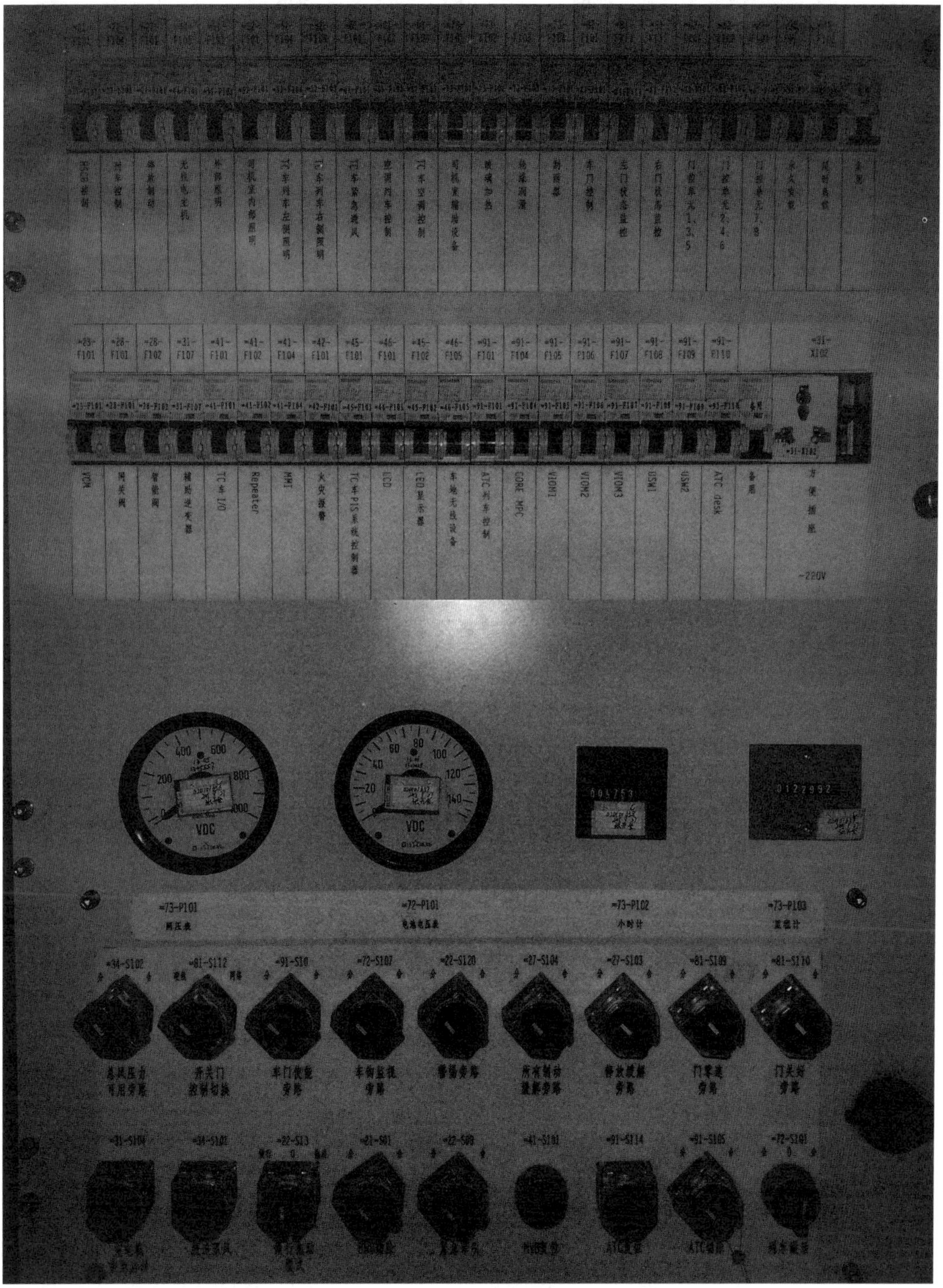
VCM
Repeater
MMI
LCD
CORE MPC
VIOM1
VIOM2
VIOM3
USM1
USM2
ATC desk
-220V
VDC
VDC
=73-P101
=72-P101
=73-P102
=73-P103

图 2.32　设备柜总图

图 2.33　旁路开关布置图

表 2.4 旁路开关汇总表

位置	按钮\旋钮\指示灯	使用说明
1	总风压力可用旁路（34-S102）	总风缸压力实际不足或总风缸压力检测回路故障，启动列车时使用
2	开关门控制切换（81-S112）	切换开关门控制模式时使用
3	车门使能旁路（91-S10）	强行给出车门使能信号时使用
4	车钩监视旁路（72-S107）	中间车钩断钩或中间车钩检测回路故障，启动列车时使用
5	警惕旁路（22-S120）	主控手柄警惕按钮故障时使用
6	所有制动缓解旁路（27-S104）	部分列车气制动不缓解或气制动检测回路故障，启动列车时使用
7	停放制动缓解旁路（27-S103）	部分列车停放制动不缓解或停放制动检测回路故障，启动列车时使用
8	门零速旁路（81-S109）	无门零速信号或零速检测回路故障，需打开车门时使用
9	ATC 切除（91-S105）	切除车载信号系统转为 EUM 模式时使用
10	列车激活（72-S101）	控制列车蓄电池电源通、断，需激活或关闭列车时使用

4. 车体及附属设备

车体是车辆的上部结构，是供旅客乘坐和司机驾驶及安装设备的主体结构。Tc 车前端部为司机室。在每辆 Tc 车前端设计有防爬器，在发生撞车时能分散碰撞力，减少车体损失。每两辆车之间通过贯通通道连接。

在车体上设置有 4 对外挂式双扇电动塞拉门，Tc 车设置有 2 对手动单扇折页式司机室侧门，客室和司机室侧窗均采用全封闭式高强度抽真空车窗，车辆之间采用两种类型的密贴型车钩连接。

1）车体

车体采用模块化方法设计。它包括自支撑构架，用螺栓连接的司机室和中间端。车体构架和中间端是由铝合金大型型材面板组成，而司机室是由型钢构成的。焊接的型材与中间端和司机室端通过机械紧固装置相互连接。司机室和中间端都由较大的玻璃钢罩板覆盖。通过车钩系统中的压溃管吸收能量。当发生事故时，Tc 车前端的防爬装置能够分散碰撞力。

列车通过贯通道连接在一起，贯通道上设计有折棚和位于车钩上的渡板。列车表面喷涂成“云白色”，整列车窗框上下各有一条绿色带。

2）车体上安装的部件

（1）车门。

车辆客室门采用双扇电动塞拉门，以双向作用的电机为驱动装置，采用皮带传动及丝杆装置作为传动机构。由 EDCU 来控制车门的开关及锁定。在司机室操作控制按钮，通过 EDCU 控制电机转动来实现车门的开关，并设有障碍物探测重开门功能。由行程开关给出车门的状态信号，故障信号由 EDCU 通过编码硬线传送给 VTCU。

（2）车钩。

在 Tc 车 1 位端装有半自动车钩装置，由车钩承担车体的撞击能量，可吸收共 680 kJ 的撞击能量。若发生事故，其冲击力超过车钩最大允许值时，该车钩即松脱，使车辆前端的能量耗散区（司机室底架）能够消耗冲击力的能量。在 Tc 车的 2 位端、M1 车两端以及 M2 车的 1 位端，装有半永久牵引杆，M2 车的 2 位端装有半自动车钩。

（3）贯通道。

贯通道实现两辆车之间的柔性连接，是车辆通过曲线时的关节部位，并且使乘客均匀地在列车中分布成为可能。它不受天气影响，并且防水和隔音，是操作可靠的通道。昆明地铁首期工程列车选用了欧特美公司提供的贯通道，贯通道为单体式，采用自支撑的方式。

（4）车窗。

客室车窗为全封闭式车窗。司机室前窗是电热式车窗，采用曲面钢化安全玻璃。

（5）其他

客室座椅、立柱扶手及内部装饰应用人机工程学原理设计，使乘坐舒适、美观。

车顶两侧纵向排列的照明灯具带满足车内设定照度要求。

车辆两端设有空调机，由用微型计算机等组成的空调控制单元进行自动控制。通过设在车厢两侧的纵向散流板使客室内保持足够的新鲜空气和适宜的温度和湿度。

5. 车辆走行部

走行部是车辆的关键部件，涉及车辆的运行品质及运输安全，是列车牵引力、车辆载荷和轨道外力的直接承受者。走行部的作用在于承受车辆自重和载重并在钢轨上行驶；支承车体及其载重并传给钢轨；将传动装置传递来的功率转化为列车的牵引力和速度；将制动力传递给车体；缓和振动和冲击，保证车辆沿着轨道平稳安全地运行。

走行部主要由转向架（包括构架、轴箱轮对、减振装置、中心座、牵引拉杆、抗侧滚扭力杆）、基础制动单元、齿轮传动装置和辅助装置等组成。

走行部由两台转向架组成,转向架分为动车转向架和拖车转向架。Tc 车只能安装拖车转向架，M1 车和 M2 车只能安装动车转向架。昆明地铁首期工程的列车采用第三轨受电，因此 Tc 车和 M2 车的转向架上都装有受流器（集电靴），每个转向架上设置两个集电靴（左侧、右侧各一个）。两台转向架的中心距是 12.6 m，转向架自身的固定轴距是 2.3 m。其悬挂装置采用橡胶弹簧及空气弹簧两级悬挂，减振性能好，旅客乘坐平稳舒适。

昆明地铁首期工程项目采用 ZMA120-A 型转向架，ZMA120-A 型转向架是株机公司在引进西门子的 SF250 型转向架的基础上进行全面国产化的转向架。该转向架最大轴重为 14 t，本项目最高运行速度为 100 km/h，设计构造速度为 110 km/h。其基本特点如下：

- 采用最高运营速度为 100 km/h 的 B 型地铁转向架；
- 构架横梁采用圆管结构，结构相对简单；
- 电机采用弹性悬挂方式支撑在转向架构架上，电机的防脱落方式可靠；
- 基础制动装置采用轮盘制动，满足较高速度的地铁车辆的制动要求；
- 一系悬挂采用转臂定位、金属螺旋弹簧，螺旋弹簧偏置，适合运营速度要求较高的地铁车辆；
- 抗侧滚扭力杆布置在车体的底架下方，有利于降低转向架的重量；
- 牵引装置采用单牵引杆，结构简单，免维护。

转向架主要结构特点如下：

- 构架采用“H”形、无摇枕全焊接结构；
- 轴箱轴承采用免维护的整体式圆锥滚子轴承；
- 驱动装置由电机、联轴节、齿轮箱等组成；
- 牵引电机悬挂在构架横梁上，每个动车转向架反对称地布置两台牵引电机；
- 基础制动装置采用轮盘制动；
- 采用两系悬挂装置：
- 一系悬挂采用螺旋钢弹簧加一系垂向减振器；
- 二系悬挂采用空气弹簧。
- 牵引装置采用单牵引拉杆推挽式结构。

转向架主要技术参数如表 2.5 所示。

表 2.5 转向架主要技术参数

参数	单位	数值
轴式	—	动车：B_0-B_0；拖车：2-2
轨距	mm	1 435
轴距	mm	2 300
构造速度	km/h	110
最大运营速度	km/h	100
转向架中心距	mm	12 600
轴重	t	<14
车轮滚动圆直径（新轮） （全磨耗轮）	mm	840 770
轮对内侧距	mm	1 353
车轮踏面		DIN5573 磨耗型踏面
一系垂向止挡间隙	mm	37±3
二系弹簧充气高度	mm	25
二系横向止挡间隙	mm	40(其中自由间隙 15 mm，弹性间隙 25 mm)
空气弹簧上表面距轨面高度	mm	894

转向架主要包含构架、轮对组装（含轴箱及轴箱轴承）、驱动装置（仅动车，包括联轴节、齿轮箱等）、基础制动装置、一系悬挂装置、二系悬挂装置、牵引装置、抗侧滚扭力杆装置、轮缘润滑装置（仅前 12 列车的司机室端）、信标天线（仅拖车转向架）、整体起吊装置、布线管等部件。

昆明地铁列车共有 6 种转向架：拖车转向架 1，拖车转向架 2，动车转向架 1，动车转向架 2，动车转向架 3，动车转向架 4（见图 2.34、图 2.35）。各转向架的设备分布区别如表 2.6 所示。

表 2.6 转向架设备分布

序号	项点	拖车转向架 1	拖车转向架 2	动车转向架 1	动车转向架 2	动车转向架 3	动车转向架 4
1	构架	拖车构架	拖车构架	动车构架	动车构架	动车构架	动车构架
2	车轴	拖车车轴	拖车车轴	动车车轴	动车车轴	动车车轴	动车车轴
3	驱动装置	无	无	有	有	有	有
4	电机附件	无	无	有	有	有	有
5	高度调节阀	2 个	1 个	2 个	1 个	2 个	1 个
6	受流器	2 套	2 套	无	无	2 套	2 套
7	轮缘润滑	前 12 列	无	无	无	无	无
8	轴端接地	第二轴	第三轴	每轴	每轴	每轴	每轴
9	信标天线	有	无	无	无	无	无
10	ATC 转速计	第一轴	无	无	无	无	无

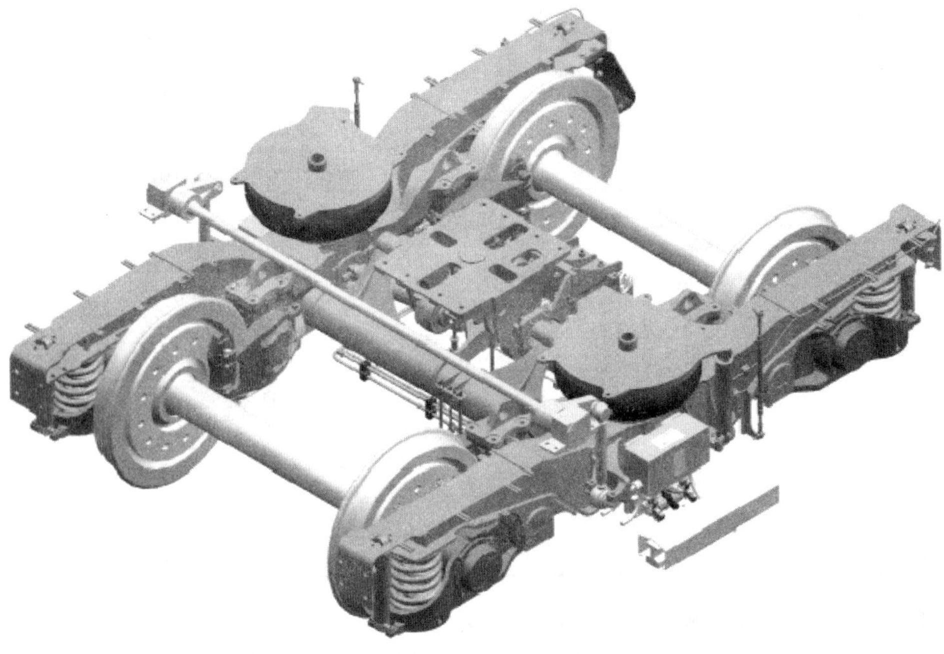

图 2.34 拖车转向架

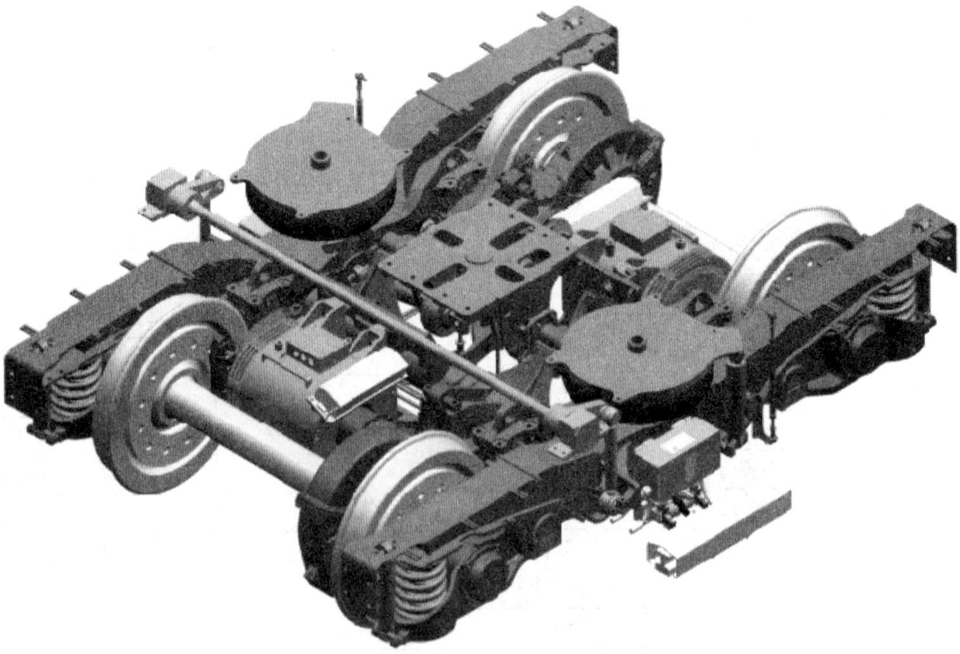

图 2.35 动车转向架

1）转向架构架

构架是转向架的重要部件，由两根侧梁和一根中间横梁焊接成无摇枕的“H”型结构，采用低合金高强度钢板制造，具有质量轻，强度高，寿命长的特点。

构架的主要作用是传递牵引力和制动力；承担来自车体的垂向、横向载荷；安装及支承轴箱轮对、悬挂弹簧、单元制动机、牵引电机、齿轮箱、中心座等部件。

运行时，中心销可使车体与转向架产生相对转动，使车辆圆滑顺利地通过曲线。装在中心座中的中心销将车体和转向架连接在一起（中心销只传递纵向力），牵引拉杆共两根，呈对角线分布，一端连着中心座，一端安装在构架上，起传递纵向力的作用。

动车转向架构架之间可以互换，拖车转向架构架间也可以互换。

2）轴箱和轮对

（1）轴箱。

轴箱装在轮对两端轴颈上。轴箱的用途是连接轮对与构架，支撑一系簧上载荷，将载荷传递给轮对；同时传递牵引力和制动力；保持轴颈和轴承的正常位置，将轮对的旋转运动转换为车辆的直线运动。轴箱采用滚动轴承，降低了轴箱摩擦系数，减少了车辆起动和运行阻力，很适合地铁车辆高速运行、停车频繁、行车密度大的要求。轴箱外侧装有轴箱盖，一方面防尘、雨侵害，另外还用于安装速度传感器和接地装置。

轴箱包括轴箱体、轴承、密封端盖，轴箱体采用铸钢结构，轴箱轴承为免维护型整体式圆锥滚子轴承。

车轴轴端的轴箱共有 4 种结构：

- 装有接地装置的轴箱；
- 装有速度传感器，为制动和牵引系统提供防滑/防空转速度信号的轴箱；
- 设有 ATC 速度传感器的轴箱；
- 未安装设备的轴箱。

（2）轮对。

轮对是车辆走行部中最重要的部件之一。车辆的全部静载荷均通过轮对传给钢轨；牵引电动机的转矩经过轮对作用于钢轨，产生牵引力。当列车沿着轨道运行时，轮对还刚性地承受来自钢轨接头、道岔及线路不平顺产生的全部垂直方向和水平方向的冲击作用力，其性能的好坏直接影响车辆的运行品质，所以对轮对的设计制造及维护保养应给予特别的重视。

轮对由两轮一轴组成，车轮热压装在车轴上，分为动车轮对和拖车轮对，动车轮对与拖车轮对结构基本相似，不同之处是动车轮对的车轴上有驱动齿轮的安装座。

车轮为整体辗钢轮，车轮辐板两侧安装有制动盘，踏面采用 DIN5573 磨耗形踏面。

轮对的主要作用可概括为：

- 传递车辆载荷至轨面，承载整个车辆重量；
- 通过轮对与钢轨的黏着产生牵引力或制动力；
- 在单元制动机的闸瓦压力作用下，产生摩擦力，使车辆制动；
- 引导车辆顺利通过曲线，安全地沿轨道运行。

① 车轴。

车轴同两个车轮压合后组成轮对，车轴所承受的外力比较复杂。不仅承受车辆自重使它弯曲的压力，而且还承受很大的扭矩，扭矩主要由牵引电机经齿轮传递而来。当车辆通过曲线时，外轮的导向力将附加给车轴一个相当大的弯矩；当一车轮相对另一车轮滑转时也将产生附加扭矩。同时，车轴还承受来自线路的冲击及自身的振动所产生的附加载荷。

② 车轮及踏面。

车轮采用整体辗钢轮，并通过过盈配合热套在车轴轮座上。车轮轮毂部位有注油孔，退轮时对该孔压注液压油，液压油通过注油孔进入环轮孔内表面的油槽，均匀地挤入轮轴压装结合面，使车轮顺利退出车轴。车轮标准直径为ϕ840 mm，最小磨耗直径为ϕ770 mm，车轮与钢轨顶面接触的外圆周面称为踏面，踏面分为锥形踏面和磨耗形踏面两种，昆明地铁车辆车轮采用磨耗形踏面。

踏面右侧的凸缘称为轮缘，轮径ϕ840 mm是指滚动圆处的直径。踏面呈锥形主要是为了便于车辆通过曲线，同时在直线上自动对中。车轮踏面做成锥形，它的运动轨迹是轨道车辆特有的一种运动，称为蛇行运动。线路曲线区段外轨比内轨长，车辆通过曲线时，因离心力的作用，车轮偏向外轨，形成车轮以较大直径走外轨，而以较小直径走内轨，使运动正好同步，从而避免了轮对在轨面上的滑动。在直线运行时，锥形踏面使轮对有滑向线路中心的倾向，从而抑制车辆左右摆动和减少轮缘的磨耗。轮缘的作用是导向引导车轮安全通过曲线及防止车轮脱轨。车辆运用过程中，车轮是高磨耗件，必须按有关规程进行镟修或更换新轮，以保证运行品质和运行安全。

对于车轮而言，踏面形线的设计是非常重要的。合理的踏面形线可保证轮对在钢轨上平稳运行，顺利通过曲线，减轻车轮磨耗，延长镟修周期。

3）驱动单元

每个动车车轴上均安装有一套驱动单元，包括电机、联轴节、齿轮箱、齿轮箱吊杆等。

牵引电机以全悬挂的方式安装在转向架构架上，齿轮箱的一端由滚动轴承支撑在车轴上，另一端由齿轮箱吊杆连接到转向架构架上。牵引电机和齿轮箱之间力的传递由柔性齿形联轴节实现。

驱动单元的主要功能是产生驱动力矩和传递力矩。

齿轮装置采用同步螺旋齿轮，用柱形配合将扭矩从齿轮传递至从动轴上。通过齿轮把电机轴转速降低成较低的轮轴转速。齿轮箱的反作用力通过C型设计的支架作用在转向架构架上，不需要调整。牵引速度传感器安装于靠近从动齿轮的齿轮箱上，检测位于从动齿轮轴上的传感器齿数。齿轮箱下部有视液镜，便于进行润滑油油面检查。

齿轮联轴节是曲齿式联轴节，位于牵引电机和齿轮装置之间。联轴节用来补偿牵引电机与齿轮装置之间的相对运动，需用油润滑。联轴节包括两个相同的半组成部件，采用压锥形配合与电机轴和齿轮箱从动齿轮轴连接，这两个半组成部件通过中间的法兰用螺钉连接在一起。

4）基础制动单元

车辆除了设有牵引电机的电制动外，转向架上还安装了另外的摩擦制动系统。转向架的每个轮对均配有基础制动单元，采用轮盘制动方式。基础制动单元安装在转向架构架的侧梁上，该装置具有闸片间隙自动调整功能，使闸片与制动盘间隙始终保持在规定的范围内。每个转向架上的制动单元中有2个具有停放制动功能。

基础制动单元的主要功能是实现常规和紧急制动，使车辆减速或停车，以及实现停放制动。

5）减振装置

列车运行时，由于通过钢轨接头、道岔，钢轨不平顺以及由于轮对本身的问题（如踏面擦伤），列车受到很大的冲击与振动。如果这些冲击和振动全部刚性地传给转向架及车体，将使车辆各零部件很快松动、损坏；另外，这些冲击对线路也有很大的破坏作用。因此，在转向架构架与轮对之间以及车体与转向架之间设置了两系悬挂装置及其他各种减振装置，包括横向、垂向减振器和抗侧滚扭力杆。

减振装置的作用是把车辆的重量弹性地通过轮对传递到钢轨上去，并把这些重量均匀地分配给各个轮对，缓和由于线路不平顺或车轮形状不正确产生的冲击，减少车辆对线路的作用力。因此，一般我们在设计机车车辆时，总是把重量尽可能多地放在弹簧悬挂装置以上，也就是使尽可能多的机车车辆零部件不直接承受刚性冲击。但地铁车辆是电动客车，本身兼有牵引和载客两项功能，不可能把过多的零部件装在客室中，只能装在车下。所以一般对地铁车辆的减振性能要求很高。

减振装置由一系悬挂（螺旋钢弹簧）、二系弹簧（空气弹簧）、液压减振器（垂向、横向）、抗侧滚扭力杆、横向缓冲器等部件组成。车辆各减振装置的共同作用，保证了车辆运行的平稳性和乘坐的舒适性。

（1）一系悬挂装置。

一系悬挂装置由螺旋钢弹簧、橡胶垫、转臂橡胶关节和一系垂向减振器等主要部件组成（见图 2.36）。

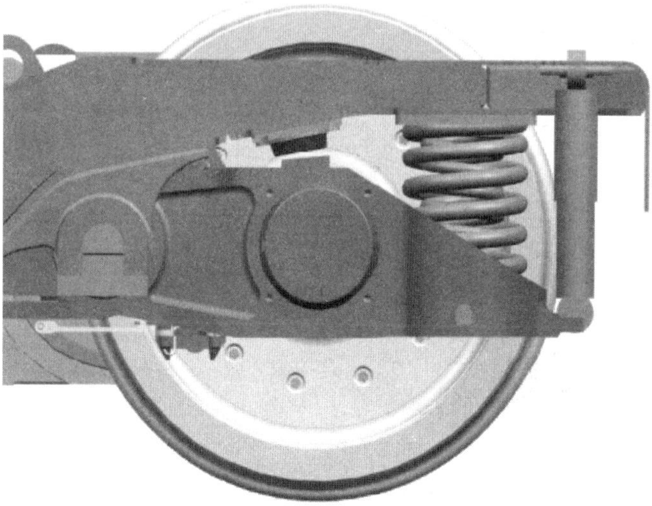

图 2.36　一系悬挂装置

一系悬挂采用具有适当垂向和横向刚度的螺旋钢弹簧。它一方面可以缓和来自轨道的各种冲击和振动，提高列车的乘坐舒适性；另一方面可以对轴箱进行弹性定位，既能保证列车在直线上运行的稳定性，又能使转向架更加顺利地通过曲线，减少轮缘磨耗，防止脱轨。

一系悬挂的纵向和横向刚度主要由转臂橡胶关节提供，垂向刚度主要由螺旋钢弹簧提供(AW3 时由螺旋钢弹簧和一系垂向止挡共同提供)，转臂橡胶关节提供部分垂向刚度。采用这种悬挂方式时，轴箱各向定位相对独立，定位刚度准确稳定。

一系悬挂装置主要功能：

- 连接转向架构架与轴箱组装；
- 支撑转向架构架与车体重量；
- 承受轮轨横向力，并缓冲横向冲击，保护转向架构架及车辆，以防从轨道上传递过多的振动载荷；
- 传递牵引力和制动力；
- 缓冲垂向高频和低频振动；
- 隔离来自轮轨间的摩擦噪声和冲击；
- 保证车辆通过特殊区段时不脱轨；
- 在确保转向架在其运行速度范围内的动态稳定性的同时，获得良好的曲线通过性能。

（2）二系悬挂装置。

二系悬挂装置由空气弹簧和层叠式橡胶弹簧组成。每个转向架的二系悬挂装置装配有两个空气弹簧（见图 2-37），布置于转向架构架两侧，来自车体上的载荷支撑在这两个空气弹簧上。当车体负载变化时，空气弹簧通过高度调节阀进行充、放气。空气弹簧的高度调节阀采用“三点调平”，即每辆车的两台转向架中，一台设有一个高度调节阀，另一台设有两个高度调节阀。

二系悬挂装置的作用是承受传递车体荷载,缓和并减轻车辆在运行中垂向的振动和冲击。层叠式橡胶弹簧（辅助弹簧）也叫故障弹簧，其作用是在空气弹簧失效时临时代替空气弹簧维持运行，但是会降低乘坐舒适度。

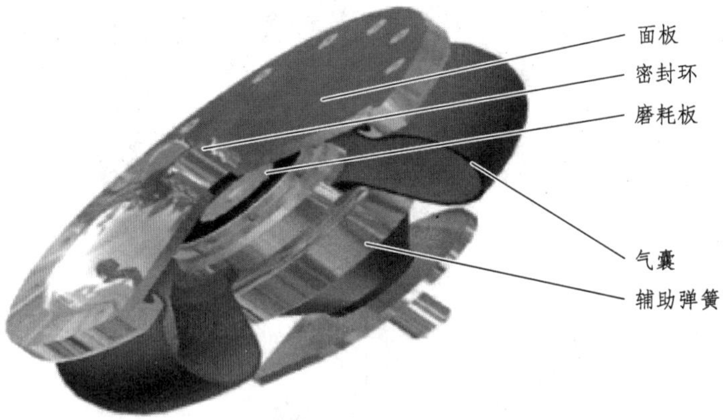

图 2.37　空气弹簧

车体载荷的变化可通过空气弹簧传递至空气制动系统中制动控制单元 BCU 中的负载限压阀（称重阀）和压力传感器进行载荷校正，压力传感器产生与载荷成正比的电信号，该信号被送至 BECU，BECU 根据载荷变化的电信号决定制动力的增减。

二系悬挂装置主要由空气囊和锥形金属橡胶紧急弹簧组成，上部通风口与车体气管直接连接。如因镟轮或车轮磨耗导致车体地板面下降过多，可在紧急弹簧安装座处加装 12 mm 厚的垫片，将地板面抬高。空气弹簧直接支撑车体，允许转向架相对车体产生一定程度的相对运动。

二系悬挂装置主要功能：

- 支撑车体重量；
- 减小振动，避免共振，提高车辆的运行平稳性；
- 通过高度调节阀确保车辆高度。

（3）液压减振器。

利用减振器内液压油在通过节流孔时的阻塞作用来衰减振动，包括横向和垂向减振器。

（4）横向橡胶止挡。

限制车体与转向架之间的横向位移，缓冲和吸收车辆的横向振动。

6）牵引装置

牵引装置由牵引杆组装、牵引座等组成，结构简单。牵引杆无磨耗，免维护。牵引装置传递车体和转向架之间的纵向（驱动方向）作用力，使转向架可以以牵引装置为中心相对于车体转动。牵引装置如图 2.38 所示。

图 2.38　牵引装置

7）抗侧滚装置

抗侧滚装置由一根完整的扭杆和两根拉压杆组成，扭杆横穿车体底架，将车体相对于转向架构架的倾斜严格控制在扭杆的扭转弹性变形范围之内。抗侧滚装置如图 2.39 所示。

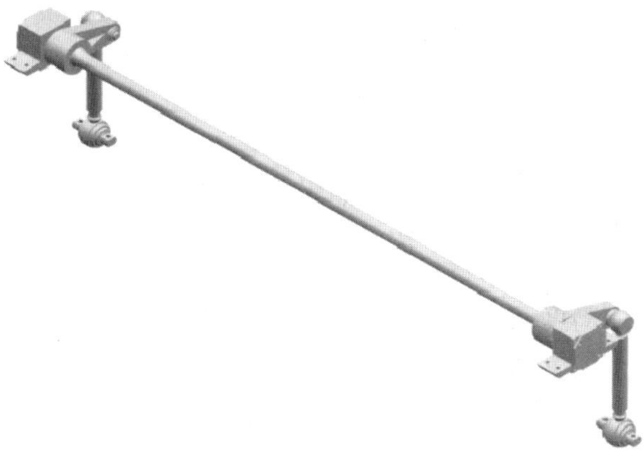

图 2.39　抗侧滚装置

在构架横梁中横穿有一根抗侧滚扭力杆，两端装有力臂杆和连杆，最后连接在车体上。当车体发生侧向振动倾斜时，在两力臂杆端部作用一力偶，使抗侧滚扭力杆产生扭转变形，利用扭力杆的弹性变形减少和缓和车体的侧滚振动。

8）轮缘润滑装置

在前 12 列列车的 A 车司机室端第一位轮对上安装轮缘润滑装置。该装置可减少轮缘和轨道的磨耗，降低轮轨间发出的噪声。

轮缘润滑装置主要包括电控箱、油箱组件、电磁阀、喷嘴、分配器等元件。其中，电控箱、油箱组件、电磁阀安装于车体上，分配器和喷嘴安装于转向架上。

9）信标天线

信标天线安装于拖车转向架 1 的中间，转速计安装在车端第一轴的轴端，如图 2.40 所示。

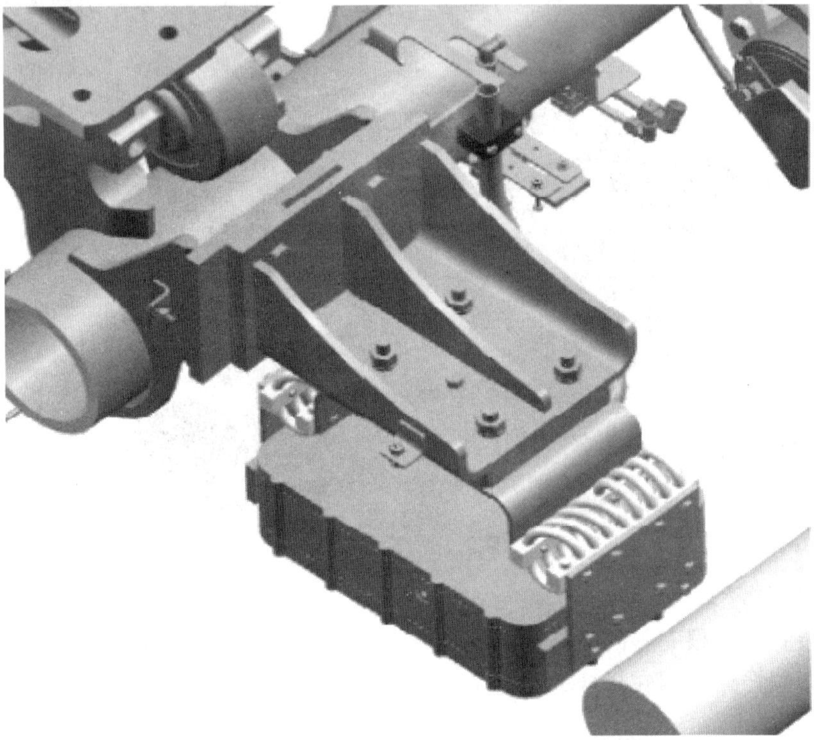

图 2.40　信标天线

10）高度调节

转向架两侧各有一个高度调节阀，高度调节阀安装在转向架和车体之间，其作用是对空气弹簧内的压缩空气压力进行调节，根据载荷的变化情况自动进行充气、放气和保压，使车辆地板面不受车内乘客多少和分布不均的影响，始终保持水平，并和轨面保持一定距离。空气弹簧的优越性只有采用高度调节阀后才能体现出来，它是空气弹簧装置中的重要部件之一。

高度调节阀共有三个位置两条通路：

- 正常载荷位置——保压，充气通路和放气通路均关闭；
- 增载位置——充气，充气通路开启，风缸压缩空气充入空气弹簧，直至车厢地板上升到标定高度；

- 减载位置——放气，放气通路开启，空气弹簧向大气放气，直到升上来的地板降至标定高度。

动车和拖车转向架一系、二系悬挂的设计具有互换性，动车和拖车转向架的调簧过程可以统一。

调簧原因：构架的焊接和制造误差，一系弹簧、二系弹簧、轴箱的设计公差和制造误差以及转向架的组装公差等因素，会造成新车转向架空车（AW0）状态下的轮重偏差。

调簧目的：

- 调节转向架一系弹簧处构架支撑面高度，控制同一转向架的轮重偏差在 ± 2%范围内；
- 调节垂向止挡间隙，以满足运行中动载设计要求；
- 调节二系空气弹簧安装面高度，以满足转向架落车要求。

11）簧上质量，簧下质量

弹簧悬挂装置以上的质量叫做簧上质量，弹簧悬挂装置以下的质量叫做簧下质量。簧下质量对钢轨的动作用力随线路状况和车速而异，而簧上部分对钢轨的动作用力除线路影响外，还与弹簧刚度有关。弹簧越软，动作用力越小。但由于结构和其他要求，对弹簧的柔度也有一定的限制。

12）力的传递

- 垂向力：车体→空气弹簧→转向架构架→螺旋钢弹簧→轴箱→轮对→钢轨；
- 纵向力：牵引电机→齿轮箱→轮对→轴箱→转向架构架→牵引拉杆→中心销→车体底架牵引梁→车钩；
- 横向力：钢轨→轮对→轴箱→转向架构架→横向橡胶止挡→车体；
- 垂向冲击力：钢轨→轮对→轴箱→圆锥弹簧→转向架构架→空气弹簧→车体。

6. 车门系统

1）客室车门介绍

（1）门页。

总体图中（图 2.41），每个门页（1）（2）均采用铝框架、铝蜂窝及铝蒙板的铝制夹层结构制造，热固化成型，铝板边缘卷边包裹在铝骨架上，以增强机械附着强度。门页除了必需的紧固、支撑和导向件以外，内表面是平滑的。每扇门上均安装有玻璃（5），玻璃与门外表面齐平。门页周边安装有橡胶密封条（7）。门页前缘安装有专用的护指胶条（6），以防止乘客被夹伤。橡胶条符合 DIN 5510 防火标准。

在门页的每个上部后边缘上，平衡轮（14）（安装在车体门口上）在闭合位置与门页咬合，阻止由于任何垂直向上施加的作用力而使门页发生位移。

在每扇门的前边下部有一止挡销，当门关闭时止挡销与门槛嵌块（22）中的槽配合。该固定装置可以阻止门页在此区域内的偏移（由横向力引起），此外，门页上任意点的其他偏移也会由于固定装置而得到减少。

门页的运动轨迹是由轨道决定的，轨道形状决定门页横向和纵向关联运动轨迹。上部轨道被安装在驱动机构上，每个携门架有一个滚轮在上部轨道里滚动。下部轨道（4）安装在门叶上。两个摆臂组件（13）安装在车体门口上，和下部轨道一起产生门页的横向导向力。

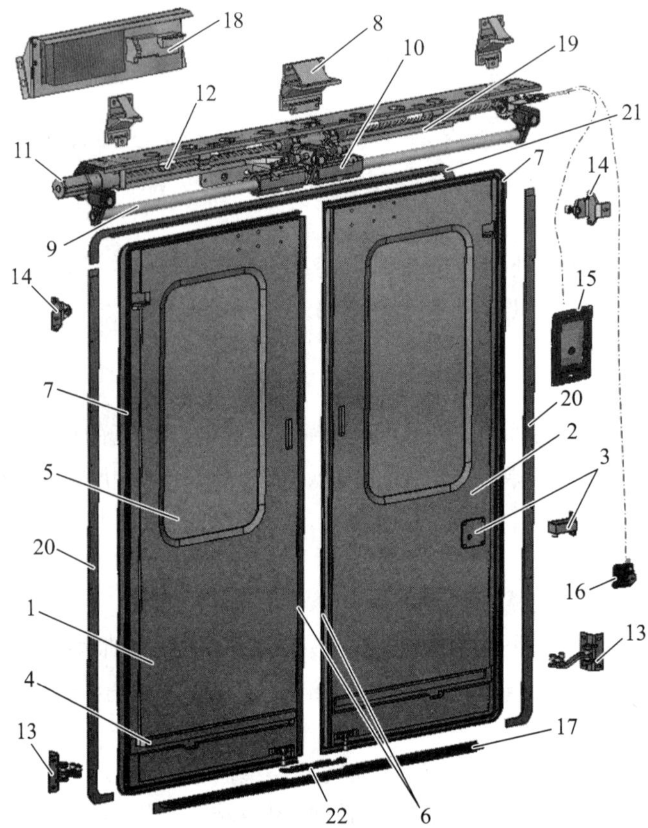

图 2.41 车门总体图

1—左门页；2—右门页；3—切除装置；4—下导轨；5—门窗；6—护指胶条；7—周边胶条；8—安装支架；9—导柱；10—携门架；11—直流电机；12—驱动丝杆；13—摆臂组件；14—平衡轮；15—紧急出口装置；16—紧急入口装置；17—门槛；18—EDCU；19—上导轨；20—侧密封压条；21—上密封压条；22—嵌块

（2）门驱动机构（见图 2.42）。

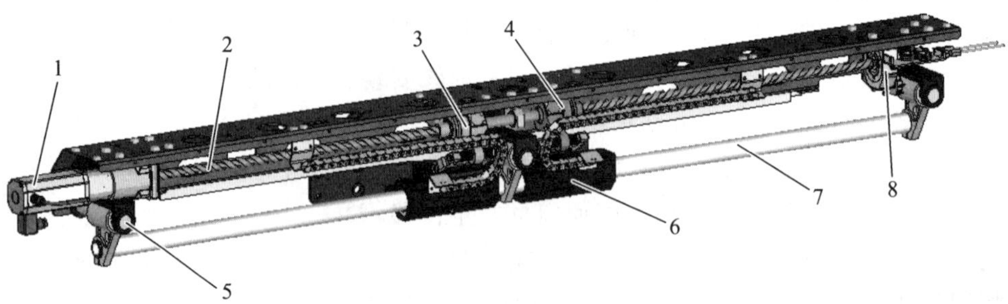

图 2.42 门驱动机构

1—直流电机；2—驱动丝杆；3、4—丝杆螺母；5—短导柱；6—携门架；7—长导柱；8—解锁单元

门的运动由一个带减速箱的直流电机（1）驱动丝杆（丝杆一半是右旋的，另一半是左旋的）（2）来实现。电机通过联轴节直接驱动丝杆，丝杆螺母（3）、（4）通过铰链结构与携门

架（6）柔性相连，门页安装在携门架上，门通过上下导轨实现运动导向。

在丝杆的右端设有解锁单元（8），一旦操作紧急出口/入口装置，在钢丝绳的拉动下解锁单元可将车门手动解锁。

长导柱（7）安装在 3 个挂架上，3 个挂架分别在 3 根短导柱（5）上移动，3 根短导柱通过整个机构的一个基架安装在车体上。长导柱为门的纵向移动提供自由度，并保证在开/关门过程中门板与车体平行。短导柱承受门板的重量并为门提供横向移动自由度。

（3）门锁闭机构（见图 2.43）。

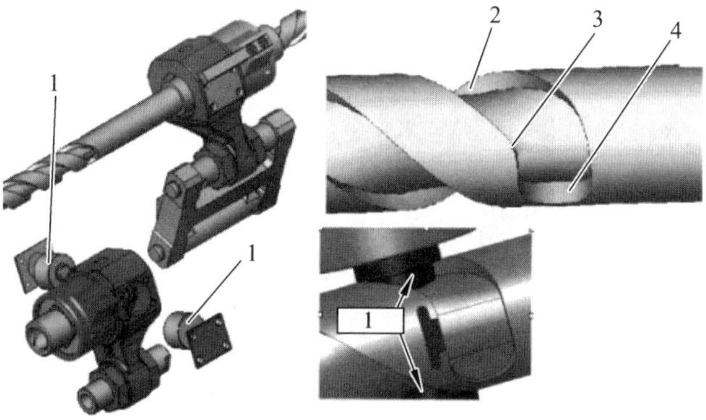

图 2.43　门锁闭机构

1—滚动销；2—普通工作段；3—过渡段；4—零升程自锁段

变升程丝杆的螺旋槽分为三段：普通工作段（2）、零升程自锁段（4）和过渡段（3）。在与门连接的传动螺母上，有 2 只滚动销（1），滚动销（1）在丝杆螺旋槽中滚动。

在普通工作段螺旋槽中，电机驱动时，丝杆可以驱动传动螺母以实现电动开关门；无电时，传动螺母可以驱动丝杆以实现手动开关门。当传动螺母的滚动销进入丝杆的零升程自锁段时，仅丝杆能驱动传动螺母以实现锁闭或解锁，而传动螺母却不能驱动丝杆试图解锁，从而实现对门的锁闭和电机开/关门的自动切换。

（4）携门架（见图 2.44）。

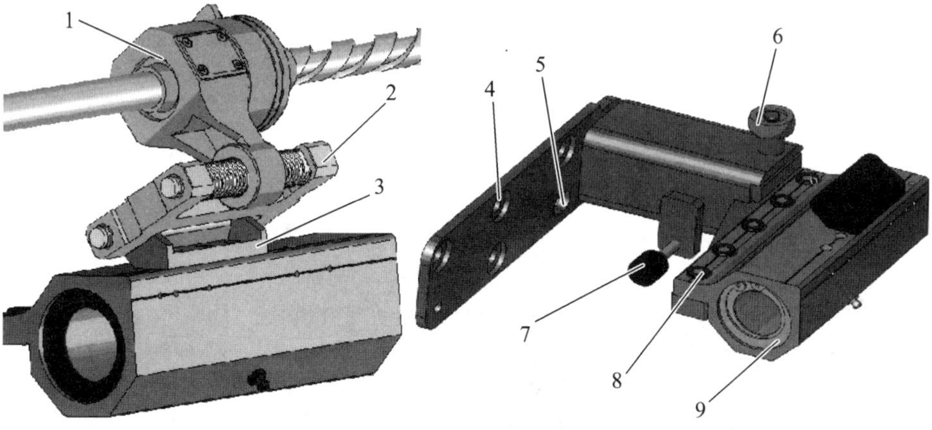

图 2.44　携门架

1—丝杆螺母；2—铰链板；3—连接座；4—螺丝孔；5—偏心轮孔；6—滚轮；7—缓冲头；8—偏心装置；9—直线轴承

丝杆螺母（1）通过铰链板（2）和携门架上的连接座（3）与携门架相连，携门架通过直线轴承（9）在长导柱上滑动。

携门架通过其上面的螺钉孔（4）与门页螺栓连接，并提供了一个偏心轮孔（5），通过此孔安装偏心轮装置来调节门页的“V”形。携门架自带有一个偏心装置（8），通过此偏心装置来调节门页与车体之间的平行度。

携门架通过滚轮（6）在上滑道中运动，缓冲头（7）为门页的全开提供定位。

（5）解锁单元（见图 2.45）。

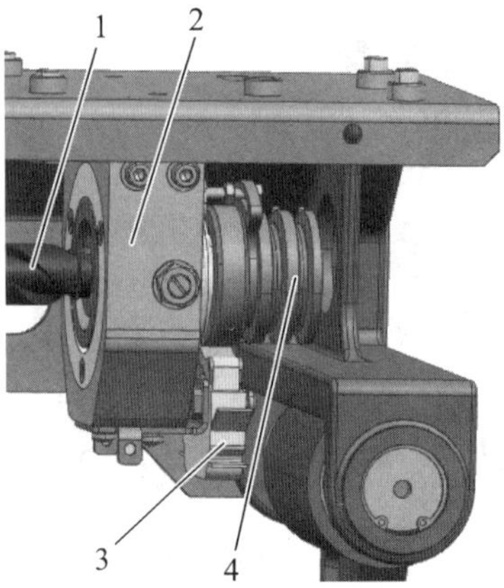

图 2.45 解锁单元

1—丝杆；2—手动解锁装置；3—紧急解锁开关；4—解锁轮

在门锁闭到位的情况下，操作紧急出/入口装置将通过钢丝绳旋转解锁轮（4）。当解锁轮（4）往解锁方向旋转时，通过手动解锁装置（2）转动丝杆（1），从而使门机械解锁，同时解锁轮（4）的旋转将触发紧急解锁开关（3），此时司机室 HMI 上将显示相应车门紧急解锁信息。

当紧急出/入口装置操作到位后，手动解锁装置（2）将通过内部特定装置脱离丝杆，丝杆可以自由转动，乘客可以手动将门打开。

紧急解锁开关（3）仅在紧急出/入口装置复位后才能复位。紧急解锁开关的 NC（常闭）触点与车门安全回路串联，NO（常开）触点与 EDCU 连接。

（6）门关闭/锁闭开关（见图 2.46、图 2.47、图 2.48）。

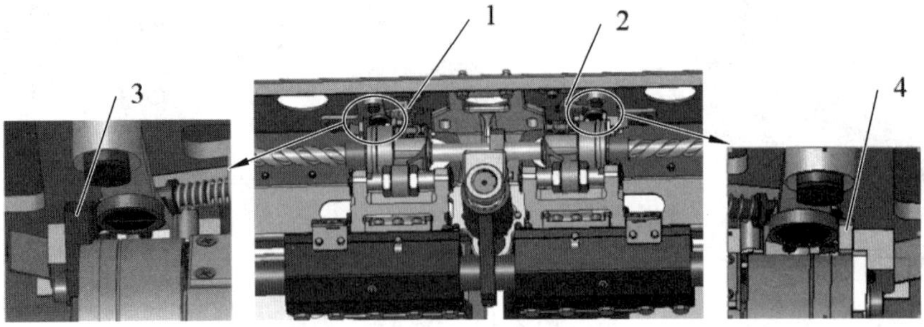

图 2.46 开关组件安装图

1—关到位开关组件；2—锁到位开关组件；3、4—撞板

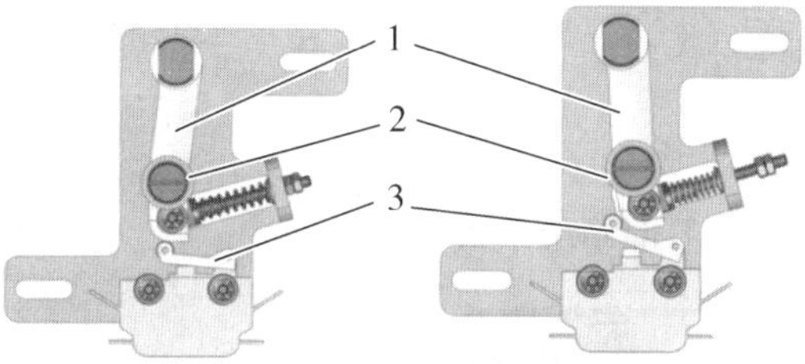

图 2.47　关门到位开关状态图

5—铰链臂；6—滚轮；7—关到位开关

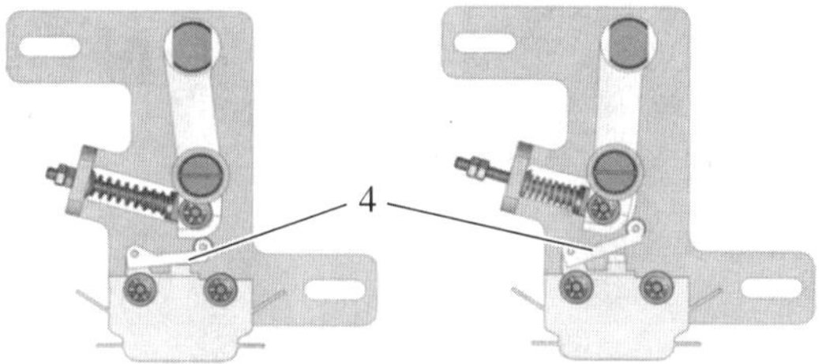

图 2.48　锁到位开关状态图

8—锁到位开关

检测装置包含 2 组限位开关，用于检测驱动螺母是否进入关闭或锁闭位置，并提供“门关闭或锁闭”信号。

每一个开关包含有 NO（常开）及 NC （常闭）触点，机械上联动，但电气上互相独立。NC 触点用于列车安全回路，NO 触点用于门内部的检测电路。在机构顶部安装有关到位开关组件（1）与锁到位开关组件（2）。

当门到达关闭位置时，左螺母上的撞板（3）拨动开关组件中的滚轮（6），使铰链臂（5）旋转脱开，释放关到位开关（7）。当螺母中滚动销进入锁闭位置时，右螺母上的撞板（4）拨动开关组件中的滚轮使铰链臂旋转，释放锁到位开关（8）。

开门时，顺序相反。

（7）运动向导（见图 2.49、图 2.50）

上部左右各设置一个滑道，上导轨（1）安装在门机构上，通过携门架上的滚轮（2）实现门页的横向和纵向运动。滚轮通过卡簧安装在滚轮轴（3）上。

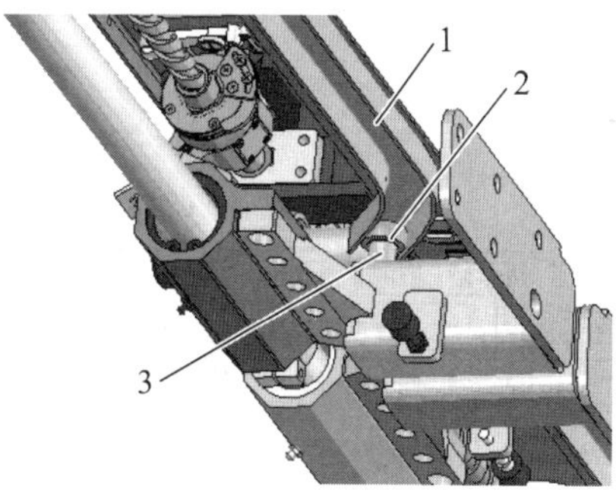

图 2.49　上部向导图

1—上导轨；2—滚轮；3—滚轮轴

下导轨（3）安装在门页（1）下部，并与安装在车体上的摆臂组件（2）相配合，以保证门页下部的导向运动。

摆臂组件（2）上设置有防脱销（4），即使发生滚轮（5）断裂的事故，防脱销仍然能够保证门页下部受到约束，门页下部不会脱离车体。

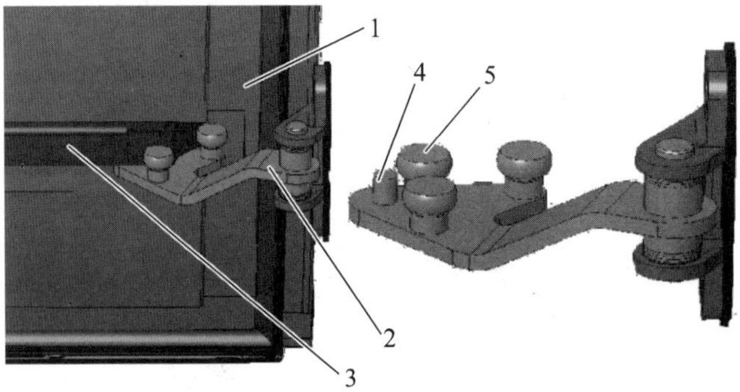

图 2.50 下部向导图

1—门页；2—摆臂组件；3—下导轨；4—防脱销；5—滚轮

2）车门功能及控制

（1）车门列车线。车门共接入 5 条列车线，分别是零速列车线、门允许列车线、开门列车线、关门列车线、重开闭列车线。

另外车门还可以通过网络将门开关指令及零速信号传送给 EDCU。

（2）车门的主要功能。

车门的主要功能如下：

- 开、关门功能；
- 障碍物探测功能；
- 车门故障切除功能；
- 紧急解锁功能；
- 车门安全回路及旁路功能；
- 外部操作功能（每车 2 套门）；
- 车门故障显示、存储和诊断功能；
- 单门维护按钮开关门功能 （仅用于维修人员本地操作）；
- 零速保护功能。

（3）车门控制单元（见图 2.51）

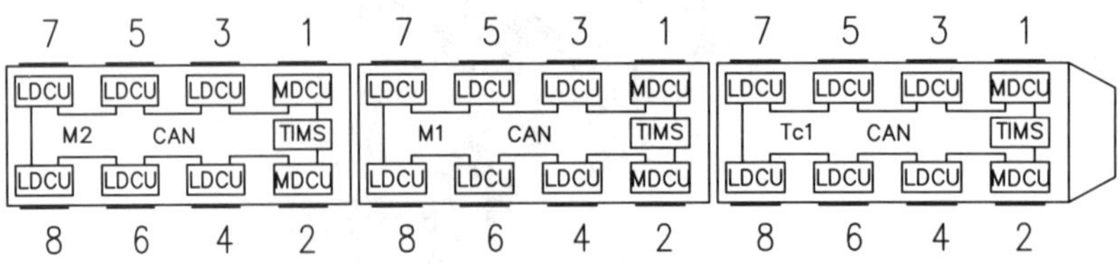

图 2.51 车门控制单元

① 每个客室门均由一个独立的 EDCU 控制。客室门 1 和 2 的 EDCU 配有 MVB 总线接

口，以便通过多功能车辆总线（MVB）实现与列车的信息交换。其中一个带有 MVB 总线接口的 EDCU（MDCU）用来执行与列车的通信任务，另一个 MDCU 则作为主控冗余，在前一 MDCU 故障的情况下接管主控功能。其他客室门（3 至 8）的控制单元则为不带 MVB 总线接口的（本地）控制单元（LDCU），可通过一个 CAN 总线接口与 MDCU 进行单独通信。

② EDCU 包括内部电源、微控制器和程序存储器。微控制器驱动车门电机，并控制电机转矩以及电机电流和速度。

③ EDCU 可以编程，输入和输出信号由软件控制，并可通过更新软件来实现车门功能的更改。可以通过位于每个 EDCU 上的“USB”接口实现软件上载。

④ 接通电源电压激活 EDCU 可引发客室门的以下动作：

• 客室门锁闭：客室门被激活并保持关闭；

• 客室门未锁闭：此时 EDCU 不能监测车门的位置。在一个未锁闭的客室门上，将启动一个初始化程序，该程序将以恒速关闭门直到门到达关上和锁紧位置。此过程中障碍物检测系统正常工作。

（4）车门信号显示和警告。

①司机室显示屏（HMI）

HMI 车门状态图标如表 2.7 所示。

表 2.7　车门状态图标

序号	图标	状态
1		车门打开
2		车门关闭
3	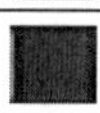	车门故障
4		车门紧急解锁
5		车门障碍物检测
6		车门隔离
7		车门动作中
8	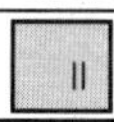	车门通讯故障

列车在运行中，司机应监控司机室显示屏上车门状态显示，如图 2.52 所示。

② 司机室指示灯。

开右门按钮（81-S01）或开右门备用按钮（＝81-S101）上的红色指示灯点亮表示 ATC 允许操作列车右侧门；

开左门按钮（81-S02）或开左门备用按钮（＝81-S102）上的红色指示灯点亮表示 ATC 允许操作列车左侧门；

关右门按钮（81-S13）或关右门备用按钮（＝81-S113）上的绿色指示灯点亮表示列车右侧客室门均关好；

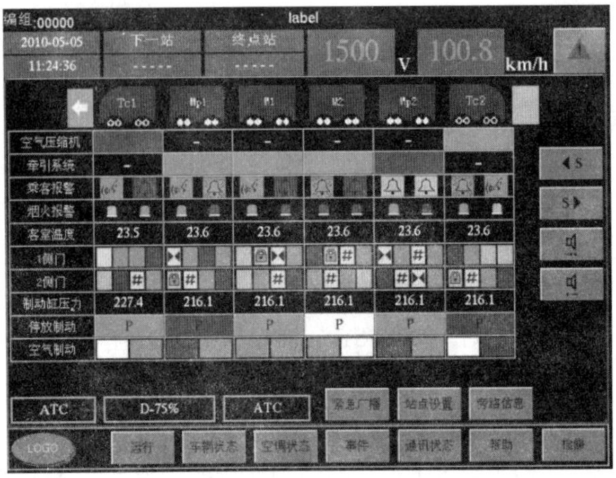

图 2.52　车门状态显示

关左门按钮（81-S14）或关左门备用按钮（=81-S114）上的绿色指示灯点亮表示列车左侧客室门均关好。

司机室操纵台右侧设置有“所有车门关闭（81-P01）”绿色指示灯，点亮表示左侧及右侧车门全关闭好。

（5）车门操作。

车门的操作受零速列车线、门允许列车线、开关门信号等决定。其逻辑关系如表 2.8 所示，其中“1”表示有效，“0”表示无效，“—”表示“0 或 1”。

表 2.8　车门操作逻辑关系

零速	门允许	开门	关门	门的状态
0	—	—	—	关
1	0	—	0	保持
1	0	—	1	关
1	1	1	0	开
1	1	—	1	关

开启客室门须“零速度”信号有效。如果“零速度”信号被取消，则开启的客室门将立即开始关闭。“零速度”信号通过硬连线或网络（网络控制模式下）传输至 EDCU。

当 V≤0.5 km/h 时，零速列车信号有效，结合门允许列车线则车门可被开启；紧急情况下车门可以手动解锁。

当 V＞0.5 km/h 时，未关闭的车门自动关闭，车门障碍物探测功能失效，不能开门。

仅在列车相应一侧的“门允许”列车线存在时方可实现开启客室门。在这种情况下，内部安全继电器（位于 EDCU 中）直接由此硬连线信号激活。允许驱动门页进行开门运动。

操作客室门只能在“零速度”信号存在时方可实现。零速状态下，若“门允许”列车线无效，开启的车门不会关闭。

① 车门操作按钮及开关

车门左右控制面板如图 2.53 所示。

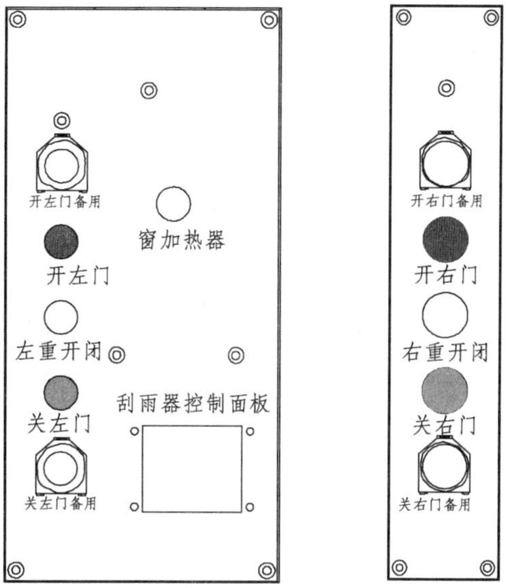

图 2.53　车门左右控制面板

车门操作按钮及开关状态如表 2.9 所示。

表 2.9　车门操作按钮及开关状态

名　称	代　号	功　　能
ATC 切除	＝91-S105	合位：车门允许信号不受 ATC 控制，此时允许信号由零速信号替代；零速有效，左/右门允许均有效，开左/右门按钮上的红色指示灯均点亮
车门使能旁路	＝91-S10	合位：旁路 ATC 车门允许信号，此时允许信号由零速信号替代；零速有效，左/右门允许均有效。开左/右门按钮上的红色指示灯均点亮
门零速旁路	＝81-S109	合位：当零速信号故障时，激活开关给门控“零速”信号
门模式选择	＝91-S106	a）“全自动”：通过 ATC 系统自动开启/ 关闭车门； b）“OFF”：手动开启/关闭车门； c）“半自动”：ATC 系统自动开启车门，手动关闭车门
门关好旁路	＝81-S110	带铅封，合位：绕过门安全回路，允许牵引
开关门控制切换	＝81-S112	硬线：默认状态，此时 EDCU 响应列车硬连线发出的车门开关指令、零速信号； 网络：开关闭合，此时 EDCU 响应列车 MVB 网络发出的车门开关指令、零速信号
所有车门关闭	＝81-P01	绿色指示灯：点亮表明所有客室车门全关好
关左门	＝81-S14	带绿色指示灯按钮：按下按钮执行手动关左门操作；绿色指示灯亮，表明左侧车门全关好并锁闭到位
关左门（备用）	＝81-S114	带绿色指示灯按钮（有保护盖）
开左门	＝81-S02	带红色指示灯按钮：按下按钮执行手动开左门操作；红色指示灯亮，表明 ATC 允许操作左门

续表 2.9

名 称	代 号	功 能
开左门（备用）	= 81-S102	带红色指示灯按钮（有保护盖）
左重开闭	= 81-S105	按下按钮后，左侧未关闭的车门重新打开再关闭，已关闭的车门不动作
关右门	= 81-S13	带绿色指示灯按钮：按下按钮执行手动关右门操作；绿色指示灯亮，表明右侧车门全关好并锁闭到位
关右门（备用）	= 81-S113	带绿色指示灯按钮（有保护盖）
开右门	= 81-S01	带红色指示灯按钮：按下按钮执行手动开右门操作；红色指示灯亮，表明 ATC 允许操作右门
开右门（备用）	= 81-S101	带红色指示灯按钮（有保护盖）
右重开闭	= 81-S106	按下按钮后，右侧未关闭的车门重新打开再关闭，已关闭的车门不动作
车门控制	= 81-F01	闭合后，给列车车门控制电路、列车安全回路供电
Tc 车开左门	= 81-F111	Tc 车左侧门安全回路供电
Tc 车开右门	= 81-F112	Tc 车右侧门安全回路供电
门控单元 1.3.5	= 82-F101	Tc 车 1、3、5 号 EDCU 供电
门控单元 2.4.6	= 82-F102	Tc 车 2、4、6 号 EDCU 供电
门控单元 7.8	= 82-F103	Tc 车 7、8 号 EDCU 供电
M1 左边门控制	= 81-F211	M1 车左侧门安全回路供电
M1 右边门控制	= 81-F212	M1 车右侧门安全回路供电
M1 车门控单元 1、3、5 供电	= 82-F201	M1 车门控单元 1、3、5 供电
M1 车门控单元 2、4、6 供电	= 82-F202	M1 车门控单元 2、4、6 供电
M1 车门控单元 7、8 供电	= 82-F203	M1 车门控单元 7、8 供电
M2 左边门控制	= 81-F311	M2 车左侧门安全回路供电
M2 右边门控制	= 81-F312	M2 车右侧门安全回路供电
M2 车门控单元 1、3、5 供电	= 82-F301	M2 车门控单元 1、3、5 供电
M2 车门控单元 2、4、6 供电	= 82-F302	M2 车门控单元 2、4、6 供电
M2 车门控单元 7、8 供电	= 82-F303	M2 车门控单元 7、8 供电

a. 开启车门。

当同时满足下列条件时，才允许 EDCU 驱动电机执行开门操作：

- 没有操作隔离装置；
- 没有操作紧急解锁装置；
- “零速”信号有效；
- “门允许列车线”为高电平；
- 门处于非开到位位置；
- 没有产生过锁到位开关故障；
- 没有产生过关到位开关故障。

通过激活“开门”列车线实现开门。

“开关门控制切换开关”在硬线位时，列车开门需要激活开门列车线。当检测到“开门列车线”信号从低电平跳变到高电平，且保持高电平状态 200 ms 以上时，认为“开门列车线”信号有效；若满足“允许开门”的条件，车门开始开启。

当列车出现紧急情况仅由蓄电池供电时，若门控器接收到 MVB 网络发送的“紧急操作信号”，则整列车车门将进行顺次开门，每节车单侧每 1 s 开 1 扇门。

门开启到开门终点位置后保持在这一位置，直到再次接收到关门指令。

如果在开门过程中，“开门列车线”信号从高电平跳变为低电平，门仍然会开启到开门终点位置。

开门过程中“门允许信号”失效，门仍然会开启到开门终点位置，在终点位置后，门保持不动。

“网络开门指令”开门：

“开关门控制切换开关”在网络位时，当检测到“网络开门指令”信号从 0 跳变到 1 时，认为“网络开门指令”信号有效；若满足“允许开门”的条件，且无网络故障的情况下，车门开始开启。

“维护按钮”开门：

在满足“允许开门”的条件下，维修人员可通过操作 EDCU 上的“维护按钮”打开相应的门；再次操作“维护按钮”，若满足“维护按钮关门功能”的条件，则开门顺序会转变为关门顺序。

b. 关闭车门。

通过激活“关门”列车线实现关门：

“开关门控制切换开关”在硬线位时，检测到“关门列车线”信号从低电平跳变到高电平，且保持高电平状态 200 ms 以上时，认为“关门列车线”信号有效，若满足下述“允许关门列车线关门”条件，则延时 3 s 后，车门开始关闭：

- 没有操作隔离装置和紧急解锁装置，零速”信号有效且门未关锁到位，关闭至关锁到位位置后保持在这一位置；
- 如果在关门过程中，“关门列车线”信号从高电平跳变为低电平，门仍然会关闭到关锁到位位置。

“网络关门指令”关门：

“开关门控制切换开关”在网络位时，检测到“网络关门指令”信号从 0 跳变到 1 时，认为“网络关门指令”信号有效，延时 3 s 时间后，车门开始关闭。

“重开闭”列车线关门：

检测到“重开闭列车线”信号从低电平跳变到高电平，且保持高电平状态 200 ms 以上时，认为“重开闭列车线”信号有效，门将打开至开到位位置，延时 2 s 后，门重新关闭。

“维护按钮”关门：

维修人员可通过操作 EDCU 上的“维护按钮”关闭相应的门，门将关闭到位，并保持关锁到位位置。再次操作“维护按钮”，若满足“维护按钮开门功能”的条件，则关门顺序会转变为开门顺序。

丢失“零速”信号的关门功能关门：

未操作“隔离装置”的情况下，若 “零速”信号无效，则未关锁到位的门将立即执行关门操作。

在关门过程中，若检测到关门方向上有障碍物，关门防挤压功能将被禁止。

复位“紧急解锁装置”的关门功能：

未操作“隔离装置”的情况下，复位“紧急解锁装置”，未关锁到位的门将立即执行关门操作。

② 紧急装置。

每套车门均设有一个车内紧急出口装置；每节车每侧各设有一个紧急入口装置（乘务员钥匙开关），如图 2.54 所示。

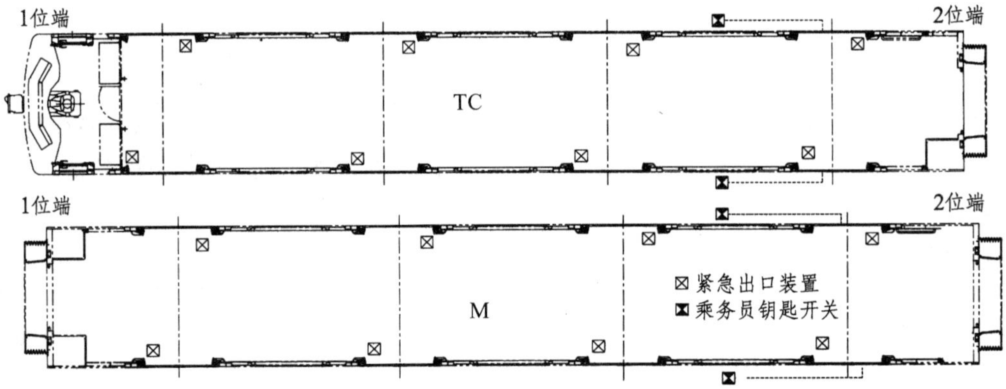

图 2.54 紧急出口及紧急入口装置

a. 车内紧急出口装置（见图 2.55）。

每套门右侧均设有一紧急出口装置，安装在门立柱罩板上。距内装地板面高度 1 725 mm。

紧急出口装置采用下拉式操作，设有透明罩板（2）。紧急情况下，乘客扯开透明罩板，拉动手柄（1），车门解锁。乘务员可使用方孔钥匙（7 mm × 7 mm）操作四方轴（3），打开罩板，然后操作拉手解锁车门。手动向上收起手柄复位。

操作紧急出口装置后，可解除车门的锁闭状态，司机室显示屏上显示相应的门紧急解锁信息，此时车门安全回路将被切断。

列车在零速时操作紧急出口装置，乘客可以手动打开车门，在列车启动前必须复位操作装置。紧急出口装置复位后车门将自动关闭（通电情况下）。

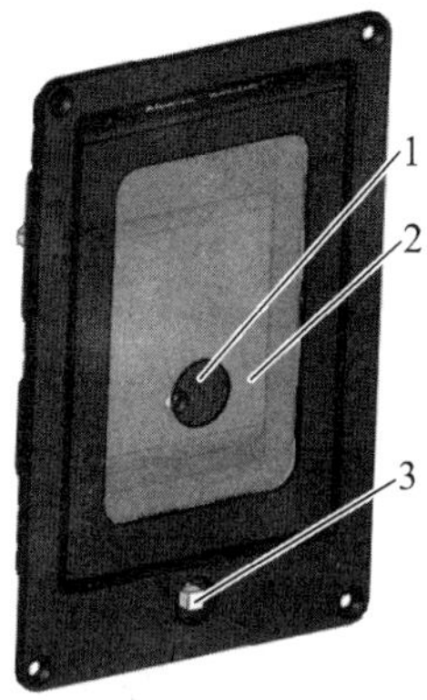

图 2.55　车内紧急出口装置

1—接动手柄；2—透明罩板；3—四方轴

若列车在非零速时操作紧急解锁装置，一旦车门被解锁，列车将实施紧急制动，停车之前乘客不可以完全拉开车门，必须在列车速度不大于 5 km/h 时才能打开该解锁车门。

b. 紧急入口装置（见图 2.56）。

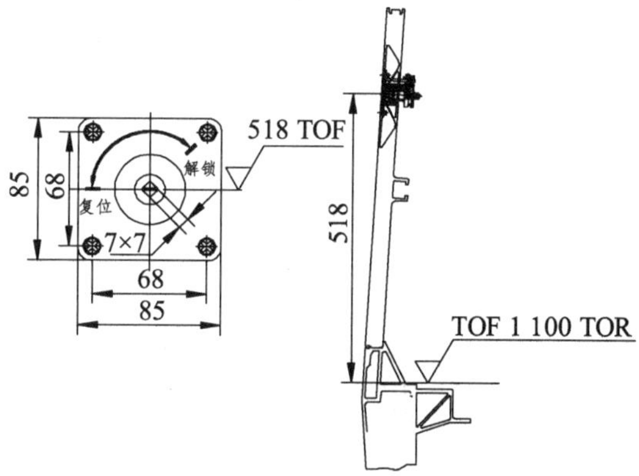

图 2.56　紧系入口装置开关

紧急入口装置（乘务员钥匙开关）采用机械式开关，当操作乘务员钥匙开关后，车门将被机械解锁，同时车门的紧急解锁开关触发，此时如果发送列车线指令，被操作的车门将不会响应列车线指令，直到乘务员钥匙开关复位。

乘务员钥匙开关采用 7 mm × 7 mm 方孔钥匙操作，复位后车门将自动关闭（通电情况下）。

③障碍物探测

电机电流监控：每次开/关门过程中电机正常开/关门电流曲线已被存储并自动调整，如果电机的实际电流超过额定值，障碍检测将被激活。

最大电流值并不恒定，由门的位置和前几次开/关门运动的电流决定（自学习最大电流曲线）。

即使当电子门控器的电源关闭时，最大电流值也被存储。如果电子门控器换到其他任何门上，有必要通过按下维护按钮的方式对其进行初始设置，按下时间超过 1.5 s（从接通电源开始计算）。

路程/时间监测：通过门位置传感器的检测，将门的运动分成若干距离段，如果在给定的时间内门未通过这些距离段，障碍检测将被激活。

a. 开门过程障碍探测。

开门时若有障碍会使开门循环停止 1 s，在 3 次开门尝试后门将会停在此位置，此时任何有效的关门指令都可将门关闭。

b. 关门过程障碍探测。

当列车静止且发送关门指令后，如果关门时碰到障碍物，最大的关门力持续 0.5 s 后，车门重新打开至 200 mm（双边打开距离，可调），停止 1 s（可调）后再重新关闭。而其他已关闭车门不需重开。

如果障碍物被清除，门将关闭并锁闭，如果在 3 次（可调）循环后障碍物仍然存在，车门将保持打开的状态等待障碍清除。此时司机室显示屏将显示该车门故障信息。如果此时需要关门，司机可激活“重开闭”按钮进行关门。

最小障碍物探测尺寸为：25 mm（宽）×60 mm（高）。

门关闭且锁闭后，10 mm × 50 mm（宽×高）的障碍物（其长边垂直放在门前沿和门框之间或两门页之间）能用小于 150 N 的力从密封条中抽出。

④ 车门切除。

在每套门系统的右门页（从内往外看）上安装有一套门隔离锁，以实现车门退出服务功能。当车门处于关闭且锁闭的位置时，从内侧或外侧可用 7 mm × 7 mm 方孔钥匙实现车门隔离。

隔离锁安装在右边门页下部，如图 2.57 所示。用方孔钥匙在门内侧或外侧旋转四方轴（1），带动转臂（2）旋转，使锁舌（3）伸出，锁舌端部运动到压条（4）内侧，此时门被机械隔离，无法进行开门动作。

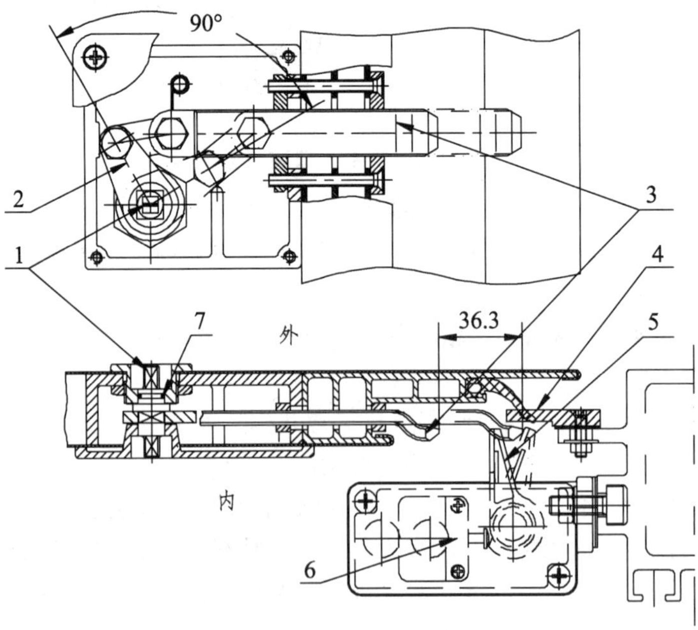

图 2.57 隔离锁安装

1—四方轴；2—转臂；3—锁舌；4—压条；5—拨杆；6—隔离开关 S2

同时，锁舌（3）伸出后推动拨杆（5）旋转，拨杆（5）旋转触发隔离开关 S2（6），隔离开关 S2 触发后，其常闭触点断开，向 EDCU 发出隔离信号，EDCU 会关闭门所有运动功能，保留故障诊断及通信功能，并使车门切除红色指示灯持续点亮，同时司机室显示屏（HMI）上将相应客室门以切除图标标示。

3）车门技术参数

主要技术参数：

客室车门净开宽度：(1 300 ± 4) mm

客室门净通过高度：1 880 mm

客室侧门塞拉行程：52 mm

客室侧门门页厚度：32 mm

玻璃结构：5 + 11（中空）+ 4（内侧）mm

供电电压：DC 110 V（波动范围 77 ~ 137.5 V）

功耗：待机 < 15 W，正常操作≤160 W，峰值 < 440 W（<500 ms）

EDCU 服务接口：USB

EDCU 通讯接口：MVB、CAN

EDCU 工作温度范围：– 25 ~ + 70 °C

电机防护等级：IP32

EDCU 防护等级：IP32

开门/关门时间：(3.0 ± 0.5) s

开、关门延时时间：0 ~ 3.0 s 可调

最小障碍物尺寸：25 mm × 60 mm（宽 × 高）

防挤压力（遵循 EN14752 标准）：峰值力 Fp < 300 N；在第一次试图关门过程中的有效力 Fe < 150 N；在进一步试图关门过程中的平均有效力 Fe < 200 N

隔音量：100 ~ 5 000 Hz 时≥31dBA

隔热性能：K≤4.6 W/m 2 K

可调整参数如表 2.10 所示。

表 2.10　可调整参数

参数名	调整范围	默认值	调整精度
关门障碍物探测次数	1 ~ 6	3	1
关门障碍物探测延时时间	1 ~ 3 s	1 s	0.1 s
关门障碍物探测再开门距离	100 ~ 1 300 mm	200 mm	10 mm
关门延时	0 ~ 3 s	3 s	0.1 s
开门延时	0 ~ 3 s	0	0.1 s
开门时间	2.5 ~ 5 s	3 s	0.1 s
关门时间	2.5 ~ 5 s	3 s	0.1 s
关门防挤压力	150 ~ 300 N	150 N	10 N
		200 N	
		200 N	

车门运动参数可在司机室通过列车网络进行集中修改，单个车门的运动参数也可以通过车门维护软件进行修改。

在列车网络处于工作状态时，车门运动参数仅可以在司机室集中修改，不得同时使用车门维护软件对单个门控器进行运动参数设置。

当列车网络不工作时或门控单元与列车网络无连接时，需对本地车门进行调试试验，可允许使用车门维护软件修改车门运动参数。

4）司机室侧门

司机室侧门采用手动单扇折页门，门系统组成如图 2.58 所示。

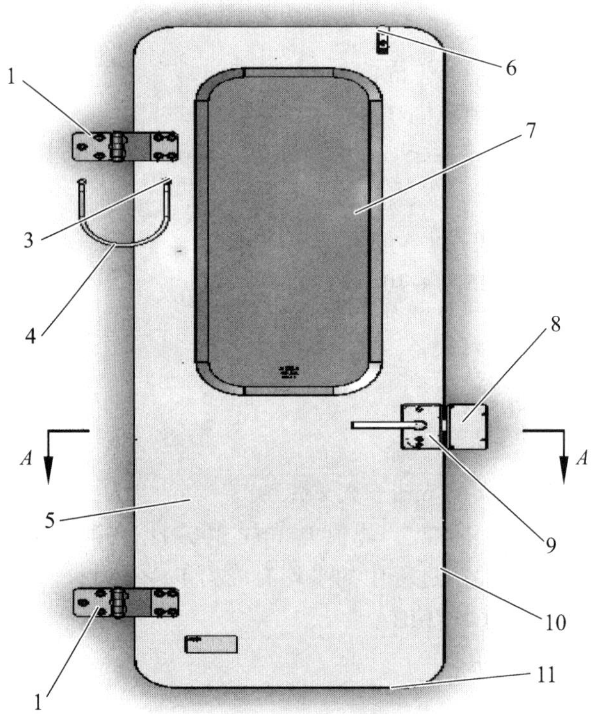

图 2.58　司机室侧门系统组成

1—铰链组件；2—接地螺钉；3—接地垫圈；4—接地电缆；5—门板；6—缓冲头组件；7—密封窗；8—开关盒组件；9—门锁

① 门页。

门页采用铝框架、铝蜂窝及铝蒙板的铝制夹层结构制造，热固化成型，铝板边缘卷边包裹在铝骨架上，以增强机械附着强度。

门页上均安装有密封玻璃，玻璃与门外表面齐平。门扇周边安装有 EPDM 橡胶密封条，橡胶条符合 DIN 5510 防火标准。另外车体上还配有一个密封框，确保门页与车体之间的密封效果。

门页的后面放置了一根接地线，用以连接门页和车体，以免门页上的电流击伤人员。

② 门锁（见图 2.59）。

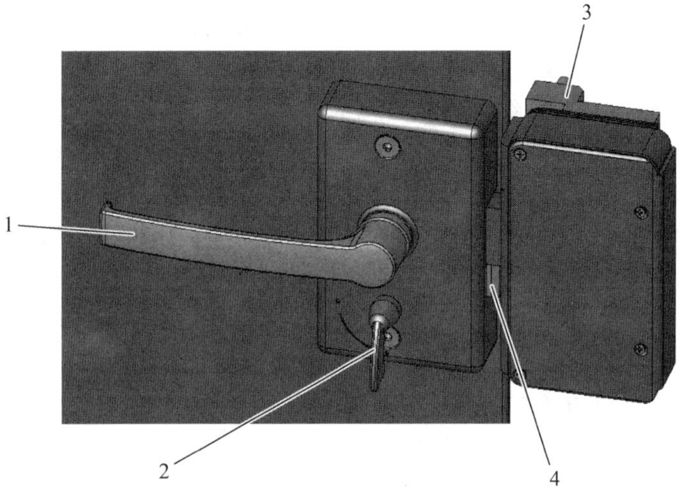

图 2.59　门锁

1—内把手；2—小把手；3—锁舌；4—安全锁舌

在前门页的中间部位配有一个带有手柄的门锁，其锁舌与安装在车体上的开关盒相配合，以锁上车门。门锁内部采用手柄和保险锁扣的方式。门锁外部采用手柄和 7 mm × 7 mm 方孔钥匙锁的布置方式。

③ 操作。

a. 开门。

从内侧开门：旋转保险锁扣使保险锁舌退出锁盒，然后操作内侧手柄将门打开。

从外侧开门：使用方孔钥匙将门解锁，然后使用外侧手柄将门打开。

b. 关门。

从内侧关门：使用内侧手柄关门，门关好后使用安全锁扣将司机室门锁好，此时司机无法操作内侧手柄开门。

从外侧关门：使用外侧手柄关门，门关好后使用方孔钥匙将门锁上。此时司机无法操作外侧手柄开门。

④ 主要技术参数。

净开宽度：	570 mm
净通过高度：	1 860 mm
门页厚度：	42 mm
玻璃结构：	5 + 11（中空）+ 4（内侧）mm

7. 牵引/制动系统

1）牵引系统

牵引系统是地铁列车系统的核心部分，牵引系统为列车提供牵引动力，同时在制动时提供电制动力。目前城轨车辆均使用电力传动系统，一般分为直流传动和交流传动。昆明地铁首期工程地铁车辆均采用交流传动系统。

牵引系统由牵引逆变器（VVVF）、高压电器箱（HV）、牵引电动机、线路电抗器、制动电阻、列车网络系统、辅助电源箱（SIV）、母线高速断路器箱（BHB）、母线熔断器及隔离开关箱（BIB）、齿轮驱动装置和接地装置等组成。

2）牵引系统各组成部件介绍

（1）牵引逆变器。

牵引逆变器作为整个交传系统的重要组成部分，其基本功能是把从直流电源获得的直流电压变换成频率和幅值都可调的三相交流电，并给牵引电机供电。根据中间储能元件的不同来分类，逆变器可分为电压型逆变器和电流型逆变器。目前，交流牵引多采用电压型逆变器，因此以下所指的牵引逆变器，除特别说明外均指直—交变换电压型逆变器。当前中小功率的牵引逆变器中开关器件以 IGBT 为主，大功率逆变器以 GTO 为主。随着 IGBT 元件和应用技术的不断更新和发展，以 IGBT 作为主电路开关的牵引逆变器的容量和性能进一步提高，并代表了地铁和城轨列车牵引逆变器的发展趋势。

将直流电变换为交流电，调节负载电动机的转速，逆变器的性能是个关键，对于应用于牵引的逆变器的要求比对一般完成工业调速的逆变器的要求高得多。牵引逆变器的特点有以下几点：

- 宽的调频范围。为了满足现代化高速运输的需要，要求机车车辆的调速范围越来越宽，而逆变器的最高输出频率取决于机车的最高运行速度、电动机的极对数及传动比，一般在 120 Hz ~ 160 Hz 或更高。最低频率取决于对车辆起动平稳性的要求及容许的启动电流；
- 宽的调压性能。为了得到恒定的最大启动转矩，必须使牵引电动机在启动过程中满磁场运行，使反电势与频率保持线性关系。而进入恒功区以后，电压与频率的平方根成正比。所以，要求输出电压的范围在接近于零到最高电压之间变化；
- 良好的稳定性和快速的动态响应性能。由于车辆在运行过程中速度的变化，使逆变器的负载变化很大，所以必须要求逆变器不论在轻载或重载下，在整个调节范围内都保持极好的稳定性和动态响应性能，并具有较强的过载能力和承受冲击的能力；
- 效率及可靠性高。变流器的效率高，损耗小，散热容易，体积重量下降。现在，对牵引提出的可靠性要求也越来越高，需要各种功能完善的保护措施。另外，再生制动在现代牵引系统中是必不可少的，所以要求变流器可以逆向运行。

牵引变流器具有如下保护功能：

- IGBT 元件故障保护；
- 直流电压过压/欠压保护；
- 直流电流过流保护；
- 逆变器输出过载保护；
- 主电路接地保护；
- 插件不在位保护；
- 电源故障保护；
- 电机过热保护；
- 逆变器过热保护。

牵引变流器主要技术参数如下：

输入电压：	DC 750 V（500 ~ 900 V）
额定输出容量：	2 × 600 kV · A

输出电压：　0 ~ 585 V
输出频率：　0 ~ 160 Hz
开关频率：　500 Hz
额定输出电流：　2 × 465 A
最大输出电流：　2 × 700 A
最大制动电流：　2 × 860 A
控制方式：　直接转矩控制
体积：　2 400 mm × 883 mm × 670 mm（L × W × H）
重量：　小于 500 kg
冷却方式：　热管走行风冷

牵引逆变器的核心部件是传动控制单元（DCU）。DCU 主要实现牵引异步电机驱动系统的直接转矩控制、逻辑控制、故障保护控制以及与列车网络系统的数据交互，从而实现对牵引变流器及牵引电机的实时控制，满足列车动力性能运行的要求。传动控制单元如图 2.60、图 2.61 所示。

图 2.60　传动控制单元（1）

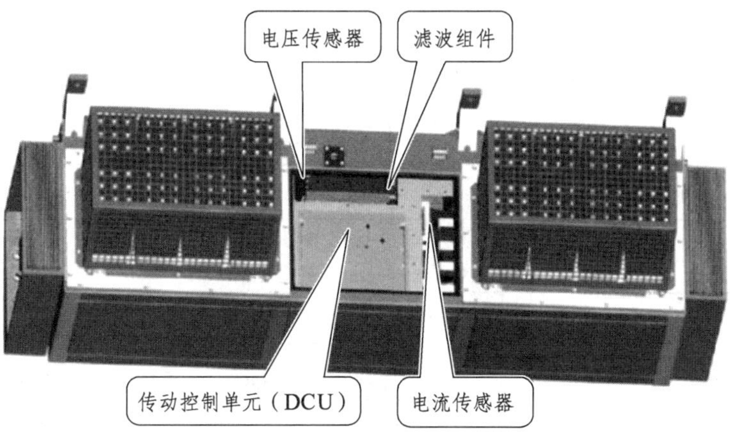

图 2.61　传动控制单元（2）

DCU 可以实现对 VVVF 系统的实时保护，具体保护参数如下：

网压最高限值:	1 000 V
网压最低限值:	500 V（可调）
直流电压最高限值:	1 000 V
直流电压最低限值:	500 V
直流电流最高限值:	2 250 A
流入直流电流与流出直流电流的差值最高限值:	75 A
逆变输出单相电流最高限值:	1 600 A
斩波电流最高限值:	1 450 A
IGBT 模块过热温度报警门槛:	85
列车速度最高限值:	108 km/h（可调）

（2）高压电器箱（HV）。

高压电器箱为牵引系统高压电气回路的前级构成部分，设备包含各种高压电器开关，主要由隔离开关、高速断路器、差分电流传感器、短接接触器、充电接触器、充放电电阻、浪涌吸收器、RD 续流回路以及快速放电回路等组成，如图 2.62 所示。

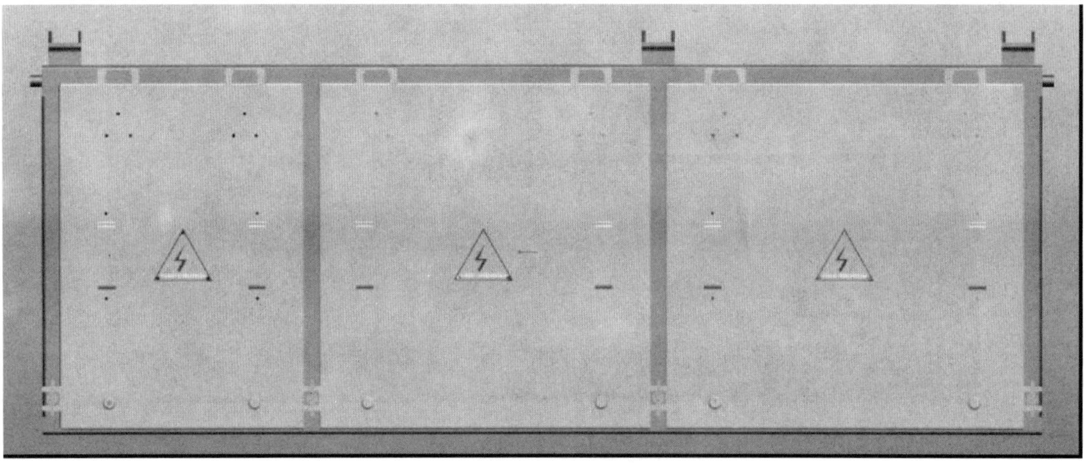

图 2.62 高压电器箱

高压电器箱的主要硬件如表 2.11 所示。

表 2.11 高压电器箱主要硬件

器件名称	缩写	每柜数量	说明
主隔离开关	MQS	1	实现牵引高压箱在牵引主回路中接入（或断开），并利用断开位对牵引高压箱进行检修
差动电流传感器	LH1	1	牵引主回路中正极线与负极线的过流监测（动作值：1.5～75 A，当电流>1.5 A 报警，>75 A 时给信号至 DCU，DCU 视为本车主回路接地，由 DCU 执行分本车高速断路器）
差动电流传感器	LH2	1	用于检测主电路的电流值，达到 2 250 A 时送信号给 DCU，执行主断分，对牵引主回路进行过流保护
充电接触器	KM2	1	当放上手柄离开“0”位时，导通预充电电路，为支撑电容器 C 充电。方向手柄回到“0”位时，KM2 断开

浪涌吸收器	FS	1	动作值：当电流值达到 1 000 V 时导通
隔离二极管	V1	1	单向导通，隔离正端往负端电压，但负端电压可回馈至正端
高速断路器	HB	1	牵引主电路中的总开关和总保护，并能够实现过电压和过电流的总保护功能。（全称 HSCB，也简称为主断路器）
短接接触器	KM1	1	当 KM2 闭合，为支撑电容器 C 充满电时，KM1 闭合，导通至牵引电机的主回路
降压电阻	R1	1	在支撑电容器 C 充电时，为其降压保护
放电电阻	R2	1	与支撑电容器 C 并联，在支撑电容器 C 充放电过程中，防止电路干扰，稳定工作电路
接地电容器	CE	1	当 FS 被击穿（导通）时接地，保护牵引主回路

DC 750 V 电源从受流器经前级高压电路送到高压电器箱，经过隔离开关（MQS）、高速断路器（HB）、差分电流传感器（LH1）、充电接触器（KM2）、充放电电阻（R1）、短接接触器（KM1），将电源传输到电抗器和牵引逆变器。

隔离开关（MQS）是手动操作的闸刀式机械开关，用绝缘棒操作。在每次列车运行前，都要确认隔离开关（MQS）是否处于闭合状态。同时，隔离开关设置有专门用于释放牵引逆变器电容能量的放电开关（MQS1），该开关与隔离开关联锁，在确保断电 5 min 后，通过绝缘棒操作。

高速断路器（HB）为主牵引高压回路的保护开关。每个高压电器箱内都设有一个高速断路器。其为单极设备，可以提供双向通断，给车上的牵引设备提供过流和短路保护。高速断路器（HB）的断开方式有两种：一种是通过牵引控制单元（DCU）来控制；另一种由过流和短路故障而引发器件本身的脱扣分断。

差动电流传感器（LH1）是利用监测牵引电路中输入和输出电流的电流差值为主电路提供保护的设备。当检测到 1.5 A 漏电流时发出警告信号，检测到 75 A 漏电流时发出跳高速断路器（HB）信号。

（3）牵引电动机。

牵引电功机由定子、转子、轴承装配、总装零件、过滤器、测速与测温装置等几大部件组成，其技术参数如下：

类型：　自通风 4 极铜条鼠笼式三相感应电机

电机型号：　YQ-190-6

定额方式：　连续制

供电方式　逆变器

额定功率：　190 kW

电机电压（基波有效值）：　568 V

电机电流（基波有效值）：　240 A

额定频率：　64.2 Hz

额定转速：　1 900 r/min

极数：　4 极

效率：93%
功率因数：0.86
噪声 符合 IEC60349-2 标准
冷却方式 自通风
齿轮传动比：6.333 3
绝缘等级：200 级
最高转速：4 364 r/min
最高试验转速：5 237 r/min
悬挂方式：弹性悬挂
转向：U-V-W 相序时顺时针方向旋转
质量：590 kg
电机额定转矩（启动）：955 N·m

（4）线路电抗器。

线路电抗器是牵引系统高压主电路的组成部分，与直流回路支撑电容器组成滤波单元。主要用来限制直流侧滤波单元的电压、电流波动，滤除高次谐波，阻止供电的瞬时突变，保护电器设备。该电抗器为空心干式电抗器，电感值为常数，不随通过电抗器电流的大小而改变；电抗器悬挂于车体底架悬挂座上，自然冷却，并能依靠列车运行产生的走行风加强冷却；电抗器采用整体真空浸渍绝缘漆，以提高电抗器的绝缘性能及防潮性能；空心式电抗器其磁路是开放式的，为减小电抗器漏磁对车上设备的影响及保证乘客人身安全，在电抗器上部设置了屏蔽板。

线路电抗器技术参数如下：
结构方式：空心式
工作方式：持续工作制
额定电流：DC 820 A
最大电流：DC 1 850 A
额定电感：3 mH 10%
额定电压：DC 750 V
冷却方式：自然冷却（走行风加强）
绝缘等级：H 级
平均温升：≤125 K（线圈部位，采用电阻方法）
绝缘水平：AC 3 500 V，50 Hz，60 s
防护等级：IP20（接线盒处 IP54）
重量：≤1 015 kg

（5）制动电阻。

地铁车辆在下坡或其他需要减速的场合 ，车辆上的电动机要停止从电网获取电能，电动机变为发电机，在发电的过程中电机会产生反力矩，促使列车减速，而发出的电能在电网不能吸收的情况下由制动电阻进行耗散。此时需开通制动斩波回路，吸收动车所产生的制动能量，转换成电阻的热能散发到隧道或周围环境中。

地铁车辆在运行过程中有时会遇到轮对空转、跳弓等瞬态过程，从而引起直流电压的上升。为了防止直流电压上升超过允许范围以及电空制动的转换，需要开通制动电阻支路来降低相应的过电压或维持电制动以完成与空气制动的平滑转换。

制动电阻主要技术参数如下：

电阻值

额定电阻值（20 °C）：　RB12，RB34 = 0.78 Ω（ – 5%～ + 5%）

额定工况下最大阻值：　RB12，RB34≤1 Ω

工作电压

额定工作电压：　DC 900 V

最大电压：　DC 1 000 V

额定平均功率：　2 × 142 kW

重量：　420 kg

冷却方式：　强迫风冷

（6）辅助电源箱（SIV）。

辅助电源箱由输入滤波电路，充/放电电路、逆变电路、输出变压器、滤波电路、DC 110 V 电路，应急 DC 110 V 电源电路以及相关控制电路组成，如图 2.63 所示。

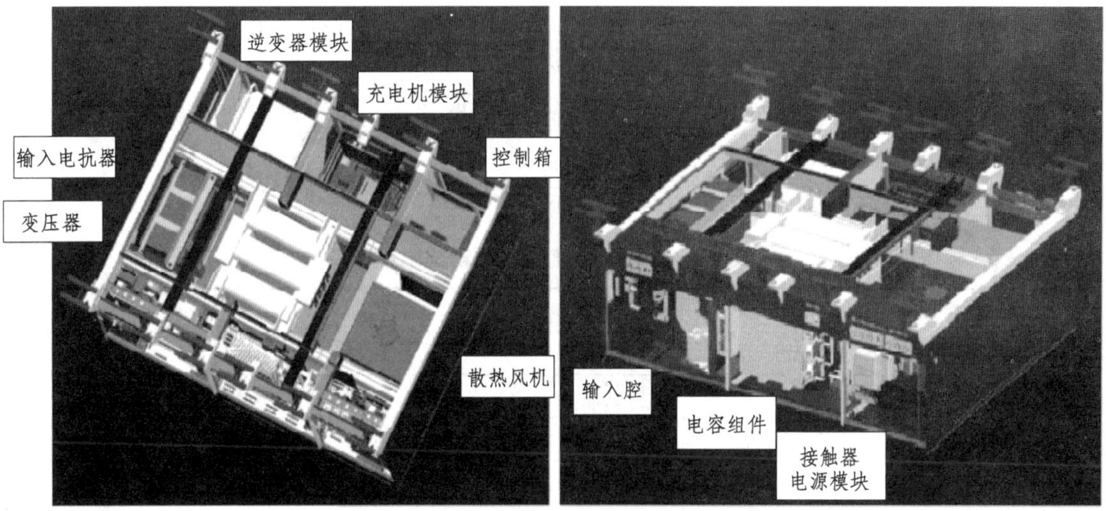

图 2.63　辅助电源箱

辅助电源箱性能指标如下：

交流输出：　三相 AC 380 V，50 Hz，三相四线制

容量：　190 kV · A

负载：空调或电热采暖装置、轴流风机、空气压缩机组、客室及司机室照明、DC 110 V 整流装置和 DC 24 V 整流装置等

负载功率因数：　>0.85（感性）

电压精度：　380 V ± 5%

频率精度：　(50 ± 1) Hz

波形畸变因数：　<5%

直流输出： DC 110 V

容量： 19 kW

电压精度： 110 V ± 1%

纹波系数： < 5%

辅助电源箱基本参数如表 2.12 所示。

表 2.12 辅助电源箱基本参数

<table>
<tr><td rowspan="2">输入</td><td>额定输入电压</td><td colspan="4">DC 750 V</td></tr>
<tr><td>电压波动范围</td><td colspan="4">DC 500 V ~ DC 900 V</td></tr>
<tr><td rowspan="3">输出</td><td></td><td>额定电压</td><td>容量</td><td>频率</td><td>额定输出电流</td></tr>
<tr><td>三相逆变器</td><td>AC 380 V</td><td>190 KVA</td><td>50 Hz</td><td>289 A</td></tr>
<tr><td>充电机</td><td>DC 110 V</td><td>19 kW</td><td>—</td><td>173 A</td></tr>
<tr><td>重量</td><td><2 000 kg</td><td>效率</td><td colspan="3">额定工况下> 90%</td></tr>
<tr><td>控制电源</td><td>DC 110 V(77 ~ 137.5 V)</td><td>控制电源功率</td><td colspan="3">< 500 W</td></tr>
</table>

（7）母线高速断路器箱（BHB）。

TDG4 型母线高速断路器箱是地铁列车电气牵引系统主电路的前级构成部分，包含高速断路器 BHB、熔断器 MF、避雷器 1F01 等器件。

昆明地铁首期工程每列车上安装 2 台母线高速断路器箱，每台母线高速断路器箱额定电压为 DC 750 V，额定输出电流为 860 A。

母线高速断路器箱技术参数如表 2.13 所示。

表 2.13 母线高速断路器箱技术参数

主电路	
(1)标称电压	DC 750 V
(2)电压波动范围	DC 500 V ~ 900 V
(3)额定输入电流	860 A
(4)最高电压保护值	1 200 A
(5)过滤保护整定值	2 400 A
控制电源	
(1)标称电压	DC 110 V
(2)变化范围	DC 77 V ~ 137.5 V
其他	
(1)防护等级	IP54
(2)振动和冲击	GB/T21563-2008，1 类 A 级
(3)体积	907.5 mm × 860 mm × 642 mm（L × W × H）
(4)重量	146 kg
(5)绝缘电压	高压回路对控制回路 AC 3 880 V/50 Hz 1 min 控制回路对地 AC 1 500 V/50 Hz 1 min

（8）母线熔断器及隔离开关箱（BIB）。

母线熔断器及隔离开关箱是主电路的构成部分，主要由母线隔离开关 BQS、辅助隔离开关 AQS、主熔断器 MF、母线熔断器 BF、辅助熔断器 AF、辅助母线熔断器 BAF 和二极管 V1 等器件组成。

母线熔断器及隔离开关箱技术参数：

输入电压：　DC 750 V（500 V ~ 1000 V）

额定输入电流：　1 000 A

防护等级：　IP 54

体积：　2 400 mm × 983 mm × 670 mm（L × W × H）

重量：　136 kg

绝缘电压：高压回路对控制回对地　AC 3 880 V/50 Hz 1 min

控制回路对地　AC 1 500 V/50 Hz 1 min

3）制动系统

列车制动系统的作用是产生制动力，使列车减速或及时停车。其作用的好坏对保证列车安全和正点运行具有极其重要的作用，而且也是提高载重和运行速度的前提条件。

昆明地铁首期工程车辆的制动方式是混合制动方式，电制动（包括再生制动/电阻制动）与空气制动融合，再生制动和电阻制动能连续交替使用。

当接触轨电压上升到 DC 900 V 时，再生制动能平滑地过渡到电阻制动；在不能实现再生制动时，电阻制动能单独满足常用制动要求。

在高速时采用电制动。但是由于电制动的效率随着运行速度的降低而降低，因此，车速降低到一定程度以后（6 km/h 时），必须采用空气制动。另外在电制动力不足时，空气制动也作为辅助手段使用。因此，制动的优先级别如下：

再生制动→电阻制动→空气制动

1）电制动

在牵引工况下，从接触轨吸收电能，作为电动机，将电能转换成机械能，产生牵引力；在制动工况下，牵引电机反过来作为发电机，将列车运行的机械能转换为电能，产生制动力。

电制动根据其能量利用方式的不同，可分为再生制动和电阻制动。

（1）再生制动。

将产生的能量回馈到接触轨，供其他车辆使用，或供应给其他车载耗能装置。具有制动列车和产生电功率的双重效用，对于行车密度大的地铁车辆具有明显的效果。

（2）电阻制动。

将产生的电能供给车辆上的制动电阻，变为热能散逸到大气中。电阻制动往往是在接触轨不能接收牵引电机作为发电机产生的电能时方才使用。

2）空气制动

制动控制单元（BCU）控制空气制动。每个转向架上空气制动由 BCU 独立控制，紧急制动通过整合在 EP2002 系统中的独立的紧急制动回路控制。

空气制动有可恢复和不可恢复两种制动模式。任何时候，操作人员均可缓解可恢复制动，而不可恢复制动则施加制动力直到列车停车。一旦施加不可恢复制动，直至列车停车后制动才能缓解。

（1）空气制动模式。

① 常用制动。

常用制动在正常运行状态下使用，靠压缩空气通过制动缸和制动夹钳的作用将闸片压紧在制动盘上施加制动。手动操作模式下如要施加常用制动，需将司控器手柄移至制动位，制动设置点直接与手柄位置成比例。常用制动时，电制动优先，空气制动根据减速要求提供剩余的减速力。最大常用制动平均减速度为 1.0 m/s^2，常用制动具有防滑保护和冲动限制（0.75 m/s^3）功能，是可恢复的制动。

② 快速制动。

当司控器手柄位于快速制动位时，列车施加快速制动。快速制动以紧急制动减速度 1.2 m/s^2 进行制动而不断开安全回路，是紧急情况下的一种制动方式，属于可恢复性制动。当司控器手柄离开快速制动位时，快速制动指令将撤销。快速制动具有防滑保护功能，并受冲动限制。快速制动由电制动和空气制动产生，每辆车以相同的减速度制动。

③ 紧急制动。

紧急制动减速度设计为 1.2 m/s^2，仅由空气制动完成。手动操作时，司机可通过紧急制动蘑菇按钮来施加紧急制动；若列车在运行过程中，方向手柄移至零位，将触发紧急制动。当紧急制动触发时，高速断路器断开。紧急制动指令是不可恢复的，并以零速互锁。满足以下任一条件，将触发紧急制动：

- 触发司机室中的警停装置；
- 警惕按钮松开 4 s 以上；
- 脱钩；
- 紧急制动电气列车线回路中断或失电；
- DC 110 V 控制电源失电；
- ATC 系统发出紧急制动指令；
- 超速至 108 km/h；
- 方向手柄回零位。

④ 停放制动。

停放制动属于被动施加的制动方式，靠弹簧的张力将制动夹钳作用在制动盘上，施加制动；当需要缓解停放制动时，将基础制动单元上的停放制动缸充入压缩空气，抵消弹簧的张力来缓解。因此，停放制动是“充气缓解、排气制动”的制动方式，跟常用制动的作用原理相反，是相互独立的制动功能。停放制动仅在静止时使用，以防止列车溜车。停放制动由车辆控制电路控制并受 VCU 监控。通过按压停放制动按钮激活停放制动，按压停放制动缓解按钮缓解停放制动。停放制动还可手动缓解，通过转向架上的停放制动缓解拉环逐个缓解停放制动。停放制动在手动缓解后第一次充风后自动复位。

停放制动动作的压力值为：停放制动缸拒贿内压力小于 380 kPa 时自动施加，大于 480 kPa 时才能缓解。

⑤ 停车制动（保压制动）。

在低速（<10 km/h）范围内，停车制动被激活，由 VCU 触发。停车制动是电制动与空气制动的混合制动，在 6 ~ 4 km/h 的速度区间，平稳地施加空气制动以取代电制动。在这个过程中，为避免停车冲动，空气制动上升的梯度应同电制动下降的梯度一致。ATO 模式下，ATO 系统通过实时减少目标减速度来避免停车冲动；手动模式下，司机应实时减少目标减速度来避免停车冲动。当空气制动系统检测到列车速度为零时，将施加的空气制动力提高为保持制动力水平，以防止列车在坡道上溜车。

⑥ 制动缓解。

电子控制单元 BECU 发出缓解指令，中继阀中工作风缸到制动风缸的通路被关闭，输出的制动压力为零。此时中继阀通向大气的通路打开，使制动缸向大气排风，利用复位弹簧使制动得到缓解，即排气缓解。

⑦ 防滑作用。

每根轴上都装有防滑速度传感器，将速度信号传至电子控制单元的防滑部分进行逻辑计算。当某轴发生制动力过大、轮轨间发生滑动时，BECU 控制防滑阀关闭压缩空气通路，开启制动缸通向大气的通路，进行排风缓解，然后再重新恢复正常制动。这样使车辆在粘着不利的情况下尽快恢复制动作用，使停车距离减少到最小值，并防止轮对踏面擦伤。

（2）空气制动系统主要部件。

空气制动系统主要由压缩空气供给装置、制动控制装置、基础制动装置、车钩操作装置、空气悬挂装置、防滑装置、轮缘润滑装置、其他部件/系统（如塞门、管路等）等组成，如图 2.64 所示。

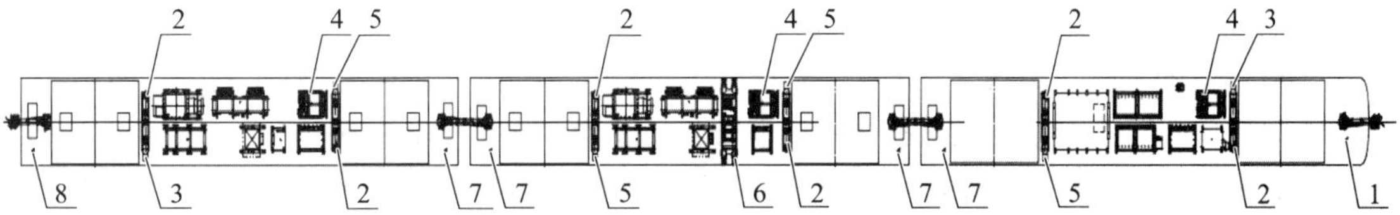

图 2.64　单元车空气制动系统主要设备布置图（俯视）

1—W01 塞门；2—空气簧附加风缸；3—网关阀；4—制动控制模块；5—智能阀；6—压缩空气供给装置；7—W03 塞门；8—W11 塞门

①压缩空气供给装置

压缩空气供给装置为整车提供清洁干燥的压缩空气，用于包括空气制动在内的所有由压缩空气驱动控制的气动子系统。六节车辆编组的列车有两套压缩空气供给装置，如果一套压缩空气供给装置不能工作，另一套压缩空气供给装置也能提供足够的压缩空气，保证列车正常运营。压缩空气供给装置的工作原理如图 2.65 所示。

压缩空气由电动压缩机组（A01.01）生成，该压缩机组为活塞式空压机组，有两个低压缸和一个高压缸。

为保护整个系统免于过压及损坏，压缩空气供给装置提供高压安全阀（A01.03）、（A01.11）。

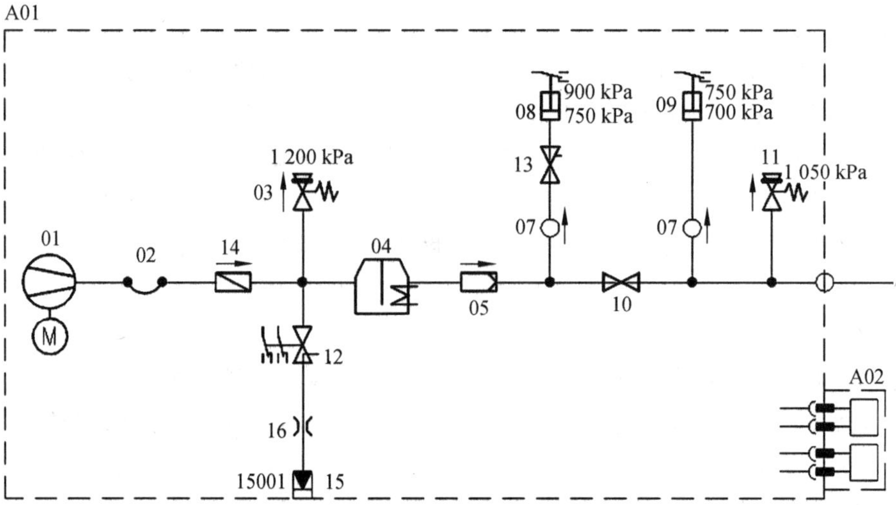

图 2.65 压缩空气供给装置原理图

为满足制动系统用压缩空气的质量要求，压缩空气供给装置还提供一个双塔空气干燥器（A01.04）和一个油过滤器（A01.05）。

压力开关用于压缩机工作管理。当一辆 M1 车上的压缩机作为主压缩机运行时，另一辆 M1 车上的压缩机作为从压缩机，主从压缩机的管理通过单双日来实现。空压机工作范围为 750 ~ 900 kPa，由压力开关（A01.08）控制。当使用“紧急牵引”时，压缩机启动由硬线控制，在此情况下，主风缸压力一旦低于 900 kPa 时，两台压缩机立即同时启动。

压缩空气供给装置提供的干燥压缩空气通过主风管（MRP）传递到整节车，相邻车之间的主风管通过软管（W04）以及隔离塞门（W03）相连，所以当其中一节车的压缩空气用完时可以通过邻近车上的主风管对主风缸进行充风。

司机室内的双针压力表（B14）用于指示主风管和 Tc 车 I 端转向架轴 1 的制动缸压力。

主风管向制动系统、空气悬挂装置、车钩驱动装置、轮缘润滑装置提供干燥的压缩空气。

注：在运营中，当列车运行到站停车后，因主风管中总风压力过低出现列车牵引封锁时，列车应清客。清客后，司机须通过司机室空气压力表确认实际主风管中的总风压力：若总风压力高于 600 kPa，司机打总风压力低旁路开关，将列车以最大运行速度 60 km/h 退出运营并返回车辆段维修；若实际总风压力低于 600 kPa，则禁止打总风压力低旁路开关，列车必须等待救援。

② 制动控制装置

制动控制装置是整个空气制动系统的核心，负责空气制动系统的控制、监控及与车辆控制系统的通信。

车辆的空气制动装置主要包括：

- EP2002 制动控制系统，包括每车两个 EP2002 阀如图 2.66 所示；
- 制动控制模块，每节车一个；
- 每车 4 个轮盘制动单元，4 个带停放制动的轮盘制动单元；
- 转向架隔离塞门等其他辅助部件。

图 2.66 EP2002 阀外形图

EP2002 制动控制系统由网关阀（B06）和智能阀（B07）组成，每个阀安装在其所控制的转向架附件上。EP2002 智能阀（B07）提供常用制动、紧急制动以及车轮防滑保护功能；EP2002 网关阀（B06）除了能提供智能阀（B07）的所有功能外，还能实现制动管理功能以及通过 MVB 总线与列车控制系统通信的功能。EP2002 制动控制系统内部局域网通过 CAN 总线连接网关阀（B06）和智能阀（B07）。

一个单元车网关阀（B06）和智能阀（B07）的逻辑图如图 2.67 所示。

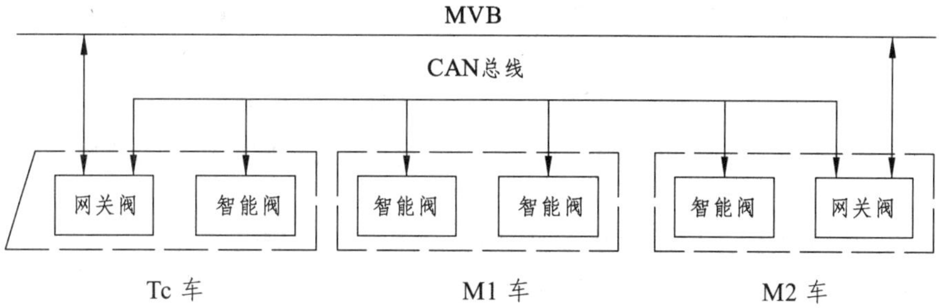

图 2.67　单元车网关阀、智能阀

半列车（Tc + M1 + M2）的首尾配置网关阀，一个为主网关阀，另一个为从网关阀，两个网关阀通过 CAN 总线与中间的智能阀构成内部网络。当主网关阀故障时，从网关阀替代主网关阀行使制动管理功能和与列车网络的接口功能，这样可避免局部故障对整列车产生重大影响。

每节车都装有一个制动控制模块（B00），用来存储制动系统和其他用风设备所需的压缩空气。风缸（B00.A06）用于储存制动系统和其他设备所需的压缩空气；风缸（B00.B04）用于储存制动缸（含停放制动缸）作用时所需压缩空气；风缸（B00.L04）用于储存空气悬挂系统所需压缩空气。各风缸之间都装有单向阀（B00.B03），以防止压缩空气互窜，保证各子系统的正常用风。制动控制模块管路原理如图 2.68 所示。

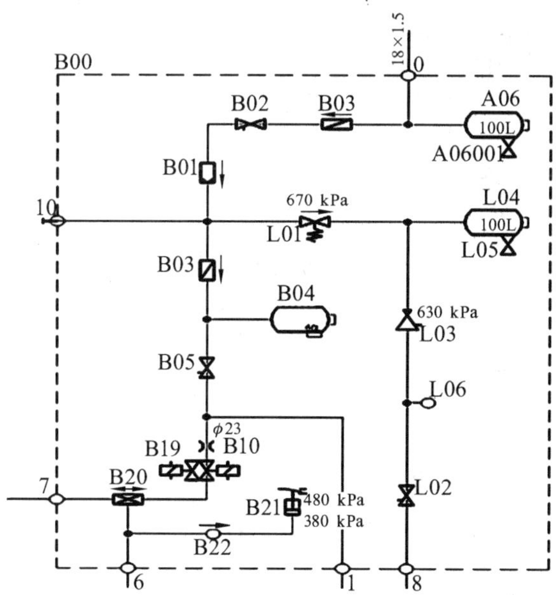

图 2.68　制动控制模块管路原理图

0 口—接主风管；1 口—接 EP2002 阀；6 口—接停放制动缸；
7 口—接常用制动缸；8 口—接空气弹簧

制动控制模块管路原理如下：

对于停放制动，每个轮对的两个轮盘制动单元中的一个配有停放制动装置。通过给制动控制模块中的双稳态电磁阀（B00.B19）一个列车线电脉冲信号实现停放制动的施加与缓解，该电脉冲信号可通过操作司机室的“停放制动施加或停放制动缓解”按钮控制。当系统无电时，可通过按压双稳态电磁阀上的阀杆手动操作该阀。双稳态电磁阀有两个工作位置，当外力（电磁力或手动按压力）使其改变位置后撤除时，在受到新的反向外力之前，它能保持现有的工作位置不变。制动模块内同时设有一个梭阀（B00.B20），用以防止常用制动和停放制动的制动力叠加。通过触发常用制动，可对停放制动实现充气缓解。列车停放在车辆段时，如果制动缸内的压力由于长时间泄漏而下降，停放制动则会因管路漏气而自动施加。停放制动缸的状态将被一个压力开关（B00B21）和一个压力传感器监控，压力传感器位于 EP2002 阀内，通过列车线可显示停放制动的状态。

在停放制动缓解按钮或停放制动施加按钮无法控制停放制动并有压力空气的情况下，可以通过手动操作制动控制模块上的双稳态电磁阀来实现停放制动的施加与缓解，具体如图 2.69 所示。

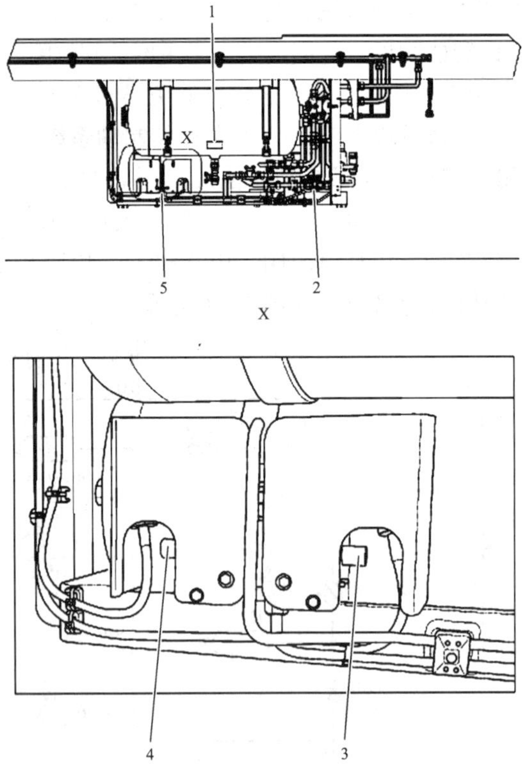

图 2.69　停放制动手动操作

1—制动控制模块（B00）；2—带手柄的球形塞门（B00B05.002）；3—缓解停车制动；4—施加停车制动；5—推动阀（B00B09）

注：实际运营中，在站与站之间，由于意外情况使停放制动回路失电引起牵引封锁，司机可通过停放制动旁路解除牵引封锁时，以最高运行速度 10 km/h 运行至下一站，清客等待救援。

在列车退出当天运营返回车辆库房后，司机必须在列车断电之前通过司机室停放制动投入按钮施加停放制动，防止车辆溜车。在第二天列车出库前，司机必须在列车激活后通过 HMI 确认 VCU 自检完成且无任何故障前提下，再激活司机室及按压停放制动缓解按钮缓解停放制动，然后才能动车。

为保证列车安全停放在 35‰坡度上，即使列车已经处于静止时，也仅允许限定数量的转向架截断塞门隔离或手动缓解停车制动缸。

限定情况如下：

- 列车处于 AW0 负载状态，最多 6 个转向架同时隔离；
- 列车处于 AW2 负载状态，最多 4 个转向架同时隔离；
- 列车处于 AW3 负载状态，最多 3 个转向架同时隔离。

如果由于不可避免的原因必须超过以上限值，可通过保压制动或紧急制动在短时间内保持列车不溜车。如果不能保证长时间供风或足够的列车制动供风缸压力，必须采用其他方法使列车处于停车状态（如轮轨间加止动靴等）。

转向架截断塞门安装在客室内座椅下，每车配有两个截断塞门，分别控制制动模块中制动风缸到转向架附件的两个 EP2002 阀的气源通路，用来切断相应转向架的空气制动。截断塞门布置位置如图 2.70 所示。

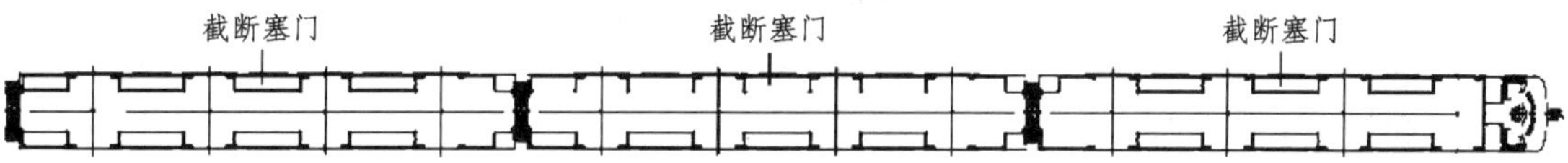

图 2.70　截断塞门布置位置

1—表示转向架截断塞门安装在该座椅下

在所有负载情况下（AW0-AW3），当多个转向架截断塞门关闭时，采用以下速度限值：

- 一个转向架截断塞门切除时，列车限速 85 km/h；
- 两个转向架截断塞门切除时，列车限速 75 km/h；
- 三个转向架截断塞门切除时，列车限速 60 km/h；
- 更多转向架截断塞门切除时，列车不允许动车。

③ 基础制动装置。

从 EP2002 阀出来的压缩空气通过软管供给轮盘制动单元。每个轮对装有两个轮盘制动单元，其中一个配有靠弹簧施加停放制动驱动装置，每个停放制动的驱动装置配有一个停放制动缓解拉环。

④ 车轮防滑装置。

空气制动车轮防滑保护系统采用轴控防滑方式，由防滑阀、测速齿轮、速度传感器、防滑电子控制单元等组成。防滑电子控制单元和防滑阀集成在 EP2002 阀内。车辆每根车轴上均装有测速齿轮和速度传感器，车轮的实际速度由速度传感器检测并传递到 EP2002 阀。EP2002 阀通过各轴速度及减速度与标准速度进行比较，并根据比较结果减少摩擦制动力。

常用制动和紧急制动都有防滑保护功能。轮对防滑保护的硬线避免摩擦制动力持续减少的时间超过设定时间（一般为 5 s）。

⑤ 空气悬挂装置。

空气悬挂装置给空气弹簧提供压缩空气，用来吸收车辆的振动和冲击，控制车辆地板面高度及水平度，并为制动及牵引系统提供可变载荷信号。载荷信号在列车启动前储存。

空气悬挂系统带有一个三点调平控制系统。

空气悬挂的供给装置集成在制动控制模块（B00）内。来自主风缸管道的压力空气通过空气过滤器（B00.B01）和溢流阀（B00.L01）而进入到容量为 100 L 的铝制空气悬挂风缸（B00.L04）中，空气悬挂风缸（B00.L04）中的压力空气经过截止阀、减压阀和高度控制阀提供给转向架上的空气弹簧。

每个转向架配有两个空气弹簧（L09）。I 端转向架上的两个空气弹簧分别被相应的高度控制阀控制，II 端转向架上的两个空气弹簧被一个高度控制阀控制。每个空气弹簧带有一个空气弹簧辅助风缸（L12）。安装在车体上的高度控制阀通过一个长度可调节的连接杆与转向架相连。根据车体与转向架构架的相对运动，一定比例的空气通过高度控制阀的作用进入或排出空气弹簧，使车体保持在一定高度。

如果二系悬挂系统出现泄漏，相应车辆的空气悬挂系统必须通过制动控制模块中的截止阀（B00.L02）进行隔离。

空气悬挂装置提供的空气压力与每节车的载荷相对应，该信号由制动系统的 EP2002 阀检测，并由 EP2002 阀通过 MVB 向 VCU 发送每个转向架的重量值，传输的重量值包括转动惯量。若一个载荷信号失效时，VCU 采用默认的值（AW3 载荷）代替受影响的载荷信号。每站停车和低牵引命令时车辆重量储存至 VCU，直到下一站为止，重量值被固定并用于分配制动力和牵引力。

⑥ 车钩操作装置

车钩操纵装置包括空气软管（W07，W09）、解钩电磁阀（W06）和手动阀（W08）。Tc 车上的电磁阀（W06）和空气软管（W07）用于全自动车钩的联挂/解钩操作。M2 车上的手动阀（W08）和空气软管（W09）用于半自动车钩的联挂/解钩操作。

8. 乘客信息系统

1）概述。

乘客信息系统可提供的通信方式有 4 种，分别是司机室对讲、司机室广播、无线电广播和数字化报站关门报警。

（1）相关缩写定义。

乘客信息系统中使用的各种英文缩写的含义如表 2.14 所示。

表 2.14 相关缩写的含义

PIS	乘客信息系统	LCD	液晶显示屏
PIDS	乘客信息显示系统	LED	发光二极管
CCTV	视频监控系统	HMI	人机界面
TCMS	列车控制管理系统	MVB	车辆多功能总线
PA	乘客广播	CC	司机室对讲

（2）PIS 系统的组成。

乘客信息系统（PIS）由车载广播系统、对讲、LED 信息显示系统、车载多媒体信息播放系统、车载视频监视系统、车载无线电通信设备和车载无线局域网设备等部分组成。

2）使用操作说明

（1）广播系统优先级。

广播系统各组成部分的优先级如表 2.15 所示。

表 2.15　广播系统优先级

优先级	广播/对讲	对象	备注
1	OCC 广播	司机室和客室内部	
2	司机室对讲 CC	列车两端 Tc 车司机室	
3	司机与乘客紧急对讲	司机与乘客	激活端
4	人工广播	客室内	激活端
5	预存数字语音广播	全自动、半自动以及紧急信息广播	
6	视频媒体伴音	客室内	

广播/对讲等操作的优先级按照重要次序排列，1 级为最高优先级，6 级为最低优先级，高优先级操作将中止低优先级操作。

（2）操作面板及麦克风。

司机台上安装一块操作面板，即广播控制盒。广播控制盒是司机操作 PIS 系统的人机界面。广播控制盒上安装鹅颈式麦克风，如图 2.71 所示。

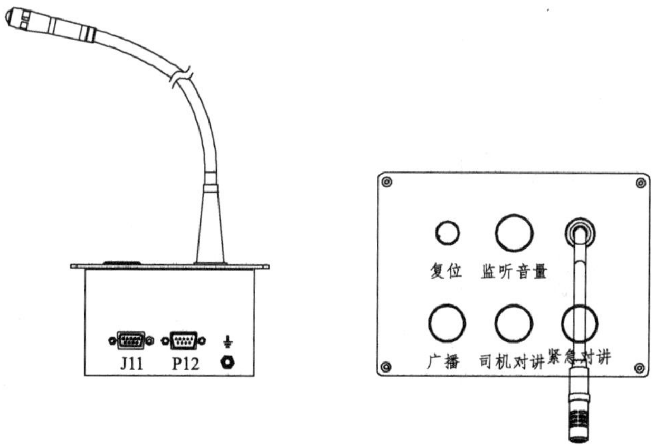

图 2.71　鹅颈式麦克风

广播控制盒上各按键功能如下：

- <人工广播（PA）>：带指示灯按键，用于触发司机对客室的人工广播功能；
- <司机对讲（CC）>：带指示灯按键，用于触发司机之间的对讲功能；
- <紧急对讲（EMG）>：带指示灯按键，用于触发乘客与司机之间的紧急对讲功能；
- <复位（RESET）>带指示灯按键，用于复位功能；
- <音量调节（CAB VOL）>：旋钮，用于调节司机室监听音量。

（3）OCC 对列车广播。

OCC 对列车的广播无需司机干预。当呼叫建立完成时，OCC 广播将同时接入驾驶室扬声器和客室扬声器。

（4）司机室对讲。

司机室对讲功能指列车的两端司机室之间通过独立的语音对讲总线进行通话。通信采用半双工，操作流程如表 2.16 所示。

表 2.16 司机室对讲操作流程

序 号	操 作	备 注
1	司机按下“司机室对讲”按钮并保持，发起司机室对讲	发起方的“司机室对讲”按钮指示灯亮起，被呼叫方的“司机室对讲”按钮指示灯闪烁
2	呼叫方司机对着麦克风讲话	被呼叫方可以听到发起方的声音
3	发起方释放“司机室对讲”按钮，司机室对讲结束	双方“司机室对讲”指示灯熄灭
4	如果被呼叫方司机要应答呼叫方，可以重复上述操作	

（5）乘客与司机紧急对讲。

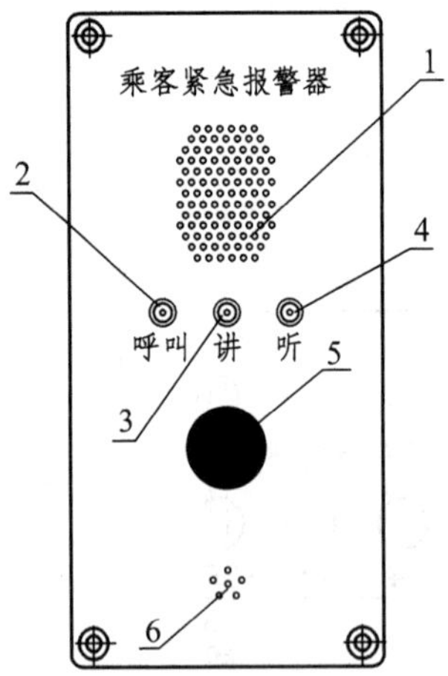

1	扬声器
2	呼叫指示灯
3	讲话指示灯
4	听指示灯
5	自复位按钮
6	麦克风

图 2.72 乘客紧急对讲装置

每辆车在客室内安装 2 台乘客紧急对讲装置（如图 2.72 所示）。当乘客遇到紧急情况时，可通过操作紧急对讲装置实现与司机的紧急对讲。具体功能如下：

- 被触发紧急对讲的位置信息将在 HMI 上显示，并伴有声光报警；
- 遵循“先到先通”原则，逐一处理呼叫请求；

- 乘客可以手动激活乘客紧急对讲装置。当对讲装置激活时，CCTV 触摸屏能够自动显示相应车辆的图像；
- 系统自动记录紧急报警触发时间和结束时间；
- 系统将记录紧急通话语音，并存储在 CF 卡中；存储遵循“先进先出”的原则。
- 司机与乘客紧急对讲操作流程如表 2.17 所示。

表 2.17　司机与乘客紧急对讲操作流程

序　号	操　作	备　注
1	激活乘客紧急对讲呼叫	PECU 上的“呼叫”指示灯闪烁；DACU 上的“紧急对讲”按钮指示灯闪烁，并伴有警报声
2	司机按一下“紧急对讲”应答呼叫，通道建立	DACU 上的“紧急对讲”按钮指示灯变为常亮，“复位”按钮指示灯亮起，警报声停止；PECU 上“呼叫”指示灯变为常亮，“讲”指示灯亮起
3	乘客可以通过 PECU 内置麦克风与司机通话	司机室监听扬声器可以听到乘客的声音
4	司机按下“紧急对讲”按钮并保持，对着麦克风讲话	PECU 上“讲”指示灯熄灭，“听”指示灯亮起；从 PECU 内置扬声器可以听到司机声音
5	司机通过“紧急对讲”按钮切换通话次序	PECU 上的“讲”和“听”指示会根据通话次序来回切换指示
6	司机按一下“复位”按钮结束通话	DACU 上“紧急对讲”和“复位”按钮指示灯同时熄灭；PECU 上的三个指示灯同时熄灭

（6）人工广播。

在激活端司机室，司机可以通过操作安装在司机台上的广播控制盒按键及麦克风，实现对客室的人工广播。

人工广播操作流程如表 2.18 所示。

表 2.18　人工广播操作流程

序　号	操　作	备　注
1	司机按下“广播”按钮并保持，发起人工广播	“广播”指示灯亮起
2	司机对着麦克风讲话	从客室扬声器可以听到广播声音
3	司机释放“广播”按钮，人工广播结束	“广播”按钮指示灯熄灭

（7）预存数字语音广播。

PIS 有两种预存数字语言广播操作模式，一个是全自动工作模式，另一个是半自动工作模式。这两个模式可通过 HMI 进行选择。

通过按下运行界面下部的“站点设置”软键，即可进入广播模式及站点设置界面。运行界面及站点设置界面分别如图 2.73、图 2.74 所示。

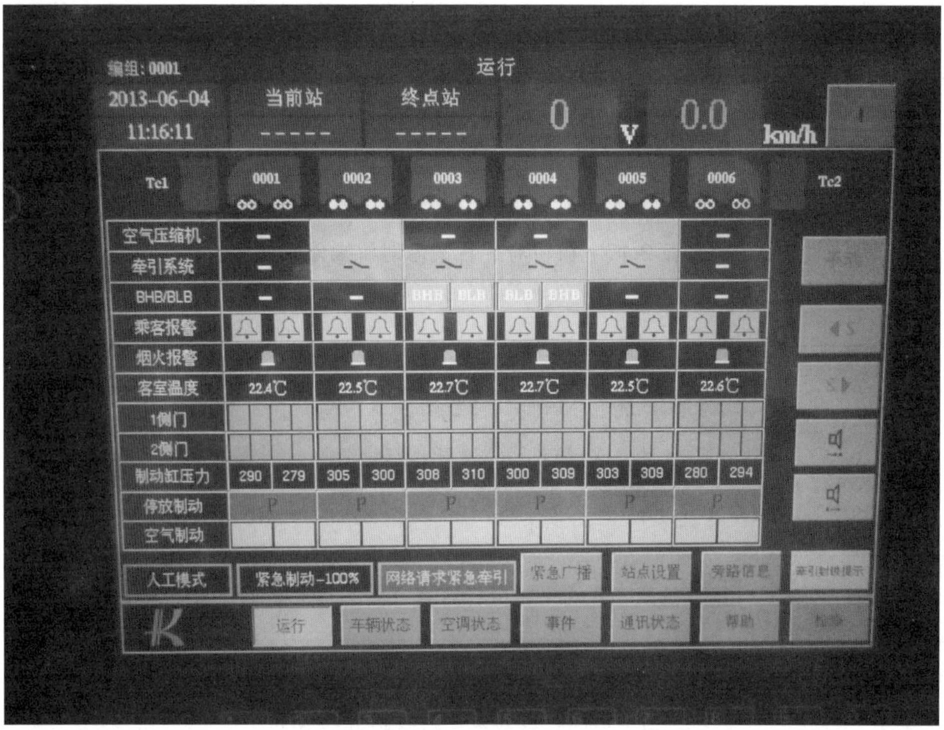

图 2.73　运行界面

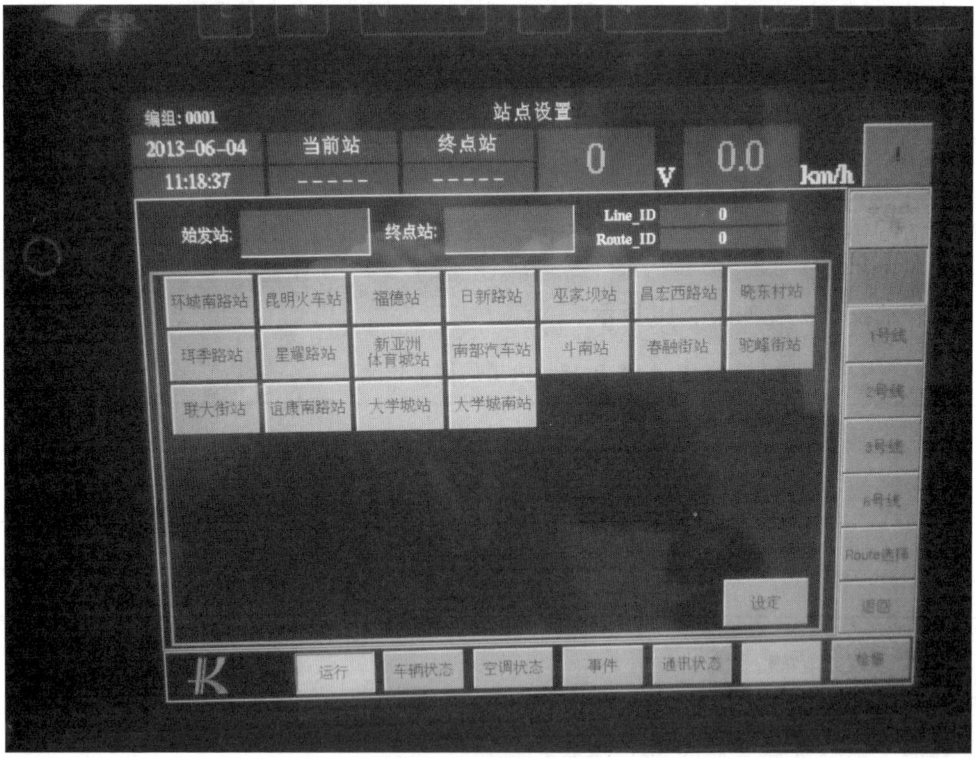

图 2.74　站点设置界面

① 全自动广播。

PIS 系统实时接收来自 ATC 系统的报站触发信号，包括目的站、当前站、下一站、开门侧等信息，可实现全自动数字语音广播。正常情况下，无须司机操作。

系统默认进入全自动广播模式。当车辆工作在 ATO 或 ATP 手动模式时，由 HMI 进行判断，司机可操作 PIS 工作模式设置按钮，人工选择广播系统进入全自动工作模式。

② 半自动广播。

当车辆不工作在 ATO 或 ATP 手动模式时，由 HMI 进行判断，将广播模式设置按钮自动设置成半自动广播模式。此时，司机无法通过广播模式设置按钮将广播模式设置为全自动，PIS 系统仅能工作在半自动广播模式。在此模式下，需要司机在起点站设置起点站、终点站等线路信息，PIS 系统实时接收列车控制管理系统（TCMS）发来的车辆速度信号、开/关门信号，实现列车预存储数字语音半自动广播。一般情况下，车辆在运行过程中无须司机操作。

③ 广播人工干预。

在 HMI 的运行界面上，通过按键（共 4 个按键，在 PIS 两种工作模式下均可用）可实现人工跳站并激活到站和离站广播。

a. 手动跳到上一站。

意思为“无声跳站到上一站”。此按钮将用于轨道上车辆实际位置与 HMI 上“乘客信息区域”指示的“下一站或实际站名”不相符合的情形。

b. 手动跳到下一站。

意思为“无声跳站到下一站”。此按钮将用于轨道上车辆实际位置与 HMI 上“乘客信息区域”指示的“下一站或实际站名”不相符合的情形。

c. 手动激活到站广播。

意思为“激活到站广播”。如果按下此按钮，HMI 发送广播请求到 PIS，为乘客广播到站信息。

d. 手动激活离站广播。

意思为“激活离站广播”。如果按下此按钮，HMI 发送广播请求到 PIS，为乘客广播离站信息。

站台广播的设置方法为：

- 列车在站停稳，点击按钮，确认为蓝色；   四个按钮为灰色；
- 点击，进入“站台设置”界面，选择线路，对始发站及终点站进行设置，然后点击设定；
- 选择返回。

（8）紧急信息广播。

紧急广播的优先级高于正常报站广播，紧急广播可随时中断正常报站广播，取消紧急广播后可立刻自动返回正常报站广播，不需要重新设置路径和跳站（紧急广播先选择停止，确认没有播报后，再点击返回）。

3）LED 信息显示功能

（1）目的地显示屏

显示屏采用 LED 技术，安装在司机室内顶部，不会因太阳辐射而受高温和紫外线的因素影响观看，在列车前方 30 m 内的不同角度应能看清楚所显示的内容。目的地显示屏如图 2.75 所示，其显示颜色为琥珀色，显示字数为单行 9 个汉字，显示内容为列车目的地站名，显示方式为静态显示。

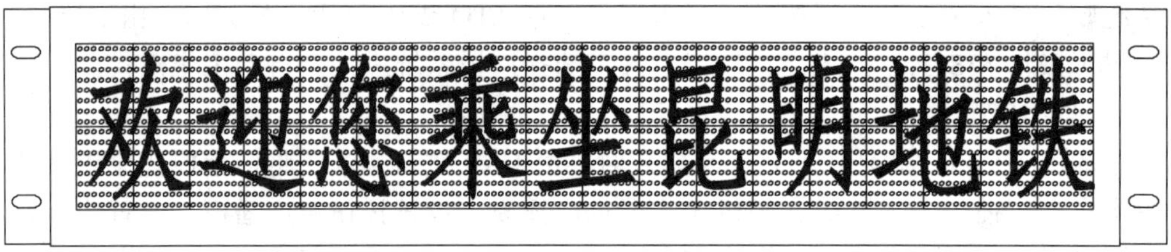

图 2.75 目的地显示屏

（2）客室 LED 显示屏。

显示屏采用 LED 技术，安装在客室内两端，显示内容与预存数字语音报站同步。客室 LED 显示屏如图 2.76 所示，其显示颜色为红色，显示字数为单行 8 个汉字，显示内容为目的地、到站站名、下一站站名、开门侧及其他宣传文字，显示方式为滚动显示。

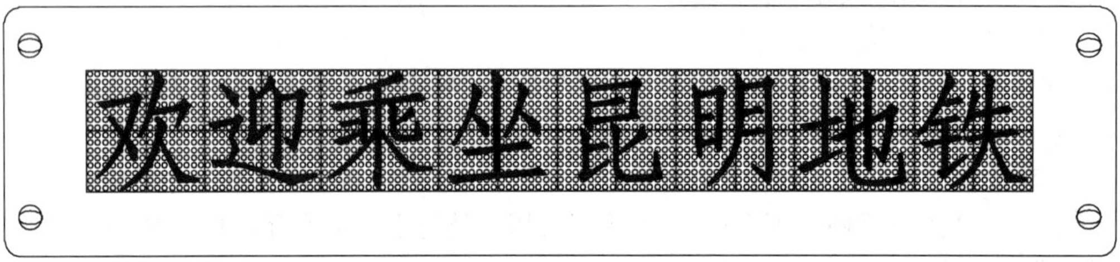

图 2.76 客室 LED 显示屏

（3）LED 动态地图

每个客室配置 8 个无彩膜式双色 LED 线路动态地图显示器，安装在门区域的侧顶板上。LED 动态地图如图 2.77 所示，显示内容为列车旅行的线路/方向及终点站、列车将要到达的下一站、客室车门打开侧指示和换乘站。显示方式为列车尚未经过的前方线路为绿色，已经经过线路站点 LED 熄灭，将要到达的站点 LED 灯橙色闪烁。

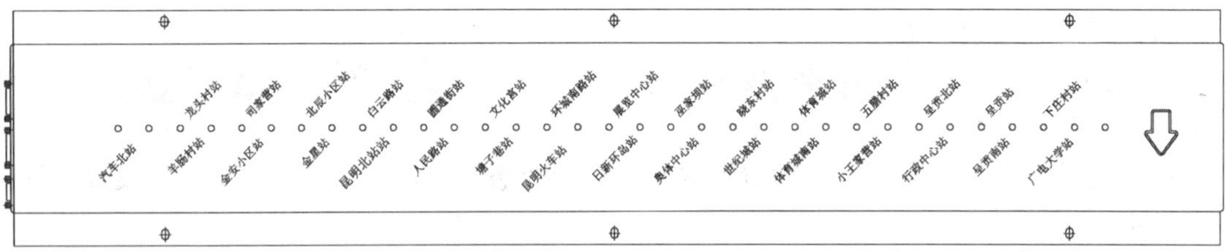

图 2.77 LED 动态地图

4）多媒体系统及视频监控

（1）多媒体系统。

多媒体系统采用全数字信号传输方式，从媒体播放控制器开始，到最终在 LCD 显示屏上进行显示，全部采用数字 IP 信号进行传输。

车载多媒体播放系统主要由客室 19″LCD 显示器、LCD 播放控制器（集成在 ACSU 内）、客室视频服务器（集成在 PACU 内）等车载设备组成。

系统功能如下：

① LCD 显示屏可播放实时直播的数字电视、列车运营信息、紧急信息以及其他乘客服务信息等内容；同时可对本地存储视频进行录播；

② 语音信号经解码后由内置于 LCD 的扬声器播放；

③ 列车每个司机室各安装一台媒体播放控制器，两台互为热备份。当主控制器出现故障时，从控制器会立即自动接管所有的工作，媒体播放系统不受影响；

④ 显示终端出现无接收信号时能够自动全屏播放“昆明市轨道交通欢迎您”等字样。

（2）视频监控。

视频监控系统主要由 CCTV 触摸屏、硬盘录像机 TDVR、司机室摄像头、客室摄像头等车载设备组成。

系统的功能如下：

① 各客室、司机室摄像头的视频图像通过编码器编码后，通过以太网传输到驾驶室硬盘录像机内保存，其编码格式为 MPEG4，存储分辨率为 D1，传输分辨率为 2CIF；

② 司机室 CCTV 触摸屏可实时 2×2 分屏显示列车 14 个摄像头画面信息。可自动轮巡也可司机手动调看；

③ 当系统与乘客紧急对讲、客室车门紧急解锁、火灾报警系统联动等功能被激活时，CCTV 触摸屏将自动显示相应车辆的画面；

④ 系统预留无线局域网上传接口，供 CCTV 视频数据上传至 OCC；

⑤ 系统可定义磁盘剩余空间报警，可设置系统根据目前磁盘空间使用情况实行自动报警；

⑥ 记录的视频文件可通过适当的接口如以太网或 USB 接口方便地下载到便携式电脑上。

5）主要设备布置

（1）LED 动态地图。

LED 动态地图安装在门区域的侧顶板上，每辆车配置 8 台，其布置如图 2.78 所示。

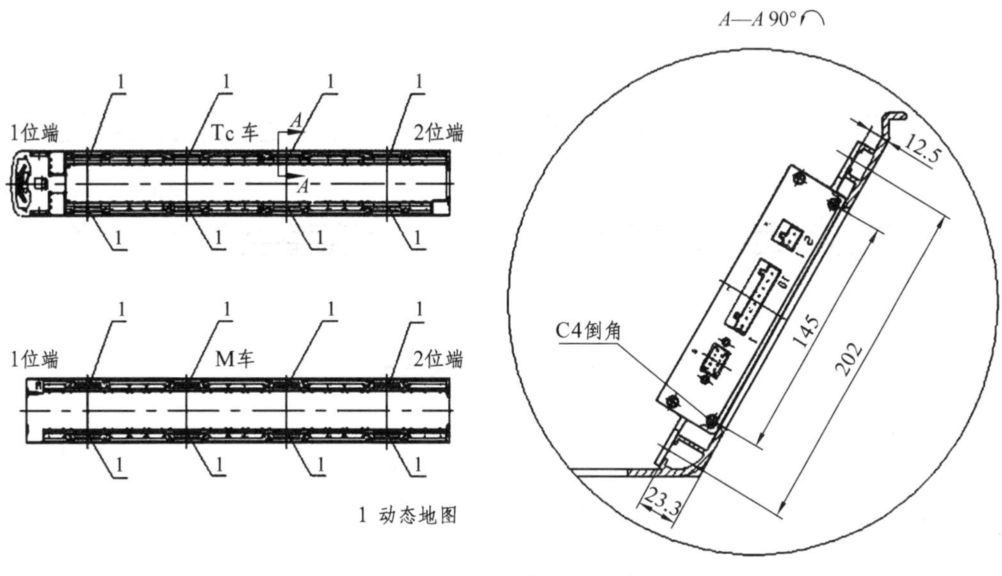

图 2.78　LED 动态地图的布置

（2）紧急报警器。

紧急报警器斜对称布置在客室内，每辆车配置 2 台，安装在门立柱罩上，约车辆纵向方向 1/3 处。紧急报警器的布置如图 2.79 所示。

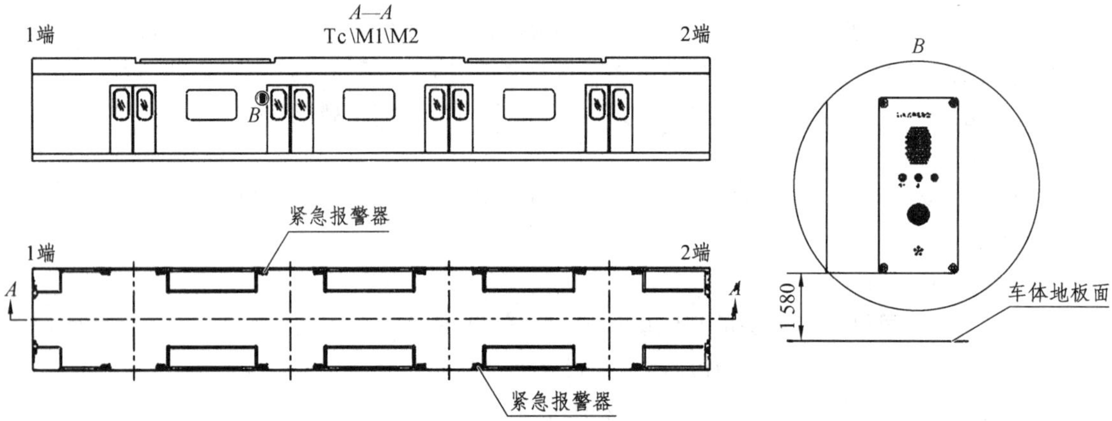

图 2.79　紧急报警器的布置

（3）客室扬声器。

客室扬声器斜对称布置在客室内，每辆车配置 8 台，安装在客室侧顶板内。客室扬声器的布置如图 2.80 所示。

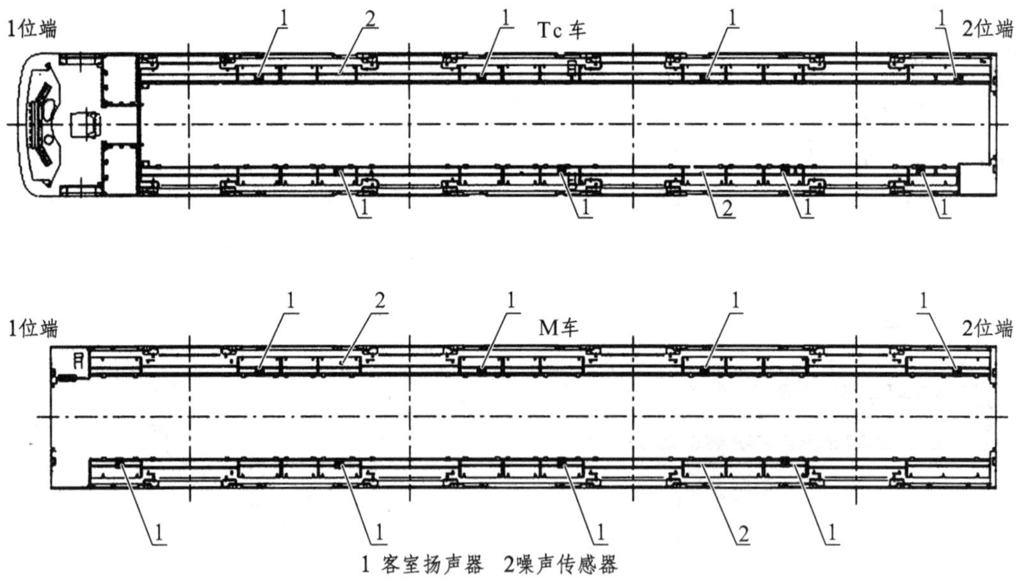

图 2.80　客室扬声器的布置

（4）客室 LCD 显示器。

客室 LCD 显示器斜对称布置在客室内，每辆车配置 6 台，外挂安装在客室侧墙上，安装高度约 1 390 mm。客室 LCD 显示器的布置如图 2.81 所示。

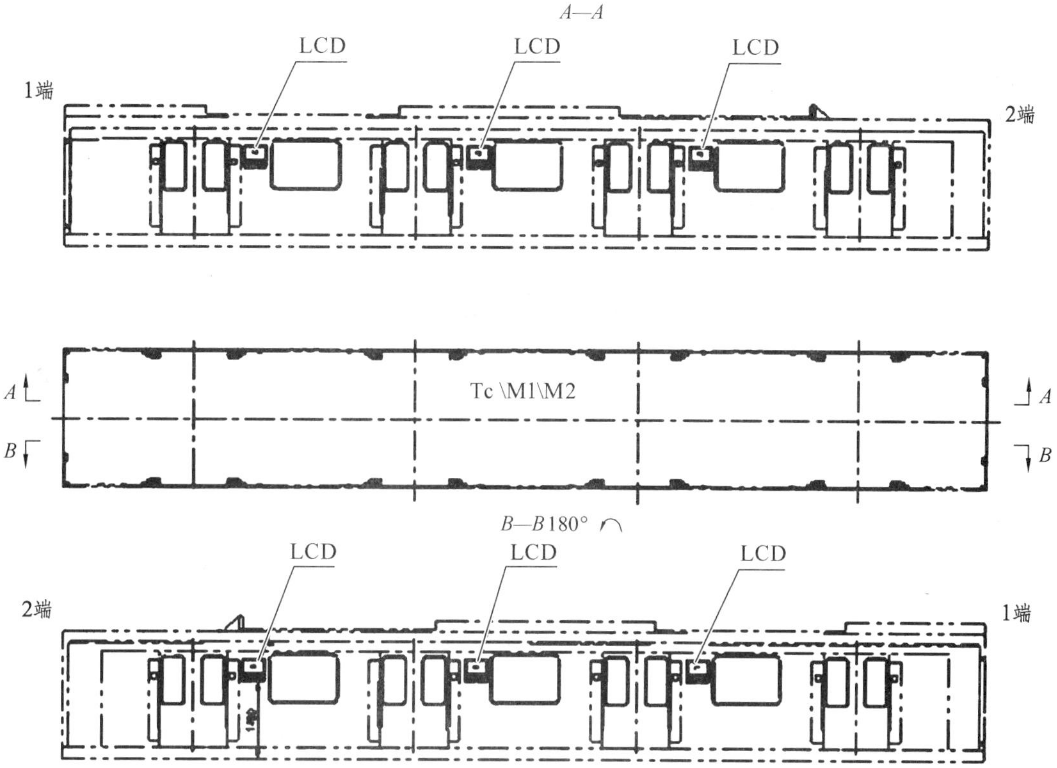

图 2.81　客室 LCD 显示器的布置

（5）目的地及客室内部 LED 屏。

目的地显示器安装在司机室玻璃头罩内部，司机室内装车顶的内部；客室内部 LED 显示屏安装在客室内部的两端，其布置如图 2.82 所示。

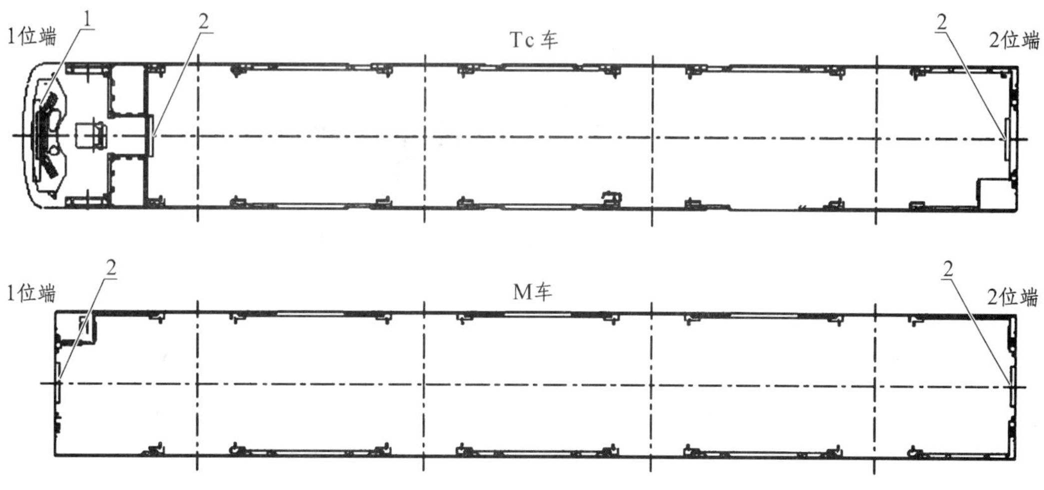

1 目的地显示器　2 客室内LED显示器

图 2.82　目的地显示器及客室内部 LED 显示屏的布置

（6）客室摄像头。

客室摄像头外挂安装在客室内装顶上，每客室斜对称布置 2 台，其布置如图 2.83 所示。

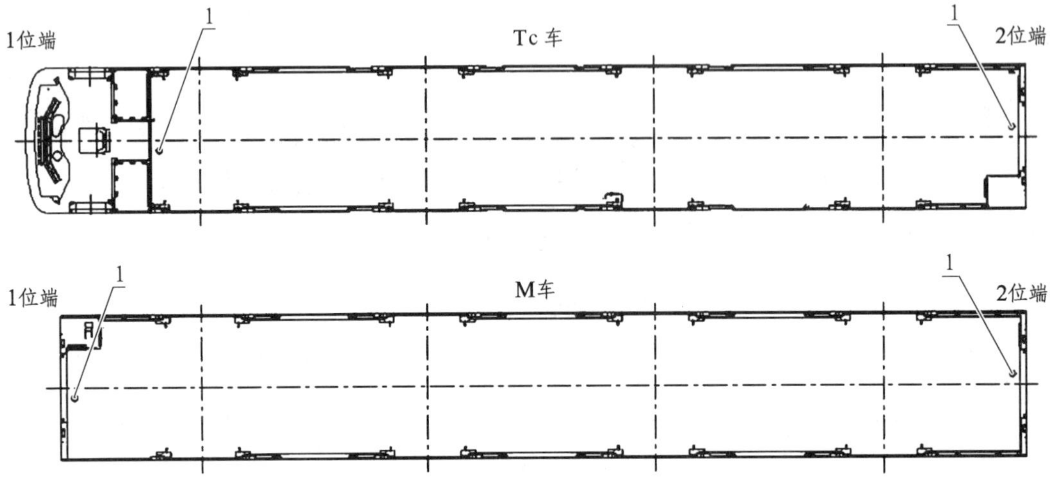

1 客室摄像头

图 2.83 客室摄像头的布置

（7）司机室摄像头和扬声器。

司机室布置 1 台摄像头及 2 台扬声器。摄像头的位置能够覆盖整个司机操纵台，其布置如图 2.84 所示。

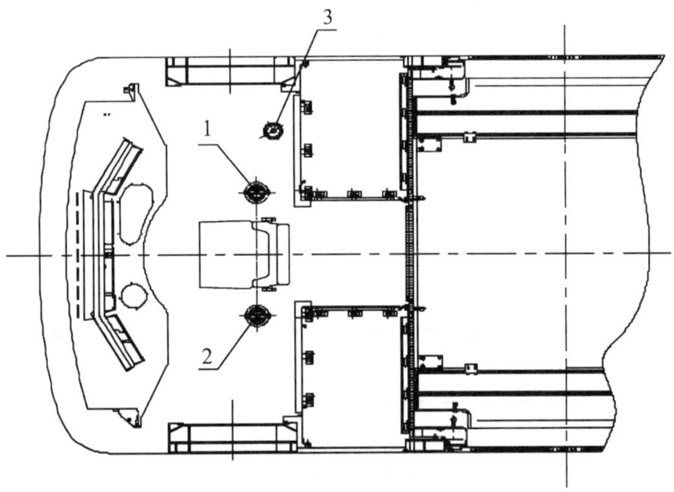

图 2.84 司机室摄像头及扬声器的布置

9. 列车控制与诊断系统

1）系统构成

列车控制和诊断系统（TCMS）采用自主开发的 DTECS 分布式列车电子控制系统平台产品，实现列车的通信管理、控制与故障诊断、信息显示和事件记录等主要功能。

（1）技术参数。

列车控制与诊断系统技术参数如下：

- 遵循标准：IEC 61375-2007；
- 总线类型：MVB；

- 物理介质：EMD；
- 传输速率：1.5 Mbps；
- 通信周期：典型值为 32、64、256 ms；
- 传输距离：200 m；
- 节点数量：256；
- 冗余机制：通信线路 A/B 通道冗余；
- 海拔高度：≤2 000 m；
- 工作温度：－20～＋40 °C；
- 相对湿度：≤90%；
- 工作电压：DC 110 V（77～137.5 V）；
- 防护等级：IP42（模块）；
- 使用寿命：10 年（其中 ERM 和 HMI 建议 5 年返厂更换数据记录 FLASH 芯片；HMI 的易损易耗件为 3～5 年）。

（2）设备组成。

列车控制与诊断系统由下列部分组成：

- 车辆控制模块（VCMe）；
- 数字入出模块（DXMe）；
- 数字输入模块（DIMe）；
- 模拟入出模块（AXMe）；
- 中继模块（REP）；
- 事件记录模块（ERMe）；
- 智能显示装置（HMI）；
- 维护和调试设备（PTU）。

（3）关联关系。

TCMS 作为整车控制系统，通过信号采集模块，采集司机的操作指令、列车各个工况下的状态等信号，经过运算及逻辑处理，给出操作列车各部件的控制指令，通过 MVB 总线实现与牵引控制系统、空气制动控制系统、辅助供电系统、信号系统、车门系统、广播和视频监控系统等部件的数据交换。TCMS 与各系统间的关系如图 2.85 所示。

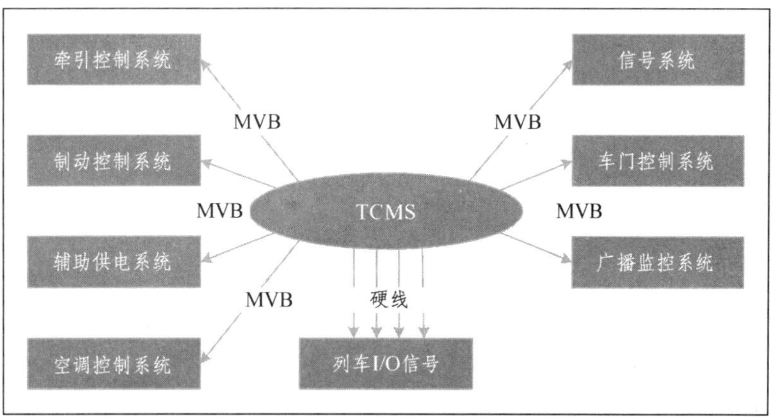

图 2.85　TCMS 与各系统的关系

2）功能介绍

列车控制和诊断系统（TCMS）实现列车控制、监视和诊断功能；实现车载信息共享；提高列车可靠性、可用性和可维护性。

（1）控制功能。

控制功能分为：

- 列车级牵引、制动集中控制；
- 安全连锁保护；
- 空调启动和扩展供电控制。

主控钥匙、方向手柄、主控手柄之间存在如下的联锁关系：

- 主控钥匙在1位（开启），方向手柄才能离开0位；
- 方向手柄离开0位，主控手柄才能离开0位；
- 主控手柄在0位，方向手柄才能归0位；
- 方向手柄在0位，才能关闭主控钥匙。

司机室激活控制分为如下情况：

- 无司机室钥匙激活：TCMS处于待机状态 ；
- 单司机室钥匙激活：TCMS处于激活状态，只接收来自激活司机室的各种控制指令（紧急制动指令除外）；
- 双司机室钥匙激活：TCMS处于待机状态，报“司机室联锁故障”。

TCMS以有司机钥匙激活的司机室为操作端，除了紧急制动信号外，所有的控制信号只以操作端的控制信号为准。

① 方向控制。

列车的运行方向是以司机的主观视角来定义“向前”和“向后”的。牵引逆变器通过正相序或反相序输出交流电来控制牵引电机和车辆轮对的正转或反转，实现司机所期望的列车“向前”或者“向后”运行。

Tc1车向前指令：TCMS向M1、M2车发送“正转”指令，向M3、M4发送“反转”指令；

Tc1车向后指令；TCMS向M1、M2车发送“反转”指令，向M3、M4发送“正转”指令；向所有动车发送“退行”指令 ；

Tc2车向前指令：TCMS向M1、M2车发送“反转”指令，向M3、M4发送“正转”指令；

Tc2车向后指令：TCMS向M1、M2车发送“正转”指令，向M3、M4发送“反转”指令；向所有动车发送“退行”指令；

换向操作：TCMS只允许在静止状态下执行换向操作，在运行状态下TCMS锁定方向；如果在运行过程中方向信号发生变化，TCMS报“方向信号丢失故障” ；

方向信号比较：牵引逆变器接收的列车硬连线方向信号与TCMS发送的“正转”、“反转”指令不一致时，TCMS报“牵引系统方向故障”。

② 紧急牵引控制。

为了保证在TCMS故障情况下，列车能够继续运行到下一站，列车设置了紧急牵引按钮，司机可以通过操作紧急牵引按钮来进入紧急牵引模式。紧急牵引模式下BCU、DCU通过接收硬线的指令和硬线编码级位实现列车的牵引和制动控制，忽略 TCMS 的网络信号。

a. 当满足下列条件之一时，TCMS 系统的 HMI 提示司机应进入紧急牵引模式：

- 两个或两个以上 DCU 通信故障；
- 操作端 HMI 通信故障；
- 两个或两个以上 BCU 通信故障；
- 两个或两个以上牵引逆变器隔离。

b. 当出现下列情况之一时，司机应主动采取紧急牵引：

- HMI 黑屏；
- 列车无法正常牵引。

③ BHB 控制。

在以下条件同时满足时，TCMS 发出“TCMS　BHB 允许”信号（高电平有效）：

- TCMS 系统正常——TCMS 自检；
- 列车速度≥5 km/h——TCMS 判断；
- M2 车网压大于 450 V。

TCMS 发出“TCMS BHB 允许”信号（高电平有效）后，TCMS 发出“BHB 合”脉冲信号，使母线高速断路器大电流吸合约 1 s 后，DCU 自动撤销“BHB 合”指令，母线高速断路器通过另一回路的小电流维持吸合；若 TCMS 发出“TCMS BHB 合”信号 2 s 后，BHB 反馈状态仍为低电平，则上报 BHB 故障，并通过复位按钮进行故障复位。三次复位操作后故障仍存在则将故障锁定，网络不再发出“BHB 合”信号。

若出现如下情况，母线断路器 BHB 跳开（TCMS 撤销“TCMS BHB 允许”信号）：

“BHB 切除”模式（高电平有效）——由 TCMS 判断；

“紧急牵引”模式（高电平有效）——由硬线电路控制；

列车速度 < 5 km/h——TCMS 判断。

注：一旦母线高速断路器断开后，若需重新闭合，必须在母线高速断路器断开 5 s 后根据 BHB 条件重新进行 BHB 控制。1 min 内只允许合母线高速断路器 3 次。

④ 电空联合制动控制。

TCMS 参与地铁列车的空电混合制动控制，制动力的计算和分配由制动系统完成。具体控制指令传输过程如下：

TCMS 根据来自司控器或 ATO 的指令信号产生控制指令，通过 MVB 网络发送给制动系统。

制动系统根据制动级位和载荷等信息，计算列车总制动力需求值。按照无故障情况下优先使用电制动力的原则，将列车总制动力需求值全部分配成电制动力需求值，经由 TCMS 发送给各车牵引系统。

牵引系统根据电制动力需求值施加再生制动，并将电制动力实际值反馈给 TCMS。

TCMS 将各车牵引系统的电制动力实际值反馈给制动系统。

制动系统根据反馈的电制动力实际值判断电制动力是否满足列车总的制动力需求，如果不满足，则通过空气制动力进行补足。

⑤ 保持制动。

为了防止列车停在坡道上出现溜车情况，需要在列车停稳后施加一个固定大小的常用制动力，一般该常用制动力的大小为最大常用制动的 70%左右，即保持制动。当列车处于 ATO 模式下时，保持制动的管理由 ATO 负责；当列车处于非 ATO 模式下时，保持制动的施加由制动系统负责，保持制动的缓解由 TCMS 负责；当 TCMS 故障时，保持制动的管理全部由制动系统自身负责。

当满足以下条件之一时，TCMS 向所有的 BCU 发出保持制动缓解命令：

- 列车处于牵引工况且速度大于 0.5 km/h；
- 列车处于牵引工况且牵引力大于 40 kN；
- HMI“保持制动切除”软按钮触发。

⑥ 安全连锁控制。

为了保证列车行车安全，TCMS 需要对某些影响列车运行的条件进行监视，当这些条件不满足时，TCMS 将封锁列车的所有牵引指令，同时在 HMI 上报“牵引封锁”提示信息。这些触发“牵引封锁”的条件包括：

- 无司机室钥匙信号或司机室联锁故障；
- 牵引系统硬线方向或 TCMS 网络方向故障；
- 车门未全部关闭，且无“车门旁路”信号；
- 列车停放制动未缓解，且无“停放制动缓解旁路”信号；
- 制动系统触发紧急制动（针对紧急制动列车线到某个制动系统的硬线断落这种情况）；
- 列车发出牵引指令后，5 s 内（暂定）列车仍然不能缓解所有制动；
- 列车总风管压力低于 600 kPa，且无“总风压力压力旁路”信号 。

⑦ 空调启动控制。

为了防止各节车辆的空调机组的压缩机同时启动，造成辅助供电系统的交流负载严重过载，需要通过 TCMS 对空调机组压缩机进行错时启动控制。错时启动控制分动力单元进行，一个动力单元共有 3 节车辆 6 组空调压缩机，TCMS 按照每 18 s 为一个大周期进行循环，每个周期内设置 6 个长度为 2 s 的时间窗口，分别对应 6 组空调压缩机。每组空调压缩机只能在属于自己的时间窗口内才能启动，其他时间则不允许启动。对于已经完成启动的空调压缩机，其停机过程不受该时间窗口的控制，可以根据外界温度条件或者控制指令随时停机。

此外，制动系统空压机启动前会预先发出一个“空压机预启动”信号，TCMS 检测到该信号后将关闭所有空调的启动时间窗口，禁止一段时间内的所有空调的启动操作。

⑧ 扩展供电控制。

当列车上一台 SIV 发生严重故障，不能正常工作时，需要 TCMS 控制扩展供电接触器，由另一台 SIV 提供整列车的负载需求。

（2）监控功能。

监控功能完成设备状态的集中监视、车辆运行信息的统计和车辆运行参数的修改，如图 2.86 ~ 图 2.98 所示。

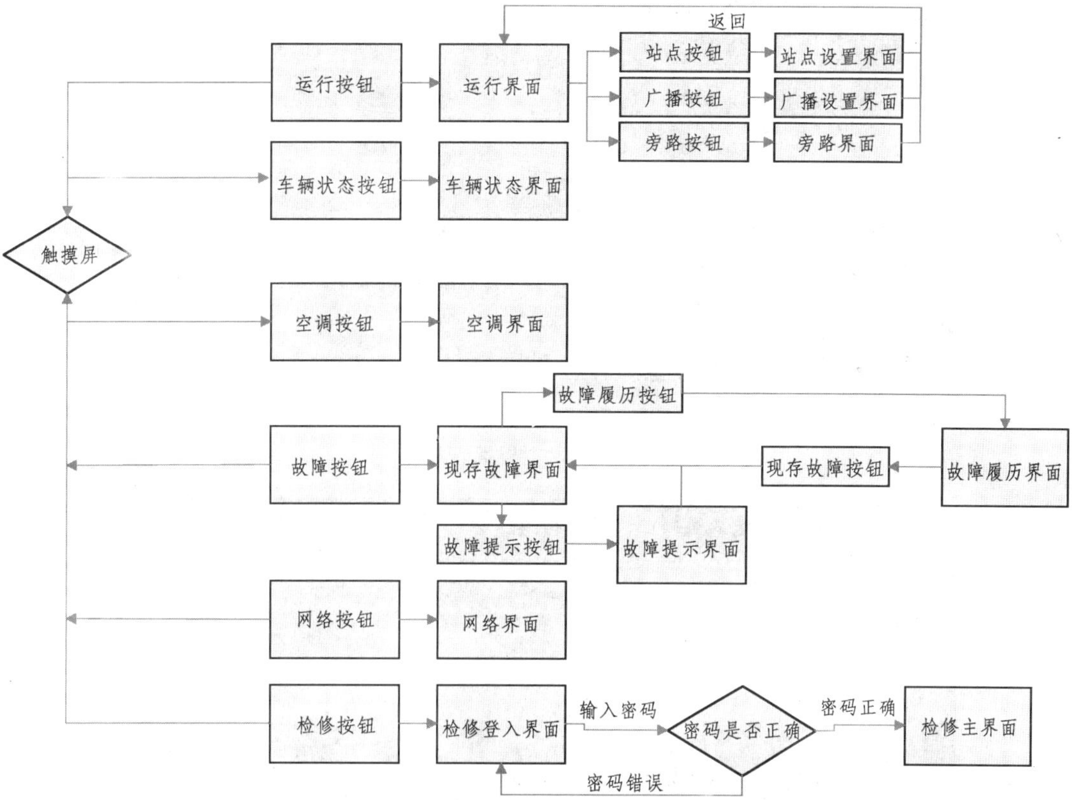

图 2.86　操作流程

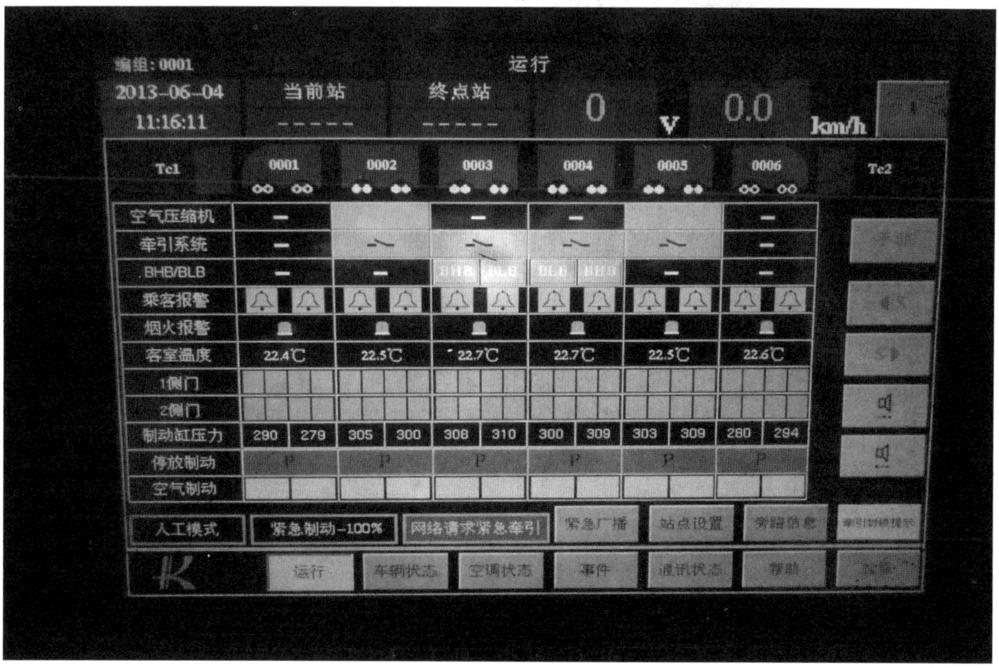

图 2.87　主界面

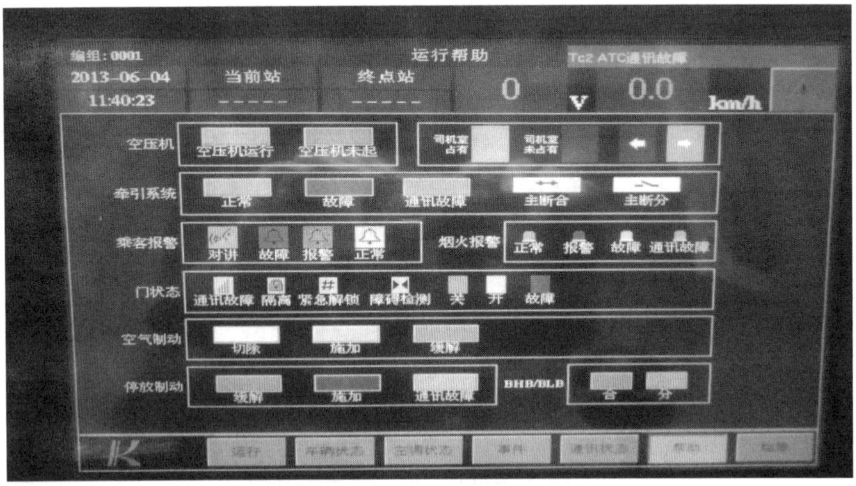

图 2.88 主界面帮助

图 2.89 站点设置

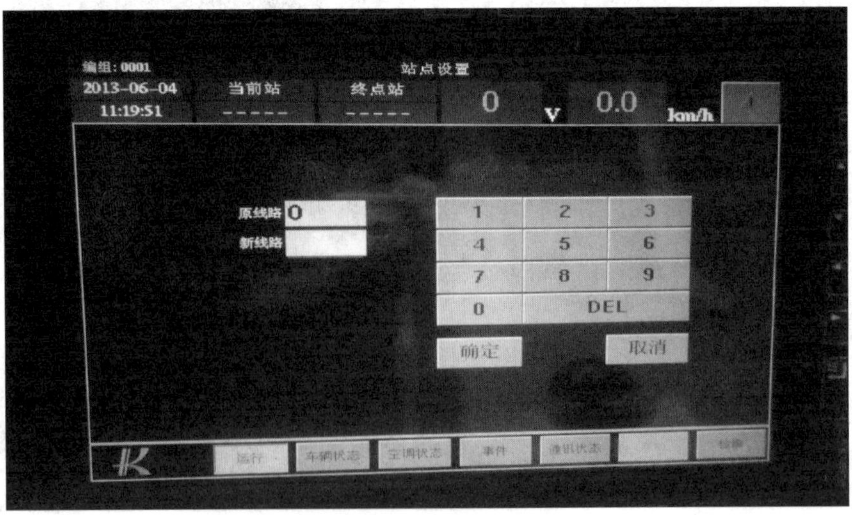

图 2.90 线路调整

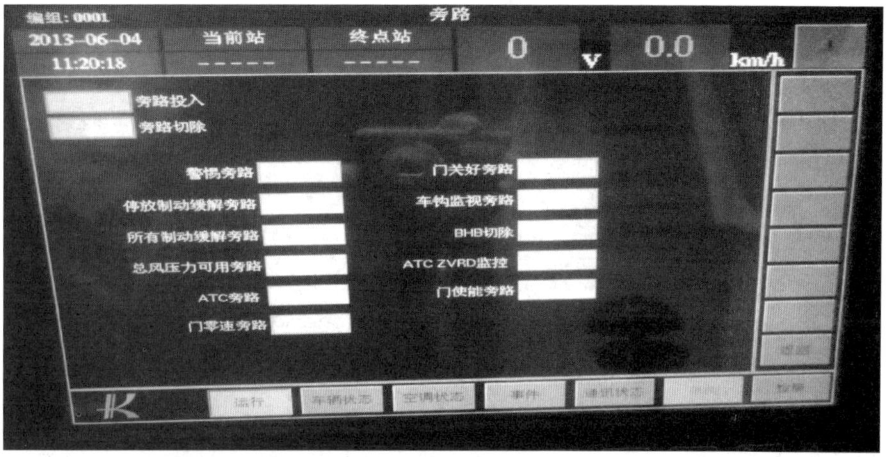

图 2.91　旁路界面

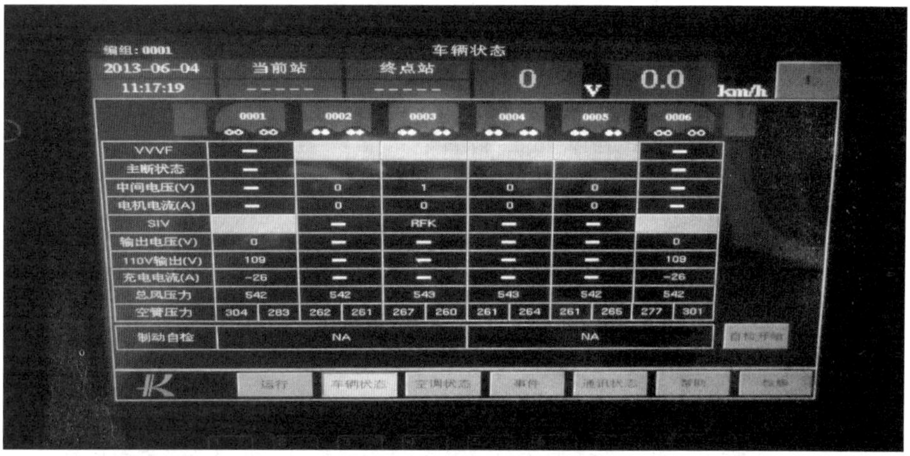

图 2.92　车辆状态界面

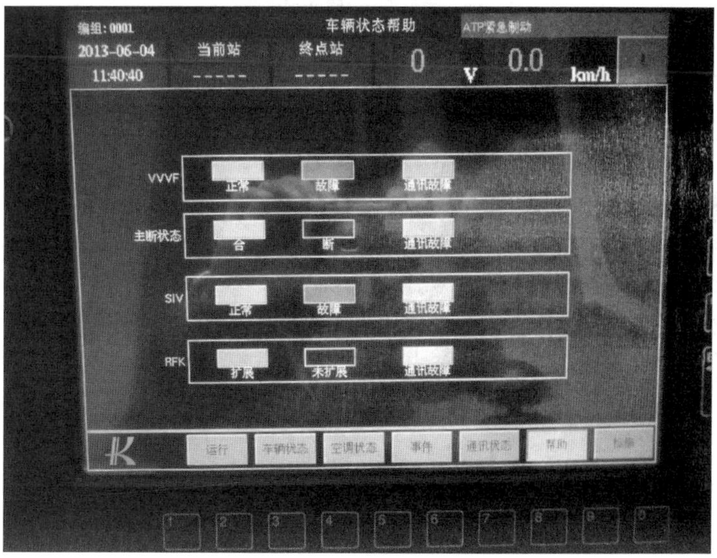

图 2.93　车辆状态帮助界面

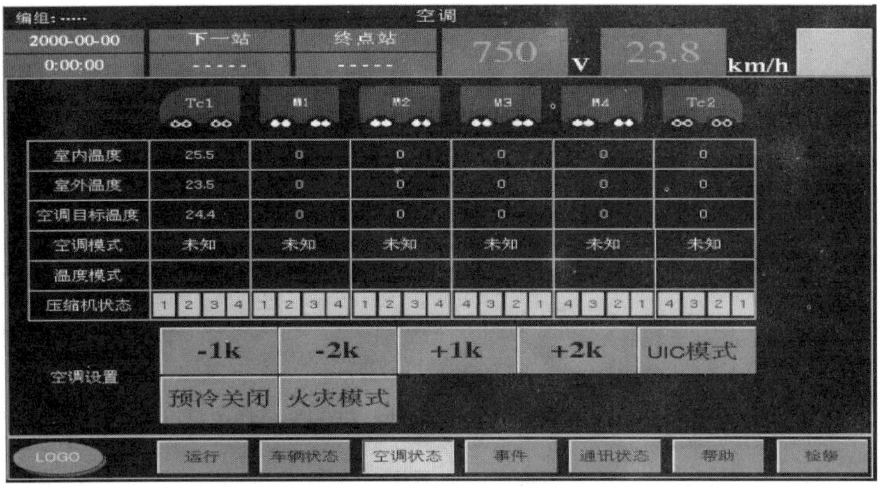

图 2.94 空调状态界面

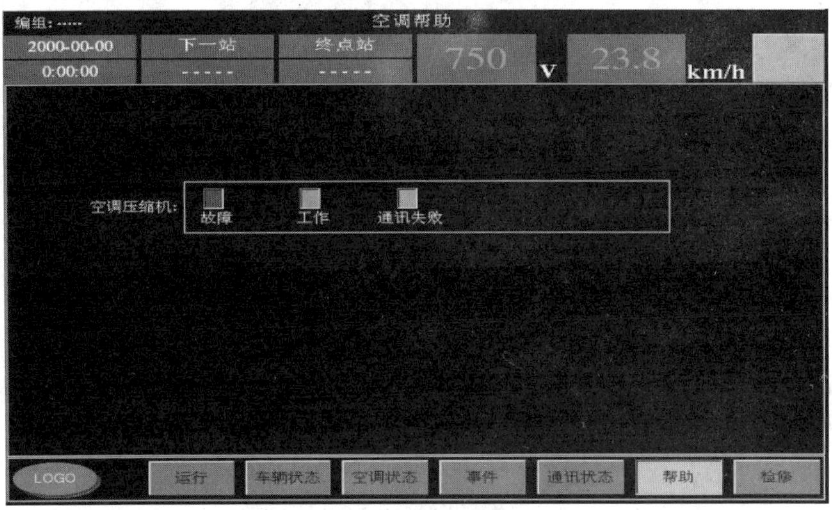

图 2.95 空调状态帮助界面

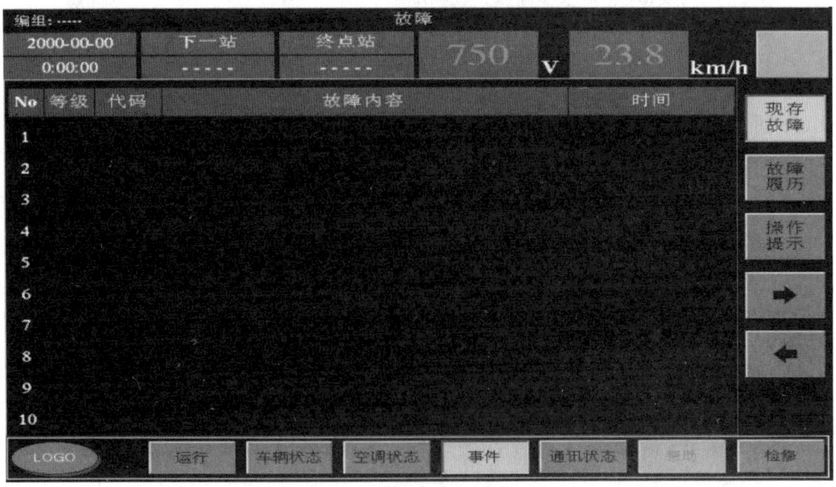

图 2.96 故障信息界面

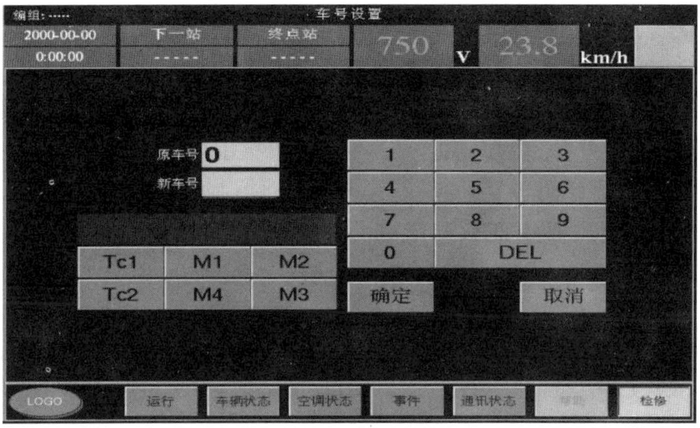

图 2.97　车号设置界面

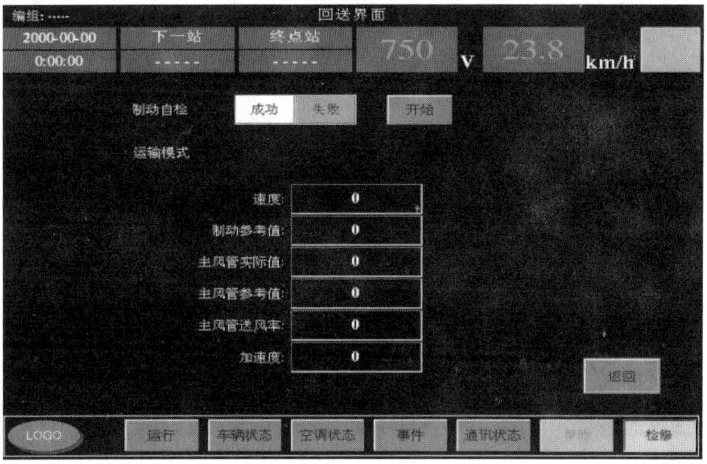

图 2.98　制动测试及运输

（3）诊断功能。

诊断功能完成列车级和设备级故障诊断和记录、列车运行参数实时记录、故障数据和实时数据的下载和分析。

故障等级分类：

严重故障（等级 1）：严重影响列车运行的故障，有可能导致乘客和车辆出现危险，司机需对故障进行确认和立即处理。如果故障不能及时排除，列车需要在运行的下一站进行清客，空车回库以排除故障。

中等故障（等级 2）：影响列车运行的故障，司机需对故障进行确认和立即处理。如果故障不能及时排除，列车则需在完成本次单程运营后退出运行图，空车回库以排除故障。

轻微故障（等级 3）：不影响运行的故障，可以在列车运营结束后回库再处理。

10. 辅助系统

辅助电源系统为安装在车辆上但无法直接与接触轨连接的车载设备提供电源，这些设备的电源各不相同，都经过辅助逆变器进行逆变后再给其提供电源。每列车安装了 2 台辅助逆变器，均安装在 Tc 车上，主要为空调、照明、蓄电池、空压机等辅助设备供电。

1）空调系统

（1）系统说明。

每节车均配备两台完全相同的顶置单元式空调机组，用以实现列车的空气调节。每节车设有一个空调控制单元，用以控制一辆车的两台空调机组。

Tc 车司机室单独配备有司机室通风单元，可手动控制通风风量。

空调机组送出的空调风通过列车天花板上方的风道系统送入客室，并通过纵向分布在车厢内的送风格栅将风均匀地送到车厢内。

（2）空调系统控制模式。

空调系统控制模式分为关机模式、自动模式和紧急通风模式、测试模式和维护模式。

在车载辅助电源系统发生故障或 MVB 网络发生故障的情况下，空调系统将自动启动紧急通风模式。通过蓄电池供电的紧急逆变器自动开始工作，向两台空调机组内的送风机提供交流电源。此时，空调机组内的回风门将被关闭，只有新风进入车厢。在紧急情况下，向客室提供的新风量约为 3 200 m^3/h；通过客室风道的正压作用，能够为司机室提供 60 m^3/h 的新鲜空气（蓄电池只能提供 45 min 的紧急通风）。

（3）空调通风系统组成。

空调通风系统由 2 台空调机组、1 台司机室通风单元（仅 Tc 车）、2 套电加热器（仅 Tc 车）、1 套控制系统、1 套风道系统（包括送风道和回风道）、4 个废排装置和 1 台紧急逆变器组成。

（4）司机室空调系统控制。

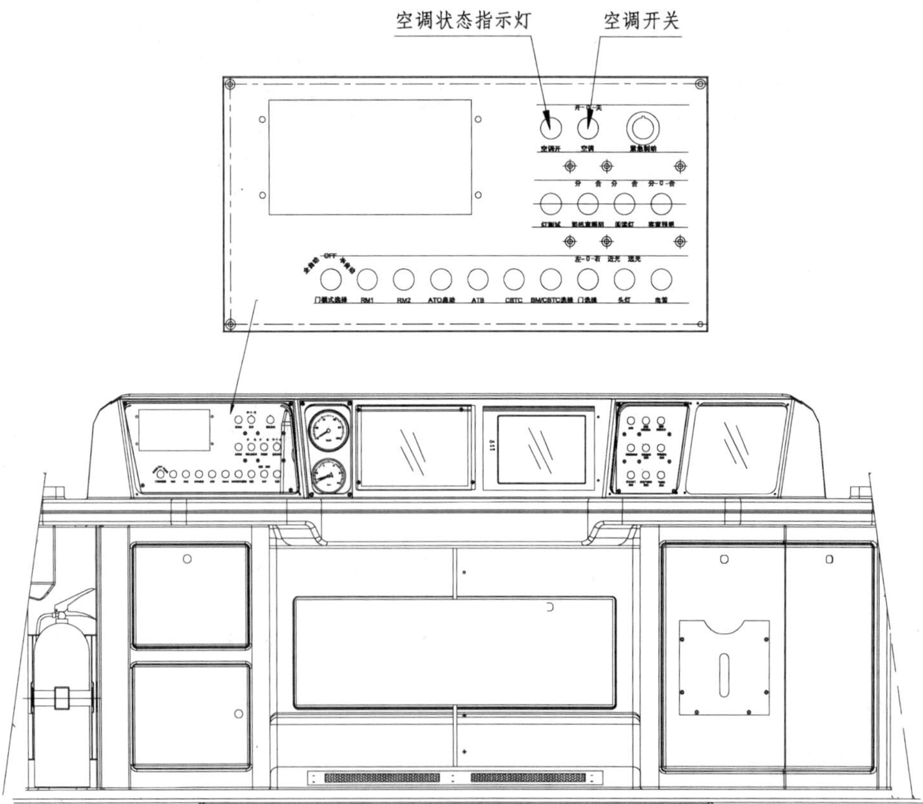

图 2.99 整列车空调系统控制开关示意图

在司机室控制台上有 1 个空调系统开关旋钮，可控制整列车空调的开启、关闭，在空调开关左侧设有一个空调状态指示灯，用来显示空调系统开启或关闭状态。当空调系统得电后，将空调旋钮旋到“开”位置时，开启整列车的空调系统；将空调旋钮旋到“关”位置时，关闭整列车空调系统。空调系统控制开关如图 2.99 所示。

对于 Tc 车，除了安装在车顶的两个空调机组外，在司机室内还配备了一个通风单元。该单元安装在司机室的天花板上，通过引入相邻客室的空调风来实现司机室内的空气调节。司机室内部的空气调节通过司机室通风单元上的旋钮开关来控制。司机室通风单元的旋钮开关如图 2.100 所示。

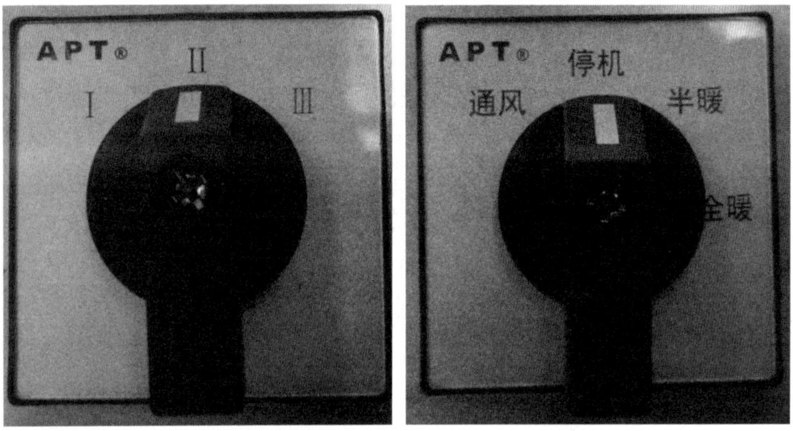

图 2.100　司机室通风单元通风挡位开关、功能选择开关示意图

在司机室通风单元上设有通风挡位开关和功能选择开关。

通风挡位开关：

- Ⅰ——低速通风挡，通风量 240m^3/h；
- Ⅱ——中速通风挡，通风量 410m^3/h；
- Ⅲ——高速通风挡，通风量 645 m^3/h。

此外，气流方向可以通过位于内顶板的送风导向器来调节，可以根据气候条件及司机的喜好任意调节角度。

功能选择开关：

- 全暖——电加热全开；
- 半暖——电加热半开；
- 停机——电加热器关闭，通风机关闭；
- 通风——电加热器关闭，通风机工作。

全暖位、半暖位与通风位设有连锁保护。

2）列车照明系统

列车照明系统分为内部照明和外部照明两个独立的照明系统。内部照明主要包括客室区域的照明灯带和司机室照明；外部照明则指司机室外侧的前照灯、尾灯、标志灯。

（1）内部照明（见图 2.101）。

① 列车客室内部照明灯具全部为 LED 冷光源，可提供无眩光、无闪烁、舒适的优质照明。

② 客室照明可以通过操作位于受控端司机室司机台上的 3 位置自复位旋钮开关“客室照明”（ = 52-S01 ）来控制客室的全部照明灯具的开/关（包括紧急照明）。

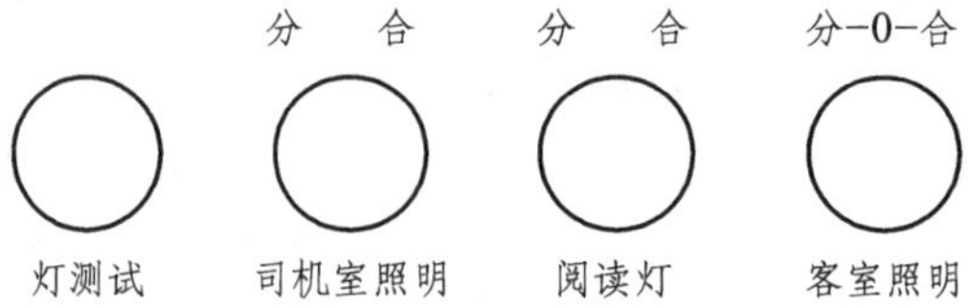

图 2.101 司机台上的照明控制开关

③ 客室照明驱动电源设计有专门的紧急照明信号接口，当无高压输入或两台充电机故障必须由蓄电池提供 DC 110 V 时，两台 DC/DC 不工作信号将发送给驱动电源，即紧急照明信号将由正常的低电平自动切换为 DC 110 V 高电平。在紧急照明模式下，客室照明系统可自动降低照度（满足离地板面高 800 mm 处测得的照明强度不小于 100 lux），以延长照明时间，为客室提供足够的安全照度。

④ 司机室照明：

3 个司机室顶棚灯和 1 个司机室阅读灯安装在司机室的天花板上。司机室顶棚灯和司机室阅读灯通过直流 110 V 供电。

司机室顶棚灯为司机室提供主照明，可以通过位于司机台上的 2 位自锁旋钮开关“司机室照明”（ = 52-S02 ）来控制司机室顶棚灯的开/关。司机室阅读灯可以通过位于司机台上的 2 位自锁旋钮开关“阅读灯”（ = 52-S03 ）来控制司机室阅读灯的开/关。

司机台上的速度表（ = 73-P105 ）和双针压力表（ = 73-P106 ）在列车激活后将保持常亮。

（2）外部照明（见图 2.102）。

外部照明由前照灯（远光灯、近光灯，同为氙气灯）、尾灯和标志灯组成。

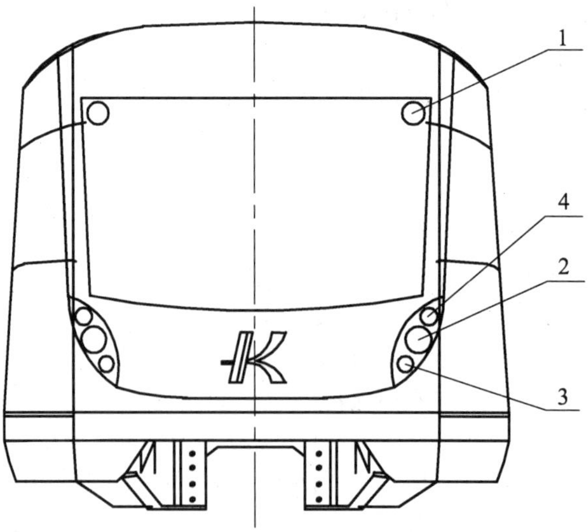

图 2.102 列车外部照明

1—标志灯（红白相间）；2—远光灯；3—近光灯；4—尾灯（红色）

前照灯位于司机室前端下方，两侧对称，设有远光和近光两种亮度。由位于司机台上的2位自锁旋钮“头灯”（=51-S01）来控制头灯的强弱，两盏灯能在水平和垂直方向上进行适当调节，以满足运行要求。

尾灯位于司机室前端下方，与前照灯在同一灯罩中。

当列车激活且司控器（=22-A01）方向手柄在“向前”位时，列车前端的前照灯和白色运行灯以及列车后端的尾灯和红色运行灯将点亮。

当司机室激活且司控器（=22-A01）方向手柄在“向后”位时，列车前后端的前照灯和白色运行灯以及列车前端和后端的尾灯和红色运行灯将点亮。

当司机室激活，司控器（=22-A01）方向手柄在“0”位时，列车前端和后端的尾灯将点亮。

3）蓄电池

每辆 Tc 车中安装两个蓄电池箱，两个蓄电池箱合成为一个蓄电池组，蓄电池组可给各控制电路和紧急负载供电，为列车的后备电源。蓄电池的工作电压范围为 DC 93 V ~ DC 108 V，额定工作电压为 DC 96 V。

蓄电池箱如图 2.103、图 2.104 所示。

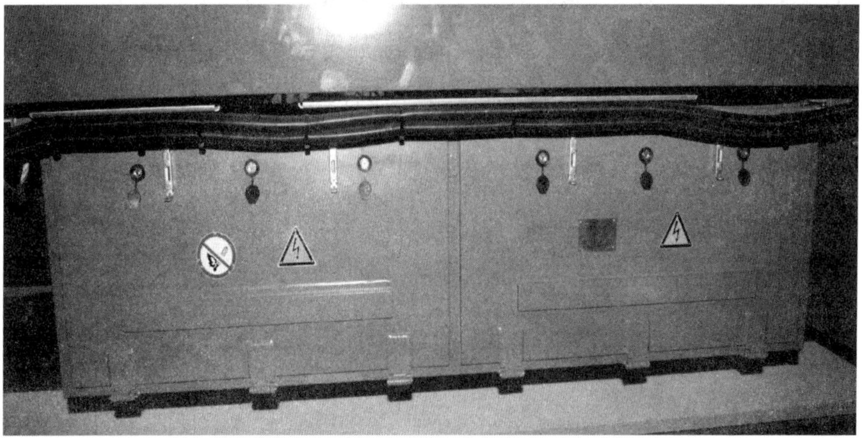

图 2.103　蓄电池箱（1）

图 2.104　蓄电池箱（2）

当列车失去高压供电时，蓄电池可以给各控制电路和紧急负载（紧急通风、紧急照明）提供约 45 min 的 DC 110 V 供电。

4）车载无线电台（见图 2.105）

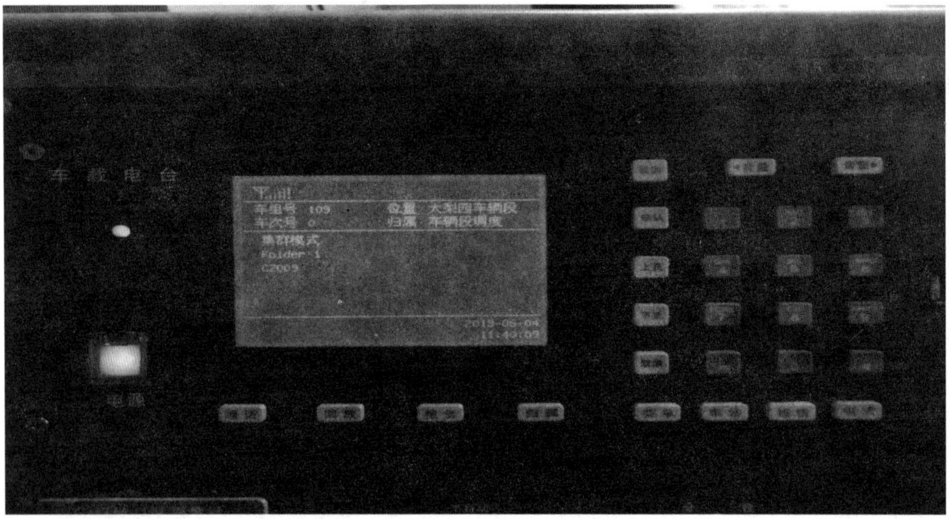

图 2.105　车载无线电台

车载无线电台用于司机与信号楼或行车调度间沟通使用，车载无线电台在车辆段时频道组归属于车辆段，在正线时频道组归属于正线调度组，在转换轨时会自动切换，无需司机操作。

当电源红灯亮时，表示车载无线电台正在工作，在显示屏上，会显示列车当前所在位置。

当司机需要呼叫信号楼或行车调度时，先按“通话键”，得到对方回复后，再按下通话器上的 PTT 键进行通话。车载无线电台是半双工工作模式，不能双方同时通话，只能由一方通话结束后，另一方才能通话。

11. 车辆描述及故障描述规范

1）常用部件位置描述

（1）基本原则。

① 单元划分。

一列车分 2 个单元，规定 Tc1、M1-1 和 M2-1 为 1 单元，Tc2、M1-2 和 M2-2 为 2 单元，如图 2.106 所示。

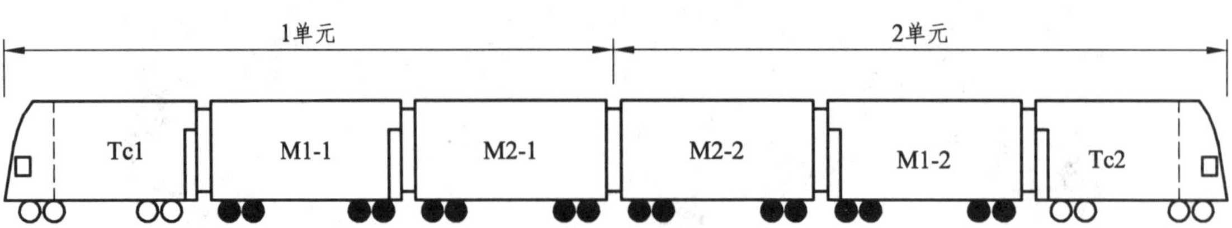

图 2.106 列车单元划分

注：M 车第一个数字表示车辆类型，第二个数字表示所属单元。

② 左 A 右 B 原则

站在客室内，面对所在单元司机室，规定左手侧为 A 侧，右手侧为 B 侧如图 2.107 所示。

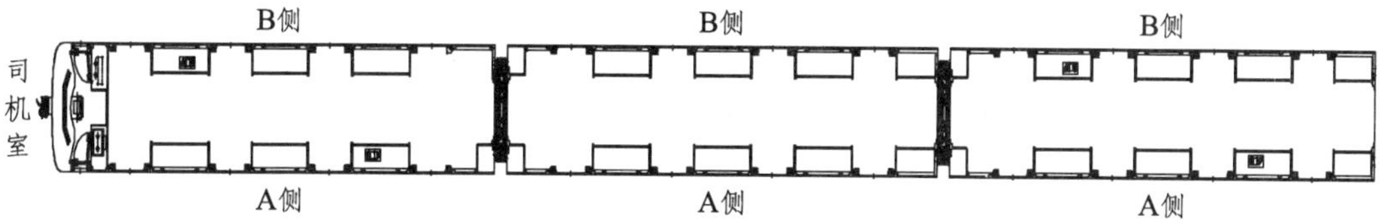

图 2.107　A、B 侧示意图

③　1、2 位端原则。

规定靠近所在单元司机室的一端为 1 位端，远离司机室的一端为 2 位端，如图 2.108 所示。

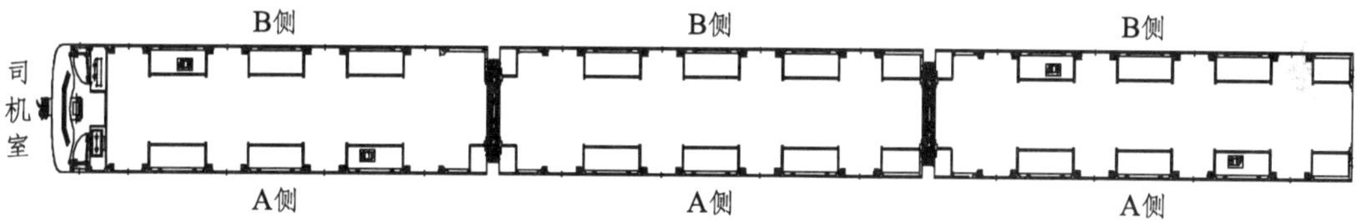

图 2.108　1、2 位端示意图

（2）列车编号原则。

昆明地铁 1 号线电动列车车头编号为 4 位数，第一、二位固定为“01”，表示“1 号线”；第三、第四位为列车编号，如“0102”表示“1 号线第 2 列车”。

昆明地铁 1 号线电动列车车辆号为 6 位数，第一、二位固定为“01”，表示“1 号线”；第三、四、五位为车辆序号，表示每列车中的每节车辆出厂时的出厂编号，例如车辆出厂编号 001 为第一节车辆，车辆出厂编号 002 为第二节车辆，依次类推。通过它也可以计算出该车辆编组在第几列车中，如车辆出厂编号为 034，则该车辆属于第 6 列。计算如下：

- 34 ÷ 6 结果整数为 5，余数为 4。当出现余数时在相除的整数结果上加 1，即 5 + 1 = 6 为所属列车号。
- 相除结果余数为 1、2、3 的车辆属于第 1 单元；相除结果余数为 4、5、0 的车辆属于第 2 单元。

余数与车辆类型对应关系：

1→Tc1	4→M2-2
2→M1-1	5→M1-2
3→M2-1	0→Tc2

更直观的车辆类型标识：

第六位为车辆类型，主要分为“1-Tc 车”、“2-M1 车”、“3-M2 车”。

例如车辆号 01 010 3 表示“1 号线第 2 列 M2-2 车”。

（3）车钩位置描述。

昆明地铁 1 号线电动列车为 6 辆车编组，车钩连接方式为：

= Tc1 + M1-1 + M2-1 = M2-2 + M1-2 + Tc2 =

其中：“ = ”为半自动车钩，“ + ”为半永久车钩。根据 1、2 位端原则，按车钩安装位置进行描述。例如“M2-1 的 2 位端半永久车钩或 M2 -2 的 2 位端半永久车钩”。

（4）转向架位置描述。

昆明地铁 1 号线电动列车每节车有两个转向架，根据 1、2 位端原则，可描述为对应车辆的 1 位端转向架、2 位端转向架。例如：0101#010033，M2-1 车，1 位端转向架。

（5）轴位置描述。

昆明地铁 1 号线电动列车每节车有两个转向架四根轴，根据 1、2 位端原则，可将车轴描述为 1 轴、2 轴、3 轴、4 轴。

牵引电机：1 轴牵引电机、2 轴牵引电机……

齿轮箱：1 轴齿轮箱、2 轴齿轮箱……

每根轴上相关部件按照左 A 右 B 原则进行。例如：“0125#011451，Tc1 车 B2 轴箱端盖油漆脱落 10 × 15”

“0103#010163，M2-2 车 A4 轮内闸瓦有裂纹，裂纹长度约 40 mm。”

（6）垂向减振器的描述。

昆明地铁 1 号线电动列车每个转向架有 4 个一系垂向减振器和 2 个二系垂向减振器。根据左 A 右 B 原则和 1.2 位端原则，一系垂向减振器可描述为：A1、A2、A3、A4、B1、B2、B3、B4 一系垂向减振器；二系垂向减振器可描述为：A1、A2 或 B1、B2 二系垂向减振器，如图 2.109 所示。

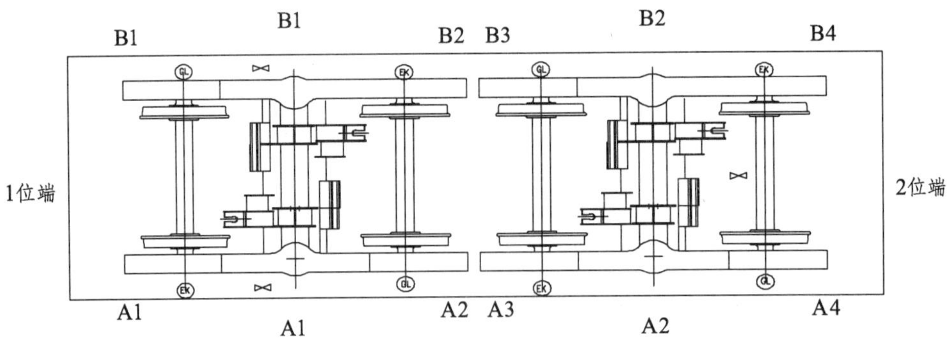

图 2.109 垂向减振器的命名

（7）客室车门位置描述。

昆明地铁 1 号线电动列车每节车两侧各有 4 扇车门，根据 1、2 位端原则和左 A、右 B 的原则，A 侧车门分别描述为 A1、A2、A3、A4 客室车门，B 侧车门分别描述为 B1、B2、B3、B4 客室车门，如图 2.110 所示。

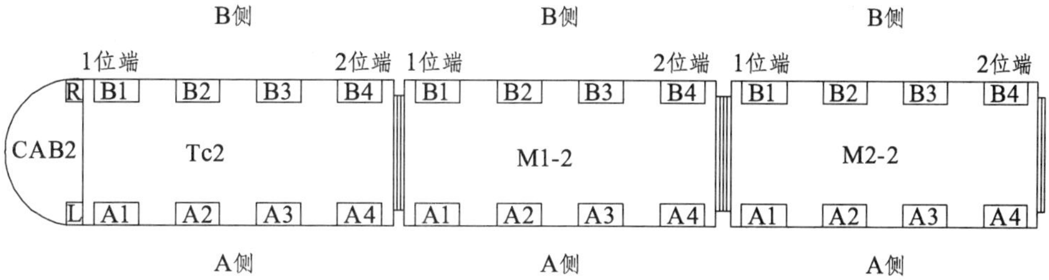

图 2.110　客室车门的命名

（8）客室车门门页描述。

规定以人站在车内为基点，根据左 A 右 B 原则，面对车门的左手侧描述为 A 侧门页，右手侧为 B 侧门页。客室车门其他相关部件的描述也如此。

（9）客室座椅描述。

①昆明地铁 1 号线电动列车 Tc 车有 6 个座椅纵向排列在客室的两侧。根据左 A 右 B 原则和 1、2 位端原则，A 侧座椅分别描述为 A1、A2、A3 客室座椅，B 侧座椅分别描述为 B1、B2、B3 客室座椅，如图 2.111 所示。

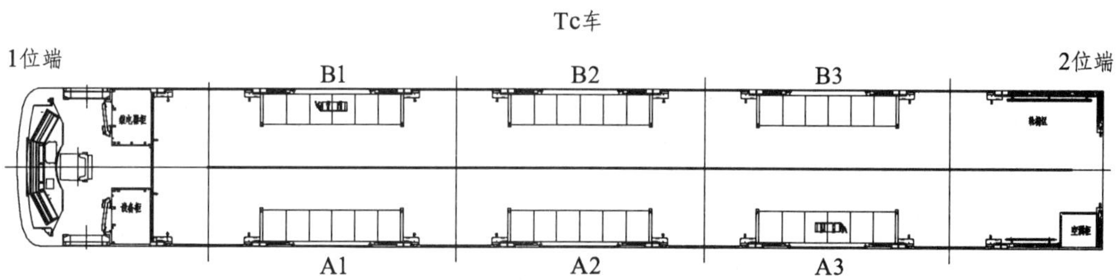

图 2.111　Tc 车座椅布置

② 昆明地铁 1 号线电动列车 M 车有 8 个座椅纵向排列在客室的两侧。根据左 A 右 B 原则和 1、2 位端原则，A 侧座椅分别描述为 A1、A2、A3、A4 客室座椅，B 侧座椅分别描述为 B1、B2、B3、B4 客室座椅，如图 2.112 所示。

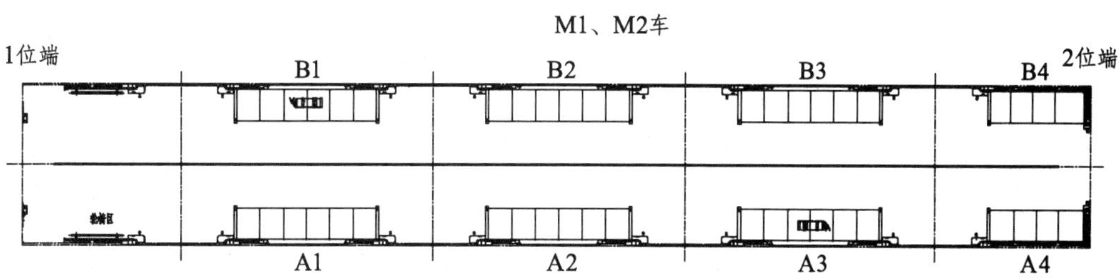

图 2.112　M 车座椅布置

（10）LCD 显示屏的描述。

昆明地铁 1 号线电动列车每节车都有 6 个 LCD 显示屏，两侧各有 3 个。根据左 A 右 B 的原则可以描述为 A1、A2、A3 LCD 显示屏和 B1、B2、B3、LCD 显示屏，如图 2.113 所示。

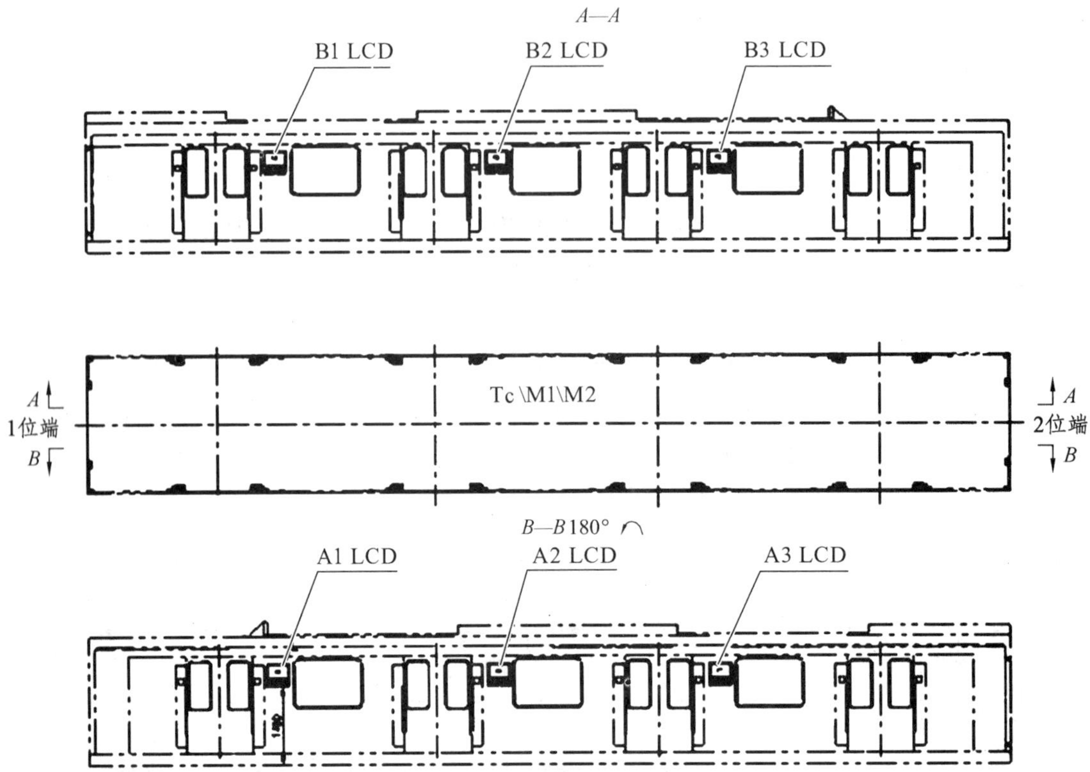

图 2.113　LCD 显示屏布置方案

（11）客室 LED 照明灯的描述。

昆明地铁 1 号线电动列车 Tc 车有 26 个 LED 照明模块，两侧各有 13 个。根据左 A 右 B 的原则可以描述为 A1、A2、A3、A4、A5、A6、A7、A8、A9、A10、A11、A12、A13 LED 照明模块和 B1、B2、B3、B4、B5、B6、B7、B8、B9、B10、B11、B12、B13 LED 照明模块。如图 2.114 所示。

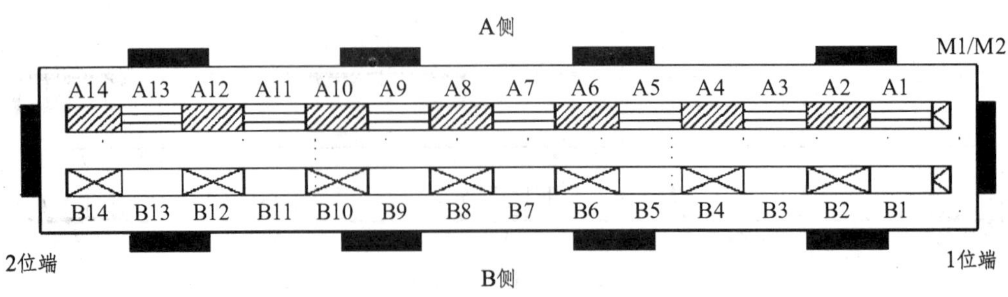

图 2.114　客室 LED 照明布置方案

（12）客室贯通道的描述。

昆明地铁 1 号线电动列车客室贯通道共有 5 个，根据 1、2 位端原则和左 A 右 B 原则，对贯通道位置或其相关部件位置进行描述，例如 M1-1 车，2 位端贯通道 A 侧侧护板或 M2-1 车，1 位端贯通道 A 侧侧护板。

（13）受流器位置描述。

昆明地铁 1 号线电动列车共有 16 个受流器，分别安装在 Tc 车和 M2 车每个转向架的两侧。根据 1、2 位端原则和左 A 右 B 原则，可对受流器位置进行准确描述，例如 2 单元 M2-2 车 1 位端转向架左侧受流器可描述为“M2-2 车 A1 受流器”；2 单元 M2-2 车 2 位端转向架右侧受流器可描述为“M2-2 车 B2 受流器”。

（14）空调位置描述。

昆明地铁 1 号线电动列车每节车有两台空调，根据 1、2 位端原则，可描述为 1 位端空调、2 位端空调。

（15）单个空调部件的描述。

昆明地铁 1 号线电动列车单个空调机组部件包括离心风机、冷凝风机、压缩机、冷凝器、蒸发器等，可以根据 1、2 位端原则和左 A 右 B 原则，对零部件位置进行准确描述。

（16）特殊位置故障描述。

对于车底发生的某些故障，例如空气管线管接头、线卡、扎带松脱等，故障位置描述比较困难。现规定此类故障在描述时以其周围离它最近的部件为参照，例如“横向减振器上部的线卡松脱”、“辅助逆变器箱 1 位 B 侧的供气管漏气”等。如果仍无法描述清楚，可用绝缘胶带在此故障位置做标识，以便于维修人员查找确认。

2）故障上报描述规范

（1）为了尽可能地收集更多相关故障信息，以便于故障问题的发现和处理，在收集故障信息时要求从以下三方面入手：

① HMI 显示的故障信息；

② 列车诊断软件下载的各种故障信息；

③ 直接看到、听到、闻到的故障信息。

例如：HMI 显示“车门故障，Tc1 车 A1 车门显示红色”，下载车门故障有“Tc1 EDCU1 通信故障，Tc1 车 A1 车门控制器连接线松动”。在这过程中为了确保故障描述的规范性，现要求如下：

a. HMI 显示故障信息要求记录完全，各部件状态描述清楚；

b. 列车诊断软件下载的各种故障信息要求原文登记；

c. 对于某些零部件表面划伤、缺损，油漆剥落、轮对擦伤剥离等要求注明长度或者面积尺寸；

d. 对于类似于列车制动施加或缓解缓慢、HMI 时钟快或慢等问题要求注明时间长短；

e. 对于列车电气设备，如各种继电器、保护开关等要求注明编号，电气线路故障要求注明线号。

（2）故障信息的描述要求从大部件到小部件，从整体到零部件的顺序，格式为：

列车号 + 车辆号 + 车辆类型 + 位置（故障部件 + 故障组件）+ 故障情况

例如：① 0101# 010052，M1-2 车空压机　注油口　渗油。

② 0101# 010022，M1-1 车 B3、B4 一系弹簧　外簧　油漆剥落。

③ 0103# 010153，M2-1 车 1 位端转向架　横向减振器　渗油。

④ 0103# 010163，M2-2 车 3 轴齿轮箱　漏油。

3）相关图示

Tc 车、M1 车和 M2 车车下设备布置如图 2.115、图 2.116、图 2.117 所示。

图 2.115　Tc 车车下设备布置

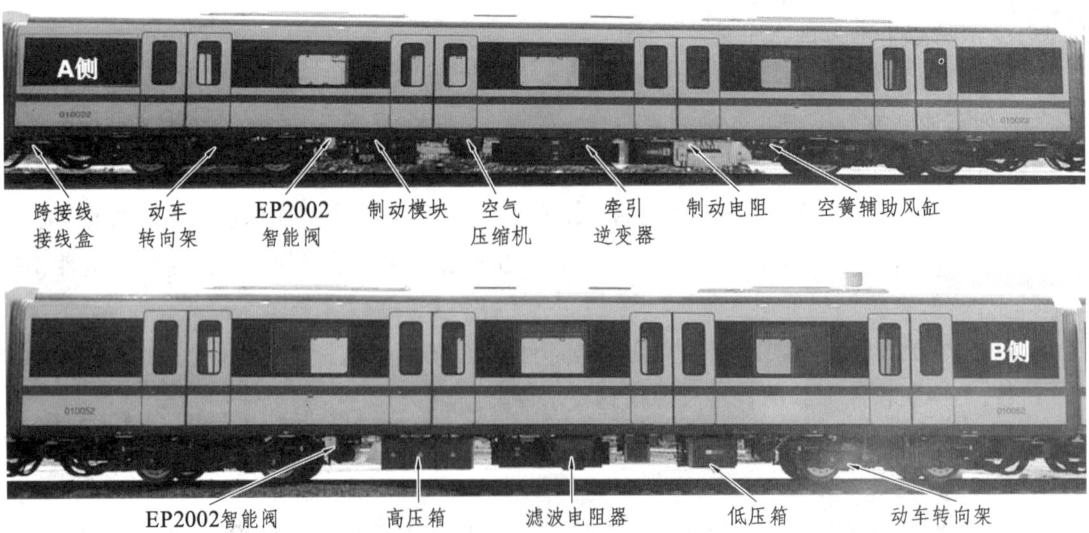

图 2.116　M1 车车下设备布置

图 2.117　M2 车车下设备布置

2.1.2　信号知识

1. ATC 基础介绍

1）术语

在铁路和通信信号领域，常用的英文缩写术语的含义如表 2.19 所示。

表 2.19　英文缩写术语的含义

ATB	自动折返 Automatic Turn Back
ATC	列车自动控制 Automatic Train Control
ATO	列车自动驾驶 Automatic Train Operation
ATP	列车自动防护 Automatic Train Protection
ATS	列车自动监控 Automatic Train Supervision
BM	后备模式 Block Mode
CBI	计算机联锁 Computer Based Interlocking
CBTC	基于通信的列车控制 Communication Based Train Control
DCS	数据传输系统 Data Communication System
DMI	车载信号显示器 Driver Machine Interface
DMS	车门模式选择器 Door Mode Selector
DTI	发车计时器 Dwell Time Indicator
EB	紧急制动 Emergency Brake

（5）RM 模式选择按钮（带指示灯，见图 2.121）。

当 ATC 授权使用 RM 模式时，RM 模式选择按钮灯会点亮。

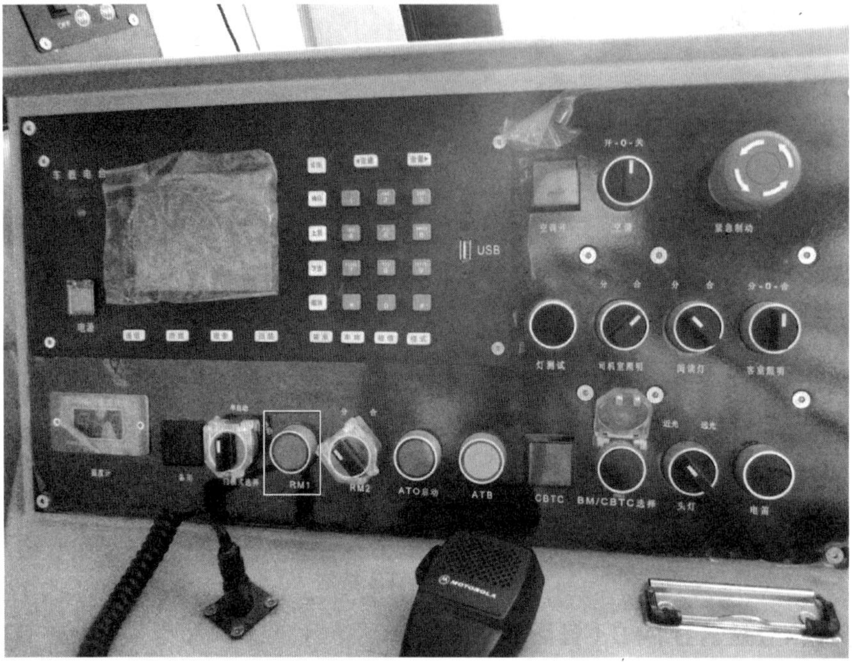

图 2.121　RM 模式选择按钮

（6）RM2 模式开关（见图 2.122）。

RM2 开关为 2 位带铅封自锁开关，RM2 开关常态应在分位。若有一端 RM2 开关打到合位，列车将运营在 RM2 模式下。其余 ATC 模式此时都不能被激活。

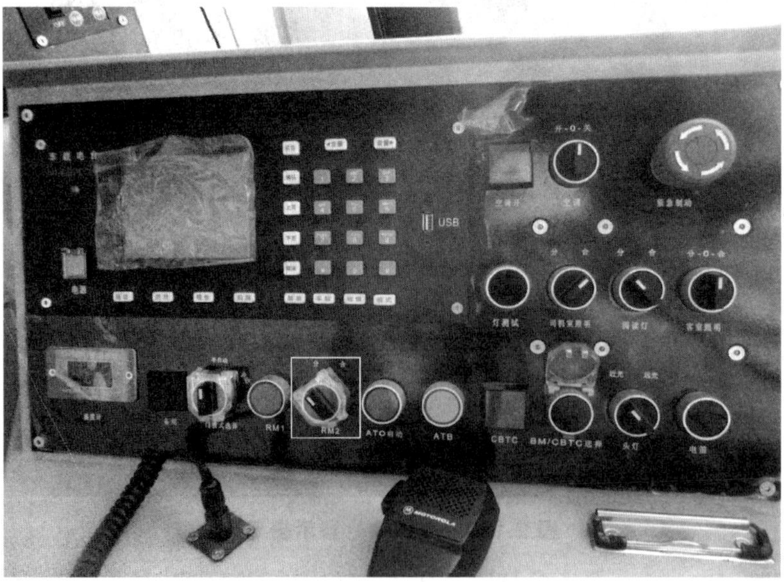

图 2.122　RM2 模式开关

（7）BM/CBTC 模式选择按钮（见图 2.123）。

当司机需要在 CBTC 和 BM 模式之间切换时按下该按钮。

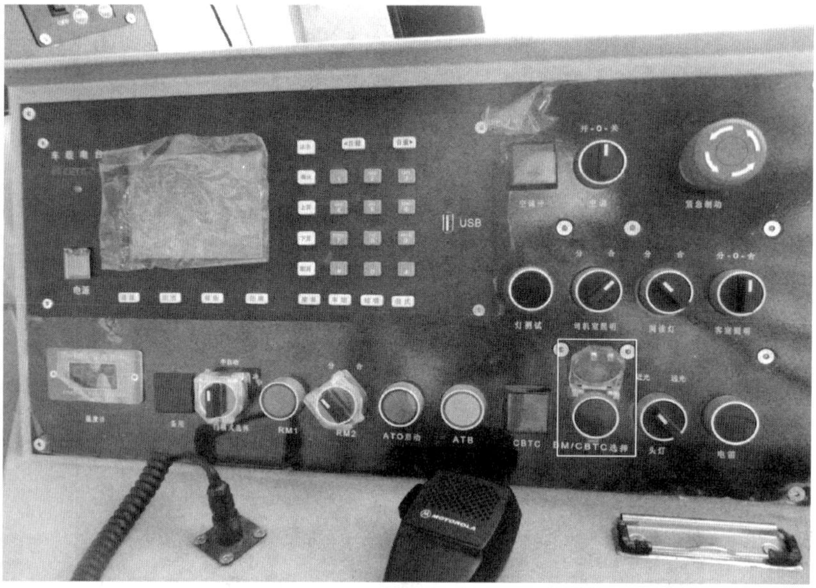

图 2.123　BM/CBTC 模式选择按钮

（8）CBTC 模式指示灯（见图 2.124）。

该灯点亮时，表示列车处于 CBTC 的运营模式。

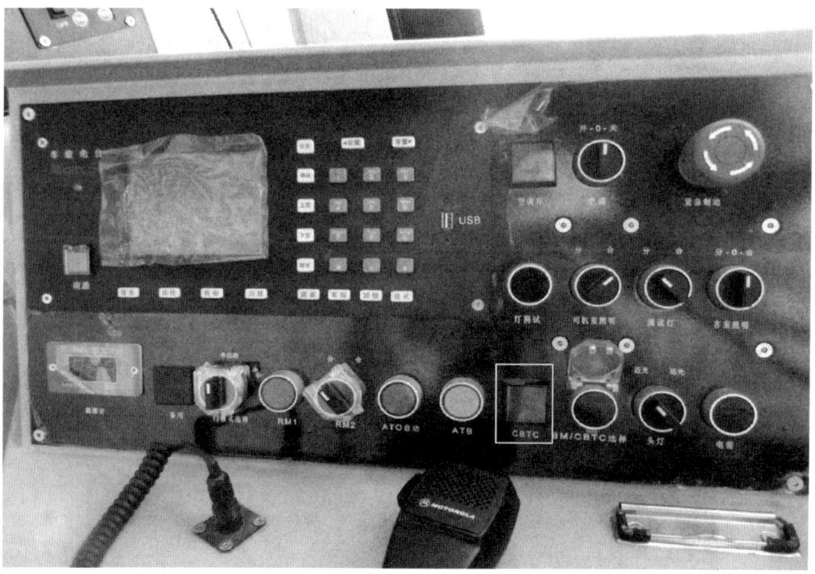

图 2.124　CBTC 模式指示灯

（9）司控器钥匙开关（见图 2.125）。

司机使用司控器钥匙开关激活驾驶室。司控器钥匙开关有两个位置，分别为“接通（激活）位”和“断开（非激活）位”。

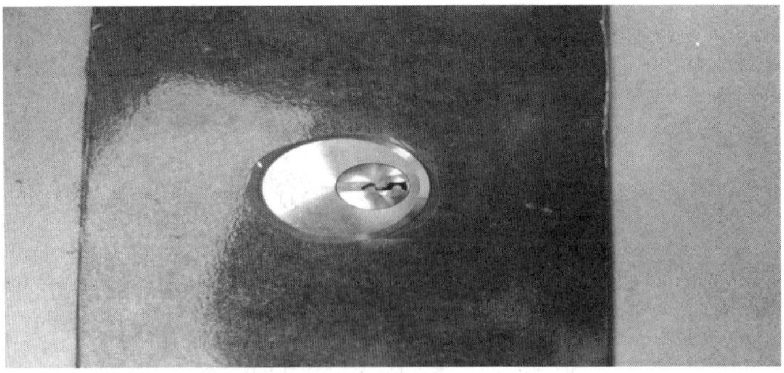

图 2.125　司控器钥匙开关

（10）方向手柄（见图 2.126）。

方向手柄用于控制列车的运行方向，有三个位置：向前位、零位和向后位。

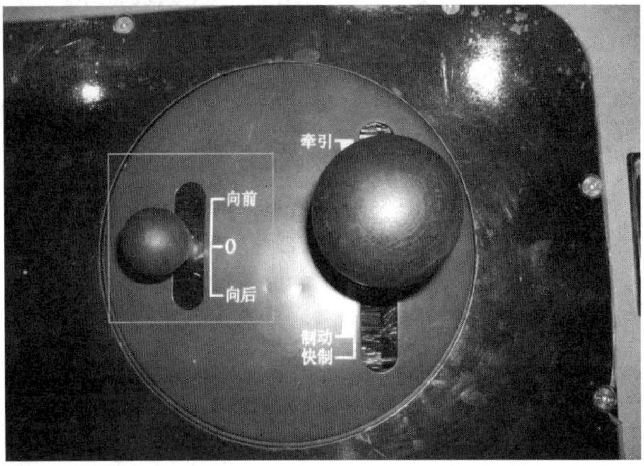

图 2.126　方向手柄

（11）牵引/制动控制手柄（见图 2.127）。

使用牵引/制动控制手柄在 ATP/RM 模式下对列车进行牵引或制动。牵引/制动控制手柄有 4 个位置：牵引、惰行、制动、快速制动。

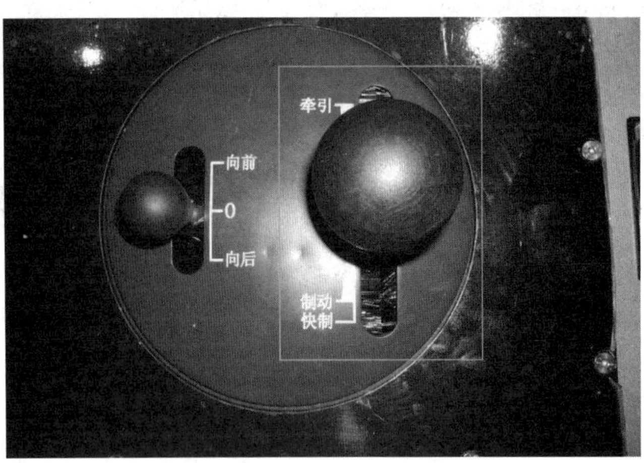

图 2.127　牵引/制动控制手柄

（12）开/关门按钮（带指示灯见图 2.128）。

图 2.128　开关门按钮

车门开/关门按钮（带指示灯）位于司机台上和司机室门旁边。车门打开指示灯点亮时，指示司机该侧车门可以打开。

（13）车门模式选择器（见图 2.129）。

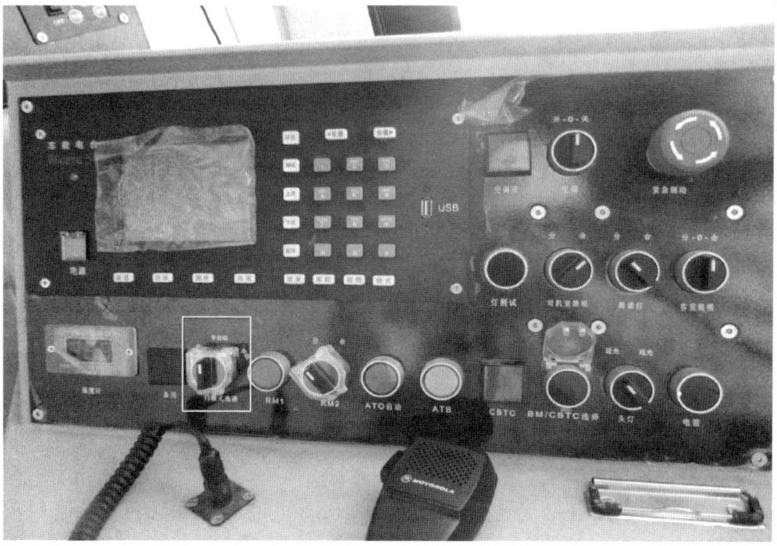

图 2.129　车门模式选择器

车门具有三种工作模式：手动（手动开门，手动关门）模式、半自动（自动开门，手动关门）模式和自动（自动开门，自动关门）模式。车门模式选择器用来选择以自动或手动模式打开/关闭车门。

司机和 ATC 车门管理在不同驾驶模式下的关系如表 2.20 所示。

表 2.20 司机和 ATC 车门管理在不同驾驶模式下的关系

驾驶模式	车门控制器位置		
	自动	半自动	手动
RM	OPB CPB 注：需旁路门使能	OPB CPB 注：需旁路门使能	OPB CPB 注：需旁路门使能
ATB	DOC DCC	DOC CPB	OPB CPB
CBTC－ATO	DOC DCC	DOC CPB	OPB CPB
CBTC－ATP	OPB CPB	OPB CPB	OPB CPB
BM	OPB CPB	OPB CPB	OPB CPB

注：DOC 为 ATC 开门命令，DCC 为 ATC 关门命令，OPB 为司机按压开门按钮，CPB 为司机按压关门按钮。

当列车处于 ATP、ATO 或者 ATB 驾驶模式下，并且正确停靠在车站时，ATC 可以实现车门与屏蔽门的联动功能。根据车门管理方式的不同，ATC 对屏蔽门的管理也有所不同：

- 当司机负责打开车门时，ATC 采集到司机请求打开车门的命令后，会向轨旁发送打开屏蔽门的命令。
- 当 ATC 负责打开车门时，ATC 将自行计算并发送打开车门和屏蔽门的命令，此时将忽略司机的开门请求
- 当司机负责关闭车门时，ATC 采集到司机请求关闭车门的命令后，会向轨旁发送关闭屏蔽门的命令
- 当 ATC 负责关闭车门时，ATC 将自行计算并发送关闭车门和屏蔽门的命令，此时将忽略司机的关门请求

由上述联动关系可知：

- 车门处于半自动控制模式下时，当屏蔽门打开并关闭后，如果司机按下了开门按钮，屏蔽门不会再次打开。
- 车门处于全自动控制模式下时，当 ATC 打开屏蔽门后，如果司机按下了关门按钮，屏蔽门不会关闭；当 ATC 关闭了屏蔽门后，如果司机按下了开门按钮，屏蔽门不会再次打开。

（14）ATC 旁路开关。

当要旁路 ATC 时，使用 ATC 旁路开关。它位于司机座椅后司机可以接触到的区域。ATC 旁路开关有正常位和旁路位两种作用位置。

（15）重启按钮。

实施 ATC 重启的目的是在 ATC 软件失效后，重启车载 CC（确保两个 ATC 计数器再同步）。ATC 重启功能将关闭有关列车的所有车载 ATC 设备。按压 ATC 重启按钮的持续时间应大于 3 s。

3）运营模式

（1）BM/CBTC 模式。

BM/CBTC 模式有三种状态，分别是 CBTC 模式、强制 BM 模式和非强制 BM 模式。

当运行在非强制 BM 模式下时，如果 CBTC 模式有效，将自动升级为 CBTC 模式，强制 BM 模式不具有此功能。三者的转换如表 2-21 所示。

表 2.21　BM/CBTC 模式的转换关系

模式转换	司机操作	CBTC 指示灯状态
CBTC→强制 BM	按下 BM/CBTC 模式选择按钮，DMI 上弹出确认对话框后，选择“强制”（BM 强制）	进入强制 BM 后指示灯熄灭
CBTC→非强制 BM	按下 BM/CBTC 模式选择按钮，DMI 上弹出确认对话框后，选择“非强制”（BM 强缓）	进入非强制 BM 后指示灯熄灭
强制 BM→CBTC	按下 BM/CBTC 模式选择按钮，DMI 上弹出确认对话框后，选择“非强制”（BM 强缓），当 CBTC 模式有效后，升级为 CBTC 模式	进入 CBTC 模式后指示灯亮
非强制 BM→CBTC	无需司机操作，当 CBTC 模式有效后，自动升级为 CBTC 模式	进入 CBTC 模式后指示灯点亮
强制 BM→非强制 BM	按下 BM/CBTC 模式选择按钮，DMI 上弹出确认对话框后，选择“非强制”（BM 强缓）	指示灯保持熄灭
非强制 BM→强制 BM	按下 BM/CBTC 模式选择按钮，DMI 上弹出确认对话框后，选择“强制”（BM 强缓）	指示灯保持熄灭

（2）联锁控制模式。

在此模式下，联锁将通过控制信号机和道岔来确保列车的行车安全以及行车间隔。当 CBI 正常运行时，该模式可用。

联锁控制级运营模式下，仅 RM 驾驶模式可用。

4）驾驶模式描述

（1）RMF 模式（RM1、RM2）。

在该模式下，列车以不超过 25 km/h 的速度运行。列车的监控、运行、制动及开关车门均由司机操作，车载设备对列车速度进行 25 km/h 的超速防护。

RM1 模式的应用条件为：

在正常运营模式下，仅用于列车进行定位前、初始化后或列车在车辆段/停车场运行。

对于降级模式，当列车发生故障时，可以此驾驶模式将其撤出正线运营；或当列车因故障停车后，以此驾驶模式行驶至下一站。

RM2 模式的应用条件：

需根据调度员命令执行。

（2）RMR 模式。

在该模式下，允许列车以低于 5 km/h 的速度反向运行最多 5 m。当退行达到 10 m 或退行速度超过 5 km/h 时，ATP 会触发紧急制动。

RMR 模式的应用条件为：

RMR 模式可在列车错过精确停车位置若干米（不超过最大可退行距离）后，后退以纠正列车停车位置（经调度员授权）。

（3）ATP 模式。

在该模式下，列车的监控、运行、制动及开关车门和地下站屏蔽门（高架站安全门）在车载 ATC 设备监督下由司机操作。ATP 子系统保证列车的运行安全，司机根据 DMI 及 DTI 显示的辅助驾驶信息，人工驾驶列车，ATP 对列车的运行进行完全的自动防护，所有必要的驾驶信息将在车载信号显示器上显示。

ATP 模式的应用条件为：

- 在 CBTC 运营模式下应用 ATP 驾驶模式时需要 DCS、ZC、LC、CBI 和 CC 全部可用；
- 在 BM 运营模式下应用 ATP 驾驶模式时需要 DCS 有线网络、CBI 和 CC 可用；
- 在需要司机人工控制列车运行或 ATO 与车辆的自动驾驶接口出现故障时，使用该模式。

（4）ATO 模式。

本模式是在司机监视下的自动驾驶模式，在线列车的启动、加速、巡航、惰行、制动、精确停车均由 ATO 子系统根据 ATS 指令自动控制（CBTC 模式下），除发车需要司机确认外，不需司机操作，列车的车门和地下站屏蔽门（高架站安全门）可自动控制也可手动控制。

ATO 模式的应用条件为：

- CBTC 模式下，当 DCS、ZC、LC、CBI 和 CC 都正常运行时，列车可以以 ATO 驾驶模式在正线任何 ZC 控制区域内运行；
- BM 模式下，当 DCS 有线网络、CBI 和 CC 都正常运行时，ATO 模式有效，司机可以以 ATO 模式驾驶；
- ATO 与车辆的自动驾驶接口可用。

（5）ATB 模式。

在该模式下，ATO 将自动选择控制驾驶室并驾驶列车运行至折返区域，在规定位置停车后，自动换端，并控制列车自动驾驶至发车站站台停车，完成自动折返功能。

ATB 模式的可用条件为：

- 列车完全位于自动折返区域且处于 CBTC 模式下；
- ATS、DCS、ZC、LC、CBI 和 CC 全部可用；
- ATO 与车辆的自动驾驶接口可用。

5）驾驶模式选择

表 2.22 给出了驾驶模式的建立过程。

表 2.22　驾驶模式的建立

驾驶模式	驾驶模式建立条件			
	司控器钥匙	方向手柄	牵引/制动手柄	按钮操作
RM1	接通	向前	不考虑	RM 模式按钮点亮后按下该按钮（RM2 开关不在合位）
RM2	接通	向前	不考虑	RM2 开关在合位
RMR	接通	向后	不考虑	RM2 开关不在合位
ATP	接通	向前	不考虑	RM2 开关不在合位
ATO	接通	向前	惰行	ATO 启动按钮点亮后按下该按钮（RM2 开关不在合位）
ATB	断开	零位	惰行	ATB 按钮点亮后按下该按钮（RM2 开关不在合位）

6）RM1、ATP、ATO 驾驶模式之间的转换

这三个模式之间的转换关系如图 2.130 所示，可以进行不停车转换。

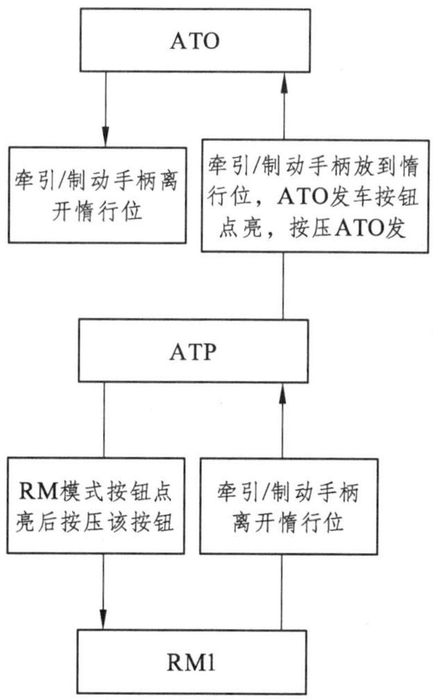

图 2.130　RM1、ATP、ATO 驾驶模式之间的转换

（1）RM1 切换到 ATP。

ATP 有效后，自动升级转换，如图 2.131 所示。

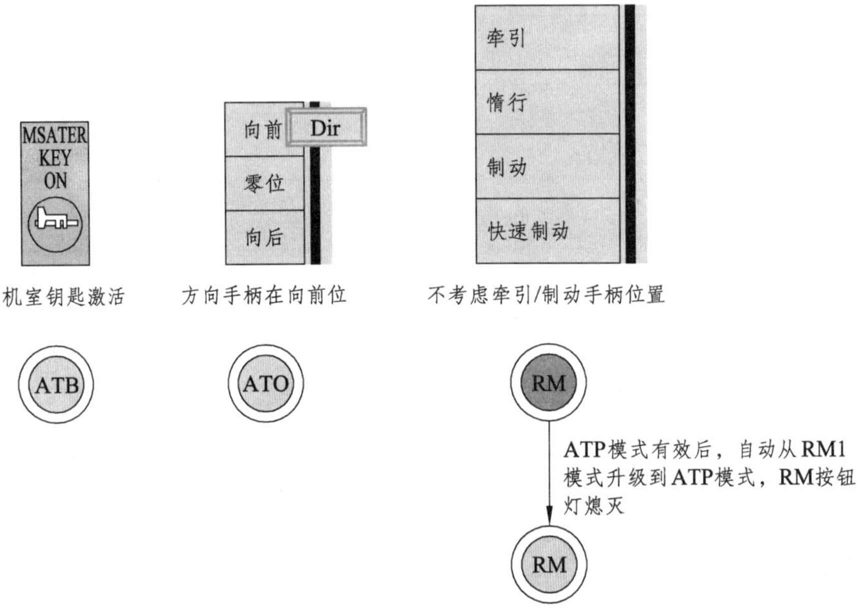

图 2.131 RM1 切换到 ATP

（2）ATP 切换到 ATO。

ATP 到 ATO 的切换过程如图 2.132 所示。

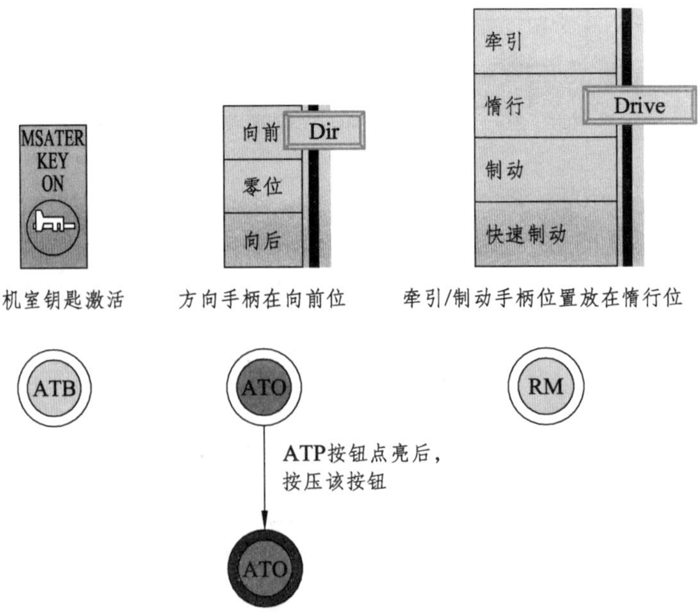

图 2.132 ATP 到 ATO 的切换过程

（3）ATO 切换到 ATP。

将牵引/制动手柄放到牵引或制动位，如图 2.133 所示。

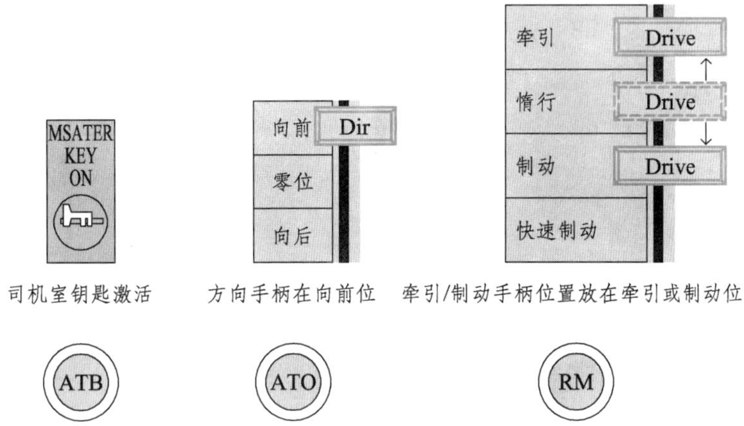

图 2.133　ATO 到 ATP 的切换

（4）ATP 切换到 RM1。

RM 模式按钮点亮后，按压该按钮。如图 2.134 所示。

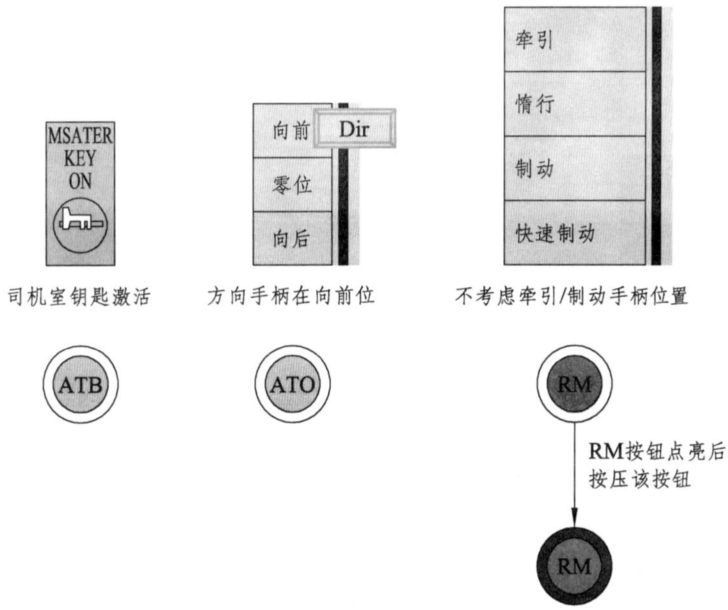

图 2.134　ATP 切换到 RM1

（5）进入 RM2 模式。

- 司机选择司机室（钥匙在 ON 位置）；
- 方向手柄在“向前位置”；
- 当前司机室的 RM2 开关被司机由“分”置于“合”的位置。

（6）进入 RMR 模式。

列车停车后，将方向手柄放到向后位置，即进入 RMR 模式，如图 2.135 所示。

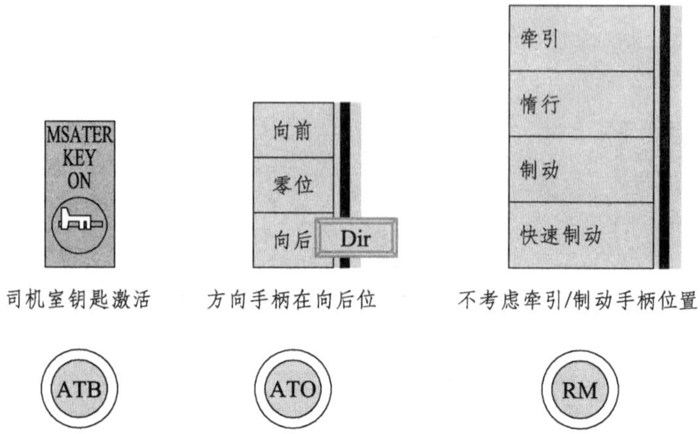

图 2.135　进入 RMR 模式过程

（7）进入 ATB 模式。

列车停在自动折返区域后，两头驾驶室的牵引/制动手柄放在惰行位，方向手柄放在零位，司控器钥匙断开，在 ATB 模式按钮灯点亮后按压该按钮，如图 2.136 所示。

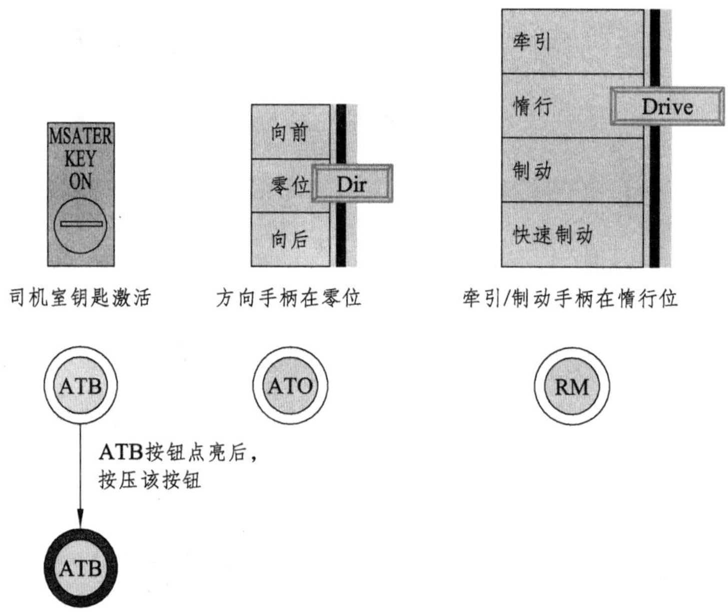

图 2.136　进入 ATB 模式过程

2. DMI 介绍

DMI 屏幕显示实例如图 2.137 所示，整个 DMI 屏幕由表 2.23 所示的若干区域组成。

表 2.23　DMI 屏幕布局

<table>
<tr><td>A1</td><td colspan="2">K1</td><td>K2</td><td>K3</td><td colspan="2">T1</td><td colspan="2">T2</td><td colspan="2">T3</td></tr>
<tr><td rowspan="5">A2</td><td colspan="4" rowspan="5">B</td><td colspan="4">N</td><td colspan="2">D</td></tr>
<tr><td colspan="3">M1</td><td colspan="3">M2</td></tr>
<tr><td colspan="3">M3</td><td colspan="3">M4</td></tr>
<tr><td colspan="3">M5</td><td colspan="3">M6</td></tr>
<tr><td colspan="3">M7</td><td colspan="3">M8</td></tr>
<tr><td>C1</td><td>C2</td><td>C3</td><td>C4</td><td>C5</td><td colspan="3">M9</td><td colspan="3">M10</td></tr>
<tr><td colspan="5">E</td><td colspan="6" rowspan="2">F</td></tr>
<tr><td colspan="2">G1</td><td colspan="2">G2</td><td>G3</td></tr>
</table>

图 2.137　DMI 显示实例

DMI 屏幕布局的各个区域的作用如下：

A1、A2：　　目标信息显示区域；

B：　　速度控制显示区域；

C1 ~ C5：　　辅助运行信息显示区域；

D：　　屏幕菜单显示区域；

E：　　监控信息显示区域；

F：　　确认信息显示区域；

M1 ~ M10：　　运行模式和状态信息显示区域；

T1 ~ T3：　　列车信息显示区域；

N：　　发车倒计时显示信息；

K1 ~ K3：　　下一站、终点站和发车时间。

DMI 屏幕各区域显示信息如下：

（1）区域 A1。

此区域显示表 2.24 所示的 ATC 制动信息。

表 2.24　ATC 制动信息

	触发紧急制动 当列车实际速度达到紧急制动触发速度时显示，此时将触发紧急制动
	请求制动 当列车实际速度超过 ATP 推荐速度，但尚未达到紧急制动触发速度时显示
	无显示 无制动信息（正常情况）

（2）区域 A2。

此区域显示的目标距离和目标速度信息只能在 ATP 模式下显示，如图 2.138 所示。

数字值表示目标点的速度。如果目标点为限制信号时，目标速度可能为 0。

图 2.138　条形图表示到目标点的距离

（3）区域 B。

此区域显示列车运行的速度信息，如图 2.139 所示。在速度表上以不同颜色的指针显示实际速度、推荐速度和紧急制动触发速度。

列车运行的实际速度在速度表上以指针和数字的形式显示；ATP 推荐速度在速度表上以黄色三角显示；紧急制动触发速度在速度表上以红色三角显示。

图 2.139　速度表刻度

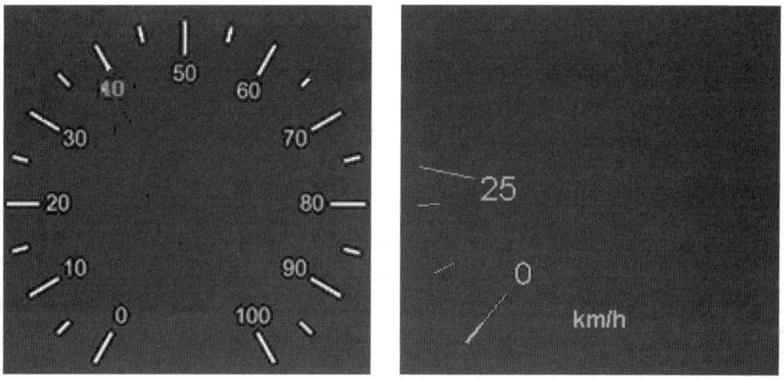

图 2.140　速度表显示

速度表刻度根据不同项目会有不同的配置（如从 0 km/h 到 100 km/h）。刻度的颜色为灰色，刻度上会有速度单位显示（如 km/h）。

速度表可能呈全显示，或者呈部分显示，如图 2.140 所示。

两种情况的刻度是一样的。当刻度是部分显示时，可以显示 ATC 给出的最大速度。在最大速度处有一个刻度（如 25 km/h），并且只有两个速度显示：0 km/h 和最大速度。

在 RM 模式下，刻度盘为部分显示。部分显示的最大速度为司机需遵循的最大速度。在其他情况下（包括车辆驾驶模式），刻度盘为完全显示。

列车速度以模拟和数字两种形式显示。

模拟显示：速度刻度盘指针的指向代表列车速度；

数字显示：列车速度在速度刻度表中心显示。

数字显示的颜色为白色，模拟速度指针的颜色取决于 A1 图标的颜色，可能为正常情况下的灰色、报警情况下的橘黄色和系统干预时的红色。

如果 ATC 不能提供有效的速度，数字显示为“——”，且模拟指针指向刻度盘的 0。

无论列车的运行方向如何，显示的速度都为正数。列车以 3 km/h 前进或后退，显示的速度均为 3 km/h。

黄色三角代表的 ATP 推荐速度是司机应该遵守的速度。列车速度可以稍许超过此速度而不会触发紧急制动。

在 ATO 模式下，ATP 推荐速度将不显示。

（4）区域 C1。

此区域显示车辆的牵引/制动信息，具体如表 2.25 所示。

表 2.25　车辆牵引/制动信息

	车辆正在牵引
	车辆正在制动
	车辆为惰行
	无牵引/制动信息

（5）区域 C2。

此区域显示最高可用运行模式，如表 2.26 所示。

表 2.26　运行模式

	强制 ATO 后备模式 当暂时强制使用 ATO 后备模式时，闪烁显示（等待司机确认）
	ATO－CBTC 模式

（6）区域 C4。

此区域显示车辆制动状态，图标含义如表 2.27 所示。

表 2.27　车辆制动状态

	车辆制动力降低
	车辆制动力合格，或者没有收到车辆信息

（7）区域 C5。

此区域标示由两个部分组成，用于显示司机室状态。上面的三角图标表示当前司机室的状态（司机室随此显示出现），下面的三角图标表示尾端司机室的状态。

三角图标的颜色可能为红色、绿色或白色。其中，红色表示此司机室 ATC 已旁路（无论激活司机室在哪里），绿色表示司机室已激活，白色表示司机室没有激活。

司机室的各种状态如表 2.28 所示。

表 2.28　司机室状态

	当前司机室未激活 远端司机室未激活 这在 ATB 模式下是正常的
	当前司机室未激活 远端司机室由司机激活（KSON） 在尾端这是正常情况。
	当前司机室由司机选择激活（KSON） 远端司机室未激活。 这个是头车的正常情况
	当前司机室激活 远端司机室旁路
	当前司机室未激活 远端司机室旁路

	当前司机室旁路 远端司机室激活
	当前司机室旁路 远端司机室未激活
	当前司机室旁路 远端司机室旁路
	当前司机室激活 远端司机室激活 （这个情况应该永远不能发生）

（8）区域 K1、K2 和 K3

此区域显示下一站、终点站及发车时间，如图 2.141 所示。

图 2.141　下一站、终点站及发车时间

（9）区域 N。

此区域显示离站倒计时，如图 2.142 所示。如果剩余时间大于 99 s，则显示闪烁的“99”。当倒计时到 0 时，则保持在 0（没有负数）。

图 2.142　离站倒计时

以下情况不显示：

- 离站时间未知（扣车或没有收到 ATS 发车命令）;
- 列车没有正确停站；
- 在离站前需先换头；
- 后备模式下。

（10）区域 M1

此区域显示列车当前选择的工作模式，各图标的具体含义如表 2.29 所示。

表 2.29　列车工作模式

ATO	ATO 模式
ATP	ATP 模式

RM	RMF 或 RMR 模式或 RM2
EUM	ATC 切除
	其他（无模式）

（11）区域 M2

此区域显示列车当前运营级别，各图标含义如表 2.30 所示。

表 2.30　当前运营级别

CBI	已选择 RM 驾驶模式
BM	ATP－后备或 ATO－后备模式
CBTC	ATP/ATO-CBTC 模式
	其他（无模式选择或 ATC 切除）

（12）区域 M3。

此区域显示列车是否处于折返状态，图标含义如表 2.31 所示。

表 2.31　列车折返显示

	当列车在 ATB 区域内时闪烁显示
	列车正在进行 ATB 折返

（13）区域 M4。

此区域显示列车停站状态，图标含义如表 2.32 所示。

表 2.32　列车停站指示

	列车正确停在停车点时显示
	列车未停到位（列车还需向前移动至停车点）或者列车停过头（列车需后退至停车点，此后退距离不超过最大后退距离）
	其他

此图标在 RMR、ATP 和 ATO 模式时显示，在 RMF 模式时不显示。且此图标在需要停车的停车点才会显示（站台、折返轨、侧线）。

注：如果列车未包含在以上表格所列情况（越过停车点很长距离，或者在停车点前很远就停车），将不显示此图标。

（14）区域 M5。

此区域显示车门状态，图标具体含义如表 2.33 所示。

表 2.33　车门状态

	左侧车门打开（车门未锁闭）
	右侧车门打开（车门未锁闭）
	两侧车门打开（车门未锁闭）
	所有车门都关闭（锁闭）
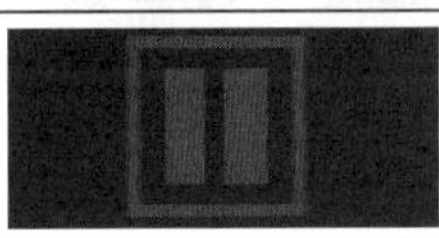	ATC 没有授权的情况下（如紧急拉手被拉下）车门打开（未锁闭）

（15）区域 M6。

此区域显示列车离站信息，各图标具体含义如表 2.34 所示。

表 2.34　列车离站信息

	请求车门关闭（司机需按压关门按钮）； 当车门关闭后，此图标消失； 当 ATC 负责车门关闭时（不需要司机执行），不显示此图标
	ATC 请求列车离站。在 ATO 模式下，司机需按压 ATO 发车按钮； 在 ATP 模式下，司机需推牵引手柄； 当在站台上，驾驶模式为 ATP 或 ATO 模式，且离站时间已知，车门已锁闭的情况下，显示该图标
	扣车。当在站内应扣车时显示该图标（自动扣车/ATS）
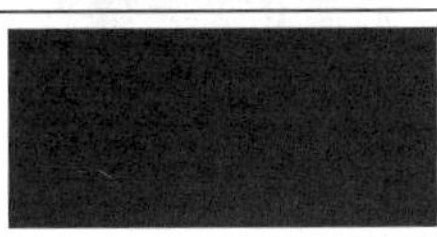	其他，选择后备模式（当选择 BM 模式时不显示离站信息）

（16）区域 M7

此区域显示车门控制模式，各图标具体含义如表 2.35 所示。

表 2.35　车门控制模式

	手动打开/手动关闭
	自动打开/手动关闭
	自动打开/自动关闭
	无意义（未选择 ATO 模式）

（17）区域 M8。

此区域显示紧急信息，各图标含义如表 2.36 所示。

表 2.36　紧急信息

	车辆施加 EB
	车辆打滑信息 （当为正常范围内的空转或打滑时，为闪烁显示；当为严重的空转或打滑时，为稳定显示）
	PSD 未关闭
	PSD 状态未知
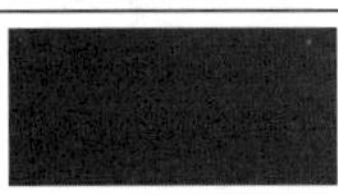	其他

（18）区域 M9。

此区域显示无线通信是否中断，图标含义如表 2.37 所示。

表 2.37　无线通信状态

	无线通信中断
	其他

（19）区域 M10。

此区域用于显示某些特殊信息，各图标含义如表 2.38 所示。

表 2.38　特殊信息显示

	选择了 RM 模式且 ATC 未定位
	列车将离开 ATC 区域
	列车收到跳停信息
	其他

（20）区域 G1。

生命显示。此图标是不断变化的，每次 DMI 接收到新的显示框时图标会变化，图标变化的区域说明屏幕已更新，如图 2.143 所示。

图 2.143　生命显示图标

（21）区域 G2。

当前日期。此图标为文本信息，形式如：2013-06-06。此文本为浅灰色。如果 ATC 日期没有同步时，数字值将会被“－”替代。

（22）区域 G3。

当前时间。此图标为文本信息，形式如： 14：31：26。此文本为浅灰色。如果 ATC 时间没有同步时，数字值将会被“－”替代

（23）区域 E。

此区域显示文本消息，具体如图 2.144、图 2.145 所示。所显示的信息分低优先级消息显示和高优先级消息两种。

图 2.144　低优先级消息

低优先级消息显示在区域 E 内，司机可以通过触摸显示屏上的向上和向下按钮来查看消息框中的消息。

最新的消息会显示在该区域的最上面，最旧的消息会显示在该区域的最下面。

每个低优先级的消息均标明时间，时间显示在文本的前面。

当新消息出现时，该列表会自动滚动到开头，在第一行显示最新的消息。在此区域的左上角会有一个图标显示 DMI－new－msg－delay 秒，标明此行是最新消息。

当显示一个高优先级消息时，该信息自动插入到文本信息的清单内。当这种情况发生时不显示有新信息的指示。

文本消息和指示图标均为浅灰色，文本行的边界处带有浅灰色的框。

高优先级文本消息显示在区域 E 内。当一个高优先级消息显示时，将会覆盖该区域的低优先级消息。

图 2.145 高优先级消息

高优先级消息显示 DMI－new－msg－delay 秒。

高优先级消息会自动插入到低优先级文本清单内，这些消息将在低优先级消息清单中显示。

（24）区域 F。

待确认消息显示在区域 F 中。周围带有黄色边框，如图 2.146 所示。

此区域将显示强制选择 BM 的确认框。

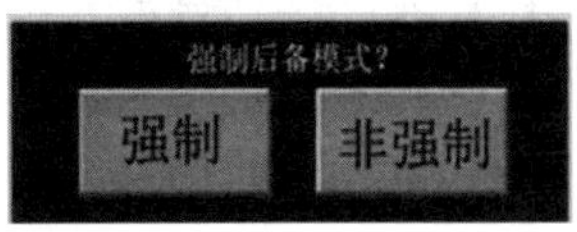

图 2.146 待确认信息

（25）区域 D。

此区域显示菜单（MENU）按钮，如图 2.147 所示。当选择 MENU 按钮时，会打开菜单。菜单可以允许用户执行维护活动（切换语言、显示内部信息、DMI 重启、DMI 测试等）。菜单显示在屏幕的右侧，覆盖区域 T1、T2、T3、N、D、M 和 C，如图 2.148 所示。

图 2.147 菜单按钮

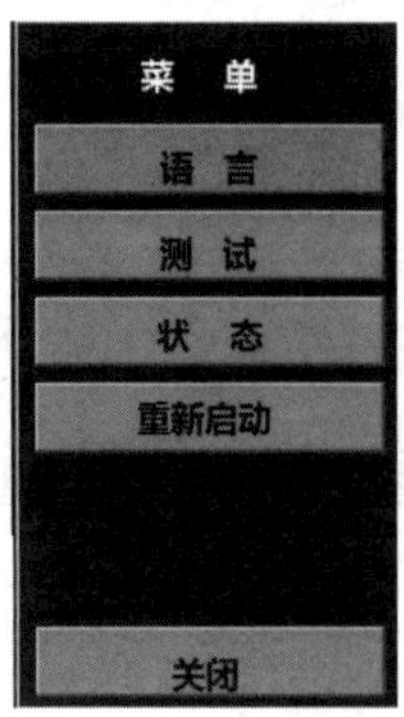

图 2.148 菜单选项

每个菜单和子菜单包括几个菜单按钮（一个按钮对应一个菜单）。

“CLOSE”按钮用来关闭当前菜单，并进入上一层菜单（如果有），或者关闭菜单对话框。

当选择了菜单条目后，在主菜单的区域可能打开另一个下级菜单或是与主菜单相关的功能（如屏幕测试）。

此菜单仅用于维护，当司机驾驶列车时不应打开菜单。因此，菜单按钮仅用于非激活驾驶室，或是不处于 ATP/ATO 模式下的已激活驾驶室，在其他情况下是不可用的（DMI 为激活驾驶室，驾驶模式为 ATP、ATO）。

（26）区域 T1。

此区域用于显示服务号，文本格式为字母“T”后面加字符串（三位数字）。此信息是 ATS 提供的“服务号”数据。

（27）区域 T2。

此区域用于显示目的地号，由 2 个数字组成。

（28）区域 T3。

此区域用于显示工号按钮，按钮上的文本格式为字母“C”后面跟着 1～999 的数字，如图 2.149 所示。此信息为 ATS 提供的“工号”信息。当选择该按钮（触摸屏）后，将打开 CREW－ID 对话框，此对话框允许司机输入工号，如图 2.150 所示。

图 2.149　工号按钮

图 2.150　CREW-ID 对话框

对话框包括一个显示编辑的区域、一个数字键盘（用来输入数字）、一个确认按钮（用来确认输入的编号并关闭对话框）和一个取消按钮（用来关闭对话框并取消输入的数字）。

CREW-ID 对话框用于驾驶，司机在驾驶列车时必须输入工号。因此，工号按钮仅在位于前端驾驶室的 DMI 上可用。

3. 正常运行模式

本节介绍列车从运营开始至运营结束的正常运行模式，以下工况为正常运行模式：

- 列车从车辆段运行至正线；
- 列车运营；
- 列车折返；
- 列车从正线返回车辆段。

1）从车辆段行驶至正线

（1）ATC 初始化检查。

ATC 初始化检查步骤如表 2.39 所示。

表 2.39 ATC 初始化检查步骤

1	司机通过转换司控器钥匙至“接通”位置，激活驾驶室	
2	ATC 开始初始化检查	
3	司机等待自检完成。然后 DMI 上通知自检结果（成功或失败）	
4	司机断开司控器钥匙，并激活另一端驾驶室	
5	另一驾驶室开始执行 ATC 初始化检查。检查完成后，将在 DMI 上通知自检结果（成功或失败）	

（2）列车从车辆段转换至正线步骤。

列车从车辆段转换至正线步骤如表 2.40 所示。

表 2.40 列车从车辆段换至正线步骤

1	在 ATC 初始化检查后，以 RM1 模式，根据信号机显示，驾驶列车至转换轨	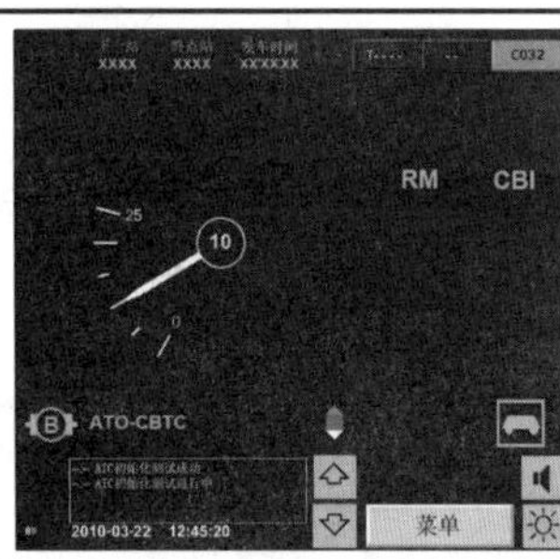

2	列车在转换轨完成定位	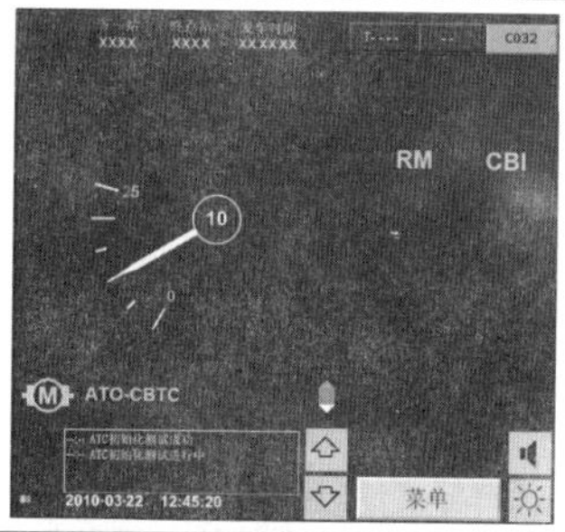
3a	CBTC 模式下，列车收到 ZC 发送的有效 EOA 后，完成 ATP/ATO 模式初始化，自动升级到 CBTC－ATP 模式。司机可以以 CBTC－ATP 模式驾驶列车	
4a	若司机想进入 CBTC－ATO 模式，则应将牵引/制动手柄放在惰行位，ATO 启动按钮点亮后按压该按钮	
3b	在 BM 模式下，列车读到初始化有源信标发送的允许信息，列车完成 ATP/ATO 模式初始化，自动升级到 BM－ATP 模式。司机可以以 BM－ATP 模式驾驶列车	
4b	若司机想进入 BM－ATO 模式，则应将牵引/制动手柄放在惰行位，ATO 启动按钮点亮后按压该按钮	

2）车站（BM－ATP/ATO 模式）

BM-ATP/ATO 模式下，列车在车站的作业内容如表 2.41 所示。

表 2.41　BM-ATP/ATO 模式下列车在车站的作业内容

1	列车进入车站，自动精确停站（ATO）或司机操控列车在停车标处精确停车（ATP）（注：列车停站时，推荐速度不为 0，所以司机需要按照停车标停车而不是按照 DMI 上的推荐速度停车	
2	司机根据站台侧按下左/右车门打开按钮	
3	车站屏蔽门和车门打开。图示为右侧车门打开	
4	停站期间乘客上下车	
5	司机按照车站发车倒计时牌显示的时间，在发车时间快到时按压关门按钮	
6	车站屏蔽门和车门关闭	
7	确认前方信号机开放后，按压 ATO 启动按钮（ATO 模式）或操作牵引/制动手柄（ATP 模式）行驶至下一站	

注：在 BM 模式下车门只能由司机手动操控。

3）车站（CBTC－ATO 模式）

CBTC-ATO 模式下，列车在车站的作业内容如表 2.42 所示。

表 2.42　CBTC-ATO 模式下列车在车站的作业内容

<table>
<tr><td>1</td><td>列车以 CBTC-ATO 模式进入车站并自动停车</td><td>
</td></tr>
<tr><td>2</td><td>按照 DMS 的位置，以及站台侧，司机按下左/右车门打开按钮或者 ATC 自动打开站台侧车门</td><td></td></tr>
<tr><td>3</td><td>车站屏蔽门和车门打开，图示为右侧车门打开</td><td>
</td></tr>
<tr><td>4</td><td>停站期间乘客上下车</td><td></td></tr>
<tr><td>5a</td><td>DMS 在全自动位，ATC 在停站时间快到时自动关闭车门</td><td></td></tr>
<tr><td>5b</td><td>DMS 在手动或半自动位，ATC 在停站时间快到时，在 DMI 上提示司机关闭车门。司机按压左/右车门关闭按钮</td><td>
</td></tr>
<tr><td>6</td><td>车站屏蔽门和车门关闭</td><td></td></tr>
<tr><td>7</td><td>在 DMI 上出现发车指示后，按压 ATO 启动按钮行驶至下一站</td><td>
</td></tr>
</table>

4）车站（CBTC－ATP 模式）

CBTC-ATP 模式下，列车在车站的作业内容如表 2.43 所示。

表 2.43　CBTC-ATP 模式下列车在车站的作业内容

1	司机操控列车在停车标处精确停车（注：列车停站时，推荐速度不为 0，所以司机需要按照停车标停车而不是按照 DMI 上的推荐速度停车）	
2	司机根据站台侧按下左/右车门打开按钮	
3	车站屏蔽门和车门打开，图示为右侧车门打开	
4	停站期间乘客上下车	
5	ATC 在停站时间快到时，在 DMI 上提示司机关闭车门，司机按压左/右车门关闭按钮	
6	车站屏蔽门和车门关闭	
7	在 DMI 上出现发车指示后，操作牵/引制动手柄行驶至下一站	

注：在 CBTC－ATP 模式下车门只能由司机手动操控。

5）列车折返

（1）BM（ATP/ATO）模式手动折返。

BM（ATP/ATO）模式手动折返步骤如表 2.44 所示。

表 2.44　BM（ATP/ATO）模式下手动折返步骤

1	列车进入折返线，自动精确停车（ATO）或司机操控列车在停车标处精确停车（ATP）	
2	司机将牵引/制动手柄放在惰行位，方向手柄放在零位后，断开司控器钥匙	
3	换端并接通另一端驾驶室的司控器钥匙	
4	按压 BM/CBTC 模式按钮，选择 BM 模式（是否选择强制后备模式按运营情况而定），图示为强制后备模式	
5	将方向手柄放到向前位，RM 模式按钮灯点亮后，按压该按钮，进入 RM1 模式。在前方信号机开放后，操控牵引/制动手柄，使列车在 RM1 模式下向前运行	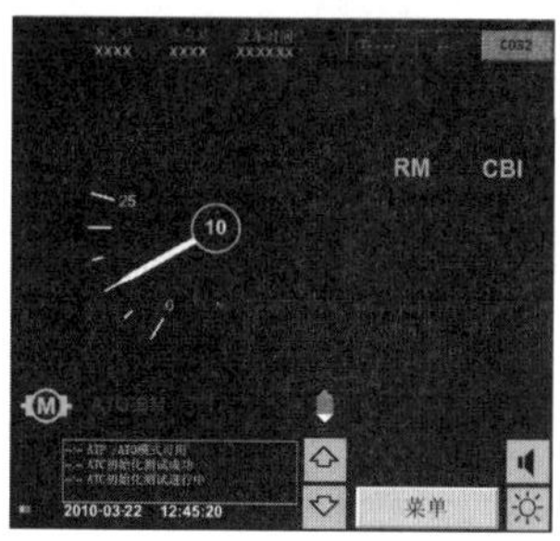

6	列车读到初始化有源信标发送的允许信息后，自动升级为 BM－ATP 模式	
7	若司机想进入 BM－ATO 模式，则应将牵引/制动手柄放在惰行位，ATO 启动按钮点亮后按压该按钮	

（2）CBTC（ATP/ATO）模式手动折返。

CBTC（ATP/ATO）模式下手动折返步骤如表 2.45 所示。

表 2.45　CBTC（ATP/ATO）模式下手动折返步骤

1	列车进入折返线，自动精确停车（ATO）或司机操控列车在停车标处精确停车（ATP）	
2	司机将牵引/制动手柄放在惰行位，方向手柄放在零位后，断开司控器钥匙	
3	换端并接通另一端驾驶室的司控器钥匙	
4	将方向手柄放到向前位，在 ATO 启动按钮点亮后按压该按钮以 ATO 模式或操作牵引/制动手柄以 ATP 模式驶出折返线	

（3）自动折返（仅 CBTC 模式下有效）。

CBTC 模式下自动折返的步骤如表 2.46 所示。

表 2.46　CBTC 模式下自动折返的步骤

1	列车进入折返线，自动精确停车（ATO）或司机操控列车在停车标处精确停车（ATP）	
2	司机将两端驾驶室的牵引/制动手柄放在惰行位，方向手柄放在零位，司控器钥匙断开	
3	在 ATB 模式按钮点亮后，按压该按钮，列车进入 ATB 模式	
4	司机可在驾驶室 ATO 启动按钮点亮后按压该按钮，或按压站台上的 ATB 折返按钮启动自动折返作业	

6）从正线返回车辆段

正线返回车辆段的作业步骤如表 2.47 所示。

表 2.47　从正线返回车辆段的作业步骤

1	当列车需回到车辆段时，以 ATP 驾驶列车靠近入段信号机（若先前以 ATO 模式驾驶列车，应转入 ATP 模式）	
2	RM 模式按钮灯点亮且车速低于 25 km/h 时，司机按压 RM 模式按钮，列车不停车进入 RM1 模式	
3	司机根据信号机显示以 RM1 模式驾驶列车回库	

4. 降级模式操作

（1）列车前方已知无线区段发生故障，如图 2.151 所示，此时降级模式操作步骤如下：

步骤 1：

- 列车在 CBTC 模式下运行；
- 司机被告知前方无线区域故障；
- 列车在故障无线区域前方停车。

步骤 2：

- 列车停在信号机前方，信号机为允许状态；
- 司机按压 BM/CBTC 按钮，DMI 上弹出确认对话框后，选择“强制”（BM 强制），进入强制模式；

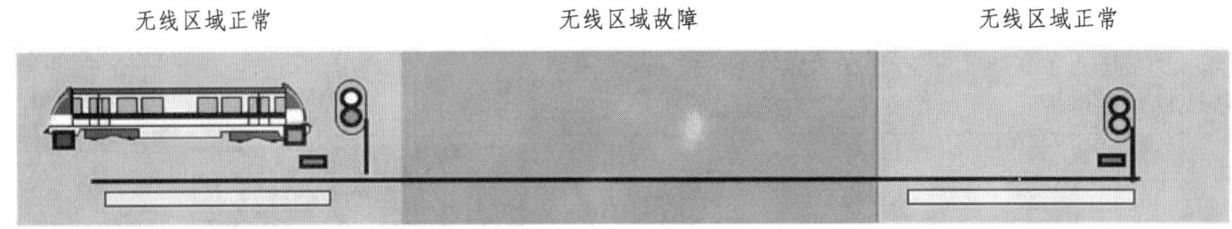

图 2.151　前方已知无线区域故障

RM 模式灯点亮后，司机按压 RM 模式按钮，进入 RM1 模式，列车以 RM1 模式运行至下一个 BM 初始化信标。

步骤 3：

列车一旦检测到初始化信标后，自动转换为 BM－ATP 模式。

步骤 4：

- 列车运行到正常无线区域停车；
- 司机按压 BM/CBTC 按钮，DMI 上弹出确认对话框后，选择“非强制”（BM 强缓），取消强制 BM 模式。

当 CBTC 模式有效后，自动升级为 CBTC 模式，列车以 CBTC 模式运行。

（2）列车前方无线区段突发故障，如图 2.152～图 2.155 所示，此时降级模式操作步骤如下：

步骤 1：

列车运行在 CBTC 模式下，中心无故障状态警报。

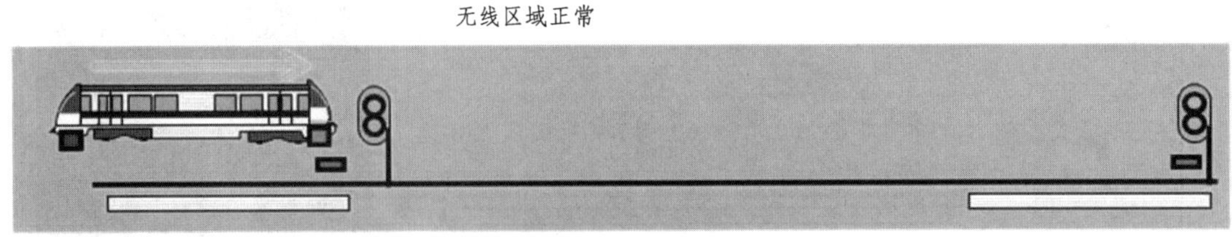

图 2.152　前方无线区段突发故障（1）

步骤 2：

列车突然紧急制动（EB），列车因紧急制动（EB）停止在线路上，ATC DMI 上显示紧急制动（EB）警报。

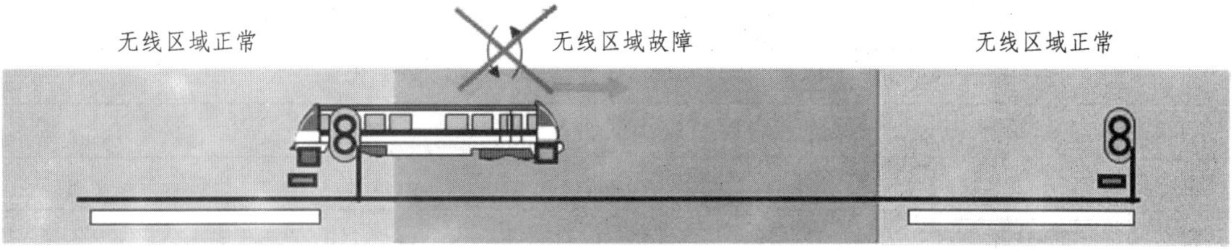

图 2.153　前方无线区段突发故障（2）

步骤 3：

紧急制动（EB）缓解后，司机按压 BM/CBTC 按钮，DMI 上弹出确认对话框后，选择“非强制”（强缓），进入非强制 BM 模式。

- RM 模式灯点亮后，司机按压 RM 模式按钮，进入 RM1 模式。
- 列车以 RM1 模式运行至无线正常区域或 BM 模式初始化信标。

步骤 4a：

列车驶入无线正常区域，列车自动升级到 CBTC－ATP 模式。

图 2.154　前方无线区段突发故障（3）

步骤 4b：

列车越过 BM 模式初始化信标，自动升级到 BM－ATP 模式。

图 2.155　前方无线区段突发故障（4）

（3）ATC 旁路（OFF 模式）。

当 CC 设备不可用时，列车将立即实施紧急制动。列车完全停止后，司机可在得到调度员的授权后切除车载 ATC，以 OFF 模式驾驶列车运行。

司机用 ATC 切除选择开关切除 ATC。此旁路开关阻断了 ATC 紧急制动输出以及 ATC 其他阻止列车运行的输出。列车完全由人工驾驶，车载设备不控制列车运行。司机根据调度命令和地面信号的显示驾驶列车，列车运行的安全由联锁设备、调度人员和司机共同保证。

5. 运行报警信息

列车运行过程中可能出现的报警信息如表 2-48 所示。

表 2.48 运行报警信息

信 息	触发原因
ATP/ATO 模式可用	ATP/ATO 模式由不可用变为可用
紧急制动：车门未锁闭	在不授权开门时车门未锁闭
紧急制动：PSD 未锁闭	在不授权屏蔽门打开时屏蔽门未锁闭
紧急制动：扣车	列车在扣车状态下发生了移动
紧急制动：超速	列车超过了限制速度
紧急制动：紧急停车区域触发	列车位于紧急停车区域
紧急制动：重大故障	列车车轴被锁定
紧急制动：没有采集到安全停稳信息	ATC 请求安全停稳，但在规定时间内没有收到安全停稳已施加的信息
紧急制动：越过信号机	列车越过了限制信号机
紧急制动：倒溜	列车发生了倒溜
紧急制动：没有模式被选定	没有任何 ATC 模式被选择但列车发生了移动
ATC 初始化测试进行中	ATC 开始进行初始化测试
ATC 初始化测试成功	ATC 初始化测试通过
ATC 初始化测试失败	ATC 初始化测试失败

实施紧急制动后，在 ATC 模式下，若满足以下所有条件，紧急制动将由 ATC 缓解：

- 列车停车；
- 发生紧急制动（EB）的原因消失。

6. 司机常规操作限制

（1）司机需要遵守的行为准则。

当司机没有遵守以下行为准则时，可能导致影响运行效率的事件发生。

① 非激活端，ATC 旁路开关在“ATC 正常”的位置，方向手柄在零位，牵引/制动手柄在“惰行”位，钥匙在断开的位置。

② 当列车停在非默认的停车区域时，司机需重新按压 ATO 启动按钮以启动列车。

③ 当列车以 ATO 模式发车时，司机需按压 ATO 按钮直到 ATO 按钮灯灭。

④ CBTC 到 BM 的转换，一定要停车才允许转换。

⑤ 当装备列车从 Urbalis 管辖区域退出至非 Urbalis 管辖区域时，司机应选择 RMF 模式或 ATC 旁路模式。

⑥ 在 RM 或者 ATP 模式下，司机应让列车在停车位置保持停车（实施常用制动）。

⑦ 若车载 ATC 设备发生致命故障，并且司机无法执行 CC 复位操作时，司机（经调度员同意后）将旁路车载 ATC 控制，驾驶列车到下一个站台清客，然后退出到车辆段进行维修。

⑧ ATO 驾驶模式下，若列车未能在停车点精确停车（欠停导致无法上下客）时，司机应该使用 ATP 模式以使列车达到精确停车位置。

⑨ 当列车在车站进行运营模式转换时，司机应确保列车车门及屏蔽门已经关闭。

⑩ 司机在执行开关车门操作时，至少按压开、关门按钮 0.2 s 以上。

⑪ 当需要从 ATO 模式降至 ATP 模式时，司机应将牵引/制动手柄放置在制动位。

⑫ 如果列车退出正线运营，司机（或站台值班员）应清客。

⑬ 建议切换驾驶室时，仅当新的驾驶室前方是信号机时，司机才能激活新的驾驶室。

⑭ 对于 RM/RM2 模式列车或 ATC 切除列车，信号系统不能执行授权车门和安全门开关，当列车没有在车站站台正确停稳时，司机或车站值班员不能打开车门和安全门。

⑮ 后备模式下，无论车门控制模式选择开关在任何位置，都应由司机控制车门开/关。

⑯ 在 RM1/RM2/ATC 切除且处于 ATP 模式时，列车车门的开关不由信号系统监控，司机应人工控制列车车门和安全门。

⑰ 当后备模式、RM/RM2 列车或 ATC 切除列车、非装备列车通过设置有临时限速的区域前，调度员应通知司机该区域设有临时限速，并告知司机限速值。司机接收到调度员下发的限速指令后，控制列车以低于 TSR 的速度通过该区域。对于以 ATO－BM 模式运行的列车，在通过限速区域前，应将驾驶模式切换到 ATP－BM。

⑱ 如果司机执行了 ATC 旁路操作，在他离开列车时，应取消 ATC 旁路操作。

⑲ 仅当前方信号机为后备模式下的允许信号时，行车调度员才可通过无线调度系统通知和授权司机切换到 ATP－BM 或 ATO－BM 模式；同时司机在切换后备模式前，应确认前方信号机显示为允许状态。

⑳ 对于 RM/RM2 后备模式列车、ATC 切除列车或非装备列车，当司机看到信号显示蓝灯/灭灯时，必须在信号机前方停车并报告给行车调度员。

㉑ RM/RM2/后备模式列车、ATC 切除列车或非装备列车，司机必须遵守信号显示，并负责在限制信号机前安全停车。对于 ATC 切除列车或非装备列车，需听从调度命令，司机须遵守 25 km/h 速度限制。

㉒ ATC 切除列车、非装备列车禁止用于载客；RM/RM2 模式列车不推荐用于载客，仅用于当 CBTC 载客列车出现问题时，可以将列车运行到下一个车站并进行疏散，然后退出运营。应制定相应的运营规程来保证运营期间 ATC 切除列车、非装备列车的运行安全。

㉓ 昆明地铁首期南段的动态识别区有 T10164、T10165、T10866、T10871、T20103、T20104，昆明地铁首期南段的静态识别区有 T20663、T20664、T21263、T11263、T11264、T10763、T10463 和 T10464，运营规程应定义在这些识别区内识别。

当识别区被占用时，调度员应告知相邻区域的列车司机，禁止进入该识别区；

非装备列车禁止进入识别区。若非装备列车进入识别区救援故障旅客列车，由司机和调度人员确保其运行方向与进路方向一致，并且调度员确认前方站区间空闲后，再授权限速进入识别区，救援后非装备列车应立即回库。

㉔ 当列车以 RM 或旁路模式运行时，司机负责防止列车与轨道上的任何人员和障碍物相撞。

（2）司机需要严格遵守的行为准则。

当司机没有遵守以下行为准则时，可能导致影响行车安全的事件发生。

① RMF 和 RMR 模式的使用一定要遵循最严格的运行操作限制。使用 RMF（除转换轨外）或 RMR 模式时，一定要先停车。

② CBTC 列车或 BM 模式下的通信列车，当信号系统未收到安全门关闭且锁闭信息时

RM 模式将不可选择，需车站操作员执行 PSD 旁路操作后，才能离站。BM 模式下的非通信列车需开放引导信号并由行调授权后以 RM 驾驶模式离站或需车站操作员执行 PSD 旁路操作后离开站台。

③ 执行 ATB 时，为确保司机安全，建议司机不要下车，使用车上的 ATB 按钮启动折返过程。

④ 除 ATP、ATC、ATB 以外的模式，司机一旦发现倒溜，应立即采取紧急制动。

⑤ RM 模式和 ATC 切除列车司机看到蓝灯应立即停车；当列车在站间由 ATP 模式转为 RM 模式或者 ATC 切除的时候，应停车等待 30 s 后再行车。

⑥ 当列车停在 CBTC 区域且车载 CC 已关闭时，操作员不应移动列车；否则，ZC 应当被重启。

⑦ 对于没有 ATP 防护的驾驶模式（RM/RM2/RMR）列车、ATC 切除列车或非装备列车，司机应遵守由行车调度员授权的线路运行方向。

⑧ 当列车在侧线睡眠区域停车时，司机不能以 ATP OFF 模式移动列车。

⑨ 当装备列车从非 Urbaliss 管辖区域到达 Urbalis 管辖区域，即使进路信号开放，司机也必须等待 ATP/ATO 模式可用。

⑩ 司机不应在前方信号机是红灯时，使用 RM1 模式进行后备模式初始化。

⑪ 列车在 RM 模式或 ATC 旁路模式下，当信号显示灭灯状态时，司机必须在信号机前方停车并与调度员联系。

⑫ 司机在选择 RMF/RMR 或者 ATC 旁路模式前，必须得到行车调度员的授权才能操作。

⑬ 当 ATC 系统被旁路后，司机需要负责遵循来自调度员的速度限制和线路限速指示行车。

⑭ 无论列车处于何种驾驶模式，当屏蔽门/安全门/车门没有关闭且锁紧时，司机不应发车，必须保持列车在静止状态，不能移动。

⑮ 当 ATC 被旁路后，信号系统无法继续控制列车安全运行，司机必须严格按照相应的运营规则控制列车。

⑯ 司机需要确认 BM/CBTC 模式应与列车运营模式一致，当不一致时，司机应停车并通知调度员，并按照调度员的指示行车。

⑰ 当列车以 RM 或 ATC 旁路模式运行时，司机负责遵循轨旁的禁止信号，并需要确保足够的防护空间（以防与另一列车相撞）。

⑱ 当列车以 BM－ATP 模式或 BM－ATO 模式运行时，如果司机发现前方信号机显示禁止状态，列车越过信号机后，车载收到的点式变量为有效，DMI 上显示有效速度码，司机应停止列车并通知调度员。

⑲ 列车连挂仅应用于救援。当列车需要连挂救援时，必须采用 ATC 旁路的模式进行列车连挂作业。连挂后的列车应继续保持 ATC 旁路模式运行，列车的安全由司机和调度共同保证。

⑳ 运营上应禁止载客列车拖着工程车在正线上运行。

㉑ 在列车发生重大事故而无法启动或继续运行时，需要进行救援，救援方式分两种：

- 通过一列正常的载客列车推送或牵拉故障列车至存车区域；
- 通过工程车与故障载客列车连挂进行救援。

通过工程车与载客列车进行连挂时，应关闭载客列车上的 ATC 设备；当采用正常的载客列车救援时，必须将车载 ATC 设备切除。

㉒ 在 ATO 模式下，乘客上下车期间，司机离开驾驶室（去确认站台乘客上下车情况）时，必须先把驾驶手柄置于快速制动位。

㉓ 当车门使能旁路时，由司机确保乘客上下车的安全。

㉔ 对于 RM/RM2/ATP 模式列车或 ATC 切除列车，在乘客上下车时，司机应人工保持列车停稳，以防乘客被站台挤伤或掉入轨道。

㉕ 当从 ATC 区域退出至非 ATC 区域时，司机应选择 RM 模式。

㉖ 对于后备模式（无线通信中断）、RM/RM2 模式列车、ATC 切除列车或非装备列车，司机（或站台值班员）应确认车门和安全门关闭和锁闭后，再启动列车。

㉗ 当切除两个转向架制动时，信号系统不能保证紧急制动距离，应根据运营规程立即在本站或下一站清客，然后列车需退出运营。

㉘ 列车发生后溜后，禁止再使用 RMR 模式。后溜后 RMR 模式下的安全完全由司机和调度员负责。

㉙ 对于非装备列车和 ATC 切除列车，司机应负责根据轨旁速度限制和行调指令控制列车速度。

㉚ RMR 模式只用于当列车超过站内停车标 5 m 以内时使用（超过 5 m 以上需 ATP 模式运行到下一站）。当需使用 RMR 模式时，司机在得到调度员的授权后，切换驾驶模式至 RMR 并以不超过 5 km/h 的速度退行，司机需确保在 5 m 内将列车停稳（在执行 RMR 前，调度员应确保其同向线路上一站不能向本站发车；若同向线路上一站至本站区间内有车运行，调度员应通知该车司机将列车停稳，保证后车距前车至少 50 m）。

㉛ 引导进路仅应用于紧急情况（计轴区段故障，导致信号机不能开放），只能在紧急站控时，由人工确认引导进路对应区域空闲。当轨旁信号机显示引导信号时，司机在得到值班员授权后，以 RM 模式低速运行。

㉜ 列车在存车线存车时，当 CC 关闭时，不允许移动列车。

㉝ 司机在列车投入运营前，应确认所有旁路操作都没有被激活。

2.2　电客列车司机作业标准

2.2.1　电客列车司机上岗规定

1. 人员进场行为安全管理规定

（1）进入正在施工的区域，必须遵从带队人员的指挥，正确佩戴安全帽及穿戴有高可见度的荧光背心，不得掉队、中途离开。

（2）严禁穿木屐、拖鞋、凉鞋等进入施工现场。

（3）员工进入施工现场后严禁丢弃垃圾、追逐打闹、大声喧哗、擅自行动，不得随意跨越铁路，不得在钢轨、道心、道岔和岔尖上行走，必须在施工登记允许的范围内活动。

（4）进场人员上、下班或作业时，途径施工区域，应注意按指定线路行走，以防被高空坠物或施工机具砸伤，严禁进入施工防护区，特别注意各种安全标志和指示。

（5）任何人员严禁擅自进入轨行区，如因工作需要必须进入轨行区时，应按接触轨区域安全管理规定的相关要求办理手续后，方可进入。

（6）任何在线路进行与接触轨无关的施工作业，须按公司《昆明轨道交通有限公司地铁建设工程轨行区管理办法（试行）》及《昆明轨道交通有限公司供电系统带电区临时施工管理办法（试行）》办理相关手续后方准作业。无论接触轨是否带电，与接触轨的距离不得小于 700 mm，并注意安全。

（7）工作场所严禁携带违禁物品进入或使用禁用的电器设备。

（8）在车辆段、停车场等道路行走时，应注意来往的施工车辆，严禁扒乘运行中的机车、车辆。

（9）严禁在重点部位、重要库房、设备机房、车站及张贴禁烟标志的地点吸烟。

2. 电客列车司机出勤规定

1）出勤着装

电客列车司机识别服着装规定参照昆明地铁运营有限公司《运营事业部服务规范管理办法》执行。点名时要按规定穿戴识别服、岗位名称牌、工号牌及相关劳动防护用品，携带工作证、驾驶证、计时工具等，不得随意简化。

2）充分休息

出勤前八小时严禁饮酒，保持较好睡眠，不得服用嗜睡类药品，其身体及心理状况必须符合工作要求。

3）出勤时间及地点

出勤前必须按《运营时刻表》规定时间提前到达指定地点出勤。因病或因事需要休假者，应在规定时间前向指定人员请假，必须出示相关证明并听从安排。当班电客列车司机遇特殊情况需要请假者应及时与乘务组长联系，在得到批准并落实好替补人员后方可离岗。

（1）正线出勤。

① 按当天《运营时刻表》及出勤序号、接车车次，提前到达电客列车司机出勤室填写《电客列车司机正线出勤表》出勤，当班乘务组长与行调校对时间，组员与当班乘务组长校对时间；

② 当班乘务组长召开点名班前会，布置当日车辆、线路、行车调度命令等情况（注：先交接行车内容，再交接行车备品，然后交接下发文件，最后交接其他内容），并做好记录。

（2）车辆段/停车场出勤。

① 公寓工作人员按《司机公寓叫班时间确认表》时间，叫醒司机，司机在《叫班表》上签字确认；

② 按当天《运营时刻表》车次、出库时间，提前 50 分钟至车辆段/停车场运转值班室向运转值班员报到；

③ 认真听取或阅读运转值班员传达的各项通知，领取电客列车钥匙（一套三把含主控、设备柜、门控钥匙）、对讲机和司机报单，并在与运转值班员校对时间后，进行列车整备作业。

3. 电客列车司机退勤规定

1）正线退勤

（1）在电客列车司机出勤室填写《电客列车司机正线出勤表》进行退勤；

（2）电客列车司机在运行过程中发生有关运行事件、行车事故等，有关管理部门认为有必要令其退勤时，电客列车司机应按规定立即退勤到规定处所报到，配合有关部门做好事件（事故）的调查、分析、处理工作；

（3）退勤时向接班电客列车司机交接电客列车钥匙（一套两把含主控、设备柜钥匙）、手电筒、对讲机；

（4）遇值乘列车发生事故、严重晚点或乘务管理部门认为有必要时，值乘电客列车司机应至运转值班室办理退勤，书面报告事件经过并积极配合调查。

2）车辆段/停车场退勤

（1）回库列车在进库停妥后，电客列车司机根据运转值班员的命令按规定“收车”或进行其他相关作业；

（2）在运转值班室与运转值班员办理退勤移交物品手续。移交内容包括：电客列车钥匙（一套两把含主控、设备柜钥匙）、手电筒、对讲机和司机报单；

（3)列车回库退勤时电客列车司机要正确填写报单并将列车运行中发生的技术异常情况、安全异常情况以及其他必须说明的事项向运转值班员汇报,并将司机报单交运转值班员存放,并由司机组长与运转值班员核对列车故障信息；

（4）电客列车司机在运行中发生列车晚点 2 分钟及以上事件，或运行中发生事故，或有其他有必要说明的事情时，应写出书面材料或说明，由司机乘务组长确认后交乘务办公室。

4. 电客列车司机交接班规定

1）列车操纵端交接班

（1）接班电客列车司机必须在列车到达前在规定接车地点等候列车，待列车到达停稳打开车门后，交班电客列车司机必须在站台上与接班电客列车司机进行对口交接作业；

（2）接班电客列车司机要认真查阅司机报单并向交班电客列车司机了解车辆当前的技术状况及运行情况（包括列车故障、线路情况）、调度命令接收情况和相关的运行注意事项，交接结束后交班电客列车司机方可将列车操纵权移交给接班电客列车司机；

（3）电客列车司机在等候列车或进行对口交接作业时，应保持标准的站姿。

2）列车非操纵端交接班

（1）接班电客列车司机必须在列车到达前到规定地点等候列车，待列车到达停稳后进入司机室，使用司机室通话装置回复前方交班电客列车司机，交班电客列车司机必须回复确认；

（2）接班电客列车司机进入司机室后要认真查阅司机报单，并且向交班电客列车司机了解车辆当前技术状况及运行情况（包括列车故障、线路情况）、调度命令接收情况和相关的运行注意事项，交接结束后交班电客列车司机方可将列车操纵权移交给接班电客列车司机；

（3）若遇设备故障或发生事故情况，以及在规定时间内未交接完毕的，应随车继续交接，直至处置和交接完毕。

2.2.2 电客列车司机检车作业标准

1. 检车前的确认

（1）确认股道、车号、接触轨停送电状态；

（2）列车两侧及底部无人员或物件侵入限界。

2. 检车行走路线

从列车非出库端开始，按图 2.156 所示顺序检查列车外观、走行部、司机室及客室。

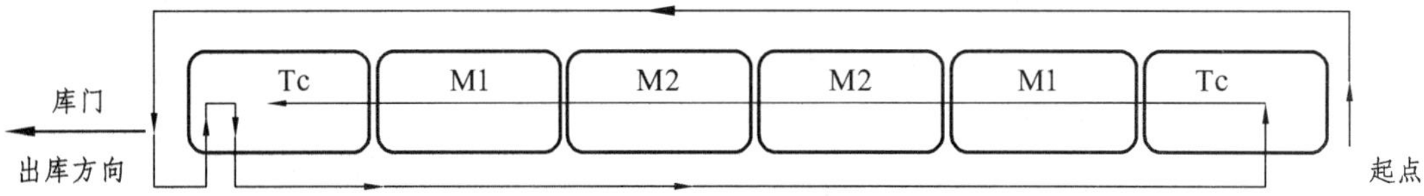

图 2.156 检车行走路线

注意：登车时从无接触轨的一侧攀登列车

3. 检车流程

（1）非出库端 Tc 车头部检查。

① 正面外观

外部文字端正、清晰、标记无缺损，列车外部目的地显示屏、挡风玻璃、雨刷、头尾灯、运行灯、防爬装置外观完好，无破损变形，车体无倾斜。

② 非出库端头车半自动车钩

车钩钩舌位置应正确，车钩整体位置无偏移，各类机械结构无损坏，手动解钩拉手位置正确，B27 位置正确。

（2）列车右侧检查（出库运行方向的右侧）。

① 按图 2.156 所示顺序检查列车下部，检查司机室脚蹬安装是否牢固无变形；

② 车体应无倾斜，外墙、车门、玻璃应无刮痕破损，密封橡胶条应无老化、脱落，乘务员钥匙孔外观应完好无破损；

③ 构架应无裂纹变形，轨面及轮对应无异物，空气弹簧无破损漏泄，接地线、抗侧滚扭杆、高度调整阀、液压减振器、速度传感器安装牢固，盘式制动片无碎裂脱落；

④ 停放制动手动缓解拉环锁闭良好，网关阀、智能阀外观完好，车底架吊挂设备安装牢固，箱盖锁闭良好，空压机、干燥器安装牢固、外观完好；

⑤ 车辆连接部车钩连接良好，中间车半自动车钩手动解钩拉手悬挂位置正确，连接线无脱落，折蓬外观完好、无破损，各阀门位置正确。

（3）出库端 Tc 车头部（内容同上）检查。

（4）出库端 Tc 车司机室检查。

① 电客列车司机把携带的物品（如：司机报单等）放置在司机室内，检查该司机室是否悬挂禁动牌；

② 检查紧急制动按钮位置是否正确，司机室设备柜内及驾驶台上的各部件外观是否完

好，保险开关、旋钮开关、操作按钮位置是否正确（铅封齐全）；

③ 各显示屏观外观应完好无损坏，遮阳布、司机座椅、双针压力表、网压表、蓄电池表、摄像头等硬件设备外观应完好，照明灯具、空调外观应完好没有损坏，灭火器应有且状态良好，绝缘棒应有。

（5）列车左侧检查（出库运行方向的左侧，内容同上）。

（6）非出库端 Tc 车司机室（内容同上）检查。

（7）非出库端 Tc 车司机室静、动态试验。

闭合蓄电池激活列车，查看蓄电池电压表显示是否为 96 V（范围 93 V 至 108 V），总风压力是否大于 600 kPa，两项数据符合要求且 DMI 屏与 HMI 屏启动完毕后，使用主控制器钥匙激活司机室。

① 静态试验。

步骤 1：刮雨器动作测试；

步骤 2：司机室操纵台灯泡测试，阅读灯、司机室照明、客室照明、头灯测试；

步骤 3：客室空调、司机室空调测试，广播、电笛测试；

步骤 4：高速断路器分/合测试，停放制动施加/缓解测试（通过指示灯、面板确认）；

步骤 5：客室车门开关门测试（单侧车门及备用开关）；

步骤 6：紧急停车按钮测试——方向手柄置“向前”位，主控手柄置“0”位，按下警惕按钮，观察双针压力表确认气压下降，拍紧急停车按钮，确认气压上压至紧急制动气压；

步骤 6：制动自检试验——确认总风压力大于 800 kPa，停放制动已全部缓解，方向手柄置“向前”位，主控手柄置最大常用制动位，在 HMI 车辆状态屏上操作“自检开始”，制动自检成功后在 HMI 车辆状态屏上操作“自检取消”；

注：
- 制动自检开始后 HMI 车辆状态屏会显示“自检激活”；
- 制动自检如出现自检中断，重复以上操作；
- 制动自检失败，列车不得出库运行；
- 制动自检所需时间约 5 min；
- 制动自检在任意一端司机室操作都有效，只需操作 1 次。

步骤 8：制动静态测试——方向手柄分别置“前/后”位，测试保压制动、常用制动、快速制动、紧急制动时制动缸压力，应正常且符合标准。

不同制动工况下制动缸气压如表 2.49 所示。

表 2.49　不同制动工况下制动缸气压（kPa）

AW0	100%常用制动	快速制动	紧急制动	保压制动
	230～270	250～290	250～290	140～180

② 动态试验。

步骤 1：牵引/制动动态测试——方向手柄置“向前”位，主控手柄施加少量牵引，待列车动车移动半米左右后施加常用全制动；然后方向手柄置“向后”位，主控手柄施加少量牵引，待列车动车移动半米左右后施加常用全制动；

注：动车前注意鸣笛，动车后注意确认“所有气制动施加/缓解”灯，确认牵引/制动有效。

步骤 2：做完上述试验后，施加停放制动，分断高速断路器，关闭主控制器钥匙开关。

（8）客室检查（从非出库端向出库端）。

① 列车客室内各安全标识与服务标识应完好无破损，车顶通风格栅、客室照明灯具、客室摄像头外观应完好；

② 车窗玻璃外观应完好无损坏，座椅、扶手、地板、墙面、喇叭外观应无损坏，贯通道安装应良好；

③ LED、LCD 显示屏外观应完好，应急设备状态应良好（灭火器齐全、紧急通话器外观完好）；

④ 车门盖板锁闭应良好，车门紧急解锁拉手位置应正确，盖板锁闭应无破损；

⑤ 客室设备柜及 B09 阀门检查：B09 阀盖板及设备柜门应锁闭良好。

（9）出库端 Tc 车司机室静动态试验（内容同上）。

4. 检车完毕后的操作

（1）用 800 MHz 对讲机与运转（信号楼）值班员联系，告知列车检车完毕，列车具备出库条件；

（2）电客列车司机根据列车状态，正确填写司机报单。

5. 库内检车司机发现列车问题时的处理流程

（1）电客列车司机在库内检车作业中发现异常情况时，应迅速将信息告知运转值班员和当班乘务组长，避免出现信息传递滞后；

（2）运转值班员应迅速通知车辆维护人员处理；

（3）待车辆维修人员到现场确认或维修时，根据运转值班员命令再进行下一步操作。

6. 库内检车时司机与运转/运转（信号楼）值班员呼唤应答用语

（1）检车作业开始前。

司机呼叫运转："运转，××道×端××车，开始检车作业"；

运转回应司机："运转明白，三轨带电，注意安全"；

（2）检车作业结束后。

司机呼叫信号楼："信号楼，××道×端××车，车况良好"；

信号楼回应司机："××道×端××车车况良好，信号楼明白"；

2.2.3 电客列车出入库作业标准

1. 出库时间

电客列车司机必须掌握该列车的出库时间，保证按照规定正点出库。

2. 出库命令

电客列车出库时，电客列车司机必须确认列车周围安全情况与状态。确认内容包括：

（1）与列车相关的其他作业已经停止并且撤离动态限界；

（2）在司机室内无闲杂人员和与运行无关的人员停留，电客列车司机与信号楼联系：

信号楼呼："××车，××道至出/入场线转换轨进路已排列，信号已开放，司机凭信号显示动车"。

电客列车司机回："××车，××道至出/入场线转换轨进路已排列，信号已开放，司机凭信号显示动车，司机明白"。

（3）列车出库时应再次确认列车周围的安全情况，然后鸣笛按规定速度行驶出库：列车在库内行驶速度为 5 km/h，列车头部越过库外平交道后，限速 10 km/h，列车尾部出清库外平交道后，限速 25 km/h，严禁超速运行；

（4）遇信号机及道岔时执行呼唤应答。

3. 列车出场作业

（1）列车出场行驶是列车出停车库后由车场内运行至车站进站的运行过程；

（2）列车出场进路按相关的行车管理办法执行；

（3）场内行驶要做到瞭望不间断，场段内限速 25 km/h 运行；

（4）列车出场运行，列车以 RM 模式运行至出/入场线转换轨一度停车牌前一度停车，使用车载电台与行调联系（注意：在一度停车牌前停车时，把车载电台和手持台调频转组）：

电客列车司机呼："××车在出/入场转换轨停稳"

行调回复："××车在出/入场转换轨停稳，行调明白"

（5）当出场进路排列好后，行调用车载电台与司机联系：

行调呼："××车开行××次，以××模式运行至××站上/下行站台"；

电客列车司机回："××车开行××次，以××模式运行至××站上/下行站台，司机明白"。

（6）电客列车司机确认信号、道岔指示正确后，按行调指定的模式动车，运行至指定地点。

4. 列车入场作业

（1）列车入场前正线作业标准。

① 列车回库时，在大学城南站进行清客作业，或在晓东村站清客后空车返回大学城南站；

② 回库列车在大学城南站必须停站，确认信号机显示和道岔位置。

（2）列车入场时。

列车入场时必须严格控制列车运行速度。列车入场按运行图规定执行，特殊情况按调度命令执行。

（3）列车入场运行中。

电客列车司机以 ATO/ATP 模式驾驶列车进入出/入场线，当速度码为零后，转为 RM 模式，凭前方信号机显示继续运行，在入段信号机前一度停车（注意：把车载电台和手持台调频转组）。

（4）列车入场时联络。

① 列车入场时须与信号楼联系，听取运转（信号楼）值班员的指示：

电客列车司机呼："信号楼，××车已在出/入场线转换轨停稳，申请回库"；

信号楼回："××车已在出/入场线转换轨停稳，申请回库，信号楼明白"。

② 信号楼排列好接车进路后，与电客列车司机联系：

信号楼呼："××车，转换轨至××道进路已排列，信号已开放，司机凭信号显示动车"；

电客列车司机回："××车，转换轨至××道进路已排列，信号已开放，司机凭信号显示动车，司机明白"。

③ 电客列车司机凭入场信号机（Xc/Xr）显示的开放信号以RM模式入场，沿途确认道岔位置。

5. 列车入库作业

① 列车入库运行，至库外平交道一度停车，下车确认库门锁闭情况；

② 确认前方进路安全，无物品侵入限界，无人员进出平交道后，手指口呼："库门锁闭良好，平交道无人无障碍物"，鸣笛动车；

③ 列车入库速度 5 km/h，在规定的位置停车。电客列车司机在驾驶列车接近停车位置时应严格控制速度，防止意外发生。

6. 入库列车收车作业

（1）收车准备作业。

① 列车在指定股道停稳后，与运转联系，确认列车是否需要收车：

电客列车司机呼："××车呼叫运转"；

运转回："运转有，××车请讲"；

电客列车司机呼："××车已在××道×段停稳"；

运转回："××车在××道×段收车"

② 检查车厢内无人员滞留、无异物；

③ 目测检查客室设备；

④ 检查紧急开门手柄未被拉下。

（2）司机室操作。

① 将方向手柄、主控手柄回"零位"；

② 关闭各类负载，空调及照明；

③ 将司机台面上各开关置于"收车"时的正确位置。（确认高断"分"灯亮，停放制动"施加"灯亮）；

④ 司机报单抄录列车公里数；

⑤ 关闭司机台，打开司机室设备柜旋钮"列车激活"至分位；

⑥ 带好随身物品离开司机室；

⑦ 离开司机室后，锁闭司机室侧门；

⑧ 下车后整体检查一下列车的基本状态，与运转联系：

电客列车司机呼："××车已在××道×段收车作业完毕"；

运转回："××车已在××道×段收车作业完毕，运转明白"。

7. 电话闭塞法出入场作业方式

（1）电话闭塞法行车作业标准。

① 电话闭塞法运行需由调度下达书面命令后方可执行；

② 凭路票进入闭塞区段；

③ 确认车站值班员/运转值班员的发车手信号。

（2）路票使用规定。

① 路票使用时机：采用电话闭塞法时作为占用区间的凭证。

② 路票的使用方法：由车站值班员/运转值班员递交路票，双方在递交路票时必须核对，电客列车司机在接到路票后须对路票进行确认，准确无误后按规定行车，运行至场段/车站时司机将此路票递交给运转值班员/车站值班员。

③ 路票具备要素：必须具备电话记录号码、车次号、方向、行车专用章、值班员签名、日期，调令号码七要素，且填写完整。

④ 发现错误路票及丢失的处理：

a. 电客列车司机在车站发现错误路票时，在司机报单上做好记录，并将错误路票退还车站值班员，由车站值班员重新填写。

b. 电客列车司机在场段发现错误路票时，在司机报单上做好记录，并将错误路票退还运转值班员，由运转值班员重新填写。

c. 电客列车司机收取路票并确认正确后，遇在途中丢失时可继续运行至车站/场段，将情况报告接车站车站值班员和行车调度，车站值班员/运转值班员应在行车日志备注栏上说明。

2.2.4　电客列车正线运行作业标准

1. 电客列车司机正线列车驾驶规定

（1）电客列车操作详见《司机操作手册》。

（2）列车在运行过程中不允许当值的电客列车司机离开驾驶位置。

（3）操纵驾驶列车时的姿势标准：运行中正视前方，认真细心确认和监护列车前方进路，身体正直坐于电客列车司机操纵座椅上。

（4）电客列车司机进入司机室时，主控手柄和方向手柄置零位，通过 HMI 确认另一司机室未被占用，插入主控钥匙，并将主控钥匙从“断开”位转至“接通”位，激活当前司机室；在列车驾驶期间，右手始终在主控制器手柄上。

（5）在驾驶时，电客列车司机的左手操作以下部件：

① 紧急制动按钮；

② 喇叭开关；

③ 司机室通话按钮；

④ 车载电台；

⑤ 乘客紧急呼叫按钮；

⑥ 客室广播按钮；

⑦ 800 MHz 对讲机。

（6）电客列车司机在运行时必须平稳、规范操作，认真瞭望，按图运行，对发现的危害行车安全和人身安全的情况要反应准确，操作及时，正确记录列车故障和线路异常情况。

（7）电客列车司机在驾驶过程中还必须遵守和执行行车相关的各种限速规定、线路标志规定、信号规定，认真积极地配合行车调度进行列车运行调整，防止责任运缓，确保运行过程中的技术速度和旅行速度的实现，保证列车正常的运行秩序。

（8）严禁做与行车无关的事情，随时准备应付突发事件，要切实做到“车动集中看，瞭望不间断”，密切关注与确认区间和车站站台的情况、动态。

（9）电客列车司机在行车过程中，遇到各类事件需向行车调度员汇报时优先使用车载电台，车载电台联系不上行车调度员时立即采用 800 MHz 对讲机联系。

（10）电客列车司机驾驶列车时运行速度应遵循表 2.50 所示的规定。

表 2.50 电客列车运行限速表

序号	项目	运行限制速度（km/h）						说明
		ATO	ATP	RM	RM2	RMR	EUM	
1	正线运行	设定速度	比照推荐速度	25	25	5	60	线路限速低于运行限速时，按线路限速运行
2	通过车站	设定速度	比照推荐速度	25	25	5	40	列车头部进入车站至尾部离开车站的速度
3	进站停车	设定速度	比照推荐速度	25	25	5	30	列车头部进入车站的速度
4	救援（牵引/推进）	—	—	—	—	—	40/30	救援列车牵引被救援列车运行情况下为 40 km/h，救援列车推进被救援列车运行情况下为 30 km/h
5	退行	—	—	25	25	5	25	列车由区间退回车站，司机必须换端以牵引模式退行
6	引导信号	—	—	25	25	5	25	
7	场内运行	—	—	25	25	5	25	进停车库限速 5 km/h，出停车库时列车头部越过平交道口信号机后限速 10 km/h，尾部出清出库信号机后限速 25 km/h 运行
8	电客列车在辅助线上运行	设定速度	比照推荐速度	25	25	5	25	经过渡线、存车线、折返线、联络线

注：除执行上表速度外，还须按照线路/设备功能允许速度限速运行。行调在设置或取消临时限速前必须确保限速区域无列车占用。

2. 正线安全驾驶规定

（1）除了运行图规定以外，任何情况下改变运行方式都必须得到行车调度的准许，严禁电客列车司机擅自改变运行方式，确保行车安全。

（2）列车在运行中遭遇紧急情况时，电客列车司机要立刻采取紧急停车措施（快速制动或拍紧急停车按钮），并报告行车调度。

（3）列车在区间内运行时，在遇到进路防护信号时，必须按信号显示的要求运行，不得擅自越过显示停车信号的信号机，同时还必须确认该进路防护信号机与该列车的运行进路是否符合，防止由于信号故障或其他因素造成不良后果。

（4）在列车运行时，当行车调度命令切除“ATC”以 EUM 模式驾驶列车维持运行时，电客列车司机要加倍集中精力，谨慎驾驶，防止错开客室车门，防止冒进信号，防止用错误凭证驾车进入区间，电客列车司机必须严格遵守速度规定，避免和防止发生行车事故。

（5）电客列车在运行过程中遇到瞭望视线不佳、确认困难（如大雾、大雨、烟雾、大雪）等情况时，为了看清进路情况，防止行车线路中有行人或者线路两侧有物体侵入运行限界，电客列车司机应该加强瞭望，并适当减速、鸣笛。

（6）电客列车在正线运行时，司机应锁闭客室通道门，离开驾驶室时，应锁闭司机室侧门，防止人员误入司机室。如发现有人员进入时，立即向调度汇报。

（7）电客列车在正线运行时，发现有异物侵入限界，电客列车司机判断能将异物移动至限界外或拾取至列车上时，电客列车司机须使用列车上配备的绝缘棒对异物进行处理。

3. 列车进站作业

（1）电客列车在接近车站时司机应监听与确认客室广播，防止漏播和错播，及时更正客室广播的失误，必要时使用人工广播。

（2）列车进站时电客列车司机必须加强瞭望，密切注意车站、站台乘客以及线路，防止乘客跌下站台和异物进入行车限界。如果发现异常情况，电客列车司机必须迅速采取制动措施，确保人身安全和行车安全。

（3）列车进站停车时，应按规定停车位置停车。列车停稳后电客列车司机应迅速打开安全门及客室车门，确保乘客及时上下车。

（4）列车以 ATO 模式进站且列车不到标时，司机继续以 ATP 模式迅速对标，对标准确后进行开关门作业。列车出站后将此情况汇报行调，并在司机报单上做好记录。

（5）列车以 ATP 或 RM 模式进站且列车不到标时，司机应迅速以该模式继续对标。

（6）列车越出停车标时，司机应立即汇报调度，汇报内容为“××次××站××行越出停车标××距离”，汇报完毕后按调度指示办理。

（7）列车以 ATP 模式运行发生超速紧急制动时，如司机明确紧急制动原因，待列车停稳后立即以 ATP 模式继续运行，动车后汇报调度，汇报内容为“××次××地点发生××原因紧急制动，司机已动车”；如司机不明确紧急制动原因，应立即汇报调度，汇报内容为“××次××地点发生不明原因紧急制动”，然后司机按调度指示执行。

（8）列车在进站过程中，DMI 屏上出现跳停图标，若司机已接到调度通知跳停的命令，司机按调度命令执行；若司机未接到跳停的命令，司机应立即报告调度，换为 ATP 模式进站对标，对标停稳后暂不开门，司机主动与调度联系，由调度确定是否开门。

4. 列车站台开门作业

（1）列车进站后，电客列车司机应将列车在规定停车地点处停稳。

（2）列车停稳后，确认有开门信号时，口呼：“开门码有”。车门不能自动打开时，电客列车司机应将主控手柄放至快速制动位后跨出司机室，转体面对列车尾部，以立正姿势站立，按压站台侧开门按钮，打开该侧所有车门。确认车门与安全门全部打开后，站立在“关门监护位置”处，右手手指操纵端司机室后方第一扇车门，手指呼唤：“双门开启”。

（3）列车停稳后，确认有开门信号后，口呼："开门码有"。当车门自动打开时，电客列车司机通过 HMI 屏确认站台侧客室门全部开启，将主控手柄放至快速制动位后，再跨出司机室，站立在"关门监护位置"处，转体面对列车尾部，确认车门与安全门全部打开后，右手手指操纵端司机室后方第一扇车门，手指呼唤："双门开启"。

（4）在装有安全门的车站，电客列车司机应同时确认安全门全部开启，若安全门未自动开启时，应立即手动打开安全门。

（5）当行调通知安全门与车门不能联动时，电客列车司机应操纵列车对位停稳后，跨出司机室，站立在"关门监护位置"，先操作 PSL 盘，打开安全门，再操作站台侧开门按钮，打开该侧所有车门。

5. 列车站台关门作业

（1）关门作业前。

乘客上下车完闭，TDT 倒计时 12 ~ 15 s 时，呼唤："关门时间到"。司机注意把控关门时间，无乘客上下车时，倒计时 15 s 即可关门；遇乘客较多时，倒计时 12 s 时关门。

（2）关门过程中。

① 当车门与安全门未联动时。

a. 电客列车司机按下站台侧"关门按钮"，将列车客室车门关闭，然后操作"PSL 盘上安全门关门按钮"，将所有安全门关闭。

b.关门过程中应时刻注意站台上情况，并与站务员做好互控。如发生夹人夹物事件，应迅速做再开门处理。

② 当车门与安全门联动时。

a. 电客列车司机按下站台侧"关门按钮"，将列车客室车门关闭，安全门联动关闭。

b. 关门过程中应时刻注意站台上情况，并与站务员做好互控。如发生夹人夹物事件，应迅速做再开门处理。

（3）门关闭后。

① 双腿跨立于司机室侧门与站台间，按压关门按钮，面向车尾方向，目视确认空隙无夹人夹物；

② 目视车门关好后转头确认关门灯亮；

③ 确认 PSL 盘上安全门关闭灯亮；

④ 双腿跨立于司机室侧门与站台间，面向车尾方向，手指尾部光带，口呼："双门关闭良好，无夹人夹物"；

⑤ 站立于关门监护位，面向车尾方向，确认车站人员发出的正确旗信号，手指呼唤："车站旗信号好"；转身面向 CCTV，确认 CCTV 画面中人员无异常情况出现，手指呼唤："CCTV 无异常"；

⑥ 走进司机室，依次确认"信号机显示正确"、"道岔位置正确"、"速度码"，手指呼唤："信号正确，道岔位置正确，速度码有。"

注：以上所述，均为正常情况下开关门作业及手指呼唤应答标准。实习电客列车司机跟车时，监护车门及站台乘客上下客情况时，应平行站在带教电客列车司机左侧，并严格依照以上规范作业标准执行。

6. 站台安全门手动操作

（1）开安全门作业。

① 列车进站对位停车后，电客列车司机迅速至车站站台，将 PSL 盘上的“安全门（使能／禁止）旋钮”操作至“使能位”，然后将“安全门（开门／关门）旋钮”操作至“开门位”；

② 确认安全门全部打开到位。

（2）关安全门作业。

① 将“安全门（开门／关门）旋钮”操作至“关门位”，将所有安全门关闭；

② 确认安全门关闭到位后，将 PSL 盘上的“安全门（使能／禁止）旋钮”操作至“禁止位”。

7. 列车站台发车作业

（1）正线运营列车的发车是列车在车站内停车后，在具备了开行的条件后，由车站出发进入前方运行区间。

（2）电客列车司机在列车停站后应认真监护乘客的上下车情况，见到 TDT 倒计时结束方可发车。

（3）各种行车闭塞法下的发车凭证。

自动闭塞法：列车占用前方闭塞分区的行车凭证为列车收到的有效速度码，列车动车进入区间凭证为信号机的开放信号，发车表示器倒计时完毕。

电话闭塞法：列车占用区间凭证为路票，动车进入区间凭证为发车手信号。

封锁区间和特殊情况：调度命令。

（4）电客列车司机在关闭车门后还必须确认列车安全门及客室车门关闭情况良好，包括确认车门无夹人、夹物，然后才能发车。

8. 列车区间运行作业

（1）电客列车司机应认真瞭望前方信号及线路情况，发现异物侵入限界，应立即采取紧急停车措施。

（2）遇进路防护信号机（有道岔处）、出站信号机和区间信号机时，电客列车司机应执行手指呼唤。

（3）在地面线路遇阳光斜射刺眼时，电客列车司机可调整遮阳帘至合适位置，严禁拉至底部和遮挡视线；在地下线路或地面线路背光处，严禁用遮阳帘对前窗进行遮挡。

（4）电客列车司机应时刻注意列车车辆屏、信号屏、各类指示灯和仪表的显示，发现故障应及时向行车调度员报告，并进行有效处置。

（5）在手动驾驶时，应做到合理牵引和制动，做到平稳驾驶，严格按照规定速度和区间信号的显示驾驶列车。运行途中，应不间断核对运行时分，防止晚点。

（6）电客列车司机应加强瞭望，以防有人或异物侵入限界，无特殊情况严禁鸣笛。

（7）遇大风、大雨、大雪、浓雾等恶劣天气或在曲线半径较小、瞭望条件不理想的线路上运行时，电客列车司机应根据调度命令或规定的限速要求运行。在经过长大坡度区段时，应合理使用牵引和制动，避免列车冲动或超速。

（8）列车驾驶模式有 ATO、ATP、RM、RM2、RMR 和 EUM，各模式之间的转换必须得到行车调度的授权，严禁擅自改变驾驶模式。

9. 列车折返作业

（1）折返动车前。

① 到达司机在折返动车前必须确认列车已清客，清客完毕后司机应确认站务员的“清客好了”信号（徒手），然后可以关门，关门后再次确认站务员关门信号（旗信号）后才可动车。

② 接车司机按运营时刻表，提前 2 min 至接车位置；

③ 接车司机到达指定接车位置后，面对安全门按标准站姿站立；

④ 接车司机在客室行走时，若发现有乘客滞留，应及时将乘客引导下车；

⑤ 禁止将乘客以及与行车无关人员、无关物品带入非运营线路内，防止发生意外事件。

（2）折返注意事项。

① 列车进入或驶出折返线前，电客列车司机必须确认道岔位置及信号机显示，折返中必须按规定位置停车；

② 列车折返时，电客列车司机应按操作规程与安全规定驾驶列车，按运行图要求及时折返列车；

③ 列车折返完成后，到达司机确认车门、安全门开启后，方可下车。

（3）折返作业变更。

① 在办理列车折返作业中，如需临时变更进路，操作人员必须在折返作业开始前通知有关电客列车司机，电客列车司机应复诵表示确认，得到回复后方可办理变更进路的操作；

② 变更进路完成后，操作人员应通知电客列车司机，准许列车恢复或开始进行折返作业，电客列车司机应复诵表示确认；

③ 列车启动后，不得擅自变更该列车的运行进路。如列车启动后电客列车司机发现信号突变则应立即停车。

（4）折返作业操作。

① ATB 折返。

a. 到达司机确认接车司机上车，与其进行作业交接；

b. 到达司机确认站台清客完毕，关闭车门、安全门，确认双门关闭良好，无夹人夹物；

c. 到达司机确认收到自动折返信号，将方向手柄、主控手柄操作至“0”位，关闭司机台；

d. 到达司机确认信号、道岔指示正确，“ATB”按钮灯亮，按压“ATB”按钮；

e. 到达司机按压“ATO 启动”按钮；

f. 列车自动启动，进入折返线；

g. 列车到达折返线，自动停稳，等待折返进路排列好，收到速度码后，自动驶出折返线；

h. 列车到达指定站台停稳后，列车车门自动打开；

i. 到达司机下车，接车司机激活前进方向司机室。到达司机下车后，用 800 MHz 对讲机与接车司机联系：

到达司机呼：“××站到达司机已下车”

接车司机回："××站接车司机明白"

② ATO 折返。

a. 到达司机确认接车司机上车，与其进行作业交接；

b. 到达司机确认站台清客完毕，关闭车门、安全门，确认双门关闭良好，无夹人夹物；

c. 到达司机确认信号、道岔指示正确，收到速度码，ATO 模式启动列车进入折返线；

d. 列车到达折返线停稳后，到达司机关闭司机台，用司机室对讲机联系接车司机：

到达司机呼："钥匙已关，注意确认信号"；

接车司机回："钥匙已关，注意确认信号，接车司机明白"。

e. 接车司机激活司机台，确认信号、道岔指示正确后，以 ATO 模式启动列车驶出折返线；

f. 列车到达指定站台停稳后，列车车门自动打开；

g. 到达司机下车，接车司机激活前进方向司机室。到达司机下车后，用 800 MHz 对讲机与接车司机联系：

到达司机呼："××站到达司机已下车"；

接车司机回："××站接车司机明白"。

③ ATP 折返。

a. 到达司机确认接车司机上车，与其进行作业交接；

b. 到达司机确认站台清客完毕，关闭车门、安全门，确认双门关闭良好，无夹人夹物；

c. 到达司机确认信号、道岔指示正确，收到速度码，ATP 模式启动列车进入折返线；

d. 列车到达折返线停稳后，到达司机关闭司机台，用司机室对讲机联系接车司机；

到达司机呼："钥匙已关，注意确认信号"；

接车司机回："钥匙已关，注意确认信号，接车司机明白"。

e. 接车司机激活司机台，确认信号、道岔指示正确后，以 ATP 模式启动列车驶出折返线；

f. 列车到达指定站台停稳后，接车司机手动打开列车车门；

g. 到达司机下车，接车司机激活前进方向司机室。到达司机下车后，用 800 MHz 对讲机与接车司机联系：

到达司机呼："XX 站到达司机已下车"；

接车司机回："XX 站接车司机明白"。

④ RM 折返。

a. 到达司机确认接车司机上车，与其进行作业交接；

b. 到达司机确认站台清客完毕，关闭车门、安全门，确认双门关闭良好，无夹人夹物；

c. 到达司机确认信号、道岔指示正确，以 RM 模式启动列车进入折返线；

d. 列车到达折返线停稳后，到达司机关闭司机台，用司机室对讲机联系接车司机：

到达司机呼："钥匙已关，注意确认信号"；

接车司机回："钥匙已关，注意确认信号，接车司机明白"。

e. 接车司机激活司机台，确认信号、道岔指示正确后，以 RM 模式启动列车驶出折返线；

f. 列车到达指定站台停稳后，接车司机手动打开列车车门；

g. 到达司机下车，接车司机激活前进方向司机室。到达司机下车后，用 800 MHz 对讲机与接车司机联系：

到达司机呼："XX 站到达司机已下车"；

接车司机回："XX 站接车司机明白"。

⑤ 折返失败的处置。

折返失败是指在 ATB 折返模式下，列车无法自动驶进折返线或无法自动驶出折返线。

a. 司机按压 ATB 和 ATO 按钮后，列车无法 ATO 启动驶进折返线时，司机应立即开钥匙激活司机台，确认 ATO 模式有效后，以 ATO 模式驶进折返线，到达折返线停稳后，转换操作端，确认 ATO 模式有效后，以 ATO 模式驶出折返线；

b. 列车以 ATB 模式到达折返线后，无法以 ATB 模式驶出折返线时，司机应立即开钥匙激活司机台，确认 ATO 模式有效后，以 ATO 模式驶出折返线。

10. 列车巡道作业

（1）巡道作业的安全规定。

为确保运营生产安全、有序地进行，电客列车司机在巡道过程中应严格按照以下规定执行：

① 巡道列车由上下行首趟出库列车担当；

② 列车巡道采用 ATP 手动（ATP-CBTC 或 ATP-BM）模式限速 40 km/h 运行，巡道无异常后按正常速度运行；

③ 发现有异物侵入限界或异物有可能侵入限界时，电客列车司机应立即停车，向行车调度汇报，并根据调度命令办理相关作业；

④ 发现线路旁固定物件（如电缆、电缆防护板、进站预告牌、站界标、百米标等）有松动或掉落可能时，允许列车不停车越过该区段，并立即向行车调度汇报；

⑤ 发现其他可能影响运营安全的隐患时，电客列车司机也应及时向行车调度汇报；

⑥ 如线路一切正常，列车在到达终端站后，电客列车司机应及时向行车调度汇报巡道情况。

注： 巡道电客列车司机在发现线路异常情况时，应向行车调度汇报，内容应包括：列车车号、车次、电客列车司机姓名、事发地点百米标位置、具体情况。

（2）巡道列车操作。

① 电客列车司机驾驶巡道列车至转换轨与行调联系后，将操作端司机室门模式开关由"半自动"位转至"手动"位，然后动车至正线；

② 上行列车运行至晓东村折返线后，司机将操作端司机室门模式开关恢复至"半自动"位；

③ 下行列车运行至晓东村下行站台后，司机关闭司机台钥匙后再将操作端司机室门模式开关恢复至"半自动"位。

11. 正线备车

正线备车是为当正线发生意外情况时迅速调整列车间隔所做的准备。备车存放的地点为两端终点站或中间站存车线，备车在正线存放时如无特殊情况应处于热备状态。

（1）当备车存放在中间站存车线时，安排专门的备车司机在备车上留守（有条件的情况下，备车司机可安排在车站留守，如：南部汽车站）。

（2）当备车存放在两端终点站时，不安排专门的备车司机，需要出备车时，当班班组长通知终点站折返司机上备车。备车司机需上/下备车时，应及时与行调联系。

电客列车司机需上备车时与行调联系用语如下：

备车司机呼："× ×站备车司机呼叫行调"；

行调回复：“行调有，××站备车司机请讲”；

备车司机呼：“××站备车司机申请上××站备车”；

行调回复：“××站备车司机从上/下行线上备车，注意安全”；

备车司机呼“××站备车司机从上/下行线上备车，注意安全，司机明白”。

电客列车司机需下备车时与行调联系用语如下：

备车司机呼：“××站备车司机呼叫行调”；

行调回复：“行调有，××站备车司机请讲”；

备车司机呼：“××站备车司机申请上站台”；

行调回复：“××站备车司机从上/下行线上站台，注意安全”；

备车司机呼：“××站备车司机从上/下行线上站台，注意安全，司机明白”。

备车司机接到行调可以上/下备车的通知后，按行调的指示从上/下行线进入线路，按规定的线路行走。

12. 登乘管理

登乘是指非乘务专业有关工作人员进入司机室对相关设备、设施进行维护和查看。

（1）登乘运营列车司机室的人员，须遵守运营有限公司安全运营规定，任何人不得以任何理由妨碍列车司机的正常工作。

（2）登乘运营列车司机室的人员须持有效司机室登乘证（一人一证）或凭总调度所发布的调度命令进入司机室，司机验明证件并做好登乘记录。列车司机有权拒绝无登乘证人员或未经调度命令授权人员进入运营列车司机室。

（3）为确保运营列车司机安全驾驶值乘工作，除特殊情况外，登乘列车司机室人数原则上不得超过 2 人。

13. 正线试车作业

（1）凭调度命令进行试车，电客列车司机接到调度命令后要仔细阅读，严格执行调度命令要求。

（2）作业前电客列车司机必须向调试负责人了解具体调试交底内容，如电客列车司机了解不清或试车作业内容违反有关安全行车的规定，可拒绝其试车要求。

（3）按照调度命令内容运行至调试区段后，由调试负责人至指定的车站车控室进行施工登记。登记完毕后，电客列车司机根据调度命令及施工登记号进入封锁/封闭区段进行调试。调试过程中，根据调试负责人的指令进行调试和动车。

（4）列车调试速度应严格遵守区间限速。

（5）调试结束后，由调试负责人至行车调度指定车站车控室办理施工注销手续，电客列车司机根据调度命令指定的运行方式及信号显示驶回停车场。

14. 调度命令的使用

（1）调度命令分类。

调度命令是行车调度在调度指挥工作中对行车有关人员发出的要求其配合完成某些行动的指令，分为书面命令、口头命令、抢修命令及口头指令四种。

（2）调度命令发布要求。

① 需发布书面命令的情况：

a. 变更行车闭塞法时；

b. 封闭/封锁线路时；

c. 解封线路时；

d. 设置线路限速/取消线路限速（限速超过 24 小时）时；

e. 开行车调度试列车/轨道车时；

f. 行车调度认为有必要的命令。

② 需发布口头命令的情况。

a. 使用车门类旁路开关时；

b. 列车救援时；

c. 载客通过时；

d. 区间下人时；

e. 列车由区间退回车站时；

f. 允许越过禁止信号时；

g. 设置线路限速/取消线路限速时；

h. 行车调度认为有必要的其他情况。

③ 需发布抢修命令的情况

a. 发生爆炸、火灾等突发事件需设备单位至现场确认设备状态并及时组织抢修时；

b. 供电、线路、信号、通信、机电等设备发生故障严重影响到列车的行车效率与行车安全时；

c. 列车发生颠覆、脱轨、挤岔、分离等故障时；

d. 中央重要设备故障，如 FAS、ATS、SCADA、调度热线电话、无线工作站等无法正常工作时（有多个工作站的设备需两台及以上同时无法使用）；

e. 车站设备故障严重影响客服时；

f. 行车调度认为有必要的其他情况。

④ 行车调度命令的发布。

a. 调度命令必须由行车调度发布。命令内容应一事一令，先拟后发。书面调度命令必须由负责监护的调度员审核并签名后方可发布，发布口头命令可不签阅，发令时应用语规范，口齿清晰，语速适中；

b. 行车调度在发布命令时，应详细了解现场情况，认真听取有关人员汇报，并指定一人复诵。书面和口头命令须按规定填记于调度命令登记簿内；

c. 行车调度发布书面和口头命令时必须给出命令号码、姓名或行车调度代码。书面命令号由 001 至 100 循环使用；口头命令每日由 101 至 200 循环使用；抢修命令号格式为“线路号 + 命令号”，线路号由“01”开始至“50”；命令号每月由“01”开始至“99”循环使用。每个循环期间不得漏号，跳号及重号；

d. 在具备良好通信与录音设备的条件下，行车调度可以通过无线调度电话直接向司机发布口头命令。在无线通信与录音设备因故障停用时，遇列车救援、区间放人等情况时，需发布书面调度命令；

e. 当调度命令发布后需要更改时，必须取消原有命令，重新发布新的调度命令，不得在原有命令基础上进行补充说明；

f. 临时加开或停运列车根据当班行车调度的命令执行。

（3）调度命令填写要求。

① 调度命令填记内容应按规范填写，确保正确无误，且不得随意涂改；

② 调度命令应填记的内容包括命令号码、受令处所、受令人、命令内容、发令时间、发令人及复诵人；

③ 受令处所必须填记全称。

（4）调度命令的其他要求。

① 行车调度发布命令时，在车场由运转值班员负责向司机传达，在正线由车站值班站长（值班员）负责传达（口头命令由行车调度直接传达给司机），传达给司机或其他有关人员的书面命令应盖有车站（车场）行车专用章；

② 在日常运行过程中如无法及时将书面命令传递给司机，应适时完成命令的补交手续；

③ 所发调度命令必须妥善保管，按专业进行分类，每月将所发调度命令按照命令号顺序装订成册，做到不遗漏、不颠倒顺序；

④ 受令人员在接受命令时如有遗漏或不清之处，应及时与发令调度员核对并更正。命令内容要力求简明扼要，术语标准，不得随意简化。

15. 正线运行电客列车司机呼唤应答标准

（1）电客列车司机呼唤行车调度时的标准用语。

① 上行或下行；

② ××××次；

③ ××区间或××车站；

④ ××××车号；

⑤ 报告内容：×行、×××次、×××号电客列车司机姓名、××列车位于百米标、××等信息。

（2）电客列车司机应答行车调度时的标准用语。

① ×××次电客列车司机有；

② ×××次电客列车司机明白，并将行车调度命令复诵一遍；

③ 遇通信不畅时，应采用其他通信方式与行车调度取得联系，在领会行车调度命令后进行复诵，防止臆测事件发生。

16. 手指呼唤作业标准

（1）站立及动作标准。

① 站立：挺胸收腹；

② 头部：45°斜视监护车门；

③ 两手：右手握拳，左手握于右手手腕处，交叉于背后；

④ 两脚：两脚分开与肩同宽；

⑤ 服装/手套：保持干净整洁，及时清洗，无油污。

（2）列车进站。

① 列车进站前，接近站名标时，左手手指口呼“××站到”，进站有道岔防护信号及道岔，手指呼唤“信号正确，道岔位置正确”；

② 列车接近站台时，手指呼唤“触轨、道床无异物，安全门关闭良好”。

（3）列车停站。

① 列车停站对标准确，确认信号屏上出现“绿色小车”图标后，呼唤“停车位置正确”；

② 确认站台侧开门灯亮后，呼唤“开门码有”；

③ 确认车门以及安全门开启后，手指呼唤：“双门开启”。

（4）列车关门。

① TDT 倒计时 15 s 以下时，呼唤“关门时间到”；

② 确认车门与安全门关闭良好，无夹人夹物后，手指呼唤“双门关闭良好，无夹人夹物”；

③ CCTV 确认后，手指呼唤“CCTV 无异常；

④ 信号旗确认后，手指呼唤“关门信号有”。

（5）列车发车。

① 出站有信号机及道岔指示并正确时，手指呼唤“道岔位置正确，信号正确”；

② 确认速度码后，手指呼唤“速度码有”。

17. 正线电客列车钥匙使用规定

（1）电客列车钥匙组成。

电客列车钥匙共三把，分别为主控钥匙、设备柜钥匙和门控钥匙。

（2）电客列车钥匙的发放。

① 早班出勤司机及乘务组长在派班室向当班运转值班员领取；

② 担任调车任务的司机，执行任务时向当班运转值班员领取；

③ 司机领取钥匙时点清数量，必须在运转值班员日志上登记签字，运转值班员确认。

（3）电客钥匙的归还。

① 夜班退勤司机及乘务组长在派班室向当班运转值班员交还；

② 担任调车任务的司机，执行完任务后，向当班运转值班员归还；

③ 司机归还钥匙时，必须在运转值班员日志上登记签字，运转值班员确认点清数量。

（4）电客列车钥匙正线交接规定。

① 在折返站折返作业交接时，电客列车司机将电客列车钥匙拔下（3 把），一同交接给接班司机，接班司机点清数量；

② 非折返作业时，电客列车司机无需将电客列车钥匙拔下，与接班司机作对口交接，接班司机点清数量。

（5）电客列车钥匙使用中注意事项。

① 三把钥匙原则上挂在一起，当司机需打开设备柜时允许将设备柜钥匙取下，使用完毕立即挂回；

② 正线司机交接钥匙时务必点清数量；

③ 乘务组长出勤时领取一套钥匙，以备后用；

④ 在两端折返车站车控室内放置一套电客列车钥匙，领取方式遵守车站钥匙管理规定。

18. 司机报单的使用规定

（1）司机报单由运转值班员交于出勤电客列车司机，每列出库列车配有 2 张司机报单。司机报单上的年、月、日、停留股道号、车体号均由运转值班员填写。

（2）司机报单第一行相应空格内填写出库公里数、入库公里数，出库公里数由本列车出库电客列车司机负责填写，入库公里数由本列车回库电客列车司机填写。

（3）正线运行列车到、发站时间以及出/入库时间按实际时间填写。

（4）出库前检车完毕后，如出现不正常情况，在“车辆故障”栏中加以说明。

（5）在运行中发生的列车故障等事项，填写在“行车事件”栏内。

（6）填写“车辆故障”及“行车事件”栏时应写明故障（事件）发生时间、车次车号、填写人姓名、故障发生地点（百米标）、故障（事件）内容及其他需要说明的事项，并且依次填写。

（7）在正线运行过程中发生的事件，电客列车司机除在司机报单上填写以外，还需报告班组长，由班组长对事件、列车故障进行汇总，并交接给接班班组长。

（8）夜班组长回库退勤时与运转值班员进行交接，核对列车故障信息。

19. 无线手持对讲机的使用规定

（1）无线手持对讲机的发放。

① 早班出勤司机及乘务组长在派班室向当班运转值班员领取；

② 担任调车任务的司机，执行任务时向当班运转值班员领取；

③ 司机领取无线手持对讲机时应确认对讲机外观、通话是否良好，必须在运转值班员日志上登记签字，运转值班员确认。

（2）无线手持对讲机的归还。

① 夜班退勤司机及乘务组长在派班室向当班运转值班员交还；

② 担任调车任务的司机，执行完任务后，向当班运转值班员归还；

③ 司机归还无线手持对讲机时，必须在运转值班员日志上登记签字，运转值班员确认对讲机外观、通话是否良好。

（3）无线手持对讲机正线交接规定。

① 在折返站折返作业交接时，电客列车司机将无线手持对讲机交接给接班司机，接班司机确认对讲机外观、通话是否良好；

② 非折返作业时，电客列车司机与接班司机作对口交接，接班司机确认对讲机外观、通话是否良好。

（4）无线手持对讲机使用中注意事项。

① 无线手持对讲机必须随身携带，行走时不得手提无线手持对讲机天线；

② 正线司机交接无线手持对讲机时务必确认对讲机外观、通话是否良好；

③ 电客列车司机不得使用无线手持对讲机进行私聊；

④ 乘务组长出勤时领取一台无线手持对讲机，以备后用。

20. 车载台的使用操作规范

（1）开机：首先打开车载台主机的电源开关，然后按下前面板上的电源开/关按钮，车载台将执行开机自检和系统登录。车载台登录成功之后将进入工作状态（激活列车后开机）。

（2）关机：如果车载台当前处于开机状态，按一下车载台前面板上的电源开关，电源开关将会弹起，电源开关按键支持延时关机功能，车载台将会在 3 秒后关闭。如果此期间再按下电源开关，关机操作将取消（收车分蓄电池之前关机）。

（3）集群模式的选择：车载台开机启动成功后，按模式键选择集群 CZ001（T1 车）、CZ002（T2 车）、CZ003（T3 车）。

（4）呼叫：需要呼叫行调时，按通话键发送通话请求给行调，听到行调应答后，按住 PTT 键回复行调，松开 PTT 键接听行调的说话。

（5）紧急呼叫：紧急情况下无法正常联系到行调时，按下“紧急”键，车载台进入紧急模式，会出现紧急模式的图标以及紧急模式的界面，此时可以按下 PTT 键直接和调度进行通话。通话结束后，需要按住“取消”键 3 秒钟，车载台退出紧急模式，紧急模式的图标以及紧急模式的界面消失。

2.2.5 电客列车场内调车作业标准

1. 场内调车作业安全规定

（1）出乘检车。

严格按出乘检车操作规程检查被调列车，确认列车各项性能是否符合动车条件。

（2）调车作业。

调车作业必须按照调车作业计划以及调车信号机或调车信号的显示要求进行，没有信号不准动车，信号不清立即停车。

（3）调车作业联络。

特殊情况下使用无线对讲机联络进行调车作业时，电客列车司机与调车人员必须保持联络畅通，联络中断时应及时采取停车措施，停止调车作业。

（4）调车作业中停留车辆要求。

调车作业时，需停留的车辆、列车不得超越警冲和压占道岔位置，以免造成走行线路堵塞，影响其他相邻相关进路的开放。如确实要越出警冲标或压占道岔位置时，应得到运转值班员的批准同意，并根据要求及时开通线路。

（5）调车作业特殊情况。

调车作业时因特殊需要必须越出场界调车时，应事先报告调度，得到批准同意后，由行调发给调车作业有关人员调度命令，作为越出场界进行调车的凭证，调车人员应严格按命令要求执行。

列车在进/出检 1、检 2、检 3 股道时，在规定位置停车后，听从车辆人员的指令动车，司机只对列车进行驾驶，不对列车设备进行操作。

① 进检修线作业。

a. 司机按调车计划将电客列车调至检修库外平交道口处，向运转申请破 × 车 × 端 ATC 铅封，切除 ATC，然后采用慢行模式运行至检修平台中部停车牌规定停车位置处，收车后报运转。

b. 运转根据车辆部门申请对 213 断电，断电成功后通知车辆部门。

c. 车辆部门做好技术准备后汇报运转并申请 218 送电，运转对 218 送电。

d. 车辆部门得到运转 218 送电通知后指挥司机激活列车，采用慢行模式，根据车辆负责人指令，以不超 3 km/h 速度将列车停妥于检修平台尾部停车牌规定位置处，列车停妥后司机收车并恢复 ATC。

② 出检修线作业。

① 司机按调车计划对被调列车进行静态检查（注意确认止轮器），通过车辆屏确认车辆状态，并向运转申请破 × 车 × 端 ATC 铅封，切除 ATC。

b. 根据车辆负责人指令激活列车，具备动车条件后采用慢行模式，听从车辆负责人指令，以不超 3 km/h 速度将列车停妥于规定位置（列车后端司机室侧门对准检修平台中部停车牌），列车停妥司机收车后汇报运转，并恢复 ATC。

c. 运转根据车辆部门申请对 218 断电，断电成功后通知车辆部门。

d. 待车辆人员做好技术准备后汇报运转并申请 213 送电，运转对 213 进行送电。

e. 运转 213 送电成功后，司机听从车辆负责人指令激活列车，确认车辆状态、牵引、制动正常（不进行动检，从双针压力表确认气压变化），具备动车条件后按调车作业计划以 RM 模式继续作业。

（6）尽头线调车安全规定。

① 在尽头线上进行调车作业时，距离线路终端应有不少于 10 m 的安全距离，包括被摘挂车辆的停留。

② 在特殊情况下必须小于 10 m 时，要严格控制列车、车辆运行速度，以随时能停车的 3 km/h 以下速度进行调车作业。

2. 调车作业进行前

（1）接受任务。

① 电客列车司机接到运转值班员交给的调车作业通知单后，仔细确认调车作业通知单上的作业内容（如：作业时间、列车车号、列车现所在位置、作业后的列车位置、作业完毕后是否收车及其他注意事项）。

② 在司机出勤室从运转值班员处领取电客列车钥匙一套及作业记录单，在领取钥匙时电客列车司机要检查钥匙，确保钥匙无缺少及破损，并登记。

（2）出库前准备。

① 电客列车司机带好相应的劳防用品至被调列车处，按《电客列车司机出乘作业标准》对列车进行检车作业，检车后电客司机应确保列车各项性能符合动车条件。

② 检车完毕后电客列车司机用车载对讲机向运转值班员汇报。汇报内容如下："运转，

××道×××号车，检车作业完毕，可以进行调车作业。”在得到运转值班员答复：“××道×××号车司机，看信号动车”后，方可动车。

注：在运转值班员答复后，电客列车司机必须再对答复内容进行复诵确认。

③ 待前方进路信号开放后，电客列车司机下车再次确认列车周围及检修地沟内无人，并将司机室通道门打开，用客室广播通知“列车将要动车，请注意安全”，确认无人侵入车辆限界后再鸣笛动车。

3. 调车作业进行中

（1）调车进路的确认。

① 列车正向运行、单机运行或牵引车辆运行时，前方进路的确认由电客司机负责；

② 推进车辆运行时，需 2 名电客列车司机执行调车任务，前方进路的确认由其中一名电客司机负责。在非操纵端的电客列车司机应不中断瞭望，及时正确地与操纵端电客列车司机联系或显示信号；

③ 在调车运行中，调车作业人员必须按调车信号的显示要求进行调车。

（2）调车进路的取消或变更。

① 运转值班员确认列车或车辆尚未启动开始运行，通知电客列车司机后，并得到回复；

② 如果列车、车辆已经开始运行，必须立即通知电客列车司机，并且确认列车或车辆已经停止运行；

③ 如果必须使列车或车辆运行时，确认列车或车辆已经按规定进入规定位置停车；

④ 进行变更进路的排列，开放变更后的调车作业信号时，参加调车作业的电客列车司机在得到运转值班员的通知后，应立即遵照执行，不得盲目动车或强行启动进入信号内方，防止产生由于进路变更而使列车或车辆冒进信号或者由于道岔转换而造成挤岔或脱轨事故。

（3）出库作业。

① 列车出库时应再次确认列车周围的安全情况，然后鸣笛按规定速度行驶出库。列车在库内行驶速度为 5 km/h，列车头部越过库外平交道后，限速 10 km/h，列车尾部出清库外平交道后，限速 25 km/h，严禁超速运行；

② 列车在库门平交道黄线处一度停车，司机按照《手指呼唤标准》确认平交道内无人，前方信号及道岔位置正确后再启动列车；

③ 调车作业中电客列车司机应确认调车进路是否正确；

④ 电客列车司机在牵出线转换司机室完毕后，用手持 800 MHz 对讲机向运转值班员汇报；

⑤ 列车行驶中电客列车司机确认进路是否排放正确，进路中的信号显示、道岔位置确认按照《手指呼唤标准》执行，并严格执行与运转值班员面的《呼唤应答规范用语》。

（4）入库作业。

① 列车至平交道黄线处一度停车，电客列车司机对列车施加有效制动后，下车检查确认车库库门开启是否良好，库门安全销是否插入到位；

② 电客列车司机确认车库符合列车进入条件后，鸣笛并以 5 km/h 的速度进入。列车接近停车位时注意控制速度，至规定地点处停车。

③ 列车停稳后电客列车司机根据调车作业通知单的内容，确认是否进行收车作业。如需进行收车作业，电客列车司机关闭客室照明、客室空调和车载对讲机，待空压机打风停止后，关闭司机台。收车过程中司机通过 HMI 面板确认列车状态，确认车辆状态良好后，将“列车激活”操作至分位。

4. 调车作业完成后

（1）调车作业完毕后，电客列车司机将电客列车一套钥匙及 800 MHz 对讲机交还运转值班员；

（2）作业中遇异常情况时，立即终止作业并报运转值班员，根据运转值班员安排进行作业，并在作业完成后在运转值班员处填写事件汇总表。

5. 列车洗车作业标准

（1）接受任务。

电客列车司机接到运转值班员交给的调车作业通知单后，仔细确认调车作业通知单上的作业内容（如：作业时间、列车车号、列车现所在位置、作业后的列车位置、作业完毕后是否收车及其他注意事项）。

（2）出库前准备。

① 电客列车司机带好相应的劳防用品至被调列车处，按《电客列车司机出乘作业标准》对列车进行检车作业，检车后电客列车司机应确保列车各项性能符合动车条件。

② 检车完毕后电客列车司机用车载对讲机向运转（信号楼）值班员汇报。汇报内容如下：“信号楼，××道×××号车，检车作业完毕，可以进行洗车作业。”在得到运转（信号楼）值班员答复：“××道×××号车司机，看信号动车”后，方可动车。

注意：在运转（信号楼）值班员答复后，电客司机必须再对答复内容进行复诵确认。

③ 待前方进路信号开放后，电客列车司机下车再次确认列车周围及检修地沟内无人，并将客室车门全部打开，用客室广播通知“列车将要动车，请注意安全”，确认无人侵入车辆限界后再鸣笛动车。

（3）出库作业。

① 列车出库时应再次确认列车周围的安全情况，然后鸣笛按规定速度行驶出库。列车在库内行驶速度为 5 km/h，列车头部越过库外平交道后，限速 10 km/h，列车尾部出清库外平交道后，限速 25 km/h，严禁超速运行。

② 列车在库门平交道处一度停车。司机按照《手指呼唤标准》确认平交道内无人、前方信号及道岔位置正确后再启动列车。

③ 调车作业中电客列车司机应确认调车进路是否正确，如：××库→牵出线（列车全列通过 DX 信号机后进行转换司机室操作）→洗车库。

④ 电客列车司机在牵出线转换司机室完毕后，用车载对讲机向信号楼汇报，内容如下：“×××号车已过 DX 信号机，转换司机室操作完毕”。电客列车司机等待信号楼答复，在得到信号楼答复“×××号车司机，看信号动车”后，方可动车，电客列车司机做好复诵工作。

⑤ 列车行驶中电客列车司机确认进路是否排放正确，进路中的信号显示、道岔位置确认

按照《手指呼唤标准》执行。

（4）洗车作业。

① 列车在洗车库前停车

a. 司机在入库端前按照指示牌停车。

b. 司机看见绿灯亮后，以 3 km/h 速度进库洗车。

② 列车前端面到端洗区停车

a. 列车前端面到端洗区，司机按前端洗停车指示牌对位停车。

b. 停车后，进行前端洗操作。

c. 前端洗完成后，响声提示及绿灯亮后司机继续行驶。

③ 列车后端面到端洗区停车

a. 列车后端面到端洗区，司机按照后端洗停车标示牌对位停车。

b. 停车后进行后端洗操作。

c. 后端洗完成后，绿灯亮后司机继续前行。

④ 列车尾部出库后，洗车结束

a. 列车尾部出库，洗车自动结束。

b. 司机看到“洗车结束”标示牌后，洗车结束，可以提速前进。

⑤ 库内布局图及列车停车位置示意图，如图 2.157、图 2.158、图 2.159 所示。

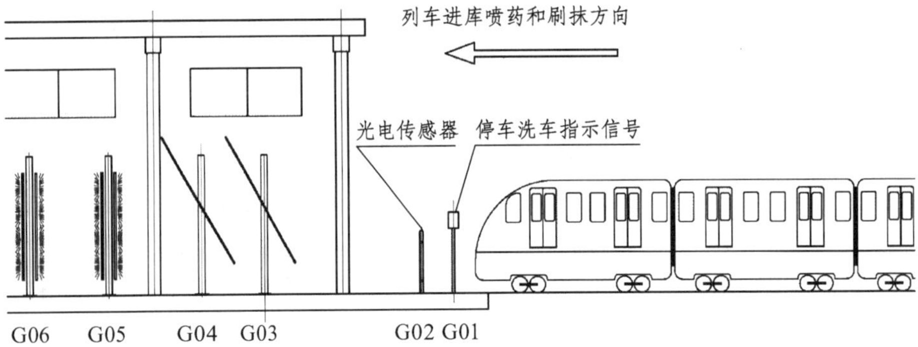

图 2.157　列车入库洗车库门前停车位置示意图

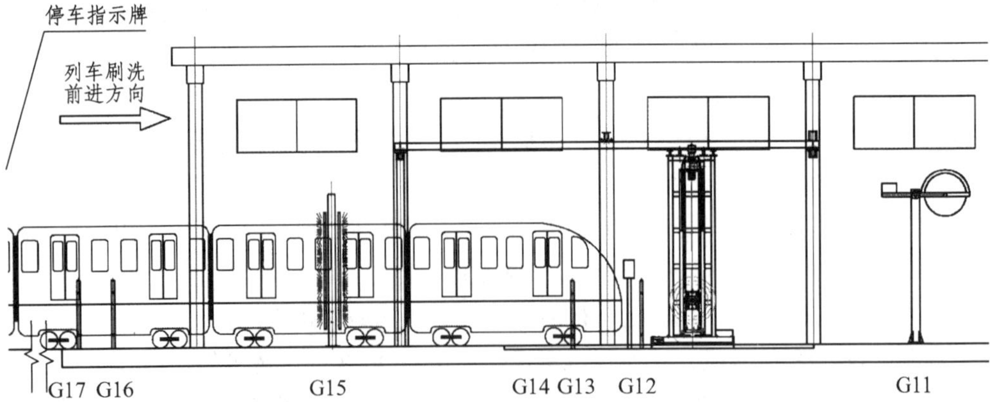

图 2.158　列车入库洗车前端洗停车位置示意图

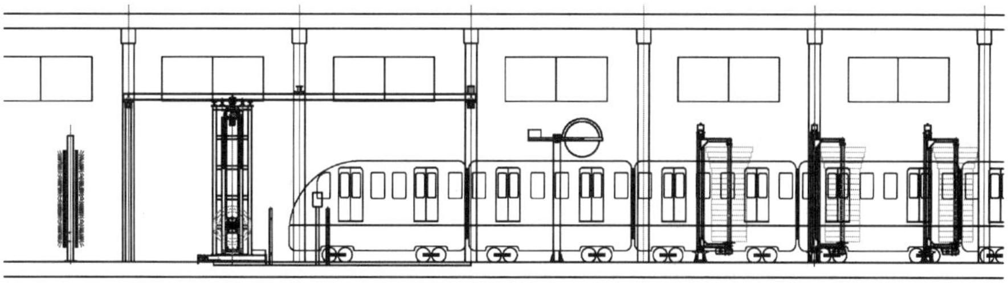

图 2.159　列车入库洗车后端洗停车位置示意图

⑥ 司机注意事项。

进行洗车作业时，司机应注意各行车信号灯的显示。不得冒进锁闭区。

停位刷洗前、后端面时，应停在端洗区。刷洗前端时，前车头驾驶室窗玻璃垂直中心线停在距停车指示牌 ± 0.5 m 区域内；刷洗后端面时，后车头驾驶室窗玻璃垂直中心线停在停车指示牌 ± 0.5 m 区域内。

行车清洗速度应保持在 3 ~ 4 km/h 内，如低于 1 km/h 或高于 5 km/h 时，应调整车速。

司机在清洗区发现任何危及行车安全及清洗工作的故障时，应立即停车并报告给洗车操作人员。

注意观察端洗机构端刷是否停在端洗机构预定位置，使列车正常通过；端洗机构内不得有风管、水管、电线误入车辆限界内。

列车应从洗车线入口进入列车清洗机，严禁反向进入列车清洗机。

洗车过程中禁止使用刮雨器。

洗车时应配备一台和洗车人员相同频率的对讲机，并确认设备工作正常，以便随时和洗车机操作人员保持联系。

洗车行进时，列车应处于“洗车模式”。洗车过程中，电客列车司机不得打开车门擅入洗车区域。

在洗车过程中无论是否绿灯，电客列车司机如果发现列车前方瞭望视线内设备动作有异常现象或对列车有损害倾向时应立即停车，并通过对讲机和洗车机操作人员联系。

洗车结束后，电客列车司机将列车停于停车牌位置，等运转（信号楼）值班员通知列车可以回库后，首先确认调车信号已开放，道岔位置正确，然后将列车调回指定的股道（是否收车按照运转（信号楼）值班员的通知执行）。

6. 列车进试车线作业标准

（1）接受试车命令。

① 接运转值班员内勤布置试车任务，上被调试列车进行检车作业；

② 按电客列车司机检车作业标准检车；

③ 检车完毕后，无论结果如何，与运转值班员联系告知准备试车，并呼叫运转（信号楼）值班员，按其指令动车。

（2）试车作业。

① 根据运转（信号楼）值班员指令转道（牵出线）运行至试车线；

② 运行至试车线规定位置后（试车线设有停车位置）联系运转（信号楼）值班员，并按其指令开始试车；

③ 试车完毕后，必须停到规定位置，然后联系运转（信号楼）值班员，告之试车完毕，并按其指令退出试车线。

（3）试车进行作业中安全事项。

① 试车线设有 3、2、1 杠百米标指示牌，分别提示距离终点 300 m（80 km/h 必须制动）、200 m（60 km/h 必须制动）、100 m（40 km/h 必须制动）。试车必须时刻注意车速；

② 试车时听从试车作业负责人指挥，如遇危及安全的作业，须立即制止并上报运转值班员；

③ 在试车线上下客室及司机室时，注意三轨位置，从非三轨端上下车，并注意集电靴位置，切勿靠近。

2.2.6 电客列车正线救援作业标准

1. 列车救援请求

① 在运行过程中，如出现故障情况或事件而被迫停车，不能继续运行时，若故障无法排除，或在短时间内无法处理，电客列车司机应立即向行车调度报告，申请救援。

② 通过与其他电客列车或内燃机车连挂，采用牵引或推进的救援方式使故障电客列车及时驶离正线。列车救援应遵循“正向救援，尽快恢复正线运营”的原则。

③ 列车若发生故障，司机应立即报告行调，并做出故障判断与处置，5 min 时司机必须向行调提出继续故障处置或故障救援的申请。

④ 司机在得到行调继续故障处置的许可后，应继续进行故障处置，并将车况报告行调。在行调许可司机继续故障处置的 5 min 后，若未完成故障处置或故障处置无效，司机应立即申请救援。

⑤ 若行调未得到司机可自行动车或救援申请的回复，行调应直接下达救援命令。

2. 申请救援汇报内容

① 故障列车申请救援时应报明列车迫停地点（以百米标为准），是否妨碍邻线，是否超出警冲标，是否需要分步救援，以及其他特殊的救援要求（如气路不连接）。

② 迫停时间、列车车次、车号。

③ 请求救援事由（列车故障情况或事件情况、指示灯、DMI 及 HMI 面板显示、牵引制动情况等）。

④ 其他必须说明的事项。

3. 列车故障救援实施

（1）救援车/故障车清客作业。

① 行调接到司机的救援申请后，应立即布置故障车/救援车在车站清客。如故障车迫停在区间内，则等救援车与故障车连挂后，运行到就近车站清客。

② 故障车/救援车清客作业限时 2 min，列车司机应进行清客广播 2 遍，并由所在车站组织人员进入车厢，广播引导进行清客，车站清客完毕后通知司机关闭车门。

③ 救援列车清客作业完毕后，救援列车司机应迅速按调度命令将救援列车以 ATO / ATP 手动模式运行至无速度码后切除 ATC，然后以 EUM 模式继续运行至故障地点，准备进行救援连挂作业。

（2）列车救援指挥人。

① 故障电客列车司机在整个救援过程中充当调车作业指挥人。

② 救援电客列车司机得到救援命令并在就近站清客后，凭调度命令进入封闭区间（注意百米标）。

（3）救援列车连挂。

① 故障列车司机在得到调度同意救援的命令并了解救援来车方向后，施加停放制动，切除除连挂端 Tc 车以外的所有 B09。

② 救援列车以 ATO/ATP 模式运行，至无速度码后，将 ATC 切除开关打至合位，以 EUM 模式接近故障车。运行过程中严格按照行车调度下达的救援命令执行，列车以 EUM 模式运行至距离故障车一车（22 m）处一度停车。

③ 救援列车确认故障列车做好防护后，继续以低于 5 km/h 的速度前行，并在距离故障车 1 m 处再次停车，通过无线手持台与故障列车司机联系，确认连挂条件。

④ 救援电客列车司机接到故障列车司机连挂通知后，将 Tc 车设备柜的“慢行拖动模式”开关打到“慢行位”，并以 3 km/h 的速度进行联挂，故障电客列车司机负责调车指挥，出现问题时立即通知救援电客列车司机停车。连挂后进行试拉，确认连挂妥当，以防脱钩溜车。

⑤ 救援列车司机确认连挂妥当后，通知故障列车司机，故障列车司机此时缓解停放制动，切除连挂端 Tc 车的 B09，切除 ATC，返回运行方向司机室。

⑥ 救援连挂作业完毕后，救援列车司机负责向行调报告，并将“慢行拖动模式”开关恢复至正常位。

⑦ 救援列车司机告知故障列车司机救援进路后，故障列车司机指挥动车。

（4）救援列车运行。

① 当救援列车推进故障列车运行时，前方进路的确认由故障列车司机负责，并用无线通信设备通知救援列车司机。动车前必须做好联控，确认故障列车所有制动已缓解，进路安全，指挥救援车司机动车。运行途中要不断确认与救援列车司机间的联系，遇有危及安全的情况时，立即通知救援列车停车。

② 当救援列车牵引故障列车运行时，前方进路和信号的确认由救援列车司机负责，并与故障列车司机保持联系。动车前必须做好联控，确认故障列车所有制动已缓解。

③ 故障列车和救援列车连挂完毕后，由救援电客列车司机与行车调度联系，故障列车司机只负责与救援车司机的联络。

④ 救援作业必须按照调度下达的救援命令及手信号的显示要求进行，没有救援命令（或信号）不准动车，信号不清立即停车。

⑤ 在救援过程中救援列车司机应尽量平稳牵引和制动，以减少列车损伤，确保运行安全。

⑥ 在救援过程中电客列车司机遇特殊情况必须向调度汇报，听取调度命令，根据调度命令执行。

⑦ 救援列车牵引故障列车运行时限速 40 km/h，救援列车推进故障列车运行时限速 30 km/h。

（5）救援列车解钩。

① 正线折返线内解钩。故障列车进入正线指定折返线路停稳后立即施加停放制动，恢复就近 Tc 车的 B09。故障列车司机立即至连挂端司机室，并与救援列车司机联系："故障车已做好防溜措施，可以解钩"。然后故障列车司机进行解钩，并指挥救援列车离钩，双方共同确认解钩成功并已离钩。由救援列车司机报告行调："故障列车已在××位置停稳，列车已做好防溜措施"。救援列车司机恢复 ATC 切除开关，根据行车调度的指示执行。

② 回库后解钩。救援列车连挂故障列车行驶至停车库停稳后，故障列车立即施加停放制动，恢复就近 Tc 车的 B09。故障列车司机立即至连挂端司机室，并与救援列车司机联系："故障车已做好防溜措施，可以解钩"。然后故障列车司机进行解钩，并指挥救援列车离钩，双方共同确认解钩成功并已离钩。由救援列车司机报告信号楼："故障列车已在××位置停稳，列车已做好防溜措施"。救援车司机恢复 ATC 切除开关，根据信号楼的指示执行。

4. 电客司机故障救援其他注意事项

① 所有电客列车清客时间均为 2 min（特殊情况例外，如全列车门打不开），若无法完成清客作业，则将剩余乘客带至终点站执行清客，时间也为 2 min，若仍无法完成按调度命令执行。

（2）在救援过程中所有电客列车司机必须按规定用普通话进行广播和与调度联系。

③ 在救援过程中电客列车司机必须注意自身安全，故障电客列车司机担任连挂作业指挥人。

④ 在列车实施救援的过程中，其他电客列车司机在经过故障列车所处区段时必须加强瞭望，鸣笛警示，减速慢行，并以低于 10 km/h 的速度通过故障列车所处区段，确保行车安全。

⑤ 列车救援回库，在换转轨一度停车与运转值班员进行联系，确认列车进路。

⑥ 在救援过程中，电客列车司机在接到行车调度命令后，应及时复诵命令内容，确保信息传递准确、及时。

⑦ 救援列车将故障列车推进至终点站时，接车电客列车司机应立即登上救援列车，配合列车折返作业。

⑧ 故障电客列车司机在离开司机室时，应带好救援必要的备品及方孔钥匙，并锁闭司机室车门。

5. 列车救援时的车次号使用规定

救援时的列车车次号，应在救援列车实施救援并至前方站清客后，由行车调度根据规定及时向车站及电客列车司机下达，更改该列车的车次号。

① 从故障电客列车司机排故失败，行车调度员下达救援命令起，该故障列车的原车次号自动取消，以车体号为该故障列车的识别号。

② 当运营列车得到行车调度的命令担当救援列车，在指定车站完成清客，准备实施救

援时，更改该列车的车次号。行车调度应根据规定及时向相关车站及电客列车司机传达新车次号。

③ 故障列车和救援列车连挂后的车次号以救援列车的车次号为准(连挂车由救援电客列车司机与行车调度联系)。

④ 救援列车解钩完毕，如需投入运营，其车次号由行车调度根据规定及时向车站及电客列车司机下达。

⑤ 故障列车停于折返线时的识别号为该车的车体号。故障列车排除故障投入运营的车次号，由行车调度根据规定及时向车站及电客列车司机下达。

⑥ 需带客救援列车车次号的设置，均按行车组织规定执行。

6. 电客列车司机在列车救援时的规范用语

(1)故障电客列车司机。

① 列车发生故障时，故障车司机向行车调度报告车次号、车体号、发生故障地点、故障内容及造成影响和其他需要说明的事项。

电客列车司机报故障地点时，如列车在区间迫停，必须报清上下行、区间和百米标。

电客列车司机所报故障的内容是 HMI 面板及司机室指示灯显示的情况。

电客列车司机要将故障对列车造成的影响详细地报告给行车调度。

② 列车故障无法排除时，故障车司机报告行车调度列车故障无法排除，请求救援。

③ 故障列车完成救援准备时，故障车司机报告行车调度：车体号、地点，救援准备完毕。

注：故障车司机应在救援连挂处的司机室向行车调度汇报。

④ 故障列车在车站清客完毕后，故障车司机报告行车调度：车次号、车体号、地点，清客完毕。

注：故障车无线电故障时，通知救援车司机与行车调度联系。

⑤ 故障列车在车站无法完成清客时，故障车司机报告行车调度：车次号、车体号、地点，在规定的时间内无法完成清客。

注：故障车无线电故障时，通知救援车司机与行车调度联系。

(2)救援电客列车司机。

① 救援列车在车站清客完毕后，救援电客列车司机报行车调度：车次号、车体号、地点、清客完毕。

② 救援列车在站台无法完成清客时，救援电客列车司机报行车调度：车次号、车体号、地点、在规定的时间内无法完成清客。

注：规定的清客时间为 2 min。

(3)故障列车与救援列车连挂结束。

救援电客列车司机报行车调度：车次号，连挂作业完毕。

① 列车按连挂作业标准进行连挂；

② 列车连挂结束是指：列车推进时，故障电客列车司机必须到达进行端司机室进行引导，并与救援电客列车司机取得联系；

③ 联挂结束由救援车司机报行车调度。

（4）救援时故障车与救援车联系用语。

① 救援车连挂前：

故障车司机呼叫救援车司机："故障车已做好救援连挂准备，可以连挂"；

救援车司机回复："故障车已做好救援连挂准备，可以连挂，救援车司机明白"。

② 推进运行前：

故障车司机呼叫救援车司机："故障车所有制动已缓解，前方进路安全，可以推进"；

救援车司机回复："故障车所有制动已缓解，前方进路安全，可以推进，救援车司机明白"。

③ 推进运行时：

故障车司机呼叫救援车司机："前方进路安全"；

救援车司机回复："前方进路安全，救援车司机明白"。

④ 推进至站名标时：

故障车司机呼叫救援车司机："前方××站"；

救援车司机回复："前方××站，救援车司机明白"；

故障车头部进入站台时

故障车司机呼叫救援车司机："列车头部进入站台"；

救援车司机回复："列车头部进入站台，救援车司机明白"。

⑤ 故障车对标时：

故障车司机呼叫救援车司机："三车"、"两车"、"一车"、"10 m"、"5 m"、"3 m"、"2 m"、"1 m"、"停车"；

救援车司机回复："三车"、"两车"、"一车"、"10 m"、"5 m"、"3 m"、"2 m"、"1 m"、"停车"。

⑥ 解钩时：

故障车司机呼叫救援车司机："故障车已做好防溜，可以解钩"

救援车司机回复："故障车已做好防溜，可以解钩，救援车司机明白"。

（5）救援结束

救援车司机报行车调度：车次号、列车解钩完毕。

注：救援结束指列车在指定的位置停车解钩，解钩完毕由救援车司机与行车调度联系。

2.3 电客列车设备知识及操作

2.3.1 司机室设备及操作

1. 司机台主控面板

司机操纵台主控面板上各按钮、旋钮、指示灯状态如表 2.51 所示。

表 2.51　司机台主控面板各按钮、旋钮、指示灯状态

位置	按钮/旋钮/指示灯	描　述	使　用
1		空调开 = 61-H101 方形指示灯，绿色	
2		客室空调开关 = 61-S101 三位置自复位旋钮	开启/关闭客室空调
3		紧急制动 = 22-S07 自锁蘑菇头按钮（防误操作功能）红色	启动紧急制动，使列车停稳
4		灯测试 = 73-S105 自复位按钮，黑色	测试司机台所有指示灯的激活按钮
5		司机室照明 = 52-S02 二位自锁旋钮，黑色	控制司机室照明的开/关
6		阅读灯 = 52-S03 二位自锁旋钮，黑色	控制司机室内部阅读灯的开/关
7		客室照明 = 52-S01 三位自复旋钮	控制客室照明的开/关
8	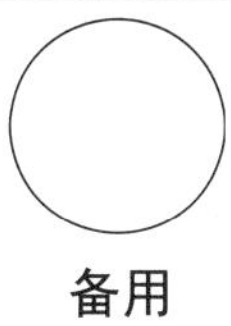	备用 面板塞	

续表 2.51

位置	按钮/旋钮/指示灯	描　述	使　用
9	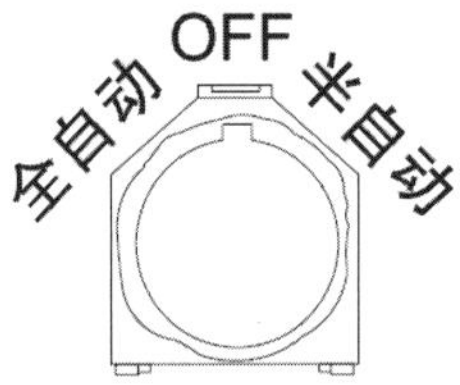 门模式选择	门模式选择 = 91-S106 三位自锁旋钮	选择开关门模式
10	 RM1	RM1 = 91-S110 自复位按钮，绿色	ATC 授权后操作进入 RM1 模式
11	 RM2	RM2 = 91-S115 2 位自锁旋钮，加盖铅封，黑色	行调授权后操作进入 RM2 模式
12	 ATO 启动	ATO 启动 = 91-S103 自复位按钮，绿色	启动 ATO 模式，当 ATO 模式有效时，点亮激活按钮
13	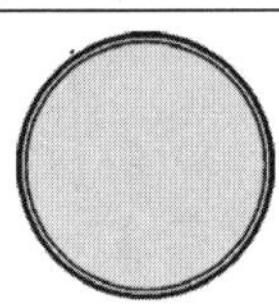 ATB	ATB = 91-S111 自复位按钮，黄色	启动 ATB 模式，当 ATB 模式有效时，点亮激活按钮
14		CBTC = 91-H101 启动 CBTC 模式时，绿色指示灯亮	
15	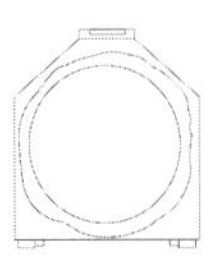 BM/CBTC选择	BM/CBTC 选择 = 91-S112 自复位按钮，黑色，加保护盖	进入 BM 强制/非强制选择

续表 2.51

位置	按钮/旋钮/指示灯	描　述	使　用
16	近光　远光  头灯	头灯 = 51-S01 2 位自锁旋钮，黑色	调整头灯远/近光
17	 电笛	电笛 = 72-S01 自复位按钮，黑色	鸣笛
18	 温度计	温度计 = 73-A08	
19	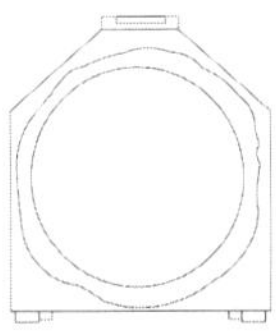 解钩	解钩 = 72-S02 自复位按钮，白色，加保护盖	解钩
20	 高速断路器合	高速断路器合 = 21-S04 自复位按钮，绿灯	闭合所有高速断路器（HSCB），当列车中所有高速断路器均接通（ON）时点亮
21	 高速断路器分	高速断路器分 = 21-S03 自复位按钮，红色	断开列车中的所有高速断路器（HSCB），当列车中所有高速断路器均断开（OFF）时点亮
22	 旁路指示灯	旁路指示灯 = 73-H04 方形指示灯，红色	

续表 2.51

位置	按钮/旋钮/指示灯	描　述	使　用
23	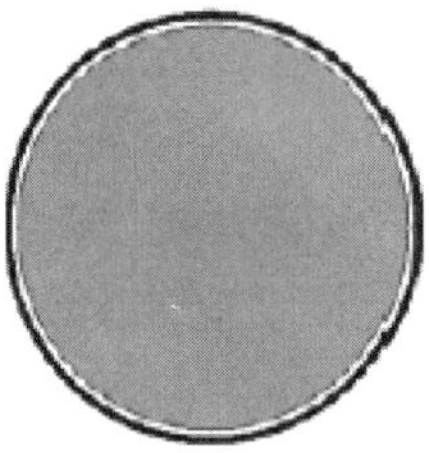 停放制动缓解	停放制动缓解 = 27-S02 自复位按钮，绿色	缓解停放制动
24	 停放制动施加	停放制动施加 = 27-S01 自复位按钮，红色	施加停放制动
25	 所有车门关闭	所有车门关闭 = 81-P01 方形指示灯，绿色	
26	 所有气制动缓解	所有气制动缓解 = 27-H01 方形指示灯，绿色	
27	 气制动施加	气制动施加 = 27-H02 方形指示灯，红色	

2. 门控面板

门控面板上各按钮、旋钮、指示灯状态如表 2.52 所示。

表 2.52 门控面板上各按钮、旋钮、指示灯状态

位置	按钮/旋钮/指示灯	描　述	使　用
1	 窗加热器	窗加热器 = 73-S03 自复位按钮，黄色	启动司机室前窗窗加热
2	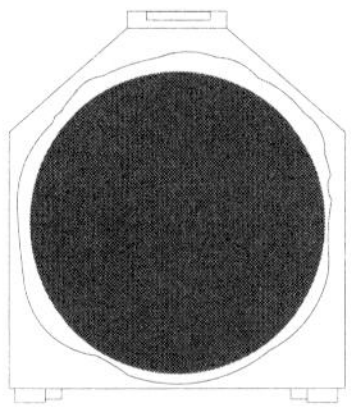 开左门备用	开左门备用 = 81-S102 自复位按钮，红色，加保护盖	打开列车左侧车门
3	 开左门	开左门 = 81-S02 自复位按钮，红色	打开列车左侧车门
4	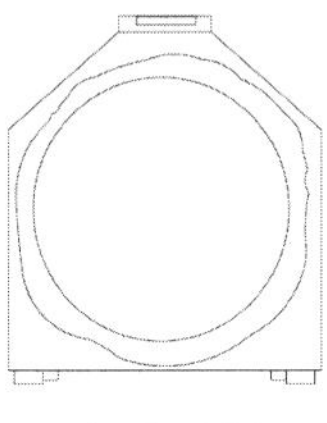 左重开闭	左重开闭 = 81-S105 自复位按钮，加保护盖	重新打开关闭列车左侧未动作完毕的单个车门
5	 关左门	关左门 = 81-S14 自复位按钮，绿色	关闭列车左侧车门

续表 2.52

位置	按钮/旋钮/指示灯	描　述	使　用
6	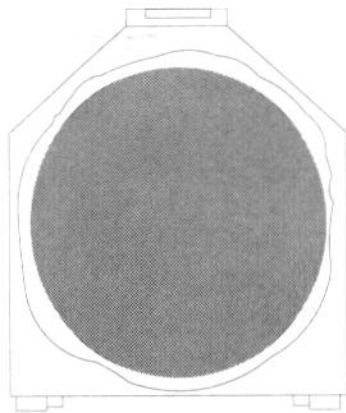 关左门备用	关左门备用 = 81-S114 自复位按钮，绿色，加保护盖	关闭列车左侧车门
7	 刮雨器控制面板	刮雨器控制面板 = 73-A02	启动并调整列车前窗刮雨器
8	 开右门备用	开右门备用 = 81-S101 自复位按钮，红色，加保护盖	打开列车右侧车门
9	 开右门	开右门 = 81-S01 自复位按钮，红色	打开列车右侧车门
10	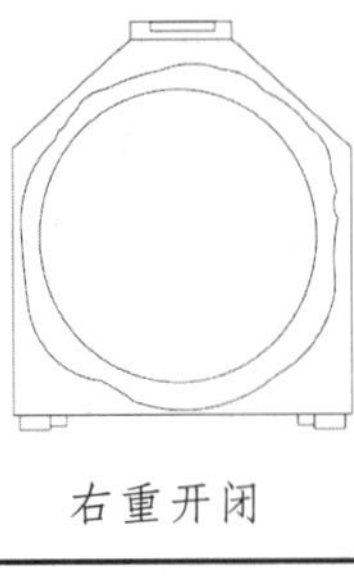 右重开闭	右重开闭 = 81-S106 自复位按钮，加保护盖	重新打开关闭列车右侧未动作完毕的单个车门

续表 2.52

位置	按钮/旋钮/指示灯	描　述	使　用
11	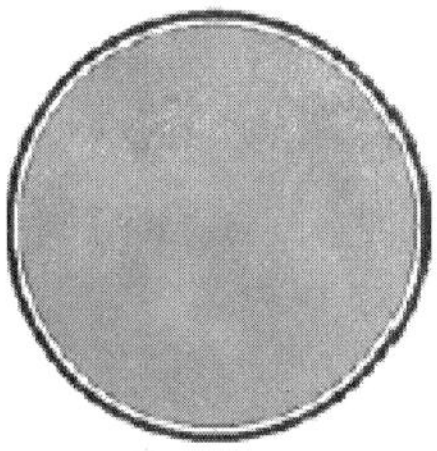 关右门	关右门 = 81-S13 自复位按钮，绿色	关闭列车右侧车门
12	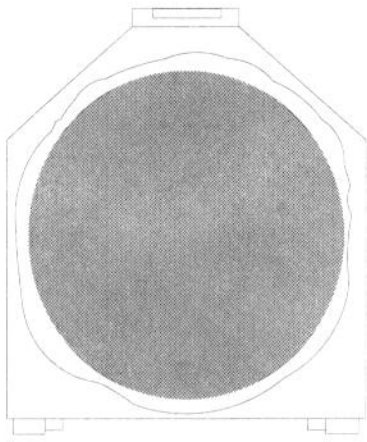 关右门备用	关右门备用 = 81-S113 自复位按钮，绿色，加保护盖	关闭列车右侧车门

3. 司机室设备柜

司机室设备柜上各按钮、旋钮、指示灯状态如表 2.53 所示。

表 2.53　司机室设备柜上各按钮、旋钮、指示灯状态

位置	按钮/旋钮/指示灯	描　述	使　用
1	 总风压力可用旁路	总风压力可用 = 34-S102 自锁旋转开关，黑色加盖	分/合 旁路总风监测回路
2	 开关门控制切换	开关门控制切换 = 81-S112 自锁旋转开关，黑色加盖	分/合 切换车门由硬线或网络进行开关门控制

续表 2.53

位置	按钮/旋钮/指示灯	描　述	使　用
3	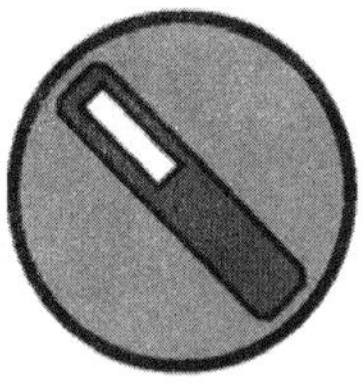 车门使能旁路	车门使能旁路 = 91-S10 自锁旋转开关，黑色加盖	分/合 旁路车门关闭触电
4	 车钩监视旁路	车钩监视旁路 = 72-S107 自锁旋转开关，黑色加盖	分/合 旁路车钩监视回路
5	 警惕旁路	警惕旁路 = 22-S120 自锁旋转开关，黑色加盖	分/合 旁路司控器警惕阀
6	 所有制动缓解旁路	所有制动缓解旁路 = 27-S104 自锁旋转开关，黑色加盖	分/合 旁路所有制动缓解回路 （常用制动）
7	 停放制动缓解旁路	停放制动缓解旁路 = 27-S103 自锁旋转开关，黑色加盖	分/合 旁路停放制动缓解回路
8	 门零速旁路	门零速旁路 = 81-S109 自锁旋转开关，黑色加盖	分/合 旁路门零速信号

续表 2.53

位置	按钮/旋钮/指示灯	描　述	使　用
9	 门关好旁路	门关好旁路 = 81-S110 自锁旋转开关，黑色加盖	分/合 旁路门关好信号
10	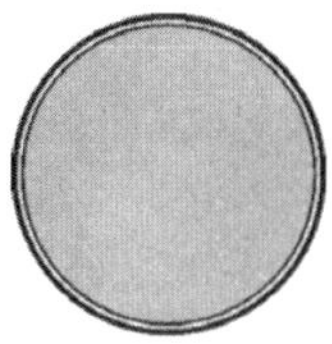 充电机应急启动	充电机应急启动 = 31-S104 自复位按钮，黑色加盖	当蓄电池欠压不能激活列车（同时也不能为充电机控制器供电）时，应急启动充电机，从而激活列车，并给蓄电池充电。
11	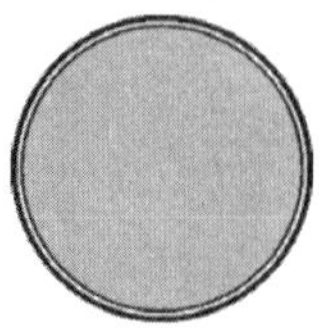 强迫泵风	强迫风泵 = 34-S101 自复位按钮，黑色加盖	启动两台空压机同时工作
12	 慢行拖动模式	慢行拖动模式 = 22-S13 3 位自锁旋转开关，黑色加盖	分/0/合 对列车的牵引状态在慢行/正常/拖动三种模式中进行选择切换
13	 BHB 切除	BHB 切除 = 21-S01 自锁旋转开关，黑色加盖	分/合 切除 BHB
14	 紧急牵引	紧急牵引 = 22-S08 自锁旋转开关，黑色加盖	分/合 在网络故障的情况下，使用硬线备用进行应急牵引

续表 2.53

位置	按钮/旋钮/指示灯	描　述	使　用
15	 MVB 复位	MVB 复位 = 41-S101 自复位按钮，黑色加盖	对所有 MVB 设备进行复位操作
16	 ATC 复位	ATC 复位 = 91-S114 自复位按钮，黑色加盖	对所有车载 ATC 设备进行复位操作
17	 ATC 切除	ATC 切除 = 91-S105 自锁旋转开关，黑色加盖	分/合 切除所有车载 ATC 设备
18	 列车激活	列车激活 = 72-S101 3 位自锁旋转开关，黑色	分/0/合 激活列车控制电源

2.3.2　客室设备及操作

1. 车门手动解锁及隔离操作

客室车门手动解锁操作：

（1）确认需要手动解锁的车门，车门解锁装置如图 2.160 所示。

图 2.160　车门解锁装置实物图

（2）拉开塑料盖板，如图 2.61 所示。

图 2.161　塑料盖板

（3）将红色拉手拉下，如图 2.162 所示。

图 2.162　红色拉手

（4）确认车门被解锁，如图 2.163 所示。

图 2.163 车门解锁状态实验图

2. B09 阀切除操作

当需要切除 B09 时：

（1）到故障车对应座椅下方找到 B09 箱，如图 2.164 所示。

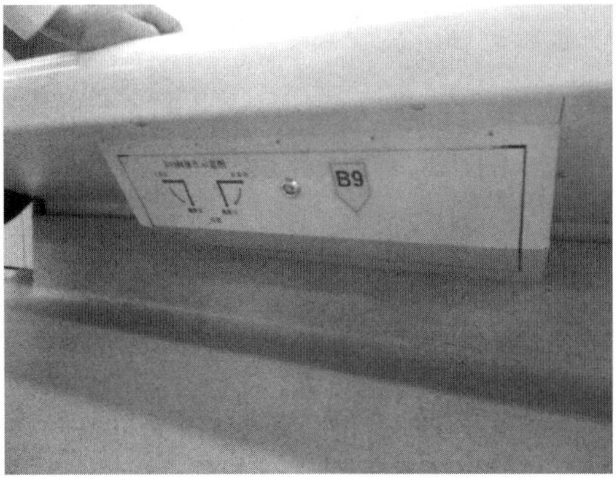

图 2.164 B09 箱实物图

（2）用方孔钥匙打开盖板，B09 箱打开状态如图 2.165 所示。

图 2.165 B09 箱打开状态实物图

（3）将 B09 阀手柄扳到水平位置，B09 阀切除状态如图 2.166 所示。

图 2.166　B09 阀切除状态实物图

2.3.3　走行部设备及操作

1. 停放制动缓解拉环

停放制动手动缓解的方法是在转向架侧边拉动停放制动缓解拉环，拉线拉出长度约 20 mm，确保停放制动已缓解，具体如图 2.167 所示。

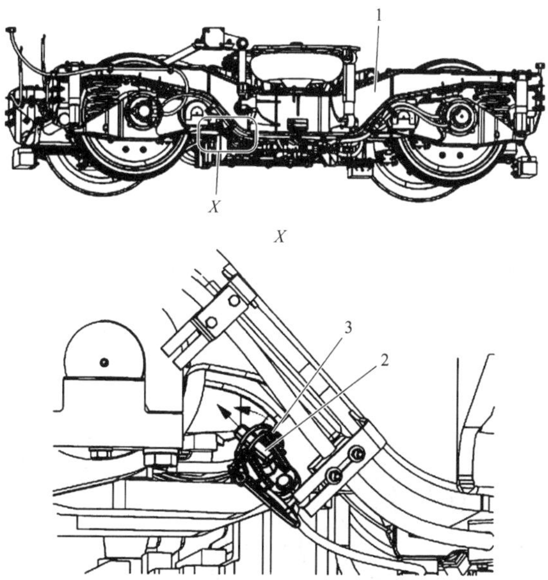

图 2.167　停放制动的手动缓解

1—拖车转向架（示例）；2—紧急停车制动遥控杆[C03.02]；3—控制杆罩

2. 双稳态电磁阀

在停放制动缓解按钮或停放制动施加按钮无法控制停放制动并有空气压力情况下，可以通过手动操作制动控制模块上的双稳态电磁阀来实现停放制动的施加与缓解，具体如图 2.168 所示。

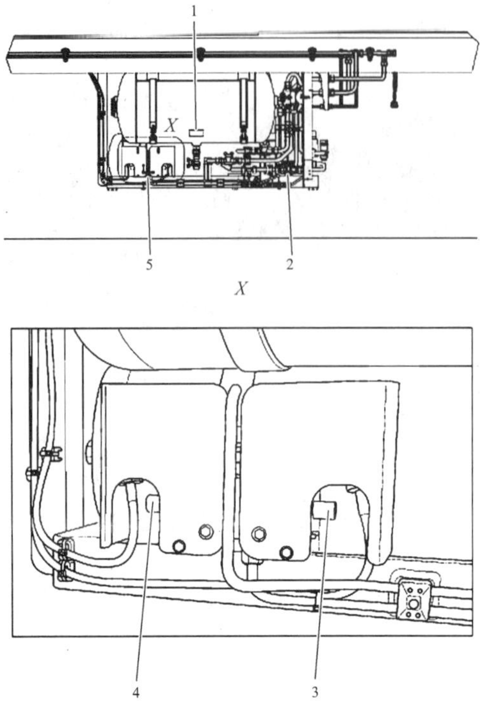

图 2.168　停放制动手动操作

1—制动控制模块[B00]；2—带手柄的球形塞门[B00B05.002]；3—缓解停放制动；4—施加停放制动；5—双稳态电磁阀[B00B09]

2.3.4　安全门 PSL 盘开关门操作

1. PSL 盘说明

PSL 盘实物图如图 2.169 所示。

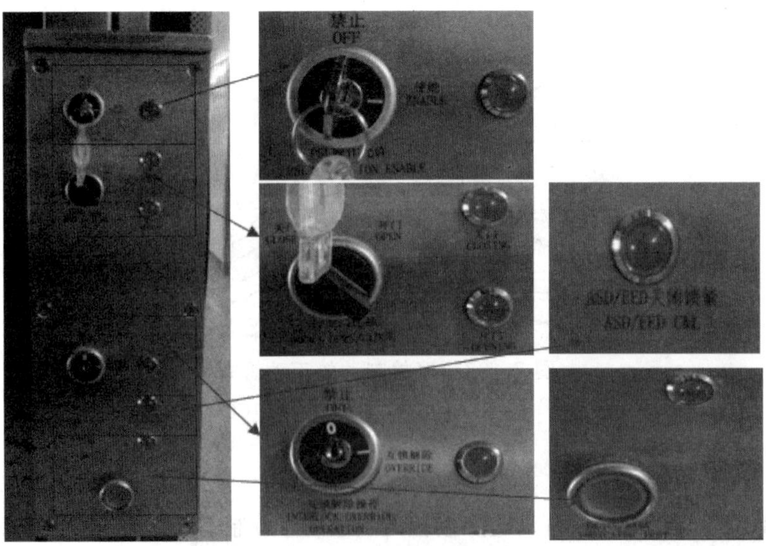

图 2.169　PSL 盘实物图

2. 操作 PSL 盘打开安全门

操作 PSL 盘打开安全门的步骤如下：

（1）专用操作钥匙在 PSL 盘上的“PSL 操作允许”钥匙开关的原始位置是“禁止”位；

（2）将钥匙开关转到“使能”位，“使能”指示灯绿灯亮；

（3）将“开/关门选择”旋钮打到“开门”位，滑动门开始打开，PSL 上的“开门”指示灯亮，“ASD/EED 关闭&锁紧”指示灯熄灭，在打开过程中各滑动门状态指示灯闪烁，门完全打开后各滑动门状态指示灯常亮。

3. 操作 PSL 盘关闭安全门

操作 PSL 盘关门安全门的步骤如下：

（1）专用操作钥匙在 PSL 盘上的“PSL 操作允许”钥匙开关的原始位置是“禁止”位；

（2）将钥匙开关转到“使能”位，“使能”指示灯绿灯亮；

（3）将“开/关门选择”旋钮打到“关门”位，PSL 上的“关门”指示灯亮，滑动门开始关闭，在关闭过程中各滑动门状态指示灯闪烁。滑动门完全关闭后，PSL 上的“关门”指示灯熄灭，“ASD/EED 关闭&锁紧”指示灯亮，各滑动门状态指示灯熄灭；

（4）操作完成后，将 PSL 盘上的“PSL 操作允许”钥匙开关由“使能”位打回到“禁止”位。

思考题

1. 昆明地铁首期工程的电客列车编组形式是怎样的？
2. 简述昆明地铁首期工程电客列车的故障运行能力。
3. 昆明地铁首期工程电客列车有几种制动模式？其特点是什么？
4. 昆明地铁首期工程信号系统模式有几种？驾驶模式有几种？其对应关系是怎样的？
5. 简述昆明地铁首期工程电客列车的基本参数。
6. 昆明地铁首期工程电客列车各驾驶模式之间转换时需注意什么？
7. 简述电客列车应急启动方法。
8. 电客列车缓解停放制动的方法有几种？简述其操作方法。

第3章 轨道车司机岗位业务技能

3.1 轨道车司机专业知识

本章知识要点及要求司机掌握程度表

序号	知识要点	掌握程度		
		掌握	熟练	了解
1	内燃轨道车知识	●		
2	蓄电池轨道车知识	●		
3	轨道车司机作业标准		●	
4	内燃轨道车司机室设备操作		●	
5	内燃轨道车外部设备操作		●	
6	蓄电池轨道车司机室设备操作		●	
7	蓄电池轨道车外部设备操作		●	

3.1.1 内燃轨道车知识

1. 总体概况

GCY-220 型重型轨道车主要由动力及传动系统、走行部、车钩装置、电气系统、制动系统及冷却系统等组成，符合 GB146.1-1983 标准轨距铁路机车车辆限界的有关规定。

GCY-220 型重型轨道车动力及传动系统采用进口康明斯 QSL9-C325 型电子控制燃油喷射柴油机，与日本新泻铁路专业的 TDCN-33-1002 型动力换挡变速箱配套使用，可实现自动换挡，液力换向；制动系统采用具有自动保压性能的 JZ-7 型空气制动机；走行部采用两轴结构，车轴轴箱采用弹性定位方式；车体两端设有标准 13#缓冲车钩。

GCY-220 型重型轨道车适用的气候环境如下：

环境温度 －10 ～ ＋35 °C

相对湿度 ≤95%

最高风速 82 km/h

GCY-220 型重型轨道车适用于场合室外作业，能承受风、沙、雨、雪的侵袭，能耐大气中酸碱的腐蚀，其整车主要技术参数、发动机主要技术参数、传动箱主要技术参数分别如表 3.1、表 3.2、表 3.3 所示。

表 3.1　整车主要技术参数

轨距	1 435 mm
车轮直径	ϕ840 mm
车辆定距	5 000 mm
轴列式	B
传动形式	液力-机械传动
发动机功率	242 kW（325 hp）
最高运行速度	80 km/h
通过最小曲线半径	100 m（最大通过速度 10 km/h）
制动方式	空气制动
制动距离	＜400 m（单机、平直道、初速 80 km/h）
整备重量	约 26 t
车钩	13B 型下作用车钩
缓冲器	ST 型缓冲器
车钩中心高度（距轨面）	880 mm±10 mm
燃油箱容量	500 L
最大外形尺寸（长×宽×高）	10 750 mm×2 700 mm×3 560 mm

表 3.2　发动机主要技术参数

型号	QSL9
型式	水冷、直列六缸、四冲程、电喷、增压、空气中冷
额定功率/转速	242 kW（325 hp）/2 100 r/min
最大扭矩/转速	1 424 N·m/1 400 r/min
排量	8.9 L
燃油系	电控燃油系统
额定功率下燃油消耗率	236 g/kW·h
启动方式	电启动

表 3.3　传动箱主要技术参数

型号	TDCN-33-1002
型式	液力-机械传动
挡位	三进三退
换挡方式	电液换挡
Ⅰ挡速比	3.393
Ⅱ挡速比	1.848
Ⅲ挡速比	0.818

2. 司机室布置

本车前后端均设有操纵台，操纵台上有仪表及控制器件等，前后操作台分为操作台台面和仪表板，前后监控设备均一样。

（1）操作台台面电器、仪表。

操作台台面电器、仪表布置方案如图 3.1 所示。

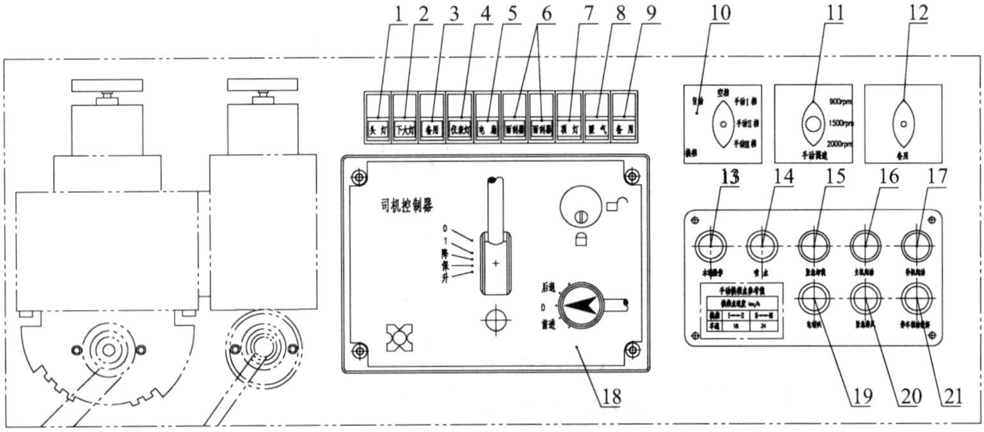

图 3.1 操纵台布置

1—头灯开关；2—下大灯开关；3—备用；4—仪表板开关；5—电扇开关；6—雨刷开关；7—顶灯开关；8—暖气开关；9—备用；10—手动/自动开关；11—手动调速开关；12—备用；13—本端操作开关；14—喷水按钮；15—紧急卸载；16—主机启动开关；17—补机启动开关；18．司机控制器；19—电喇叭按钮；20—紧急排风按钮；21—停车制动缓解开关

（2）仪表板电器、仪表。

仪表板电器、仪表布置方案如图 3.2 所示。

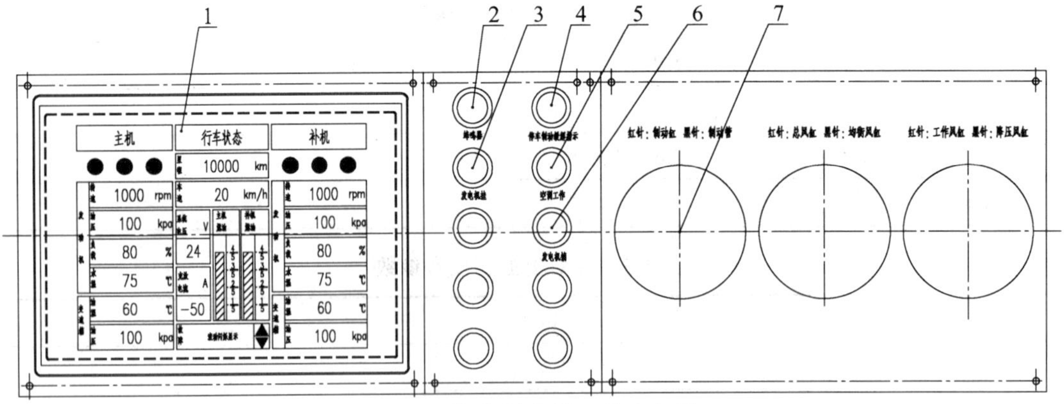

图 3.2 仪表板电器、仪表布置

① 发动机参数显示屏。

发动机参数显示屏为一个 LCD 数字显示屏，按压显示屏上的方向按钮，即可显示各种状态参数。这些参数包括发动机转速、发动机机油压力、发动机冷却水温、蓄电池电压、燃油压力、增压器压力、进气温度、燃油温度、变矩器压力、变矩器温度、燃油消耗率、发动机工作小时和发动机负载率。

主监控单元通过双绞线与发动机 ECM 通信，接收 ECM 的数据，并进行相应显示。

② 蜂鸣器。

当发动机和变速箱的状态参数（发动机水温、进气温度、机油压力、冷却水位、变扭器油温、变矩器压力等）超过设定的报警数值时，蜂鸣器工作，提醒司机注意报警信号并采取相应措施，防止发生事故。

③ 发电机挂。

此灯亮时，表明发电机处于工作状态。

④ 停车制动缓解。

车辆制动缓解时，该指示灯亮。

⑤ 空调工作。

此灯亮时，表明空调处于工作状态。

⑥ 发电机摘。

此灯亮时，表明发电机处于摘除状态。

⑦ 双针压力表（自左至右）。

第一块表红针显示总风缸压力、黑针显示均衡风缸压力；第二块表红针显示工作风缸压力，黑针显示降压风缸压力；第三块表红针显示制动缸压力，黑针显示制动管压力。

（3）电气控制柜。

控制柜电器布置如图 3.3 所示。

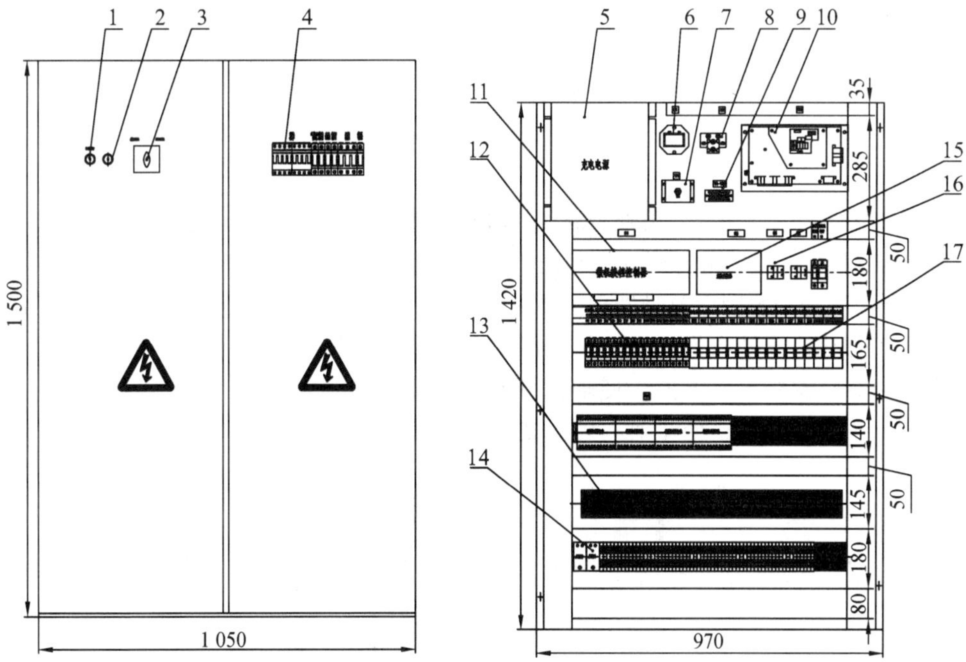

图 3.3 控制柜电器布置

1—车下灯开关；2—备用；3—交流电源转换开关；4—柜门断路器；5—充电电源；6—启动继电器；7—电位器；8—预热继电器；9—二极管板；10—TCU 变速箱控制器；11—微机换挡控制器；12—小型断路器；13—逻辑控制器；14—接线端子；15—分线端子；16—直流变换器；17—电量变送器；18—中间继电器

3. 车轴轴箱

车轴轴箱采有无导框弹性轴箱拉杆定位，通过轴箱拉杆与转向架构架弹性地连接，同时又通过轴箱轴承和轮对连接，起到轮对的定位作用。

轴箱装置由轴箱前盖、轴箱体、圆柱滚子轴承通盖、轴箱拉杆、弹簧装置等组成，如图 3.4 所示。根据运用需要，3、5 位轴端安装接地装置，可保证整车可靠接地。

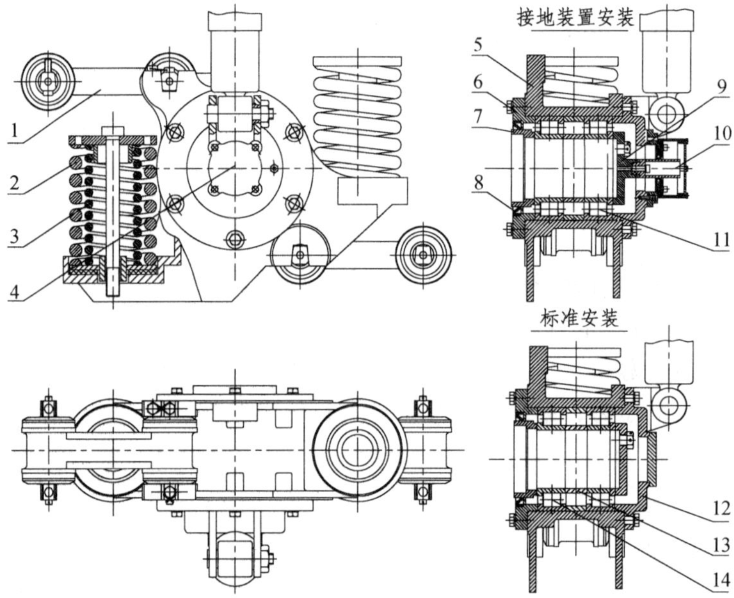

图 3.4 车轴轴箱

1—轴箱拉杆；2—外簧；3—内簧；4—闷盖；5—轴箱体；6—通盖；7—防尘座；8—油封；9—轴头压板；10—接地装置；11—轴承；12—轴箱前盖；13—隔套；14—轴承

运行中停车时，注意检查轴箱外表温度，轴箱温度不得超过（0.6 × 环境温度 + 50）℃。如温度太高或局部温度过高，应打开轴箱端盖，检查润滑脂品质、油量和滚动轴承、轴承支架的状态，根据不同情况判明原因后及时处理。要避免水、砂及其他脏物混入轴箱，保证其寿命。

轴箱拉杆两端销接处有橡胶套，销子两端有橡胶垫，其结构如图 3.5 所示。由于采用这种带有橡胶关节的拉杆定位方式，使轴箱可以依靠橡胶关节的径向、轴向及扭转弹性变形，实现多个方向的相对位移，使轮对与转向架构架间成为弹性连接。

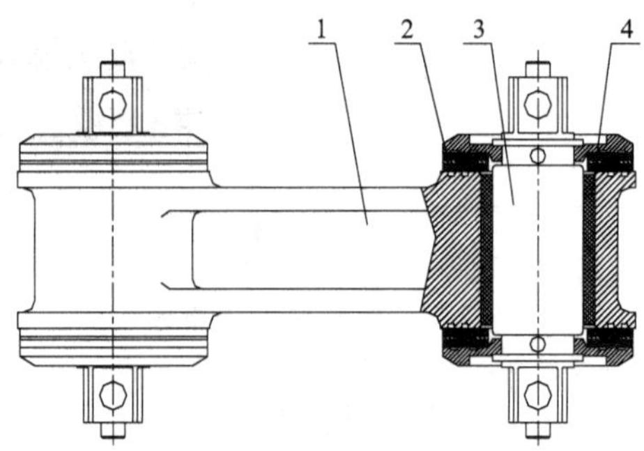

图 3.5 轴箱拉杆

1—拉杆体；2—橡胶垫；3—芯轴；4—橡胶套

4. 轮　对

车轮与车轴是采用冷压结合的，其压装方法、要求参照 TB1463《机车车轮与车轴组装技术条件》的有关规定。

车轮踏面符合 TB449-1976 中机车车辆用轮缘踏面外形 A。轮对结构如图 3.6 所示。

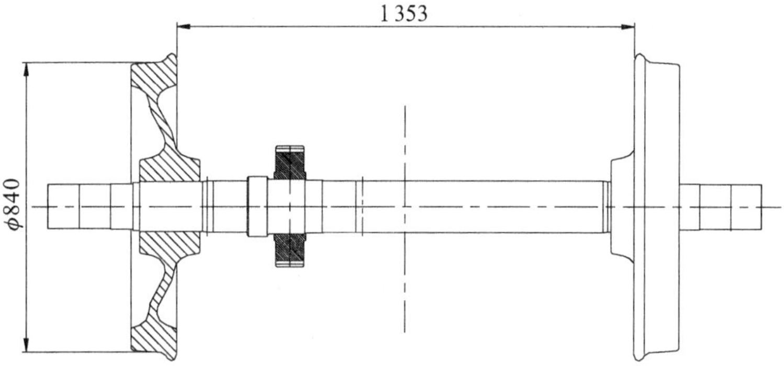

图 3.6　轮对

轮对的使用保养：

① 在运用期间，应检查轮对状态，要求轮缘无裂纹、车轮移动标记无错位现象，在运行过程中注意操作规范，防止发生切轴事故。

图 3.7 供车轴超声波探伤参考。

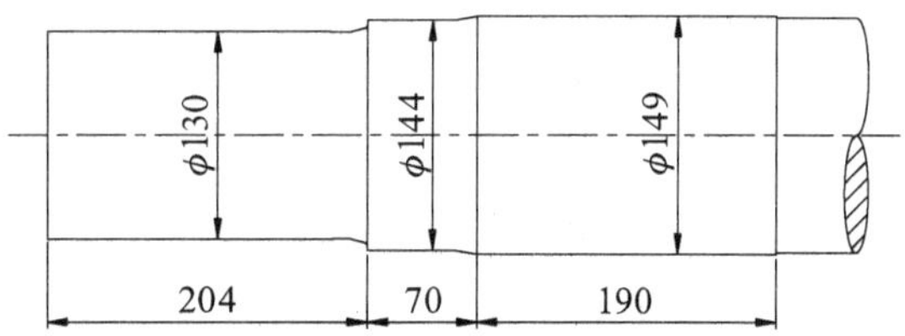

图 3.7　轴端尺寸

② 当车轮直径超过下述规定值时应加工处理：

a. 同一轴上的车轮直径差大于 0.5 mm 时；或同一轮对两车轮直径差未经旋修大于 3 mm，经旋修者大于 1 mm 时；

b. 车轮踏面擦伤或局部下凹超过 1 mm 时；

c. 一处踏面剥离的长度大于 50 mm，或同一车轮两处踏面剥离的长度每处大于 40 mm 时。

测量要求：

a. 沿圆周方向测量；

b. 两端宽度不足 10 mm 的不计算在内；

c. 长条状剥离其最宽处不足 20 mm 者可不计算；

d. 两块剥离边缘相距小于 75 mm 时，每处长不得超过 35 mm；

e. 多处小于 35 mm 的剥离，其连续剥离总长度不得超过 350 mm；

f. 剥离前期未脱落部分可暂时不计算在内；

g. 没有其他缺陷，如轮对擦伤、局部凹下；

③ 车轮磨损后，轮辋厚度小于 30 mm 或轮缘厚度小于 22 mm 时需更换。

5. 发动机

本车选用美国康明斯公司生产的 QSL9 型柴油发动机。有关发动机的结构、技术规范及使用保养等内容，详见发动机说明书。

车下设有 500 L 的燃油箱。燃油通过吸油管经过燃油粗滤器进入到发动机供油泵。燃油由供油泵供给发动机，多余的燃油返回油箱。

燃油必须采用符合 GB 252-1994 的轻柴油。

6. 传动系统

（1）传动箱。

本车采用日本 Hitachi NICO 公司生产的 TDCN-33-1002 型液力-机械变速箱，与发动机组成动力单元。该变速箱由液力变扭器加上多速动力换挡变速箱组成。传动箱的结构、使用及维护、保养详见传动箱随车资料。

请操作者仔细阅读传动箱随车技术文件，并严格遵照其有关规定来操作、运用和维护。

传动箱内设有一个液力变扭器，是主要的传动元件。传动箱设有三个前进挡和三个后退挡，调速性能好；设有一套 TCU 电子换挡系统和手动换挡系统，具有换向保护、降挡保护等功能，能够防止因误操作可能造成的损坏。换挡、换向机构有缓冲功能，以减少磨损和缓和冲击。传动箱设有惰行装置，能够保证作业车辆被长距离牵引拖挂时的润滑。

传动油全部储存在传动箱的油底壳中，传动油通过一个悬置在传动箱侧面的油散热器散热。油散热器必须定期清除表面的灰尘，保持足够的散热能力。附件管路中的滤油器要定期清洗，保持滤网清洁。主油泵吸油口粗滤器及惰行泵吸油口粗滤器位于各自吸油法兰处，更换传动油时应同时清洗粗滤器，保持滤网清洁、畅通。

在发动机运转及传动箱处于工作温度时，检查油位指示器的标记以确认正确容量（在 80 °C 时油位水平面应在油位指示器标记的上面）。

附件接管原理图见图 3.8。

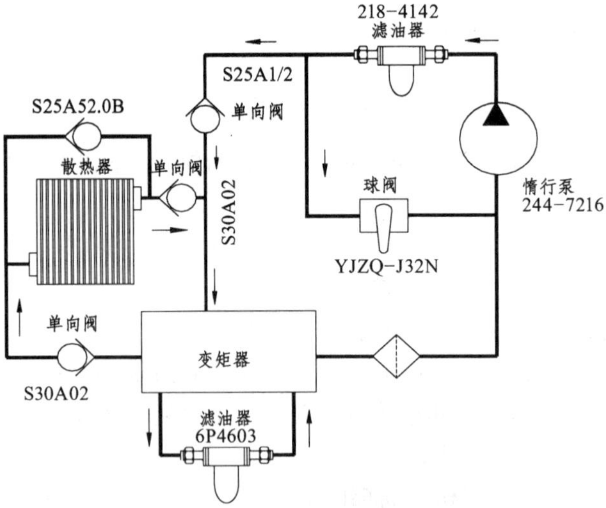

图 3.8 附件接管原理图

（2）传动轴。

本车全部采用管状开式万向节结构传动轴，用于主传动。

传动轴的型号见表 3.4。

表 3.4　传动轴参数表

安装部位	型　号	最小长度（mm）	螺栓拧紧力矩（N·m）
传动箱→Ⅱ端车轴齿轮箱	200.30	1 050	180
传动箱→固定轴	200.30	650	180
固定轴→Ⅰ端车轴齿轮箱	200.30	1 050	180
发动机前端→发电机	EQ140	1 150	180

万向节传动轴能适应输入轴和输出轴间角度和长度的不断变化，其主要组成有万向节主、被动叉、十字轴、滚针轴承，如图 3.9 所示。

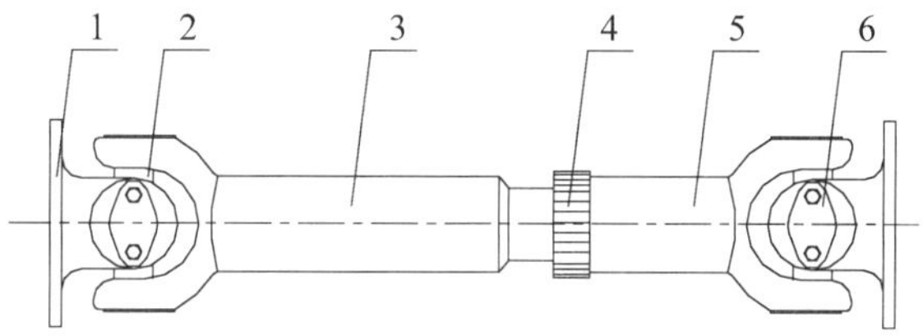

图 3.9　传动轴

1—突缘叉；2—十字节总成；3—花键轴总成；4；油封盖；5—套管叉；6—锁片

传动轴在使用过程中，为了避免传动轴受外力撞击变形而失去平衡，影响使用寿命，应注意检查传动轴的弯曲、变形和平衡情况，必要时报告运转。如发现损坏严重时，应及时报告运转。

（3）车轴齿轮箱。

车轴齿轮箱是整个传动系统的最后部分，它的作用是传递和增大车轮的扭矩，并将传动轴绕车体纵轴的转动变成轮对绕车轴轴线的转动。

车轴齿轮箱由上箱体、下箱体、前箱体、锥齿轮和圆柱齿轮等构成，如图 3.10 所示。从图中可以看出，车轴齿轮箱为二级减速，第一级为圆锥齿轮传动，第二级为圆柱齿轮传动。上箱体上设有观察孔，可用以检查锥齿轮啮合情况。上箱体上还设有透气孔，可使箱体内与大气相通，并兼作加油口使用。下箱体的油底壳上设有一个放油孔，平时用油堵封闭。下箱体后部侧面设有两个螺孔，用来检查润滑油油量。

齿轮油泵能够完成正反向的泵油，满足车辆前进、后退两种工况。换向阀中有四个球阀，球阀的交互开启、关闭完成换向功能。

车轴齿轮箱前端设有悬挂装置，通过吊杆及悬挂支座与车架连接，悬挂支座上装有减振装置，以适应可能出现的相对运动及吸收运行中的冲击负荷。使用过程中，应经常检查车轴齿轮箱的悬挂高度，必要时进行调整。

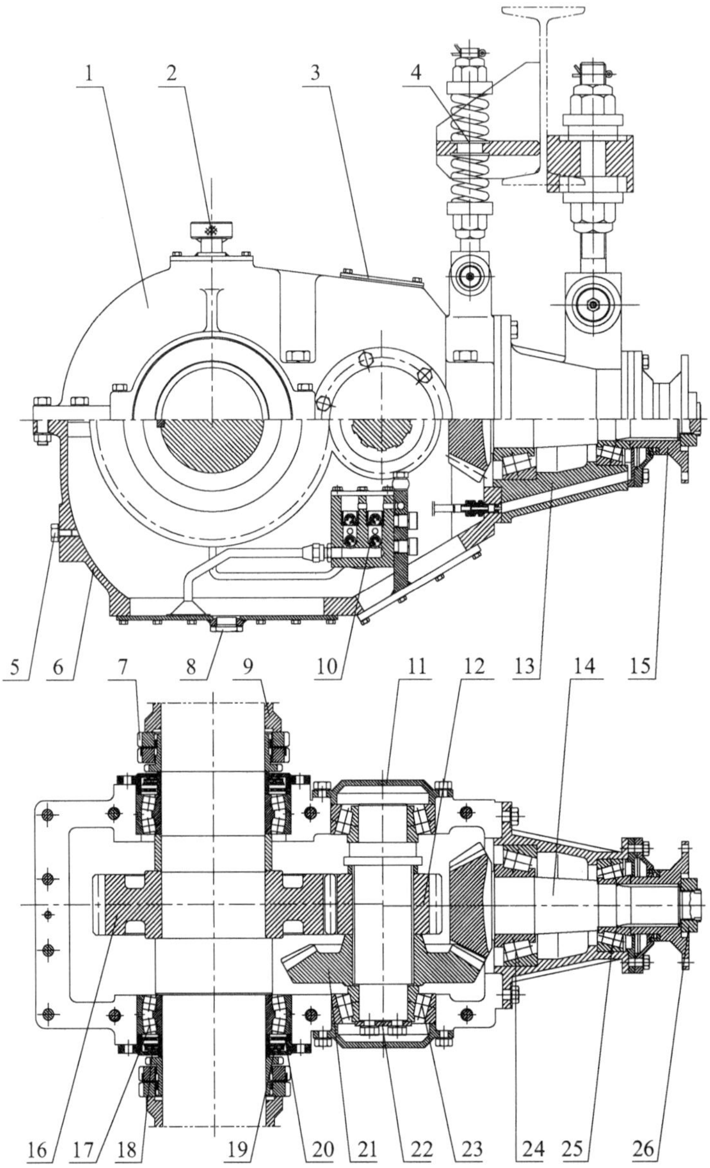

图 3.10 车轴齿轮箱

1—上箱体；2—透气孔；3—观察孔盖；4—吊杆；5—油位螺栓；6—下箱体；7—圆螺母；8—放油堵；9—定位钢套；10—齿轮油泵；11—端盖；12—主动圆柱齿轮；13—前箱体；14—主动圆锥齿轮轴承；15—传动轴法兰；16—被动圆柱齿轮；17—双列滚子轴承；18—甩油盘；19—挡油板；20—密封盖；21—被动圆锥齿轮；22—轴承挡板；23—轴承；24—轴承；25—轴承；26—锁紧螺母

7. 弹簧装置和垂向液压减振器

弹簧装置用于缓和来自线路对车辆的簧上质量的冲击，在运用中要经常检查弹簧，利用锤击听音即可检查此弹簧是否落实或有无断裂现象，发现异常时必须及时处理。

车辆采用 ZS8-C-J3-12 型油压减振器作为一系垂向减振器。液压减振器利用液体黏滞阻力做负功吸收振动能量来衰减振动。其内充入 0.8 L 锭子油，加油时应用柴油滤纸过滤，不允许有残存灰尘砂粒进入。油内不允许有水分，注满缸筒后其余注入储油筒。在运用过程中要经常检查紧固情况和有无泄漏现象，发现问题时及时处理。液压减振器在运行中应有明显温升。

8. 电气系统

电气系统主要由电源（包括蓄电池及充电发电机）、照明、仪表监视、发动机启动、调速控制系统、传动箱换向换挡控制系统和交流系统等组成。

① 电源。

a. 本车配有一组（二只）NM-200 DC12 V 的蓄电池，采用串联的连接方式。使用过程中，应按有关规定对蓄电池进行充电和维护。

b. 充电发电机为整流调压一体式，它是本车电气系统的主要电源。它在正常工作时，对所有的用电设备供电（除启动机），并向蓄电池（组）充电，以补充蓄电池（组）在使用过程中所消耗的电能。

c. 蓄电池的主要用途是启动时供给启动机强大电流。另外，在发动机停转或充电发电机电压较低时，它向各用电设备供电；而在发电机电压高于蓄电池电压时，它又能将发电机的一部分电能转变为化学能储存起来，即充电。当发电机超载时，它又能协助充电发电机供电。

② 其他电气设备。

a. 发动机和传动箱上的电器见相应的说明书。

b. 传动箱出油管路上有一个出口温度传感器和一个离合器压力传感器，通过微机控制器，可在前后端主单元上显示相关应温度和压力。

c. 车辆前后端均设有一套电喇叭，供市内行车时使用。

d. 电源总开关安装在控制柜右侧地板上，控制整车电源的通断。

9. 制动系统

（1）空气管路系统。

空气管路系统由压缩空气供给系统、空气制动系统和辅助用风系统三个部分组成。

（2）压缩空气供给系统。

压缩空气供给系统的作用是产生、净化和储存压缩空气，供给各种风动设备、空气制动机使用。它由空气压缩机、单向阀、油水分离器、总风缸、安全阀等部件组成。

空压机主要技术参数如下：

型号	HW-90L
压缩级数	一级
额定转速	1 300 r/min
额定排气压力	800 kPa
额定排气量	1.08 m^3/min
传动方式	B 型三角带传动
冷却方式	风冷

空气压缩机产生的压缩空气，经油水分离器后储存于总风缸。总风缸的总容量为 130 L × 2 = 260 L。

在总风缸、油水分离器下方装有排水塞门，在运用中须定期开放塞门，以排除积存的油水。

总风缸出风处装有安全阀，其调整压力为（950 ± 20）kPa。当总风缸空气压力超过此压力时，安全阀自动打开，将压缩空气排入大气，当压力接近 800 kPa 时，安全阀自动关闭。

总风缸出风管处设有塞门，当检修各空气管路或其他原因需要截断风源时，可将此塞门关闭。

（3）空气制动系统。

空气制动系统由 JZ-7 型空气制动机、无火回送装置组成。空气制动系统原理图如图 3.11 所示。

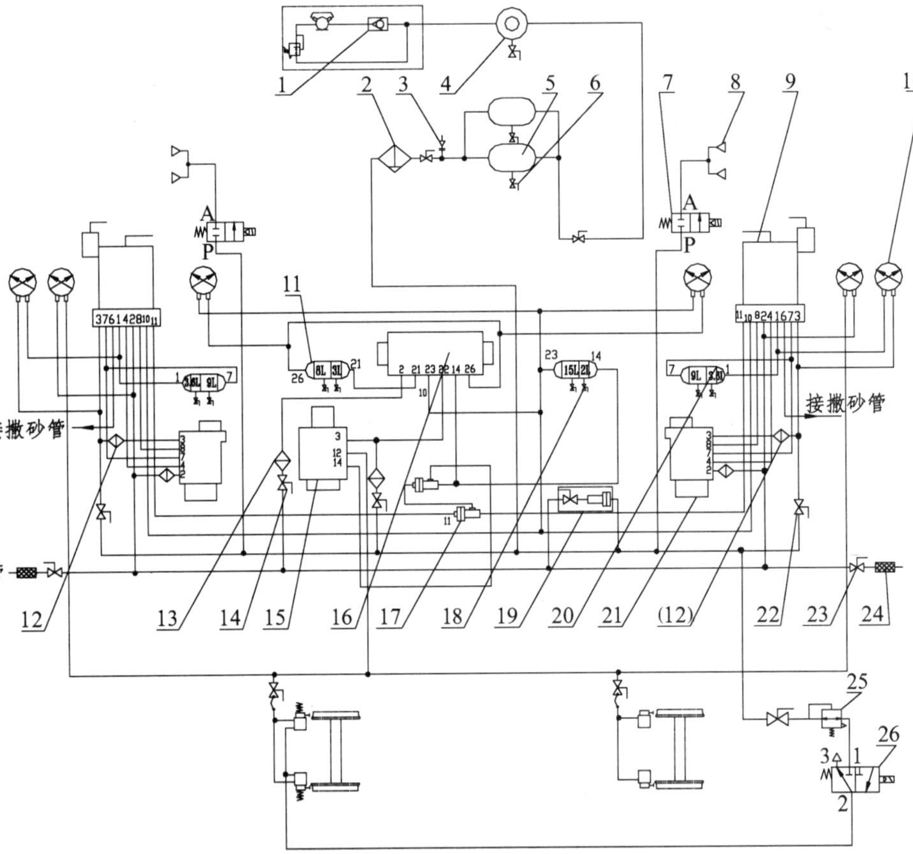

图 3.11　空气制动系统

1—单向阀；2—自动排水过滤器；3—安全阀；4—油水分离器；5—总风缸；6—截断塞门（ADg15）；7—两位两通电磁阀；8—机车风喇叭；9—JZ-7 型制动阀；10—双针压力表；11—紧急/降压风缸；12—管道滤尘器（Dg25）；13—管道滤尘器（Dg20）；14—截断塞门（ADg20）；15—作用阀；16—分配阀；17—变向阀；18—工作/作用风缸；19—滤尘止回阀；20—均衡/过充风缸；21—中继阀；22—截断塞门（ADg25）；23—排风折角塞门（Dg25）；24—制动软管连接器；25—减压阀；26—两位三通电磁换向阀

① JZ-7 型空气制动机的组成。

JZ-7 型空气制动机主要由自动制动阀（大闸）、单独制动阀（小闸）、中继阀、分配阀、作用阀等组成。

自动制动阀用来操纵全列车的制动及缓解，它有 7 个作用位置，如图 3.12 所示。

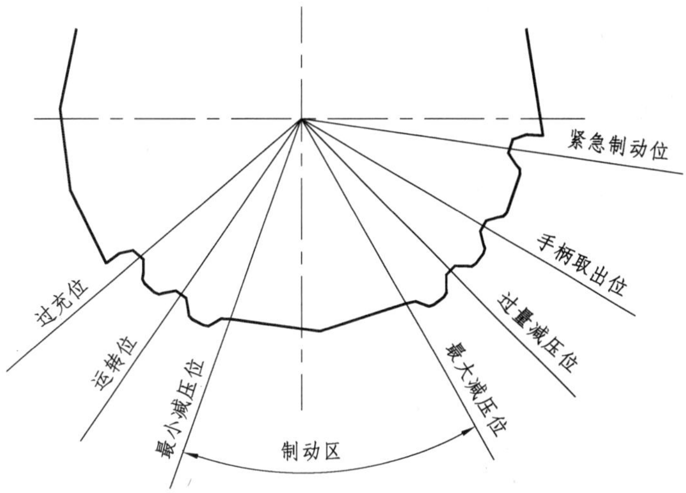

图 3.12　自动制动阀手柄作用位置

单独制动阀只操纵本车的制动及缓解，它有 3 个作用位置，如图 3.13 所示。

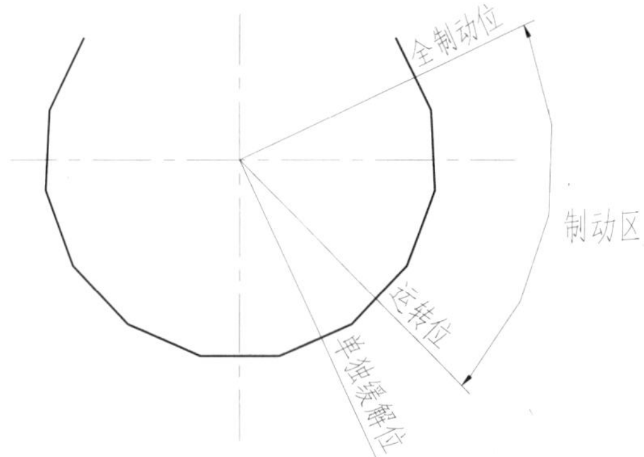

图 3.13　单独制动阀手柄作用位置

中继阀受自动制动阀的控制，直接操纵列车管空气压力的变化，从而完成整个列车的制动、保压和缓解。

分配阀根据列车管压力的变化而动作，控制作用阀的供风和排风，以使轨道车得到制动和缓解。

另外还有过充风缸、均衡风缸、工作风缸、降压风缸、紧急风缸、作用风缸、滤尘止回阀、管道滤清器、管道和各种塞门、双针压力表等部件。

② JZ-7 型制动机中各阀的控制关系。

- 自动制动阀→均衡风缸→中继阀→列车管空气压力变化→车辆制动机；
  →机车分配阀→作用阀→机车制动缸；
- 单独制动阀→作用阀→机车制动缸。

③ 制动机操纵原则。

- 运行前必须认真检查制动机各部位是否良好，并充分试闸，确认制动机良好时，方可运行。
- 列车运行途中，尽量减少不必要的制动，以减少轮瓦的磨损，延长使用寿命。
- 制动或减速时，保持较均匀的减速，以避免和减少列车冲击，实现平稳操纵。
- 不必要的情况下，绝不使用紧急制动，以减少轮瓦的急剧磨损。
- 实施紧急制动后，应对制动缸、基础制动装置、车钩等进行认真检查，经试闸确认无损后，方可运行。

④ 操作要求。

- 本制动机只允许本务司机一人操纵。
- 本制动机只配备单独制动阀手柄、自动制动阀手柄各一个。操纵时，应将非操纵端的两个阀手柄置于手柄取出位，并取出手柄置于操纵端，确保行车安全。
- 无论是担当本务机还是重联补机，客货车转换阀均置于“货车位”。
- 自动制动阀可操纵全列车的制动和缓解，而单独制动阀只操纵本车的制动和缓解。
- 本务司机应熟知制动机性能，并能检修、排除故障，具有实际操纵经验。

（4）运用中注意事项。

① 自动制动阀在过充位无机车保持制动作用。当操纵上需要这一性能时，可使用单独制动阀单独制动机车。

② 自动制动阀手柄在过充位时的过充量是受限的（高于列车管定压 29.4 ~ 39.2 kPa），且手柄回到运转位后能自动消除列车管的过充压力，无过量供给隐患。

③ 自动制动阀和单独制动阀均为自动保压式，无中立位，所以在制动或追加减压时，不必像其他型制动机那样，在制动位和中立位之间往复移动手柄。

④ 在运行中，不会发生自然制动现象，因此，不需经常推动单独制动阀手柄至单独缓解位。

⑤ 在运行中，若自动制动阀减压制动后需要单独缓解时，只需把单独制动阀手柄推至单独缓解位，机车制动缸压力就下降。

⑥ 在牵引作业时，司机为了使本车制动缸压力小一些，并希望本车制动上闸时间稍晚些，可使用单独制动阀的单缓位，把工作风缸的压力空气排一些到大气，然后把自动制动阀手柄推向制动区进行制动。

⑦ 本车运行之前，司乘人员首先应根据其运行性质，对制动机作适当处理。

- 作本务机车时，自动制动阀手柄和单独制动阀手柄均应置于运转位。无动力装置截断塞门位于蓄电池箱与消音器之间，有标牌指示，此时应处于断开状态。
- 作无动力回送时，自动制动阀手柄置于手柄取出位并取出手柄，单独制动阀手柄置于运转位并取出手柄，客、货车转换阀均置于“货车位”，无动力装置截断塞门此时应处于开放状态，同时将分配阀上的常用限压阀限制压力调整为 245 kPa。当本车由无动力回送改为本务机车时，应将常用限压阀的压力恢复至 340 ~ 360 kPa。
- 常用限压阀压力的调整。

分配阀外形见图 3.14，常用限压阀的结构见图 3.15。

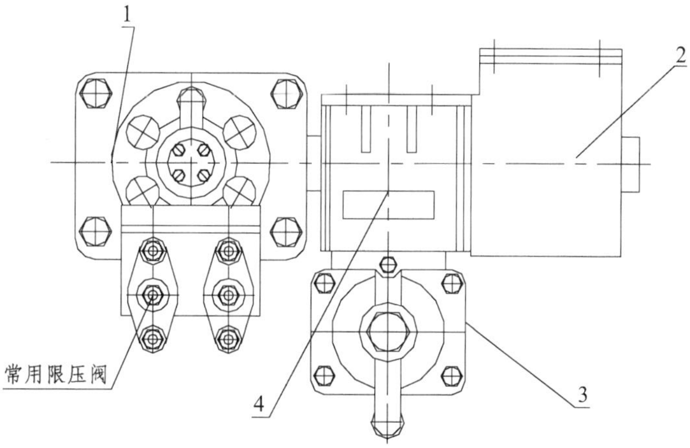

图 3.14　分配阀外形图

1—主阀部；2—副阀部；3—紧急部；4.中间体

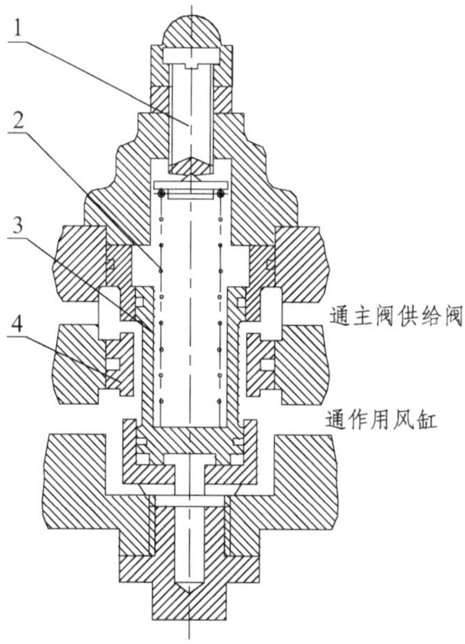

图 3.15　常用限压阀结构

1—调整螺钉；2—常用限压弹簧；3—柱塞限压阀；4—阀套

出厂时常用限压阀调定压力为 340 ~ 360 kPa，以供该车作本务机车时使用。无动力回送时，应将常用限压阀的压力调小，调整方法如下：按逆时针方向旋转调整螺钉（1）二至三圈左右，然后用自动制动阀施行一次常用全制动，观察压力表制动缸指针的压力，直到制动缸压力为 245 kPa 时再用锁紧螺母锁定螺钉 1，即压力调整完毕。

担任重联补机时，无动力装置按无火回送的办法处理。

JZ-7 型制动机全部采用橡胶膜板、O 形密封圈及止回阀等密封结构，并且有严格的技术要求。这些零件均不能沾柴油、汽油或其他油类。

（5）辅助用风系统。

① 风笛装置。车辆前后端各装有一套高音风喇叭，利用操纵台下面的喇叭开关操纵。脚踏下喇叭开关，将总风缸压力空气供给风喇叭，喇叭同时鸣笛。

② 撒砂装置。撒砂的目的是提高轮轨间的黏着力，防止机车轮对空转和紧急制动时车轮滑行。

撒砂装置由撒砂开关、控制管路、砂箱、撒砂管等组成，操作方式为脚踏气动开关操纵。砂箱共 4 个，其中 2 个安装在 1 轴、2 轴左侧轮的后面，另 2 个安装在 1 轴、2 轴右侧轮的前面。在 1 位端操纵时右侧撒砂，在 2 位端操纵时左侧撒砂。撒砂管安装在轨面中部，距轨面高 50 mm。

使用过程中，应保证砂子必须干燥，石英含量不少于 75%，粒度不大于 2.5 mm。另外，必须关闭加砂口，防止雨水进入砂箱。

③ 紧急停车装置。按下设在操纵台上的紧急排风按钮，控制紧急排风电控阀将列车管内的压力空气直接排大气，从而实现紧急制动作用。

10. 冷却系统

冷却系统包括发动机水冷却装置和液力工作油冷却装置。其作用是冷却散热，使柴油机和液力传动装置保持在适宜的温度下工作。

（1）发动机水冷却装置。

① 发动机水冷却装置由水散热器、膨胀水箱、风扇、驱动装置及水管路等组成。风扇驱动装置采用液压马达驱动。

② 水散热器、膨胀水箱、中冷器、传动箱油冷却器以及静液压系统油散热器等共同组成冷却单节，其中膨胀水箱位于发动机水冷却系统的最高位置，其作用是为冷却水提供热胀冷缩的余地，并起日常补水以及放汽排水作用。在膨胀水箱顶部装有压力调节阀，使水系统成为闭式回路。

发动机水循环系统原理如图 3.16 所示。

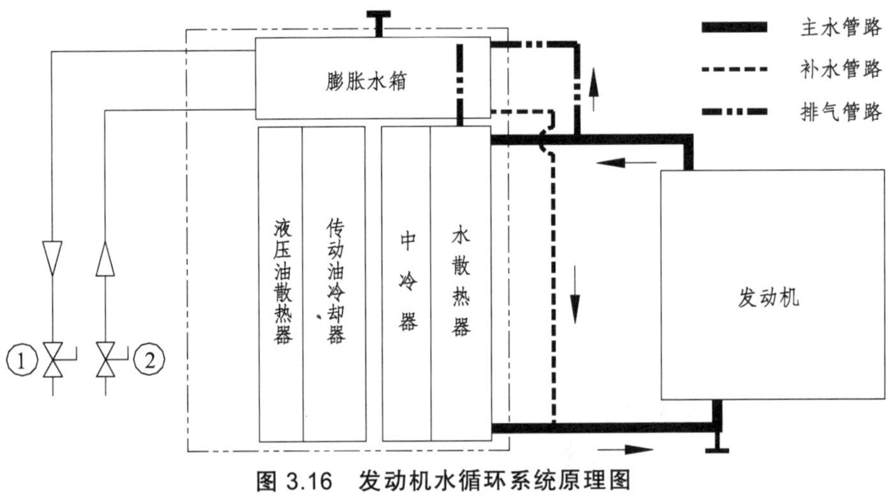

图 3.16 发动机水循环系统原理图

在车站或车库向补水箱加水时，应首先打开压力调节阀阀盖，将加水管连接到注水口，然后打开球阀 1 和球阀 2，从注水口将水加至膨胀水箱，至溢水管中有水溢出为止，然后关闭球阀 1 和球阀 2，拆除加水管，最后盖好压力调节阀阀盖。

出车前必须确保膨胀水箱、发动机均加满水，以避免出现在作业现场需要补水而膨胀水箱无水的状况。如果现场无加水水管时，可以打开压力调节阀，直接使用水壶等器具从膨胀水箱加水口加水。

警告：当发动机水温超过 50 °C 时，切勿打开加水口盖，以免烫伤！

发动机冷却系统的使用维护保养注意事项如下：

- 给膨胀水箱加水时，上水速度不宜过快，以便使管道内空气充分排尽。一般水应加到膨胀水箱高度的 2/3，最低水位不低于 1/3。特别注意判别虚水位，发动机启动 5 min 后应再检查膨胀水箱水位。
- 发动机启动前应检查膨胀水箱水位，不足时应及时补充水，此外还应检查散热器及管路密封情况。
- 当车辆长期停运时，应打开全部水管路上的放水阀，将整个水系统的水放尽，再用压缩空气将管中水吹干净。在寒冷地区更要特别注意，以防冻坏部件和管路。在寒冷地区，冷却液应使用长效型防冻液（防冻液的选择详见柴油机随车说明书）。
- 当散热器上沾染过多尘埃时，将大大降低传热效果。因此，必须定期清除。每运用 3 ~ 4 个月，应使用压缩空气喷扫积尘。
- 使用过程中，应注意检查风扇驱动装置的工作情况。风扇每运转 1 500 h，须向柱塞马达风扇轴承座内补充 3#锂基润滑脂。
- 对各连接螺栓定期紧固，确保无松动。
- 冷却系统内若积有较多水垢，会严重降低冷却系统的散热效能。换季保养时，必须清洗发动机水套和水散热器内的水垢。

（2）液力工作油冷却装置。

液力工作油冷却装置包括油散热器和静液压系统。油散热器包括液压油冷却器和传动油冷却器，其散热效果好。静液压系统由齿轮泵、柱塞马达、溢流阀、球阀、油箱、油冷却器及附件等组成。溢流阀在本系统中起着减缓冲击，避免过载，保证静液压系统安全可靠工作的作用。

静液压系统原理图如图 3.17 所示。

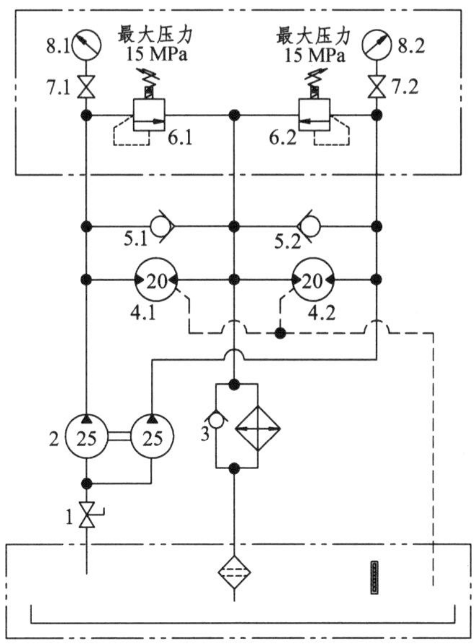

图 3.17　静液压系统原理图

液力传动箱油温低于 70 °C 时，可以打开冷却单节中与油散热器并联的球阀（位于冷却单元的端门处）使部分油液旁通，但应随时注意静液压系统的油温，在油温超过 100°C 时及时关闭该球阀。

11. 内燃轨道车的操纵

（1）主要设备的使用。

① 柴油机。

在前后司机室操纵台上均可控制柴油机。

闭合发电机控制柜右侧的电源总开关（QS1），根据操纵人员所在操纵台位置（前端操纵台或后端操纵台），确认司机控制器的油门手柄在“0”位或“1”位，“故障调速断”开关在工作位，“故障调速通”开关在断开位，手动换挡选择开关在“空挡”位。将控制电源开关（即本端操纵开关）扳至工作位，喇叭发生器鸣响。待喇叭发生器停响、液晶显示屏显示后，再将柴油机启动按钮按下，启动柴油机，启动后即松开柴油机启动按钮。

当启动柴油机时，如果 10 s 内柴油机不能启动，须间隔 5 min，若连续 2 次不能启动，应查找原因。

② 传动箱。

通过操纵前后操纵台上司控器的方向控制手柄，可将指令输入到传动箱自动换挡控制系统，通过转换后输出控制电压控制传动箱的前进、后退电磁铁；通过操纵前后操纵台上司控器的油门控制手柄，可将发动机油门指令输入到传动箱自动换挡控制系统，通过转换后输出控制电压控制传动箱的 1 ~ 3 挡电磁铁。当传动箱出现故障时，在控制柜内的自动换挡控制器的显示屏上可显示故障代码，通过故障代码查找故障原因。

③ 发电机。

在使用发电机前，请仔细阅读随车说明书。

操纵手动换挡选择开关至“空挡”位，电气控制柜上的“发电机工作”开关至工作位，电磁离合器吸合，启动柴油机，发电机工作，闭合相应开关、断路器，即可由发电机向外部设备供电。

④ 单元制动器。

有关单元制动器的使用及闸瓦间隙调节详见《JDYZ-5G、JDYZ-5 H 型单元制动器说明书》，闸瓦间隙应调节为 6 ~ 8 mm。

⑤ 空气压缩机。

有关空气压缩机的使用及调节、维护保养等详见空气压缩机随机说明书。

（2）启动前的准备工作。

① 车辆的准备。

- 检查柴油机机油、传动箱润滑油、空压机润滑油、燃油箱燃油、冷却水及液压油等是否充足。检查部位按表 3.5 所示进行。
- 检查燃油管路、机油系统、冷却水管路、空气制动管路、液压管路及传动箱附件等部位有无渗漏现象。管路中的截止阀均应位于正确的工作位置。
- 检查蓄电池箱内蓄电池接线是否牢固，控制面板上的开关、监控仪表及灯具、雨刮器等是否正常。

- 检查空压机、空调压缩机皮带的松紧度，以 20 ~ 50 N 的力压皮带，挠度为 20 ~ 30 mm。

表 3.5　启动前的检查

序号	部 位 名 称	检 查 标 准
1	发动机	油位不得低于最小油位
2	传动箱	油位窗高度的 2/3，最低位不低于 1/3
3	车轴齿轮箱	高低油位孔之间，偏高位置
4	空压机	按空压机说明书有关条款执行
5	燃油箱	见油位表显示
6	冷却水箱	膨胀水箱高度的 2/3，最低水位不低于 1/3
7	液压油箱	油位窗高度的 2/3，最低位不低于 1/3

（注：冷却水箱水位和传动箱油位在柴油机启动后可能会下降，应及时补充。）

- 目视检查传动轴螺栓及车轴齿轮箱悬挂吊杆螺栓有无松动。
- 排除各风缸、油水分离器中的污水。
- 检查各主要部件有无异常现象，发现问题必须及时处理。
- 检查必备的随车工具、随车关键备件，要求齐全，状态或功能良好，严格按照有关安全行车规章办理。

② 电器动作试验。

- 确认前后操纵台上各开关、手柄在正常状态，确认电气控制箱内的微机换挡控制器的电源开关在接通位，闭合电气控制箱上的电源总开关，确认蓄电池电压在 DC 24 V ~ DC 28 V 范围内。
- 将控制电源开关（即本端操纵开关）扳至工作位，此时喇叭发生器鸣响，约 5 s 后，喇叭发生器停止鸣响。
- 将手动换挡选择开关扳至“自动”位，将司机控制器钥匙插入锁孔内并逆时针旋转 90°，解除换向锁定。将换向手柄扳至“前”或“后”位，确认微机换挡控制器电源开关在断开位，手动换挡选择开关顺序扳至手动 I ~ IV 挡，液晶显示屏显示相应挡位和方向指示，说明手动换挡控制系统工作正常。
- 确认司机控制器的换向手柄在“前”或“后”位，将手动换挡选择开关扳至“自动”位，闭合电气控制箱内的微机换挡控制器电源开关。此时操纵台上 IV 挡指示灯工作，同时可以观察微机控制器上“电源”、开关量输入显示部分“0”、方向“前”或“后”、“自动”、开关量输出显示部分换挡“4”灯亮。将司机控制器手柄扳至“1”位，此时液晶显示屏显示“1”挡位和方向指示，微机换挡控制器上“电源”、司控器“1”、方向“前”或“后”、换挡“1”灯亮。将司机控制器手柄扳至“降”位，微机换挡控制器上“降”、“1”灯亮；手柄扳至“保”位，微机换挡控制器上“降”、“1”、“保”灯亮；手柄扳至“升”位，微机换挡控制器上“降”、“1”、“保”、“升”灯亮；完成了以上步骤，说明调速和自动换挡输入正常，可以启机。

（3）启机。

① 确认司机控制器的油门手柄在“0”位，“故障调速断”开关在工作位，“故障调速通”开关在断开位，微机换挡控制器开关在打开位，手动换挡选择开关在“空挡”位，将控制电源开关（即本端操纵开关）扳至工作位，喇叭发生器鸣响。待喇叭发生器停响后，将柴油机启动按钮按下，柴油机启动。启动后即松开柴油机启动按钮，注意观察动力单元的技术参数显示是否正常。

② 确认手动换挡转换开关在“空挡”位，再将司机控制器的换向手柄扳至运行方向位，将司机控制器油门控制手柄扳至“升”位，柴油机转速升高，松手后自动回“保”位，柴油机转速保持不变；扳至“降”位，柴油机转速降低，推回“0”或“1”位，柴油机回怠速位。

③ 停机：当按下柴油机停机按钮时，柴油机即停止工作。

（4）制动机检查及试验。

柴油机启动后，空压机即开始工作，将自动制动阀手柄置于缓解位置，按《操规》规定，对 JZ-7 型空气制动机进行“五步闸”的检查与试验：

① 检查各风表指示压力应符合以下规定：

总风缸	700 ~ 800 kPa
均衡风缸	500 kPa
制动管	500 kPa
制动缸	0 kPa

② 减压 50 kPa，制动缸压力应为 125 kPa。列车制动管泄漏，制动管压力下降每分钟不得超过 20 kPa。

③ 将自动制动阀手柄自最小减压位开始，实施阶段制动，直到最大减压位，在制动区移动 3 ~ 4 次，观察阶段制动是否稳定，减压量与制动缸压力的比例应正确。当列车制动管定压在 500 kPa、实施常用全制动时，列车制动管减压量应为 140 kPa，制动缸压力应为 350 kPa。

④ 单阀缓解应良好，通常应能将机车制动缸压力缓解到 50 kPa 以下。

⑤ 制动缸缓解弹簧应作用良好。

⑥ 自阀缓解应良好，均衡风缸及列车制动管风压应为规定风压。

⑦ 列车制动管减压量应在 240 ~ 260 kPa 之间，制动缸压力应在 350 ~ 420 kPa 之间，并且不应发生紧急制动。

⑧ 均衡风缸压力上升，而列车制动管压力保持不变，总风遮断应用良好。

⑨ 缓解应良好。

⑩ 均衡风缸减压量应在 240 ~ 260 kPa 之间，而且列车制动管不应减压。

⑪ 过充作用应良好。列车制动管风压比规定压力高 30 ~ 40 kPa 时，过充风缸上的排风孔处应排风。

⑫ 过充压力应在 120 s 后自动消除，且不引起轨道车自然制动。

⑬ 列车制动管压力能在 3 s 内降至 0，制动缸压力应能在 5 ~ 7 s 内升到 400 ~ 420 kPa，均衡风缸减压量为 240 ~ 260 kPa，自动撒砂作用应良好。

⑭ 放置 10 ~ 15 s，制动缸压力开始缓解，并逐渐降到 0。

⑮ 单阀复原应良好。

⑯ 自阀缓解应良好。

⑰ 单阀制动应良好。

⑱ 单独制动阀手柄由运转位逐渐移至全制动位，阶段制动应稳定。全制动位时，制动缸压力应达到 300 kPa。检查闸瓦与车轮间隙是否在 6 ~ 8 mm 范围内。

⑲ 检查⑰ ~ ⑱ 阶段缓解作用是否良好。

单独制动阀手柄由全制动位逐渐移至运转位，阶段缓解作用应良好。

⑳ 换端操纵并试验以上项目。

㉑ 将停车手制动缓解，使用自阀进行一次制动，检查制动系统是否正常工作再缓解，缓解时间应不超过 35 s。

（5）车辆运行。

① 启动后的检查

柴油机启动后，再次检查柴油机、传动箱等各部及其辅助装置、制动系统等是否工作正常。

柴油机启动后，空压机即开始工作，总风缸风压应逐渐上升到 700 ~ 800 kPa，制动管和均衡风缸风压应上升到 500 kPa。

水温超过 50 °C 时再一次检查冷却系水量，不足时应加满。

非使用端操纵台处理：油门放在最低位置，所有开关均置正常位。

② 车辆操纵。

起动操纵：将自阀及单阀手柄置于操纵端制动阀上，并缓解停车手制动。

将手动换挡选择开关扳至“自动”位，油门控制手柄扳至“升”位，柴油机转速升高，此时传动箱自动进入“I”挡，使车辆起动前行。

牵引车列起动前要进行试闸。起车前要压缩车钩和进行撒砂，压缩车钩的车辆数不得超过车辆总数的 2/3，以防整个车列移动或超越后部警冲标，并且在起动前不得将车辆的制动力缓解，起动时要做到充满风再起车，拉开钩再加速，根据情况适量撒砂。

上坡前要利用有利地形，提高柴油机转速，在柴油机高转速、车辆高速度的前提下，力求在坡底接近限制速度，充分利用列车动能闯坡，减少爬坡时间。爬坡时，随着列车速度的降低，牵引力逐渐增大，必须注意撒砂，以防空转而降低牵引力，爬坡速度不得低于其持续速度。如果采用手动换挡时，应相应升高柴油机转速，当速度下降到换挡点以下时，应切换挡位。

在线路上进行调车作业时，无论牵引还是推进运行，应接通全部风管，并严格执行试闸的规定，运行时应当掌握适当的速度，以保证列车遇到障碍时能够及时停车。

在雨、雪、雾等不良天气时，轨面湿润，容易发生空转，因此在起车时和运行途中应随时注意司机主控制手柄的操纵，以防空转和降低牵引力，制动时要防止滑行，擦伤车轮，运行中要注意信号，信号看不清时应及早减速，不要因错过制动时机而冒进信号，更不要臆测行车。

运行过程中，冷却系统水管路上的放水开关应关闭。

列车运行过程中，可通过油门开度控制器调节柴油机转速，传动箱控制系统根据车速和柴油机转速的变化自动换挡。

本车的车速设定为 80 km/h，当车速超过 80 km/h 时，喇叭鸣响，提示超速。当车速超过 82 km/h 时，柴油机转速自动降至怠速，变速箱自动回空挡，同时进行紧急制动。当车速低于 75 km/h 后自动恢复自动换挡状态，同时喇叭停响。

操作过程中注意：一般车速不应超过 75 km/h；当车辆的速度达到 75 km/h 报警时，应立即停止提高发动机转速。

③ 运行中的注意事项。

- 注意观察显示屏显示是否正常（有无故障内容）。
- 瞭望信号、鸣笛。
- 出现车轮打滑时应减速、撒砂。
- 下坡时严禁熄火，严禁空挡溜放。
- 行车时应经常注意各仪表读数是否正常。在发动机冷却水温度达到 50 °C，总风缸风压达 500 kPa 以上时，方可起步以中速行驶。水温未达到 70 °C 时，不得高速行驶。
- 遇到特殊情况时可直接使用非常制动，停车后，必须作记录，并及时检查车辆有无损坏。当发现有破损部件影响行车安全时应及时处理破损部件，修复后方能行车。
- 制动后必须先缓解，使制动缸压力回零，然后才能起步。
- 车辆未全部缓解时，不得加负荷。
- 车辆各安全保护装置和监督计量器具不得盲目切（拆）除或任意调整其参数，保护电器装置动作后，在未判明原因前严禁盲目启机或切除各种保护装置。
- 附挂运行时，应切断电源总开关，严禁进行电器动作试验。

④ 自动换挡时的换向操作。

将油门开度控制器手柄降至“0”位，使车速降至零，也可施行制动，使车辆停稳，再将换向手柄扳到所需要的方向。换向操作必须在车辆停稳后方可进行。

⑤ 不熄火换端操纵。

若在一端操纵需换至另一端继续操纵时，可在柴油机不熄火的情况下进行换端操纵。具体方法如下：

- 在操纵端，将司机控制器油门控制手柄及换向手柄扳至“0”位，将手动换挡选择开关扳至“空挡”位，换向手柄扳到“0”位，锁定司机控制器，待车停稳后，关断控制电源开关，取出控制电源开关钥匙，此时柴油机处于怠速运转状态，将该端制动机按非使用端处理。
- 在另一端将控制电源钥匙开关插入并闭合，将自阀及单阀手柄置于制动阀上，即可在此端进行正常操纵。

（6）停车。

① 将司机控制器油门控制手柄及换向手柄扳至“0”位，将手动换挡选择开关扳至“空挡”位，换向手柄扳到“0”位，再施行制动，使列车停稳。

② 在柴油机停机前，让柴油机怠速运转 3 ~ 5 min。当按下柴油机停机按钮后，柴油机即停止工作。

③ 关断控制电源开关，取出控制电源开关钥匙，同时锁定司机控制器。

④ 停机后，使用手制动装置，防止车辆溜放。

⑤ 断开电源总开关。

（7）无火回送。

① 锁定空挡锁定开关，换向换挡控制手柄置于中间位。

② 自动制动阀手柄置手柄取出位，并取出手柄；单独制动阀手柄置运转位并取出手柄；两端客货车转换阀均置于货车位，开放无动力装置的截断塞门，同时将分配阀的常用限压阀

的限制压力调至 245 kPa，并缓解停车手制动。

③ 传动箱和车轴齿轮箱润滑油位保持在正常工作高度。

④ 长距离无火回送前，应拆下传动箱至车轴齿轮箱之间的传动轴。

⑤ 短距离拖行不得超过 50 km，此时允许不拆传动轴，但必须将惰行系统惰行泵旁通球阀关闭。

⑥ 断开电源总开关。

（8）回库后的处理。

① 将车辆内外清洗干净。

② 关闭电源总开关。

③ 冬季应放掉冷却水（若加入防冻剂则无须放水）。

④ 窗户从内部关好，车门上锁。

3.1.2　蓄电池轨道车知识

1. 总体概况

昆明蓄电池电力工程车是一种由第三轨和车载牵引蓄电池供电的双电源型电力机车，其应用范围更加广泛，在不完全依赖第三轨的情况下，可作为地铁线路维护车辆使用，也可作为地铁救援车辆使用。

蓄电池电力工程车作为节能、环保型机车，尤其适用于隧道环境作业，符合国家节能、减排的经济增长理念。

（1）主要技术参数。

① 机车在下列条件下，应能按机车额定功率正常工作：

- 海拔不超过 2 100 m；
- 周围空气温度（遮阳处）在 ~ 10 ~ + 35 °C 之间；
- 最湿月月平均最大相对湿度不大于 95%；
- 应能承受风、雨的侵袭。

② 基本技术条件。

电流制	
第三轨供电时	
额定值	750 V
最高值	900 V
最低值	500 V
牵引蓄电池供电时	
额定值	672 V
最高值	823 V
最低值	571 V
轨距	1 435 mm
轴式	B_0-B_0
轴重	12.5 t

车钩中心线距轨面高度	660 mm ± 10 mm

③ 机车主要尺寸。

车钩中心线距离	14 460 mm
车体底架长度	13 560 mm
车体宽度	2 760 mm
车顶距轨面高度	3 387 mm
转向架中心距	7 060 mm
动轮直径（新）	840 mm
动轮直径（半磨耗）	805 mm
动轮直径（全磨耗）	770 mm
传动方式	车轴齿轮箱传动
传动比	9.37

④ 性能参数。

机车功率	400 kW（第三轨供电）
	302 kW（蓄电池供电）
起动机车牵引力	100 kN
机车最高运行速度	65 km/h（第三轨供电）
	40 km/h（蓄电池供电）
恒功范围	14.4 ~ 65 km/h（第三轨供电）
	10.87 ~ 40 km/h（蓄电池供电）
机车电制动方式	再生电阻制动
最大电制动功率	300 kW
最大制动力	60 kN
机车空气制动最大制动力	55 kN

机车牵引特性曲线如图 3.18 所示。

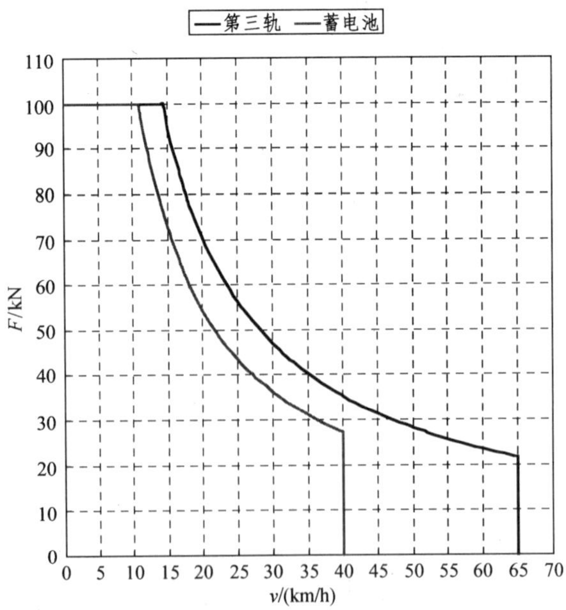

图 3.18 牵引特性曲线

机车电制动特性曲线如图 3.19 所示。

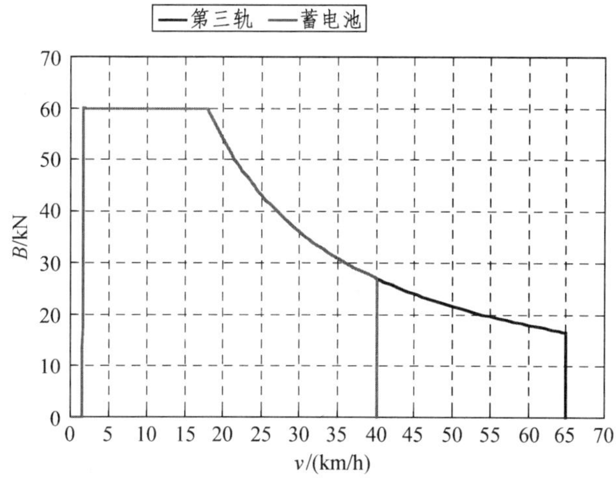

图 3.19　电制动特性曲线

（2）总体设备布置。

机车采用中间司机室、双侧外走廊的结构形式。司机室前后两侧的设备高度被限制在司机室前窗的下边缘以下，以获得较好的瞭望条件。两侧的走廊宽度为 500 mm，能容纳 1 个人正常通过或进行设备检修作业。整车设备布置分为司机室设备布置、车上设备布置、车下设备布置、车顶设备布置及辅助设备布置等。

① 司机室设备布置。

司机室设置在车体底架以上靠中部的位置,前后侧各设有一扇通向车外走廊的司机室门。司机室内设有两个成斜对称分布的操纵台，方便司机朝不同的方向进行操作。司机室靠近 I 端司机室门的位置还设置了一个开关柜，柜体侧面上安装了一些使用频次不高的 MCB、转换开关及按钮等设备。靠近Ⅱ端司机室门处是为 ATP 柜预留的位置。另外，司机室内还布置了司机座椅、车长阀柜、暖风机和灭火器等设备。

② 车上设备布置。

在司机室的前后两侧，布置了一些重要的设备，其中，Ⅰ端布置了三个牵引蓄电池柜、一个低压电器柜、一台辅助变流器、一个空气管路柜（含一个主风缸），Ⅱ端主要布置了 4 个牵引蓄电池柜、一个高压柜、一个牵引蓄电池充电机柜及一个控制蓄电池箱。

③ 车顶、车下设备布置。

车顶布置有一台空调及车载电台天线。

车底布置两台 B_0 轴式转向架，每台转向架上刚性悬挂两台牵引电机。转向架中心距为 7 060 mm。4 个第三轨受流器分别安装在两台转向架上。

在两台转向架之间，布置有一台主变流器、一个电抗器柜、一个高压箱（主变流器直流环节）、一个控制蓄电池充电机及一个直流快速断路器。

在 I 端排障器与转向架之间，布置了一台空气压缩机、一台干燥器和一个主风缸。

在Ⅱ端排障器与转向架之间，布置了两个控制制动电阻箱和避雷器。

④ 辅助设备布置

车外辅助设备主要包括：

- 标志灯、辅照灯、前照灯、脚踏灯、辅助照明灯、充电警示灯等。
- 三相 AC 380 V 库内充电插座、对外供电插座（AC 380 V、单相 AC 220 V）、车端部的重联插座。

（3）机车主要系统介绍

① 主电路系统

主电路采用两种电源模式供电，包括第三轨的 DC 750 V 供电和牵引蓄电池的供电。主电路主要由受流器、避雷器、牵引蓄电池、高速断路器、主变流器、辅助变流器、牵引蓄电池充电机和牵引电机组成。

② 辅助电路系统。

辅助电路包括空调、压缩机、制动电阻风机和 b4 辅助变流器风机等负载。

③ 控制系统。

控制系统由控制电路和微机控制系统共同组成，完成系统监控、主要电气部件控制、工程车启动和停止、牵引/制动控制、故障监控及提示、机车状态信息显示等功能。

④ 制动系统。

制动系统主要包括风源系统、电空制动机及附属系统、基础制动装置等几部分。

风源系统由一台压缩机、一台双塔干燥器和两个容积为 200 L 的主风缸等组成。管路采用无缝不锈钢管，电空制动机采用 DK-2 型制动机，基础制动采用踏面单元制动器 JZZ-2（带蓄能及不带蓄能）。制动机的操作和显示均集中在司机室内。

⑤ 车体。

车体钢结构采用全钢组焊结构，主要包括底架、司机室结构、侧墙和设备安装骨架等，主要有以下特点：

- 司机室布置在车体中部。
- 机车采用 VOITH 330 型地铁车钩。
- 车体采用底架承载结构，由钢板及钢板压型件组成全焊接结构。
- 为了方便检修作业，车体采用两侧走廊结构，走廊边设置有可拆卸扶栏装置。
- 机车设备安装在台架的支架上，为了方便检修作业，侧墙上布置有可移开的门。
- 牵引蓄电池箱侧的设备间的顶盖采用可移走的顶盖结构方式，便于检修。
- 在车体两端安装有板式排障器，可以通过调节安装螺栓来控制其距轨面的高度。

（4）司机室布置。

① 司机室设备布置总体说明。

司机室内设备布置方案如图 3.20 所示。

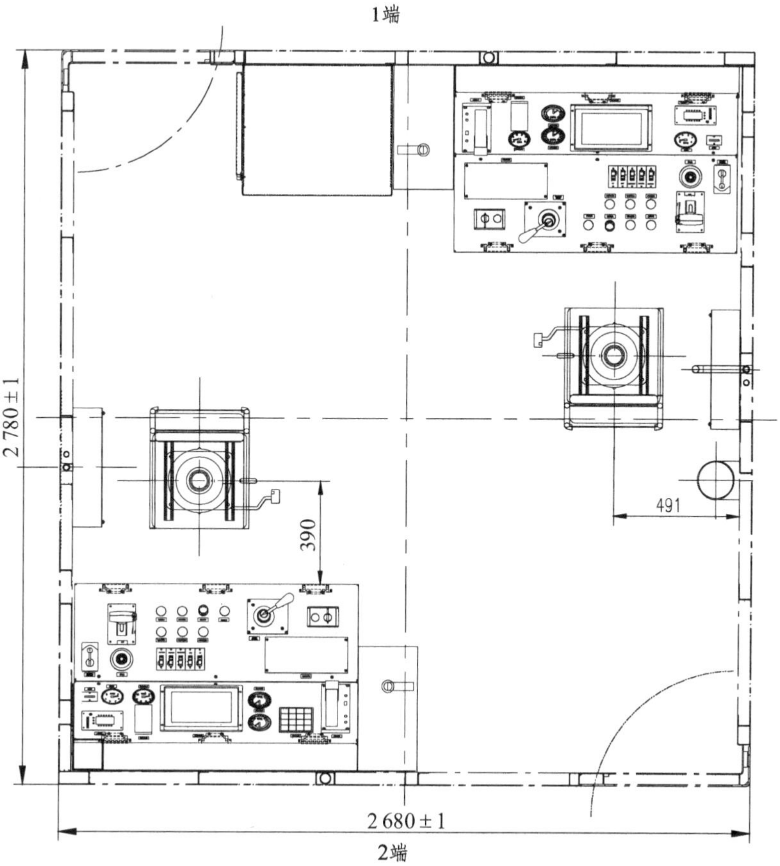

图 3.20　司机室内设备布置图

整个司机室前后方向各有一个具有同样功能的操纵台，操纵台的布置保持一致，采用斜对称布置。

每一个操纵台均配置一把司机座椅，司机座椅符合人机工程学原理，有靠背，高度可调。

② 司机室操纵台设备布置。

司机室操纵台设备方案如图 3.21、3.22 所示。

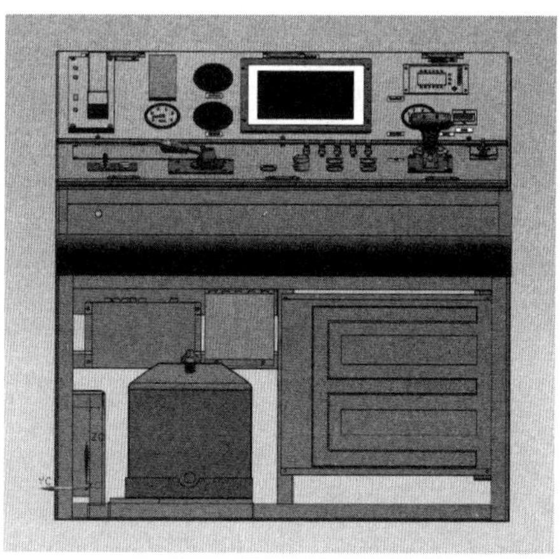

图 3.21　操纵台（1）

整个操纵台采用整体式柜体设计，操纵台设备由面板 1 设备、面板 2 设备和操作台内部设备三个部分组成。其中面板 1 和面板 2 采用铰链连接，可以打开和翻转，方便各部分设备的安装和检修。操纵台布置有所有与运行有关的操纵装置、仪表、显示装置和各类开关按钮等，用于显示机车的运行状态和故障情况，以及进行机车的相关控制操作。所有指示器、开关、按钮和旋塞都有合适的易于更换的永久标签。

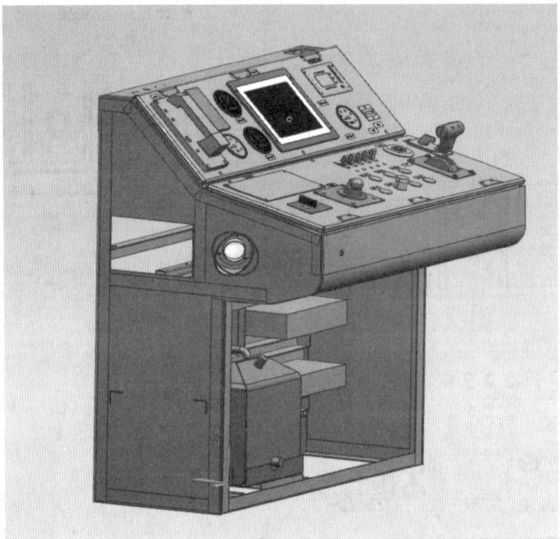

图 3.22　操纵台（2）

a. 面板 1 设备。

面板 1 靠近司机座椅，从左至右布置车载台控制盒、控制开关、制动系统的制动控制器、扳键开关组、按钮、司机控制器、蜂鸣器、模式选择开关模块等，如图 3.23 所示。

整个面板设计避免产生锐边、锐角，以免对人员造成伤害。整个台面板用螺钉安装，方便设备布置、布线以及维护。

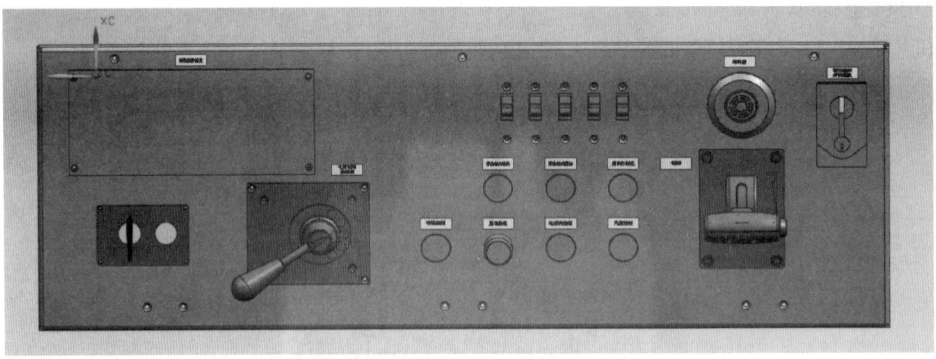

图 3.23　面板 1 设备

b. 面板 2 设备。

面板 2 靠近前窗，从左至右分别布置重联电话、蓄电池网压表、第三轨网压表、风表和电表、微机显示屏、蓄电池容量检测显示屏、速度表、里程计等设备，如图 3.24 所示。

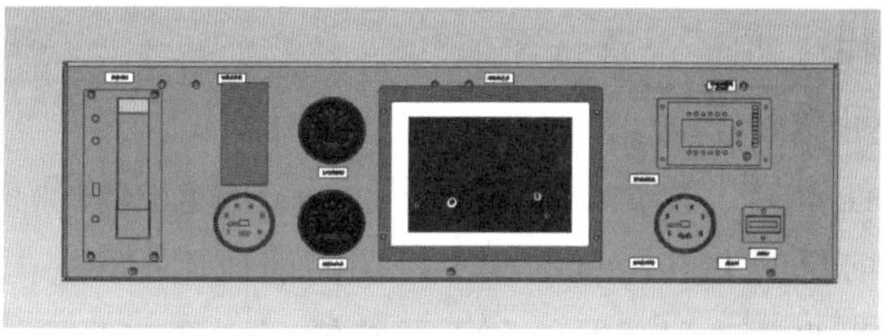

图 3.24　面板 2 设备

c. 操纵台内部设备。

操纵台柜内主要布置了车载电台主机、蓄电池容量检测主机、刮雨器控制盒、水箱、注水口、制动管路屏（操纵台 1）、端子排等设备，如图 3.25 所示。

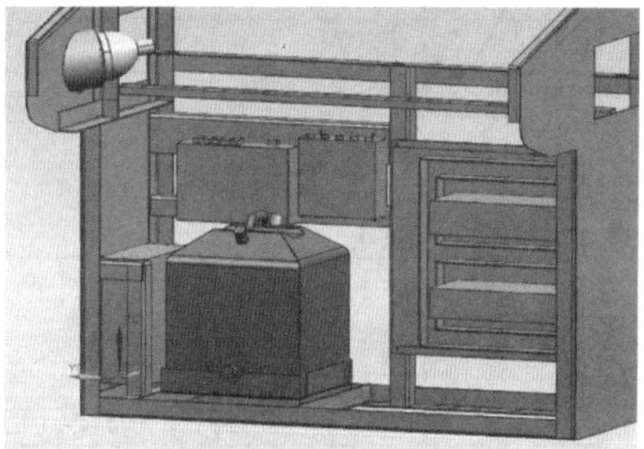

图 3.25　操纵台内部设备

③ 司机室开关柜设备布置。

开关柜左侧门板上布置有风扇、微型断路器等设备。柜内布置了控制系统的数字量输入模块、模拟量输入输出模块、VCM 模块、网关模块、事件记录模块等相关模块和开关柜的端子排等设备。开关柜顶部布置了烟火报警指示器、客室插座、选择开关、按钮等设备。

司机室开关柜设备布置如图 3.26 所示。

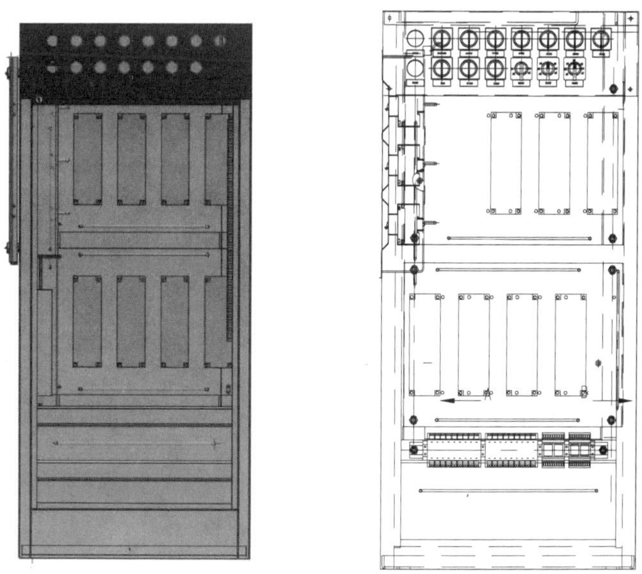

图 3.26　开关柜

④ 司机室前墙、侧墙、顶部设备布置。

a. 司机室前墙设备布置。

司机室前墙设备布置如图 3.27 所示。司机室前部设有宽敞的前窗，前窗采用相对称的两块夹层安全玻璃，每个前窗的上方均布置一个可调的前窗遮阳帘。每个操纵台前方的前窗玻璃均安装有一个速度可调的电动刮雨器。刮雨器能够刮刷到玻璃的最大面积，在不使用时自动停在一侧。刮雨器配置一个清洗系统。前墙设有一扇通向走廊带锁的门，门上设有玻璃窗，以便司机观察车外情况。门采用双层密封结构。

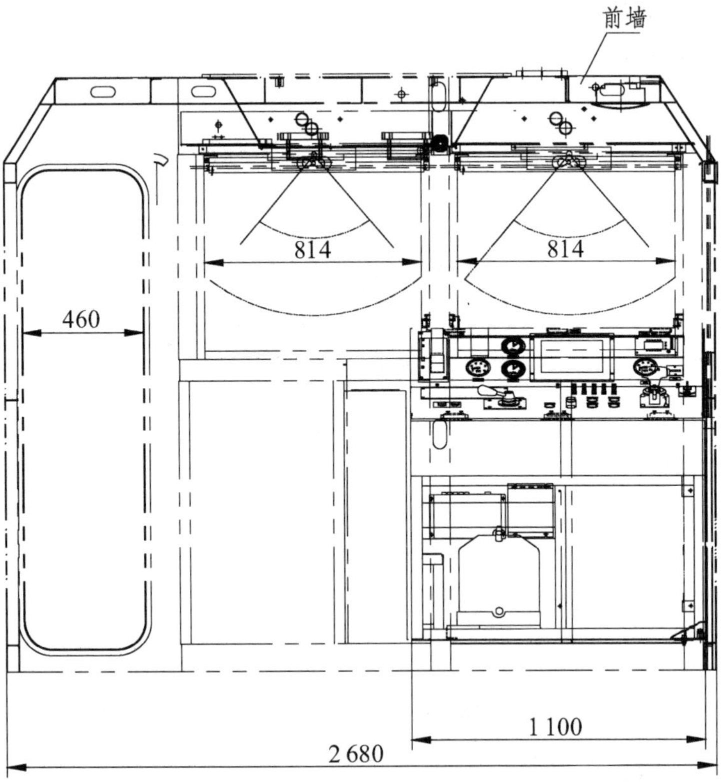

图 3.27 司机室前墙设备布置

b. 侧墙设备布置。

在司机室侧墙均设有可以推拉开关的侧窗。左右侧墙的侧窗下方均布置了暖风机，右侧墙布置了灭火器。

c. 司机室顶部设备布置。

每一个司机座椅的上方均布置一个司机室灯和扬声器。司机室灯能为司机室提供均匀的照明，在桌面测得的亮度不小于 300 Lux。司机室顶部设备布置如图 3.28 所示。

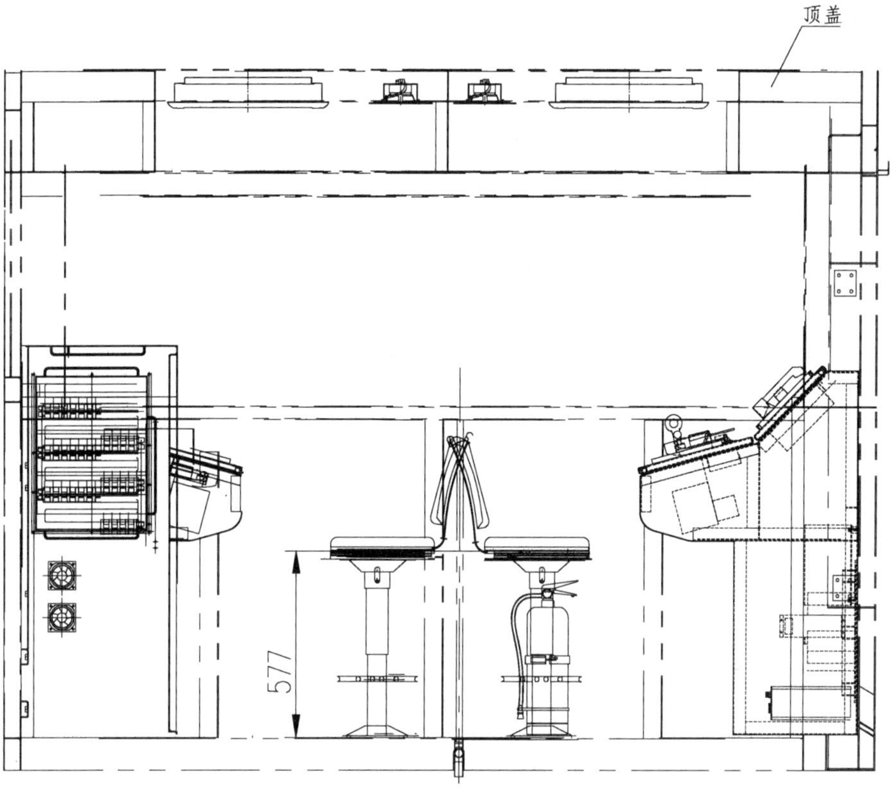

图 3.28　司机室顶部设备布置

2. 转向架

（1）概述。

蓄电池工程车采用了两个 B_0 转向架，机车前后转向架可以互换通用。转向架主要由构架、轮对驱动系统、一/二系悬挂装置、牵引装置、基础制动装置、轮缘润滑装置、第三轨受流器及转向架空气管路等部件组成。转向架采用标准化、模块化设计，符合可靠性、可用性、可维护性规定，尽量达到无磨耗、免维修的要求。

① 技术要点。

该转向架有以下主要结构特点：

- 轴箱外置，无摇枕。
- 构架是用低合金高强度结构钢板组焊而成的整体 H 形构架，侧梁为箱形封闭断面的 U 型梁，横梁为无缝钢管。
- 轴箱轴承采用整体免维护的双列圆锥滚子轴承。
- 采用交流牵引电机驱动，电机采用架悬方式，电机与齿轮箱之间采用齿式联轴节连接。
- 一系悬挂采用金属螺旋弹簧，设有垂向减振器。
- 轴箱定位采用转臂式定位。
- 二系弹簧采用圆柱形橡胶堆，设有横向减振器。
- 牵引装置采用 Z 字形拉杆牵引装置。
- 基础制动采用踏面制动，制动单元的蓄能缸横置。

② 主要技术参数。

转向架的主要技术参数见表 3.6。

表 3.6 转向架的主要技术参数

序 号	名 称	参数/型式
1	轨距（mm）	1 435
2	转向架中心距（mm）	7 060
3	最高营运速度（km/h）	65
4	轴式	B_0-B_0
5	轴距（mm）	2 200
6	轮对内侧距（mm）	1 353
7	轮径（新轮/半磨耗/旧轮）(mm)	840/805/770
8	轴重（t）	13
9	通过的最小曲线半径(正线/车辆段)(m)	150
10	转向架自重（kg）	7 650（大约）
11	电机悬挂	架悬
12	齿轮箱传动比	9.37，二级传动
13	联轴节	齿式联轴节
14	牵引方式	Z 字形拉杆牵引
15	牵引点高度（mm）	新轮时，构架侧 276， 牵引装置侧 265。
16	基础制动	踏面制动
17	踏面形状	DIN 5573-E（同昆明地铁一号线）
18	一系悬挂	金属螺旋弹簧
19	一系弹簧横向间距（mm）	2 000
20	二系弹簧	橡胶堆
21	二系弹簧横向间距（mm）	1 940
22	二系弹簧上表面距轨面高（mm）	956
23	一系垂向止挡间隙（mm）	弹性间隙：10 自由间隙：24
24	二系垂向止挡间隙（mm）	间隙：30
25	二系横向止挡间隙（mm）	弹性间隙：20 自由间隙：10

③ 转向架安装位置。

转向架在机车上的安装位置如图 3.29 所示。

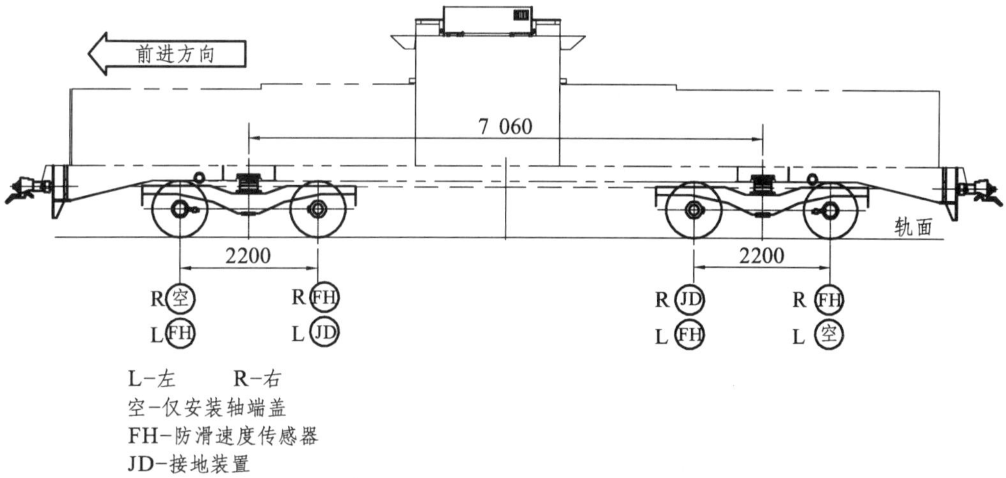

图 3.29　转向架安装位置

（2）转向架结构。

转向架主要包括构架、轮对驱动系统、一系悬挂装置、二系悬挂装置、牵引装置、基础制动装置、轮缘润滑装置、第三轨受流器和转向架空气管路等部件。转向架结构如图 3.30 所示。

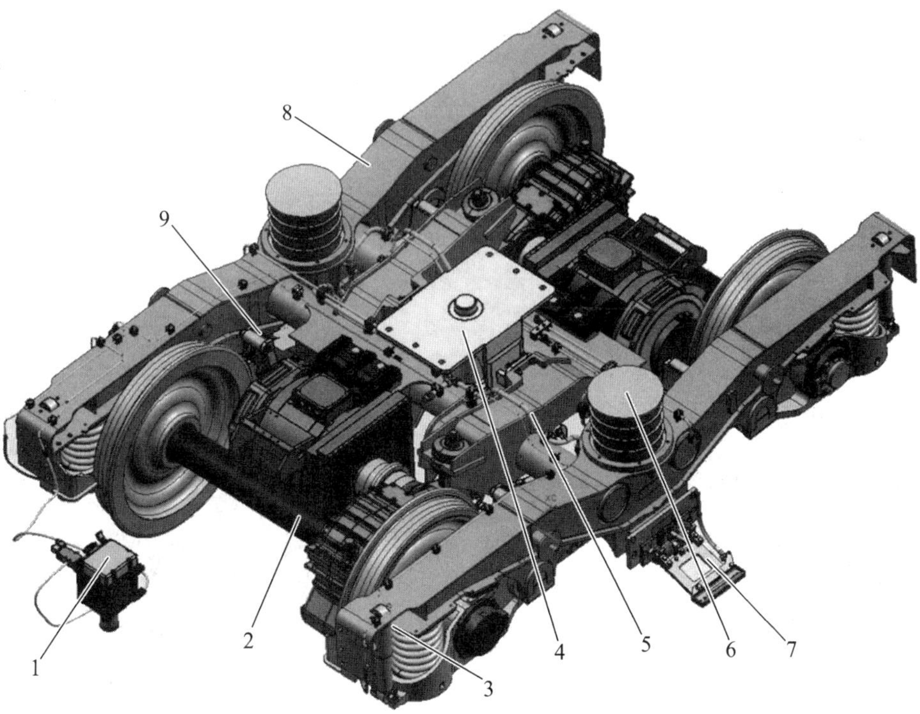

图 3.30　转向架总图

1—轮缘润滑装置；2—轮对驱动系统；3—一系悬挂装置；4—牵引装置；5—转向架空气管路；6—二系悬挂装置；7—第三轨受流器安装；8—构架；9—基础制动装置

① 构架。

构架是转向架的骨架，它既是承载体和传力体，又是转向架上其他零部件的安装吊挂基体。该构架采用低合金高强度结构钢板（钢管）组焊，形成整体“H”形结构。转向架构架结构如图 3.31 所示。

构架的侧梁为中间下凹的鱼腹箱型结构，侧梁中间设置有隔板，以保证侧梁的抗弯抗扭强度。侧梁上设有垂向减振器安装座、横向减振器安装座、转臂定位座、制动器安装座、受流器安装座。构架的横梁采用无缝钢管，横梁上设有牵引电机安装座、齿轮箱吊杆安装座和牵引拉杆安装座。

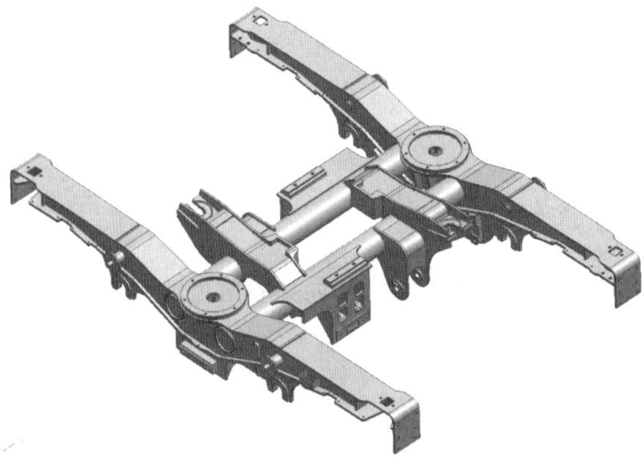

图 3.31 转向架构架

② 轮对驱动系统。

轮对驱动系统由轮对、轴箱、牵引电机、齿轮箱、联轴节等主要零部件组成。牵引电动机为交流异步电动机。轮对驱动系统结构如图 3.32 所示。

图 3.32 轮对驱动系统

1—车轮；2—牵引电机；3—联轴器；4—轴箱；5—齿轮箱；6—车轴

轮对采用整体辗钢车轮和锻造车轴，车轮车轴之间为过盈配合。轴箱轴承采用免维护整体式圆锥滚子轴承。齿轮箱为平行轴式齿轮箱，箱体的一端通过轴承安装于轴上，另一端弹性地吊装于转向架构架的横梁上。齿轮箱设有观察窗（能清楚、方便地观察到齿轮啮合状态）、通气器、油位观察窗（包括永久性油位刻度线）、注油孔（螺堵为磁性）、排油孔（螺堵为磁性）、紧急防脱落装置等。联轴节为齿式联轴节，两个半联轴节分别设置注油孔，采用油润滑。每个转向架安装两种轴端设备：防滑速度传感器和接地装置。

③ 一系悬挂装置。

一系悬挂装置在轮对和转向架构架之间，由螺旋钢弹簧、转臂橡胶关节、一系垂向止挡和一系垂向减振器等部件组成，如图 3.33 所示。一系弹簧通过轴箱和轮对将车体和转向架的重量（垂向载荷）传递到轨道上。配合一系垂向减振器，一系悬挂用于衰减轮对的垂向运动。转臂定位橡胶关节将轴箱体与转向架构架相连，传递纵向力和横向力。轴箱顶部设置了一系垂向止挡，起到垂向限位的作用。为了补偿制造误差并用于轮重、轴重的调整，一系弹簧上面还配备了弹簧垫片。一系悬挂装置技术参数如下：

一系弹簧组垂向刚度　　361.5 ± 21 N/mm
一系弹簧组横向刚度　　212.1 N/mm
一系减振器阻尼参数：
　试验速度 0.1 m/s　　试验速度 0.3 m/s
　拉伸力（450 ± 70）kN　　拉伸力（1 100 ± 170）kN
　压缩力（－550±85）kN　　压缩力（－1100±170）kN
转臂橡胶关节径向刚度：　　12 MN/m
转臂橡胶关节轴向刚度：　　6.5 MN/m

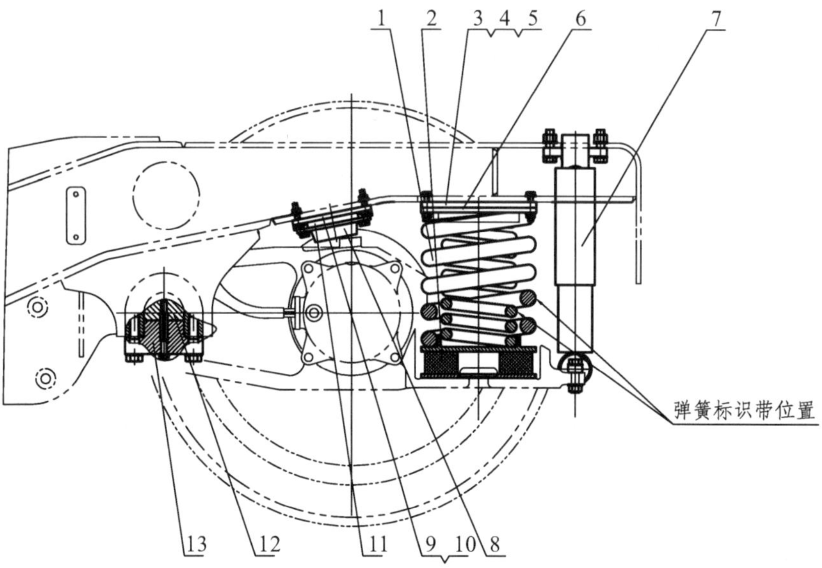

图 3.33　一系悬挂装置

1—弹簧组；2— 一系橡胶垫；3—弹簧垫片 1 mm；4—弹簧垫片 2 mm；5—弹簧垫片 5 mm；6— 一系弹簧板；7— 一系垂向减振器；8— 一系垂向止挡；9—垫片 1 mm；10—垫片 2 mm；11— 一系止挡垫片；12—转臂定位橡胶关节；13—转臂定位座

④ 二系悬挂装置。

二系悬挂安装在转向架构架和车体之间，由安装在车体与转向架之间的橡胶堆和安装在牵引中心销与构架侧梁之间的横向油压减振器等主要部件组成，如图 3.34 所示。二系悬挂装置把车体重量弹性均匀地分配到转向架构架，当机车通过曲线时，它可以使车体与转向架之间产生相对转动，使机车顺利通过曲线。为了补偿制造误差和车轮磨耗，在橡胶堆上表面配备了补偿调整垫。

二系悬挂装置技术参数如下：

橡胶堆垂向刚度　　3.5±0.35 kN/mm

橡胶堆横向刚度　　< 0.21 MN/m

橡胶堆工作高度　　280±2 mm

二系横向减振器阻尼参数：

试验速度 0.1 m/s	试验速度 0.2 m/s
拉伸力（3 500 ± 530）kN	拉伸力（6 400 ± 960）kN
压缩力（－2 950±440）kN	压缩力（－6 100±920）kN

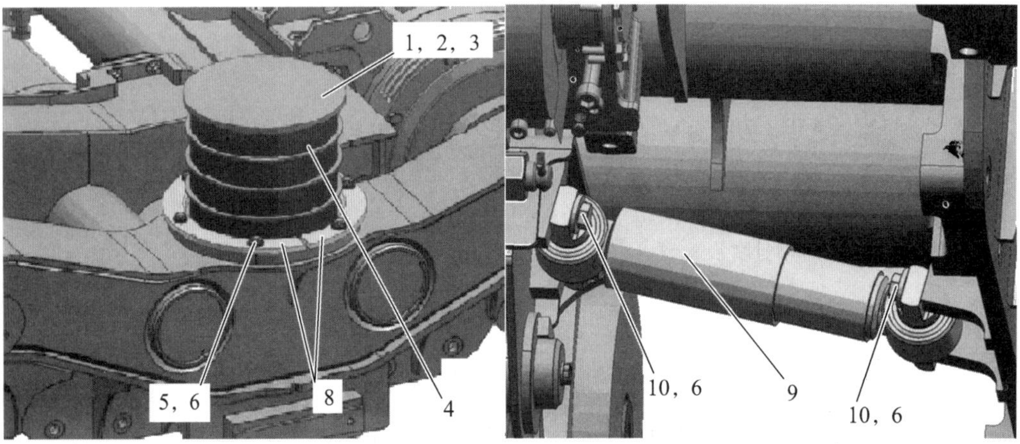

图 3.34　二系悬挂装置

1—二系悬挂调整垫（1 mm）；2—二系悬挂调整垫（2 mm）；3—二系悬挂调整垫（4 mm）；4—二系橡胶堆；5—六角螺栓 M16×35；6—NORD-LOCK 自锁垫圈 16；8—压板；9—二系横向减振器；10—六角螺栓 M16×50

⑤ 牵引装置。

蓄电池工程车转向架牵引装置布置在转向架的中部，处在转向架构架的两个横梁管之间。牵引装置连接着车体和转向架，包括中心牵引组装、牵引连杆组装和横向止挡装置三大部件，如图 3.35 所示。

中心牵引组装具有以下三大功能：将转向架连接到车体上，传递牵引力和制动力；使转向架以中心销组装为中心相对于车体转动；作为二系悬挂起吊装置，可以使转向架随车体整体起吊。

牵引连杆组装由连杆装配、连杆销、六角螺母 M30、开口销、垫圈等组成，其布置在转向架的中部，在牵引座和转向架构架之间工作，两个连杆装配成“Z”字形布置。

横向止挡装置主要由横向止挡座、二系横向止挡、横向缓冲器垫片、横向止挡垫片等组成，布置在转向架横梁的中部，关于构架中心对称布置。

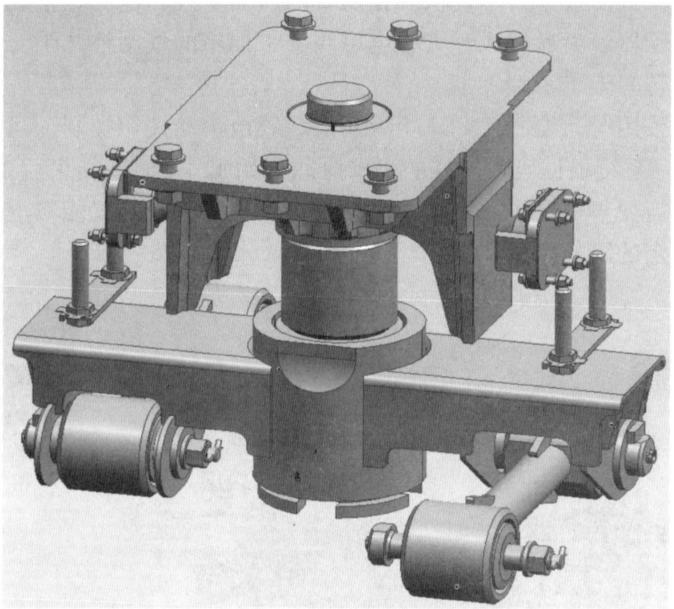

图 3.35　牵引装置

⑥ 基础制动装置。

基础制动装置采用踏面单元制动器单侧闸瓦制动形式。每一车轮均安装一套带有闸瓦间隙自动调整机构的单元制动器，其中每一轮对中有一套单元制动器带有弹簧停车蓄能制动功能。基础制动装置结构如图 3.36 所示。

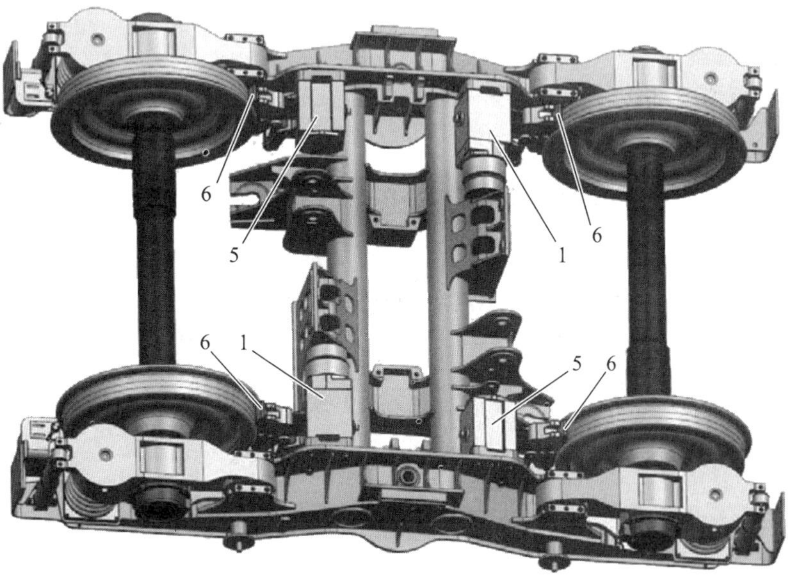

图 3.36　基础制动装置

1、5—单元制动器；6—粉末冶金闸瓦

⑦ 轮缘润滑装置。

轮缘润滑装置安装在机车两端，每端各装一套，参见图 3.37。工作时，与机车前进方向一致的一套保持工作，由机车为其提供工作需要的压缩空气和电源。系统由电磁阀、带油箱的气动柱塞泵、分配器、喷嘴组成，其中电磁阀、带油箱的气动柱塞泵安装在车体上，分配器和喷嘴则安装在转向架（Ⅰ端）上。

轮缘润滑系统采用时间控制模式。轮缘润滑装置由手动按钮控制，当需要润滑时，按下润滑系统启动按钮，系统根据已设定好的润滑时间开始工作，时间结束后系统自动停止工作，当要再次工作时，需要再一次按润滑系统启动按钮。轮缘润滑装置能减少车辆轮缘和轨道的磨损，同时起到一定的降噪作用。

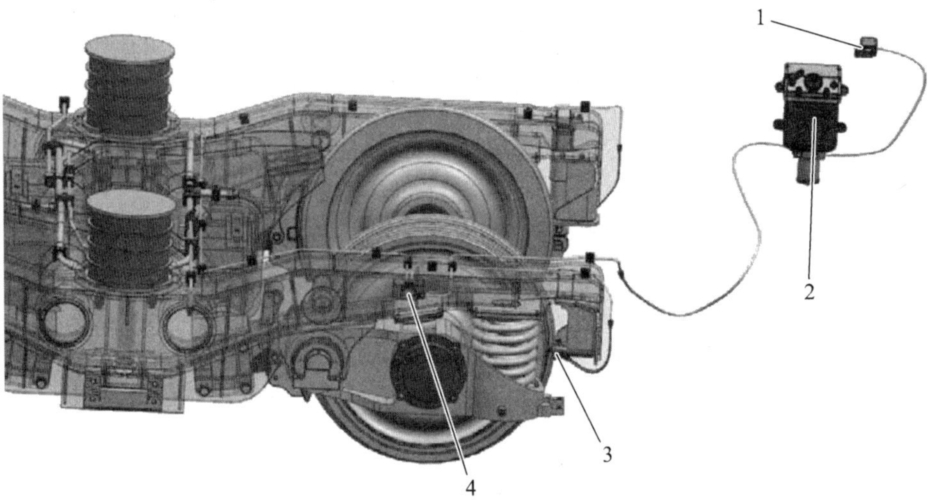

图 3.37 轮缘润滑装置

1—电磁阀；2—油箱组；3—喷嘴；4—分配器

⑧ 第三轨受流器。

机车采用受流器下部接触受电，第三轨受流器安装在转向架构架侧梁中部，其安装高度可调，如图 3.38 所示。

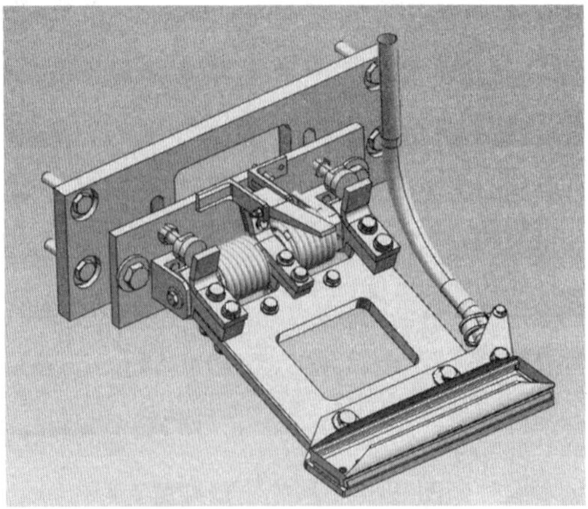

图 3.38 第三轨受流器

⑨ 转向架空气管路。

转向架空气管路通过软管与车体底架空气管路接通，通过钢管与软管连接为制动单元、第三轨受流器和轮缘润滑装置输送风源。转向架空气管路系统通过管夹座、管夹和紧固件安装在转向架构架表面，如图 3.39 所示。

图 3.39　转向架空气管路

3. 牵引系统

（1）制动电阻装置。

地铁车辆在下坡或者其他需要减速的场合，车辆上的电动机要停止从电网获取电能，此时电动机变为发电机，在发电的过程中电机会产生反力矩促使列车减速，而发出的电能在电网不能吸收的情况下由制动电阻进行耗散。此时需开通制动斩波回路，吸收动车所产生的制动能量，转换成电阻的热能散发到周围环境中。另外地铁车辆在运行过程中有时会遇到轮对空转、跳弓等瞬态过程，从而引起直流电压上升。为了防止直流电压上升超过允许范围以及电空制动的转换，需要开通制动电阻支路来降低相应的过电压或维持电制动，完成与空气制动的平滑转换。

在列车的减速过程中，列车的动能转化为电能，制动电阻将过剩的电能转化成热能，其作用一是在电网无吸收条件下消耗制动能量，二是实现牵引系统的过压保护。电阻制动原理图如图 3.40 所示。

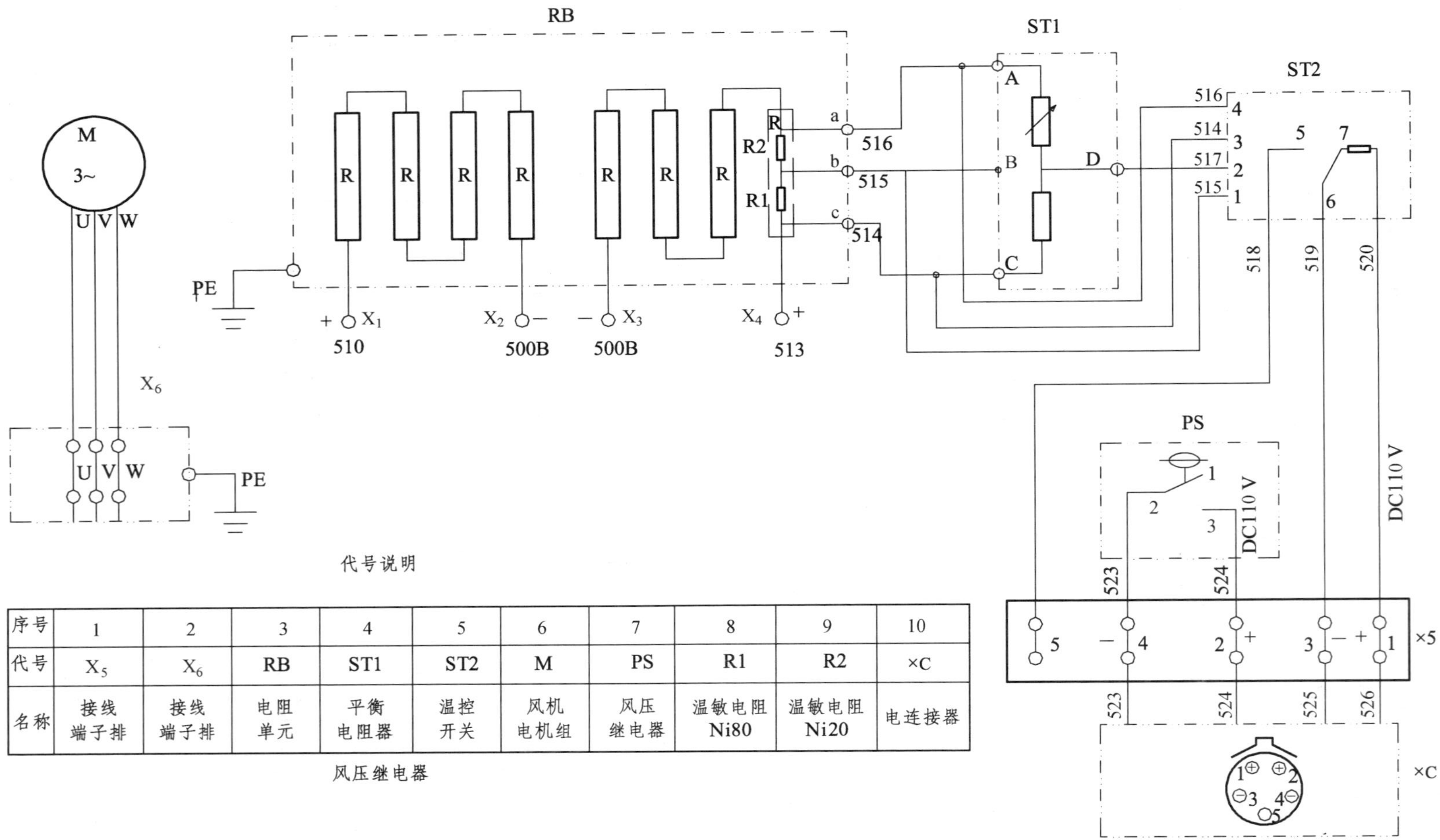

序号	1	2	3	4	5	6	7	8	9	10
代号	X_5	X_6	RB	ST1	ST2	M	PS	R1	R2	×C
名称	接线端子排	接线端子排	电阻单元	平衡电阻器	温控开关	风机电机组	风压继电器	温敏电阻Ni80	温敏电阻Ni20	电连接器

图 3.40　电阻制动原理图

制动电阻装置的结构如图 3.41 所示。

制动电阻安装在不锈钢制成的构架内，通过三个横梁安装在车厢地板下面。出风罩安装在构架后端，给冷却制动电阻的压缩空气提供出口。冷却风机通过法兰连接在构架的前端，风机使电阻单元在冷却期间保持固定的温度。制动电阻的性能和风机的性能密切相关。风机通过风机网罩吸进空气，风机网罩阻止风机吸入别的物体。构架内的电阻由 RB12 和 RB34 两个支路组成，每个部分由 4 个电阻单元构成。电阻单元通过不同的铜母排相互连接，额外的电能通过电缆和铜母排从牵引逆变器传输到电阻单元上转化为热能。电阻单元通过滚轮安装在构架的导轨里，导轨通过绝缘子安装在构架上，这样保证了电阻单元与构架的隔离。制动电阻上安装有温度保护装置和风压继电器，可以保护制动电阻装置。温度保护装置 ST2 和电阻单元连接在一起，温度保护装置 ST2 安装在出风口最后一个电阻单元上，该电阻单元是制动期间最热的电阻单元。

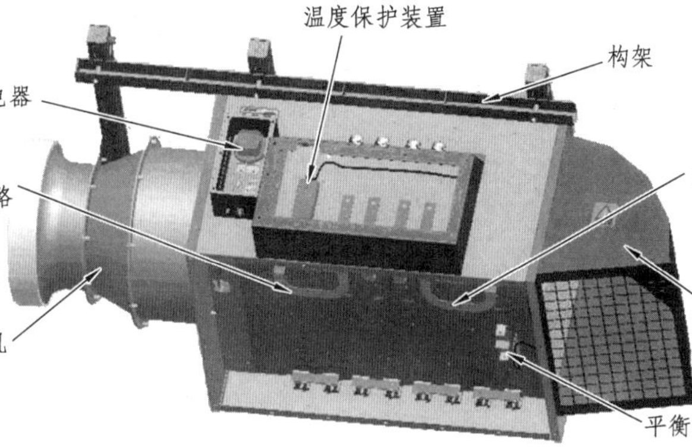

图 3.41　制动电阻装置

（2）传动控制单元（DCU）。

① 使用条件。

传动控制单元使用条件如表 3.7 所示。

表 3.7　传动控制单元使用条件

序号	项　目	要　求	规格分析
1	工作环境温度	− 15 °C ~ + 45 °C	
2	存放环境温度	− 40 °C ~ + 85 °C（包括运输时环境温度）	当保存时间超过 3 个月时，为避免电解电容器性能的早期劣化，请将周围温度控制在 30 °C 以下。另外，需要保存 1 年以上时，需每年进行一次通电作业
3	相对湿度	最大相对湿度 95 %（该月月平均最低温度不低于 25 °C），无凝露	
4	海拔	≤2 100 m	
5	冲击和振动	不允许传动控制单元掉到地下或遭受突然的撞击	应能承受 TB/T 3058—2002 中 1 类 A 级部件规定的振动与冲击
6	防护等级	IP30	

② 技术参数。

传动控制单元技术参数如表 3.8 所示。

表 3.8 传动控制单元技术参数

主电路连接方式	DC 750 V + 三相逆变（两电平）+ 电动机
控制模式	架控
控制电源	DC 110 V（77 ~ 137.5 V）
控制算法	直接转矩控制
冷却方式	内循环风冷
机箱规格	标准 7U × 60R
机械尺寸	360.0 mm × 310.4 mm × 325.5 mm
重量	约 13 kg

③ DCU 功能简介。

蓄电池轨道车 DCU（传动控制单元）是电传动系统的核心控制部分，放置于牵引逆变器箱内，是为蓄电池轨道车牵引逆变器设计生产的控制装置。DCU 主要实现地铁牵引异步电机驱动系统的直接转矩控制、逻辑控制和故障保护控制，并与列车网络系统进行数据交互，从而实现对牵引变流器及牵引电机的实时控制，满足列车动力性能的要求。

DCU 内部各电路板之间利用并行总线进行数据交换，例如逆变控制器与主控制板之间通过双端 RAM（DPRAM）进行数据交换，其采用特定的数据交换协议，能实现可靠、快速的数据通信。

DCU 内部各电路板布置如图 3.42 所示。

01	05	09	13	17	21	25	29	33	37	41	45	49	53	57
A	B	C	D	E	F	G	H	I	J	K	L	M	N	O
信号测量	脉冲转换		模拟输入	通信接口	电机信号	MCC1	MCC2	SMC	解调板	数字入出	数字入出	开关电源		

图 3.42 DCU 内部电路板布置

DCU 主要实现的控制功能如下：

- 对牵引系统的逻辑控制；
- 列车速度调节、保护、逆变器脉冲模式的产生；
- 对 VVVF 逆变器和牵引电机的控制及保护；

- 电制动控制，对电制动进行调整、保护和逆变器脉冲模式的产生；
- 载重补偿控制；
- 黏着利用及空转/滑行保护控制；
- 列车加减速冲击限制保护；
- 通过列车总线网络实现 DCU 与其他控制单元的通信功能；
- 故障诊断和记录功能。

蓄电池轨道车牵引逆变器内有两个 IGBT 逆变器模块，分别为两个转向架服务。其采用架控的供电方式，当一组牵引电机或逆变器模块发生故障时，可通过封锁逆变器的脉冲来实现故障的自动隔离而不影响另外一组牵引电机和逆变器的正常工作。轨道车装有 4 台牵引电动机，每 2 台牵引电动机与一个牵引变流器模块一一对应进行电气连接。

（3）电抗器。

① 电抗器原理。

电抗器是牵引系统高压主电路的组成部分，与直流回路支撑电容器组成滤波单元，主要用来限制直流侧滤波单元的电压、电流波动，滤除高次谐波，阻止供电的瞬时突变，保护电器设备。该电抗器为空心干式电抗器，电感值为常数，不随通过电抗器电流的大小而改变。电抗器悬挂于车体底架悬挂座上自然冷却，并能依靠列车运行时产生的走行风加强冷却。电抗器采用整体真空浸渍绝缘漆，以提高电抗器的绝缘性能及防潮性能。空心式电抗器的磁路是开放式的，为减小电抗器漏磁对车上设备的影响，保证乘客人身安全，在电抗器上部设置了屏蔽板。电抗器外观如图 3.43 所示。

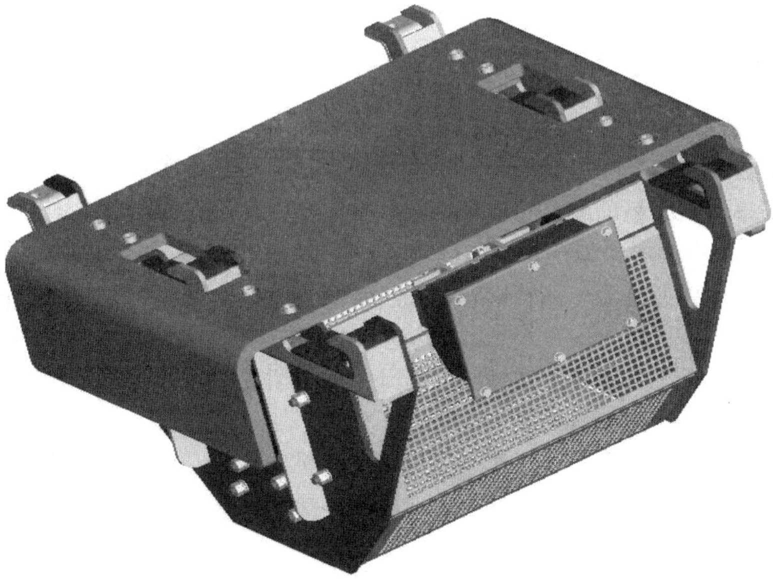

图 3.43　电抗器外观

② 电抗器使用条件。

电抗器使用条件如下：

海拔高度　　≤1 400 m

环境温度　　－18 ~ ＋42 °C，允许在－40 °C 时存放

工作温度	–25 ～ +45 °C
空气相对湿度	最湿月的平均相对湿度不超过 99.5%

应能承受风、雪、雨侵袭。其中，IEC60310 规定一般的使用条件为海拔不超过 1 400 m；设备正常运行的环境温度为 –25 ~ +40 °C 之间；空气相对湿度为 95%。而该车的特殊要求为：最湿月的平均相对湿度不超过 99.5%。

③ 电抗器参数。

电抗器技术参数如下：

额定电流	DC 307 A
最大电流	DC 437 A
额定电感	2×6 mH（–5% ~ +15%）
额定电压（第三轨供电）	DC 750 V（DC 525 V ~ DC 900 V）
额定电压（牵引蓄电池供电）	DC600 V（DC 525 ~ DC 686 V）
线圈热点温度计算值	142°C（环境温度 20°C）
线圈的平均温升	T = 116 K
绝缘等级	H 级
绝缘水平	AC 3 500 V，50 Hz，60 s
重量	≤710 kg

④ 电抗器构成。

电抗器由承载骨架、线圈和接线盒组成。用 16 根拉紧螺杆将线圈固定在两个端板之间，在线圈外用防护罩盖住。电抗器的接线端子通过接线盒与外界相连。用 6 个 M20 螺栓将电抗器固定在列车悬挂座上。

（4）牵引逆变器。

① 牵引逆变器一般介绍。

牵引逆变器作为整个交传系统的重要组成部分，其基本功能是把从直流电源获得的直流电压变换成频率和幅值都可调的三相交流电，并给牵引电机供电。根据中间储能元件的不同来分类，逆变器可分为电压型逆变器和电流型逆变器。目前，交流牵引多采用电压型逆变器，因此以下所指的牵引逆变器，除特别说明外均指直—交变换电压型逆变器。当前中小功率的牵引逆变器中开关器件以 IGBT 为主，大功率逆变器以 GTO 为主。随着 IGBT 元件和应用技术的不断更新和发展，以 IGBT 作为主电路开关的牵引逆变器的容量和性能进一步提高，并代表了地铁和城轨牵引逆变器的发展趋势。

将直流电变换为交流电，以便于调节负载电动机的转速，逆变器的性能是个关键。对牵引逆变器的要求比对一般完成工业调速的逆变器的要求要高得多，牵引逆变器具有以下性能特点：

a. 宽的调频范围。

为了满足现代化高速运输的需要，要求机车车辆的调速范围越来越宽，而逆变器的最高输出频率取决于机车的最高运行速度、电动机的极对数及传动比，一般在 120 ~ 160 Hz 或更高，最低输出频率取决于对车辆起动平稳性的要求及容许的启动电流。

b. 宽的调压性能。

逆变器调压性能如表 3.9 所示。

表 3.9　逆变器调压性能

项　目	描　述
额定电压（第三轨供电）	DC 750 V（525 ~ 900 V）
额定电压（牵引蓄电池供电）	DC 686 V（DC 525 ~ 744 V）
输出容量	2×300 kV · A
输出电压	0 ~ 555 V
输出频率	0 ~ 160 Hz
开关频率	500 Hz
额定输出电流	2×300 A
牵引最大输出电流	2×460 A（有效值）
制动最大输出电流	2×274 A（有效值）
额定工作点效率	0.98
控制方式	VVVF 直接转矩控制
冷却方式	热管走行风冷
质量	≤500 kg

为了得到恒定的最大启动转矩，必须使牵引电动机在启动过程中满磁场运行，使反电势与频率保持线性关系。而进入恒功区以后，电压与频率的平方根成正比。所以，要求输出电压的范围在接近于零到最高电压之间变化。

c. 良好的稳定性和快速的动态响应性能。

由于车辆在运行过程中速度的变化，使逆变器的负载变化很大，所以必须要求逆变器不论在轻载或重载条件下，在整个调节范围内保持极好的稳定性和动态响应性能，并且具有较强的过载能力和承受冲击的能力。

② 牵引逆变器的特点。

牵引逆变器在结构上具有如下特点：

- 采用简统化设计，优化了总体布置及输入/输出接口。
- 采用系列化变流器模块，易于安装、拆卸和维修。
- 低感母排技术，无吸收电路。
- 热管走行风冷，无环境污染，无噪音，节能。
- IGBT 元件的驱动信号采用光纤传输，抗干扰能力强，传输速度快。
- 控制系统微机化、数字化、网络化、信息化。
- 采用架控方式，当其中一个变流器模块发生故障时，将切除一个转向架的动力。
- 电机直接转矩控制，有优良的动态响应。

牵引逆变器具有如下保护特性：

- IGBT 元件故障保护；
- 直流电压过压/欠压保护；

- 直流电流过流保护；
- 逆变器输出过载保护；
- 主电路接地保护；
- 插件不在位保护；
- 电源故障保护；
- 电机过热保护；
- 逆变器过热保护。

③ 牵引逆变器的结构。

牵引逆变器结构如图 3.44 所示。

a. 牵引逆变器输入端与高速断路器、电抗器相连，中间直流回路设有支撑电容、固定放电电阻和斩波电阻等，中间电压经过逆变器转换成 VVVF（变压变频）三相电源供给异步牵引电机。

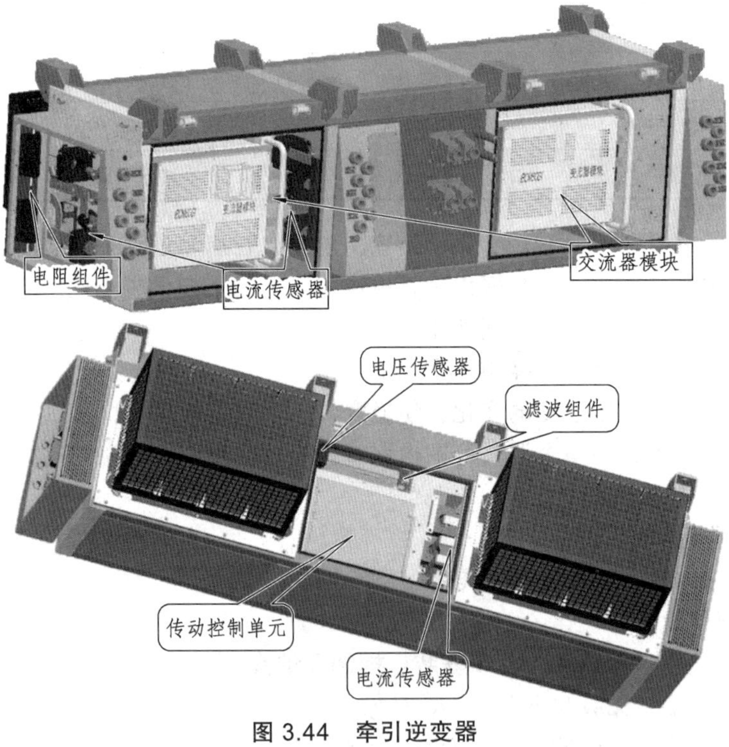

图 3.44 牵引逆变器

b. 逆变器外形为长方体，采用左右基本对称的三腔结构，其中有两个模块腔体和一个控制腔体，有效地屏蔽了电磁干扰。

逆变器主要由 2 个相同的 IBCM60G1 型变流器模块构成，单个模块输出容量可达 600 kV·A，两套控制器合成在一个 60R-6U 的控制箱中，便于控制和通信，其余还包含有传感器、绕线电阻及接线排等部件。所有对外连接器采用密封结构，两侧为密封门，两个模块腔体和一个控制腔体各有一扇门，门结构一致，密封性极好，能满足 IP54 防护等级的要求。主电路电缆分别在左、中、右接线盒进行接线，接线盒进线端面有一定的角度，可以使电缆线接入接线盒后形成一定的弧度，避免电缆折弯过大导致电缆损坏。

开关电源：为 DCU 机箱提供 + 5 V、 + 15 V、 − 15 V、 + 24 V、 − 24 V 电压，为机箱内各插件、风扇层、电流/电压传感器、速度传感器等提供电源。

数字入出：共两块数字入出插件。每块插件提供 16 路 110 V 数字输入信号，经光电隔离转换成 5 V（110 V/5 V）、4 对继电器输出触头（常开或常闭）输出和 6 路 CMOS 输出，总共相当于 10 个受控的开关。

通信接口：DCU 与机车网络控制和诊断系统之间通过 MVB 交换数据，该功能主要由通信接口插件完成。通信接口插件通过 AMS 总线读取主控制板（MCC、SMC）的数据，并转换成符合列车通信网络（TCN）IEC61375 标准的 MVB 协议格式的数据包，传输到机车网络控制和诊断系统。同时通信接口插件接收来自机车网络控制和诊断系统的数据，实现通信。

单板机（SMC）：通过 AMS 总线实现对 DCU 各插件的信息控制与管理和逻辑控制功能。

MCC1、MCC2：MCC 采用直接转矩控制，对电机电流等采用瞬时值控制，实时性要求高。控制插件上采用的器件处理速度和精度较高。

模拟输入：该插件提供 16 路模拟量输入处理通道，每个通道可接收电流、电压的输入信号。

电机信号：电机信号的主要功能是对速度信号进行滤波处理、二选一和方向判断，实现逆变器的过流保护、直流环节电压过压保护、斩波过流保护和接地保护，采集逆变器 IGBT 元件的工作状态和故障信息，通过 AMS 总线把故障信息传递给单板机进行处理，同时接收来自单板机的故障复位信号。

信号测量：信号测量插件不参与控制，仅仅用于模拟采样信号的输出及测量。

脉冲转换 ：将 MCC 发出的 PWM 信号由 5 V 转换到 24 V 输出，接收 IGBT 模块反馈回来的元件状态、故障保护的 24 V 信号，将其转换成 5 V 信号，送电机信号插件进行保护处理。

解调板：将来自司机室控制器的 PWM 调制指令信号解调为电平信号，送至 MCC 插件。

④ 牵引逆变器主电路说明。

牵引逆变器主电路采用两电平三相电压型逆变电路，架控方式。逆变器主电路的工作原理如下：经第三轨或牵引蓄电池输入的 DC 750 V（600 V）直流电输入电压首先经 TPQ71 型高压电器箱内由充电接触器 KM12（KM22）、充电电阻 R11（R21）组成的充电回路和 TXL46 型线路电抗器对变流器直流回路的支撑电容充电，充电完成后闭合短接接触器 KM11（KM21），牵引工况时经第三轨或牵引蓄电池输入的 DC 750 V（600 V）直流电经逆变器逆变为三相 VVVF 电压供给牵引电机；再生制动工况时牵引电机发出的三相交流电压经整流、逆变后通过牵引变压器、第三轨反馈回电网。牵引逆变器主电路如图 3.45 所示。

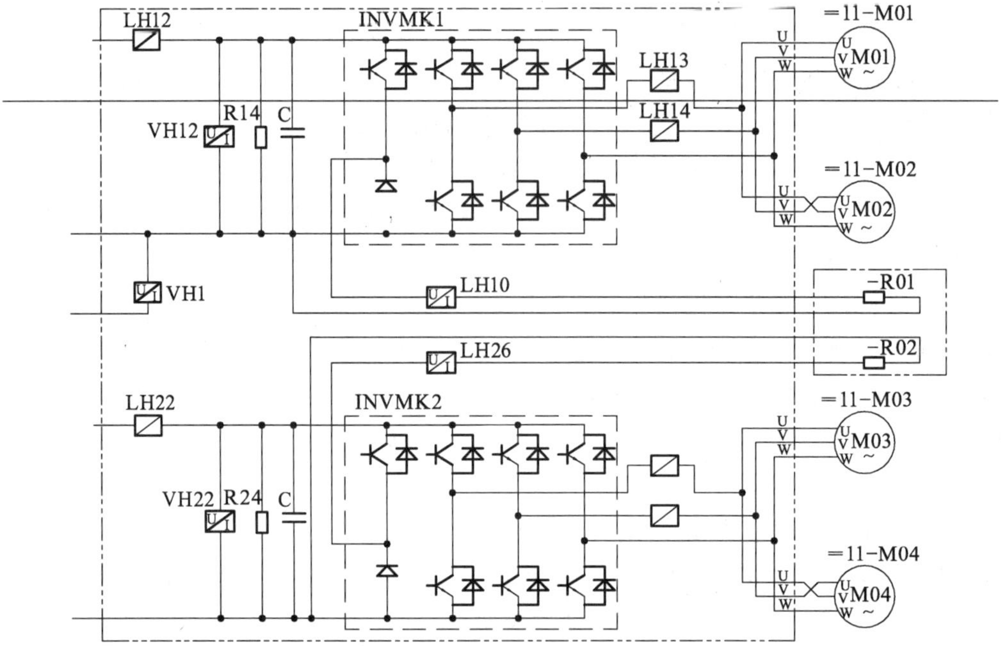

图 3.45　牵引逆变器架控式主电路图

⑤ 牵引系统说明。

牵引系统控制原理如图 3.46 所示。

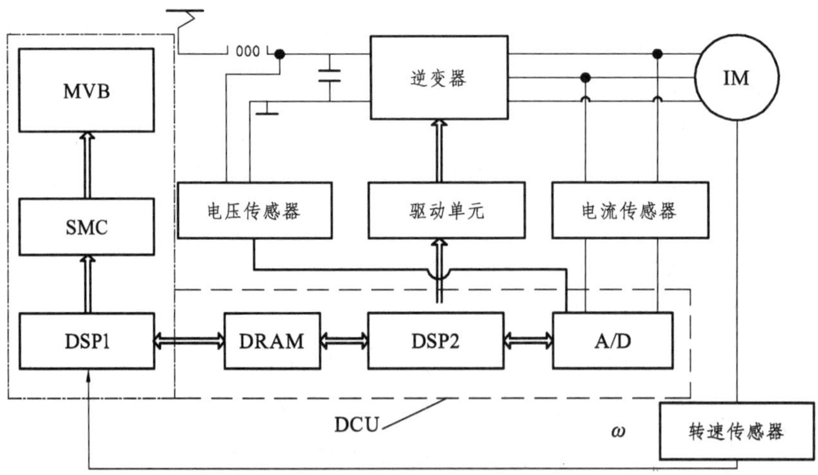

图 3.46　牵引系统控制原理

⑥ 变流器模块。

逆变器采用的是 IBCM60G1 型变流器模块，变流器模块是牵引逆变器的核心组成部分，该模块集成了 8 个 1 700 V/1 600 A 的 IGBT 元件，作为三相逆变器的三相桥臂及制动桥臂。另外，模块还包括了热管散热器、温度传感器、门控单元、门控电源、脉冲分配和支撑电容器，实现了一定程度的模块化和标准化设计。模块上 IGBT 元件之间及与支撑电容的连接使用了低感复合母排（Busbar），减少了线路上的杂散电感，省掉了吸收电路，使电路更为简洁可靠。

模块散热器采用了热管散热技术，靠走行风自然冷却，使系统更简洁，且无环境污染。因此，IBCM60G1 模块具有热管走行风冷、无吸收电路、结构紧凑、体积小、重量轻等优点。交流器模块如图 3.47 所示。

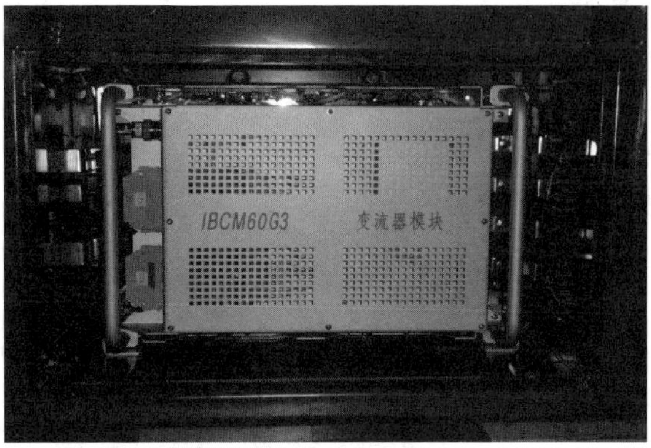

图 3.47　变流器模块

a. 主电路图：模块作为逆变器和脉冲整流器时，其中 C1 为支撑电容器，V1 ~ V8 为 IGBT 元件，相邻两个元件组成一个桥臂，通过驱动板控制每个元件的开通和关断，驱动板和脉冲分配板之间通过光信号进行传输。模块工作时，外部控制箱将脉冲信号输入给脉冲分配板，由脉冲分配板将信号转换成元件的控制信号，通过光纤传输给驱动板。当模块故障时，驱动板将故障信号通过光纤反馈给脉冲分配板，再由脉冲分配板输出给上一级控制装置。DC 110 V、DC 24 V 控制电源由脉冲分配板输入，其中 DC 110 V 控制电源由脉冲分配板输出给驱动电源板，再转换成驱动板所需电压输出。

b. 当模块用于三相逆变器时，其主电路如图 3.48 所示。左边为直流输入端，右边为交流输出端，输出端 A、B、C、D 相分别对应电机的 U、V、W 相和斩波 CH 相，斩波时只开通上管。

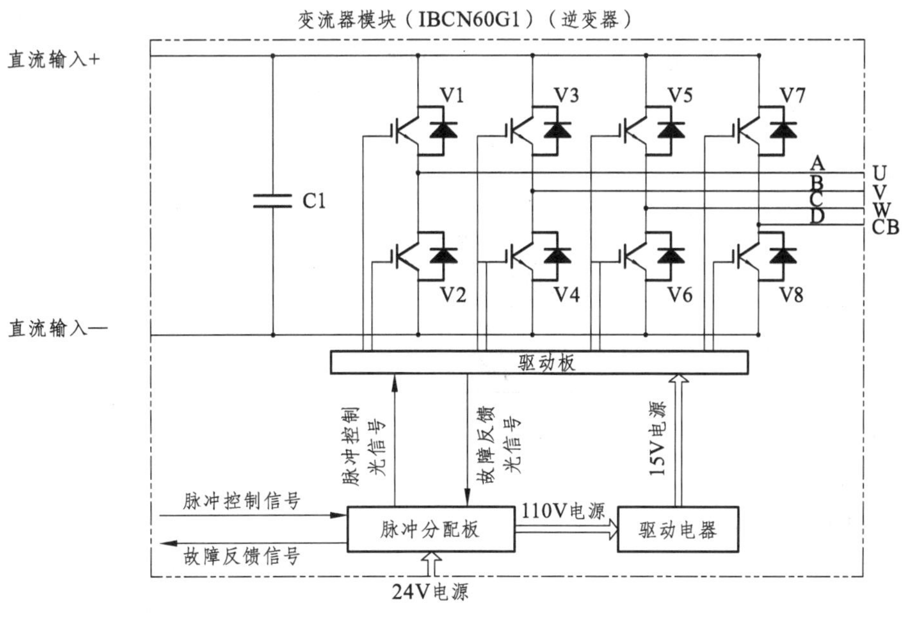

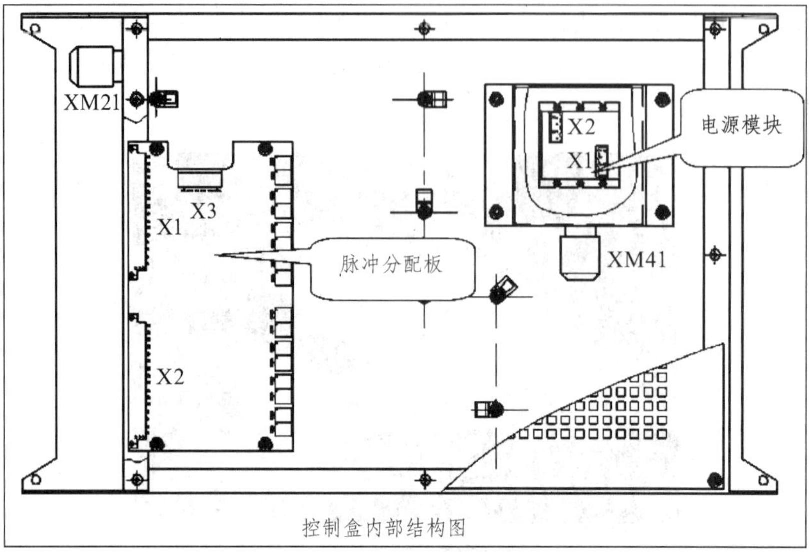

图 3.48 变流器模块功能框图及控制盒内部结构图

4. 辅助逆变器

（1）系统简介。

常用术语及辅助逆变器使用条件如表 3.10、表 3.11 所示。

表 3.10 术语

序号	缩写	描述
1	SIV	静止逆变器
2	MVB	多功能车辆总线
3	IGBT	绝缘门极晶体管
4	GDC	IGBT 门极驱动单元

表 3.11 使用条件

项目	要求	备注
海拔高度	≤2 100 m	
环境温度	−25 ~ +45 °C	
相对湿度	≤95%	
供电方式	第三轨受流和牵引蓄电池供电	
控制电源电压	DC 110 V	77 ~ 137.5 V
供电标称电压	DC 750 V	500 ~ 900 V
最大风速	120 km/h	

① 系统结构。

每台蓄电池轨道车装备一台 SIV 系统，采用 M20 螺栓紧固，其质量为 800 kg，外形尺寸为 1 650 mm × 780 mm × 850 mm（L × W × H），SIV 只有一个维护面，即走道。SIV 由系统内部自带的散热风机进行强迫风冷，出风口朝向走道，模块散热器朝向车体外侧。SIV 控制箱如图 3.49 所示，SIV 系统设备参数如表 3.12 所示。

表 3.12　设备参数

项　目	描　述
1. 输入参数	
额定	DC 750 V
输入电压范围	DC 500 V ~ DC 900 V
2. 输出参数	
三相输出电压	3 AC 380 Vrms±5%，50 Hz±1 Hz
三相电压不平衡度	≤2%（无单相负载时）
三相输出容量	50 kV · A
电压谐波含量	THD≤5 %
单相输出电压	1 AC 220 Vrms±5%，50 Hz±1 Hz
单相输出容量	3 kV · A
3. 控制参数	
控制电源电压	DC 110 V（DC 77 ~ DC 137.5 V）功耗<200 W
4. 其他参数	
系统效率	≥90%
系统噪声	≤75 dBA（相距 1 m 处）
冷却方式	强迫风冷
防护等级	IP54
主电路形式	两电平三相电压型逆变电路
控制系统	TMS320F28335 微机数字控制

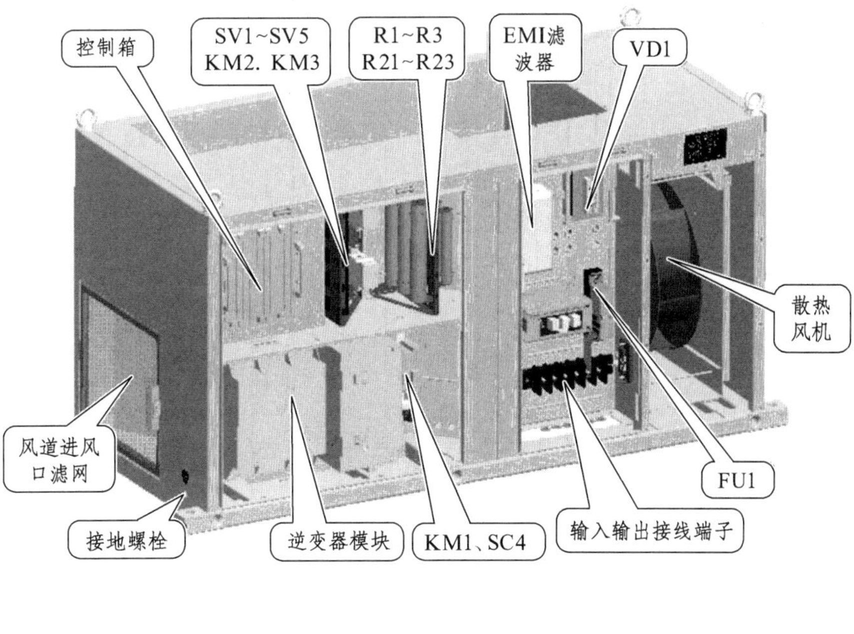

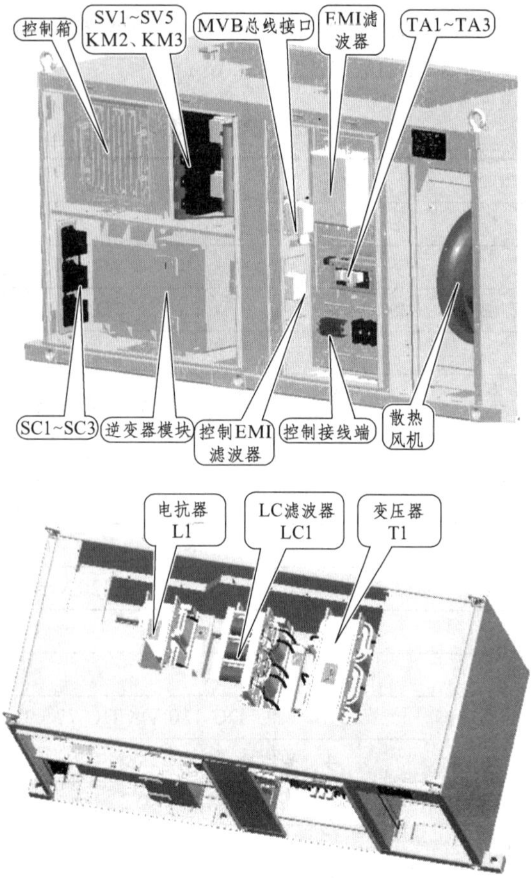

图 3.49 SIV 控制箱

SIV 控制箱为插件箱式结构，便于检查和维护（如图 3.50 所示）。箱内设有数字入出插件、模拟入出插件、CPU 控制插件和开关电源插件，SIV 控制箱是整个 SIV 系统控制、保护和显示诊断的核心。

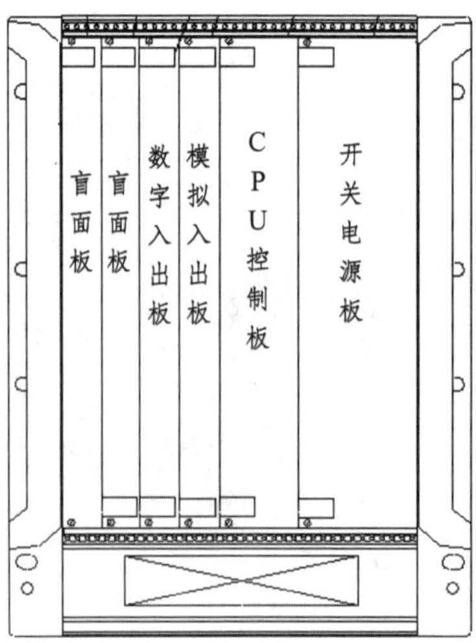

图 3.50 SIV 控制箱插件结构

逆变模块上集成了 IGBT、电容器、吸收电容、温度继电器等器件。IGBT 和电容器通过低感母排连接，有效降低了杂散电感和 IGBT 开关瞬间的电压尖峰，提高了系统的运行可靠性。逆变模块如图 3.51 所示。

图 3.51　逆变模块

② 功能介绍。

辅助逆变器系统为列车辅助供电系统的重要组成部分，它将第三轨或牵引蓄电池提供的 DC 750 V 电源转换为三相 AC 380 V/50 Hz 电源，为车辆上的空压机、空调、牵引蓄电池充电机风机、制动电阻风机供电；同时 SIV 还提供 AC 220 V/50 Hz 的单相交流电源，为车上方便插座供电。

辅助逆变器系统除具有基本的供电功能外，还将由牵引蓄电池充电机和控制蓄电池充电机通过 485 通信传递来的运行信息进行整合，通过 MVB 总线传递到司机室控制台，以显示辅助供电系统的运行信息。

SIV 系统控制电源 DC 110 V 得电后，控制单元进行自检，自检通过后，检测系统启动信号，当启动信号有效时，同时电压传感器 SV4 检测到的主电源输入电压有效时，闭合充电接触器 KM2，对逆变器模块上的储能电容进行充电。电压传感器 SV5 检测到支撑电容器上电压与输入电压一致后，闭合短路接触器 KM1，控制单元开始给出逆变脉冲，SIV 软启动，逆变器模块输出 SPWM 波，系统输出三相 AC 380 V/50 Hz 与单相 AC 220 V/50 Hz 交流电。

输入端的熔断器 FU1 用来防止 SIV 内部短路影响到 DC 750 V 供电电源，电抗器 L1 抑制输入端电压剧烈波动时对 SIV 运行稳定性的影响，同时也降低了逆变器产生的电流涌动对第三轨和蓄电池的干扰。电流传感器 SC1、SC2、SC3 用于检测 IGBT 的电流，当电流过大时，IGBT 将保护。LC 滤波器把 SPWM 波转换成正弦波，有效值为 AC 300 V，频率为 50 Hz。DY 型连接变压器把 AC 300 V 转换为 AC 380 V，并给出中性点。电压传感器 SV1、SV2、SV3 对 AC 380 V 进行检测，电流互感器 TA1、TA2、TA3 对输出电流进行检测，对过压、过流、三相不平衡等进行保护。SIV 系统电气原理图如图 3.52 所示。

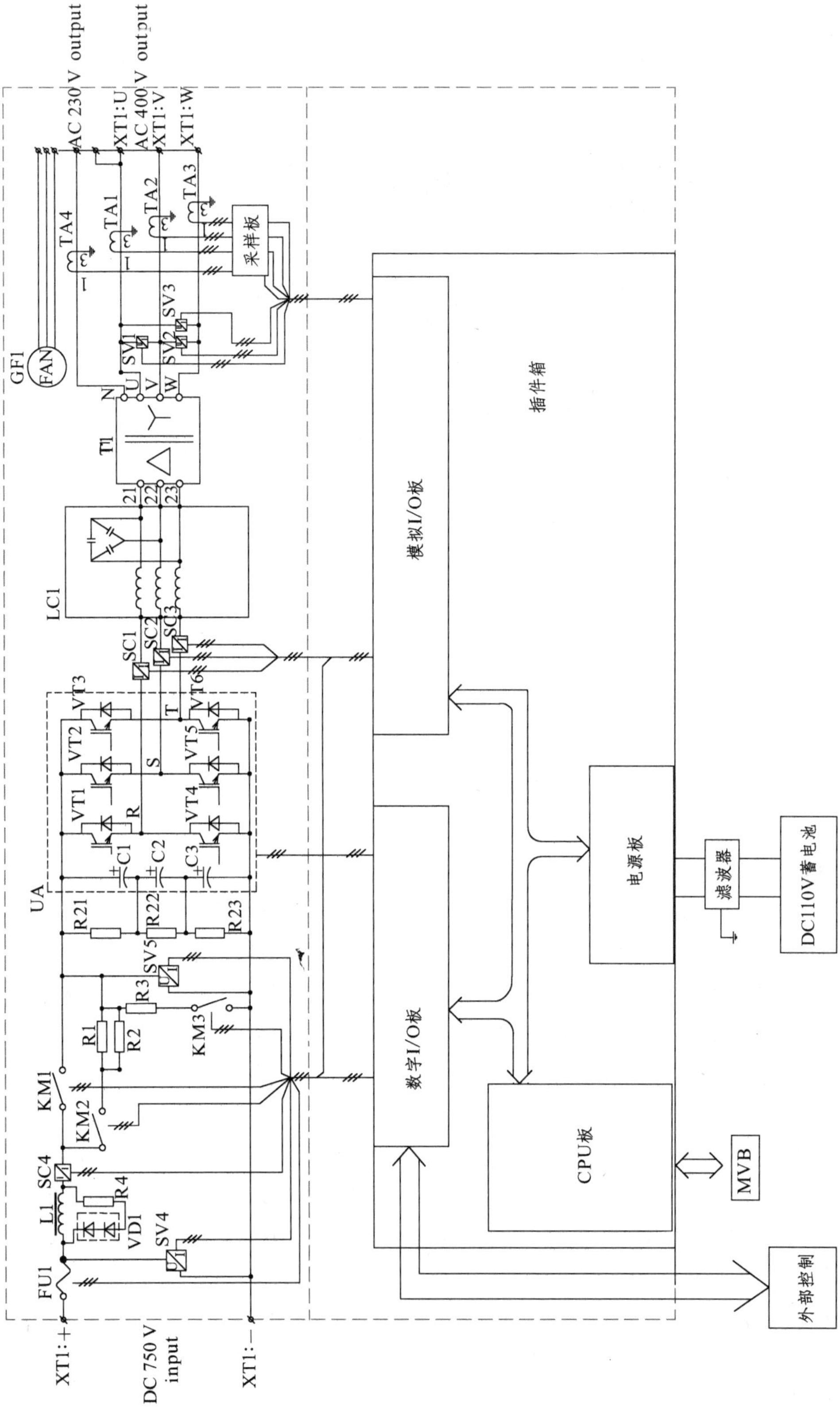

图 3.52 SIV 系统电气原理图

SIV 系统各组成电路的功能如下：

a. 输入滤波电路。

输入滤波电路由直流滤波电抗器 L1 和直流滤波电容器 C1、C2、C3 构成。LC 滤波电路吸收直流输入端的谐波电压，对输入电源网络的高频信号和电压尖峰干扰有抑制作用，同时又能抑制逆变器对输入电源网络的干扰，并使电容器 C 两端电压保持稳定，将电压波动限制在允许范围内。

b. 电容器充、放电电路。

电容器充电电路由防输入反接二极管（V1）、充电电阻（R1、R2）、充电接触器（KM2）及短接接触器（KM1）等组成，电容器放电电路由三个电阻（R21、R22、R23）组成。

电容器充、放电电路用于减小电容器的充电电流，降低对电容器的冲击，延长电容器的使用寿命。

短接接触器和充电接触器除实现电容器的充电功能外，还具有高压输入电路的隔离功能，并且短接接触器还可以在 SIV 故障时实现保护和切除功能，但当输入电流超过一定值时则禁止分断 KM1。

当 SIV 接收到“停止”运行信号时，由放电电阻（R21、R22、R23）对电容器进行快速放电，放电时间小于 5 s，同时 R21、R22、R23 还具有串联电容 C1、C2、C3 的静态均压作用。

c. 信号检测电路。

信号检测电路为主电路与控制单元间的桥梁，控制单元通过获取以下检测电路信号来监视和控制辅助电源：

- 输入电压和逆变器模块端电压检测；
- 输入电流检测；
- 三相输出电压检测；
- 三相输出电流检测；
- 逆变器模块和输出变压器的工作温度检测；
- 接触器控制信号和状态反馈信号；
- IGBT 组件状态监视信号。

（2）模块工作原理。

① 通过控制门极驱动单元的触发信号，使相应的 IGBT 组件导通或截止，以达到每个逆变相（桥臂）中点输出脉宽调制电压（PWM）的目的，从而每个 6 脉冲逆变器可将 DC 750 V 电压逆变为 3 相 AC 370 Vrms（基波）/50 Hz 交流 PWM 电压，然后送到对应的输出变压器进行转换组合。

② 逆变电路采用模块化设计，模块集成了由铝合金型材散热器和小岛构成的散热器、滤波电容器、IGBT 组件、IGBT 吸收电容、低感复合母排、IGBT 门极驱动板、6 块 IGBT 门极附板、温度继电器、模块对外接线端子等部件。

③ 逆变器模块采用低感复合母排设计，杂散电感小，无需吸收电路。

④ IGBT 元件的 ON/OFF 由门极驱动单元（GDU）进行控制，并且 GDU 具有过流或短路自保护功能及 IGBT 元件故障检测功能。

⑤ IGBT 逆变器模块采用自然冷却方式。

（3）控制单元。

① 控制系统采用数字化，提高了设备本身的抗干扰能力。

② 具有 MVB 通信功能，通过 MVB 总线与网络系统交换信息，实现总线控制。

③ 具备故障保护功能、模块级的故障诊断功能和一定程度的故障自动排除功能。

④ 具备故障数据记录功能，故障数据可通过以太网接口下载。

（4）保护功能。

SIV 系统具有完善的保护功能，控制系统通过对故障类别的判定来决定 SIV 是复位还是锁死，并存储故障数据，通过 MVB 通信反馈给司机室控制系统。SIV 系统的部分保护功能如下：

- 输入电压欠压保护；
- 输入电压过压保护；
- 输出电压过压保护；
- 输出电压欠压保护；
- 模块散热器超温保护；
- 输出电流过流保护；
- 输入电流过流保护；
- 模块 IGBT 短路保护；
- 三相负载输出缺相/不平衡保护。

（5）控制单元。

控制单元采用插件式箱体，内含开关电源插件、数字入出插件和 CPU 控制插件。

开关电源插件提供 + 5 V、 + 15 V、 − 15 V、 + 24 V、 − 24 V，为机箱内各插件、风扇冷却装置、电流、电压传感器、速度传感器等提供直流电源。

数字入出插件将 SIV 外围输入的各种 DC 110 V 状态电平信号转换为 DC 5 V 电平信号，送入相关插件进行检测和控制，并将相关插件送来的 DC 5 V 电平信号转换为驱动外部继电器及显示所用的 DC 110 V 电平信号，再送出执行。

模拟入出插件 AIO 板实现所有模拟信号（如电压、电流）的采集与转换，同时逆变模块的驱动脉冲，由 INV 板供给 AIO 板转换后输出。

CPU 控制插件为整机控制的核心，具有如下功能：通过定时检测数字信号输入状态，对数字入出插件送来的 SIV 各种外围信号进行检查，判断 SIV 工作状态是否正常；根据模拟入出插件采集的电压、电流等信号进行计算分析，按照 SPWM 调制原理，完成逆变器 IGBT 的控制和 SIV 的保护功能，以保证 SIV 输出电压稳定和正常工作；实现辅助系统与整车网络的通信；存储 SIV 运行过程中发生的各种故障代码、故障发生的时间、故障发生前 7 个周期和故障后 3 个周期的 SIV 输入电压电流、中间电压、输出电压电流信号、SIV 各种状态信号和 SIV 输出数字信号，供便携式计算机通过以太网口下载，由制造商提供的地面处理软件形成报表或者波形文件，供维护人员对所发生的故障进行分析和判断，从而降低维护人员的工作难度。

5. 高压箱

（1）技术参数。

高压箱技术参数如下：

额定电压	DC 750 V（525 ~ 900 V）（第三轨供电）
额定电压	DC 686 V（525 ~ 744 V）（牵引蓄电池供电）
额定电流	2 × DC 300 A
环境温度	– 25 ~ + 45 °C
相对湿度	≤95%
护等级	IP54
体积	1 300 mm × 896 mm × 590 mm（L × W × H）
重量	≤200 kg
绝缘电压	
高压回路对控制回路、地	AC 3 800 V/50 Hz 1 min
控制回路对地	AC 1 500 V/50 Hz 1 min

（2）高压电气箱结构。

高压电器箱的柜体采用不锈钢材料焊接而成，外表面喷涂 RAL9011（石墨黑、光泽度为 40% ~ 60%）油漆，可以承受风、沙、雨、雪的侵袭及车辆清洗时清洗剂的作用。高压电器箱总共有两个门，其中包括正面的前门和背面的后门。前门和后门各有 6 把门锁，型号相同。两个门上均有警示标识，提示有“高压危险！断电 5 分钟后方可操作。”的字样，请务必遵守。前门后面固定有操作隔离开关（MQS）的专用绝缘棒，在确认柜体断电 5 min 后，可打开前门，取下绝缘棒对隔离开关（MQS）进行操作。在柜体的两侧，设有 4 个 M8 接地螺柱，用于和车体的接地线相连。

高压电器箱是昆明地铁工程维护车项目牵引系统的构成部分，主要由隔离开关、充电接触器、短接接触器、浪涌吸收器、RV 续流回路和快速放电回路等器件组成。

器件在高压电器箱内安装位置从左向右依次是继电器组件、充电续流组件、短接接触器组件和隔离开关。继电器组件安装在柜体左侧板上，主要由控制继电器、过压吸收片和接线端子排组成；充电续流组件安装在箱体左侧，由充电接触器、充电电阻、续流二极管、阻尼电阻和放电电阻组成；短接接触器组件由两个短接接触器和安装架组成。高压电气箱结构如图 3.53 所示。

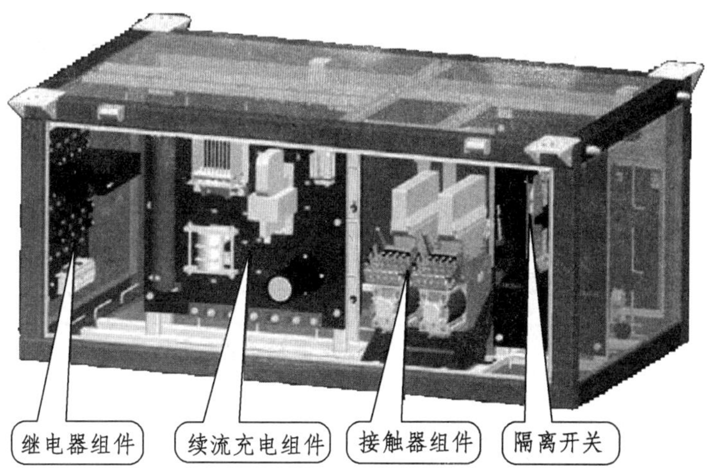

图 3.53　高压电器箱

DC 750 V 电源从受流装置送到高压电器箱，经过隔离开关（MQS）、充电接触器 KM12（KM22）、充电电阻 R11（R21）、短接接触器 KM11（KM21），将电力传输到线路电抗器和牵引逆变器。

隔离开关 MQS 是手动操作的闸刀式机械开关，用绝缘棒操作。在每次列车运行前，都要确认隔离开关 MQS 处于闭合状态（隔离开关打到“ON”位）。同时，隔离开关设置有专门用于释放牵引逆变器电容能量的放电开关（MQS11、MQS21），该开关与隔离开关联锁，在确保断电 5 min 后，通过绝缘棒操作。

短接接触器（KM11、KM21）为单极电磁型接触器，在正常工作情况下，高速断路器并不经常通断，而由短接接触器（KM11、KM21）闭合和断开，为牵引逆变器提供或切除动力。

充电接触器（KM12、KM22）为单极电磁型接触器，其作用是向牵引逆变器中的支撑电容器充电。充电接触器（KM12、KM22）与充电电阻（R11、R21）一起作用，避免电压突变对支撑电容器造成损伤。

续流二极管（V11、V21）和阻尼电阻（R12、R22）构成续流回路，当高速断路器或短接接触器（KM11、KM21）断开时，为后续的储能部件（例如电抗器和牵引逆变器中的支撑电容器）提供续流，消耗其中剩余的能量。

浪涌吸收器（F1）位于高压电器箱后门的后部，与隔离开关（MQS）相邻，用电缆与电路中其他部件连接。

浪涌吸收器（F1）用于吸收浪涌过电压；快速放电开关（MQS11、MQS21，与 MQS 联锁）和快速放电电阻（R13、R23）组成支撑电容放电回路。

高压电器箱组件如图 3.54 所示。

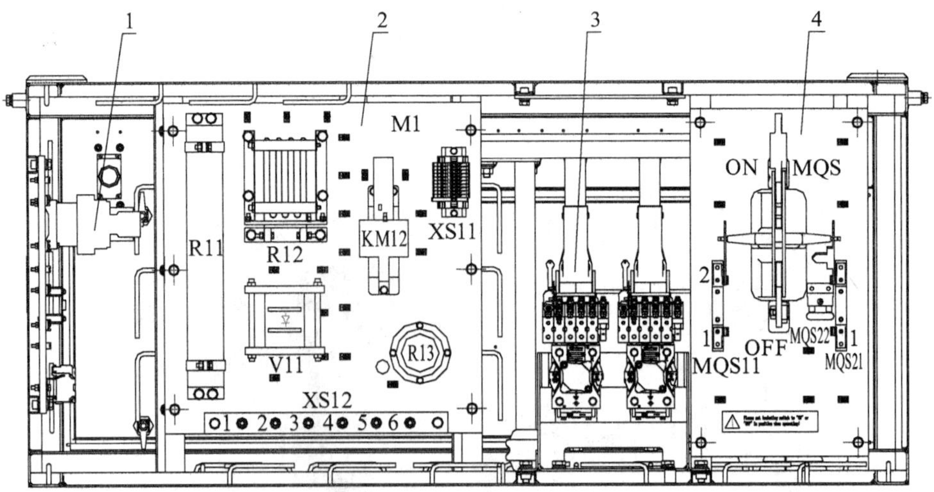

图 3.54 高压电器箱组件

1—电器组件；2—续充充电组件；3—接触器组件；4—隔离开关

（3）高压电气箱原理。

高压电器箱电路原理图如图 3.55 所示。

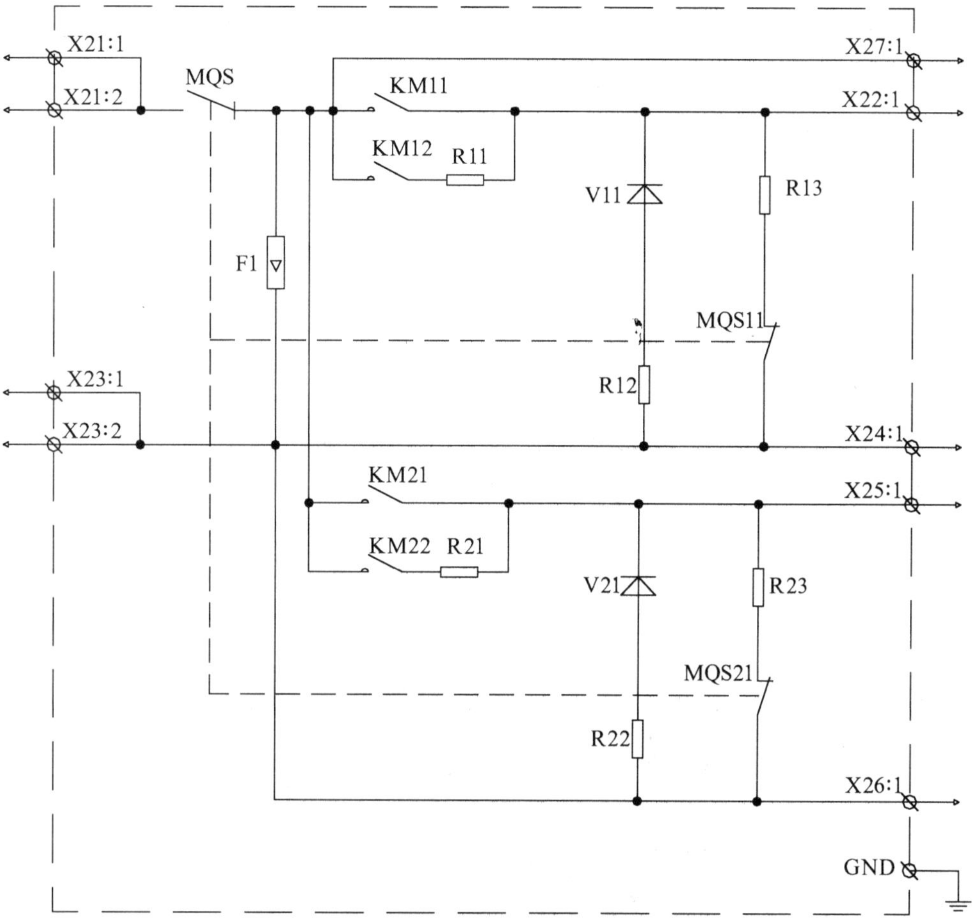

图 3.55　高压电器箱电路图

① 轨道车投入运行前，应手动将隔离开关（MQS）闭合（隔离开关打到“运行”位）。在前门的后面固定了操作隔离开关（MQS）的绝缘棒，在操作隔离开关（MQS）时，应使用绝缘棒，以避免意外的电击事故。轨道车运行时，控制高速断路器闭合，司机给出方向指令后，充电接触器（KM12、KM22）闭合，DC 750 V 电源经充电电阻（R11、R21）给牵引变流器内直流支撑电容器充电，充电完成后短接接触器（KM11、KM21）闭合，然后牵引逆变器启动工作。

② 当轨道车处于牵引工况时，直流供电能量经高压电器箱进入牵引逆变器；当轨道车处于再生制动工况时，负载能量经高压电器箱反馈回电网，或者由制动电阻消耗掉。

③ 高速断路器（HB）为主牵引高压回路的保护开关。每个高压电器箱内都设有一个高速断路器。其为单极设备，可以提供双向通断，给车上的牵引设备提供过流和短路保护。高速断路器（HB）的断开方式有两种：一种是通过牵引控制单元（DCU）来控制；另一种由过流和短路故障而引发器件本身的脱扣分断。

④ 差动电流传感器（LH1）监测牵引电路中输入和输出电流的电流差，从而为主电路提供保护。当检测到 1.5 A 漏电流时发出警告信号，检测到 75 A 漏电流时发出跳高速断路器（HB）信号。

6. 控制蓄电池充电机

（1）术语。

常用术语含义如表 3.13 所示。

表 3.13　术语

序　号	缩　写	描　　述
1	DC/DC	DC 750 V/DC 110 V 充电机箱
2	MVB	多功能车辆总线
3	IGBT	绝缘门极晶体管
4	GDU	IGBT 门极驱动单元

（2）系统概述。

可用于第三轨，牵引蓄电池供电，有输出过流、过载、短路、过压、欠压保护、IGBT 过热保护、输入短路保护、中间电压过压和欠压保护等多种保护功能。控制蓄电池充电机如图 3.56 所示，其使用条件如表 3.14 所示。

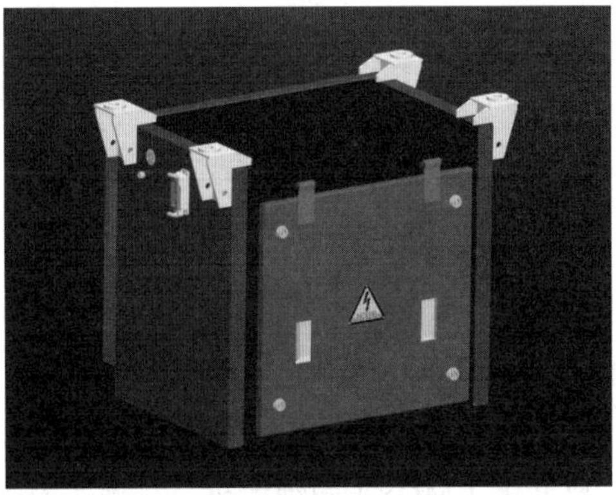

图 3.56　控制蓄电池充电机

表 3.14　控制蓄电池充电机使用条件

项　目	要　求	备　注
海拔高度	≤2 500 m	
环境温度	－25～＋45°C	
储存环境温度	－40～＋45°C	
相对湿度	≤99.5%	
存储环境相对湿度	≤95%	
防护等级	IP54（不包含风道、风机）	

（3）系统结构。

① 设备参数。

控制蓄电池充电机设备参数如表 3.15 所示。

表 3.15　控制蓄电池充电机设备参数

项　目	描　述
输入电源	第三轨 DC 750 V（DC 500 V ~ DC 900 V）
额定输出	DC 110 V ± 1%
最大输出功率	6 kW
输出电压纹波系数	≤5%
效率（额定条件下）	≥90%
控制电源电压	DC 110 V（DC 77 ~ DC 137.5 V）
噪音	75 dBA（距离 1 m 测试）
主要负载	蓄电池
控制系统与通信方式	微机数字控制系统

② 外形图。

控制蓄电池充电机外形图如图 3.57 所示。

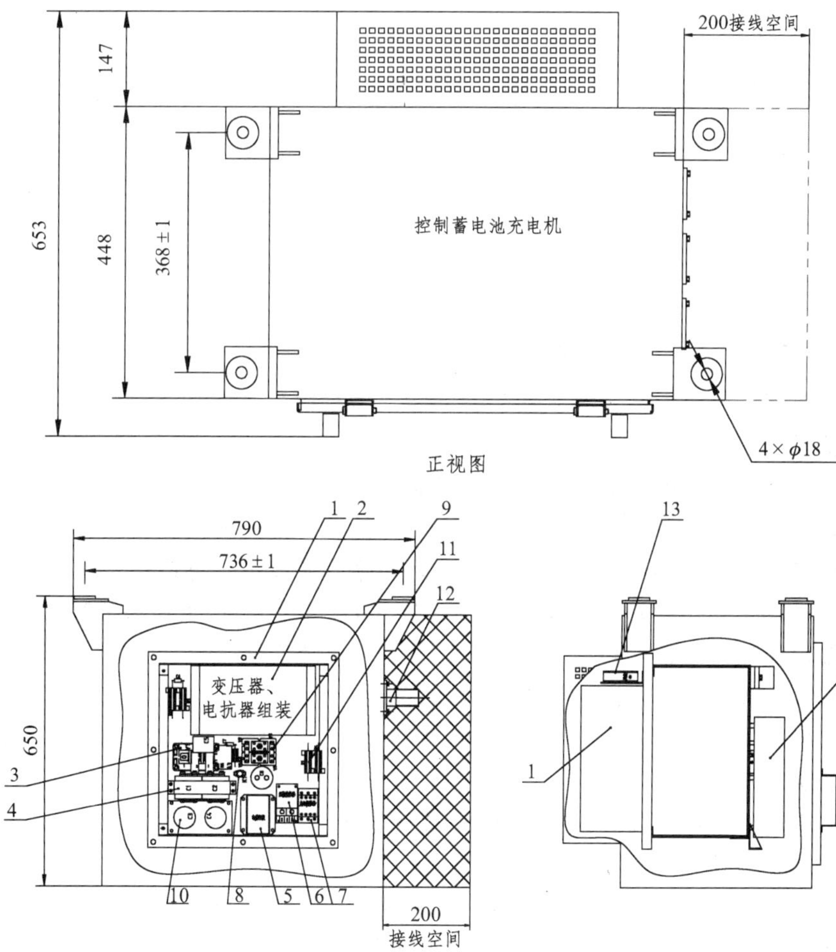

图 3.57　控制蓄电池充电机

1—散热器；2—变压器、电抗器组装；3—IGBT；4—换向电容；5—电感组装；6—短接接触器；7—充电接触器；8—热继电器；9—整流二极管电容；11—电阻；12—出线管；13—风扇

（4）功能介绍。

整个主电路分为输入滤波电路、预充电电路、半桥逆变电路、高频变压器、二次整流电路、次边 LC 滤波电路、输出滤波电路、检测电路、驱动单元和微机控制单元。

控制蓄电池充电机电路原理图如图 3.58 所示。

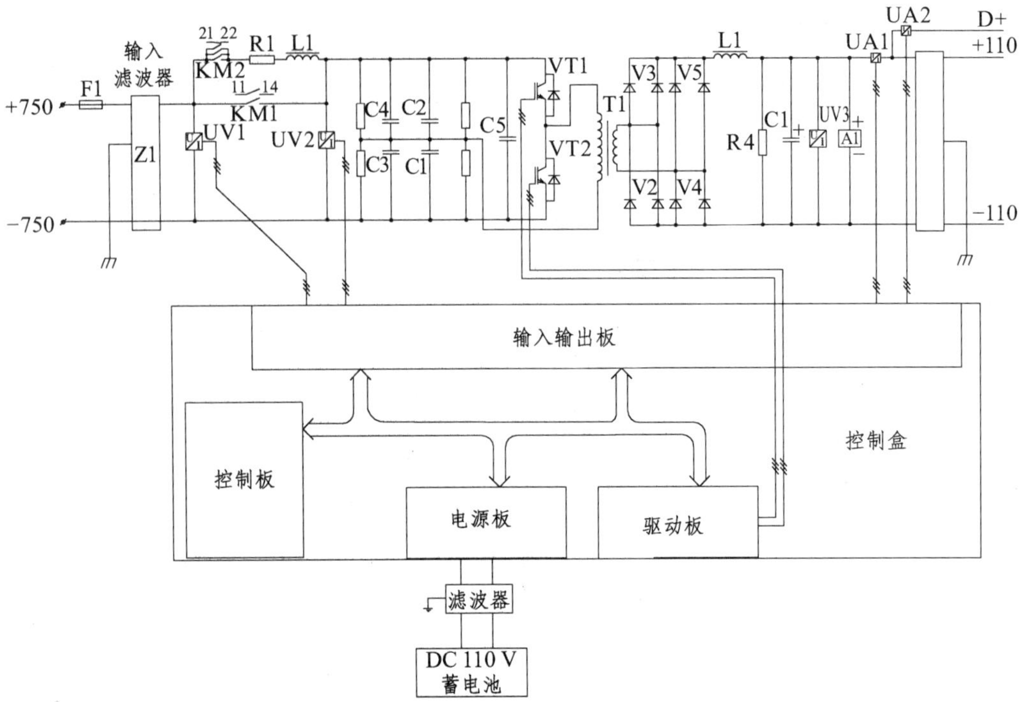

图 3.58 控制蓄电池充电机电路图

输入滤波电路主要包括输入滤波器 Z1，可以有效地降低线路的电磁辐射，限制充电机的噪音，优化整机的 EMC 性能。

预充电电路包括预充电接触器 KM2、预充电电阻 R1 和主接触器 KM1。在充电机启动时，通过充电电阻 R1 给直流总线上的支撑电容充电，其充电电流的大小由充电电阻限制。当电容电压达至一定值时，接触器吸合，将充电电阻短路，完成预充电过程。

半桥逆变电路主要包括安装在模块上的 1 个 IGBT 及换流电容 C1、C2、C3、C4，它将中间直流环节电压通过半桥变换电路变换为交流方波电压。

通过高频变压器 T1 实现能量传递和原次边的隔离。

二次整流电路主要包括安装在模块上的二极管 VD2 ~ VD5，它将高频变压器次边的交流方波电压整流为脉动直流。

次边 LC 滤波电路主要包括输出电抗器 L2 和输出滤波电容 C1，它将次边脉动直流滤波为更为平滑的输出直流电压。

隔离驱动单元主要包括安装在模块内部的驱动板，它将来自微机控制单元的脉冲驱动信号转换为 IGBT 开关信号，同时将检测到的 IGBT 故障反馈给微机控制单元。

输出滤波电路主要为 Z2 滤波器，它可以有效地降低线路的电磁辐射，优化整机的 EMC 性能。

采用微机来实现系统控制和监控功能。控制单元根据各种反馈量和状态信息完成各种保护、逻辑控制及自诊断功能，并产生 IGBT 触发脉冲。另外充电机的启停、接触器的动作等全部由微机进行控制，这样充电机可实现软启动功能。充电机还可实现输入输出过欠压、输出过流、短路、散热器过热等保护功能及充电管理功能。

按下启动按钮，充电机可启动，如果需要停止充电机运行，请将启动按钮弹上来，等充电机完全停止后，再断主电。注意：不要过于频繁地按启动按钮。

当充电机发生故障时，一般来说，20 s 内即可重启。如果不能重启的话，请按复位按钮（复位按钮按下时间超过 50 ms 认为有效）。

7. 牵引蓄电池充电机

（1）系统概述。

本产品用在车体内，可用于第三轨、柴油机发电、库内和制动四种工况，有输出过流、过载、短路、过压、欠压保护、IGBT 过热保护、输入短路保护、中间电压过压和欠压保护等多种保护功能。牵引蓄电池充电机三维图如图 3.59 所示，其三维图如图 3.60 所示。

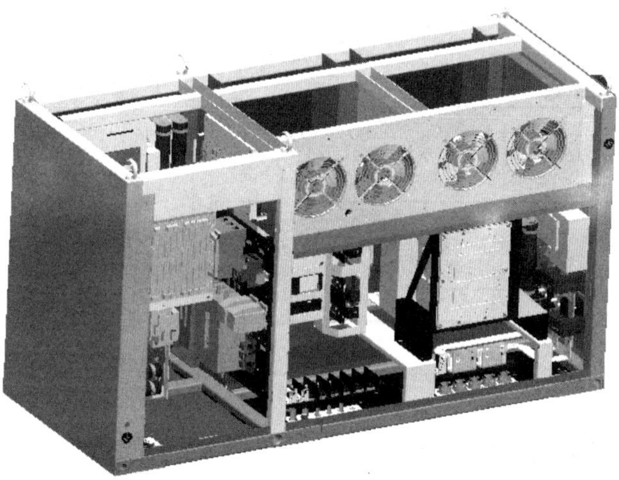

图 3.59　牵引蓄电池充电机三维图

牵引蓄电机充电机使用条件及设备参数如表 3.16、表 3.17 所示。

表 3.16　牵引蓄电池充电机使用条件

项　目	要　求	备　注
海拔高度	≤1 200 m	
环境温度	−25 ~ +45 °C	
最大风速	120 km/h	
相对湿度	≤95%	
控制电源电压	DC 110 V	77 ~ 137.5 V
防护等级	IP54	
令却方式	强迫风冷	

表 3.17 牵引蓄电池充电机设备参数

项　目	描　述
输入电源 1	第三轨电源：750 V（DC 525 V ~ DC 900 V）
输入电源 3	库内电源（60 kW） 3×AC 380 V±10%，50 Hz±1%
额定输出	DC 806 V±1%
最大输出电压	DC 900 V±1%
最大输出电流	75 A
最大输出功率	65 kW
控制电源能耗	≤0.3 kW，启动时≤2 kW（1s）
噪音	752 dBA（距离 1 m 测试）
控制系统与通讯方式	微机数字控制系统
主要负载	蓄电池

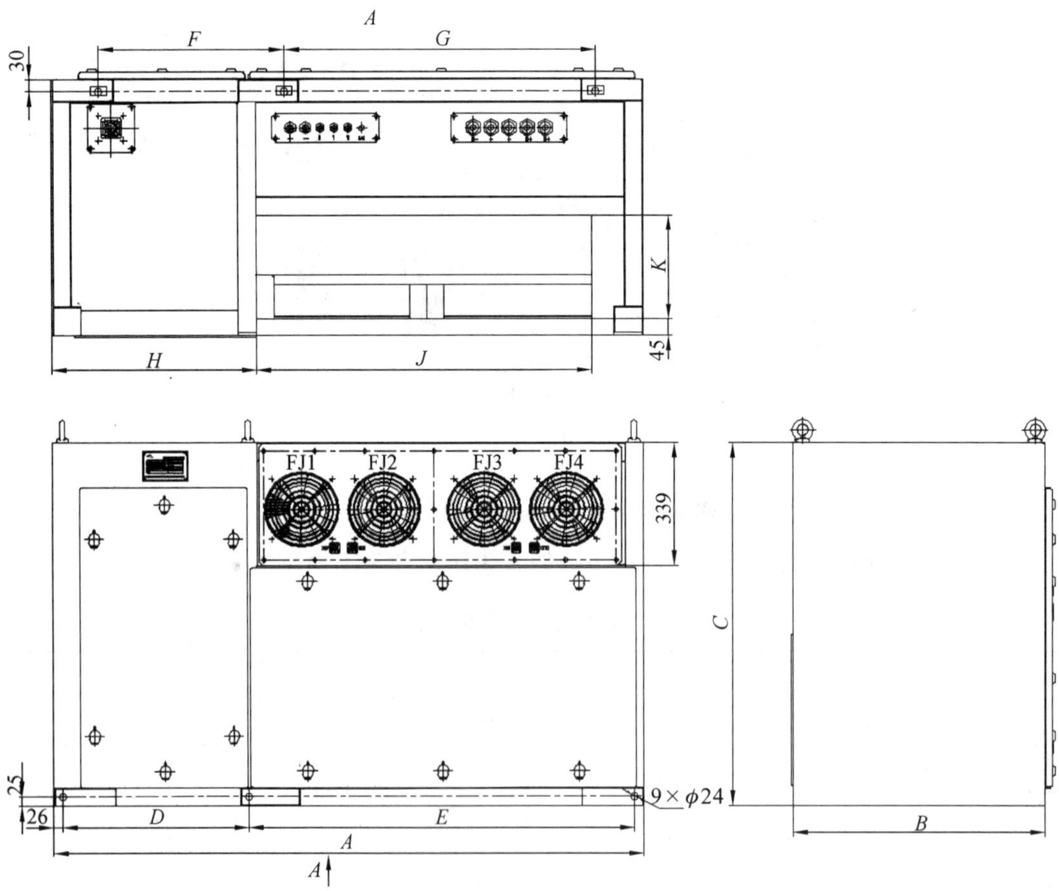

图 3.60 牵引蓄电池充电机三视图

（2）系统结构。

牵引蓄电池充电机系统结构如图 3.61 所示。

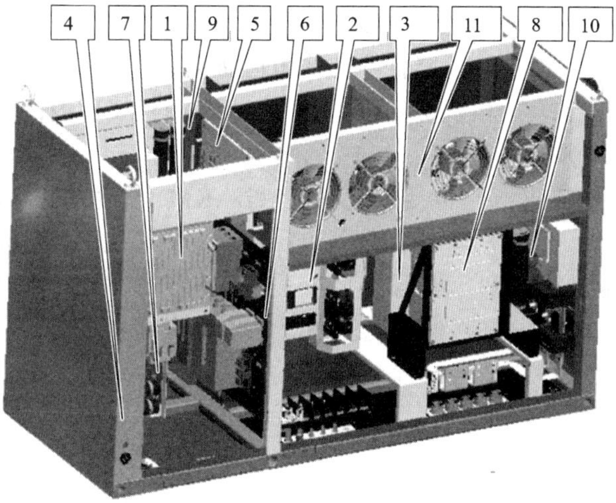

图 3.61　牵引蓄电池充电机系统结构

1—控制箱；2—逆变模块；3—整流模块；4—输入控制电器板组装；5—中间电器板 2 组装；6—输入电气板组装；7—中间电器板 1 组装；8—电容组件组装；9—电阻组装；10—输出电气板组装；11—风机组装

牵引蓄电池充电机整柜主要由左腔室、右腔室和风道构成。左腔室主要由控制输入电器板、主电源输入电器板、输入三相整流桥模块、输入电抗器、支撑电容、充电接触器电器板、放电接触器电器板、控制机箱构成。右腔室主要由逆变模块、整流模块、输出电容组件、输出电器板构成。风道主要由风机、输出电抗器构成。

牵引蓄电池充电机电路原理如图 3.62 所示，电路各组成部分的功能如下：

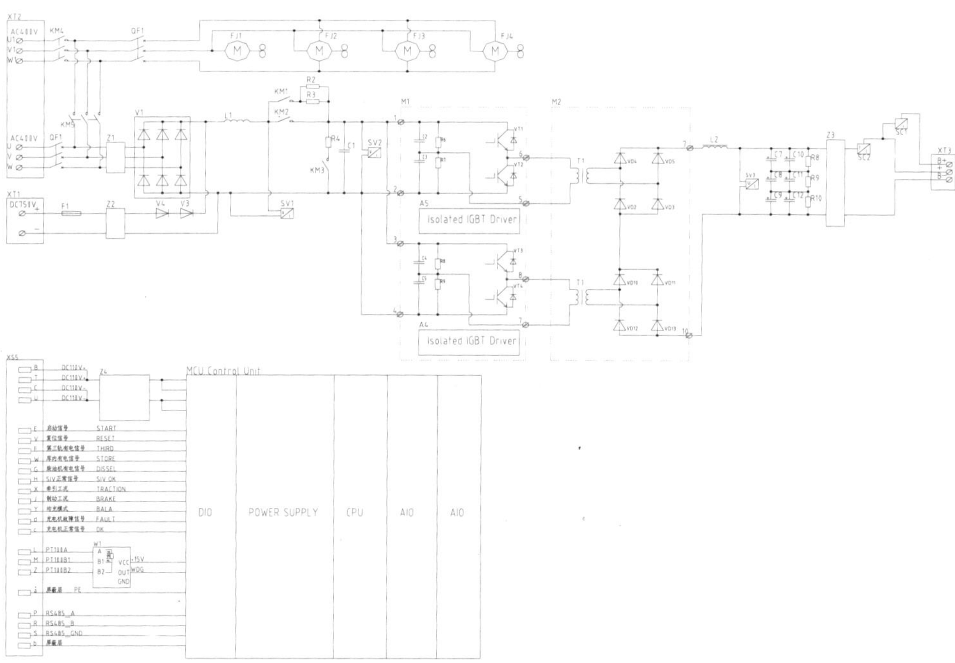

图 3.62　牵引蓄电池充电机电路原理图

① 输入滤波电路：输入滤波电路主要包括交流输入滤波器 Z1、直流输入滤波器 Z2、控制电源输入滤波器 Z4，可以有效地降低线路的电磁辐射，优化整机的 EMC 性能。

② 三相全桥整流电路：三相全桥整流电路 V1 将柴油机或库内的三相交流输入电源变为脉动直流电源。

③ 预充电电路：预充电电路包括预充电接触器 KM1、预充电电阻 R2/R3 和主接触器 KM2。在充电机启动时，通过充电电阻 R2、R3 给直流总线上的支撑电容 C1 充电，其充电电流的大小由充电电阻进行限制。当电容上电压达至一定值时，接触器吸合，将充电电阻短路，完成预充电过程。预充电电路电器元件如图 3.63 所示。

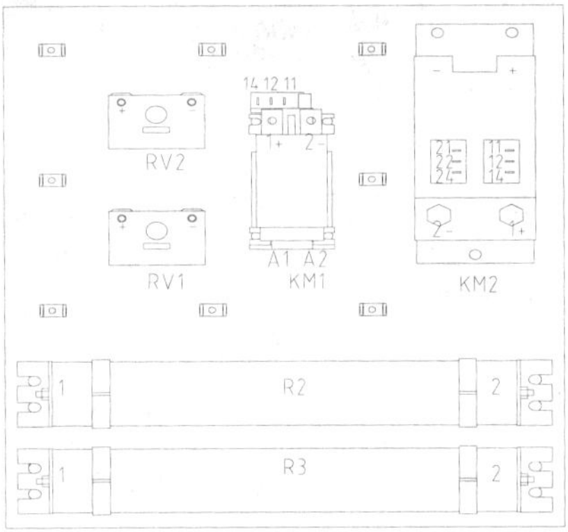

图 3.63 预充电电路电器元件

④ 放电电路：放电电路包括放电电阻 R4 和放电接触器 KM3。在充电机关机时，直流总线上的支撑电容 C1 通过 R4 快速放电，电阻 R4 的设置使得电容 C1 的电压从 DC 900 V 降到 DC 15 V 以下的时间不超过 15 s。放电电路电器元件如图 3.64 所示。

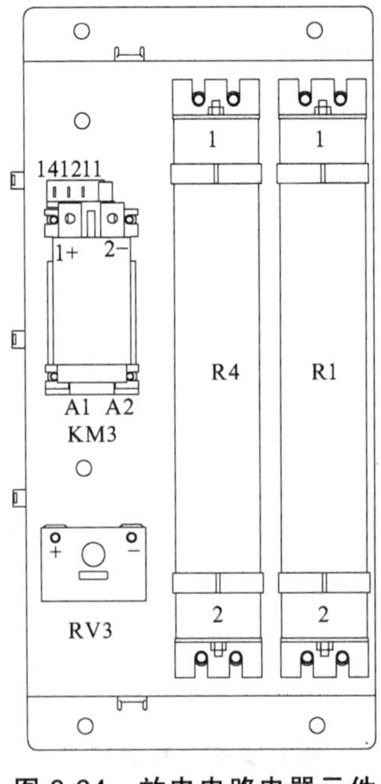

图 3.64 放电电路电器元件

⑤ 原边 LC 滤波电路：原边 LC 滤波电路主要包括 L1、C1，它将脉动直流电压经过 LC 滤波为更为平滑的中间直流电压，为半桥 DC/DC 逆变器提供稳定直流电压。

⑥ 二次整流：二次整流电路主要包括安装在整流模块 M2 上的二极管 VD2 ~ VD17，它将高频变压器次边的交流方波电压整流为脉动直流电压。

⑦ 次边 LC 滤波电路：次边 LC 滤波电路主要包括输出电抗器 L2 和输出滤波电容 C7 ~ C12，它将次边脉动直流电压滤波为更为平滑的输出直流电压。

⑧ 隔离驱动单元：隔离驱动单元主要包括安装在逆变模块 M1 内部的两块电路板 A4 和 A5，它将来自微机控制单元的脉冲驱动信号转换为 IGBT 开关信号，同时将检测到的 IGBT 故障反馈给微机控制单元。

⑨ 输出滤波电路：输出滤波电路主要为 Z3 滤波器，它可以有效地降低线路的电磁辐射，优化整机的 EMC 性能。

⑩ 风机供电电路：风机主电路主要包括接触器 KM4、KM5 和风机 FJ1、FJ4。当输入为第三轨或制动能量供电时，KM4 闭合，KM5 断开，风机由 SIV 供电；当输入为柴油机发电或者是库内电源时，KM4 断开，KM5 闭合，风机由柴油机发电或者库内电源供电。

⑪ 微机控制单元：采用微机来实现系统控制和监控功能。控制单元根据各种反馈量和状态信息完成各种保护、逻辑控制及自诊断功能，并产生 IGBT 触发脉冲。另外充电机的启停、接触器的动作等全部由微机进行控制，这样充电机可实现软启动功能。充电机还可实现输入输出过欠压、输出过流、短路、散热器过热等保护功能及充电管理功能。

牵引蓄电池充电机供电模式如表 3.18 所示。

表 3.18　牵引蓄电池充电机供电模式

供电模式	前提条件
第三轨供电模式	来自第三轨的输入主电源范围为 DC 525 V ~ DC 900 V 且外部开关闭合
	SIV 正常输出（400 V ± 10%）
	来自柴油机的输入主电源外部开关断开
	来自库内的输入主电源外部开关断开
	控制电源输入正常（DC 77 V ~ DC137.5 V）
	第三轨有电信号为 DC 110 V 高电平
库内供电模式	来自第三轨的输入主电源外部开关断开
	来自柴油机的输入主电源外部开关断开
	来自库内输入主电源范围为 400 V ± 10%且外部开关闭合
	控制电源正常（DC 77 V ~ DC 137.5 V）
	库内有电信号为 DC 110 V 高电平
库内均充模式	来自第三轨的输入主电源外部开关断开
	来自柴油机的输入主电源外部开关断开
	来自库内输入主电源范围为 400 V ± 10%且外部开关闭合
	控制电源正常（DC 77 V ~ DC 137.5 V）
	库内有电信号为 DC 110 V 高电平
	库内均充信号为 DC 110 V 高电平

续表 3.18

供电模式	前提条件
牵引充电机供电模式	充电机的主电源输入范围为 DC 900 V ~ DC 1 000 V
	SIV 正常输出（400 V ± 10%）
	来自柴油机的输入主电源外部开关断开
	控制电源正常（DC 77 V ~ DC 137.5 V）
	第三轨有电信号为 DC 110 V 低电平
	柴油机有电信号为 DC 110 V 低电平
	库内有电信号为 DC 110 V 低电平
	制动信号为 DC 110 V 高电平并持续至少 3 s

（3）控制单元。

微机控制单元采用插件式箱体，主要由电源插件 A1（开关电源）、数字入出插件 A2（DIO）、逆变控制插件 A6（INV）、模拟入出插件 A3（AIO）、A8（AIO）共 5 块插件构成。

控制系统采用数字化结构，提高了设备本身的抗干扰能力。

具有 MVB 通信功能，通过 MVB 总线与网络系统交换信息，实现总线控制 。

具备故障保护功能、模块级的故障诊断功能和一定程度的故障自动排除能力。

具备故障数据记录功能，故障数据可通过以太网接口下载。

控制单元如图 3.65 所示。

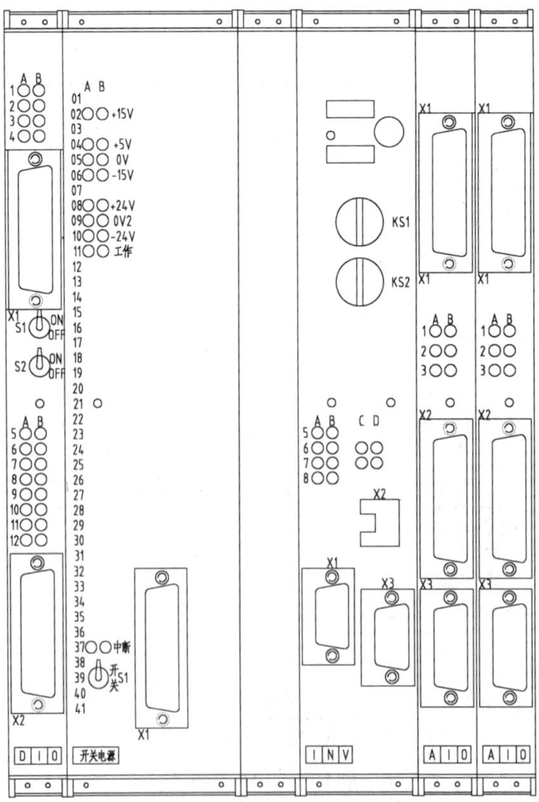

图 3.65 控制单元示意图

系统各组件功能如下：

① 开关电源插件（见图 3.66）。

电源插件 A1 主要用来将 110 V 电源转换为系统需要的 5 V、±15 V、±24 V 电源。

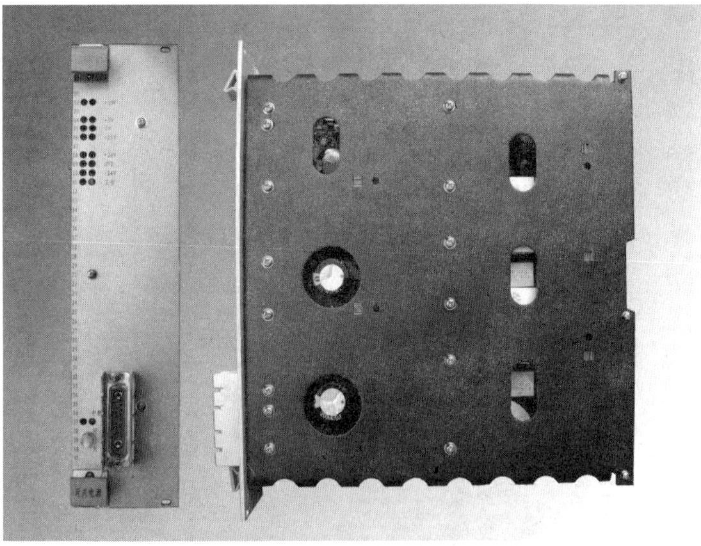

图 3.66　开关电源插件

② 数字入出插件（见图 3.67）。

- 将 SIV 外围输入的各种 DC 110 V 状态电平信号转换成 DC 5 V 电平信号，送入相关插件进行检测和控制。
- 将相关插件送来的 DC 5 V 电平信号转换为驱动外部继电器及显示所用的 DC 110 V 电平信号，再送出执行。

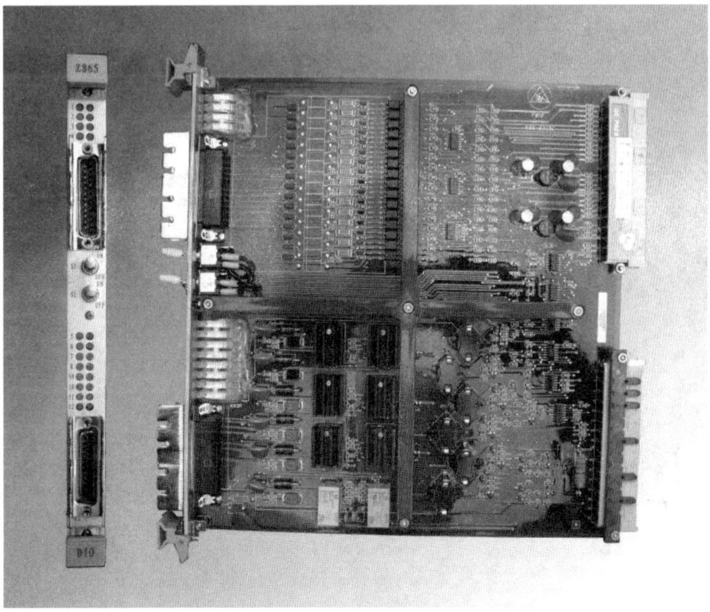

图 3.67　数字入出插件

③ 模拟入出插件（见图 3.68）。

AIO 板实现所有模拟信号（如电压、电流）的采集与转换，同时逆变模块的驱动脉冲由 INV 板供给 AIO 板转换后输出。

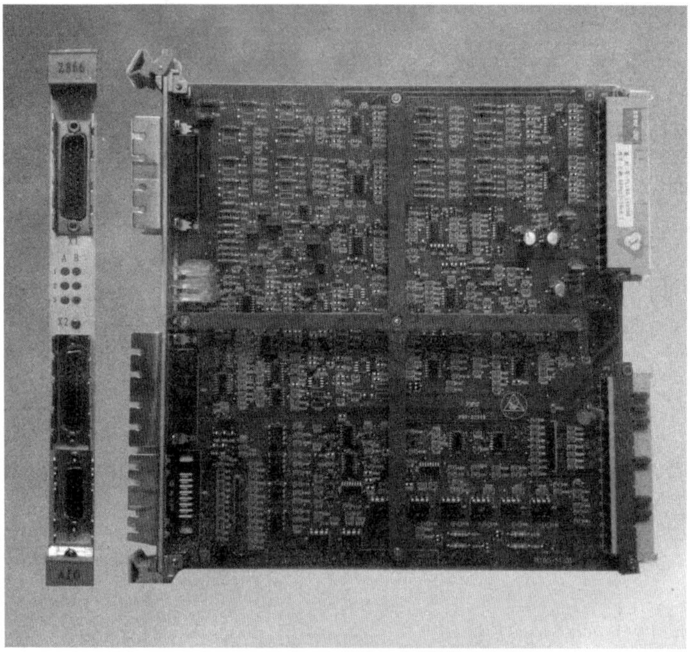

图 3.68 模拟入出插件

④ 逆变控制插件（见图 3.69）。

实现系统逻辑控制、逆变电路的控制与保护，并负责逆变电路及充电机电路的故障记录及故障下载等功能。

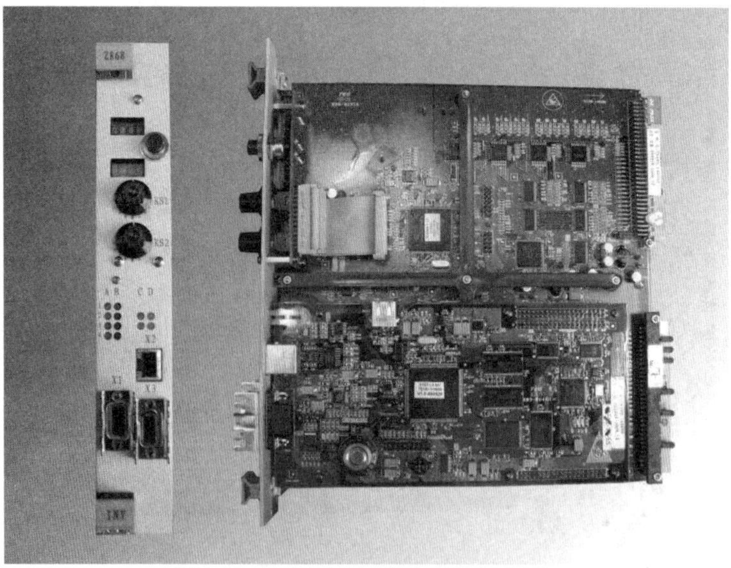

图 3.69 逆变控制插件

（4）运行操作说明。

① 按下启动按钮，可启动充电机。如果需要停止充电机运行，需将启动按钮弹上来，等充电机完全停止后，再断主电。注意：请不要过于频繁地按启动按钮。

② 当充电机发生故障时，一般来说，20 s 内即可重启。如果不能重启的话，请按复位按钮（复位按钮按下时间超过 50 ms 认为有效）。

③ 充电机有比较完善的运行记录装置，在司机室可以实时监测其运行状态。当充电机单独试验运行时，可以通过 INV 板上 AB 两排指示灯（绿灯）或 LED 字符指示灯来监测其运行状态。

8. 制动系统

（1）概述。

① 功能介绍。

机车装配了一套满足用户需求的制动系统，该制动系统以 MVB 网络为基础，具有电空制动、空电混合制动、断钩保护、失电紧急制动、停放制动等多项功能。

② 原理介绍。

制动系统原理如图 3.70 所示。

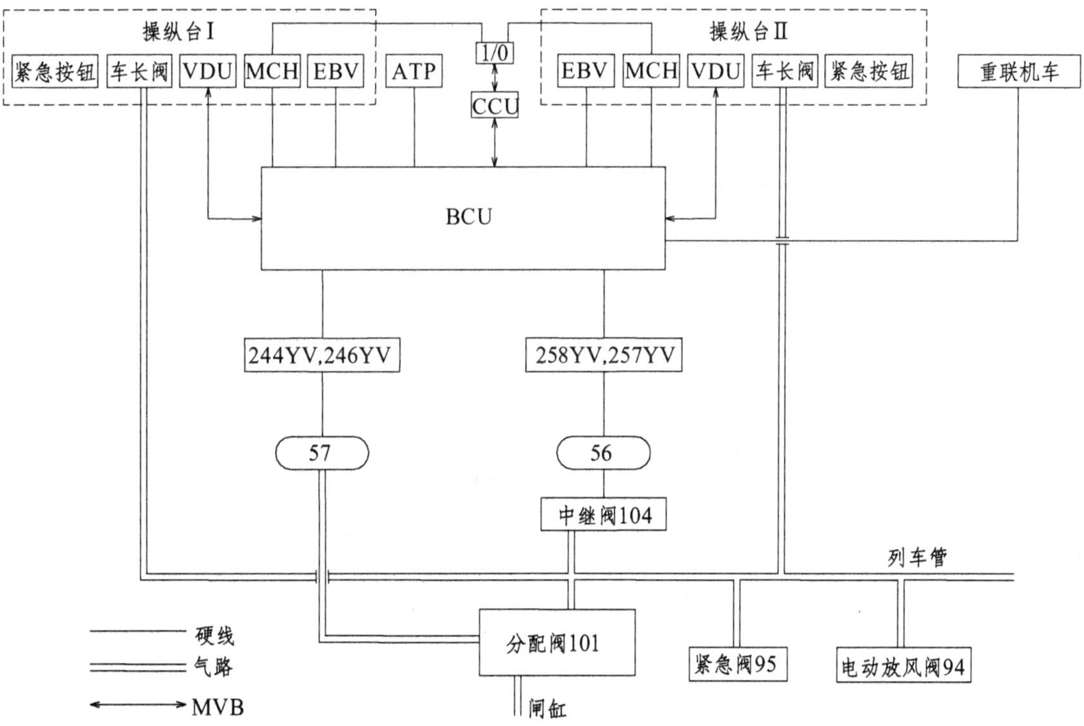

图 3.70　制动系统原理

③ 系统组成。

该制动系统主要由风源系统、制动机、停放制动装置和基础制动装置等组成。

（2）制动系统工作原理。

① 概述。

本机车制动系统的控制方式分为自动制动控制和单独制动控制。自动制动控制是通过操作 EBV 控制均衡风缸压力来控制列车管压力变化，从而控制全列的制动与缓解，其控制方式为：EBV→电空阀→均衡风缸→中继阀→列车管压力变化→机车分配阀（车辆制动机）→制动缸。

单独制动控制是通过 MCH 控制电制动和空气制动，并优先采用电制动，当电制动力不足时补充空气制动，其控制流程如图 3.71 所示。

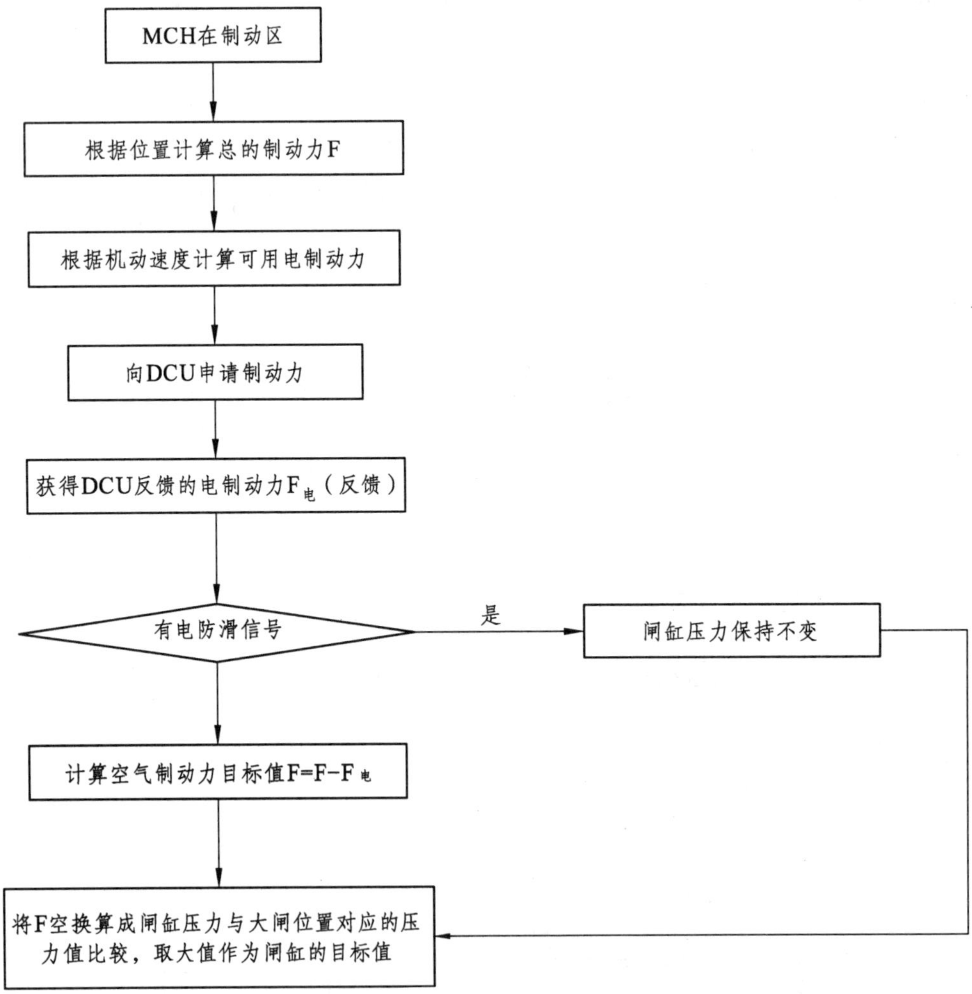

图 3.71　混合制动控制流程图

② 均衡风缸压力控制原理。

BCU 根据 EBV 的手柄位置指令，控制相应的电空阀的得、失电，从而控制均衡风缸的压力，控制原理如图 3.72 所示。

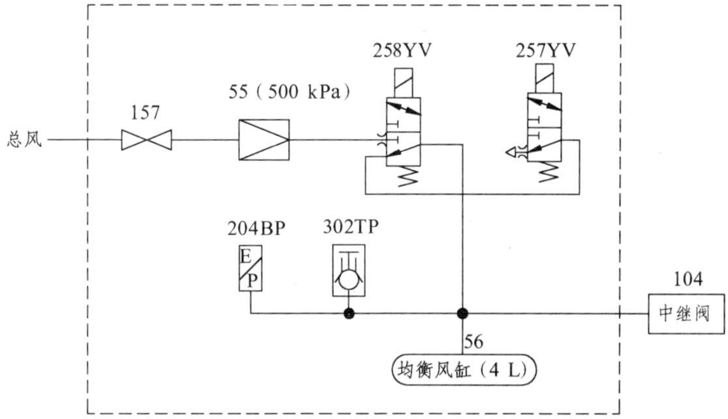

图 3.72　均衡风缸压力控制原理

157—塞门；55—调压阀；258YV—缓解电空阀；257YV—制动电空阀；
204BP—均衡风缸压力传感器；302TP—检测口；56—均衡风缸

制动时，257YV 电空阀失电、258YV 电空阀失电，均衡风缸压缩空气通过 258YV、257YV 电空阀排风，压力下降，控制过程如图 3.73 所示。

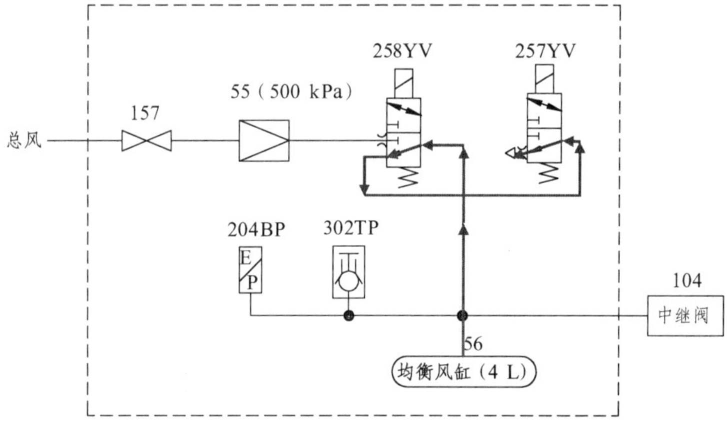

图 3.73　制动时均衡风缸压力控制原理

保压时，257YV 电空阀得电、258YV 电空阀失电，均衡风缸压力保持不变，控制过程如图 3.74 所示。

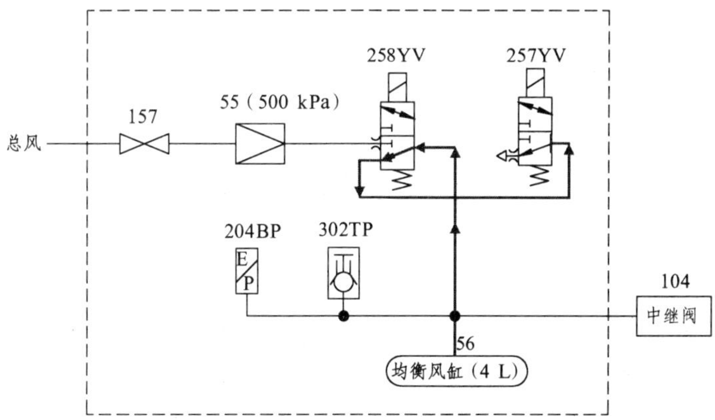

图 3.74　保压时均衡风缸压力控制原理

缓解时，257YV 电空阀得电、258YV 电空阀得电，总风压力通过 258YV 电空阀向均衡风缸充风，控制过程如图 3.75 所示。

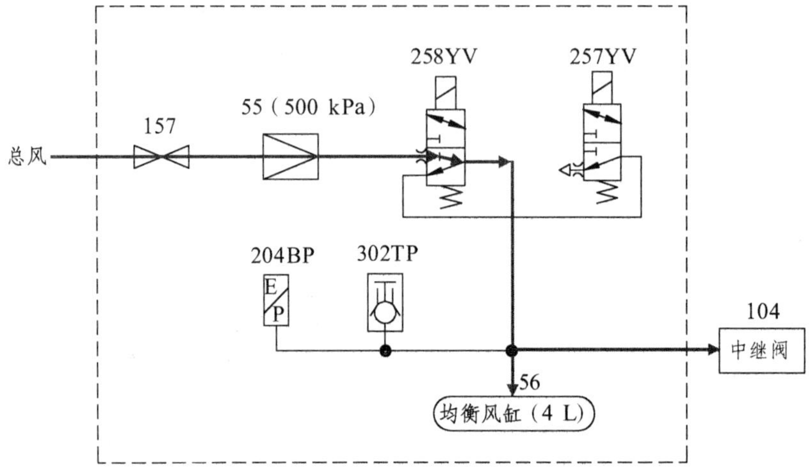

图 3.75 缓解时均衡风缸压力控制原理

③ 列车管压力控制原理

列车管的排气和充风，是由中继阀根据均衡风缸的压力变化自动控制的，控制原理如图 3.76 所示。

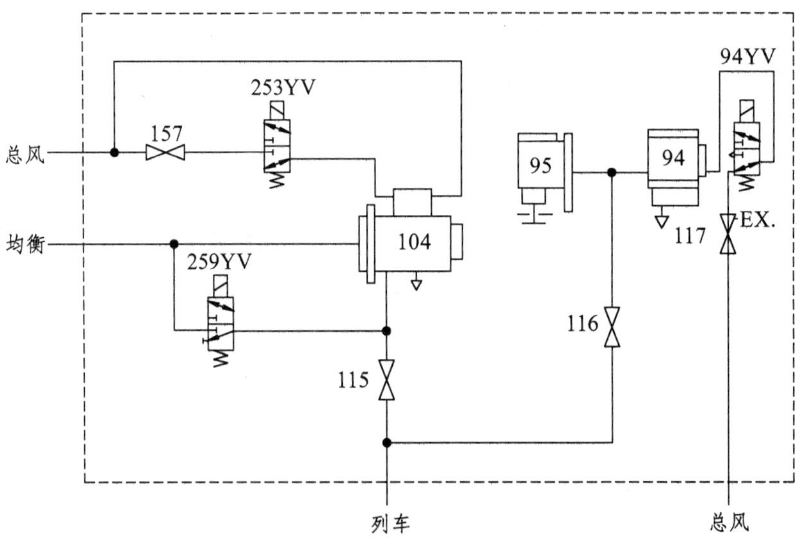

图 3.76 列车管压力控制原理

157，115，116，117—塞门；253YV—中立电空阀；259YV—重联电空阀；94YV—紧急电空阀；104—中继阀；94—紧急放风阀；95—紧急阀

制动时，由于均衡风缸减压，中继阀自动控制列车管减压，压力稳定后，列车管的压力值与均衡风缸压力值相差不大于 10 kPa，控制过程如图 3.77 所示。

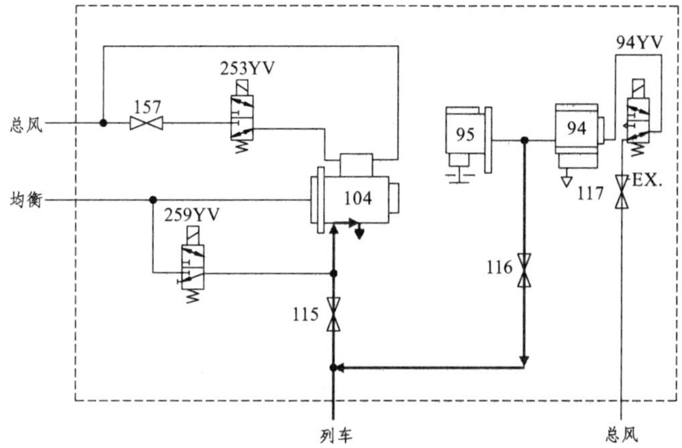

图 3.77 制动时列车管压力控制原理

保压时，由于均衡风缸保压，中继阀控制列车管保压，压力稳定后，列车管的压力值与均衡风缸压力值相差不大于 10 kPa，控制过程如图 3.78 所示。

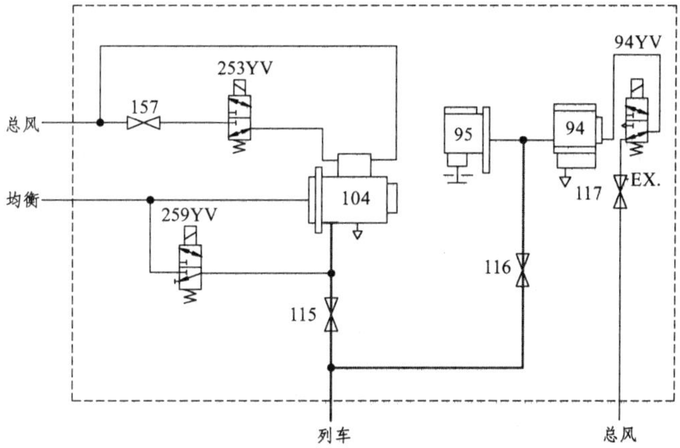

图 3.78 保压时列车管压力控制原理

缓解时，由于均衡风缸充风，中继阀自动控制列车管充风，压力稳定后，列车管的压力值为 500 kPa ± 10 kPa，控制过程如图 3.79 所示。

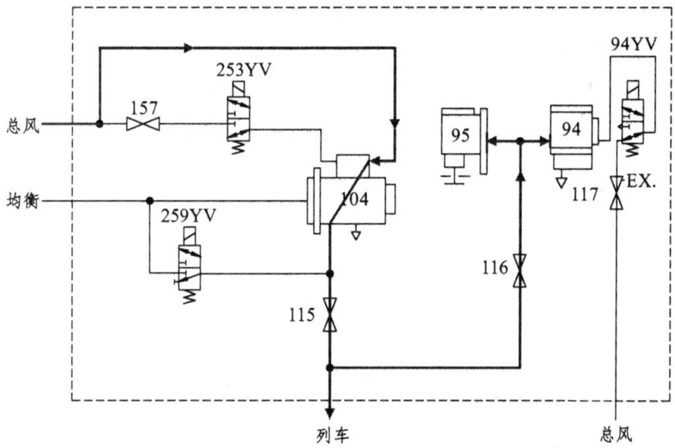

图 3.79 缓解时列车管压力控制原理

紧急制动时，由于 94YV 电空阀失电，总风经 94YV 电空阀至 94 紧急放风阀中，推动紧急阀动作，列车管压缩空气经紧急放风阀放风。此时，由于列车管压力下降速率超过了 70 kPa/min，紧急阀产生动作，加快列车管排风，控制过程如图 3.80 所示。

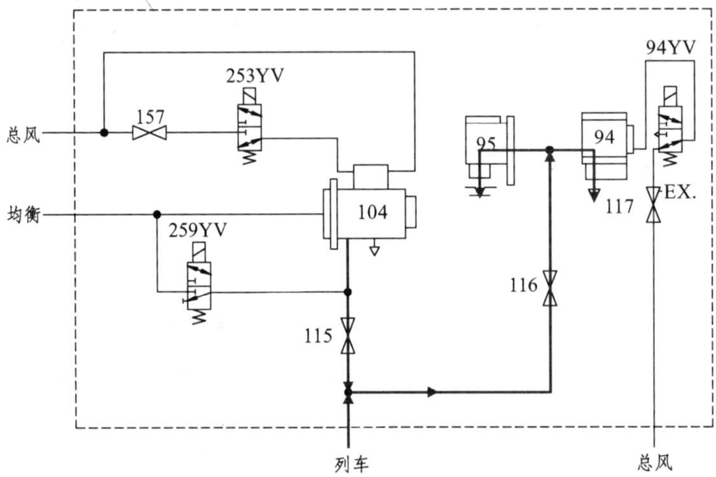

图 3.80 紧急制动时列车管压力控制原理

④ 制动缸压力控制原理。

BCU 接收来自 EBV 和 MCH 的指令，根据列车管的压力值或 MCH 所需的制动力值，计算出制动缸的目标压力值。目标压力值与 57 风缸压力传感器（202BP）压力值作比较，通过 BCU 中的 PWM 控制模板控制制动电空阀（244YV）和缓解电空阀（246YV）动作，从而精确控制制动缸的压力，制动缸压力控制原理如图 3.81 所示。

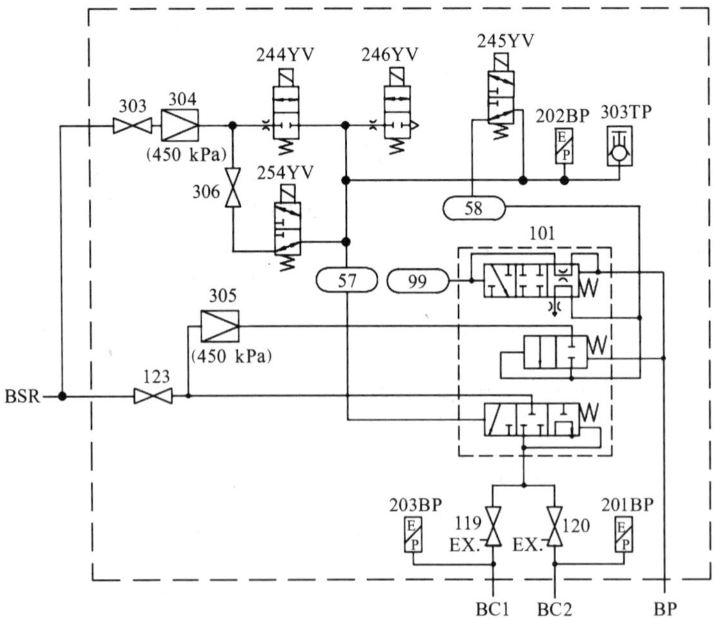

图 3.81 制动缸压力控制原理

303，306，123，119，120—塞门；244YV—制动电空阀；246YV—缓解电空阀；245YV—备用电空阀；254YV—紧急电空阀；57，58—容积室；99—工作风缸；101—分配阀；304，305—调压阀；201BP，202BP，203BP—压力传感器；303TP-检测口

制动时，BCU 根据指令和判断依据，逻辑控制 244YV 得电，总风压力分别经过 303 塞门、304 调压阀和 244YV 进入 57 容积风缸，容积风缸压力上升，通过分配阀均衡部的控制，总风分别经过 123 塞门和分配阀均衡部向制动缸充风，产生制动。制动时制动缸压力控制过程如图 3.82 所示。

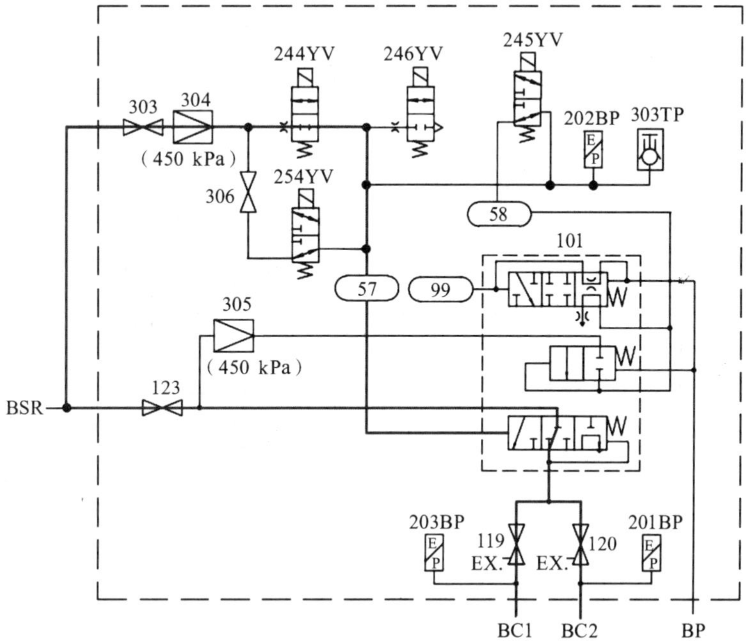

图 3.82　制动时制动缸压力控制原理

保压时，244YV 失电，切断了总风充风通路，57 容积风缸压力保持不变，制动缸压力保持不变，保压时制动缸压力控制过程如图 3.83 所示。

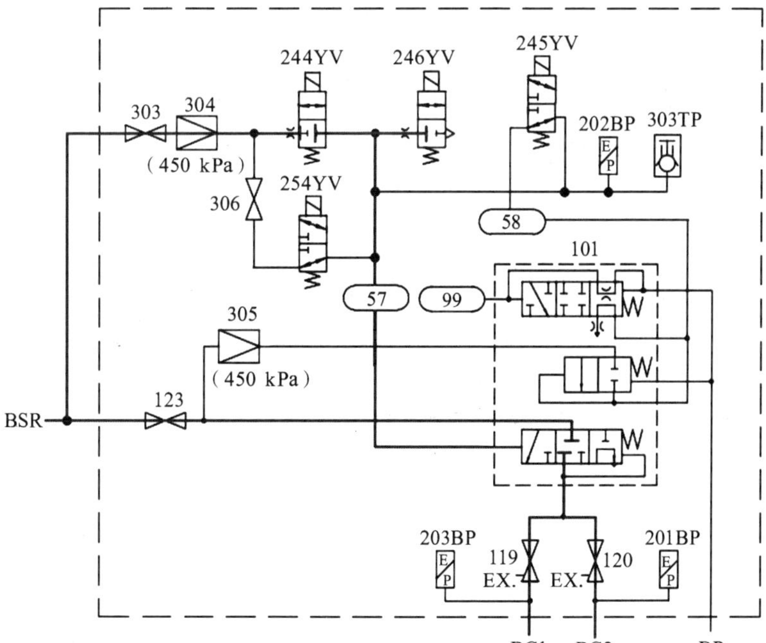

图 3.83　保压时制动缸压力控制原理

缓解时，BCU根据指令和判断依据，逻辑控制电空阀246YV得电，57容积室压力经过电空阀246YV排气口排风，容积室压力下降，通过分配阀均衡部的控制，制动缸压缩空气经分配阀均衡部排风，缓解制动。制动缸缓解控制原理如图3.84所示。

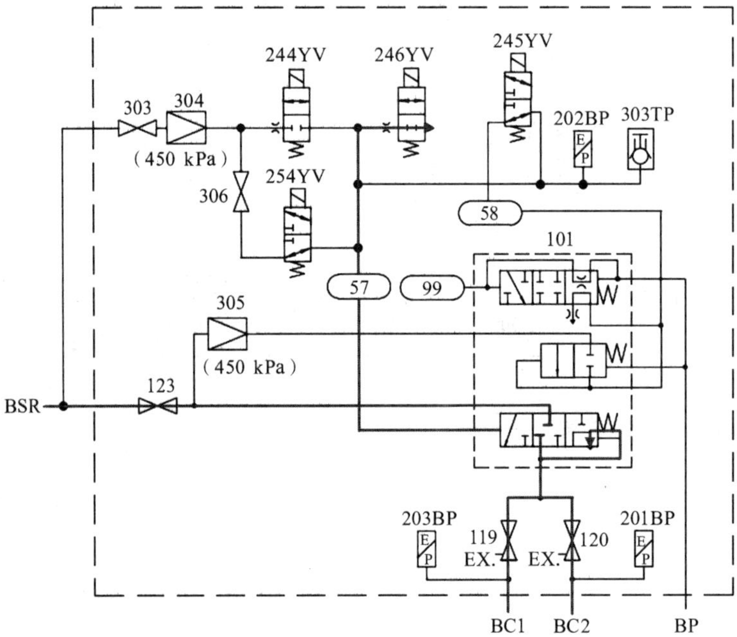

图 3.84 缓解时制动缸压力控制原理

无火回送时，关闭塞门306，254YV处于失电状态，此时，制动缸的压力完全受列车管压力变化所控制。无火回送时制动缸压力控制原理如图3.85所示。

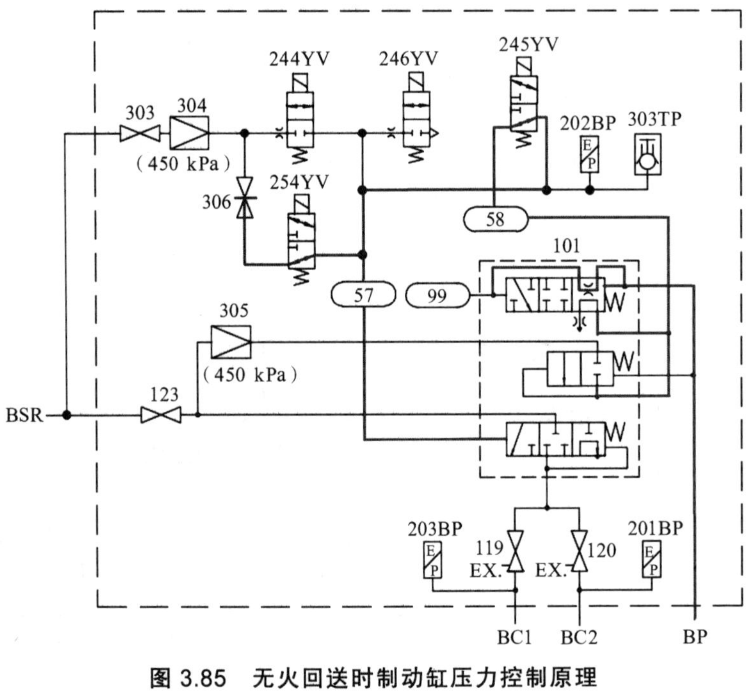

图 3.85 无火回送时制动缸压力控制原理

（3）风源系统组成及部件。

① 风源系统组成。

风源系统组成如图 3.86 所示。

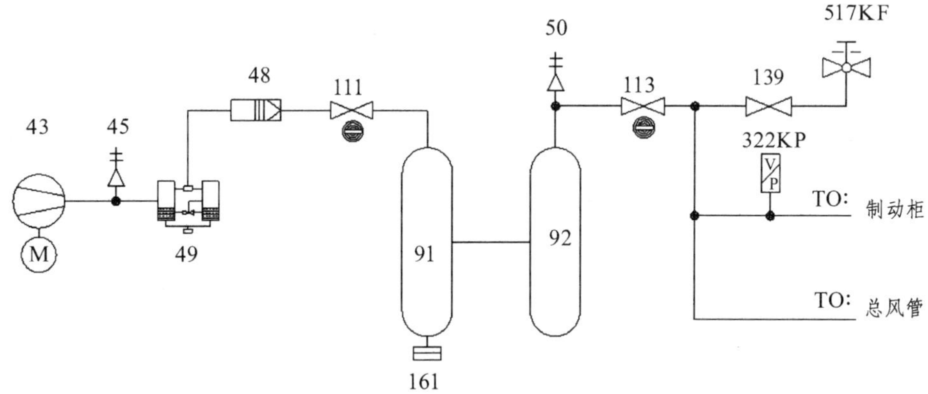

图 3.86　风源系统组成示意图

43—空气压缩机；45—高压安全阀；49—空气干燥器；48—微油过滤器；111—塞门；91—第一主风缸；161—自动排水阀；92—第二主风缸；50—高压安全阀；113—塞门；139—塞门；517KF—压缩机压力控制器；322KP—压力传感器

② 空气压缩机。

空气压缩机采用 KNORR 公司生产的 VV120 型活塞压缩机，此压缩机带有后冷却系统。空气压缩机组成见图 3.87，其主要性能参数见表 3.19。

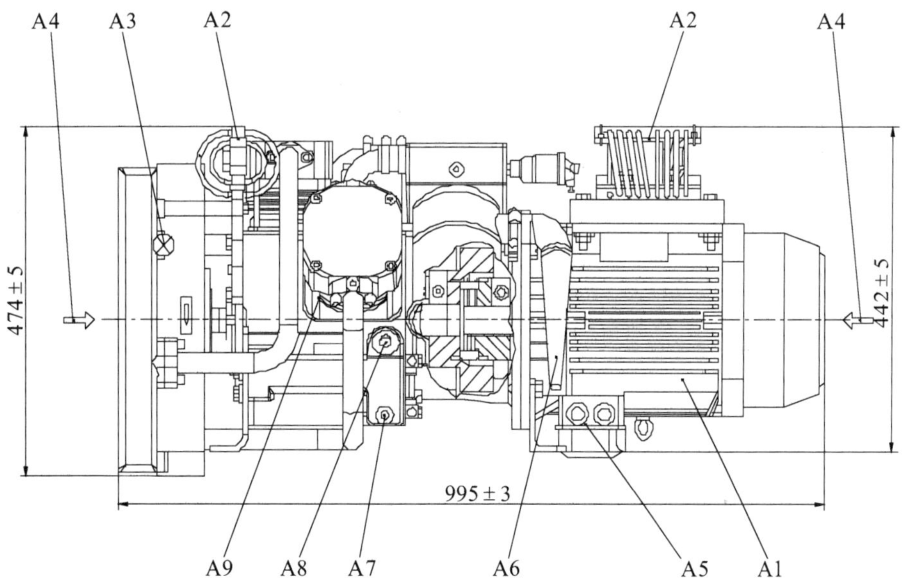

图 3.87　压缩机组成示意图

A1—电机；A2—悬挂点；A3—空气出口；A4—冷却空气；A5—电缆引线孔；A6—空气入口；A7—排油孔；A8—油过滤器孔；A9—压缩机

表 3.19 压缩机主要性能参数

No.	主要技术参数	
1	电压	AC 400 V±10%
2	频率	50 HZ
3	工作压力	1 000 kPa
4	功率	6.5 kW±7%
5	流量	920 L/min
6	电机转速	1 450 r/min
7	电机型号	KB/04C-132M
8	加油量(最大量/最小量.)	3.7/1.5 L
9	质量	164 kg±5%

③ 空气干燥器。

空气干燥器的作用是去除经压缩机压缩后的空气中所含的水、杂质颗粒及油污等，本轨道车采用的是株洲电力机车有限公司生产的 TADIIb 型干燥器，其空气处理能力为 1 200 L/min，具有自动周期性排水、双塔循环工作和干燥剂状态监测等功能，其主要技术参数见表 3.20，外形图见图 3.88。

表 3.20 空气干燥器技术参数

No.	主要技术参数	
1	质量	58 kg
2	处理能力	0.9 ~ 1.3 m^3/min
3	额定工作压力	1 000 kPa
4	干燥方式	无热、常压
5	再生耗气率	≤20%
6	干燥塔循环周期时间	80 s（70 s + 10 s）
7	干燥塔再生时间	70 s
8	出气口的空气质量	露点：2 级 ISO8573-1 含油率：3 级 ISO8573-1 含尘埃的颗粒度：3 级 ISO8573-1
9	吸附剂	ϕ3 ~ ϕ5 mm 的分子筛

图 3.88　干燥器外形图

④ 微油过滤器。

微油过滤器的作用是过滤经干燥器处理后的压缩空气中所含的油微及固体颗粒，确保制动机各用风设备正常工作。本轨道车采用的是 Parker 公司生产的型号为 OIL-X EVOLUTION AO020CBFX 的微油过滤器，其主要技术参数见表 3.21。

表 3.21　微油过滤器性能参数

No.	主要技术参数	
1	质量	1.1 kg
2	处理能力	1.2 m^3/min
3	工作压力范围	100 ~ 1 600 kPa
4	排水方式	重力排水
5	除水	< 35%（任何情况下）
6	除杂质	1 μm
7	除油	0.6 mg/m^3 at 21 °C

⑤ 总风缸。

本轨道车采用了 2 个 200 L 的总风缸，总风缸缸体和封头的材料型号为符合 BS EN 286-3 标准的 P235S，制造和焊接工艺符合 BS EN 286-3 标准的要求，风缸直径为 600 mm，总长度约为 830 mm。

⑥ 总风低压保护压力开关。

总风低压保护压力开关（见图 3.89）的型号为 P8PS-E，安装于空气管路柜中。当总风压力低于 500 kPa 时，压力开关提供信号给制动系统，用于操作台低压报警和制动机的紧急制动和自锁。

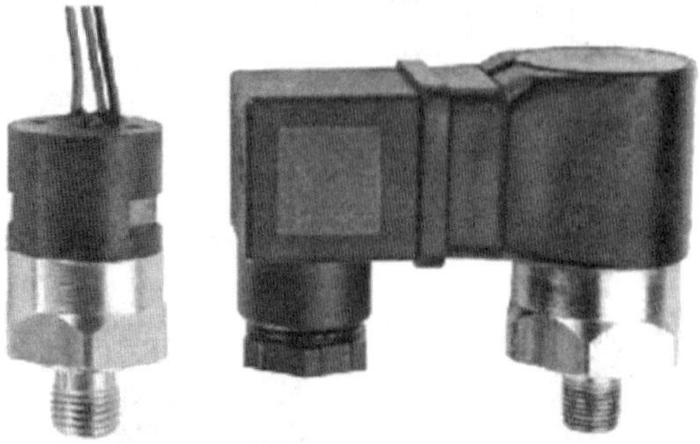

图 3.89 总风低压保护压力开关

⑦ 空气压缩机压力控制器。

空气压缩机压力控制器(517KF)的作用是自动控制空气压缩机的启停,控制范围是 750～900 kPa。当总风压力低于 750 kPa 时，压缩机启动；当总风压力达到 900 kPa 时，压缩机停止工作。压力控制器的主要参数如下：

型号：YWK-50

压力控制范围：0～1 000 kPa

控制精度：±20 kPa

(4) 制动机及部件。

① 空气管路柜。

空气管路柜集中了制动系统主要阀类和控制单元等部件。为了便于操作和检修，空气管路柜安装于车上的端部。空气管路柜外形如图 3.90、图 3.91 所示，其主要部件名称及用途如表 3.22 所示。

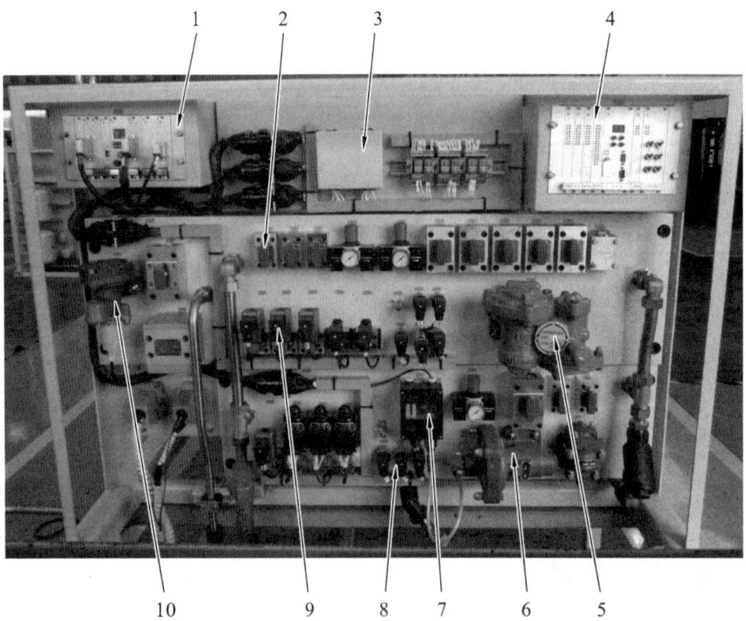

图 3.90 空气管路柜组成图（正面）

图 3.91　空气管路柜组成图（背面）

表 3.22　空气管路柜部件对照表

代码	部件名	功能说明
01	WSP 主机	用于机车空气制动防滑
02	平面塞门	截断空气通路
03	接线盒	
04	BCU	制动系统逻辑控制单元
05	分配阀	自动制动时根据列车管的压力变化产生制动缸压力；单独制动时，直接控制分配阀容积风缸压力产生制动缸压力
06	中继阀	根据均衡风缸压力变化控制列车管的压力变化
07	压缩机压力控制器	控制压缩机的起停
08	压力传感器	将空气压力转化为电信号
09	电空阀	控制空气通路的通、断
10	紧急阀	用于列车管非正常泄漏或排风时，加大列车管排风速率；机车列车管常用制动和正常泄漏时的减压速率 <40 kPa/s，而紧急阀的设定开启速率为 70 kPa/s
11	骨架	
12	工作风缸	
13	均衡风缸	
14	容积风缸	
15	制动储风缸	
16、17	总风缸	

② 司机室气路屏（见图 3.92）

司机室气路屏集中了司机室内空气管路中的塞门和控制阀类部件,其中包括板式减压阀、电空阀、双向脉冲电磁阀、双向压力比较阀、平面塞门、压力开关、插座板、滤尘止回阀等部件。

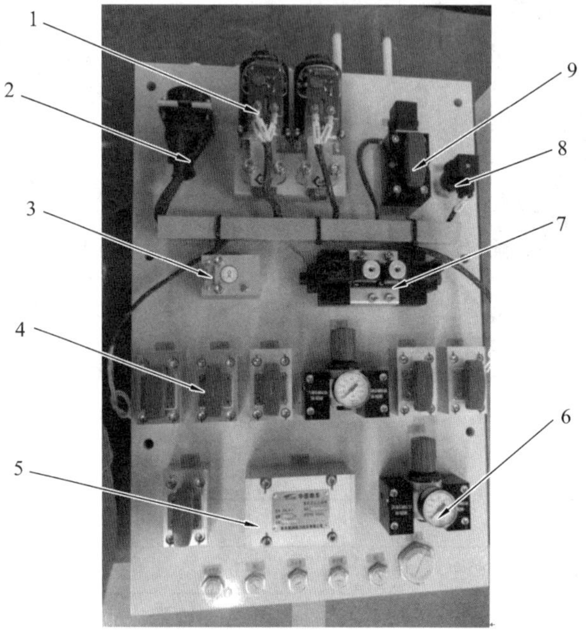

图 3.92 司机室气路屏

1—电空阀；2—插线板；3—双向压力比较阀；4—平面塞门；5—滤尘止回阀；6—板式减压阀；7—双向脉冲电磁阀；8—压力开关；9—平面塞门（带电连锁）

③ 司机操作台制动部件。

a. 电空制动控制器（EBV）（见图 3.93、图 3.94）。

电空制动控制器（EBV）置于司机室操作台的左边，每端操作台各装有一套 EBV。EBV 有 5 个操纵位置，分别为紧急位、重联位、制动位、中立位和运转位。操纵 EBV 的手柄，可以实现相应的制动功能。

图 3.93 电空制动控制器（EBV）外观

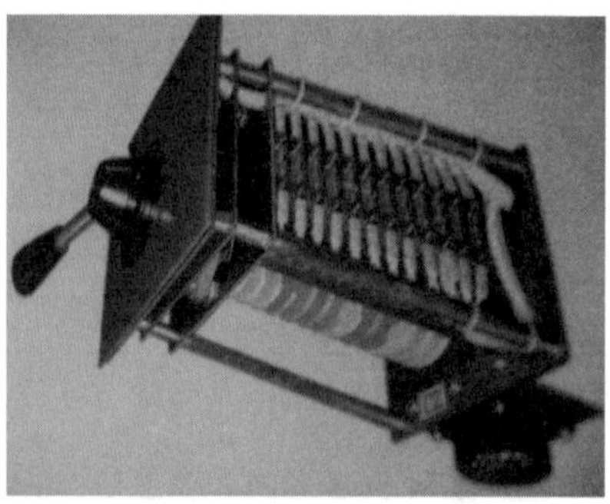

图 3.94 电空制动控制器（EBV）内部构造

b. 司控器（MCH）（见图 3.95）。

司控器 MCH 置于司机室操作台的右边，每端操作台各装有一套 MCH。MCH 有 4 个操纵位置，分别为牵引位、零位、制动区和紧急位。

图 3.95　司控器（MCH）

（5）停放制动系统及部件。

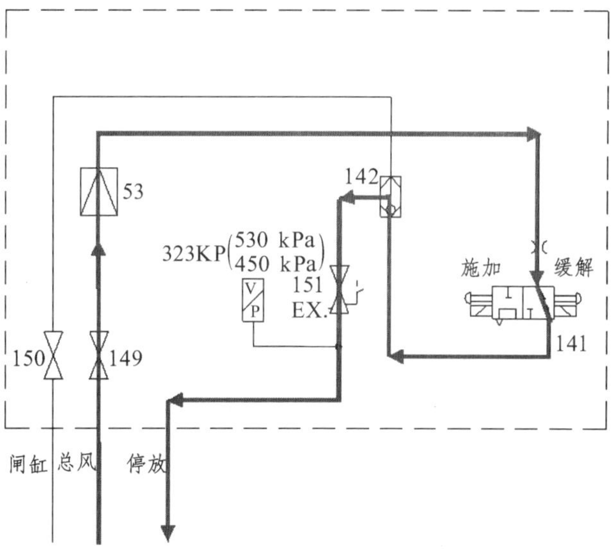

图 3.96　停放制动缓解气路原理图

53—调压阀；142—双向比较阀；141—双向脉冲电磁阀；
323KP—压力开关；151—塞门（带排气功能）

停放制动缓解时，按压停放制动缓解按钮，141 电磁阀缓解部得到脉冲电流，总风经 53 调压阀和 142 比较阀向停放制动缸充风，压缩空气缓解蓄能弹簧的压力，停放制动缓解，同时 323KP 压力开关触点断开，操作台停放制动状态灯灭。停放制动缓解气路原理如图 3.96 所示。

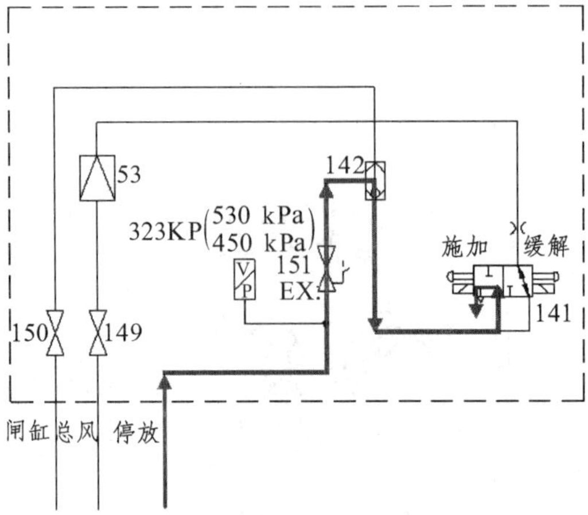

图 3.97　停放制动施加气路原理图

施加停放制动时，按压停放制动施加按钮，141 电磁阀施加部得到脉冲电流，停放缸压缩空气经 141 阀排气口排风，蓄能弹簧的压力施加至闸瓦上，施加停放制动，同时 323KP 压力开关触点闭合，操作台停放制动状态灯亮。停放制动施加气路原理图如图 3.97 所示。

本停放制动系统还具有防止带停放制动功能的单元制动器的制动缸压力与停放蓄能弹簧压力叠加的功能，当轨道车施加制动时，如果同时又施加了停放制动，制动缸压缩空气会经 142 比较阀进入停放制动缸，缓解部分蓄能弹簧的压力。

（6）防滑系统。

① 防滑系统组成。

防滑系统组成如图 3.98 所示。

a. 速度传感器。

速度传感器是一个速度脉冲信号发生器，由传感器及感应齿轮组成。感应齿轮安装于车轴端部，传感器安装于轴箱盖上。这是一种非接触式的传感器，当车轮转动时，它产生频率正比于运行速度的电脉冲信号。

TFX1 系列防滑器中采用了永久式磁电传感器，感应齿轮共有 90 个齿，即车轮每转一圈产生 90 个脉冲信号。传感器径向安装在特制的轴箱盖上，其端部与齿轮顶部保持 1 mm 左右的间隙。当齿轮旋转时，齿顶齿谷交替通过传感器，切割磁力线，即在传感器输出线圈上感应出相应的脉冲信号。

b. 防滑器主机。

主机是防滑器的控制中心，它接收 4 路速度传感器的速度脉冲信号，通过对速度脉冲信号的调理、计算、比较，作出各种决策，控制各防滑排风阀发生相应的动作，使相应的制动缸排风或充风。

主机采用微处理器控制，其工作过程如下：速度传感器 FS1～FS4 产生的速度脉冲信号经速度部件调理后变成一定宽度和电平的系列脉冲，通过速度输入接口送入 CPU，CPU 发出的控制指令通过电磁阀控制接口实现对各轴防滑排风阀的相应控制，使相应的制动缸排风或再充风。

主机面板上设有“诊断”、“显示”、“清除”三个功能按钮、一个里程表和一个两位 LED 显示器。

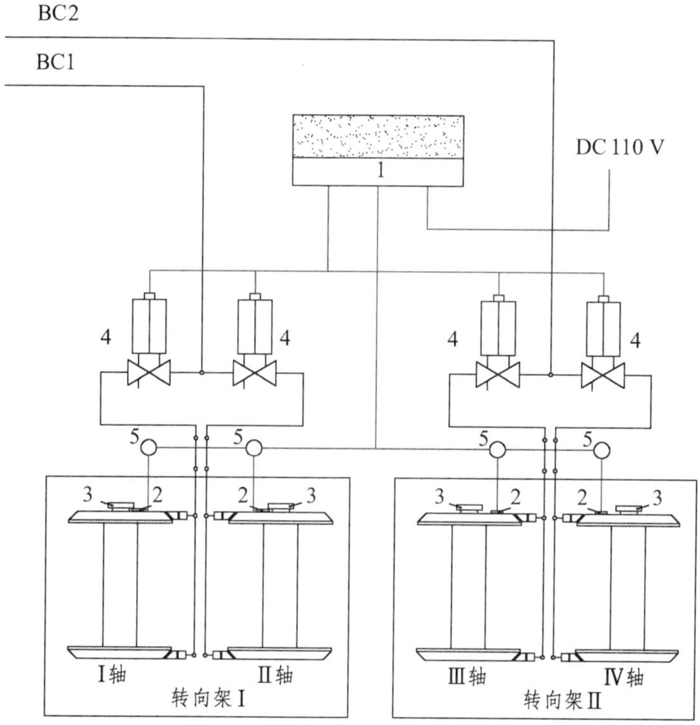

图 3.98　防滑系统配置图

1—防滑器主机；2—速度传感器；3—测速齿轮；4—防滑排风阀；5—接线盒

c. 防滑排风阀。

防滑排风阀是防滑器的执行机构，本防滑排风阀采用双电磁铁间接作用的结构原理，安装在空气分配阀与制动缸之间的连接管路上。根据主机的指令，它控制相应的制动缸排风和再充风。

② 防滑系统工作原理。

4 路速度传感器的脉冲信号经主机处理后，按照一定的时间间隔采样，分别计算出各轴的速度和减速度，并将各轮对的转动线速度与车辆运行速度进行比较，得到相应的速度差、滑移率。将各轴的减速度、速度差和滑移率分别与相应的判据进行比较，当达到有关的判据标准时，主机立即控制防滑排风阀动作，使相应的制动缸阶段排风或一次排风，从而达到防止轮对滑行，并根据轮轨粘着变化而调节制动力的目的。当轮对恢复转动时，根据不同的加速度、速度差或滑移率可实现阶段再充风或一次再充风。

TFX1 系列防滑器考虑到制动过程中各种可能发生的运行状态及运行要求，采用了速度、减速度、速度差、滑移率等各种判据近 20 个，从速度信号的采集、运算、处理到发出相应的控制指令在 0.1 ~ 0.2 s 内完成，从而实现对制动缸压力的比较精细的调整。

9. 空调通风系统

（1）功能及用途。

TTK22-5.0DL型空调机组是供蓄电池工程车使用的舒适性空气调节装置，可在夏天对车厢内空气进行除湿、降温处理，给司机创造一个舒适的工作环境。

每辆车安装一台TTK22-5.0DL型空调机组。空调机组为下回风下出风形式，新风口位于机组侧面，通过车顶送风风道将冷风均匀地送入司机室内。冷凝风为上吹风侧吸风形式，机组连接器装在机组回风口处。新风和回风分别经新风滤尘网和回风滤尘网过滤后在回风腔内混合，由蒸发器冷却并通过送风机送入司机室内，使室内温度缓缓下降，并使其维持在较舒适的范围内。空调机组的冷凝水通过机组底部的排水孔直接排至车顶。空调机组的室外冷凝风从机组侧面进入，通过冷凝器后，再从机组顶面排出。

空调机组壳体由不锈钢制成，具有耐振、抗冲击等特点，能适应风吹、日晒、雨淋等露天环境。空调机组与车体之间采用减振器连接，空调机组的送、回风风口采用防风、防水密封结构，无漏风、漏水现象，安装到车上时简便、可靠，无需特殊的工具和复杂的操作程序。

TTK22-5.0DL型空调机组选用比泽尔半封闭式活塞压缩机，以R407C为制冷剂，毛细管为节流元件，制冷系统采用全封闭焊接结构，可有效地避免制冷剂泄漏。

① 空调机组环境条件。

空调机组工作环境的相对湿度、海拔及温度见表3.23。

表3.23 相对湿度、海拔

最大相对湿度	≤95 %
运用海拔	≤2 100 m
储存和短时间运用温度（即启动阶段）	−10～+45 °C
运用阶段	−10～+70 °C

② 环境保护。

空调机组设计满足相关环境保护法规要求，相关电磁干扰及环境影响、噪声指标、排放物（污水、污物）、材料对人体健康的影响等符合其技术条件的相关规定。

③ 安全性。

空调机组设计结构具有良好的防火性能，结构设计和各种零部件的设计及制造按有关防火的规定执行，以最大限度地防止火灾的发生，遵守相关消防法规。

空调机组使用的材料符合DIN5510标准关于防火和安全的要求。

④ 司机室空调机组外形图。

司机室空调机组外形如图3.99所示。

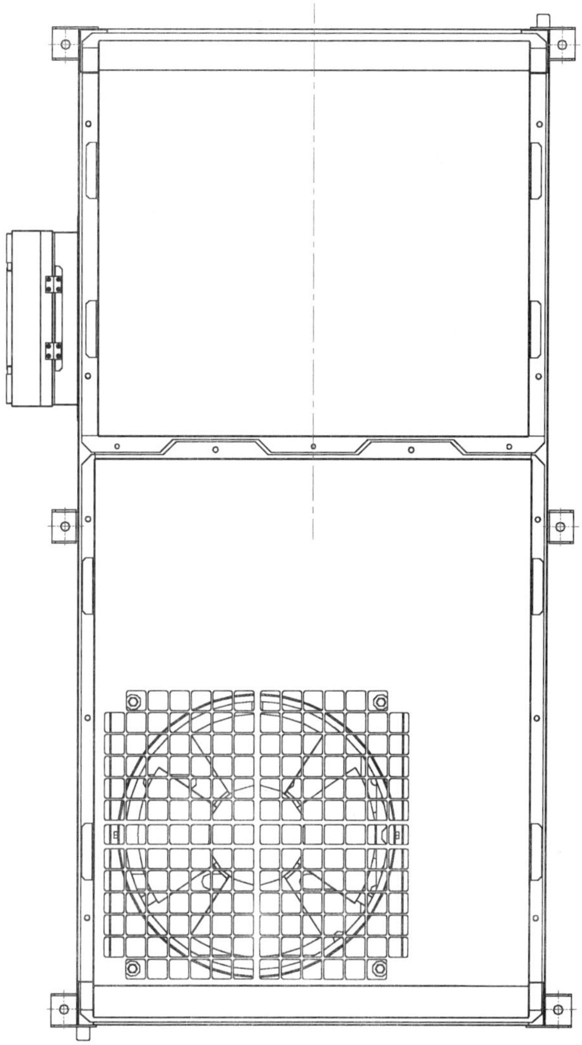

图 3.99　司机室空调机组外形图

（2）部件说明。

① 技术参数。

司机室空调机组技术参数如表 3.24 所示。

表 3.24　司机室空调机组技术参数

空调机组型号	TTK22-5.0DL
电源	
压缩机	3ϕ　AC 380 V ± 5 %　　50 Hz ± 1 Hz
轴流风机	3ϕ　AC 380 V ± 5 %　　50 Hz ± 1 Hz
离心风机	DC 110 V（蓄电池供电）
控制回路	DC 24 V

续表 3.24

空调机组型号	TTK22-5.0DL
工作参数	
运行环境条件	−10～+70 °C
制冷量	≥5 kW
车内正压	30～50 Pa
额定送风量	800/600/450 m^3/h
新风量	90 m^3/h
制冷剂	R407C
制冷剂充注量	约 1.5 kg
外形尺寸（mm）	1 500（L）×720（W）×345（H）
重量（毛重/净重）	≤200 kg

② 结构及技术说明。

a. 司机室空调机组结构图。

司机室空调机组结构图如图 3.100 所示。

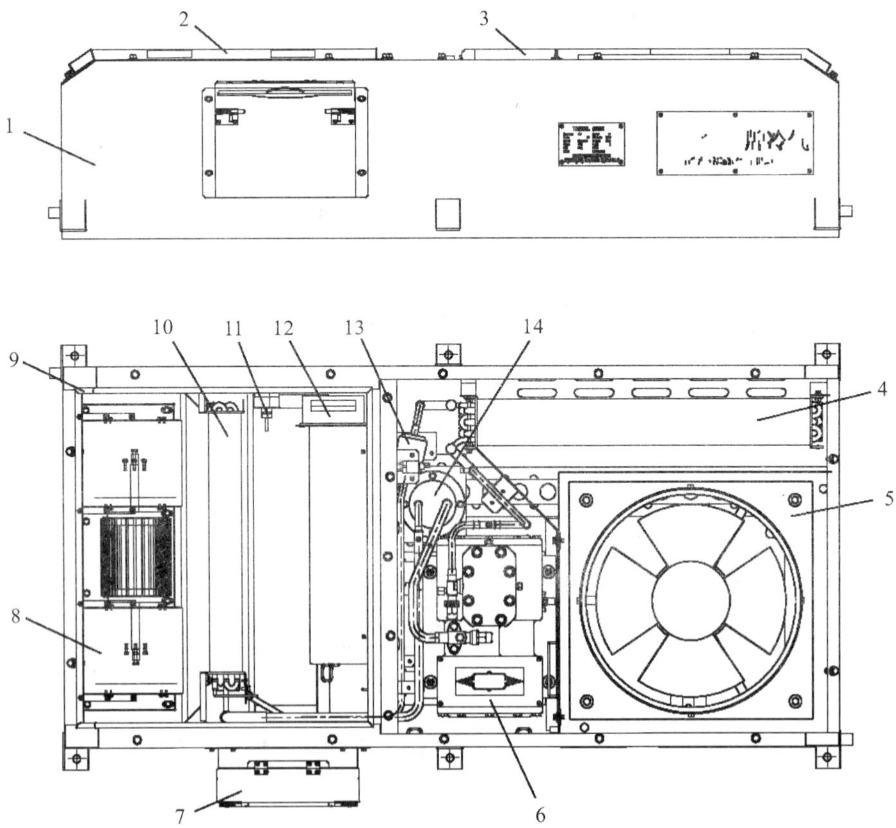

图 3.100　司机室空调机组结构图

1—箱体总成；2—蒸发器盖板；3—冷凝腔盖板；4—冷凝器；5—轴流风机；6—压缩机；7—新风口；8—离心风机；9—U 型橡胶嵌条；10—蒸发器；11—温度传感器；12—风机控制器；13—干燥过滤器；14—气液分离器

司机室通风单元各部件代号及代供应商如表 3.25 所示。

表 3.25　司机室通风单元技术参数

序号	名称	数量	代号	供应商
1	箱体总成	1	K90 A0000	国祥
2	蒸发腔盖板	1	K90L1000	国祥
3	冷凝腔盖板	1	K90L2000	国祥
4	冷凝器	1	K90F1000	国祥
5	轴流风机	1	D11C1000	国祥
6	压缩机	1	2GC-2.2Y	比泽尔
7	新风口	1	K90O0100	国祥
8	离心风机	1	D11B1000	国祥
9	U 形橡胶嵌条	3 m	G29O0018	国祥
10	蒸发器	1	K90E1000	国祥
11	温度传感器	1	K60O0001	国祥
12	风机控制器	1	Q52O0003	国祥
13	干燥过滤器	1	DML-053S	丹佛斯
14	气液分离器	1	T11J0000	国祥

b. 司机室空调机组技术说明。

空调机组有两个独立的空气系统，分别是司机室空气处理系统（室内部分）和冷凝器空气冷却系统（室外部分）。

室内空气处理系统位于空调机组的前箱体部分，主要包括通风机、蒸发器、新风口和回风口等部件。新风口分别位于空调机组前箱体一侧，并安装有新风滤网；回风口位于空调机组前箱体底部。新风和回风混合后通过蒸发器，空气被降温除湿，然后由空调机组离心风机送出，通过分配风道吹入司机室内，降低司机室温度。

室外冷却系统位于空调机组一端。室外空气与冷凝器进行热交换，温度升高后被轴流风机排出；冷凝器内制冷剂被冷凝，经节流降压降温，进入蒸发器蒸发吸热，降低空调机组内混合风温度。

制冷时，制冷剂由压缩机压缩成高温高压的蒸汽，进入风冷冷凝器，通过冷凝风机的运转，经外界空气强制冷却，冷凝成高压常温液体，然后进入毛细管节流降压，变成低温低压液体（含少量气体）后进入蒸发器，吸收流过蒸发器的空气的热量，蒸发成低压蒸汽，再被压缩机吸入，完成一个制冷循环。

通风时，制冷压缩机和冷凝风机全部停止运转，仅通风机工作，维持司机室内的氧气含量及空气流动。

c. 司机室空调机组主要部件。

司机室空调机组主要部件说明如下：

- 压缩机。

型号： 2GC-2.2Y
类型： 全封闭卧式活塞压缩机
额定功率： 2.3 kW
每个空调机组中的数量： 1

- 离心风机。

型号： D11B1000
类型： 离心式
风量： 800 m^3/h
静压： ≥130 Pa
额定功率： 250 W
电机防护等级： IP55
绝缘等级： F 级，可在潮湿的环境下长期运行。
每个空调机组中的数量： 1

- 轴流风机。

型号： D11C1000
类型： 轴流式
风量： 2 800 m^3/h
额定功率： 370 W
电机防护等级： IP56
绝缘等级： F 级，适应在湿热环境下工作。
每个空调机组中的数量： 1

- 蒸发器。

型号： K90E1000
管路： 内螺纹铜管，交错排列；
散热片： 覆亲水膜铝箔；
框架： 铝板
内螺纹铜管与亲水膜铝散热片间机械胀紧
每个空调机组中的数量： 1

- 冷凝器。

型号： K90F1000
管路： 内螺纹铜管，交错排列；
散热片： 覆亲水膜铝箔；
框架： 铝板
内螺纹铜管与亲水膜铝散热片间机械胀紧
每个空调机组中的数量： 1

- 高压压力开关。

型号： ACB-QB33

动作值：　电路断开 $2.9_{0}^{0.15}$ MPa
电路接通：　（2.4±0.15）MPa
每个空调机组中的数量：　1

- 低压压力开关。

型号：　LCB-QA11
动作值：　电路断开（0.1±0.03）MPa
电路接通：　（0.2±0.03）Mpa
每个空调机组中的数量：　1

- 干燥过滤器。

型号：　DML 053S
每个空调机组中的数量：　1

- 温度传感器。

型式：　K60O0001
每个空调机组中的数量：　1

- 连接器。

型号：　插座 TY48J20ZY/插头 TY48K20TY
芯数：　20 芯
每个空调机组中的数量：　1

- 风机控制器。

型号：　Q52O0003
额定电压：　DC 110 V
每个空调机组中的数量：　1

③ 工作原理。

空调制冷系统制冷剂为 R407C，空调机组的制冷系统原理图见图 3.101。

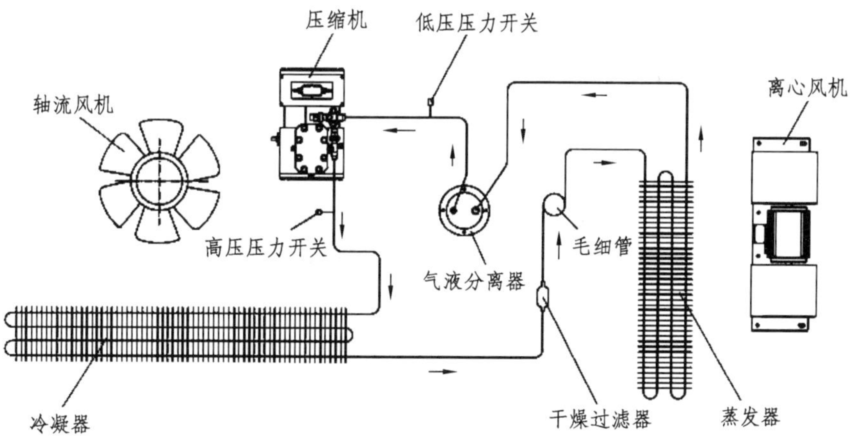

图 3.101　制冷系统原理图

在制冷循环中，压缩机从蒸发器吸入制冷剂 R407C 气体，将其压缩成高温高压的 R407C 蒸气，排入风冷冷凝器。制冷剂蒸气与外界空气进行热交换，放出热量后冷凝成高压常温的

R407C 液体，然后经毛细管降压变成低温低压液体，进入蒸发器，并吸收室内流过蒸发器的空气的热量，蒸发成低压蒸气再被压缩机吸入，完成一个制冷循环。制冷剂不断地从室内吸收热量，在室外放出热量，从而达到使室内降温、除湿的效果。

制冷循环中，制冷系统各组成部件所起的作用如下：

- 压缩机。压缩机为全封闭卧式涡旋压缩机（见图 3.102）。压缩机吸入来自蒸发器的制冷剂蒸气，将其压缩为高温高压制冷剂气体，从排气管排入冷凝器。

图 3.102 压缩机

- 冷凝器（见图 3.103）。冷凝器为铜管、铝翅片管式换热器。冷凝器管内高压高温制冷剂气体被管外循环空气冷却，冷凝成高压低温制冷剂液体。

图 3.103 冷凝器

- 轴流风机（见图 3.104）。轴流风机强制外界空气循环通过冷凝器，强化冷凝器换热。轴流风机将空气从机组两侧吸入，吸入的空气吸收冷凝器管内制冷剂气体热量，使其冷凝；被加热的管外空气被轴流风机从机组顶部排出。

图 3.104 轴流风机

• 干燥过滤器（见图 3.105）。干燥过滤器安装在液管上冷凝器的出口处，其滤芯是 100% 分子筛，可除去制冷剂中的水分和杂质，防止水及杂质对系统及部件造成损害。

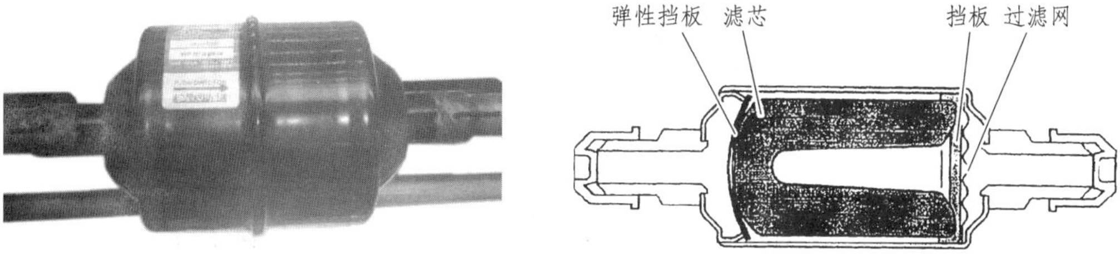

图 3.105　干燥过滤器

• 离心风机（见图 3.106）。室外新风和室内回风混合后，经蒸发器冷却，由离心风机经空调系统主风道送入司机室，降低司机室温度。

图 3.106　离心风机

• 蒸发器（见图 3.107）。蒸发器管内液态制冷剂蒸发吸热，降低管外室内回风和室外新风的混合风温度、湿度。

图 3.107　蒸发器

• 毛细管（见图 3.108）。毛细管位于蒸发器入口的制冷剂液体管路上，起调节制冷剂流量、降低制冷剂压力作用，保证蒸发器具有足够的制冷剂来满足所需负载条件。

图 3.108 毛细管

- 温度传感器（见图 3.109）。空调机组设有回风温度传感器，设置在车体的回风口处。KPC 控制器通过采集温度来控制空调机组运行在所需的运行模式，为乘客提供最舒适的环境。

图 3.109 温度传感器

- 高压压力开关（见图 3.110）。高压压力开关位于排气管路近压缩机排气口处，用于检测压缩机排气压力，防止压力过高，保护压缩机。

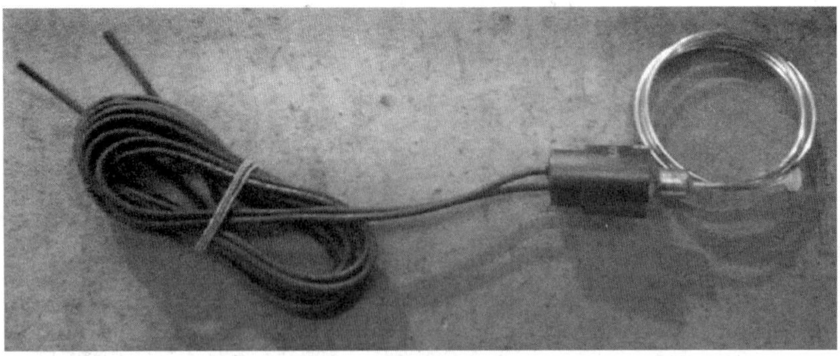

图 3.110 高压压力开关

- 低压压力开关。低压压力开关位于回气管路近压缩机回气口处，用于检测回气压力，防止压力过低，保护压缩机。
- 新风口及新风滤网。空调机组设有 1 个新风口，位于蒸发腔外部侧板上。新风口外侧有一个新风滤网，材质为无纺布，可以在机组外部直接抽出，便于清洗和维护。

④ 电气原理图。

空调系统电气原理图如图 3.111 所示。

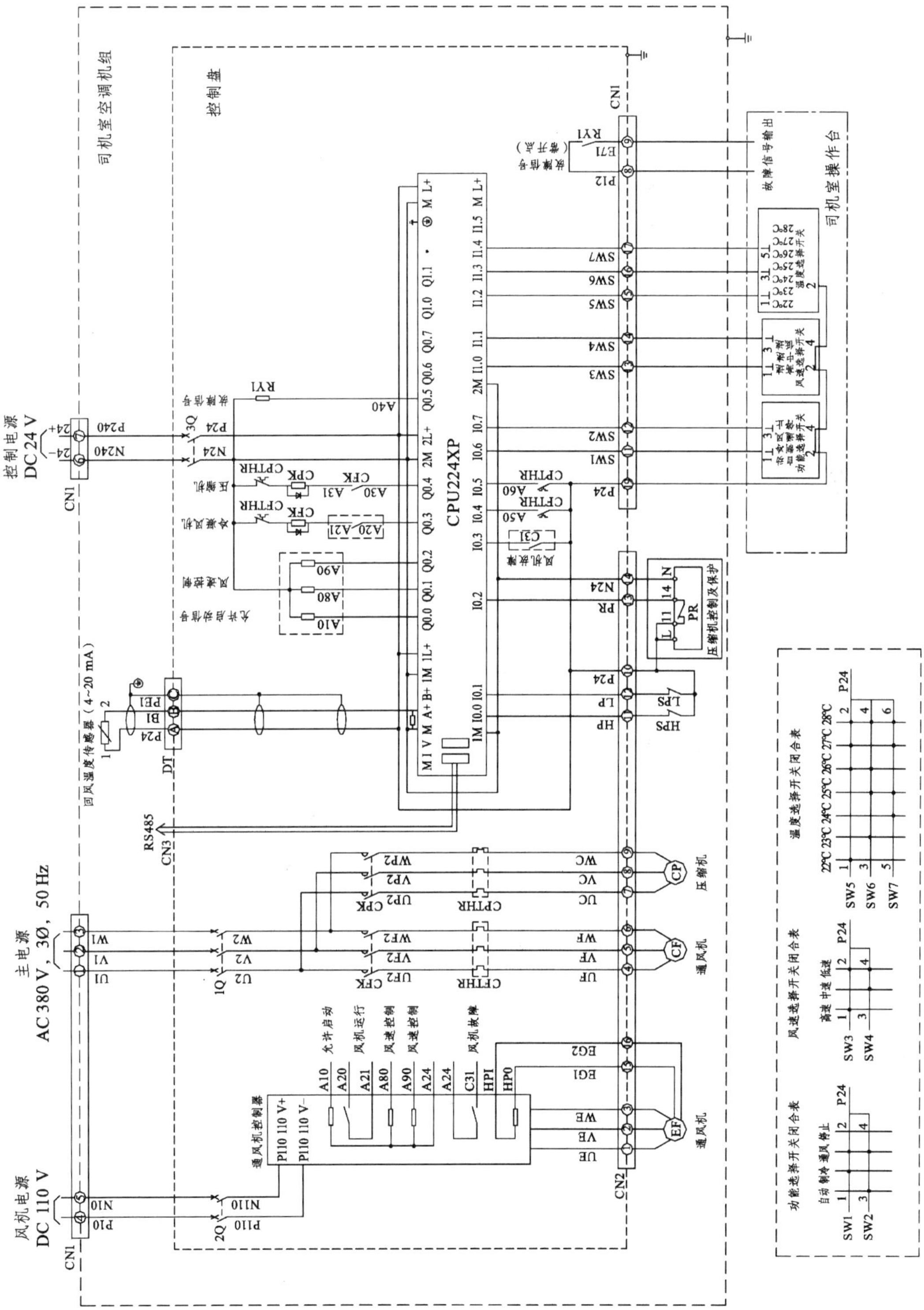

图 3.111　空调系统电气原理图

（3）操作说明。

① 控制盘简介。

本空调控制系统为控制盘形式，安装在空调机组回风口处，一个控制盘控制一台空调机组。该控制盘包括 PLC、风机控制器、接触器、空气开关、过载保护装置等电气元件。它以 PLC 为控制核心，配合外部电气元件，完成空调机组的控制、保护和故障诊断等功能。

空调机组的运行状态可通过位于司机台上模式、风速、温度三个选择开关控制。模式选择开关设置自动、通风、制冷和停机四个挡位；风速选择开关设置高速、中速、低速三个挡位；温度选择开关从 22 °C 到 28 °C 每 1 °C 是 1 挡。

② 控制盘操作。

- 当模式选择开关打到“停机”挡位时系统停机；
- 当模式选择开关打到“自动”挡位时系统为自动运行模式，温度选择开关每一挡为一个设定温度值，根据设定温度值与回风温度差，自动执行相应模式；
- 模式选择开关打到“制冷”位时，温度选择开关无效，直至达到压缩机运行的限制温度停机。风速选择开关于低速挡位时不制冷，回风温度低于 19 °C 也不制冷；
- 模式选择开关打到“通风”位时，只有通风机运行，可以根据需要调节风速，分高、中、低三挡；
- 当温度选择开关打在 22 °C、23 °C、24 °C、25 °C、26 °C、27 °C、28 °C 各挡之一时，司机室空调控制系统把相应的值作为目标温度，进行温度调节，PLC 根据采集到的回风温度值，与设定温度值相比较，自动选择合适的工作功能。

10. 蓄电池轨道车的操纵

（1）蓄电池轨道车供电模式的转换。

轨道车的供电模式选择应符合生产的需要。从有电区进入无电区时，轨道车可以自动从接触轨供电转换为牵引蓄电池供电。从无电区进入有电区当有网压显示时在调车信号机前适当地点停车进行供电模式转换：

- 将主、从选择开关（21-S06）置“主”位；
- 转换供电模式选择开关（21-S05）的位置，进行供电模式选择；
- 模式选择开关打离“OFF”位，通过 VDU 显示屏确认供电模式选择。

（2）天气不良时的操纵。

在车辆段/停车场进行调车作业时，无论牵引还是推进运行，应进行试拉，确保车钩连挂良好，并严格执行试闸的规定，运行时应当掌握适当的速度，以保证列车遇到障碍时能够及时停车。在雨、雪、雾等不良天气时，轨面湿润，容易发生空转，因此在起车时和运行途中应随时注意司机主控制手柄的操纵，以防空转和降低牵引力，制动时要防止滑行导致车轮擦伤；运行中要注意信号，信号看不清时应及早减速，不要因错过制动时机而冒进信号，更不要臆测行车。

（3）运行中注意事项。

- 注意观察显示屏显示是否正常（有无故障内容）；
- 瞭望信号、鸣笛；

- 出现车轮打滑时应减速；
- 行车时应经常注意各仪表读数是否正常；
- 遇到特殊情况可直接使用非常制动，停车后，必须作记录，并及时检查车辆有无损坏。当发现有部件破损影响行车安全时应及时处理破损部件，修复后方能行车；
- 制动后必须先缓解，使制动缸压力回零，才能起步；
- 未全部缓解时，不得加负荷；
- 在运行中或未停稳前，不允许进行换向操纵；
- 各安全保护装置和监督计量器具不得盲目切（拆）除或任意调整其参数，保护电器装置动作后，在未判明原因前严禁盲目切除各种保护装置。

（4）回库后的处理。

- 关闭电源总开关；
- 窗户从内部关好，车门上锁；
- 列车入场时须与信号楼联系，核对信号楼排列的进路，根据信号机显示驶入相应的库线停车并做好防溜措施。

（5）蓄电池轨道车库内充电的主要步骤。

- 机车处于静止状态；
- 供电模式选择开关处在“库内”位，通过 VDU 显示屏确认库内充电模式下主电路配置成功；
- 外部电缆连接到库内电源插座，闭合电源，电源必须是 3 AC 380 V，50 Hz。

充电过程中注意观察操纵台上的容量显示装置。

3.2　轨道车司机作业标准

3.2.1　轨道车司机上岗规定

1. 人员进场行为安全规定

① 进入正线施工区域，必须遵从带队人员的指挥，正确佩戴安全帽及穿戴有高可见度的荧光背心，不得掉队、中途离开。

② 严禁穿木屐、拖鞋、凉鞋等进入施工现场。

③ 员工进入施工现场后严禁丢弃垃圾、追逐打闹、大声喧哗、擅自行动，不得随意跨越铁路，不得在钢轨、道心、道岔和岔尖上行走，必须在施工登记允许的范围内行动。

④ 进场人员上、下班或作业时，途经施工区域，应注意按指定线路行走，以防被高空坠物或施工机具砸伤，严禁进入施工防护区，特别注意各种安全指示和标志。

⑤ 任何人员严禁进入轨行区，如因工作需要必须进入轨行区时，应按接触轨区域安全管理规定的相关要求办理手续后，方可进入。

⑥ 任何在线路上进行的与接触轨无关的施工作业，须按公司《昆明轨道交通有限公司地铁建设工程轨行区管理办法（试行）》及《昆明轨道交通有限公司供电系统带电区临时施工管理办法（试行）》办理相关手续后方准作业。无论接触轨是否带电，与接触轨的距离不得小于700 mm，并注意安全。

⑦ 工作场所严禁携带违禁物品进入或使用禁用的电器设备。

⑧ 在车辆段、停车场等道路行走时，应注意来往的施工车辆，严禁扒乘运行中的机车、车辆。

⑨ 严禁在重点部位、重要库房、设备机房、车站及张贴禁烟标志的地点吸烟。

2. 轨道车司机出勤规定

（1）出勤着装。

轨道车司机识别服着装规定参照昆明地铁运营有限公司《运营事业部服务规范管理办法》执行。点名时要按规定穿戴识别服及相关劳动防护用品，佩带岗位名称牌、工号牌，携带工作证、驾驶证、计时工具等，不得随意简化。

（2）充分休息。

出勤前八小时严禁饮酒，保持较好睡眠，不得服用嗜睡类药品，身体及心理状况必须符合工作要求。

（3）出勤时间及地点。

日班班组出勤时间为上午9时，夜班班组出勤时间为下午17时。出勤人员必须提前15 min到达规定出勤地点。

3. 轨道车司机退勤规定

（1）退勤时间规定。

日班班组退勤时间为17时，夜班班组退勤时间为9时。

（2）退勤准备。

退勤人员必须认真仔细地做好退勤工作的各项内容，与出勤人员做到对口交接，得到出勤人员确认核实后方可退勤。

（3）退勤要求。

① 不得无故早退。遇有特殊情况需要早退勤时，必须取得班组负责人的批准同意，并落实替班人员后方可退勤。

② 出勤人员在规定时间未准时办理出勤手续时，退勤人员在未经允许的情况下不得私自退勤，并应及时汇报班组负责人，并服从工作安排。

③ 特殊情况下的退勤。

当退勤时间已到，但当班人员还在进行作业工作时，不得无故私自退勤，必须在出勤人员到达，与其详细交接作业内容、机车状态和注意事项，并得到接班人员确认核实后，方可离开作业岗位，办理退勤作业。

4. 轨道车司机交接班规定

（1）召开交接班会。

交接班会由退勤组组织召开，对当天的工作及注意事项进行交接，并在《工作手册》上进行记录，做到“交得清，接得清”。

（2）退勤人员交接内容。

① 内燃车/蓄电池车及有关设备使用状况；

② 当日作业任务及完成情况；

③ 出勤班组的工作内容、有关注意事项及具体的安全措施；

④ 备品备件所处状态、数量及使用情况；

⑤ 调车作业、设备维护的原始记录和注意事项；

⑥ 退勤班组应认真做好岗位辖区内的卫生工作；

⑦ 退勤班组必须将工具、备品备件和有关资料按规定位置摆放整齐。

5. 出勤人员交接内容

① 必须详细了解轨道车状况、当日注意事项、作业情况并与退勤人员交接相关工具、设备（对讲机等物品）；

② 出勤人员确认各项交接内容后，必须在《运转值班员日志》上签名确认；

③ 出勤后，当班人员必须对轨道车进行全面检查，以确保轨道车的良好运用状态。

3.2.2 轨道车司机检车作业标准

1. 内燃轨道车司机检车标准

1）检车前的确认

确认股道、车号，确认接触轨停电，列车两侧及底部无人员或物件侵入限界。

2）检车行走路线

检车时，应严格按照图 3.112 所示路线进行。

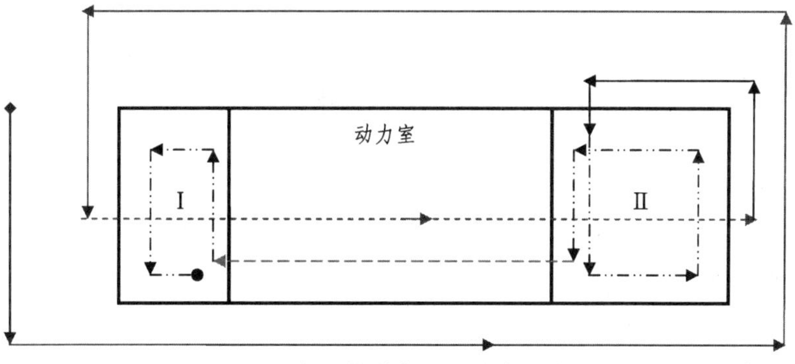

图 3.112　内燃轨道车司机检车行走路线

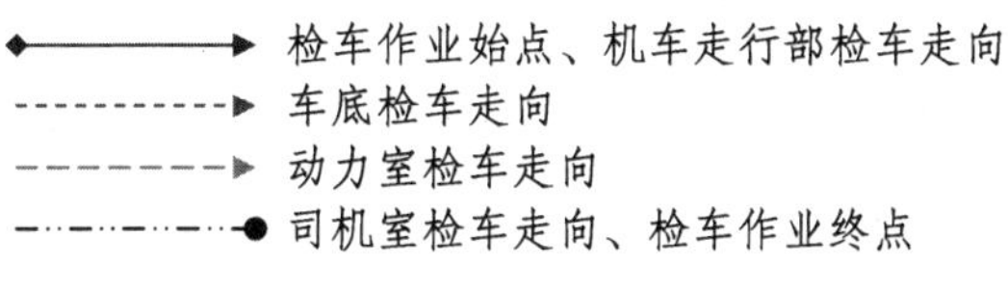

3）检车流程

（1）走行部及车体检查。

检查要求如下：

① 按图 3.112 所示顺序检查轨道车车体及走行部，车门、玻璃应无刮痕破损，头灯，标志灯应无破损，车号标志应清晰。

② 车钩提杆应安装牢固，提钩灵活，钩舌外观良好，摩擦板油润良好，钩舌销开度正常，过渡车钩外观良好，作用良好无卡滞。

③ 列车管截断塞门位置应正确，开口销无失落， 橡胶管无老化、裂纹，密封圈无破损，连接器连接良好，悬挂可靠。单向输入插座、单向输出插座、三向输出插座标识清晰，外观良好，排障器外观良好。

④ 制动机组件中继阀、分配阀、作用阀安装应牢固，各部件无漏风，阀门位置正确，紧急放风电磁阀外观良好，风缸安装牢固。各销、杆、闸瓦间隙调节器、停放制动装置、停放制动电磁阀良好，制动杠杆系统灵活，缓解正常，闸瓦串销无失落，闸瓦厚度大于 20 mm。检查轮缘、踏面无剥离、擦伤。

⑤ 砂箱安装应牢固，螺栓无松动，风管接头良好，撒砂口位置正确，喇叭口无失落。

⑥ 轴箱弹簧应无裂损，车架应无裂纹。油压减振器应外观良好无泄漏，安装牢固。

⑦ 侧门、侧窗、扶手、脚蹬安装应牢固。

⑧ 补水箱安装应牢固，补水开关位置应正确。

⑨ 燃油箱应外观良好无渗漏，安装牢固，燃油粗滤器外观良好，燃油箱进出油管无渗漏，透气盖无失落，加油口锁闭良好，油位传感器接线良好，油位刻度表清晰。

⑩ 蓄电池箱应悬挂牢固，锁闭良好，标识清晰。

⑪ 车底检查：排障器安装牢固，螺丝无松动；车钩尾框、缓冲器外观良好无裂纹，安装螺丝无松动，外接电源接线盒外观良好；电喇叭、风喇叭外观良好安装牢固；横梁无裂纹；风管接头无漏风，固定牢固；齿轮箱安装牢固，油封无渗油，油位正常，油堵无失落，开口销张度正确；传动轴十字联轴节油润良好无裂纹，转动时无异响，托框安装牢固；联轴器安装紧固状态良好；变速箱外观良好无泄漏，液力管路无泄漏；固定轴与支架连接的螺栓紧固，固定轴运转时无抖震、无异响；轮毂迟缓标记清晰准确。

（2）司机室检查。

检查要求如下：

① 电气柜外壁空调控制面板外观良好；电气柜锁闭良好；照明灯泡无烧损；各钥匙开关位置正确；充电电源盒各开关位置正确；微机控制器外观良好；电源开关位置正确；各断路器外观良好，位置正确；各继电器外观良好，接线排接线良好无脱落，烧损。

② 司机室门、侧窗、瞭望窗外观良好；遮阳布、工具箱、380 V 电器箱、灭火器、司机座椅外观良好，警惕标识清晰，随车工具齐全。

③ 操纵台各电源开关位置正确（断开位），主操纵台各风表、仪表外观良好，车载设备良好，制动机手柄位置正确，各开关位置正确，紧急制动按钮位置正确，换向手柄在中立位，主手柄在“0”位，换挡开关在空挡位；脚踏开关外观良好。司机室照明、电风扇外观良好。操纵台下方各电器、电子装置安装状态、显示及动作情况、端子排的接线、插头插座连接良好。

④ 发电机组安装牢固，外观良好。

（3）动力室检查。

检查要求如下：

① 变速箱外观良好，加油口无失落，截断阀位置正确，液力油管路无渗漏。

② 柴油机外观良好；冷却水循环系统管路无渗漏；柴油机自由端传动皮带张紧度良好；柴油机加油口无失落，机油油位正确，机油无变质现象，各传感器安装牢固外观良好。增压器及增压器进回油管密封良好，油、水、气等管路的密封良好；各传感器、电路良好；启动电机、充电机及其附件状态良好；消音器状态良好。

③ 空气压缩机外观良好，安装牢固，油表显示清晰，油质无稀释、乳化，油位正确，滤清器进气口无异物，安全阀外观良好，加油口闷堵无失落，传动皮带张紧良好。

④ 静液压油、冷却水、液力油管路无渗漏，静液压油放油阀位置正确，管系铭牌清晰。

⑤ 液压马达外观良好；油、水、气等管路无渗漏；各传感器、电路良好。

⑥ 冷却风扇网罩无破损，风扇叶片无弯曲变形；冷却水散热单节放水阀位置正确，水表显示清晰，水位正确，低水位传感器安装牢固外观良好。

⑦ 静液压油箱悬挂安装牢固，油位大于 2/3，油脂无变质现象，阀门位置正确，加油口无失落，溢流阀体、仪表外观良好。

⑧ 百叶窗关闭和开启状态良好。

（4）启机。

① 非操作端检查：

- 将调油手柄压到底；
- 关闭启动电锁，并拔掉钥匙；
- 关闭自动制动阀通向列车管的截止塞门。

② 柴油机启动后，机车动车前的注意事项：

- 转动柴油机电锁钥匙（严禁启动前开启用电设备及大灯，柴油机必须空载启动），启动柴油机开始工作并指示灯亮后，应立即松开钥匙，连续启动柴油机的时间不得超过 12 s；如不能启动，须等 1 ~ 2 min 后再行启动。连续启动三次不能启动柴油机时，应作检查，排除故障后再进行启动。
- 柴油机启动后和熄火前，应怠速运转 4 ~ 5 min（怠速 800 r/min 左右），以防止增压器烧坏。试机时，严禁高转速运转或连续猛拉油门。
- 检查油、水和空气管路，应无泄漏。
- 检查柴油机、变速箱、换向箱、车轴齿轮箱及空压机运转状态，应无异常。
- 空气制动系统应安全可靠；电气仪表系统正常。
- 检查换挡操作，应顺利、可靠。

③ 制动机检查及试验。

柴油机启动后，空压机即开始充风，制动阀手把置于缓解位置，按规定对 JZ-7 型空气制动机进行“五步闸”的检查与试验。

④ 检车完毕后的操作。

用无线对讲机与运转值班员联系，告知检车完毕，轨道车具备动车条件。

⑤ 检车时发现问题的处置。

- 当内燃轨道车司机在库内检车作业中发现异常情况时，应迅速将信息告知运转值班员和当班乘务组长，避免出现信息传递滞后；

- 运转值班员应迅速通知车辆维修人员处理；
- 待车辆维修人员到现场确认或维修后，根据运转值班员命令再进行下一步操作。

⑥ 检车时与运转的联控呼唤应答。

检车时，司机应按表 3.26 所示与运转值班员联络。

表 3.26 检车时司机与运转的联系用语

作业形式	作 业 内 容	联 系 用 语
检车作业	1. 检车作业	
	2.司机准备好后与运转联系	司机【呼唤】：×××运转，××道××××号车，申请检车作业。 运转【应答】：××道××××号车申请检车作业，运转明白，司机注意安全。

2. 蓄电池轨道车司机检车标准

1）检车前的确认

确认股道、车号，确认接触轨停电，列车两侧及底部无人员或物件侵入限界。

2）检车行走路线

检车时，应严格按照图 3.113 所示路线进行。

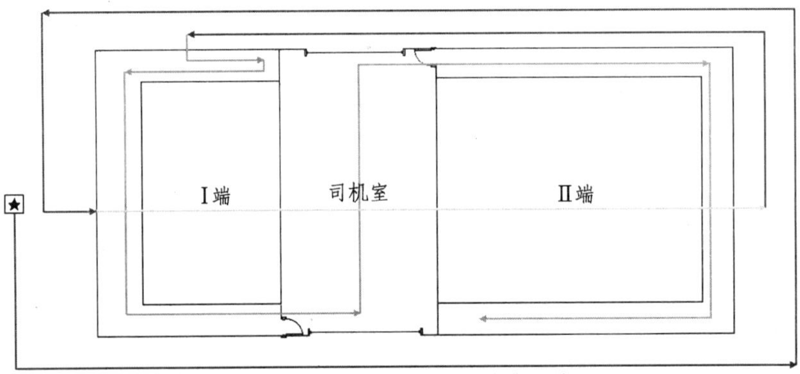

注释：司机室有电器柜端为Ⅰ端，无电器柜端为Ⅱ端；

——→ 检车作业开始点，机车走行部检车走向

——→ 车底检车点

——→ 走廊点期间、司机室检车走向、检车作业终点

图 3.113 蓄电池轨道车司机检车行走路线

3）检车流程

（1）走行部及车体检查。

检查要求如下：

① 手动解钩拉手悬挂位置正确，无损坏。

② 检查车体无倾斜，外墙、车门、玻璃无刮痕破损，密封橡胶条无老化、脱落，头灯、标志灯无破损，车号标志清晰，排障器安装牢固无损坏。

③ 检查构架无裂纹变形，轨面及轮对无异物；橡胶堆旁承、螺旋钢弹簧、液压减振器、

速度传感器、轴箱、轴箱盖、轴箱拉杆及其附件、牵引装置、第三轨集电靴、悬挂装置安装牢固作用良好；充电插座、充电警示灯作用良好；停放制动手动缓解拉环锁闭良好，基础制动装置安装牢固作用良好；轮对踏面无擦伤剥离。

④ 半自动车钩钩舌位置正确，车钩整体位置无偏移；主变流器、电抗器柜高压箱、控制蓄电池充电机、高速断路器、制动电阻箱、避雷器、空气管路各主体及附件悬挂装置安装牢固，作用及锁闭良好，各连接螺栓、连接销作用正常，各穿销位置正确；空压机、轮缘润滑油箱和齿轮箱时油位应在规定范围内。

⑤ 车底检查：检查空压机、干燥器、主风缸、牵引电机、齿轮箱和制动风缸，按图 3.113 所示顺序检查列车车体及走行部，检查走廊脚蹬扶手，应安装牢固无变形；

⑥ 走廊电器间检查：牵引蓄电池柜、牵引蓄电池充电机柜、低压电器柜、辅助变流器、制动柜、高压柜、控制蓄电池箱内各电气设备外观完好、无破损，各保险开关、旋钮开关位置正确，接线连接良好，各阀位置正确，盖板及设备柜门应锁闭良好；走廊灯及灭火器作用良好。

（2）司机室检查。

检查要求如下：

① 司机把携带的物品放置在司机室里（如：调车单等），检查该司机室是否悬挂禁动牌。

② 检查紧急制动按钮位置是否正确，司机室设备柜内及驾驶台上的各部件外观是否完好，保险开关、旋钮开关、操作按钮位置是否正确（铅封齐全）。

③ 各显示屏外观完好无损坏；遮阳布、司机座椅、双针压力表、网压表、蓄电池表等硬件设备外观完好，读数正确；照明灯具、空调外观完好无损坏；灭火器、雨刮器，状态良好；各开关及手柄位置正确，随车工具齐全，功能良好；电气系统、照明应正常，电气线路接线紧固无松动。

（3）司机室静/动态试验。

① 静态试验。

- 刮雨器动作测试；
- 司机室操纵台阅读灯、司机室照明、客室照明、头灯测试；
- 司机室空调测试，对讲机通讯测试，电笛测试；
- 制动静态测试——主控手柄紧急制动时制动缸压力应正常，符合标准（450 kPa）。

② 动态试验。

- 停放制动施加/缓解测试（通过指示灯、面板确认）；
- 牵引制动动态测试——方向手柄置“向前”位，主控手柄施加少量牵引，待列车动车移动半米左右后施加电制动；然后方向手柄置“向后”位，主控手柄施加少量牵引，待列车动车移动半米左右后施加电制动。

注：动车前注意鸣笛，动车后注意确认“所有气制动缓解”灯亮，确认牵引/制动有效。

- 做完上述试验后，施加停放制动，关闭主控制器钥匙开关。

③ 制动机检查及试验。

DK-2 型电空制动机“三步闸”试验方法及要求如下（做此试验时主控手柄在零位）：

- 自阀置于运转位，列车管、均衡风缸和总风缸压力皆为规定压力，制动缸压力为 0；
- 自阀由运转位移至紧急制动位：列车管压力在 3 s 内下降至 0，制动缸压力在 5 s 内升至 400 kPa，最高压力为 450 kPa；

- 自阀由紧急制动位移至运转位：列车管压力在 9 s 内升至 480 kPa，均衡风缸压力在 10 s 内升至 500 kPa；
- 自阀由运转位移至制动位：均衡风缸减压 140 kPa 的时间为 5 ~ 7 s，制动缸压力在 6 ~ 8 s 内升至 360 kPa；
- 自阀由制动位移至中立位：均衡风缸、列车管泄漏每分钟的压力下降分别不大于 5 kPa 和 10 kPa；
- 自阀由中立位移至重联位：均衡风缸减压量为 240 kPa，列车管不减压。

④ 检车完毕后的操作。

用无线对讲机与运转值班员联系，告知检车完毕，具备出库条件。

⑤ 检车时发现问题的处置

- 当蓄电池轨道车司机在库内检车作业中发现异常情况时，应迅速将信息告知运转值班员和当班乘务组长，避免出现信息传递滞后；
- 运转值班员应迅速通知车辆维修人员处理；
- 待车辆维修人员到现场确认或维修后，根据运转值班员命令再进行下一步操作。

⑥ 检车时司机与运转的联控呼唤应答如表 3.26 所示。

3.2.3 轨道车出/入库作业标准

1. 出库作业标准

轨道车出库时，司机必须确认轨道车周围安全情况与状态，确认内容包括：

① 与轨道车相关的其他作业已经停止并且撤离车辆限界；

② 司机要确认大门开启，插销位置正确并牢固；

③ 在司机室内无闲杂人员和与运行无关的人员停留；

④ 轨道车司机与信号楼联系：

司机呼：××信号楼，××道××号车检车完毕，车况良好，具备动车条件；

信号楼回：××信号楼明白，××车，××道至××线进路已排列，信号已开放，司机凭信号显示动车；

司机回：××道至××线进路已排列，信号已开放，司机凭信号显示动车，××号车司机明白。

⑤ 轨道车出库时应再次确认轨道车四周的安全情况，然后鸣笛按规定速度行驶出库，机车在库内行驶限速 5 km/h，列车头部越过库外平交道口后，限速 10 km/h，机车尾部出清库外平交道口后，限速 25 km/h。

⑥ 遇信号机及道岔时执行呼唤应答。

2. 出场作业标准

① 轨道车出场行驶是轨道车出停车库后由车场内运行至正线的运行过程；

② 轨道车出场进路按相关的行车管理办法执行；

③ 场内驾驶轨道车要做到瞭望不间断，场内运行限速 25 km/h；

④ 轨道车出场运行时，按场内限速运行至出/入场线转换轨一度停车牌前停车，使用车载电台或手持台与行调联系（注意：在一度停车牌前停车时，把车载台和手持台调频至调度组）；

⑤ 轨道车司机与调度联系用语：

司机呼："××号车在出/入场转换轨停稳"；

行调回："××号车已在出/入场转换轨停稳，行调明白"。

当出场进路排列好后，行调用车载台与司机联系：

行调呼："××车开行××车次，限速××km/h 运行至××站上行/下行站台"；

司机回："××车开行××车次，限速××km/h 运行至××站上行/下行站台，司机明白"

⑥ 轨道车司机确认信号、道岔位置正确后，按行调指定的速度，运行至指定地点。

3. 入场作业标准

回库轨道车在大学城南站必须停站，确认信号显示和道岔位置，司机必须严格控制轨道车速度。

（1）轨道车入场运行。

轨道车司机驾驶轨道车进入出/入场线，限速 25 km/h，凭前方信号机显示继续运行，在入段信号机前一度停车（注意：把车载台和手持台调频至调度组）。

（2）轨道车入场联络。

① 轨道车入场时需与信号楼联系，听取信号楼值班员的指示：

司机呼："信号楼，××号车已在出/入场转换轨处停稳，申请回库"。

信号楼回："××号车已在出/入场转换轨停稳，申请回库，信号楼明白"。

② 信号楼排列好接车进路后，与轨道车司机联系：

信号楼呼"××号车，转换轨至××道进路已排列，信号已开放，司机凭信号显示动车"

司机回："××号车，转换至××道进路已排列，信号已开放，司机凭信号显示动车，××号车司机明白"。

③ 轨道车司机凭入场信号机（Xc/Xr）显示的开放信号限速 25 km/h 入场，运行过程中，注意确认信号和道岔位置。

4. 入库作业标准

① 列车入库运行，至库外平交道口一度停车，下车确认库门锁闭情况；

② 确认前方进路安全，无异物侵限，无人员进出平交道口，手指口呼"库门锁闭良好，平交道口无人无异物"，鸣笛动车；

③ 轨道车入库限速 5 km/h，在规定位置处停车，轨道车司机在驾驶轨道车接近停车位置时应严格控制速度，防止意外发生。

5. 入库收车作业标准

（1）收车准备作业。

列车在指定的股道停稳后，与运转联系，确认轨道车是否需要收车：

司机呼："××号车呼叫运转"；

运转回："运转有，××号车司机请讲"；

司机呼："××号车已在××道停稳"；

运转回："××号车在××道收车"。

（2）司机室操作。

① 将主控手柄回"零"位；

② 关闭各类负载、空调及照明；

③ 将司机台面上的各开关置于"收车"时的正确位置，并施加停放制动；

④ 带好随身物品离开司机室；

⑤ 离开司机室后，锁闭司机室侧门；

⑥ 在轨道车2端车轮上分别放上止轮器进行防溜（要求：止轮器应对角布置并抵紧车轮）；

⑦ 做好防溜措施后，整体检查轨道车的基本状态，并与运转联系：

司机呼："××号车已在××道收车作业完毕"；

运转回："××号车已在××道收车作业完毕，运转明白"。

6. 电话闭塞法下的出入场作业标准

① 电话闭塞法运行需由调度下达书面命令后方可执行；

② 凭路票进入闭塞区段；

③ 确认车站值班员/运转值班员的发车手信号。

3.2.4 轨道车正线作业操作标准

1. 轨道车正线驾驶安全规定

① 必须得到调度命令（使用内燃轨道车时接触轨应停电），才能上正线运行。

② 采用电话闭塞法的行车方式，凭车站值班员的发车手信号发车。

③ 以正确的路票为占用区间凭证。

④ 严格按出乘检车操作规程检查被调列车，确认列车各项性能是否符合动车条件。

⑤ 区间运行作业过程中严格按调度命令要求执行，听从行车调度的指挥。行车过程中，严格执行手指呼唤作业标准。调车进路按相关的行车管理办法执行，并严格执行《呼唤应答规范用语》。

⑥ 轨道车运行限速表。

各种运行工况下轨道车的运行限速如表3.27所示。

表3.27 轨道车运行限速表

项　目	速度（km/h）	说　明
正线运行（牵引/推进）	60/30	通过车站限速30 km/h，侧向过岔不得超过道岔侧向允许通过速度
正线调车	25	经过渡线、存车线、折返线、联络线
正线救援（牵引/推进）	40/30	救援列车牵引被救援列车运行情况下限速为40 km/h，救援列车推进被救援列车运行情况下限速为30 km/h

2. 调度命令的使用

（1）需要发布书面命令的情况。

① 变更行车闭塞法；

② 封闭/封锁线路；

③ 开通线路；

④ 线路限速/取消线路限速；

⑤ 开行调试列车/轨道车；

⑥ 行车调度认为有必要的命令。

（2）需要发布口头命令的情况。

① 变更行车闭塞法；

② 封闭/封锁线路；

③ 开通线路；

④ 线路限速/取消线路限速；

⑤ 开行调试列车/轨道车；

⑥ 行车调度认为有必要的命令。

（3）调度命令的下达。

① 调度命令一定由当班行车调度发布；

② 调度命令内容一事一令，先拟后发；

③ 在日常执行中如无法及时递交轨道车司机，应适时完成补交手续。

（4）调度命令的传达。

① 发布调度命令时，如列车未离场段，应发给场段运转值班员，由其负责转交轨道车司机。

② 发布调度命令时，如列车已离场段，行车调度应以无线通信形式向轨道车司机直接发布。

3. 路票使用规定

（1）路票使用时机。

采用电话闭塞法时作为占用区间的凭证。

（2）路票的使用方法。

由发车站值班员递交路票，双方在递交路票时必须核对。轨道车司机在接到路票后须对路票进行确认，准确无误后按规定行车，运行至接车站时司机将此路票递交给接车站值班员。

（3）路票具备的要素。

路票必须具备电话记录号码、车次号、方向、行车专用章、值班员签名、日期和调令号码七要素，且填写完整。

（4）发现路票错误及丢失的处理。

① 轨道车司机在发车站发现路票错误时，应将错误路票退还车站值班员，并立即报告行车调度，按行车调度指令运行；

② 轨道车司机取得凭证并确认正确后，遇在途中丢失时可继续运行至接车站，将情况报告接车站车站值班员和行车调度，车站值班员应在行车日志备注栏上说明。

4. 电话闭塞法时行车作业标准

① 电话闭塞法行车需由调度下达调度命令后方可执行；

② 电话闭塞法行车时信号机的显示不再作为行车凭证；

③ 电话闭塞法行车时进入区间的凭证为路票，发车指令为值班员的发车手信号。

5. 救援作业标准

轨道车司机在接到调度的救援命令后，司机应按一次出乘作业标准对轨道车进行检车作业。检车完毕后，迅速按调度命令将轨道车运行至故障地点，准备进行救援连挂作业。

（1）列车救援指挥人。

故障列车司机在整个救援过程中担当调车作业指挥人；

救援列车司机接到救援命令后，凭调度命令进入封锁区间（注意百米标）。

（2）救援列车连挂。

① 故障列车司机在得到调度的救援命令，并了解救援来车方向后，施加停放制动，切除除连挂端 TC 车的所有 B09；

② 救援列车运行至距故障列车一车（22 m）处一度停车，运行过程中严格按照行车调度下达的救援命令执行；

③ 救援列车确认故障列车做好防护后，继续以低于 5 km/h 速度前行，并在距故障列车 1 m 处再次停车，通过无线手持台与故障列车司机联系，确认连挂条件；

④ 救援列车司机接到故障列车司机连挂通知后，以不超过 3 km/h 的速度进行连挂，故障列车司机负责调车指挥，发现问题时立即通知救援列车司机停车。连挂后进行试拉，确认连挂妥当，防止脱钩溜车；

⑤ 救援列车司机确认连挂妥当后，通知故障列车司机，故障列车司机缓解停放制动，切除连挂端 TC 车的 B09 和 ATC 后，返回运行端的司机室；

⑥ 救援连挂作业完毕后，救援列车司机负责向行调汇报，并按轨道车正线救援速度要求运行；

⑦ 救援列车司机告知故障列车司机救援进路后，故障列车司机指挥动车。

（3）救援列车运行。

① 当轨道车采用推进救援时，前方的进路由故障列车司机负责确认，并用无线通信设备通知救援列车司机。动车前必须做好联控，确认故障列车所有制动已缓解，确认进路正确，指挥救援列车司机动车。运行途中，故障列车司机要不断与救援列车司机联系，告知前方信号和道岔状况。遇有危及行车安全的情况时，立即通知救援列车司机停车。联络当中，如发生联络不清或中断联络，救援列车司机应立即停车。

② 当轨道车采用牵引救援时，前方的进路由救援列车司机负责确认，并与故障列车司机保持联络，动车前必须做好联控，确认故障列车所有制动已缓解。故障列车司机应在连挂端 TC 车司机室随时观察车钩状态，发现有脱钩迹象，立即通知救援列车司机停车。

③ 故障列车与救援列车连挂完毕后，由救援列车司机与行调联系，故障列车司机只负责与救援列车司机联络。

④ 救援作业必须按照调度下达的救援命令及手信号的显示要求进行，没有救援命令（或

信号）不准动车，信号不清立即停车。

⑤ 在救援过程中，救援司机应尽量平稳牵引和制动，减少列车损伤，确保行车安全。

⑥ 在救援过程司机遇特殊情况必须向调度汇报，听取调度命令，根据调度命令执行。

⑦ 救援轨道车牵引故障列车运行情况下限速 40 km/h，救援轨道车推进故障列车运行情况下限速 30 km/h。

6. 运行轨道车司机正线呼唤应答标准

（1）轨道车司机呼唤行车调度时的标准用语。

① 上行或下行；

② ×××次；

③ ××区间或××车站；

④ ×××车号。

⑤ 报告内容：×行、×××次、×××号轨道车司机（姓名）、××列车位于百米标××等信息。

（2）轨道车司机应答行车调度时的标准用语。

① ×××次司机有；

② ×××次司机明白，并将行车调度命令复诵一遍；

③ 遇通信不畅时，应采用其他通信方式与行车调度取得联系，在领会行车调度命令后进行复诵，防止臆测事件发生。

7. 手指呼唤作业标准

（1）列车进站。

① 列车进站前，接近站名标时，左手手指口呼“××站到”，进站有道岔防护信号及道岔，手指呼唤“信号正确，道岔位置正确”；

② 列车接近站台：手指呼唤“触轨、道床无异物，安全门关闭良好”。

（2）列车发车。

① 出站有信号机及道岔并指示正确时：手指呼唤“道岔位置正确、信号正确”；

② 电话闭塞法行车时确认路票及调度命令正确。

8. 轨道车非正常驾驶作业标准

（1）区间隧道有积水。

① 发现区间隧道有积水时，及时联系行车调度，按指令行车；

② 当积水面未到达钢轨底面时，允许列车以正常速度通过积水段；

③ 当积水面低于轨面高度 100 ~ 150 mm 时，允许列车按 40 km/h 速度通过；

④ 当积水面淹到钢轨但未到达轨面时，允许列车限速 20 km/h 通过积水段。司机应谨慎驾驶，尽量以惰行方式通过；

⑤ 当积水面超过轨面时，原则上不允许列车通过积水段。

（2）列车挤岔。

① 当发生列车挤岔时，内燃轨道车司机应立即停车，严禁擅自移动列车，并立即报告运转值班员；

② 待确认情况后，根据现场处理指挥人员的命令和允许移动的信号将列车行驶至安全位置；

③ 列车在安全位置停稳后，再根据行车调度的指令行车；

④ 挤岔救援过程中，轨道车司机应积极配合施工抢修人员工作。

（3）列车发生火灾。

① 当司机在列车运行过程中发现列车发生火灾时，立即向行调汇报，维持列车进站。

② 司机与车站工作人员共同确认列车内无遗留乘客后，随车站工作人员离开；

③ 当火灾扑灭后，司机须至现场确认列车状态，并将详细情况汇报调度，根据调度的指示执行；

④ 当列车无法进站，迫停于区间时，司机按列车在区间发生火灾处理。

（4）道床伤亡。

① 司机发现有人跳/掉下轨道，应立即拍下紧急停车按钮停车，并报告行调，通知车站；

② 确认已撞人或压人后报行调；

③ 需要稍微移动列车时，确认好现场人员处于安全位置后，按照事故处置负责人要求动车；

④ 事故处置负责人通知线路出清时，司机应确认线路两侧无人或异物，报行调，按照行调的指示处置。

（5）线路断轨、胀轨。

① 司机加强线路限界瞭望，做好安全行车临时处置措施；

② 根据行调指令限速运行，到故障现场时鸣笛，按照限速规定通过区段；

③ 根据行调命令恢复动车。

9. 路料装卸作业标准

轨道平车的装载与加固是保障轨道车运用安全的重要内容之一。如何充分利用轨道平车的空间、载重和集重，保证快速、平稳、安全、经济地组织路料运输，是装料人员和轨道车司机必须掌握的一项技能。

使用轨道车牵引轨道平车运输，要合理选配车辆，并且在装载加固上要遵守有关规定。若货物的装载不按规定加固，在轨道车的运行过程中，由于受到各种力的作用，货物就会发生移动、倒塌或坠落，导致列车颠覆、脱轨等行车事故。有些货物虽然不属于超长、集重、超限货物，但若装载加固不良，也会引起铁路交通事故，如常见的“三重、一超、一落”（超重、偏重、集重、超限、坠落）引发的事故。

轨道车司机必须掌握货物装载加固法，监督轨道平车正确、合理地装载货物，这是保证行车安全和货物完整的重要环节。

1）路料装载标准

（1）装载加固的要求及技术条件。

货物装载与加固的基本要求是使货物均衡、稳定、合理地分布在轨道平车的地板上，不超载，不偏载，不集重，不偏重，能经受列车运行中各种外力的作用，不致发生移动、滚动、倾覆、倒塌、坠落等险情。

（2）基本技术要求。

为了保证运输安全，保证货物和车辆的完整，使其经济、合理地利用车辆载重能力，在货物装载加固时，应符合下列基本技术条件：

① 货物装载的宽度与高度不得超过机车车辆限界装载限制。装载货物的重量不得超过轨道平车的容许载重量，货物装载必须均衡，重量应合理分布在平车地板上，不得偏载。

② 装车后货物重心的投影应位于轨道平车的纵横中心线的交点上。必须偏离时，横向偏离不得超过 100 mm，并相应采取配重措施；纵向偏离时，每个转向架所承受的货物重量不得超过轨道平车容许载重量的 50%，且两转向架承受重力之差不得大于 10 t。

③ 使用有端板、侧板的轨道平车，装载长度或宽度超出车地板的货物时，可将端板、侧板放下，但必须用镀锌铁线与车体捆绑牢固或用锁铁卡死，并不得影响提钩杆及手制动机的正常使用，严禁压住车钩。

一件货物的宽度等于或小于车地板宽度时，突出货车端梁长度不得超过 300 mm；大于车地板宽度时，突出货车端梁长度不得超过 200 mm。

④ 无端板、侧板平车不得装载散装的煤灰、焦炭、砂、石、土、矿石、砖、金属块、空铁桶、木材等货物。若要装载以上货物，必须使用围挡并安上支柱，空铁桶应加固并外罩绳网。

⑤ 重车重心高度从钢轨面算起，一般不得超过 2 000 mm。超过 2 000 mm 时，可采取配重措施，以降低重车重心高度。表 3.28 所示为重心高度超过 2 000 mm 时的运行限速表。

表 3.28　重心高度超过 2 000 mm 时运行限速表

重心高度（mm）	区间限速（km/h）	通过侧向道岔限速（km/h）
2 001 ~ 2 400	50	15
2 401 ~ 2 800	40	15
2 801 ~ 3 000	50	15

⑥ 装载成件包装货物时，应排列紧密、整齐。当装载高度或宽度超过端侧墙板时，应层层押缝，梯形码放，四周货物倾向车内中心。对超出侧板部分，应予加固。两侧超出侧板的宽度应该一致，袋装货物的袋口应朝向车内。装载轻浮货物时应用绳索交叉捆绑。对超出端板高度的货件，应串联在一起或用挡板、支柱、绳网、镀锌铁线等加固。

⑦ 加固时，捆绑货物的着力点应根据货物的重心位置和包装形式加以选择，但应尽可能与货物重心高度相等。

a. 捆绑货物的铁线形状应呈八字形、倒八字形、交叉捆绑或下压式捆绑，或呈反“又”字下压式捆绑。铁线与车底板的夹角在一般情况下可为 45°左右，如果捆绑铁线主要用于防止货物的水平移动，夹角应适当减小。

b. 用镀锌铁线牵拉时，需用绞棍绞紧，绞紧时不能损伤铁线。用钢丝绳牵拉时，紧线器与钢丝绳的牵拉强度应一致。使用加固铁线牵拉加固货物应采取措施。

捆绑铁线的交叉点和夹角应根据货物的重心位置、外形尺寸及所受各种外力数值的大小来确定货物捆绑加固部位。

c. 使用钢丝绳加固时，应采用配套的钢丝绳夹。使用紧线器作连接装置时，紧线器与钢丝绳的强度应匹配，必要时加固线与货物、车辆棱角接触处应采取防摩擦措施。

⑧ 轨道平车同货车装载重量，应使用计量衡器确定，暂不具备条件的可按装载高度、货物密度确定。装车时，应按所装车辆的容器和货物密度量尺画线，确定装载高度，装车后平顶检查，防止超载。

2）装载路料区间运行标准

① 运行中做到集中精力平稳操作，严格按信号显示行车；遵守各项容许及限制速度，严禁超速行驶；执行呼唤应答和车机联控制度，不间断瞭望，遇危及行车或人身安全情况时必须立即采取紧急停车措施。

② 根据运行速度及时换挡，换挡应逐级提升挡位，严禁“拖挡”运行。

③ 途中运行上坡前提高速度增大牵引力，在上坡中及时调整挡位，应充分利用线路纵断面的有利地形，适时加速，以便顺利通过坡顶。在长大上坡道上，应采用“先闯后爬，爬闯结合”的操作方法。

④ 下坡时，不得超速运行，严禁发动机熄火，时刻注意制动缸风压变化。在长大下坡道上，不准空挡溜放，严禁制动后将制动机手柄推向缓解位后又立即移回运转位、中立位（保压位）。

⑤ 进入施工限速区间前，预告限速处所、限速值。

⑥ 进入施工地点前 1 000 ~ 2 000 m 时，司机严守限制速度，夜间开司机室灯，严格执行呼唤应答规定。

⑦ 运行中必须指定人员监视货物装载状态，防止货物松动或摔落而影响安全。

⑧ 运行途中，遇信号突变、线路异状或危及行车和人身安全的情况时，必须采取减速或停车措施。

⑨ 接近隧道、桥梁、曲线区段、作业标、施工地点、视线不良处及线路上有行人时，必须按规定鸣笛。

⑩ 每区间正、副司机不少于一次共同确认各种仪表、风表的显示情况和各部件运行状况，发现有异响或仪表显示异常时果断处理。

3）卸载路料标准

① 服从命令，听从指挥，区间卸车必须按行车指挥人员（行车调度员或车站值班员）要求，安全正点地退回或到达车站。

② 严禁边走边卸，卸车完毕必须检查限界，清好道沿，方可动车。

③ 卸下的货物严禁侵入邻线限界，严禁在接触轨一侧卸长大物件。

④ 轨道平车卸钢轨、轨枕、石料、泥土等货物时，必须均匀地在两侧门同时卸货，保证在运行中不偏载（单边旁承压死），以防轨道平车脱轨。

3.2.5 轨道车场/段内作业标准

1. 场/段调车安全规定

场段调车严格执行电气化区段作业安全规定，作业人员距离带电设备（接触轨）不得少于 700 mm，并执行以下安全规定：

① 严禁跨越地沟；
② 严禁紧靠移动中的车辆行走；
③ 严禁在移动的车辆前抢越；
④ 严禁横跨线路时从停留的车辆下部钻越或从列车顶部翻越；
⑤ 严禁飞乘、飞降以及未抓牢、抓稳上下车；
⑥ 因作业需要需横跨线路时，严禁脚踏道岔尖轨或道岔转动部分；
⑦ 严禁在行车区域追逐嬉闹，跳越地沟，翻越设备；
⑧ 严禁横越线路和行走时脚踏道岔尖轨与道岔转动部分；
⑨ 严禁未执行“一停、二看、三通过”的规定，盲目或强行穿越线路平交道口；
⑩ 严禁车辆未停稳就开始进行各种抢修、检修作业；
⑪ 严禁在无安全防护栏股道进行车顶及高空作业；
⑫ 严禁在无人防护情况下进行竖梯登高作业；
⑬ 未经相关负责人同意，严禁使用未交接的设施设备。

2. 轨道车场/段内驾驶规定

① 轨道车场内作业原则上接触轨应停电。

② 轨道车在运行过程中不允许担任操纵的轨道车司机离开司机位置，当班值乘轨道车司机必须对运行的安全负责。

③ 轨道车在运行时，值乘轨道车司机不得做与行车工作无关的事情，随时准备应付突发事件的发生，要切实做到“车动集中看，瞭望不间断”，密切关注轨道车运行进路情况、动态。

④ 轨道车司机在列车运行时必须平稳操纵，规范操作，认真瞭望，按规定鸣笛，发现有危及行车安全和人身安全的情况要反应准确，及时采取停车措施，并及时报告运转值班员或行车调度员。

⑤ 调车作业必须按照调车作业计划以及调车信号的显示要求进行，没有信号不准动车，信号不清立即停车。在调车过程中，如遇信号显示或进路错误，司机应立即采取紧急制动，将列车停下，并立即通知运转（信号楼）值班员，等待信号重新开放或由运转（信号楼）值班员通知后，根据要求动车，但要减速运行，加强对线路及信号的瞭望。在信号系统严重故障、行进线路信号全部不能开放时，应根据运转（信号楼）值班人员的调车手信号或口头命令动车。

⑥ 使用无线电对讲机联络进行调车作业时，轨道车司机与调车人员必须保持联络畅通，联络中断时应及时采取停车措施，停止调车作业。

⑦ 无线调车电台的使用办法：

a. 使用无线电台指挥调车时，必须执行单一指挥的原则，指挥轨道车的调车指令和用语，只能由调车班长发出，但遇到危及人身和行车安全的情况时，其他调车人员有权随时发出停车信号或用语。

b. 司机接收到停车信号后应立即停车，停车后有关人员要立即报告原因。原因未明了，危险未解除，调车班长不得指示动车。

c. 用无线电台指挥调车时，必须正确及时，信号准确，用语标准，吐字清晰，不得用无线电台讲与工作无关的事情。

d. 无线调车电台发生故障，不能保障指挥调车时，必须停用无线调车电台指挥调车，改为手信号指挥调车。

⑧ 轨道车司机在驾驶过程中还必须遵守和执行与行车相关的各种限速规定、信号规定，认真积极地配合场段调度进行轨道车运行调整，防止责任运缓，保证轨道车正常的运行秩序；

⑨ 严格执行《手指呼唤作业标准》及《列车司机呼唤标准》。

⑩ 轨道车作业的速度规定：

轨道车作业时，应严格遵守表 3.29 所示的速度规定。

表 3.29 作业速度规定

序号	项　　目	速　度（km/h）
1	车场内运行	25
2	库内运行	5
3	调动装载超限货物的车辆	10
4	在尽头线调车时	3
5	对货位时	5
6	接近被连挂的车辆时	3
7	接近被连挂的车辆三车距时	8
8	接近被连挂的车辆二车距时	5
9	接近被连挂的车辆一车距时	3
10	镟轮库调车时	3
11	检修库调车时	3

3. 调车作业前准备

（1）计划布置和变更。

① 调车作业计划由运转值班员根据生产需求编制书面计划（调车作业通知单）。

② 调车作业计划应分发给每位参与调车作业的人员，调车组长（轨道车司机）、调车员、信号员等各一份，存根一份。

③ 一批作业（指一张调车作业通知单）变更计划不超过三钩时，可用口头方式布置，但必须停车向有关人员传达清楚，复诵核对正确。超过三钩时，需运转值班员重新编制书面计划，并交于调机司机。

④ 禁止调车作业人员在作业中擅自变更计划，必须变更时应得到运转（信号楼）值班员与运转值班员的同意和确认，并重新编制计划。

（2）调车作业前的准备工作。

① 按规定携带无线电通信工具及专业工具（扳手、信号灯、止轮器等），并按规定与运转（信号楼）值班员确认无线电通讯良好，确认专业工具状态良好；

② 轨道车司机按照“轨道车司机一次作业标准”的检车程序对轨道车进行静态及动态全面检查，确认轨道车技术状态良好；

③ 调车员负责打开轨道车车库大门，固定大门位置，并检查线路及库门周围安全状况；

④ 轨道车整备完毕后，轨道车司机应使用无线电对讲机与运转（信号楼）值班员取得联系，核对作业内容及注意事项，确认无误后方可按照指示要求进行作业。

4. 调车进路的确认、取消或变更

轨道车单机运行或牵引车辆运行时，前方进路的确认由轨道车司机负责；推进车辆运行时，需 2 名轨道车司机共同执行调车任务，前方进路的确认由其中一名司机负责。非操纵端司机应不中断瞭望，并及时正确地与操纵端司机联系或显示信号；在调车运行中，调车作业人员必须按调车信号的显示要求进行作业。

除了运行计划以外，任何情况下改变运行方式都必须得到运转（信号楼）值班员的准许，严禁轨道车司机擅自改变运行方式，确保行车安全。

① 运转值班员（信号楼值班员）确认列车或车辆尚未起动开始运行，通知轨道车司机后，并得到回复；

② 如果车辆已经开始运行，必须立即通知轨道车司机，并且确认列车或车辆已经停止运行；

③ 如果必须使车辆运行时，确认车辆已经按规定进入规定位置停车；

④ 进行变更进路的排列，开放变更后的调车作业信号时，参加调车作业的轨道车司机在得到运转值班员（信号楼值班员）的通知后，应立即遵照执行，不得盲目动车或强行起动进入信号机内方，防止产生由于进路变更而使列车或车辆冒进红灯或者由于道岔转换而造成挤岔或脱轨事故。

5. 调车作业中停留车辆要求

调车作业时，需停留的车辆、列车不得超越警冲标和压占道岔位置，以免造成走行线路堵塞，影响其他相邻进路的开放。如确实要越出警冲标或压占道岔位置时，应得到有关行车管理人员的批准，并根据要求及时开通线路。

6. 连挂作业

（1）连挂前的准备工作。

① 调车车辆在车库平交道前停车（列车头部不得越过平交道），调车员下车查看车库大门是否开放、定位；

② 调车员对待挂车辆巡检一周，查看是否有异物侵入限界，是否有遗留工具，待挂车辆是否有异常情况（包括电客列车的车底设备、电气接插件、机械紧固件等是否良好）以及车辆的制动状态（如遇电客列车保留停放制动情况时按缓解电客列车停放制动的有关规定缓解电客列车的停放制动，并保留连挂端电客列车第一转向架的制动），同时必须确认车底和车顶无人员作业；

③ 巡检完毕后，调车员应站立于待挂车辆的头部左侧，并向轨道车司机显示连挂信号；

④ 轨道车司机收到连挂信号后必须鸣笛回示。

（2）连挂作业。

① 轨道车司机以低于 3 km/h 的速度操纵轨道车接近待挂车辆，调车员应密切注意车库平交道口的来往车辆和行人状态，确保安全。

② 当轨道车距被连挂车辆 3 m 时，调车员应及时向轨道车司机预报“3 m、2 m、1 m”

距离信号，轨道车司机应适当掌握车速，同时鸣笛回示。

③ 调车员调整好车钩，使两车钩处于良好待挂状态。

④ 距待挂车辆还有 1 m 距离时，轨道车司机应一度停车，调车员向轨道车司机显示连挂信号，轨道车司机使用“点动”方式连挂，调车员应密切注意两车钩间的连挂状态，遇不良状况及时显示停车信号。

⑤ 调车连挂时应严格控制速度（三车 8 km/h、两车 5 km/h、一车 3 km/h），如调车员未及时显示信号，轨道车司机应立即停车。

⑥ 轨道车连挂有电客列车司机值守的电客列车时，电客列车司机可不下车，在连挂端司机室指挥轨道车司机进行连挂作业。连挂好后电客列车司机换端，缓解列车制动后通知轨道车司机进行调车作业。

（3）连挂作业完毕。

① 调车员检查两车钩连接状态，缓解第一转向架的停放制动，取出止轮器；

② 调车员可通知轨道车司机进行“试拉”，“试拉”距离 1 m，调车员检查车钩有无脱钩现象。

7. 场内运行作业

（1）调车进路的确认。

① 调车正向运行、单机运行或牵引车辆运行时，前方进路的确认由轨道车司机负责。

② 推进车辆运行时，需 2 名轨道车司机共同执行调车任务，前方进路的确认由其中一名轨道车司机负责。在前端的轨道车司机应不中断瞭望，及时正确地与轨道车操纵司机联系或显示信号。

（2）运行。

① 轨道车司机联系运转（信号楼）值班员，汇报连挂作业完成，在确认进路正确、信号开放、道岔位置正确后鸣笛动车。

② 调车员等待列车被完全拉出库门后要求轨道车司机停车，调车员登乘电客列车非连挂端司机室后，通知轨道车司机继续运行。

③ 按规定的速度牵引列车，调车员确认列车尾部越过规定调车信号机后通知轨道车司机停车。

④ 如调车员不明确应该越过哪架信号机停车时，轨道车司机可以联系运转（信号楼）值班员，运转（信号楼）值班员在列车越过该架信号机后立即通知轨道车司机停车，严禁臆测行车。

8. 解钩作业

防溜措施进行完毕后，调车员摘钩，并要求轨道车司机将轨道车驶离电客列车，距离 1 m 左右后通知轨道车司机停车。原则上在接触轨停电状态下进行解钩作业，当在接触轨带电时进行此项作业，且电客列车具备解钩条件时，可通过操作电客列车解钩按钮进行操作；电客列车不备解钩条件时，由轨道车司机监护调车员在无接触轨侧确认安全后进行解钩作业。

9. 集中区要道还道办法与联控用语

车场在集中区调车时，为确保进路开放正确，做好互防工作，必须执行要道还道制度，使用车机联控制度，具体为调机出×道要×道，信号楼办妥×道还×道；调机进×道要×道，信号楼办妥×道还×道。

10. 场/段内作业时车机联控用语

场/段内作业时车机联控用语如表 3.30 所示。

表 3.30 场/段内作业时车机联控用语

作业形式	作业内容	联系用语
调车作业	1.接运转布置的调车作业，适时开放信号并记录	
	2.司机准备完毕后与信号楼联系	司机【呼唤】：×××信号楼，××道××号车，车况良好，可以调车。 信号楼【应答】：××道××号车准备好，信号楼明白
	3. 信号楼接到司机呼叫，告知动车。 注：必须清楚是哪次列车呼叫	信号楼【呼唤】：××道××号车，××道至××道进路准备好，信号已开放，司机凭信号显示动车。 司机【应答】：× ×道××号车，××道至××道进路准备好，信号已开放，司机凭信号显示动车，司机明白
	4.司机在牵出线转换司机室后与信号楼联系	司机【呼唤】：××号车已在牵出线停稳，司机已换端。 信号楼【应答】：××号车牵出线停稳，司机已换端，信号楼明白
	5.调车信号开放后	信号楼【应答】：牵出线至××道进路准备好，信号以开放，××号车凭信号显示动车。 司机【应答】：牵出线至××道进路准备好，信号已开放，××号车凭信号显示动车，司机明白
试车作业	1.按试车计划，适时开放信号并记录	
	2.司机准备与信号楼联系	司机【呼唤】：×××信号楼，××道××号车准备上试车线。 信号楼【应答】：×××道××号车准备上试车线，信号楼明白
	3.进路准备妥当后，告知司机可以动车	信号楼【应答】：××道至牵出线进路准备好，信号已开放，××号车凭信号显示动车。 司机【应答】：××道进路正确，信号已开放，××号车凭信号显示动车，司机明白
	4.按调车方式进入试车线，列车停稳后	司机【呼唤】：信号楼，××号车已在试车线停稳。 信号楼【应答】：×××号车已在试车线停稳，信号楼明白
	5.信号楼办理封锁试车线后，通知司机试车	信号楼【呼唤】：试车线已封锁，准许××号车进行试车作业。 司机【应答】：试车线已封锁，准许××号车进行试车作业，司机明白
	6.车辆试车完毕，在××信号机前停稳后向信号楼申请回库	司机【呼唤】：信号楼，××号车试车完毕，现在已在××信号机前停稳，申请回库。 信号楼【应答】：××号车试车作业完毕，在××信号机前停稳，申请回库，信号楼明白

续表 3.30

作业形式	作　业　内　容	联　系　用　语
试车作业	7. 信号楼解除试车线封锁后	信号楼【呼唤】：×××号车现试车线封锁解除，列车原地待令。 司机【应答】：试车线封锁解除，×××号车原地待令，司机明白。
	8. 信号楼与运转值班员联系后告知司机停车股道并排放列车回库进路	信号楼【应答】：试车线至牵出线进路进路准备好，信号以开放，××号列车凭地面信号显示动车。 司机【应答】：试车线至牵出线进路进路准备好，信号以开放，××号列车凭地面信号显示动车，司机明白
	9. 牵出线转换司机室后	司机【呼唤】：信号楼，××号车牵出线换端完毕。 信号楼【应答】：×××号车牵出线换端完毕，信号楼明白
	10. 机车挂在车列后头推送运行。信号楼排列车辆回库进路后	信号楼【应答】：××号车，牵出线至××道进路准备好，信号以开放，司机凭信号显示动车。 司机【应答】：×××号车，牵出线至××道进路准备好，信号以开放，司机凭信号显示动车，司机明白
变更进路作业	1.当进路准备完毕信号开放后，需变更进路	信号楼【呼唤】：××号车立即停车（禁止动车）。 司机【应答】：××号车已停车（未动车）
	2.在车辆未动车的情况下变更进路（如车辆已动车，禁止变更进路，待车辆停妥后，再变更进路）	信号楼【呼唤】：现在需变更进路，禁止动车。 司机【应答】：变更进路，禁止动车
	3.得到司机明确答复后，关闭信号，变更进路	
	4.待变更进路完毕后，通知司机	信号楼【呼唤】：×××号车，现在进路变更完毕，进路由××道变为××道，准许动车。 司机【应答】：进路变更完毕，进路由××道变为××道，准许动车，司机明白

调车作业时，调车员与司机联络用语如表 3.31 所示。

表 3.31　调车员与司机联络用语

序号	口呼内容	口呼人	口呼对象	用语含义	备　注
1	“三车”	调车员	司机	距停留车或车挡三车（60 m），允许速度 8 km/h	推进车辆距停留车或车挡三车时
2	“二车”	调车员	司机	距停留车或车挡二车（40 m），允许速度 5 km/h	推进车辆距停留车或车挡二车时
3	“一车”	调车员	司机	距停留车或车挡一车（20 m），允许速度 3 km/h	推进车辆距停留车或车挡一车时
4	“接近车挡”	调车员	司机	距车挡 10 m，允许速度 3 km/h。	推进车辆距车挡 10 m 时
5	“连挂注意”	调车员	司机	接近停留车辆，随时准备停车	推进车辆距停留车不足 10 m 时
6	“停车”	调车员	司机	立即停车	

续表 3.31

序号	口呼内容	口呼人	口呼对象	用语含义	备　注
7	“出×道信号好”或“×道信号好”	调车员	司机	×道前方调车信号机在开放状态	推进车辆，前方准备进路、信号开放后
8	“进×道信号好”	调车员	司机	前方调车信号机在开放状态，进路开通×道	推进车辆，前方准备进路、信号开放后
9	“鸣笛”	调车员	司机	指示机车鸣笛示警	推进车辆，遇道口、鸣笛标时
10	“试拉”	调车员	司机	机车稍行移动，检查全列挂妥	
11	“解钩”	调车员	司机	指示目标车辆与机车车辆解钩分离	车辆解钩后由连结员回报
12	“牵引”	调车员	司机	需要机车牵引列车运行	
13	“推进”	调车员	司机	需要列车推进列车运行	
14	“减速”	调车员	司机	指示机车适当降低速度	

11. 特殊情况下的调车作业办法

① 调车作业时因特殊需要必须越出场界调车时，应事先报告行车调度，得到批准同意后，由行车调度发给调车作业有关人员调度命令，作为越出场界进行调车的凭证，调车人员应严格按照命令要求执行。

② 调车作业如发生冒进信号、挤岔、碰撞异物等情况时，严禁司机擅自动车，必须立即与运转值班员（信号楼值班员）联系，等待进一步指示。

③ 轨道车在调车作业中发生故障需终止作业时，司机必须立即停车与运转值班员联系，严禁边处理故障边进行调车作业。

④ 机车、车辆必须进入调车信号机内方，除无法移动的情况外，必须出清调车信号机所防护的轨道区段，不得影响返回时调车信号机的开放。特殊情况下，如不能出清调车信号机所防护的轨道区段，在关闭调车信号机的情况下进行调车作业须得到运转（信号楼）值班员同意并复诵，用语为：

运转（信号楼）值班员：“DX 信号机无法开放，进路准备妥当，允许司机越过关闭的 DX 信号机”；

轨道车司机（推进时为调车员）复诵：“DX 信号机无法开放，进路准备妥当，允许司机越过关闭的 DX 信号机，轨道车司机明白”。

司机必须认真确认进路正确、道岔位置正确后方可动车。

⑤ 信号机故障时原则上不进行调车作业，如确需进行调车作业时，运转值班员（信号楼值班员）应锁闭该信号机防护的进路及道岔，并与司机（调车员）进行联控，用语为：

运转（信号楼）值班员：“DX 信号机无法开放，进路准备妥当，允许司机越过关闭的 DX 信号机”；

轨道车司机（推进时为调车员）复诵：“DX 信号机无法开放，进路准备妥当，允许司机越过关闭的 DX 信号机，轨道车司机明白”。

司机必须认真确认进路正确、道岔位置正确后方可动车，运行至次一架信号机前时，按次一架信号机的显示要求行车。

⑥ 在轨道电路分路不良区段进行调车作业时，必须在调车单上注明该区段轨道电路分路不良，调机进入该区段每次停车后，司机必须向运转值班员（信号楼值班员）报告停车位置，司机必须确认好信号、进路、道岔位置正确后方可动车。

12. 特种车库内调车作业标准

1）有架车机股道的调车作业

① 轨道车司机进入有架车机的股道调车或推进电客列车进入前，调车员除按规定操作外，还需确认架车机摇臂应收缩到位，确认良好后方可通知司机推进入库。

② 推进电客列车进入有架车机的股道时，调车员应在确保安全的前提下，指挥司机将架车机第一抬位的抬臂对准电客列车的抬位，并做好止轮措施。

③ 架车机股道调车作业流程。

架车机股道调车作业流程如表 3.32 所示。

表 3.32 架车机股道调车作业流程

	调车员		司机	
	作业内容	呼唤内容（调车员）	作业内容	应答内容（司机）
连挂前	1、轨道车司机在平交道前一度停车后，调车员下车察看车库大门是否超限界，门销是否安插牢固。	“注意速度。一度停车”	1.司机驾驶轨道车司机在平交道前一度停车。（待命）	鸣笛回示，停车后回答“一度停车，司机明白”
	2、调车员下车后应对被连挂车辆巡视一周。查看是否有异物超限界，被连挂车辆是否有异常（包括电客列车的集电靴位置、客室车门是否关闭；外部零件，如电气接插件、机械紧固件、架车机摇臂是否收缩到位等），以及是否有遗留工器具，列车的制动状态。并必须确认车底和车顶无人作业	通知司机大门位置良好、进路好，被连挂车辆状态良好，无异物侵入限界，可以鸣笛进库。	2.司机接到调车员口头通知后，复诵以上内容，相互确认无误后方可动车。动车前按规定鸣笛，并根据调车员的“三、二、一”车距离信号在被联挂车辆前“一度”停车	“大门良好、进路良好，被连挂车列状态良好，无异物侵入限界，司机明白”
连挂时	1、巡视完毕后，调车员应站立于司机侧，并向司机显示连挂信号	可以一米挂，注意速度	司机收到连挂信号后必须回示。司机以低于 3 km/h 的速度接近被连挂车辆，调车员应该密切注意连挂状态，确保安全	“准备连挂，司机明白”
	2、当机车的过渡车钩距被连挂车辆 3 m 时。调车员应向司机预报“3 m、2 m、1 m”距离	三米、二米、一米	司机应适当掌握车速，同时鸣笛回示。当与被连挂车辆还有 1 m 时，司机停车	鸣笛回示

续表 3.32

	调车员		司机	
	作业内容	呼唤内容（调车员）	作业内容	应答内容（司机）
	3. 调车员调整过渡车钩，使两车钩的中心距尽量在同一水平线上，再向司机显示连挂信号	连挂	司机鸣笛回示并动车准备连挂	鸣笛回示
	4. 调车员密切注意两车钩间的相对位置，若由于弯道、曲线、坡道等原因造成两车钩位置发生偏差时，应立即命令司机停车，停车后重新调整两车钩的位置，再指挥连挂，连挂后，调车员检查两车钩连接状态	试拉。停车	此时才可以进行“试拉”，“试拉”距离 1 m 左右，当司机感觉起速后立即单阀制动 300 kpa	鸣笛回示
推进电客列车	1. 轨道车司机推进电客列车在平交道前一度停车后，调车员下车察看车库大门是否超限界，门销是否安插牢固。（停车位置：电客列车头部不得踏上平交道）	“注意速度一度停车”	1. 轨道车司机推进电客列车在平交道前一度停车并待命。（停车位置：电客列车头部不得踏上平交道）	鸣笛回示，停车后回答“一度停车，司机明白”
	2. 调车员下车后对库内巡视一周。察看是否有异物超限界、架车机摇臂是否收缩到位、钢轨上有无异物，以及是否有遗留工器具，并必须确认地沟和工作平台无人作业	通知司机大门位置良好、进路好，库内状态良好，无异物侵入限界，可以鸣笛进库	司机按行规规定的速度推进电客列车进库。	“进路好，库内状态良好，可以推进，司机明白”
	3. 推进列车时调车员必须向司机显示“三、二、一车”的距离信号	三车、两车、一车	司机必须回示，同时应严格控制速度，若调车员未及时显示信号，司机应采取停车措施	鸣笛回示
	4. 当列车距停车位置不足“一车”时，调车员应向司机显示“五、三、一米”的距离信号	五米、三米、一米	司机严格控制速度，并作好随时停车的准备	鸣笛回示
	5. 列车在推进运行至库内规定位置后，调车员应通知司机停车。（一般以电客列车司机室侧门对准登乘平台为准）	停车	司机采取制动措施，并鸣笛回示	鸣笛回示

续表 3.32

	调车员		司机	
	作业内容	呼唤内容（调车员）	作业内容	应答内容（司机）
	6. 如列车进入有架车机的股道时，调车员除确认好进路良好外，还应确认架车机臂完全缩进后，方可通知司机推进入库。调车员应在确保安全的前提下，指挥司机将司机侧架车机第一抬位的抬臂对准电客列车的抬车位	准备对位；牵引(推进)方向稍行移动；位置正确，停车	司机严格控制速度，并作好随时停车的准备	“准备对位”；“牵引(推进)方向稍行移动”；“停车司机明白”
	7. 停车位置正确后，调车员应按规定对电客列车做好防溜措施，并解钩作业	解钩，拉个钩位	司机只需将两个车钩完全脱开后即可停车，联系信号楼开信号回库	“解钩，司机明白”

2）镟轮库调车

① 轨道车司机进入镟轮库调车或推进电客列车进入前，调车员除按规定操作外，必须确认镟轮库内镟床防尘罩大门和顶棚打开，推进前方库门也在开放位置并定位良好，在取得镟轮库负责人“设备准备妥当，允许进入”的通知后，方可通知司机推进入库。

② 若镟轮工作不需轨道车司机配合，调车员指挥司机将电客列车推进至规定位置停车并采取止轮措施后，便可解钩回库。

③ 若镟轮工作需要轨道车司机配合，调车员应按镟轮库负责人的要求指挥车辆移动，机车车辆在镟床导轨上限速 3 km/h，严禁超速。

④ 不落轮镟轮库调车作业流程

不需要和需要轨道车配合的不落轮镟轮库调车作业流程如表 3.33、表 3.34 所示。

表 3.33　不需要轨道车配合的不落轮镟轮库调车作业流程

调车员		司　机	
作业内容	呼唤人（调车员）	作业内容	应答人（司机）
1. 轨道车推进电客列车在镟轮库大门前一度停车后，调车员下车查看车库大门是否超限界，插销是否定位牢固，库内限界情况是否良好，并确认公铁两用车的位置等（停车位置：电客列车头部到达镟轮库大门前）	“库门一度停车”	轨道车推进电客列车在镟轮库大门前一度停车，并待命	鸣笛回示，停车后回答“库门一度停车，司机明白”
2. 调车员与镟轮库负责人取得联系，确认镟轮工作不需要调机配合，只需将电客列车推进至指定地点即可，此时应与司机取得联系	“库内进路好，可以推进入库，控制速度”	司机按行规规定的速度推进电客列车进库	“库内进路好，可以推进入库，控制速度，司机明白”

续表 3.33

调车员		司　机	
作业内容	呼唤人（调车员）	作业内容	应答人（司机）
3. 监护列车推进运行，并根据镟轮库内的规定的电客列车停车位置，指挥司机停车对位	“三车”、“二车”、“一车”、“停车”	司机按行规规定的速度推进电客列车进库，并作好随时停车准备	鸣笛回示
4. 调车员与镟轮库负责人联系，确认停车位置正确后，在电客列车的左侧第一轮对下置放止轮器（靠近镟轮库机床端的 TC 车），并进行解钩作业	“位置停好，解钩”	位置停好，解钩	“位置停好，解钩，司机明白”

表 3.34　需要轨道车配合的不落轮镟轮库调车作业流程

调车员		司机	
作业内容	呼唤人（调车员）	作业内容	应答人（司机）
1. 轨道车推进电客列车在镟轮库大门前一度停车后，调车员下车查看车库大门是否超限界，插销是否定位牢固，库内限界情况是否良好，并确认公铁两用车的位置等（停车位置：电客列车头部到达镟轮库大门前）	“库门一度停车”	轨道车推进电客列车在镟轮库大门前一度停车，并待命	鸣笛回示，停车后回答“库门一度停车，司机明白”
2. 调车员与镟轮库负责人联系，确认镟轮工作需要调机配合并准许电客列车进入镟轮库后，应与司机取得联系，并再次确认库内限界情况（镟轮库机床防尘罩和机床大门是否打开）	“库内进路好，防尘罩和机床大门打开，可以推进入库，控制速度”	司机按行规规定的速度推进电客列车进库	“库内进路好，可以推进入库，控制速度，司机明白”
3. 监护列车推进运行，并向司机显示镟轮机床位置的距离信号，通知司机在距离镟轮机床“一车”距离时“一度停车”。	“三车”“二车”“一车”“停车”	司机按行规规定的速度推进电客列车进库，并作好随时停车准备	鸣笛回示，停车后回答“一度停车，司机明白”
4. 调车员再次确认镟轮库机床防尘罩位置，并根据镟轮库负责人的要求指挥司机进行停车对位。	“旋轮库机床防尘罩位置良好，允许推进对位”。	司机按规定的速度推进电客列车对位，并作好随时停车准备	“推进对位，司机明白”
5. 在镟轮作业中应积极配合镟轮库负责人，并按其要求进行列车的牵引、推进对位，严禁轨道车司机踏上镟轮库机床。	“牵引（推进）方向，移动对位”	司机每次接收到调车员牵引方向或推进方向的动车命令，必须向调车员复诵，确认无误后方可动车	“牵引（推进）方向移动对位，司机明白”
6. 在镟轮库负责人通知镟轮结束时，调车员应及时与镟轮库负责人确认库内情况（镟床已停止，无异物侵入限界，人员全部撤离，止轮措施等），在确认符合动车条件后联系司机动车，将电客列车全部撤离镟床，再联系进路	“作业结束，列车撤离机床。联系进路”	司机接到调车员“作业结束，列车撤离机床，联系进路”的命令后，按规定联系进路	“作业结束，联系进路，司机明白”

3）检修库调车

（1）进检修库作业。

① 司机按运转要求，将需要调入检修库的列车调至检修库门前的平交道口处一度停车，司机下车对车库大门进行检查，确认库门开启、插销位置正确后，司机回到司机室使用800 MHz对讲机与运转联系，申请破除ATC铅封并使用慢行模式继续前进。

② 司机按车辆人员要求将电客列车调至检修平台规定停车位置处（司机室侧窗对准检修平台上的停车牌），收车后报运转。

③ 运转根据车辆部门申请对213断电，断电成功后通知车辆部门，司机应配合车辆部门对列车进行无电测试。

④ 车辆部门做好技术准备后汇报运转并申请218送电，运转对218送电。

⑤ 车辆部门得到运转218送电通知后指挥司机激活列车，司机采用慢行模式，根据车辆负责人指令，以不超过3 km/h的速度将列车停妥于规定位置（司机室侧窗对准检修平台的停车牌），列车停妥后司机根据车辆人员要求收车并恢复ATC和慢行模式。

（2）出检修库作业。

① 司机按调车计划对被调列车进行静态检查（注意确认止轮器）并检查车库大门，车辆人员向运转申请218送电，司机得到运转通知218送电后，根据车辆人员的指示将列车激活并申请破除×车×端ATC铅封，切除ATC并打慢行模式。

② 司机在动车前与信号楼联系，具备动车条件后，听从车辆负责人指令，以不超过3 km/h的速度将列车停妥于规定位置处，然后将列车收车并报运转（列车后端司机室侧窗对准检修平台库门端的停车牌）。

③ 运转根据车辆部门申请对218断电，断电成功后通知车辆部门。

④ 车辆人员做好技术准备后，汇报运转并申请213送电，运转对213进行送电。

⑤ 司机得到运转通知213送电成功后，听从车辆负责人指令激活列车，具备动车条件后，将电客列车整列车调出检修库外，恢复ATC和慢行模式后按调车作业计划以RM模式继续作业。

（3）作业注意事项。

① 注意各行车信号灯的显示，严禁冒进信号。

② 检修线作业采用慢行模式，速度应保持在3 km/h以内。

③ 司机在检修线发现任何危及调车作业安全的情况或滑触线设备故障时，应立即停车，报告给车辆人员和运转。

④ 司机动车前应注意观察有无人员、设备侵入车辆限界，并告知车辆人员即将动车。

13. 试车线调车作业标准

（1）接受试车命令。

① 接受运转值班员内勤布置的试车任务，上被调试列车进行检车作业；

② 按电客列车司机检车作业标准检车；

③ 轨道车司机接运转值班员内勤调车命令后，对轨道车进行检车作业；

④ 根据运转开的调车计划单，与所需调动的电客列车进行连挂作业，连挂好后进行试拉，试拉成功后，用手持电台跟信号楼联系：

司机呼："信号楼，××道××号车司机连挂作业完毕，可以进行调车作业"。

信号楼回："××道××号车司机连挂作业完毕，可以进行调车作业，信号楼明白"。

信号楼呼："××道××号车司机，××道至牵×线进路准备好，信号已开放，司机凭信号动车"；

司机回："××道至牵×线进路准备好，信号已开放，司机凭信号显示动车，司机明白"。

⑤ 轨道车司机牵引电客列车至牵出线，严格按尽头线调车办法的要求执行，司机停车换端后与信号楼联系：

司机呼："信号楼，××号车司机已在牵×线停稳，司机已换端"；

信号楼回："××号车司机已在牵×线停稳，司机已换端，信号楼明白"。

信号呼回："牵×线××号车司机，牵×线至试车线进路准备好，信号已开放，司机凭信号显示动车"；

司机回："牵×线××号车司机，牵×线至试车线进路准备，信号已开放，司机凭信号显示动车，司机明白"。

⑥ 轨道车司机将电客列车推行至试车线规定位置停车后，司机进行解钩作业，解钩作业完毕后报告信号楼，申请回库。

⑦ 调车作业过程中，严格按场内限速要求运行，不得超速。推进运行时，调车员应在运行方向的 TC 车司机室中担当引导员，并保持与轨道车司机间的联络，发现危及行车安全的情况时，立即通知轨道车司机停车。联络不清或联络中断时，轨道车司机必须立即停车。

3.3　轨道车设备知识及操作

3.3.1　内燃轨道车设备及操作

1. 司机室设备及操作

（1）司机操纵台。

本车前后端均设有司机操纵台，操纵台上布置有仪表及控制器件等设备，前后操纵台均分为操纵台台面和仪表板两部分，前后监控设备均相同。

操纵台台面电器、仪表布置方案如图 3.114 所示。

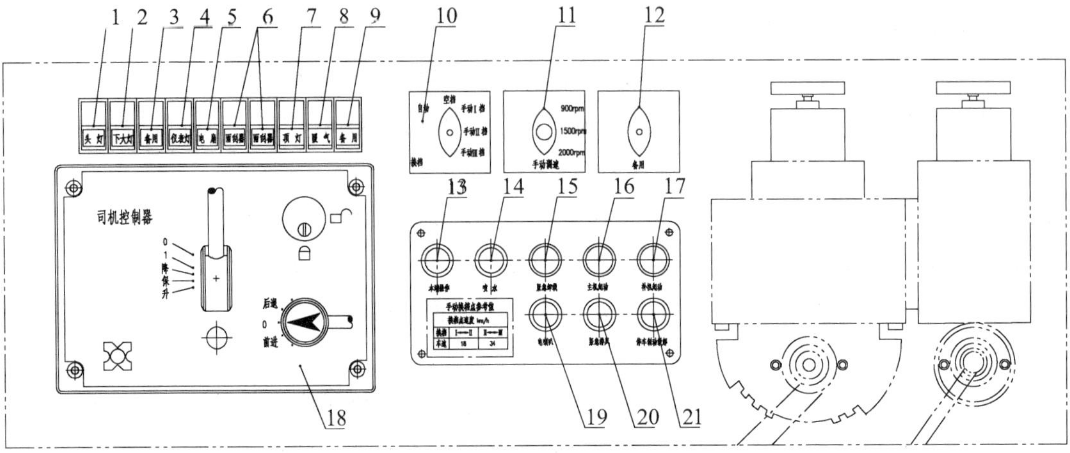

图 3.114 操纵台布置

1—头灯开关；2—下大灯开关；3、9、12—备用；4—仪表板开关；5—电扇开关；6—雨刷开关；7—顶灯开关；8—暖气开关；10—手动/自动开关；11—手动调速开关；13—本端操作开关；14—喷水按钮；15—紧急卸载按钮；16—主机启动开关；17—补机启动开关；18—司机控制器；19—电喇叭按钮；20—紧急排风按钮；21—停车制动缓解开关

各开关、按钮功能如下：

- 头灯开关：按下此开关，该端的上大灯工作，同时另一端的信号灯工作。
- 下大灯开关：按下此开关，该端的下大灯工作。
- 仪表板开关：夜间或隧道内行车时，按下此开关，仪表照明灯工作。
- 电扇开关：按下此开关，电扇开始工作。
- 雨刷开关：按下此开关，刮水器开始工作。
- 顶灯开关：控制司机室内顶灯的工作与关闭。
- 暖气开关：按下此开关，暖气开始工作。
- 手动/自动开关：当开关打到自动位时，换挡控制手柄此时自动换挡；打到手动位时，若要换挡，则要手动切换 I 挡、Ⅱ挡和Ⅲ挡。
- 手动调速开关：开关打至 45°位，则发动机转速升到 900 rpm；开关打至 90°位，则转速升到 1 500 rpm；开关打至 135°位，则转速升到 2 000 rpm。
- 本端操作开关：操作此开关时，只能在此端操纵台进行操作，另一端操纵台不能操作。
- 喷水按钮：控制刮水器喷水。
- 紧急卸载按钮：按下此按钮，发动机紧急卸载。
- 主机启动开关：按下此开关，本车发动机启动。
- 补机启动开关：按下此开关，与本车重联的补机发动机启动。
- 司机控制器：通过机械锁锁定换向手柄，通过换向手柄锁定调速手柄。换向手柄还与换挡选择开关在电气上互锁，保证换向手柄在“0”位时换挡转换开关无论在什么位置变速箱均处于空挡。调速手柄共有“0”、“1”、“降”、“保”、“升”五个作用位置。微机控制器工作时，当调速手柄在“0”和“1”位时，柴油机保持在怠速状态（700 ~ 900 rpm）；当调速手柄推至“升”位时，柴油机升速，松手后自动回“保”位；当调速手柄推至“降”位时，柴油机降速，松手后自动回“保”位。当主机换挡选择开关在“自动”位时，通过调节调速手柄既可以控制油门大小，又可以控制自动换挡。换向手柄共有三个作用位置："0" 位、"前" 位和 "后" 位，"前" 即为 "前进"，"后" 即为 "后退"。

- 电喇叭按钮：按下此按钮时，该端电喇叭响。
- 紧急排风按钮：按下此按钮时，紧急排风阀工作，制动系统紧急排风。
- 停车制动缓解开关：操作此开关，可缓解车辆制动。

（2）控制柜电器。

控制柜电器布置如图 3.115 所示。

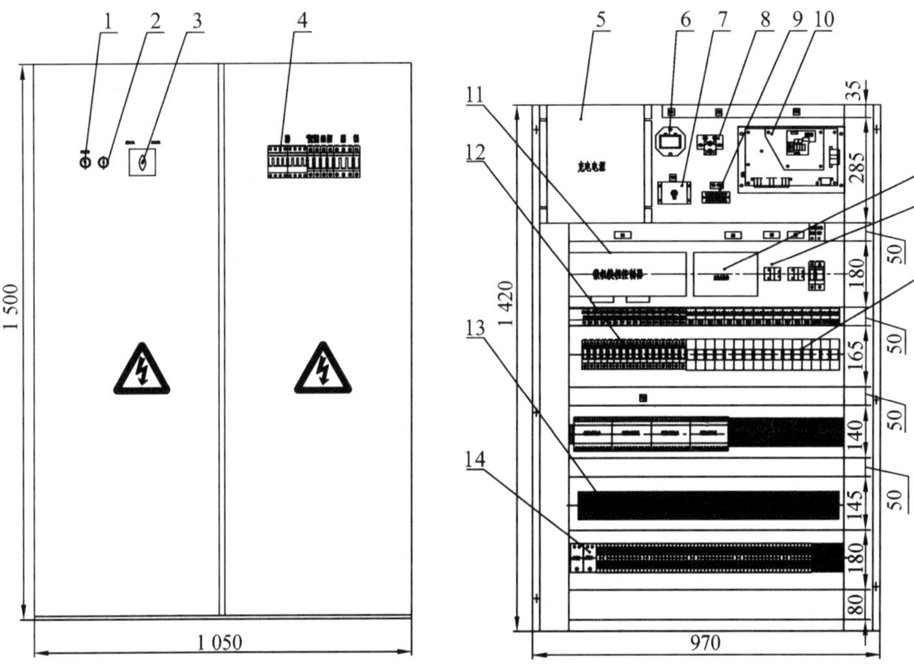

图 3.115　控制电器柜布置

1—车下灯开关；2—备用；3—交流电源转换开关；4—柜门断路器；5—充电电源；6—启动继电器；7—电位器；8—预热继电器；9—二极管板；10—TCU 变速箱控制器；11—微机换挡控制器；12—小型断路器；13—逻辑控制器；14—接线端子；15—分线端子；16—直流变换器；17—电量变送器

图中各电气元件的功能如下：

- 车下灯开关：插入钥匙，向右旋转 90°，车下灯亮。
- 交流电源转换开关：控制车上的交流电源。向右旋转 45°，由发电机组向车内用电设备供电；向左旋转 45°，外接电源可通过车端的输入插座向车内用电设备供电。
- 柜门断路器：从左至右依次为漏电保护器、外接电供电、室内插座、充电电源、单相输出、三相输出和备用电源。
- 充电电源：将 AC 220 V 电源转换成 DC 24 V 电源，协助蓄电池供电或向蓄电池充电。
- 启动继电器：启动柴油机用。
- 电位器：控制油门信号变化。
- 预热继电器：发动机冷启动时使用。

- 二极管板：其上主要布置保护继电器等元件。
- TCU 变速箱控制器：变速箱自带控制器，用于变速箱控制。
- 微机换挡控制器：详见微机控制器使用说明书。
- 小型断路器：从左至右标识为 FU1~FU16，从左至右依次为仪表灯电源、电扇电源、顶灯电源、电喇叭电源、风喇叭电源、雨刮器电源、下大灯电源、头灯电源、操作电源、发动机电源、干燥器电源、通信电源、变速箱电源、控制器电源、控制输入电源和控制输出电源。
- 逻辑控制器：按照设定的动作条件，来执行电器设备的动作命令。
- 接线端子：接入支线电路功能，实现电路汇流。
- 分线端子：实现电路分流控制。
- 直流变换器：为逻辑控制器输入电源稳压。
- 电量变送器：将被测电量参数（如电流、电压、功率、频率、功率因数等信号）转换成直流电流、直流电压并隔离输出模拟信号或数字信号。
- 中间继电器：KJ-KJ14、KJ3、KJ4 为控制器电源继电器；KJ5 为空挡挡位继电器；KJ6 为报警继电器；KJ7、KJ8 为换向联锁继电器；KJ9、KJ10 为本端操作继电器； KJ11 为启动保护继电器；KJ12 为发电工况继电器。

（3）仪表板电器、仪表。

仪表板电器、仪表布置如图 3.116 所示。

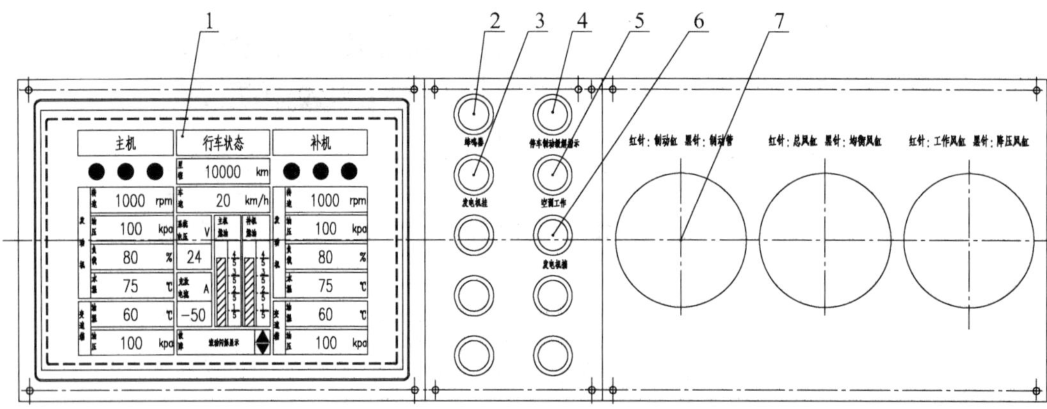

图 3.116 仪表板电器布置

1—发动机参数显示屏；2—蜂鸣器；3—发电机挂指示灯；4—停车制动缓解指示灯；5—空调工作指示灯；6—发电机摘指示灯；7—双针压力表

仪表板上各部件功能如下：

- 发动机参数显示屏：为 LCD 数字显示屏，按压显示屏上的方向按钮，即可显示发动机转速、发动机机油压力、发动机冷却水温、蓄电池电压、燃油压力、增压器压力、进气温度、燃油温度、变矩器压力、变矩器温度、燃油消耗率、发动机工作小时、发动机负载率等各种状态参数。

主监控单元通过双绞线与发动机 ECM 通信，接收 ECM 的数据，并进行相应显示。

- 蜂鸣器：当发动机和变速箱的状态参数（发动机水温、进气温度、机油压力、冷却水位、变扭器油温、变矩器压力等）超过设定的报警数值时，蜂鸣器工作，提醒司机注意报警信号并采取相应步骤防止发生事故。

- 发电机挂指示灯：此灯亮时，表明发电机处于工作状态。
- 停车制动缓解指示灯：车辆制动缓解时，该指示灯亮。
- 空调工作指示灯：此灯亮时，表明空调处于工作状态。
- 发电机摘指示灯：此灯亮时，表明发电机处于摘除状态。
- 双针压力表（自左至右）：① 红针显示制动缸压力、黑针显示制动管压力；② 红针显示总风缸压力，黑针显示均衡风缸压力；③ 红针显示工作风缸压力，黑针显示降压风缸压力。

2. 外部设备及操作

（1）车钩装置。

车辆的前后端装有 13B 型下作用式车钩，并带有 ST 型缓冲器，如图 3.117 所示。

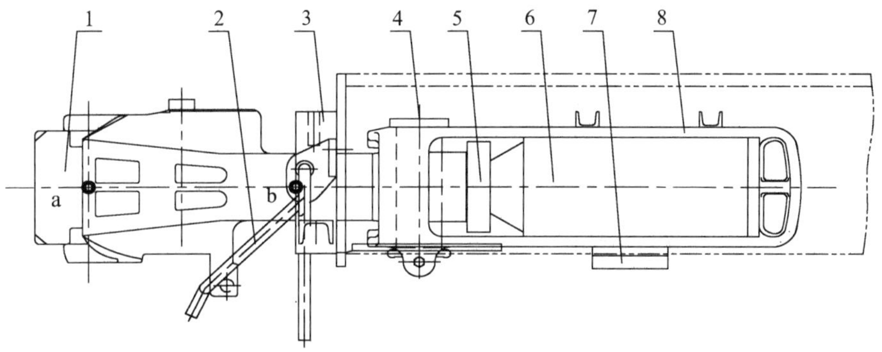

图 3.117　车钩装置

1—车钩组成；2—提钩装置；3—冲击座及车钩托梁；4—钩尾销；5—前丛板；6—缓冲器；7—钩尾框托板；8—钩尾框

（**注**：图中 a、b 两点的高度差在车钩上翘时不应超过 5 mm，车钩下垂时不应超过 3 mm.）

在使用时，应经常检查车钩及各连接螺栓是否紧固，车钩闭锁、开锁、全开的三态作用是否灵活、可靠，并要检查车钩的磨损情况及车钩高度。

为了保证车钩高度，可在钩尾框托板与中梁之间、车钩托梁与冲击座之间增加垫板，以调整车钩高度。

连挂时，应把提钩拉手向上抬起 90°，使车钩处于全开状态，然后再进行连挂作业。

（2）轨道平车边门。

平车端、侧门应关闭良好，插销无短缺，插销应在闭合状态。

（3）停放制动缓解拉手。

停放制动缓解拉手位于司机室 1 位端车辆底部，在停放制动无法缓解时，可使用停放制动缓解拉手进行缓解。

操作方法：垂直向外拉停放制动缓解拉手，手摇闸瓦能自由摆动，停放制动为已缓解。

（4）油水分离器。

每次出车回来，司机应打开油水分离器的排水阀门进行排水，排水完毕后，应关闭油水分离器排水阀门。

操作方法：将油水分离器排水阀门手柄扳至与排水管平行的位置，进行排水；排水完毕后，将油水分离器排水阀门手柄扳至与排水管呈 90°的位置。

（5）列车管与折角塞门。

列车管是设置于车辆底部的制动管路，折角塞门起关闭和开通列车管的作用。

轨道车单机运行时折角塞门应在关闭位，其手柄应垂直于列车管；折角塞门在开通位时，其手柄应与列车管平行。

（6）重联线。

重联线用于两台相同型号的机车重联时使用，使本务机车可以控制重联机车的牵引和制动。

两台需要重联的机车连挂完毕后，将重联线两端的插头插在两台机车连挂端的重联插座上。

3.3.2 蓄电池轨道车设备及操作

1. 司机室设备及操作

司机室设备布置平面图如图 3.118 所示。其中，司机室 1 端布置操纵台 1、紧急放风阀和开关柜，司机室 2 端布置操纵台 2 和紧急放风阀。

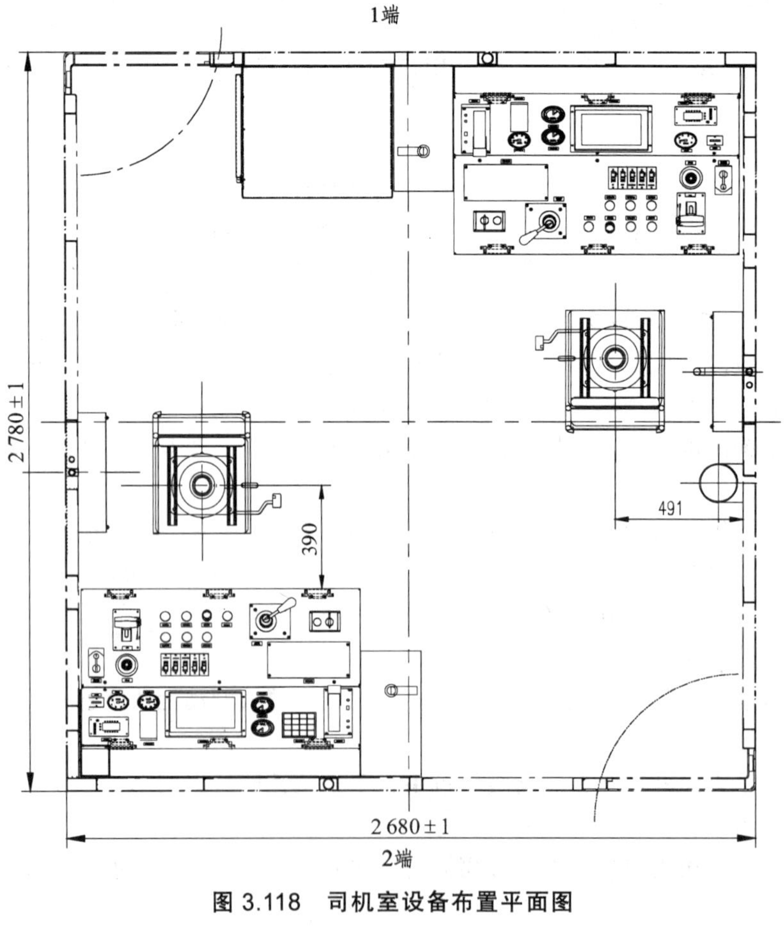

图 3.118 司机室设备布置平面图

（1）司机操纵台。

整个操纵台采用整体式柜体设计方案，操纵台设备由面板 1 设备、面板 2 设备和操作台内部设备三个部分组成，其中面板 1 和面板 2 采用铰链连接，可以打开和翻转，方便各部分设备的安装和检修。操纵台布置有所有与运行有关的操纵装置、仪表、显示装置和各类开关按钮，用于显示轨道车的运行状态和故障情况，以及进行轨道车的相关控制操作。所有指示器、开关、按钮和旋塞都有合适的易于更换的永久标签。

操纵台台面上布置的设备如图 3.119 所示。

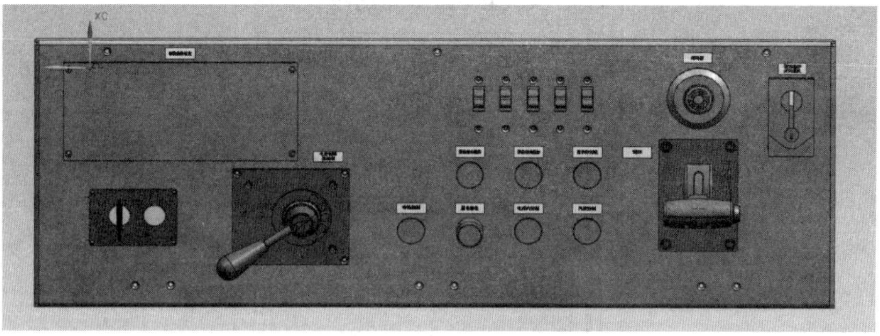

图 3.119　操纵台台面设备布置

操纵台台面各设备的功能如下：

- DK-2 型电空制动机控制器（EBV）：DK-2 型电空制动机控制器（EBV）位于司机室操纵台的左边，每端操纵台各装有一套 EBV。EBV 有 5 个作用位置，分别为“紧急位”、“重联位”、“制动位”、“中立位” 和 “运转位”。操作 EBV 手柄，可以实现相应的制动功能。
- 司控器（MCH）：MCH 位于司机室操纵台的右边，每端操纵台装有一套 MCH。MCH 有 4 个作用位置，分别为 “牵引位”、“零位”、“制动区” 和 “紧急位”。
- 停放制动施加按钮：位于司控器和制动控制器中间，按下按钮可以施加停放制动。
- 停放制动缓解按钮：位于司控器和制动控制器之间，按下按钮可以缓解停放制动。
- 轮缘润滑装置按钮：位于司控器和制动控制器之间，按下该按钮可以对轮缘进行润滑。
- 暖风机开关按钮：位于司控器和制动控制器之间，按下该按钮可以启动和关闭暖风机。
- 紧急停车按钮：位于司控器和制动控制器之间，按下该按钮可以实现轨道车紧急停车。
- 电喇叭按钮：位于司控器和制动控制器之间，按下该按钮可以鸣笛（声音较小）。
- 汽笛控制按钮：位于司控器和制动控制器之间，按下该按钮可以鸣笛。
- 模式选择开关：位于司控器右上方，可以实现轨道车的前进、后退功能。
- 压缩机开关：位于微机显示屏下方，可以为总风缸快速充风。
- 头灯开关：位于微机显示屏下方，可以打开或关闭对应的照明设备。
- 作业灯开关：位于微机显示屏下方，可以打开或关闭对应的照明设备。
- 辅助照明开关：位于微机显示屏下方，可以打开或关闭对应的照明设备。
- 顶棚灯开关：位于微机显示屏下方，可以打开或关闭对应的照明设备。

- 记点灯开关：位于微机显示屏下方，可以打开或关闭对应的照明设备。
- 车载电台：位于制动控制器左上方，用于联系行调时使用。
- 重联电话：位于车载台上方，用于两台及以上轨道车重联时司机与司机之间通话时使用。

（2）司机室设备柜。

司机室设备柜如图 3.120 所示。

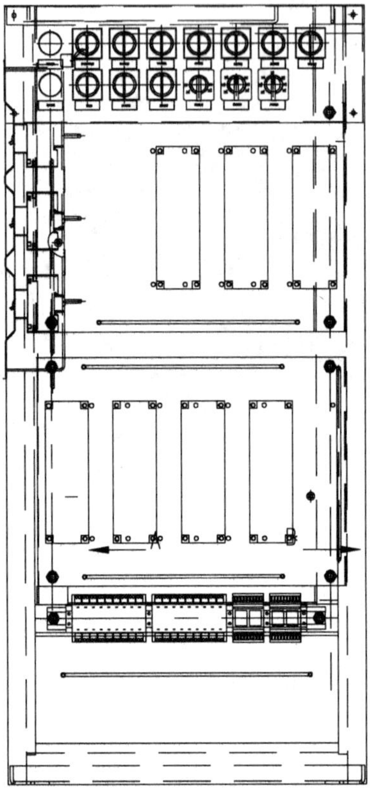

图 3.120 司机室设备柜

设备柜共有 15 个旋钮开关，从左到右依次为：系统复位、供电模式选择、主/从选择、VVV 隔离、ATP 隔离、头灯隔离、控制电源、车端电源、均充按钮、窗加热、无人警惕、紧急运行、温度选择、模式选择和风速选择。

2. 外部设备及操作

（1）手动解钩拉手

手动解钩拉手位于轨道车两端的车钩上，进行解钩作业时使用。

操作方法：向外拉手动解钩拉手手柄。

（2）停放制动缓解拉手

停放制动缓解拉手位于轨道车的转向架上，在停放制动无法缓解时，可使用停放制动缓解拉手进行缓解。

操作方法：需垂直向外拉停放制动缓解拉手，手摇闸瓦能自由摆动，则停放制动已缓解。

思考题

1. 内燃轨道车司机控制器的联锁关系是怎样的？
2. 昆明地铁所用轨道车有几种？其特点是什么？
3. 简述昆明地铁内燃轨道车制动系统特点。
4. 简述 JZ－7 型空气制动机“五步闸”操作步骤。

第4章 司机岗位应急处置

本章知识要点及要求司机掌握程度表

序号	知识要点	司机		
		掌握	熟练	了解
1	应急信息汇报	●		
2	应急处置		●	

4.1 应急信息汇报

1. 报告原则

（1）迅速、准确、真实；

（2）逐级报告。

2. 报告内容

（1）发生时间（月、日、时、分）；

（2）发生地点；原因及事故概况；

（3）汇报人单位、姓名、职务；事件事故处置进展；

（4）其他必须说明的内容及要求。

3. 报告程序

（1）初期原则上车站不与司机联系，如需联系，由行调中转。

（2）突发事件发生在区间时，由司机立即报告行调；

（3）突发事件发生在车站时，由车站值班员或值班站长立即报行调；

（4）突发事件发生在车场时，由运转值班员立即报告信号楼运转值班员；

（5）发生火灾、爆炸等事故，需要报告119火警、120急救中心或轨道分局时，由现场负责人或目击者在第一时间内直接报告；如果无法直接报告，则应按尽快报告的原则，向就近的车站或总调所及上级报告后，再报告119火警、120急救中心或轨道分局；

（6）对于其他的应急信息，应根据事件影响、涉及部门和实际需要按规定汇报；

（7）车站值班员接报应急信息后，应初步判明情况，根据实际情况进行报告。

4. 报告对象

（1）正线：行调、相关站值班站长、乘务组长、相关中心负责人、相关部门经理、119、120、轨道分局、安全监察部、保险公司等。现场人员应根据事件情况有针对性地进行汇报。

（2）车场：运转值班员、信号楼运转值班员、乘务组长、相关中心负责人、相关部门经理、119、120、轨道分局、安全监察部、保险公司等。现场人员应根据事件情况有针对性地进行汇报。

5. 事件分类

（1）影响运营生产事件，主要包括以下各种情况：

① 正线 3 min 及以上的列车延误情况（含列车故障、信号故障等原因造成的晚点、清客、救援）；

② 乘客跳（堕）轨、进入隧道、自杀等事件；

③ 突发性的乘客打架（纠纷）、聚众闹事、上访等异常的综合治安事件；

④ 各类设备设施出现异常情况，影响运营生产的事件；

⑤ 设备设施被盗、损坏情况；

⑥ 施工异常情况（包括防护设置异常），影响运营生产的事件；

⑦ 客伤事件；

⑧ 工伤事件；

⑨ 影响运营的乘客投诉事件；

⑩ 突发性大客流情况；

⑪ 票务设备大面积出现异常情况（如：TVM、BOM、GAME 等设备异常），影响运营生产的；

⑫ 其他影响运营生产的事件。

（2）非紧急情况下，不影响正常运营的各业务模块发生的异常事件，主要包括以下各种情况：

① 设备设施故障，不影响运营生产的情况；

② 施工管理系统异常情况，但不影响运营生产的；

③ 不影响运营，但车站无法解决的一般性乘客投诉事件；

④ 商铺、资源自助设备类等的异常情况；

⑤ 车票、现金、钥匙账实不符；

⑥ 出现大额长、短款情况；

⑦ 遗失车票、现金、钥匙的情况；

⑧ 票务管理系统异常情况；

⑨ 其他需要主管以上作出决策的事件；

⑩ 其他需要各业务模块给予指导的相关问题等。

4.2 应急处置

4.2.1 火灾、爆炸的应急处置

1. 适用条件

列车或隧道发生火灾、爆炸。

2. 处置要求

（1）火灾处置以“预防为主、防消结合、以人为本、抢救优先”为原则；

（2）发生上述事故（件）时，各车站（班组）应严格按信息报告流程及时汇报，对尚不明确的重大信息须按照“先挂号、后续报”的原则汇报；

（3）地铁列车在运行中发生火灾、爆炸时的处理：

① 司机获悉发生火灾后，应尽可能将列车运行到前方车站处置；

② 若列车无法行驶、列车停于区间时，列车司机按区间乘客疏散应急预案要求组织乘客疏散，司机根据爆炸地点决定疏散方向，通报 OCC 调度员开启相应的通风模式，相邻车站工作人员做好接应准备，并引导轨道分局人员进入区间进行现场处置。现场处置结束后，行调组织救援，将事故车退出运营；

③ 若列车能行使到站台，司机打开所有车门，用列车广播通知所有乘客立即离开车厢。

（4）轨道车在车站发生火灾的处置要求：

① 司机立即停机，施加停车制动，关闭电源；

② 司机向行调报告火灾情况，并通知车站派人支援；

③ 司机及车长做好个人防护，用灭火器进行扑救；

④ 司机向行调确认接触轨停电后对燃油箱喷水降温。

（5）轨道车在区间发生火灾的处置要求：

① 视距离车站的远近及火势大小，确定是维持进站还是立即停车进行灭火。停车后，司机立即停机、施加停车制动、关闭电源。

② 司机向行调报告火灾情况，并报就近车站。

③ 司机及车长做好个人防护，用灭火器进行扑救。

④ 司机向行调确认接触轨停电后对燃油箱喷水降温。

（4）消防人员到达后作好移交工作，并配合消防人员灭火及调查取证；

（5）初期火灾的处置

人工扑救：事故端站务员或乘客发现火情，使用灭火器或使用消火栓等灭火器材进行扑救，并逐级上报。

3. 处置程序

列车或区间发生火灾比照区间疏散程序处理。

4.2.2　区间疏散的应急处置

1. 适用条件

（1）设备故障等一般情况下的区间乘客疏散；

（2）火灾、爆炸等严重危及人身安全时的区间乘客疏散；

（3）其他情况需要的区间乘客疏散。

2. 处置要求

（1）在处置区间乘客疏散时应遵循“确保安全、统一指挥、措施有效、合理引导、及时疏散”的原则；

（2）当事故发生后，初期由司机引导安抚乘客。相关车站的值班站长到达现场后，任现场处置指挥，负责现场指挥乘客进行区间疏散；

（3）当列车在区间发生故障后，司机应尽快排除故障。当故障无法及时排除时，应及时与控制中心联系，要求予以救援，并对列车上乘客进行广播，安抚乘客的情绪；

（4）必须明确行调通知接触轨已停电后方可组织区间疏散，且不得打开对应有集电靴的车门（特别紧急情况下除外）；

（5）必须确认区间所有乘客均疏散完毕，方可有序撤离。

3. 处置程序

（1）列车被迫在区间停车时，播放广播安抚乘客，听从行调指挥（如无法联系行调时，司机用手机或使用隧道电话联系行调，按行调的指示执行）；

（2）接到行调命令利用疏散平台进行疏散时，施加停车制动，播放广播安抚乘客，等车站人员到达后，打开疏散平台侧的运行端司机室后第一个可连接疏散平台的车门（接触轨线路必须明确，行调通知接触轨已停电后方可组织疏散，），站在该门旁边广播引导乘客疏散；

（3）疏散完毕，确认列车上无人后，告知值班站长，关闭蓄电池，留守在运行端司机室；

（4）接到行调可以动车指示后，合蓄电池激活列车；

（5）确认列车状态正常和进路安全后，按行调命令恢复运行；

（6）若需救援，确认列车上无乘客后，做好来车方向的连挂防护，等待救援；若无法清客，司机应立即将情况汇报行调，由调度决定列车是否要载客救援。

备注：原则上，尽量维持列车运行进站处置，确因其他原因无法维持进站，被迫停在区间时，则按以上程序执行。

4.2.3　投毒事件的应急处置

1. 适用条件

（1）车站遭毒气袭击；

（2）列车、区间线路遭毒气袭击。

2. 处置要求

（1）事件处置以“统一指挥、快速反应、以人为本、抢救优先、配合协同，减少危害”为原则；

（2）发生投毒事故（件）时，司机应严格按信息报告流程及时汇报，对尚不明确的重大信息须按照“先挂号、后续报”的原则汇报；

（3）发生列车投毒事件时，初期处置司机为负责人。值班站长到达后，值班站长为现场负责人。消防人员及轨道分局人员到达后，消防人员为现场负责人，车站员工及司机配合其处置；

（4）区间列车发生毒气袭击事件时，车站按电力环控调度执行相应环控模式，列车维持进站；

3. 处置程序

（1）接到行调通知，车站发生毒气袭击事件时，按行调指示扣车，立即动车出站。接近受袭击车站的列车，组织退回发车站，并做好乘客广播。来不及扣停的列车限速不停站通过受袭击车站，并做好乘客广播。

（2）听从行调的命令恢复行车。

4.2.4 自然灾害的应急处置

1. 适用条件

（1）在地铁车站、电客列车、区间线路、车辆段基地等处发生暴雨、水管爆裂造成积水；

（2）遇大雾、雷击、地震等灾害性事件，影响地铁运营时适用。

2. 处置要求

（1）地铁在发生暴雨灾害按预案处置时，必须遵循“统一指挥、快速反应、各司其职、配合协同、确保安全”的原则；

（2）预防为主，事前准备。依据天气预报，及时做出恶劣天气预警，事前做好准备，采取预防措施，防止灾害发生和把灾害造成的损失减少到最低限度；

3. 大雾应急处置

（1）司机及时向行调汇报大雾的最新情况，注意监控列车的运行状态；

（2）若发现列车发生空转滑行等异常现象，司机应降低运行速度，并报告行调；

（3）若影响瞭望时，司机应开启列车头灯，运行中加强瞭望，并根据能见度控制列车的运行速度，并及时向行调报告；

（4）行调根据能见度情况要求司机限速运行。能见度不足 200 m 时，限速 60 km/h；能见度不足 100 m 时，限速 40 km/h；能见度不足 50 m 时，限速 10 km/h；

4. 地震应急处置

（1）一旦发生地震，安全第一、抢救优先；

（2）司机应立即采取紧急制动，减少车辆自身动能与地震能量叠加。地震过程中若发现列车受损、接触轨断轨及隧道照明中断，应使用列车应急照明查明周围的情况，采用有效措施与 OCC 或邻站值班站长联系，报告情况，以求得救援和行动指令。在孤立无援的最困难条件下，列车司机是组织该列车所载乘客避险逃生的负责人，应立即采取一切可能的措施安抚乘客，组织乘客有步骤、有组织地脱离险境；

（3）司机根据行调命令限速运行或立即疏散乘客。

5. 处置程序

（1）车站防洪抢险应急处置程序：

① 接到险情通知后，严格按照行调指挥行车；

② 发现线路水浸、区间水管破裂或过江区段存在漏水的现象后，立即报行调；

（2）地震应急处置程序：

① 接到启动地震应急预案的信息后，制动列车停车，列车司机视灾情汇报行调，按行调命令行车；

② 采取有效措施后，向邻站值班站长汇报相关情况；

③ 若列车在区间制动停车，组织乘客向车站方向疏散，并与车站人员确认列车上乘客疏散情况。

4.2.5　列车故障救援的应急处置

1. 适用条件

（1）列车在本站站界发生故障；

（2）列车在本站临近区间发生故障。

2. 处置要求

（1）列车救援应竭力遵循“正向救援、尽快恢复正线运营”的原则；

（2）列车救援处置流程。

① 救援列车司机在接到行调的救援命令后，按命令内容实施清客作业；

② 故障列车司机尽快到三米处与救援列车司机联系，联系内容：同意三米连挂。此时故障列车司机作为整个连挂作业的指挥人；

③ 接到故障列车司机同意三米连挂的通知后，救援列车司机以规定的速度运行至三米处停车，由故障列车司机确认车钩位置正确；

④ 故障列车司机用对讲机通知救援列车司机以规定的速度进行连挂；

⑤ 救援列车司机接到连挂通知后，将模式开关打到洗车位，并以 3 km/h 的速度进行连挂，故障列车司机负责监护，出现问题时立即通知救援列车司机停车；

⑥ 连挂完毕，故障列车司机用对讲机通知救援列车司机进行试拉，故障列车司机确认连挂良好后，用对讲机通知救援列车司机不要动车，并将故障列车的制动缓解；

⑦ 救援列车司机和故障列车司机联系，确认列车完全缓解后即可动车，按限速要求推进或牵引运行，运行中两列车司机可通过司机室对讲机进行联系；

⑧ 故障列车制动全部缓解完毕，故障列车司机尽快回到监护头司机室进行监护工作，并通知救援列车司机可以推进运行；

⑨ 救援列车司机在得到故障列车司机同意，可以推进运行后，立即与行调联系，并根据调度命令运行；

⑩ 此时故障列车司机负责监护，确认进路与信号，并与救援列车司机保持联系。故障列车和救援列车连挂完毕后，由救援列车司机与行调（信号楼）联系，故障列车司机只负责与救援列车司机的联络。

（3）解钩前故障列车司机与救援列车司机联系，恢复列车制动后，通知解钩；

（4）救援列车司机可使用自动解钩按钮进行解钩，如该功能故障可使用手动解钩。救援列车司机必须清楚故障列车的停车位置，在接近故障车的行进过程中，应严格按照行调下达的救援命令执行，列车以 ATP 或 ATO 方式运行至收到 0 码处停车，然后以 RM 模式接近故障车（具体行车模式可根据调度命令办理）；

（5）无论故障列车迫停在区间还是车站，对讲机都由车站交于救援列车司机。救援结束后由救援列车司机交还车站。特殊情况由车站交与故障列车司机；

（6）其他注意事项

① 所有电客列车清客时间均为 2 min（特殊情况例外：如全列车门打不开），若无法完成清客作业，则将剩余乘客带至终到站执行清客，时间也为 2 min，若仍无法完成，按行调命令执行；

② 在救援过程中所有司机必须按规定用普通话进行广播和与行调联系；

③ 在救援过程中所有列车司机必须注意自身安全，故障列车司机在担任连挂作业指挥人时，必须注意邻线列车状况，尽量站在靠近自己列车所处的线路旁；

④ 在实施列车救援的过程中，其他列车司机在经过故障列车所处区段时，必须加强瞭望，减速慢行，确保行车安全；

⑤ 列车救援回库时，在通过入场信号机后，列车司机必须将无线电讯道调整到车场讯道，及时与信号楼联系，确认列车进路。此时列车车次号失效，用列车车体号与信号楼联系；

⑥ 列车出场在出转换轨前，司机必须将无线电讯道调整到正线讯道，及时与行调联系，确认列车进路；

⑦ 列车故障申请救援后，在行调通知允许救援后，故障列车的车次号失效，此时故障列车司机与调度联系时应使用列车车体号；

⑧ 救援列车根据行调命令，在清客作业结束后，更改列车车次号，原车次号失效；

⑨ 在救援连挂后救援列车和故障列车为一列车，并共用救援列车车次号；

⑩ 在救援过程中，司机在接到行调命令后，应及时复诵命令内容，确保信息传递的准确、及时；

⑪ 救援列车将故障列车推进至终点站时，接车司机应立即登上救援列车，配合列车折返作业；

⑫ 故障列车司机在离开司机室时，应及时进行司机室转换作业，带好救援必要的备品（手电、雨衣等），带好方孔、三角钥匙，并锁闭所有司机室车门。

3. 处置程序

（1）故障列车司机。

① 汇报行调，申请列车救援；

② 接到行调救援命令后，做好列车车厢广播；

③ 做好故障列车停放制动的施加，同时缓解常用制动；

④ 检查连挂端车钩状态，在前端司机室待命，等待救援列车联挂；

⑤ 故障车司机应打开联挂端头灯进行防护；

⑥ 至前方车站进行清客广播和清客作业；

⑦ 2 min 内如无法完全清客完毕，应立即汇报行调，在得到行调同意并进行广播后可关门开车，并在救援完毕（进行折返或回库）前在所在站台再次清客；

⑧ 救援列车联挂推进运行中应做好前方线路的瞭望工作，前后列车确保联系畅通，遇有危急行车安全的情况应立即采取停车措施。

（2）救援列车司机。

① 接行调救援命令后，做好列车车厢清客广播工作；

② 2 min 内如无法完全清客完毕；应立即汇报行调，在得到行调同意并进行广播后可关门开车，并在救援完毕（进行折返或回库）前在所在站台再次清客；

③ 接近故障列车时以 ATP 手动方式驾驶列车，在距离故障列车三车处一度停车，并严格按照三、二、一车距限速连挂；

④ 确认故障列车连挂端头灯点亮后进行连挂作业；

⑤ 连挂后救援列车司机进行列车有线或无线通信联系；

⑥ 两车司机联系后进行列车试拉，确认连挂妥当；

⑦ 按照救援规定速度正向牵引或推进运行至目的地；

⑧ 连挂好后，严格按照规定的速度运行。

备注：如列车需要在区间清客，按区间疏散应急处置程序执行。

4.2.6　道岔故障的应急处置

1. 适用条件

昆明地铁线路发生的列车挤岔、道岔失表。

2. 处置要求

（1）以“严禁动车、及时汇报”为原则，发生挤岔事故后，司机或车站应立即汇报，任何人均不得擅自发布动车指令；

（2）现场指挥者应为信号或工务抢修组负责人，司机听从抢修负责人指挥移动列车；

3. 处置程序

（1）立即采取制动措施，原地停车；

（2）利用车载无线电话，迅速向运转值班员（信号楼）汇报；

（3）根据现场指挥者命令动车，直至开通运营。

4.2.7 道床伤亡的应急处置

1. 适用条件

昆明地铁运营有限公司运营线路范围内，突发道床伤亡事故。

2. 处置要求

（1）以“属地管辖、各负其责、优先抢救伤者、尽快恢复运营”为原则；

（2）道床伤亡事故的现场处置以车站为主，值班站长作为现场指挥人，不论警方是否到场，都应全面负责车站前期的处置工作，动车命令应由值班站长到司机室当面向司机发布，不得使用对讲机发布（包括列车移动对位），经行调同意后恢复运行；

（3）发生道床伤亡事故时，值班站长接报后应立即赶至现场，并做好拍照固定事发现场工作；车站站务员或列车司机应以最快速度确认伤（亡）者位置，并确认是否死亡，如未死亡，应及时抬离现场，送医院抢救；若伤者移动有困难或确认已死亡，可将伤（亡）者移至不会造成列车再次挤压的位置，并确认工作人员撤离线路后，通知司机移动列车进行上下客作业，待事发列车驶离后再将伤（亡）者抬至站台隐蔽处或送医院抢救。如一时无法判断是否死亡的，按未死亡进行处置，处置时间不得超过 15 min；

（4）值班站长确认伤（亡）者已被抬离线路（遗留物收集完毕），且工作人员撤离后，至事发列车司机室通知司机可以动车，司机记录下值班站长工号并报 OCC，征得 OCC 同意后可恢复运行；

（5）事发列车的后续列车在进入事发车站时，需在事发车站外一度停车，在得到 OCC 恢复运行命令后，鸣笛动车；

（6）车站处置过程中，必须寻找到两名以上的目击证人，以确保证据的有效性，事发车站工作人员及当事司机应配合警方做好询问笔录工作；

3. 处置程序

（1）发现有人跳/掉下轨道，应立即拍下紧急停车按钮停车，报告行调，通知车站，并做好临时停车广播；

（2）确认已撞人或压人后报行调，并进行清客：先播放清客广播，再进入客室手动开门（进入站台区域的车厢每节解锁一对车门）；

（3）需要稍微移动客车时，应在确认好现场人员处于安全位置后，按照事故处置负责人的要求动车；

（4）事故处置负责人通知线路出清时，应确认两侧无人或无异物后，报行调后按行调的指示处置。

4.2.8 群死群伤的应急处置

1. 适用条件

昆明地铁运营有限公司运营线路范围内，突发群死群伤事故。昆明轨道交通线路内因设备、设施事故或人为等因素造成伤亡（含失踪）3 人以上，即为群死群伤。

2. 事件分级

（1）特大群死群伤事件（红色、Ⅰ级）：凡死亡（含失踪）30 人以上，或危及 50 人以上生命安全，即为特大群死群伤突发事件；

（2）重大群死群伤事件（橙色、Ⅱ级）：凡死亡 10 人以上、29 人以下（含失踪）或者危及 30 人以上、49 人以下生命安全，即为重大群死群伤突发事件；

（3）较大群死群伤事件（黄色、Ⅲ级）：凡死亡 3 人以上、10 人以下（含失踪）或伤 10 人以上、50 人以下，即为较大群死群伤事件；

（4）一般群死群伤事件（蓝色、Ⅳ级）：凡死亡 3 人以下（含失踪），或伤 10 人以下，即为一般群死群伤突发事件。

3. 处置要求

（1）群死群伤应急处置预案遵循“预防为主、以人为本、救死扶伤，快速处置、减少损失、尽快恢复运营”的原则。

（2）如群死群伤是由火灾、爆炸、毒气等事件所致，还应同时启动相应的应急预案。

（3）运营事业部相关负责人应立即赶赴群死群伤事发现场，了解群死群伤事件先期处置情况和事态发展情况，与轨道分局等共同组成现场应急处置指挥部，决定抢险救援、救助伤员方案，明确各单位和人员分工及职责，进行先期处置，组织紧急救护工作，并采取措施，防止次生事故发生。

（4）车站应及时联系“120”急救中心，开展群死群伤医疗救护工作，并组织线路公司做好人力、物力支援等配合工作。

（5）运营事业部轨道分局进行群死群伤事件现场的调查和侦查工作，现场指挥人员应组织线路公司做好保护现场、询问证人等配合工作。

（6）现场指挥人员应协调相关单位做好现场秩序维持工作，并组织线路公司疏散乘客和围观群众，保持运输通道通畅，车站应做好宣传广播、维持现场秩序等配合工作。

（7）如群死群伤系电气火灾窒息或毒气所致，现场指挥人员还应协调市消防局和防化部队，与市急救中心共同做好伤员救护工作，救护人员应佩戴相应的防护器具，防止救护人员自身受到伤害。同时运营公司分管经理与防化专业技术人员、环境专家和运营商商讨地下毒气的清除方案，并组织实施，防止事件进一步扩大和恶化。

（8）各运营单位在发生群死群伤事件时，现场处置应尽量遵循“一对一”处置的原则。

（9）事件发生后，未经有限公司同意，现场任何人员不得擅自对外公布事件的信息。

4. 处置程序

（1）立即停车，及时汇报线路 OCC；

（2）配合车站确认伤亡情况；

（3）配合现场工作人员做好前期处置工作。

4.2.9　外界设施侵限的应急处置

1. 适用条件

外界设施侵限应急处置是指地面、高架、隧道设施及外来异物侵入昆明地铁限界，影响列车在本区段线路中安全运行而采取的应对工作。根据限界分类，外界设施侵限可分为车辆接近侵限、设备接近侵限、建筑物接近侵限和外来异物侵限。

2. 处置要求

（1）司机离开司机室时，必须做好列车防溜措施，并带好操作工具，随时保持与行调联系；

（2）司机发现物体侵限的处置。

① 司机发现隧道内有物品侵限时，立即紧急停车，做好广播安抚乘客工作，并将情况报告行调。

② 若在侵限物品前停车时，司机报告行调，按行调的指示执行。若行调要求司机下车清除侵限物品时，司机应马上施加停放制动；自身能力无法处置时，司机报告行调，按行调的指示执行。

③ 若越过侵限物品停车时，司机在停车后严禁动车，将情况报告行调，按行调的指示执行。

④ 在站台区发现有物品侵限时，司机应立即紧急停车，报行调通知车站派人处置，按行调的指示执行。

⑤ 如列车无法对标停车需清客时，严禁司机按压开门按钮开门，在接到行调指示后，播放清客广播，到客室解锁站台侧的车门清客。

⑥ 车站接到行调的通知后，按照要求处置。

4.2.10 线路断轨、胀轨的应急处置

1. 适用条件

地铁运营的地面、高架、隧道的轨道线路发生裂痕、断轨、胀轨。

2. 处置要求

（1）行调按照抢修指挥人的建议要求，视情况向列车司机下达相关行车注意事项和限速命令。

（2）司机途径事故区段时应严格按照限速命令驾驶，并加强瞭望。

3. 处置程序

（1）加强线路限界瞭望，做好安全行车临时处置措施。

（2）根据行调指令限速驾驶运行，到故障现场时鸣笛，按照限速规定通过区段。

（3）利用客室广播设备对乘客进行广播安抚。

（4）根据行调命令恢复动车。

4.2.11 防恐应急处置

1. 适用条件

地铁运营区域突发恐怖事件。

2. 恐怖事件的类别

（1）爆炸事件；

（2）在地铁车站发生爆炸事件。

（3）在地铁列车上发生爆炸事件。

（4）在地铁车辆段、基地或牵引变电站、通信机房、信号机房发生爆炸事件。

（5）在地铁车站、区间或列车上发生生化恐怖袭击事件。

（6）恐怖分子在地铁关键部位纵火。

（7）恐怖分子制造行车事故：

① 人为制造列车脱轨事故，翻车掉道。

② 人为制造信号事故，发生追尾撞车。

③ 人为制造停电事故，中断列车运行。

④ 破坏给水管路设备，出现漏水或隧道内出现大面积积水，淹没轨道等地铁设备，中断列车运行。

⑤ 破坏地下通风设备，释放有毒气体或物质，乘客和工作人员出现不适反应，中断列车正常运行。

（8）恐怖分子劫持人质。

① 恐怖分子劫持地铁电动客车司机，强行开车，制造行车事故。

② 劫持乘客，制造车站秩序混乱。

③ 恐怖分子在车站制造乘客伤亡事故。

④ 在车站站台、站厅候车区域，发生打架斗殴，将乘客推下站台引起人员伤亡。

⑤ 在地铁换乘站上下台阶处或地铁出入口制造恐怖事件，引起交通秩序混乱，发生踩压伤亡事件。

3. 处置要求

（1）车站值班站长、列车司机按昆明地铁运营有限公司有关规定进行汇报。

（2）车站和列车利用广播做好宣传工作，稳定乘客情绪。

4. 处置程序

（1）防恐应急预案参照“火灾、爆炸、投毒、群死群伤”等预案执行。

（2）列车内发现可疑物品时的应急处置程序：

① 收到车厢的乘客报警按钮（PAB）报警后，通过司机对讲向现场乘客了解情况，报告行调；运行到前方车站后，通知车站派人到现场确认。

② 确认列车上有可疑物品后，报行调，协助车站处置。

③ 需清客时，播放清客广播，协助车站清客。

④ 确认清客完毕后，报行调，配合值班站长的处置。

（3）车站/列车发生劫持人质事件的应急处置程序：

① 当列车停站时发生乘客在列车上被劫持时，司机不动车，立即报行调、车站，并做好安全防护，防止被歹徒劫持或歹徒进入驾驶室；若运行中则维持进站停车，协助车站处置。

② 司机被劫持时，尽量将歹徒引离至距驾驶室较远的地方；当被迫驾驶时，如在站则人

为设置故障导致不能动车；如在运行中则尽量维持进站停车。

③ 被劫持时的报警方式：不能直接报警时，可采取长时间按压对讲设备以将对话传出，或人为制造故障等方式。

（4）收到“炸弹”恐吓时的应急处置程序：

① 列车司机收到“炸弹”恐吓后，如果列车正驶入前方车站，则立即通知前方车站报轨道分局，同时报告行调，并做好列车乘客疏散准备，列车停稳后疏散乘客。在轨道分局人员排除“炸弹”后，列车退出服务。

② 收到行调通知车站发现“炸弹”后，听从行调指挥行车。

③ 列车司机听从行调命令行车，待轨道分局排除“炸弹”，允许行车后，恢复运营。

4.2.12 集电靴触电事故的应急处置

1. 适用条件

昆明地铁运营有限公司所管辖线路发生集电靴触电事故。

2. 处置要求

（1）要遵循“先通后复”的原则，尽量缩短故障处置的时间，减少对供电和行车的影响。

（2）下线时必须明确调度对相应区域已经停电，做好防护后方可下线处置。

（3）处置时及时封锁现场，做好取证工作。

3. 处置程序

（1）发现乘客触碰集电靴触电后（或接到车站报告），立即大声提醒附近乘客不要靠近，立即收靴，施加停车制动，报告车站和行调。

（2）配合现场防护，配合疏散车内乘客。

（3）配合值班站长检查、出清集电靴附近的物品。

（4）按行调指示执行。

4.2.13 乘客擅自进入线路的应急处置

1. 适用条件

昆明地铁运营有限公司所管辖线路有乘客擅自进入时。

2. 处置要求

（1）发现人员第一时间报行调，申请停电处置。

（2）下线路或添乘电客列车寻找乘客时，必须做好安全防护，如区间停电、穿戴绝缘靴及反光背心等。

（4）司机下线必须确保安全，从无接触轨侧下线，做好自身安全防护，并提醒乘客触轨有电，注意安全。

3. 处置程序

（1）发现有人在线路上时，如列车仍没有进入该区间，立即报告行调，按行调指令办理，并做好广播，安抚乘客。

（2）若需添乘寻找时，确认车站添乘人员上车后，报告行调，按行调指令限速运行，加强瞭望。

（3）如该车在隧道/高架线路发现进入隧道/高架线路人员，立即通知行调。

（4）按行调指示，停车打开驾驶室门，护卫或轨道分局人员下车抓人，做好广播。抓到非法进入线路的人员后，由护卫或轨道分局人员押解进入客室，报告行调，并按行调指示办理。

（5）如第一列限速列车没有发现进入隧道/高架线路人员，后续列车按行调指令组织添乘。

4.2.14　安全门与车门夹人夹物应急处置

1. 适用条件

车门、安全门夹人夹物或车门、安全门缝隙滞留乘客及物品。

2. 处置要求

（1）车门开门时夹人的处置。

① 司机在发现或接到电客列车开门夹人信息后，保持车门、安全门打开状态；

② 带上钥匙到夹人车门处，适度移动车门取出被夹物，如车门较难移动可先解锁车门（无解锁拉杆的车门，可断开门控器电源开关）；

③ 处置完毕后司机恢复车门，返回司机室，将乘客事务交予车站处置，确认满足动车条件后动车。

（2）车门、安全门夹人/物动车后的处置。

① 站台站务员严格按照“一拍（拍紧急停车按钮）、二汇报（汇报车控室）”原则处置。站务人员拍紧急停车按钮后及时向司机显示紧急停车手信号；

② 车站值班员通过监视 CCTV 或接站台报告出现紧急情况后，应立即按下 IBP 盘上紧急停车按钮，并报告行调；

③ 若车门和安全门未错位时，司机收到通知后，重新打开车门，安全门由车站进行处置；

④ 若车门和安全门错位且车门夹人/物时，严禁打开车门，司机从客室到夹人/物车门处进行处置，车站人员协助手动打开夹人/物安全门，乘客事务交车站处置；

⑤ 车门夹物（含随身衣物但不包含身体的任何部分），车门、安全门已经正常关闭，检测设备显示正常，列车已经动车时，处置要求如下：

a. 站台站务员观察所夹物品不影响行车时，应用对讲机通知司机车门夹物，请司机广播安抚乘客，并报告本站车控室，司机继续动车到前方站再做处置，车控室接报后通知前方站，并报行调，并由行调通知司机处置；

b. 前方站接报后应立即要求站台站务员赶往夹物地点，接车时确认安全，列车到站后，站台站务员应在现场确认安全状况报车控室，车控室把信息报行调；对于异常情况，司机报行调按行调命令执行；

c. 报告夹人夹物信息时，注意明确是列车运行方向哪一侧，如前方停车站需开另一侧车门时，车站人员立即进入客室，手动打开该门处置，司机配合。

3. 处置程序

（1）马上紧急停车并播放临时停车广播；

（2）列车停稳后，在 PSL 打开安全门，并重开一次客车车门；

（3）确认站台显示关门手信号后，关闭安全门，并报告行调；

（4）列车停下后，如列车头部已离开站台，用对讲机与车站、行调联系，并按照行调的指挥进行处置。

4.2.15 电客列车溜动的应急处置

1. 适用条件

电客列车停在坡道上，失去制动力或制动力不足发生溜动。

2. 处置要求

（1）电客列车停车后需待气制动施加后方可到站台作业，若开门前出现电客列车前/后溜现象，司机立即实施紧急制动停车，如仍继续溜动，则立即施加停放制动。电客列车停下后确认车门、安全门未打开，气制动施加后，缓解停放制动再次对标停车，开车门、安全门、报告行调。

（2）若开门后出现，司机立即上车，施加停放制动，通知车站，确认车门与安全门之间无人或物，关安全门、车门，动车前报告行调。

（3）若开门后出现，司机无法上车时，立即拍下站台紧急停车按钮，同时报告行调。

4.2.16 车门故障的应急处置

1. 适用条件

电客列车车门在站台或区间发生故障。

2. 处置要求

（1）在站台时客室门发生故障的应急处理。

① 司机报行调，并对乘客广播，车控室立即通知站务人员前往故障点；

② 司机记下故障车门编号，打开安全门、车门，从站台跑到相应车门，到现场关好故障车门并切除，反推确认后返回司机室；

③ 站务人员到现场后，反推确认故障门关闭，张贴故障纸，处置完毕后报车站值班员，由车站值班员报行调，行调通知司机关闭车门、安全门，站台站务员确认车门、安全门关好，站台安全后，向司机显示关门手信号；

④ 司机确认站台安全、车门与安全门间缝隙安全，确认关门手信号后动车。

（2）在区间时客室门发生故障的应急处理。

① 如运行中车门全关闭指示灯亮，广播通知乘客远离车门，维持进站， 司机密切留意车门全关闭指示灯状态，按在站台发生故障处置；

② 如运行中车门全关闭指示灯不亮，应立刻拉停列车，司机播放广播安抚乘客，报告行调，记下故障车门编号，从客室到现场后简单了解现场情况（乘客是否掉下隧道等，如有乘客掉下隧道按行调指示执行），切除车门，反推确认。回驾驶室确认车门全关闭指示灯亮，DDU 显示切除后，按规定动车；

③ 列车进站后车站工作人员确认故障车门关好，张贴故障纸，确认车门、安全门关好，站台安全后，向司机显示关门手信号；

④ 司机确认车门、安全门关好，站台安全，凭车站人员关门手信号动车；

⑤ 在车门故障所在车站，若车站未能及时准备好故障贴纸，该站人员必须对车门的锁闭情况进行确认，车门、安全门关好，站台安全后，向司机显示关门手信号，车站报行调，行调通知下一站张贴故障纸；

⑥ 行调通知后续车站，在故障车门对应安全门处设置指引。

（3）客室门不能切除的应急处理。

① 司机在现场确认故障门不能切除时，立即报告行调，按行调指示执行；

② 车控室接报后，值班站长立即到现场协助处置；

③ 如行调决定继续运行时，站务人员进入车厢，疏散故障车门附近的乘客，并在故障门处设置铁马，并携带 800 MHz 电台跟车防护（跟车防护人员须同时注意个人安全，抓好扶手，严禁倚靠车门）。

④ 司机现场确认故障门已做好防护，通过显示屏确认其他车门关闭好，确认关门手信号，经行调允许，旁路车门动车，运行中加强对 DDU 上车门状态及 CCTV 的监控；

⑤ 出现异常时，跟车防护人员及时采取紧急措施，并通知司机或通知行调转告司机。

（4）司机室侧门不能打开时的应急处理。

① 司机立即报告行调，播放广播安抚乘客；

② 车站接到通知后立即派人到头端墙，协助司机确认空隙安全，安全门无法联动时还需要协助开关安全门；

③ 司机打开侧窗玻璃通知车站人员开、关安全门时机，必要时给予 PSL 盘操作的指引，和车站工作人员共同确认空隙、站台安全；

④ 车站工作人员确认空隙安全、站台无异常后在安全位置向司机显示关门手信号。

（5）列车车门被解锁时的应急处理。

① 在站台被解锁：

a. 司机打开车门、安全门，广播安抚乘客，并将情况报告行调。记下解锁车门编号，从站台跑到相应车门处大概了解现场情况（如有无乘客跳下轨道）后，恢复车门；

b. 车站接报，立即派人前往现场，将当事乘客挽留，并挽留两名目击乘客。确认车门、安全门关好，站台安全后，向司机显示关门手信号；

c. 司机确认关门手信号，按规定动车，出站报行调。

② 在区间被解锁：

a. 司机拉停列车报行调，广播安抚乘客，待列车停稳后从客室来到现场车门处大概了解现场情况（如有无乘客跳下轨道），恢复车门；

b. 列车在车站启动或对标时车门被解锁，停车位置距停车标小于或等于 0.5 m 时按在站台的处置办法处置；停车位置大于 0.5 m 时按区间的处置办法处置。

4.2.17 电客列车在站台清客的应急处置

1. 适用条件

非正常情况下，列车在车站站台清客时。

2. 处置要求

（1）车站接到行调的清客通知后，车站值班员立即派人上车协助清客，并播放“清客广播”安抚乘客；司机接到行调的清客通知后，立即播放清客广播，播放 1 遍后，关闭车厢照明；

（2）清客作业限时 2 min，由车站通知司机关门，车门关好后，司机与行调联系动车；

（3）清客 2 min 以后，若车上仍有少数乘客未下车，由车站通知司机车内乘客情况，司机与行调联系，确定是否继续清客或关门动车；

（4）如无法清客完毕，司机应打开车厢照明，做好广播解释工作；车站及时报行调及轨道分局人员，按行调指示安排人员跟车，列车离站最后一站确保清客完毕；

（5）清客完毕后司机确认车站的关门手信号，关车门、安全门，并打开通道门，确认车厢没有乘客后，报告行调；

（6）在清客过程中，列车故障被排除可恢复运行时，司机报行调，按行调指示执行；

（7）当列车部分在站台并无法对标，站台区域的车门对着安全门时，司机需广播通知乘客服从地铁工作人员的指挥离开列车，并进入客室手动打开相应车门、安全门；车站工作人员需手动将车门对应的站台安全门打开，协助清客；

（8）当列车部分在站台并无法对标，车门未对着安全门时，司机需广播通知乘客服从地铁工作人员的指挥离开列车，并进入客室手动打开相应车门、应急门；车站工作人员需手动打开应急门，协助清客；

（9）当在站台对标后清客时，司机接到命令后打开车门、安全门，播放“清客广播”清客。

4.2.18 乘客闹事的应急处置

1. 适用条件

车站管辖范围内发生乘客闹事时。

2. 处置要求

（1）车站值班站长或司机作为现场处置的第一负责人，当轨道分局人员到场后移交轨道分局，车站配合处置；

（2）处置时保持与闹事乘客的距离，做好自我保护；

（3）及时疏散围观的群众。

3. 处置程序

（1）发现列车上有乘客闹事时，及时报告行调，按行调命令处置；

（2）在站停车发现有乘客闹事时，及时通知车站进行处置；

（3）司机原则上不到现场处置。

4.2.19　乘客按动车厢内乘客紧急报警按钮的应急处置

1. 适用条件

乘客按动车厢内乘客紧急报警按钮。

2. 处置要求

（1）列车在区间运行时。

① 司机通过“乘客紧急对讲”与报警乘客取得联系，了解信息并安抚乘客，并通过车载 CCTV 了解现场情况，根据信息做进一步处置，报告行调，维持列车进站；

② 如列车在站刚起动时，司机则立即拉停列车，通过“乘客紧急对讲”与报警乘客取得联系，了解信息并安抚乘客，报行调按行调命令执行。若列车需退回车站时，停车后开安全门及车门，车站工作人员上车进行处置；

③ 车站接报后，到达站台相应位置等待，待列车停站开门后了解乘客按压报警按钮的原因，并进行相应的处置；

④ 处置完毕后，站台站务员向司机显示“好了”信号并报告行调。

（2）列车停稳在站台时。

① 车站接报后，立即安排员工到现场了解乘客按压报警按钮的原因，并进行相应的处置；

② 处置完毕后，站台站务员向司机显示“好了”信号并报告行调。

4.2.20　轨道车脱钩应急处置

1. 适用条件

轨道车在救援、调车作业过程中发生脱钩。

2. 处置要求

（1）轨道车司机应立即解除牵引力，鸣笛示警，视线路具体情况逐步施加制动。

（2）司机将情况报运转值班员（信号楼），运转值班员，影响接发列车还需向行调汇报；

（3）如手闸失灵，在车场范围内考虑在轨道上放置铁鞋拦截车辆。

思 考 题

1. 当列车发生火灾时，你作为当值司机应该怎么做？
2. 当接触轨失电时，你作为当值司机应该怎么做？
3. 当列车需要进行区间疏散时，你作为当值司机应该注意什么？
4. 在驾驶列车的过程中，有乘客报警应该怎么做？
5. 当安全门与车门发生夹人夹物时，作为当值司机应该怎么做？

第 5 章　报单填记

本章知识要点及要求司机掌握程度表

序号	知识要点	司机		
		掌握	熟练	了解
1	电客列车司机出勤表		●	
2	工作日志		●	
3	电客列车司机报单		●	

5.1　电客列车司机出勤表

电客列车司机出勤表如表 5.1 所示。

1. 适用范围

适用于乘务中心电客列车司机在正线出、退勤时填写。

2. 填记要求

（1）运行情况栏：主要填写当日正线列车运行过程中出现的车辆情况、线路情况和设备情况，具体内容按照表格要求顺序填写。

（2）当日行车注意事项栏：行车注意事项栏内容主要是对运行情况栏内容的概括及特殊调令的填写；填写故障情况时只填写故障车体号、故障情况及故障修复情况；开行列车情况、备车司机安排及用车计划将不在台账上体现。

（3）交接班事项栏：交接班事项栏内主要填写与司机工作相关的注意事项及司机活动区内的设施设备情况或临时下发的相关规定等（同时要与行车注意事项区分开来）。

（4）司机出/退勤栏：由出/退勤司机本人亲自填写。

（5）故障掉线内容栏填写规范：按表格填写运行图外的其他列车运行情况。

3. 注意事项

（1）填写时必须使用黑色笔。

（2）填写时保持字体工整，不得超出规定边框。

（3）在本栏或本条填写时出现不规范及有误时，需将不规范及有误的地方从左至右画水平直线（黑色笔），并在直线起始处盖当值人私章（盖私章要求：一线一章，使用私章时不得出栏出格，印章字体面与书写面保持一致），即表示画线部分无效。

表 5.1 电客列车司机出勤表

一、运行情况		
时间/车次/车号	内容	处置情况
二、当日行车注意事项		
三、交接班事项		

续表 5.1

四、早班司机退勤　组长　副组长								
序号	姓名	车次	退勤	退勤时间	序号	姓名	车次	退勤时间
1					21			
2					22			
3					23			
4					24			
5					25			
6					26			
7					27			
8					28			
9					29			
10					30			
11					31			
12					32			
13					33			
14					34			
15					35			
16					36			
17					37			
18					38			
19					备用1			
20					备用2			

五、日班司机出/退勤　组长　副组长									
序号	姓名	车次	出勤时间	退勤时间	序号	姓名	车次	出勤时间	退勤时间
1					21				
2					22				
3					23				
4					24				
5					25				
6					26				
7					27				
8					28				
9					29				
10					30				
11					31				
12					32				
13					33				
14					34				
15					35				
16					36				
17					37				
18					38				
19					备用 1				
20					备用 2				

六、夜班司机出勤　组长　副组长							
序号	姓名	车次	出勤时间	序号	姓名	车次	出勤时间
1				1			
2				2			
3				3			
4				4			
5				5			
6				6			
7				7			
8				8			
9				9			
10				10			
11				11			
12				12			
13				13			
14				14			
15				15			
16				16			
17				17			
18				18			
19				备用 1			
20				备用 2			

车次	车号	地点	司机	时间		时间、地点	时间、地点	同车时间	各车车次	各车车号	司机	出场时间

5.2 工作日志

工作日志如表 5.2 所示。

1. 适用范围

本台账适用于乘务中心运转值班员、调车司机、正线司机当班期间工作填记。

2. 填记要求

（1）记录人：填写“当班值班员姓名”。

（2）时间：采用“××：××”格式，时、分须是两位数，不满两位数的用“0”补齐，如：09：02。

（3）内容：填写当班期间发生事项的详细记录，必须按时间顺序详细记录当班期间发生的一系列事件；行车相关事件必须在工作日志中体现，包括停送电时间等内容。

3. 注意事项

（1）必须用黑色圆珠笔填写，字迹严禁潦草，填写错误需用红笔沿中部划水平“—”线并签章或签名确认；正线司机工作日志由班组长签名；运转值班员工作日志需 2 名值班员共同签名确认。

表 5.2 工作日志

当班人员： 年 月 日

时 间	内 容

第 页

5.3　电客列车司机报单

电客列车司机报单如表 5.3 所示。

1. 适用范围

适用于乘务中心电客列车司机在作业时填写。

2. 填记要求

（1）车号栏：车号由当班运转值班员填写，填写内容为列车头部的车体号编码（如：T10）；

（2）发车股道栏：发车股道栏由当班运转值班员填写，填写内容为对应车号栏的列车在库内的停放位置；

（3）日期栏：日期栏由当班运转值班员填写，填写内容为当日日期；

（4）出/入库公里数栏：出库公里数由当日出库司机填写，填写内容为司机室设备柜内里程计内的数字，填写时间为列车动车出库之前；入库公里数由当日回库司机填写，填写内容为司机室设备柜内里程计内的数字，填写时间为列车入库停稳之后；

（5）值乘信息栏：值乘信息栏内的内容由当值司机填写，填写内容按上方要求进行填写，填写内容须为真实信息；

（6）行车事件栏：行车事件栏由当值司机填写，填写内容为时间、车次、地点、事件概况、处理概况、司机姓名；

（7）车辆故障栏：车辆故障栏由当值司机填写，填写内容为时间、车次、地点、故障情况、司机姓名；

（8）出库状态栏：出库状态栏由当日出库司机填写，填写时根据现场实际情况，在对应内容上打“√”，在司机签名处签名；

3. 注意事项

（1）填写时必须使用黑色笔；

（2）填写时保持字体工整，不得超出规定边框；

（3）台账所有空白地方保持干净清洁，不做涂改及任何标识；

（4）在本栏或本条填写时出现不规范及有误时，将不规范及有误的地方从左至右画水平直线（黑色笔），即表示画线部分无效。

表 5.3 昆明地铁运营分公司电动列车司机报单

KDY-JL-6201

车号：　　**安全行车**　　　　　　　　　　　　　　　　**优质服务**

发生股道：　　　　年　　月　　日　　　　出场端　　　公里　　　入场端　　　公里

<table>
<tr><th rowspan="2">序号</th><th rowspan="2">姓名</th><th rowspan="2">工号</th><th colspan="3">始 发 站</th><th colspan="2">到 达 站</th><th rowspan="2">序号</th><th rowspan="2">姓名</th><th rowspan="2">工号</th><th colspan="3">始 发 站</th><th colspan="2">到 达 站</th></tr>
<tr><th>车次</th><th>站名</th><th>发车时间</th><th>站名</th><th>到达时间</th><th>车次</th><th>站名</th><th>发车时间</th><th>站名</th><th>到达时间</th></tr>
<tr><td>1</td><td></td><td></td><td></td><td></td><td></td><td></td><td></td><td>15</td><td></td><td></td><td></td><td></td><td></td><td></td><td></td></tr>
<tr><td>2</td><td></td><td></td><td></td><td></td><td></td><td></td><td></td><td>16</td><td></td><td></td><td></td><td></td><td></td><td></td><td></td></tr>
<tr><td>3</td><td></td><td></td><td></td><td></td><td></td><td></td><td></td><td>17</td><td></td><td></td><td></td><td></td><td></td><td></td><td></td></tr>
<tr><td>4</td><td></td><td></td><td></td><td></td><td></td><td></td><td></td><td>18</td><td></td><td></td><td></td><td></td><td></td><td></td><td></td></tr>
<tr><td>5</td><td></td><td></td><td></td><td></td><td></td><td></td><td></td><td>19</td><td></td><td></td><td></td><td></td><td></td><td></td><td></td></tr>
<tr><td>6</td><td></td><td></td><td></td><td></td><td></td><td></td><td></td><td>20</td><td></td><td></td><td></td><td></td><td></td><td></td><td></td></tr>
<tr><td>7</td><td></td><td></td><td></td><td></td><td></td><td></td><td></td><td>21</td><td></td><td></td><td></td><td></td><td></td><td></td><td></td></tr>
<tr><td>8</td><td></td><td></td><td></td><td></td><td></td><td></td><td></td><td>22</td><td></td><td></td><td></td><td></td><td></td><td></td><td></td></tr>
<tr><td>9</td><td></td><td></td><td></td><td></td><td></td><td></td><td></td><td>23</td><td></td><td></td><td></td><td></td><td></td><td></td><td></td></tr>
<tr><td>10</td><td></td><td></td><td></td><td></td><td></td><td></td><td></td><td>24</td><td></td><td></td><td></td><td></td><td></td><td></td><td></td></tr>
<tr><td>11</td><td></td><td></td><td></td><td></td><td></td><td></td><td></td><td>25</td><td></td><td></td><td></td><td></td><td></td><td></td><td></td></tr>
<tr><td>12</td><td></td><td></td><td></td><td></td><td></td><td></td><td></td><td>26</td><td></td><td></td><td></td><td></td><td></td><td></td><td></td></tr>
<tr><td>13</td><td></td><td></td><td></td><td></td><td></td><td></td><td></td><td>27</td><td></td><td></td><td></td><td></td><td></td><td></td><td></td></tr>
<tr><td>14</td><td></td><td></td><td></td><td></td><td></td><td></td><td></td><td>28</td><td></td><td></td><td></td><td></td><td></td><td></td><td></td></tr>
<tr><td colspan="6">行车事件：（填写时请写清事件发生时间、地点、内容和填写人）

8:15. 00331 次琪季路站下行开门时有一扇安全门不能打开。已核行调。司机：张××/刘××</td><td colspan="8">车辆故障：（填写时请写清故障发生时间、地点、故障处所及填写人）

10:15 Tc2 端远光灯右侧灯不亮，已报行调。司机：何××</td><td colspan="2">接运列车清洁状况：
外部：清洁/不清洁
内部：清洁/不清洁
接运列车出库检查情况：
正常/故障
出库司机签名：
张××</td></tr>
</table>

附　录

附录 1　调度命令单

调 度 命 令

年　月　日　时　分　第　号

受令处所		调度员姓名	
内容			

行车专用章：＿＿＿＿＿＿＿＿　　受令人：＿＿＿＿＿＿

附录 2　路票

路　票

路　票

电话记录第101号　　　　No.000074

车　　次　0102

大梨园车辆段 ——→ 大学城南

大梨园车辆段
行车专用章

值班员:XXX
2011年X月X日

附录 3　呼唤应答规范用语

呼唤应答规范用语

作业形式	作业内容	联系用语
出库作业	1.根据发车计划开放发车股道至出段线出段信号	
	2.司机准备完毕与信号楼联系	司机【呼唤】：信号楼，××道×段××车，车况良好。 信号楼【应答】：××道×段××车况良好，信号楼明白
	3. 信号楼接到司机呼叫，告知动车（注：必须清楚是哪次列车呼叫）	信号楼【呼唤】：××车，××道×段至出/入场线转换轨进路已排列，信号已开放，司机凭信号显示动车。 司机【应答】：××车，××道×段至转换轨进路已排列，信号已开放，司机凭信号显示动车，司机明白
出库作业（非正常）	1．当出段信号因故不能开放时，根据发车计划，准备发车股道至出段线发车进路	
	2. 司机准备动车前与信号楼联系	司机【呼唤】：信号楼，××道×段××车，车况良好。 信号楼【应答】：××道×××次××车，车况良好，信号楼明白
	3. 信号楼接到司机呼叫，告知动车（注：必须清楚是哪次列车呼叫）	信号楼【呼唤】：××车，××道至出/入场线转换轨进路已排列，司机现在可以动车。 司机【应答】：××车，××道至出/入场线转换轨进路已排列，司机现在可以动车，司机明白
接车作业	1. 根据调令或运转通知开放进库信号（不能开放时开引导信号）	
	2. 司机在进库信号机前（一度停车处）与信号楼联系	司机【呼唤】：信号楼，××车在出/入场线转换轨停稳，申请回库。 信号楼【应答】：××车在出/入场线转换轨停稳，信号楼明白
	3. 信号楼告知司机停车股道，准许进库	信号楼【呼唤】：××车，转换轨至××道×段进路已排列，信号已开放，司机凭信号显示动车。 司机【应答】：××车，转换轨至××道×段进路已排列，信号已开放，司机凭信号显示动车，司机明白
调车作业	1.接运转布置的调车作业，适时开放信号并记录；	
	2.司机准备作业完成后与信号楼联系；	司机【呼唤】：信号楼，××道×段××车车况良好。 信号楼【应答】：××道×段××车车况良好，信号楼明白

续表

作业形式	作业内容	联系用语
调车作业	3. 进路已排列，信号已开放后	信号楼【呼唤】：××道×段至××道进路已排列，信号已开放，××车可以动车。 司机【应答】：××道至××道进路已排列，信号已开放，××车可以动车，司机明白
	4.司机在牵出线转换司机室后与信号楼联系	司机【呼唤】：××车已在牵出线停稳，司机已换端。 信号楼【应答】：××车已在牵出线停稳，司机已换端，信号楼明白
	5.调车信号已开放后	信号楼【呼唤】：牵出线至××道进路已排列，信号已开放，××车可以动车。 司机【应答】：牵出线至××道进路已排列，信号已开放，××车可以动车，司机明白
试车作业	1.按试车计划，适时开放信号并记录	
	2.司机准备与信号楼联系	司机【呼唤】：信号楼，××道××车准备上试车线。 信号楼【应答】：××道××车准备上试车线，信号楼明白。
	3.进路准备妥当后，告知司机可以动车	信号楼【呼唤】：××道至牵出线进路已排列，信号已开放，××车可以动车。 司机【应答】：××道至牵出线进路已排列，信号已开放，××车可以动车，司机明白
	4.按调车方式进入试车线，列车停稳后	司机【呼唤】：信号楼，××车已在试车线停稳。 信号楼【应答】：××车已在试车线停稳，信号楼明白
	5.信号楼办理封锁试车线后，通知司机试车	信号楼【呼唤】：试车线已封锁，××车可以进行试车作业。 司机【应答】：试车线已封锁，××车可以进行试车作业，司机明白
	6.车辆试车完毕，在××信号机前停稳后向信号楼申请回库	司机【呼唤】：信号楼，××车试车完毕，现在已在××信号机前停稳，申请回库。 信号楼【应答】：××车试车完毕，现在已在××信号机前停稳，申请回库，信号楼明白
	7.信号楼解除试车线封锁后	信号楼【呼唤】：××车现试车线封锁解除，列车原地待令。 司机【应答】：试车线封锁解除，××车原地待令，司机明白
	8.信号楼与运转值班员联系后告知司机停车股道并排放列车回库进路	信号楼【呼唤】：试车线至牵出线进路正确，信号已开放，××车可以动车。 司机【应答】：试车线至牵出线进路正确，信号已开放，××车可以动车，司机明白
	9.牵出线转换司机室后	司机【呼唤】：信号楼，××车牵出线换端完毕。 信号楼【应答】：×××号车牵出线换端完毕，信号楼明白

续表

作业形式	作业内容	联系用语
试车作业	10.信号楼排列车辆回库进路后	信号楼【呼唤】：××车，牵出线至××道进路正确，信号已开放，可以动车。 司机【应答】：××车，牵出线至××道进路正确，信号已开放，可以动车，司机明白
变更进路作业	1. 当进路准备完毕信号已开放后，需变更进路	信号楼【呼唤】：××车立即停车（禁止动车）。 司机【应答】：××车已停车（未动车）
	2. 在列车未动车的情况下变更进路（如列车已动车，禁止变更进路，待列车停妥后，再变更进路）	信号楼【呼唤】：现在需变更进路，禁止动车。 司机【应答】：变更进路，禁止动车
	3. 得到司机明确答复后，关闭信号，变更进路	
	4. 待变更进路完毕后，通知司机	信号楼【呼唤】：××车，现在进路变更完毕，进路由××道变为××道，准许动车。 司机【应答】：××车，现在进路变更完毕，进路由××道变为××道，准许动车，司机明白

附录 4　人工广播规范用语标准

人工广播规范用语标准

司机广播词				
类别	摘要		内容	备注
日常广播	人工报站广播	列车出站	乘客们：欢迎乘坐轨道交通×号线，本次列车终点站××××××/××××××，下一站为××××××/××××××	连报两遍
		列车进站	乘客们：××××站到了，列车开左/右侧车门，开门请当心	
	终点清客		乘客们请注意，本次列车终点站×××到了，请乘客们带好随身物品，抓紧时间下车，谢谢您的配合	
列车发生故障	列车客室空调发生故障		乘客们：本次列车空调发生故障，不能正常使用，请乘客们谅解，谢谢您的配合	
	列车因故停留	车站及区间迫停 1 min 以上	乘客们请注意，现在临时停车，请乘客们耐心等待	
		车站迫停 5 min 以上	乘客们请注意，由于技术原因，列车在本站有较长时间停留，请有急事的乘客改乘地面交通，敬请谅解	
	列车停留区间时间较长而照明与通风即将中断		乘客们：由于设备发生故障，列车照明将会中断，我们正在积极处理。请乘客们保持镇静，不要拥挤，保管好自己的随身物品，不要强行开门，擅自下车，以免发生危险。给您带来不便敬请谅解，谢谢您的配合	
	行车设备发生故障需处理		乘客们：由于设备发生故障，本次列车将有所延误，我们正在积极处理，请乘客们耐心等待，谢谢您的配合	
	故障列车需救援		乘客们：本次列车发生故障，我们正在积极处理，请乘客们耐心等待，谢谢您的配合	
	故障（救援）列车停站清客		乘客们请注意，因设备临时性故障，本次开往××方向的列车将退出运营，请您配合车站工作人员的引导，尽快下车，列车将在 2 min 后关闭车门，敬请谅解，谢谢您的合作	
	列车车门切除		乘客们请注意，由于个别车门故障无法正常打开，请乘客们注意车门上的提示，提前做好准备，改从其他车门下车，谢谢您的配合	
特殊情况	紧急疏散广播		全体乘客请注意，现发生紧急情况，请不要惊慌，听从工作人员的安排，抓紧时间，有序撤离。请乘客们不要滞留，谢谢您的合作	
	突发情况广播		乘客们请注意，由于突发情况，请乘客们遵守秩序，听从车站工作人员安排，谢谢您的配合	

附录 5　调车作业计划单

昆明地铁运营公司调车作业计划单

编号：

通知时间	年　月　日　时　分		
通知人		受理人	
调车作业计划			
股　道	转线（摘挂）	股道（辆数）	备　注
注意事项：			
符　号	注　释	符　号	注释
+	表示“挂车”	○	表示“机车转头”
−	表示“摘车”	→	表示“转至”

附录6 调车手信号显示标准及意义

附表6 调车手信号显示标准及意义

名称	显示条件	显示时机	显示地点	显示动作	收回时机
连挂手信号	机车进行连挂作业时	连挂前准备作业完毕，机车在被连挂车前 1 m 处停稳	机车司机室一侧，面对司机室	徒手：双手高举于头顶，双手握拳，同时向身体内侧摆动，两拳相碰。 信号旗：双手持拢起的信号旗，高举头顶，同时向身体内侧摆动，两旗底部相碰。 灯光：手持信号灯，红、绿灯光交替闪烁	连挂完毕以后
试拉手信号	两车连挂完毕后	两车连挂完毕后	机车司机室一侧，面对司机室	徒手：右手握拳至胸口处，向右上方摆动； 信号旗：展开的黄色信号旗至胸口向右上方摆动 灯光：黄色灯光至胸口向右上方摆动	连挂稳妥后
停车手信号	连挂作业完毕和试拉完毕后	连挂作业完毕和试拉完毕后，进行接风管作业	机车司机室一侧，面对司机室	徒手：双手握拳，高举头顶，左右做交叉运动； 信号旗：红色展开的信号旗放置于机车司机能看到的地方 灯光：红色的灯光挂于机车司机能看到的地方	机车风管连接好以后

制动/缓解手信号	风管接好后，进行制动简略实验	风管接好后，进行制动简略实验	机车司机室一侧，面对司机室。	制动： 徒手：右手握拳，高举于头顶； 信号旗：右手持黄色拢起的信号旗，高举于头顶； 灯光：右手持黄色灯光，高举于头顶。 缓解： 徒手：右手握拳至腰部左右摆动； 信号旗：右手持拢起黄色信号旗至腰部，左右摆动； 灯光：右手持黄色信号灯至腰部左右摆动	机车已上制动或未上制动； 机车已缓解或未缓解
连挂好了手信号	连挂作业完毕，并完成制动简略实验后	连挂作业完毕，并完成制动简略实验后	机车司机室一侧，面对司机室	徒手：右手掌展开在胸口顺时针做圆周运动； 信号旗：右手持拢起的黄色信号旗在胸口做圆周运动； 灯光：右手持黄色信号灯，在胸口做圆周运动	机车司机明白后

附录 7 电客列车司机与行调联络用语

1. 列车故障需离开司机室到现场处理：

规范用语："××次司机申请到现场处理。"

2. 安全门故障司机操作 PSL 盘：

规范用语："××次在××站×行发生安全门故障，司机操作 PSL 盘，（故障已恢复/故障仍存在）。"

3. 安全门与车门未联动：

规范用语："××次在××站×行安全门与车门未联动打开/关闭，司机操作 PSL 盘打开/关闭安全门。"

4. 司机站台作业完毕后列车未收到速度码：

规范用语："××次在××站×行未收到速度码。"

5. 司机值乘过程中列车有烟火报警：

规范用语："××次在××站×行（××次在××站至××站区间）列车出现有烟火报警。"

6. ATP 驾驶时列车发生超速紧制：

规范用语："××次在××站×行（××次在××站至××站区间）ATP 超速紧制。"

7. 与行调核对时间点与发点：

规范用语："××站×行××次现在与行调核对时间和发点。"

8. 备车司机申请上/下备车：

规范用语："××站备车司机申请上/下备车。"

9. 列车发生故障时：

规范用语："××次在××站×行（××次××地点）发生××故障。"

10. 故障处置过程中需动用相应设备时：

规范用语："××次司机申请操作××设备。"

11. 终点站清客时有乘客拒绝下车：

规范用语："××次在××站×行有乘客拒绝下车。"

12. 车站未打旗信号：

规范用语："××次在××站×行车站没有给出旗信号。"

附录 8　车辆段/停车场调车作业联控用语

附表 7　车辆段/停车场调车作业联控用语

序号	口呼内容	口呼人	口呼对象	用语含义	备注
1	“三车”	调车员	司机	距停留车或车挡三车（60 m），允许速度 8 km/h。	推进车辆距停留车或车挡三车时
2	“二车”	调车员	司机	距停留车或车挡二车（40 m），允许速度 5 km/h。	推进车辆距停留车或车挡二车时
3	“一车”	调车员	司机	距停留车或车挡一车（20 m），允许速度 3 km/h。	推进车辆距停留车或车挡一车时
4	“接进车挡”	调车员	司机	距车挡 10 m，允许速度 3 km/h	推进车辆距车挡 10 m 时
5	“连挂注意”	调车员	司机	接近停留车辆，随时准备停车	推进车辆距停留车不足 10 m 时
6	“停车”	调车员	司机	立即停车	-------------------------
7	“出×道信号好”或“×道信号好”	调车员	司机	×道前方调车信号机在开放状态	推进车辆，前方准备进路、信号开放后
8	“进×道信号好”	调车员	司机	前方调车信号机在开放状态，进路开通×道	推进车辆，前方准备进路、信号开放后
9	“鸣笛”	调车员	司机	指示机车鸣笛示警	推进车辆，遇道口、鸣笛标时
10	“试拉”	调车员	司机	机车稍行移动，检查全列是否挂妥	
11	“前进再挂”	调车员	司机	表示第一次未挂妥，机车稍行前进之后再挂	连挂好车辆后由连结员回报 连挂失败后由连结员回报
12	“后退再挂”	调车员	司机	表示第一次未挂妥，机车稍行后退之后再挂	连挂好车辆后由连结员回报 连挂失败后由连结员回报
13	“解钩”	调车员	司机	指示目标车辆与机车车辆解钩分离	车辆解钩后由连结员回报
14	“牵引”	调车员	司机	机车挂在车列前牵引运行	
15	“推进”	调车员	司机	机车挂在车列后头推送运行	

参考文献

[1] 叶华平. 城市轨道交通概论[M]. 北京：中国铁道出版社，2009
[2] 南车株洲电力机车有限公司. 技术培训教材，2011.10
[3] 南车株洲电力机车有限公司. 中国南车昆明蓄电池工程车项目培训教材，2012
[4] 金鹰重型工程机械有限公司. GCY-220 重型轨道车使用保养说明书，2005
[5] 曾青中，韩增盛. 城市轨道交通车辆[M]. 成都：西南交通大学出版社，2006